HENRI FAYOL Y EL OFICIO DE GOBERNAR

Introducción a su aprendizaje vía la lectura de "Administración industrial y general"

P. De Fridman F.

A mis hijos Pierre y Antoine
y nietos Nicole, Arturo, Nicolas y Ole

Un libro para estudiantes que han entendido la necesidad de profundizar la facultad del entendimiento que ya poseen. A ser leído cual quien activamente participa en el dictado oral de una asignatura, aquí muy explícitamente vuelta un texto.

Especial agradecimiento a la Universidad Católica Andrés Bello: años de docencia desarrollando la manera muy particular de enseñar ejemplificada *in extenso* en el presente libro.

Henri Fayol

"Administration industrielle et générale" [1]

ESTRUCTURA DE LA OBRA SEGÚN CÓMO ORIGINALMENTE PUBLICADA EN EL
"Bulletin de la Société de l´Industrie Minérale" en 1916

Precedida por un texto que a falta de un título que el propio H. Fayol le hubiese asignado, denominamos:
"Advertencia inicial"
Traducida integralmente

1ª PARTE:
Traducida integralmente

Necesidad y posibilidad de una enseñanza administrativa

Capítulo 1

Definición de la administración

Función técnica
Función comercial
Función financiera
Función de seguridad
Función de contabilidad
Función administrativa

Capítulo 2

Importancia relativa de las diversas capacidades que constituyen el valor del personal de la empresa

Empresa industrial – Agentes
Empresa industrial – Jefes
Empresas diversas

Capítulo 3

Necesidad y posibilidad de una enseñanza administrativa

2ª PARTE:
Solo traducidas ciertas selecciones de particular importancia.

"Principios y elementos de administración"

Capítulo 1 – Principios de administración

Capítulo 2 – Elementos de administración

Formateo del manuscrito y publicación vía Kindle Direct Publishing del presente libro realizados por el propio autor: Pedro De Fridman Ferro. Carátula de Pierre N. Fridman.

© A. N. De Fridman A.

ISBN 978-1-7276-4267-4

---

[1] Referencia abreviada a lo largo del presente libro: **AIG**.

ÍNDICE

	pág.:
PREFACIO	9
INTRODUCCIÓN GENERAL	11
Valor histórico de Fayol en cuanto fundador del campo	16
Texto de H. FAYOL "Advertencia inicial"	21
Comentarios a la Advertencia inicial	23
Lo que Henri Fayol se propuso transmitir y la originalidad de su aporte	23
¿De simple interés académico el aporte de Fayol?	25
Profundizando en el sentido verbal de su obra	31
Con mayor rigor, ¿Qué se propuso Fayol transmitir a sus lectores?	38
Fayol y la gobernabilidad	43
Fayol y Taylor... ¿Diferentes pero padres fundadores del mismo campo?	45
Leyendo a Fayol	48
Estructura y estrategia de presentación del presente libro	49
Texto de H. FAYOL 1ª parte, capítulo 1	55
ENSAYO: El lenguaje y la acción	67
¿Un autor inescrupuloso?	70
Texto de H. FAYOL 1ª parte, Capítulo 2	75
Cuadros N° 3 al 5	88-89
ENSAYO: Profundizando en la capacidad y el valor de los agentes	91
Texto de H. FAYOL 1ª parte, Capítulo 3	105
ENSAYOS: Profundizando en la noción de doctrina: son 6 profundizaciones	119
1ª Profundización: ¿Qué ha de entenderse por doctrina? La noción de doctrina	121
2ª Profundización: "Comprender significa transformar-**se**"	125
3ª Profundización: La doctrina habilita la evaluación del gobernar	134
4ª Profundización: En suma: la doctrina resuelve tres grandes problemas	137
5ª Profundización: Constitución de la doctrina. La necesaria discusión pública	139
6ª Profundización: La necesidad de nociones administrativas es universal	154
PRIMEROS 3 CAPÍTULOS: Visión de conjunto mediante citas textuales clave	159
ENSAYOS: Profundizando en lo que significan administrar y gobernar:	
11 profundizaciones	169
1ª Profundización: Administrar es un compuesto con cinco elementos	171
2ª Profundización: El carácter reflexivo del verbo administrar	177
3ª Profundización: 2ª definición del administrar; dos definiciones del gobernar	184
4ª Profundización: El administrar y la empresa capaz de gobernar-**se**	188

5ª Profundización: División vertical del trabajo y concepciones de jerarquía   205
6ª Profundización: Gobernar, intrínsecamente un arte   221
7ª Profundización: División del trabajo según co-gobernantes   230
8ª Profundización: Lo realmente percibido es el comportamiento de la gente   240
9ª Profundización: Evaluación y autenticidad del gobernar   244
10ª Profundización: Gobernar supone entendimiento y libertad   254
11ª Profundización: Condiciones necesarias y suficientes del gobernar exitoso   266

2ª PARTE: PRINCIPIOS Y ELEMENTOS DE ADMINISTRACIÓN   276

Texto de H. FAYOL 2ª parte, Capítulo 1 – Principios generales de administración
                   Primeros párrafos   277

1° ENSAYO: Profundizando en la noción de principio   280
2° ENSAYO: Los principios de la administración y las culturas empresariales   291

A modo de ejemplos, profundizaciones acerca de los siguientes principios: 307
  1° principio: La división del trabajo   308
  2° principio: La autoridad – responsabilidad   313
  3° principio: La disciplina   318
  6° principio: Subordinación del interés particular al general   321
10° principio: El orden.   332
14avo principio: La unión del personal   337

H. FAYOL 2ª parte, Capítulo 2 – Elementos de administración   343

Su presentación condensada en tres cuadros:
En cuanto actitudes... actitudes insoslayables; vividos como posibles dramas   344-346

H. Fayol 2ª parte: Profundizaciones
Profundizando en lo que prever significa   347
Profundizando en lo que organizar significa   358
Profundizando en lo que mandar significa   361
Profundizando en lo que coordinar significa   371
Profundizando en lo que controlar significa   378

EL APORTE DE FAYOL.
¿De simple interés académico? Imperfecto entendimiento de su aporte   383
Ampliación contextual   385

AL CIERRE   389
¿Cuál campo? + Finalmente   402
APÉNDICE I Evaluación del desempeño gubernamental de las empresas; ejemplos   403
APÉNDICE II Ocasionales inconsistencias en la obra de Fayol   406

PREFACIO

Nuestro tema es el <u>gobernar</u> en cuanto oficio. Si subrayamos al verbo "gobernar" lo hacemos precisamente para destacar que no se trata de filosofía política, la cual desde muy antiguo le ha dedicado mucho pensamiento al tema del gobierno, un substantivo. Pero... tampoco se trata de ciencias políticas, las cuales desde tiempos no tan remotos han desplegado grandes esfuerzos de investigación acerca del gobierno y temas conexos.

El entendimiento del gobernar desarrollado en el presente libro proviene de Henri Fayol, un dirigente empresarial, hombre fundamentalmente orientado a la acción.

De allí que inicialmente y principalmente nuestra audiencia sea la correspondiente al campo del cual Fayol es considerado uno de sus padres fundadores.

Sin embargo, pronto debería el lector darse cuenta, visto el significado que Fayol le da a las palabras clave de su obra, que su real tema es el oficio de gobernar ejérzase donde se ejerza... ampliándose ipso facto substancialmente la audiencia interesada.

Gobernar... un oficio, por incomprendido, mal ejercido.

Introducción a su aprendizaje mediante la lectura y profundización de los tres primeros capítulos constitutivos de la 1ª parte de la obra "Administración industrial y general" de Henri Fayol, traducción integral de ellos incluida. Con base en una selección de textos clave, son desarrollados ejemplos de profundización en el proyecto de Doctrina objeto de los dos capítulos –Principios y Elementos– constitutivos de la 2ª parte de la obra.[2]

---

[2] En lo que sigue, siempre que hagamos referencia a cualquiera de los tres primeros capítulos de la 1ª parte de la obra de Fayol, suficiente será su número 1, 2 o 3 para identificarlo, pero tratándose de cualquiera de los dos capítulos constitutivos de la 2ª parte, necesario será, para evitar cualquier confusión, agregar la coletilla "... de la 2ª parte".

> *Detenido en lo fundamental todo nuevo avance significativo,*
> *es otro comienzo el que pulsa por existir.*
> *Tiempo es de retornar y profundizar en los inicios.*

INTRODUCCIÓN GENERAL

A quién está dirigido el presente libro.

La razón de ser inicialmente más inmediata del presente libro es la publicación de una traducción al castellano de los tres primeros capítulos de la obra de Henri Fayol "Administración industrial y general".[3] La presente, sin embargo, más allá de simplemente apuntar a ser fiel traducción, incluye extensos y detallados comentarios que acompañen al lector aspirante a un profundo entendimiento de lo que esos capítulos expresan. ¿Necesario acompañamiento? Así lo creemos. ¿Por qué? En primer lugar debido a que, como se verá, en Fayol "hay mucho más de lo que a primera vista aparece". Pero también, en segundo lugar, porque esos mismos tres primeros capítulos de la obra así como los comentarios que los acompañan atienden a otra necesidad que consideramos más fundamental, cual es la de proveer al estudiante con una sólida introducción al campo del cual Fayol es reputadamente uno de sus padres fundadores.[4]

Como lo indica la palabra, "introducir" significa "conducir adentro de cierto lugar o región"; en nuestro caso, adentro del campo que tanto Henri Fayol como Frederick W. Taylor –el otro reputado padre del campo– iniciaron y proyectaron. Introducir a los estudiantes dentro de un determinado campo, oficio o profesión es una labor clave y exigente. Debe ponerlos en condiciones de comprender en quienes se van a convertir; esto es, cuáles comportamientos, actitudes, valores, creencias, conocimientos y competencias fundamentales habrán de caracterizar, tanto a su carrera profesional como a otros aspectos importantes de su vida posterior. De allí que una real introducción no puede –no debería– ocurrir de una manera vaga e implícita a lo largo de los varios años de estudio, como es lo usual. En efecto, es más la inmersión en el medio académico la que subliminalmente va transformando a los estudiantes en miembros de una determinada profesión, que una muy explícita y temprana introducción que despertase en ellos aquella clara conciencia inicial del campo, necesaria para, antes

---

[3] ¿Qué hay de los dos capítulos, muchos más extensos, constitutivos de la 2ª parte de la obra? Aparte de la abundancia de comentarios y estudios a los que se prestarían, creemos que es el entendimiento profundo obtenido de la 1ª parte lo que precisamente posibilita extraer de la 2a el mayor provecho. Al respecto, no hemos sin embargo totalmente abandonado al lector a sus propios medios. Dada su importancia nos hemos sentido obligados a presentar un tratamiento inicialmente básico de la 2ª parte de AIG que el lector encontrará en el presente libro, toda vez que ya hayamos debidamente profundizado en la 1ª parte.

[4] ¿De cuál campo se trata? Pronto veremos que el asunto no es inmediatamente transparente. Piense el lector que se trata del campo que con variantes, vía programas de pre y post grado, diversas escuelas procuran enseñar, y cuyas denominaciones más usuales según lo que apuntan a destacar son en el mundo hispano parlante: ciencias administrativas, gerencia, dirección de empresas, gestión de negocios…; y en el mundo anglosajón: "management", "business school".

siquiera de iniciar los estudios, libremente poder decidir si quieren pertenecer o no a dicha profesión, si quieren o no alcanzar a saber ejercer el oficio que supone.

Aunque centrado en Fayol, el presente libro necesariamente hará referencia a otros autores –particularmente a Taylor– todos ellos necesarios para comprender la génesis inicial del campo y servir de introducción en él.

Nuestra selección de Fayol tiene su razón de ser, la cual progresivamente habrá de quedar clara. En todo caso, anticipamos al lector que una de las razones fundamentales para así haberlo hecho es precisamente ésta: la muy particular –así lo creemos– falta de entendimiento habido de su real aporte como padre del campo; falta de entendimiento que ha perdurado hasta hoy día.[5]

La madurez exigida, tanto por el propio campo como por el contenido mismo del presente libro, implica ser ésta una introducción que principalmente apunta a estudiantes de postgrado, aunque no necesariamente a ellos mismos directamente, vista la usualmente muy necesaria mediación de los docentes a cargo de efectuar la referida introducción.[6]

Ahora bien, *a sabiendas de las muchas lagunas cuando no insuficiente formación previa, reducida cultura general, minusvaloración e ignorancia de la historia traídas en general por la mayoría de los estudiantes,* el lector pronto comprobará lo muy cuidadosas y detalladas que son las explicaciones provistas a lo largo del libro.[7] Cual si se tratase de exposiciones magistrales acerca de los múltiples e importantes temas que Fayol ocasiona discutir, hemos mínimamente supuesto conocimiento previo alguno por parte de la audiencia final a la cual apuntamos: estudiantes destinados a convertirse en los profesionales que el porvenir exige.[8]

---

[5] Los primeros responsables: ciertamente consideramos que los libros de texto usuales no cumplen a cabalidad la tarea de introducir al estudiante en el campo. Queda en manos del lector contrastarla con nuestra forma de hacerlo.

[6] No apunta la presente a ser una introducción de fácil acceso para los muy jóvenes cursantes de pregrado. Sin embargo, visto que este cuestionable nivel de estudios –así lo veremos– existe, sí creemos que la presente introducción puede ser de utilidad para los docentes de este otro nivel de estudios que aspiren a mejorar la manera en que el campo le es introducido a estos jóvenes estudiantes. Tampoco descartamos la posible utilidad que nuestra introducción pudiera tener para los instructores a cargo de programas de formación gerencial orientados a grupos de profesionales provenientes de otras carreras, así como a adultos cuyas responsabilidades de conducción hacen necesaria dicha formación.

[7] Aplicable igualmente esta estrategia de presentación a las múltiples notas al pie de página, que desviándose de la trama central del libro precisamente tienen por finalidad evidenciar la necesidad de poseer y beneficios que proporciona una buena cultura general, sobre todo cuando del ejercicio del oficio que Fayol se empeña en enseñar se trata.

[8] No se espere, sin embargo, del presente libro una cómoda fluida lectura. Inusual e irregular en su estilo, ex profesamente redundante relativo a ciertos mensajes clave*, declaradamente nada convencional rayando en lo audaz en cuanto a contenido, notas al pie de página que no son simples notas, transparente en sus imperfecciones... su aprovechamiento por parte del estudiante más bien habrá de exigir empeño e insistente estudio, así como de un esfuerzo creciente en la medida en que se vayan acumulando y entretejiendo los verdaderos aportes que creemos Fayol ocasiona fundamentar en relación al oficio de gobernar, *ocurra éste donde haya de ocurrir*. Con miras a combatir la superficialidad, un libro guía que enseñe a los estudiantes lo que en general profundizar significa, y en lo

Según la necesidad, será el docente quien mejor sabrá cómo llevar a cabo su introducción al campo.[9]

El tema central de la obra –el oficio de gobernar– obliga a la más amplia accesibilidad posible.[10] Veremos porqué.

¿Cuál campo?

Comúnmente se considera que los padres fundadores de nuestro campo son Henri Fayol y Frederick W. Taylor.[11] Esto no significa que se ignore la existencia de importantes precursores y contemporáneos, así como la pronta aparición de seguidores.

Pero, ya que en lugar de presumir conocer su denominación, cautelosamente hemos utilizado la expresión "nuestro campo", de inmediato cabe preguntar: ¿de cuál campo padres? Se dirá que Fayol y Taylor lo son del campo de la administración. Pero… ¿por qué no decir "padres de la gerencia", "…de la dirección", "…de la gestión", "…de la conducción"? …para de inmediato sentir la necesidad de aclarar que se trata de un campo aplicable en general a cualquier categoría o magnitud de empresa u organización, sea cual sea su ramo de actividad o negocio, sean del sector público o privado, con o sin fines de lucro. Queda claro que ninguna de las palabras clave arriba subrayadas puede a priori descartarse, pero evidencian una multiplicidad de posibles denominaciones con sus respectivos significados.[12]

---

particular, sin pretender agotar todas las profundizaciones posibles, lo que ser profundo significa relativo al oficio de gobernar. Profundizar significa dirigirse hacia lo más básico, hacia lo más fundamental… substrato firme sobre el cual habrán de descansar los variados niveles ascendentes de realidades relativamente más superficiales. Bien fundamentadas no habrán perdido ahora ni tan siquiera un ápice del valor propio de realidad que amerita a cada una serle reconocido.

*Redundancia no significa identidad; amén de apuntar a reforzar el entendimiento del asunto, se trata según el caso de un enriquecimiento de lo ya dicho, de un decir lo mismo inserto en otro contexto o desde algún otro ángulo antes no puesto en evidencia.

[9] Tres párrafos que acabamos de utilizar para en una primera instancia y de manera más bien tradicional delimitar la audiencia a la cual va dirigida nuestra introducción al campo. Pero… ¡ojo, muy importante!: será el propio Fayol quien se encargará de desengañarnos acerca de una tal estrechez de miras en cuanto a la audiencia objeto. Para sorpresa nuestra y del lector, ampliará muy significativamente la audiencia para la cual creyó pertinente exponer lo que en "Administración industrial y general" procura enseñar.

[10] ¿Tema central "el oficio de gobernar"? ¿Acaso no figura la palabra "administración" en el título de la obra sugiriendo que en ella lo tratado es el oficio de administrar?

[11] Tanto es así que son varias las editoriales hispanas que han elegido publicar conjuntamente en un mismo tomo las obras centrales de Fayol y de Taylor; posiblemente apuntando al amplio mercado abierto por la obligada lectura que de esos autores han de hacer los estudiantes recién ingresantes en la carrera.

[12] Sin contar que en inglés una denominación muy corriente es "management", así como "Business School" para con frecuencia referirse al lugar de enseñanza del campo. La palabra "management" también se estila en el mundo francoparlante.

Lo descrito no ocurre con otros campos: la física se denomina "física", las matemáticas son "las matemáticas", la sociología no tiene varias denominaciones, como tampoco la historia, la geografía y tantas otras áreas de estudio y de actividad humana.

Comprobamos, pues, que sin haber tan siquiera iniciado su introducción, nuestro campo tiene la particularidad de <u>no</u> poseer una sola e inequívoca denominación. ¿Simple curiosidad largamente ignorada o por el contrario un hecho que amerita ser examinado más de cerca?

El que nuestro campo no posea una sola e inequívoca denominación no es su única particularidad. Si se examinan los típicos planes de estudio cursados por los estudiantes se observará, en adición a una supuesta materia introductoria, una multiplicidad de asignaturas diversas: ciertamente algo de Mercadeo, Finanzas y Producción, no podrá faltar la Contabilidad, también veremos algo de Economía (una o dos asignaturas), una elemental introducción al Derecho, igualmente las necesarias Matemáticas para la administración (puede que también Matemáticas financieras e Investigación de operaciones), y por el lado humano no faltarán Teoría de la organización, Comportamiento organizacional o Administración de personal; más recientemente Estrategia de empresas, y para cerrar alguno que otro seminario especial o en apoyo a la elaboración del trabajo de grado.

¿Imposibilidad de reunir bajo un gran concepto –denominación del campo– la multiplicidad y diversidad de asignaturas arriba mencionadas, todas ellas difícilmente cursadas con profundidad visto el reducido número de semanas en que son dictadas?

¿Será que todas estas materias están, sea como ampliación o como apoyo, al servicio de alguna otra asignatura matriz cuya denominación identificase al campo y que a modo de eje curricular se constituyese en una secuencia a ser cursada progresivamente a lo largo de la carrera? Pues no: ausente de todos los planes de estudio la asignatura capaz de cumplir este papel troncal.

Ahora bien ¿qué puede esperarse de un pensum de estudios caracterizado por una o a lo sumo dos asignaturas correspondientes a una multiplicidad de campos diversos, para los cuales ya existen profesionales especializados ampliamente mejor formados que nuestros egresados? ¿Acaso no cabe preguntar qué es lo que en concreto se espera de ellos al cabo de sus estudios? Cualquiera sea el campo del cual se trate ¿acaso no se espera de sus profesionales un dominio especial que los diferencie de otros profesionales, y que sin más los alce por encima de cualesquiera advenedizos que pretendiesen competir con ellos? Así ocurre con los profesionales de la ingeniería, economía, medicina, derecho, sociología, etc. Pero tal no es el caso con nuestros egresados.

No queda claro si dominan algo y lo que es, y ciertamente encontrarán que sus títulos ni tan siquiera remotamente proporcionan una barrera de entrada equivalente a la provista por los de otras carreras. De allí que competidores advenedizos sí habrán.

Aunque con significaciones cercanas al punto de a la ligera frecuentemente ser tratadas como sinónimas, debe quedar claro que palabras diferentes significan cosas diversas. Este no es un asunto que conviene ignorar. Con respecto a la denominación del campo, tras examinar su ya vasta literatura, obligado posiblemente sea llegar a la conclusión de que, habiendo los diferentes autores y enfoques utilizado palabras diferentes –no seleccionadas a la ligera, visto que no existe tal cosa como perfecta sinonimia– ese hecho signifique que tal diversidad de palabras precisamente corresponde con la diversidad misma de entendimientos y concepciones que del campo han tenido esos autores o enfoques. Muy posiblemente habrá que reconocer que las variadas palabras y expresiones que han utilizado para referirse al campo, implican múltiples, diversas y no siempre plenamente armonizables entendimientos y concepciones del mismo.[13]

Cabe entonces reiterar nuestra interrogante inicial: ¿de cuál campo son Taylor y Fayol padres? En el título de su libro Taylor utiliza la palabra inglesa "management". Fayol utiliza la palabra francesa "administration".[14] Usual ha sido afirmar que son padres de un mismo campo. Lo usual sin embargo no exonera de procurar dar respuesta a las interrogantes que de manera muy natural surgen. ¿Será que estamos frente a dos concepciones diferentes del mismo campo? ¿Puede descartarse la idea de que en el fondo se trata de dos campos distintos? Pero entonces ¿qué clase de afinidad o complementariedad puede explicar el que las obras de estos dos autores se consideren constitutivas de un mismo grupo? Además, si así cabe ¿qué otra palabra distinta a las que ellos y otros han utilizado podría convenir para denominar tal reunión?[15]

---

[13] Acerca de las múltiples palabras o expresiones que pueden utilizarse para denominar al campo precisemos el asunto mediante las siguientes tres categorías: substantivos, verbos y denominaciones relativas a los oficios desempeñados. En primer lugar algunos de los principales substantivos son: "administración", "gerencia", "gestión", "dirección", "conducción" y otros menos frecuentes tales como "gobierno" o "jefatura". En segundo lugar, están los múltiples verbos utilizables, como lo son: "administrar", "dirigir", "conducir", "liderar", etc. En tercer lugar están las múltiples otras palabras y expresiones para referirse a quienes desempeñan cada uno de estos oficios: "administrador", "gerente", "director", "conductor", "ejecutivo", "líder", etc. Para complicar aún más el asunto, nótese que no siempre hay correspondencia entre las tres clases de palabras (e.g.: "administración", "administrar" y "administrador" son palabras que la Real Academia tiene registradas en su diccionario, pero no así el verbo "gerenciar" de uso corriente en algunos países hispano-parlantes, aunque sí tiene incluidos el substantivo "gerencia" y el cargo "gerente"). Si a lo anterior añadimos las palabras utilizadas en otros idiomas las encontraremos con raíces etimológicas muy distintas a las antes mencionadas. Tal es el caso en inglés de la muy utilizada palabra "management", cuya raíz etimológica coincide con la de la palabra "manejo" en español, pero que posee en ese otro idioma un ámbito de aplicaciones mucho más amplio. Añádase a esto que, aunque en el diccionario de la Real Academia no figure la palabra inglesa "management", la palabra "mánager" sí lo hace con el significado de "gerente o directivo de una empresa o sociedad", amén de su otra utilización más corriente cuando se refiere al manejo de artistas y deportistas.

[14] La obra de Taylor lleva por título en inglés "The Principles of Scientific Management", en tanto que el título de la obra de Fayol en francés es "Administration industrielle et générale".

[15] Para complicar aún más el asunto, recuérdese que Taylor es igualmente considerado como uno de los iniciadores más importantes de la ingeniería industrial. Además, para añadir mayor confusión también veremos que en el primer párrafo de la introducción que Pierre Morin hace de la obra de Fayol impreso por primera vez en 1918, textualmente nos dice: "…l'inventeur du **management** fut un francais."; "…el inventor del "management" fue un francés". ¿Expresión de orgullo francoparlante o de incomprensión del real aporte de Fayol? Pero también, para mayor desconcierto, la reimpresión de 1999 en su portada adiciona una suerte de subtítulo que evidentemente no

CONSIDERACIÓN PREVIA: EL VALOR HISTÓRICO DE HENRI FAYOL O QUÉ SIGNIFICA SER UNO DE LOS PADRES FUNDADORES DEL CAMPO

Previo a estar en condiciones de acometer las interrogantes arriba planteadas, las cuales suponen la extensa labor de profundizar en el particular aporte tanto de Fayol como de Taylor, surge la necesidad de hacer un paréntesis para ahondar en el hecho mismo de su haber pasado a la historia; esto es, aclarar el cómo y el porqué de este hecho, así como el sentido que ha de dársele al honor otorgado.

Si múltiples historiadores —profesionales o no— parecen coincidir en incluir en sus respectivas narrativas e interpretaciones históricas a ciertos personajes y no a otros, a ciertos hechos y no a otros, ello debe tener alguna explicación. Una explicación que nos permita entender cómo ciertos personajes y hechos pasan a ser calificados de históricos y son recordados, al lado de una infinidad de personajes y hechos que simplemente pasan al olvido.

¿Qué determina esta selección? ¿Qué determina que ameriten ser recordados en lugar de ser ignorados?

Sin pretender agotar todas las complejidades que involucra el quehacer histórico y a los fines de clarificar la inclusión que Fayol y Taylor han ameritado, creemos pertinente distinguir dos posibles criterios, marcadamente diferentes, capaces de orientar al historiador en su tarea de seleccionar del cúmulo de personajes y hechos pasados, cuáles incluir en su narrativa e interpretación histórica y cuáles no.

En lo que sigue presentamos estos dos posibles criterios centrándonos en el caso de los personajes del pasado que pasan a la historia en lugar de al olvido.

Un primer criterio.

El historiador puede decidir mantener el recuerdo de ciertos personajes del pasado en virtud de poder establecer una cadena causal (larga o corta; compleja o sencilla) entre lo que esos personajes hicieron y dejaron de hacer en su época y el rumbo que la totalidad de los hechos históricos posteriores tomaron. De allí que hasta el día de hoy sean recordados e incluidos en sus narrativas históricas. Tal es el caso del sin número de grandes personajes que actuaron en algún pasado cercano o remoto. Dada la magnitud e importancia que su influencia tuvo sobre el rumbo posterior de la historia, pocos son los historiadores que osarían omitirlos del pasado que intentan convertir en inteligible. Son recordados en virtud de la importante inflexión que a la historia posterior imprimieron. Para bien o para mal grandes ejemplos de aplicación de este primer criterio ciertamente son: Alejandro el magno, Augusto césar, Gengis Kan, Pedro el grande, Enrique VIII^{avo}, Washington, Bolívar, Napoleón y muchos otros.

Con respecto a esta primera clase de personajes históricos, debe quedar claro que "influencia sobre el presente a partir de un determinado pasado" —cercano o remoto— no significa

---

es de Fayol y que rige así: "Le texte fondateur du management"; "el texto fundador del management", un evidente anglicismo.

presencia actual, entendida ésta como <u>eficacia</u> <u>presente</u>. La conexión de estos personajes con el presente sigue siendo la correspondiente a un antecedente tan solo de orden causal. Permanecen en el <u>recuerdo interpretativo</u> que las historias de los historiadores hacen del pasado a fin de, entre otras cosas, convertir tanto a éste pasado como al presente en inteligibles.[16]

Un segundo criterio.

Determinante de una segunda categoría de personajes históricos nos lo sugiere el siguiente criterio de selección: <u>presencia</u> <u>actual</u> entendida ella como <u>eficacia</u> <u>presente</u>. Se trataría de aquellos personajes que habiendo existido y actuado en alguna época pasada –cercana o remota– mantienen sin embargo una determinada <u>presencia y</u> <u>eficacia actual</u> en relación a importantes sectores de la humanidad. Mayormente este ha sido y es el caso de aquellos grandes personajes en diversas áreas de inquietud, interés o actividad humana cuya presencia –amén de ciertamente poder también asimilarse con importantes inflexiones del curso de la historia posterior– consistió en decir algo, decirlo luego de haberlo practicado o simplemente haber tenido una conducta ejemplar debidamente registrada. Aunque provenientes del pasado, su palabra o conducta ejemplar ha tenido el muy singular poder de <u>eficazmente permanecer</u> <u>presentes</u> en el tiempo, desde aquél momento en que por primera vez las manifestaron.

Constante presencia y eficacia en todo tiempo y época ulteriores no significa otra cosa que su haber influido de manera muy significativa en todo o parte de lo que han sentido, percibido, pensado, expresado y hecho múltiples generaciones posteriores de seres humanos.

En este sentido no hay error en decir que han perdurado; esto es, han permanecido y permanecen presentes a lo largo del tiempo; en algunos casos, por larguísimo tiempo. Clásicos ejemplos de personajes que de manera excepcional han influido sobre grandes masas de seres humanos a lo largo de mucho tiempo son, claro está: Cristo, Mahoma, Lao-Tsè y Buda.[17] También influyentes aunque sobre grupos humanos más reducidos, están filósofos tales como Platón y Aristóteles; San Agustín y Santo Tomás para los teólogos; Adam Smith para los economistas; Comte para los sociólogos; Maquiavelo para los estudiosos de la política; Skinner para los conductistas; Freud para los psicoanalistas; Marx para los marxistas, etc. La lista es muy larga. En todo caso, no se discute la perdurabilidad de la cual han gozado y aún gozan. ***Permanecen presentes en la actualidad influyendo en y sobre ella, a veces de manera más generalizada, otras en y sobre grupos más reducidos.***[18]

---

[16] Recordando, claro está, que en función de quienes sean los historiadores consultados, tales interpretaciones con frecuencia puedan ser muy diversas.

[17] De allí que hasta el día de hoy pueda afirmarse que hay cristianos, musulmanes, taoístas y budistas.

[18] Perdurabilidad con, si acaso, una muy lenta y apenas perceptible pérdida de su influencia sobre todo o parte de lo que han sentido, percibido, recordado, pensado, expresado y hecho múltiples generaciones de seres humanos posteriores (e.g.: la muy evidente atenuación lenta pero progresiva del cristianismo de muchos cristianos). Tampoco

De esta clase de personajes destacados en muy diversos campos de inquietud, interés y actividad humana –con frecuencia padres fundadores, no solo de religiones o instituciones como se desprende de los ejemplos mencionados– puede decirse que su aporte o mensaje pasa a convertirse en *lo subyacente que eficazmente ha permanecido y permanece presente a lo largo del tiempo, cual fundamento o piso firme sobre el cual se alzan y desarrollan todos los demás hechos y personajes cambiantes en el tiempo constitutivos de la historia visible;* esa historia –la de los historiadores– encargada de interpretativamente narrar los fenómenos que, contrariamente a los permanentes, sí cambian en el tiempo.[19]

Guardando la debida distancia con respecto a los magnos ejemplos mencionados arriba, afirmamos que entendidos cual deben serlo –esto es en profundidad– mayormente es el segundo criterio el más apropiado para históricamente situar tanto a Fayol como a Taylor. Así concebidos, también pasa a ser posible entender en qué sentido podrían merecer ser considerados padres fundadores del campo, aunque todavía no hayamos precisado su real aporte y ciertamente se convierta en tarea hacerlo explícito.

A la luz de la aparentemente irrefutable semblanza arcaica y elemental que en el lector de hoy pueden dejar las lecturas de los escritos tanto de Fayol como de Taylor ¿cabe aún insistir en aplicarles el segundo criterio expuesto con el único propósito de asignarles la paternidad del campo? ¿Acaso no han sido ampliamente superados? Respuesta: ampliamente –en muchos aspectos– quizás sí, pero como ya veremos, en lo esencial lejos de haber sido superados. Atrevida afirmación que en su momento nos veremos obligados a validar. Tarea ésta que supone adentrarnos en el real aporte que cada uno de ellos realizó a fin de evidenciar su haber permanecido <u>eficazmente</u> <u>presentes</u> a lo largo de lo que va de la historia del campo.

Afirmamos que no son Fayol y Taylor el pasado simplemente "dépassé" o dejado atrás. Captar su vigencia supone entender las bases fundamentales que echaron; bases sobre las cuales toda la cambiante historia –evolución– posterior del campo de hecho ha descansado.

---

puede descartarse una influencia duradera aunque sustentada sobre imperfectas, diversas e incluso opuestas interpretaciones de lo que originariamente se propuso transmitir el personaje (e.g.: la variedad de marxismos; las diversas lecturas de la Biblia y del Corán).

Nota: El lector podrá observar que a todo lo largo del presente libro para referirnos a los seres humanos tanto en singular como en plural evitamos utilizar las muy clásicas palabras "persona(s)", "individuo(s)", "sujeto(s)". Extenso explicar aquí el porqué. Bástese con saber que la carga significativa de larga tradición traída por cada una de estas tres palabras está lejos de ser inocua. Creemos más llano hablar en términos de "ser(es) humano(s)". Tan solo cuando necesario y para destacar trato singular utilizamos la expresión "ser humano singularmente considerado".

[19] El que hayamos distinguido dos grandes clases de personajes del pasado no quita que en relación a un buen número de ellos aplican a la vez los dos criterios expuestos. Esto es, en su caso no solo lo que han hecho o dejado de hacer significó una importante inflexión de la historia, sino que también su mensaje o simple ejemplo han permanecidos presentes en grupos humanos posteriores. Tan solo a modo de ejemplo mencionemos a dos: Bolívar y Lenin. Ambos fueron hombres de acción con profundo impacto causal ulterior; ambos expresaron ideas que siguen vivas en la medida en que aún influyen sobre determinadas audiencias actuales.

Ambos, Fayol y Taylor, son considerados los padres fundadores del campo que nos concierne. Esto es debido a que, superando los aportes hasta entonces fragmentarios de los precursores, son ellos quienes lo proyectaron –lo definieron, lo delimitaron– aunque como veremos de manera profundamente diferente.[20, 21, 22]

Sin dejar –a los fines de beneficiarnos del contraste– de referirnos a Taylor cuando lo consideremos propicio, en lo que sigue vamos a querer dilucidar en qué sentido Fayol amerita ser considerado uno de los dos principales padres del campo.

La obra de Fayol se titula "Administración industrial y general". ¿Será la palabra "administración" la que selecciona para denominar nuestro campo? La respuesta es dual: sí y no. Veremos que Fayol enmarca a la administración dentro del tema más amplio del gobierno. ¿Será este último el campo que en verdad nos concierne, de hacerle caso a Fayol? En su momento profundizaremos en el asunto.

---

[20] Entre los precursores podemos mencionar a Adam Smith, Robert Owens, Charles Babbage, Andrew Ure, Charles Dupin, Mary Parker Follett y muchos otros. La razón por la cual no alcanzan la categoría de padres del campo se debe principalmente a que su aporte, aunque frecuentemente muy valioso, se limita a ciertas ideas y propuestas particulares fragmentarias, en contraste a las de Taylor y Fayol quienes se esforzaron, cada uno a su modo, por desarrollar un enfoque integral y transmisible a futuras generaciones de dirigentes de empresas y organizaciones.

[21] A los fines de aclarar la naturaleza de su aporte al campo podemos recurrir a la siguiente analogía. Fayol y Taylor, amén de haberlo cada uno hecho de manera muy particular, pueden ser vistos como los que formularon el ADN del campo. Así como según la biología la totalidad del cuerpo orgánico ya se encuentra programado en el ADN, así puede entenderse el aporte respectivo de Taylor y Fayol. Cada uno a su modo programó –proyectó– un campo, cuya denominación única, como ya apuntamos, aún no poseemos y quizás no pueda existir. En su momento habremos de aclarar y diferenciar los dos "ADN´s" que propusieron.

[22] ¿De dos maneras distintas proyectaron un mismo campo? Anticipamos que la respuesta será negativa. En verdad Fayol y Taylor proyectaron dos oficios diferentes, aunque ciertamente muy relacionados. Anticipamos que a Fayol concierne el oficio de gobernar empresas, lo cual implica, aunque no exclusivamente, lograr que en tales empresas todas las operaciones se realicen óptimamente. Pero precisamente es a Taylor que concierne la mejor forma –científica– de hacer el trabajo operativo, no ofreciendo dificultad alguna concebir su aporte como la caracterización de la labor llevada a cabo por el personal de apoyo, interno o externo a la empresa, tal como es el caso de los asesores y consultores.

A continuación el importantísimo texto que precede a los tres primeros capítulos constitutivos de la 1ª parte de la obra "Administración industrial y general" de Fayol, al cual, a falta de una denominación, nos referiremos como "Advertencia inicial".

En cuanto a nuestra manera de presentar y comentar, tanto a esta "Advertencia inicial" como a los cinco capítulos constitutivos de "Administración industrial y general" (AIG), creemos importante hacer las consideraciones que siguen.

No hemos escatimado esfuerzo alguno por presentar el pensamiento de Fayol según la elevadísima importancia que creemos que posee; un Fayol, si se quiere, en lo posible inexpugnable. Que quienquiera expresar sus desacuerdos y lo objete no lo haga enfrentando, intencionalmente o no, a un Fayol subestimado y por lo tanto inexistente.

De allí que nuestros comentarios tengan mayormente –aunque no siempre con la concisión y calidad a las cuales hubiéramos aspirado– el carácter de minuciosas explicaciones que procuran profundizar en lo que el texto original no hace explícito, las más de las veces apuntando a los fundamentos que sustentan las ideas que Fayol expone.

Puede que acerca de nuestros comentarios se arguya que se trata de una interpretación posible del pensamiento de Fayol entre otras. Habiendo lo más posible apuntando a exponer lo que inequívocamente el propio Fayol consideraría evidencia de haberle comprendido, no creemos que tal cosa sea el caso.

ADMINISTRACIÓN INDUSTRIAL Y GENERAL[23]

La *administración* cumple en el gobierno de las empresas, de todas las empresas, grandes o pequeñas, industriales, comerciales, políticas, religiosas u otras, un papel muy importante.[24]

---

[23] Así inicia Fayol lo que habrá de exponer. No consideró necesario ponerle un título específico al texto que sigue. Tan solo se le ve precedido, como también lo hacemos, por el título general de la obra. Veremos que lo expresado en estas líneas es de extraordinaria importancia, particularmente el primer párrafo. A falta de una mejor denominación utilizaremos la expresión "Advertencia inicial" para referirnos a este texto introductorio. Omitirlo como lo hacen algunas de las traducciones comerciales al castellano es una grave falta.

[24] En primer lugar, debido a que su utilización es más corriente, hemos optado por la palabra "empresas" en lugar de "quehaceres" para traducir la francesa "affaires". La palabra "quehaceres" habría sido más literal. Según la Real Academia Española, "quehacer(es)" –usada más en plural que en singular– significa "ocupación, negocio, tarea que ha de hacerse". Sin embargo, aunque la palabra "affaire(s)" posee estos mismos significados, su utilización cotidiana –tanto en singular como en plural– es mucho más generalizada en francés que en nuestro idioma. Además de significar empresa, negocio, etc., posee una riqueza de connotaciones, algunas más vagas y otras menos (e.g.: ocupación, asunto, pleito o proceso judicial, escándalo, altercado, apuro, peligro, acción de combate, trasto, bártulos, etc.), no poseídas por la palabra "quehacer(es)" en castellano.

Por otra parte, hemos optado por la palabra "empresa(s)" aunque con ello se perdiese la muy evidente orientación al hacer que el "faire" francés destaca en la palabra "affaire(s)". También es importante, a lo largo de toda la obra, evitar restringir la palabra "empresa(s)" a la única búsqueda del lucro o de intereses privados como usualmente se hace. El mensaje de Fayol apunta a cualquier sector del quehacer humano, tanto público como privado, con o sin fines de lucro, cualquiera sea su magnitud. Veremos que la cabal comprensión de su obra exige preservar la amplitud del tema tratado, cual es el <u>gobierno</u> de las empresas pertenecientes a cualquier sector del quehacer humano. Que el lector, pues, a lo largo de toda la obra no se olvide del amplísimo significado aplicado a la palabra "empresa(s)" recién aclarado.

Otra posibilidad hubiese sido traducir "affaire(s)" por "negocio(s)". Generalmente hemos procurado no hacerlo; pero a lo largo de la obra, en función del contexto, en ocasiones también hemos utilizado la palabra "negocio(s)" para traducir "affaire(s)", siempre recordando la misma recomendación ya hecha para la palabra "empresa(s)", cual es no restringir su significado a la sola búsqueda del lucro o de algún interés exclusivamente privado. Conviene recordar aquí el muy amplio sentido original de "negocio(s)" como negación del ocio; del latín "*neg-otium*".

En segundo lugar, en cuanto a la traducción también hemos creído conveniente comentar este otro caso. A lo largo del texto, con mucha frecuencia, Fayol también utiliza la palabra "entreprise(s)", la cual siempre traduciremos con la palabra "empresa(s)" en español, aunque como acabamos de ver también la utilizamos para traducir "affaire(s)", cuando según el contexto así convenga.

En tercer lugar, también creemos importante comentar la traducción de la muy importante palabra francesa "gouvernement" –"gobierno" en español– aquí utilizada por Fayol por primera vez. Algunas de las traducciones de AIG al español por completo omiten a esta importantísima "Advertencia inicial". Hacerlo, como veremos, es muy grave. Por otro lado, también hemos podido comprobar que en cierta traducción al español que sí la incluye, parece haber existido el temor de traducir "gouvernement" por "gobierno", utilizando en su lugar la palabra "dirección". ¿Por qué semejante timidez? Quizás por falsamente creer necesario evitar su asociación con entes del sector público y gobierno cuando de un país se trata. Pero quienquiera consulte su significado en el Diccionario de la Real Academia Española y lo compare con "gouvernement" en francés encontrará que nada impide la traducción directa de una por la otra. Por lo tanto, visto que a lo largo de la obra Fayol con cierta frecuencia utiliza las palabras francesas "gouvernement" y "gouverner", no hemos dudado en traducirlas en toda ocasión con las palabras "gobierno" y "gobernar". La traducción publicada por la *librería "El Ateneo" Editorial,1961* tiene, en adición al mérito de incluir la señalada "Advertencia inicial", el de apropiadamente traducir con "gobierno" la palabra francesa

Me propongo exponer aquí mis ideas acerca de la manera en que este papel debería ser cumplido.

Mi trabajo estará dividido en cuatro partes:

1ª parte. – *Necesidad y posibilidad de una enseñanza administrativa;*

2ª parte. – *Principios y elementos de administración;*

3ª parte. – *Observaciones y experiencias personales;*

4ª parte. – *Lecciones de la guerra.*

Las dos primeras partes –objeto del presente volumen– son el desarrollo de la conferencia que dicté en ocasión al cincuentenario de la "Société de L'Industrie minérale", en Saint-Etienne, en 1908.

Las partes 3a y 4a serán el objeto de un segundo volumen que se publicará próximamente.[25]

"gouvernement". Meritorio también es la inclusión que en el mismo volumen y a título de apéndice hace de diversos extractos de otras publicaciones y conferencias dictadas por Fayol. Nos reservamos nuestra opinión acerca de los escritos de terceros también incluidos.

[25] Fayol no completó su proyecto original. Con respecto a la 3ª parte existe un crudo borrador bastante extenso; de la 4ª parte tan solo unas pocas líneas. Leídos estos textos queda clara su naturaleza complementaria a las dos primeras partes que sí publicó, las cuales se bastan a sí mismas para transmitir lo que Fayol se propuso decir. Debido a esto no nos hemos sentido obligados a traducir y comentar estos borradores.

COMENTARIOS A LA "ADVERTENCIA INICIAL"

LO QUE HENRI FAYOL SE PROPUSO TRANSMITIR Y LA ORIGINALIDAD DE SU APORTE

Advertencia inicial de Fayol acerca de lo que se propone transmitir al lector

Afirmamos que mediante un libro –"Administración industrial y general"– Fayol se propuso transmitir –tras una larga experiencia personal– sus ideas acerca del muy importante papel que la administración –tal cual veremos ofrece entenderla– ha de cumplir en relación al desempeño de un oficio; el oficio que por más de cincuenta años ejerció. ¿Cuál oficio? El oficio de gobernar empresas, con la intención, claro está, de que sus ideas fuesen aplicables al gobierno de las empresas de cualquier clase y magnitud, públicas o privadas, con o sin fines de lucro.[26]

Es el propio Fayol quien afirma ser éste su propósito en la breve advertencia con la cual inicia su obra; aquí traducida y reproducida en las páginas 21 y 22 precedentes. Las dos oraciones constitutivas del primer párrafo son muy importantes. Rezan así:

"La *Administración* cumple, en el gobierno de las empresas, de todas las empresas, grandes o pequeñas, industriales, comerciales, políticas, religiosas u otras, un papel muy importante. Me propongo exponer aquí mis ideas acerca de la manera en que este papel debería ser cumplido."

El lector perspicaz de inmediato podrá objetar no ver en estas dos oraciones al verbo "gobernar" recién introducido sin más por nosotros, lo cual es cierto. Tan solo figura el substantivo "gobierno" en la primera oración.

Ahora bien, está claro que con frecuencia veremos a Fayol utilizar substantivos, pero ello no debe llamar a engaño. Insistimos: lo que nuestro autor fundamentalmente va a querer transmitir al lector a lo largo de "Administración industrial y general" son –con base en su experiencia– sus ideas acerca del ejercicio de ciertos verbos clave del campo.[27]

---

[26] Con respecto a la palabra "empresa" recordar la muy amplia cobertura que ha de dársele a este término cuando del lenguaje de Fayol se trata (nota al pie 24 de la traducción de la "Advertencia inicial" arriba introducida). Comúnmente es a la palabra "organización" que se le ha dado esa misma amplia cobertura, pero visto el significado muy particular que en Fayol tiene la palabra "organización" como uno de los cinco elementos constitutivos de la administración, seguiremos utilizando la palabra "empresa" con el sentido muy amplio ya explicado.

[27] Veremos que los verbos más fundamentales son: gobernar, administrar, prever, organizar, mandar, coordinar y controlar. Cuando con base en su larga experiencia Fayol expresa sus ideas acerca de la naturaleza y ejercicio de cada uno de estos verbos, veremos que en lugar de referirse a ellos mediante un substantivo, la redacción directamente involucra al verbo, con expresiones tales como: "gobernar es…", "administrar es…", "prever es…", etc.; o cualquier otra variante claramente verbal. El capítulo 1 de la 1ª parte de AIG nos ofrecerá una primera muy notoria evidencia. El título de dicho capítulo es "Definición de la administración" y sin embargo cuando más adelante por fin pasa a cumplir lo que este título pareciera prometer, cuál sería la definición del substantivo "administración", más bien introducirá su definición diciendo: "Administrar es prever, organizar, mandar, coordinar y controlar", de hecho definiendo a un verbo en lugar del substantivo (amén de, para sorpresa del lector, definirlo con base en cinco otros verbos). A menudo podremos observar estos virajes de substantivos a verbos a todo lo largo de la obra.   Sigue →

Admitida tentativamente por parte del lector nuestra tesis concerniente a la preeminencia de los verbos y visto que administrar precisamente es aquél verbo que según Fayol cumple un papel muy importante a la hora de gobernar, no ha de extrañarnos que su obra se centre en el ejercicio de la administración y que en el título de su libro figure la palabra "administración" en lugar de "gobierno". Pese a esto, es vital en todo momento mantener presente a lo largo de la lectura de la obra lo que Fayol nos ha dicho en las dos oraciones iníciales arriba citadas. Postulan que el gobierno es el gran contexto dentro del cual se enmarca la administración. Administrar será, como lo veremos, parte del gobernar; ciertamente la más importante, sobre todo mientras más alto sea el cargo ocupado y más elevado el desarrollo alcanzado por la empresa.[28]

Hagamos más explícita nuestra tesis.

La obra de Fayol no representa otra cosa que el intento de transmitir su experiencia acerca del ejercicio de ciertos verbos. Afirmamos que esto es lo que ha dificultado la plena comprensión de su real aporte al campo. Y esto a su vez explica la tradicional presentación que de su mensaje vemos en los libros de texto: una exposición muy esquemática y elemental, cual si lo único que restase fuese la obligación de rendirle tributo a un iniciador ya muy superado. Pero ¿será cierto que Fayol es tan solo un iniciador ya superado?

Bien leído el primer párrafo de la "Advertencia inicial" queda claro que mediante un escrito, "Administración industrial y general", Fayol se propuso transmitir –tras una larga experiencia personal– sus ideas acerca del muy importante papel que el administrar ha de cumplir en el desempeño del oficio de gobernar, el cual por más de cincuenta años ejerció ascendentemente en un importante grupo empresarial de su época, «La Société anonyme de Commentry-Fourchambault et Decazeville», hasta alcanzar estar a cargo de la conducción del complejo en su totalidad.

Igualmente se nos hará evidente que su intención fue que sus ideas concernientes al oficio de gobernar pudiesen hacerse extensivas al gobierno de las empresas de cualquier clase y

---

Fayol utiliza los substantivos correspondientes a cada uno de los siete verbos arriba citados cuando –en lugar de expresar sus ideas acerca del ejercicio mismo de cualquiera de estos verbos– lo que gramaticalmente le exige la redacción del momento es un referirse al verbo en cuanto clase de acción; la clase correspondiente a cada uno de esos mismos siete verbos. Los substantivos correspondientes son, claro está: gobierno, administración, previsión, organización, mando, coordinación y control. En cada caso se trata de un referirse a cierta clase de acción. De allí que sobre todo –pero no exclusivamente– utiliza substantivos cuando de títulos se trata (título de la obra, título de las dos grandes partes de la obra, título de las secciones y sub-secciones). Recuérdese que en la naturaleza de los títulos está el cumplir la función del un "referirse a…".

Advertencia. En cuanto a las siete palabras clave aquí mencionadas –verbos o substantivos– conviene que el lector no prejuzgue su significado. Será el propio Fayol quien en su momento se encargará de proponernos cómo entenderlas.

[28] Esto último lo veremos ampliamente desarrollado en el capítulo 2 de la 1ª parte de la obra.

magnitud, públicas o privadas, con o sin fines de lucro. De allí que en el título de su obra figure la palabra "general".

¿DE SIMPLE INTERÉS ACADÉMICO EL APORTE DE FAYOL?

Habiendo puesto de relieve el énfasis verbal de su obra –su querer contribuir al mejor ejercicio de ciertos verbos–[29] estamos ahora en condiciones de precisar el puesto que la obra de Fayol merece ocupar dentro del marco de la vasta literatura, de todos los tiempos, concerniente al tema del gobierno.

Haremos esto contrastando su aporte con el realizado por quienes, relativo al mismo tema, podríamos a primera vista considerar sus posibles "competidores".

En efecto, acerca del gobierno son muchos los autores que han escrito desde tiempos remotos.[30] La literatura por ellos generada, amén de vasta, incluye obras de elevada calidad y pertinencia.

Fayol, su originalidad: relativo al oficio de gobernar, ni filósofo ni científico de la política.

¿Qué podría Fayol –autor tardío en llegar, simple dirigente de empresas– agregar al aporte ya realizado por tantos otros muy reputados autores?

Para precisar el lugar que la obra de Fayol amerita ocupar entre tantas otras que han tratado el tema del gobierno, es importante comenzar por destacar las dos grandes clases de literatura que al respecto han existido.

La más antigua corresponde a la así denominada "filosofía política". En ella encontramos una larga tradición de pensadores –autores de grandes clásicos– cuya importante influencia se ha hecho sentir a lo largo de los siglos.[31]

---

[29] Los principales verbos, aunque no los únicos, son: "gobernar", "administrar", "prever", "organizar", "mandar", "coordinar" y "controlar". Veremos que a partir de estos se desprenden múltiples otros verbos subordinados.

[30] Tanto en los orígenes judeocristiano-griego-romano de la así denominada civilización occidental (La Biblia, Platón, Aristóteles, Cicerón, San Agustín, etc.), como en la muy estrecha relación entre el Islam y el debido comportamiento de los creyentes expresada en la *"Sharia al Islamiya"*, sin olvidar los aporte del lejano oriente (los cuatro libros clásicos de Confucio en China; en la India: las así denominadas Leyes de Manu –principalmente capítulos VII–IX, el reputado maquiavelismo de Chanakya –autor del extenso tratado Arthashastra tocante a los múltiples asuntos que conciernen al gobierno– y una importante sección del extensísimo poema épico El Mahabarata, luego que los hermanos Pandava hubiesen recuperado su reino tras la batalla del Kurukshetra)... todo ello indica la muy temprana inquietud de los seres humanos por el tema del gobierno, interés que ha perdurado en el tiempo y que hasta hoy día prosigue.

[31] Limitándonos al mundo calificado de occidental, ¿quién no ha oído mencionar "La república" de Platón, "La política" de Aristóteles –ambos críticos de la visión que los sofistas tenían de la política–, el Príncipe de Maquiavelo, "El contrato social" de Jean Jacques Rousseau, "Las leyes" de Montesquieu, el Leviathan de Hobbes, "Los dos tratados del gobierno" de John Locke, seguidos por el liberalismo de John Stuart Mill así como por las diversas críticas surgidas en el siglo XIX por parte de pensadores anarquistas y socialistas? En tiempos más recientes teóricos contemporáneos de la democracia como Giovanni Sartori y Norberto Bobbio, así como diversos pensadores de

La segunda gran clase de literatura proviene del campo de las "ciencias políticas" o "politología". Se trata de una literatura de aparición mucho más reciente con el surgimiento, a partir de la segunda mitad del siglo XIX, de las diversas ramas de las ciencias sociales. Sus publicaciones –artículos y libros– son el producto de una clase muy particular de investigadores, cuya labor ha consistido en estudiar los fenómenos de la política –el poder y el gobierno– mediante la consciente aplicación de metodologías científicas, en ocasiones más ortodoxas, en otras menos.[32]

Aunque ambas –filosofía y ciencia– innegablemente hayan alcanzando elevados y valiosos niveles de desarrollo, debe quedar claro que en relación al tema del gobierno, en un caso se trata de obras provenientes de pensadores del tema, en tanto que en el otro son publicaciones producto de quienes lo investigaron. Examinemos el oficio desempeñado por cada uno.

Los filósofos son fundamentalmente pensadores. Aunque ciertamente le hayan dedicado mucho de su pensamiento al tema del gobierno –acerca de su constitución, su razón de ser, cuando son buenos, cuando no lo son, sus funciones, quienes lo desempeñan, etc.– pensar acerca del gobierno, todo ello a lo sumo genera opiniones contemplativas, independientemente de cuan sabias y pertinentes pudieran ser. Ciertamente "opiniones contemplativas" no significa aquí el simple producto de elucubraciones en el vacío. Muy por el contrario, en el caso de los grandes pensadores, se trata de obras producto de una elevada perspicacia y gran inquietud acerca de las circunstancias sociopolíticas características de su época y región.[33]

Por su parte los politólogos son científicos centrados en el oficio de investigar los fenómenos y comportamientos que giran alrededor del gobierno, del poder y regímenes de dominación entre los seres humanos, tanto individual como colectivamente considerados. Estudios que sin

---

inspiración o influencia marxistas tales como Antonio Gramsci, Georg Lukács, amén de Jurgen Habermas y Theodor Adorno de la escuela crítica de Frankfur.

[32] Metodologías que van desde los positivistas más ortodoxos hasta estos otros investigadores que se inspiran en los recursos de la fenomenología y de la más reciente "ethnomethodology", pasando por los conductistas y los partidarios del enfoque de sistemas, entre las muchas variantes y sinnúmero de politólogos, relativo a quienes un simple listado difícilmente haría justicia.

[33] Algo semejante aplica al caso de esos otros pensadores de la fenomenología y realidad humana en general. No siendo filósofos en cuanto tales, han dejado sin embargo una obra que tiene cierta relación –muchas veces importantes implicaciones– para con el tema del gobierno. Tal sería el caso de un Hugo Grocio con respecto al derecho, de un Adam Smith en economía, de Karl Marx como caso emblemático o de un Max Weber, erudito este último de las ciencias sociales en general. Ciertamente la lectura de sus obras puede haber sido y aun es fuente de inspiración para quienes ha correspondido o corresponde –por vocación, herencia u obligación nacida de ciertas circunstancias– ejercer el gobierno de agrupaciones humanas de cualquier clase o magnitud.

duda pueden ser de mucho provecho para quien esté a cargo de gobernar.[34] Sin embargo, lo cierto es que el conocimiento por ellos generado también es de carácter <u>contemplativo</u>.[35]

El que al filósofo en cuanto <u>pensador</u> no le haya correspondido gobernar, el que al politólogo en cuanto <u>investigador</u> tampoco le haya correspondido hacerlo, ello significa que la alteridad inadvertidamente asumida por ellos relativo a lo pensado o investigado en ambos casos supone un distanciamiento separador de lo que piensan o investigan. Distanciamiento que supone la asunción de un cierto ángulo relativo al tema pensado o investigado. Alteridad precisamente opuesta al de "ponerse en los zapatos" de quienes de hecho han tenido o tienen por oficio central gobernar, con lo cual ha de quedar claro que la natural inclinación contemplativa de filósofos e investigadores debe haberles tendido a dificultar, cuando no impedido, experimentar y mucho menos expresar las vivencias de quienes gobiernan: el cómo sienten, imaginan, recuerdan, perciben, expresan y hacen lo que les corresponde.[36]

Es importante entender que ser capaz de contribuir a que quien gobierne lo haga mejor <u>no</u> significa, propiamente hablando, enseñar a gobernar. Filósofos y politólogos pueden contribuir y de hecho han contribuido muy significativamente a que los gobernantes y sistemas de

---

[34] "De mucho provecho" significa aquí ciencia política aplicada. Estableciéndose una relación semejante a la que podemos ver entre el "coach" de natación y el nadador, pudiendo el primero serle muy útil al segundo mediante recomendaciones sustentadas en las ciencias que domina.

[35] Cautelosamente quizás convendría mejor decir "<u>pretensión</u> al conocimiento", y esto debido a las polémicas que giran en torno a tal conocimiento. Como bien se sabe, los resultados de las ciencias sociales en general y politología en particular con facilidad se prestan a discusiones referentes al grado de objetividad que son capaces de alcanzar, así como a su mayor o menor independencia de los valores, explícita o implícitamente asumidos por el investigador.

[36] Piénsese en dos clases de consciencia. **(1)**- Aquella que por parte de filósofos y politólogos consiste en pensar o investigar un determinado fenómeno u cosa, implicando en ambos casos el establecimiento de una relación de alteridad que les distancia y separa de lo pensado o investigado, cosa que necesariamente supone hacerlo desde cierto ángulo; ángulo asumido de entre el sin número de los posibles, y jamás asumibles en su totalidad; consciencia a la cual, supuesta la veracidad de aquello de lo cual está consciente, convenimos en denominar <u>conocimiento</u>, (en este caso la clase de palabra indicada para referirse a lo conocido es un <u>substantivo</u>). **(2)**- La otra consciencia no angular, la que mal que bien procura transmitir Fayol vía AIG –un escrito–, y que supone una suerte de compenetración –unión/fusión– entre **a.** quien ejecuta algo y **b.** lo que conscientemente ejecuta, conformándose así un todo indisociable (precisamente lo opuesto a la alteridad que distancia y separa al conocedor de lo que conoce); consciencia a la cual, para claramente distinguirla del conocimiento antes descrito, preferiremos calificar de un <u>saber</u>; el saber de una consciencia que <u>sabe</u> lo que hace mientras lo hace; cosa que ocurre cuando con toda naturalidad alguien lleva a cabo algo de cuya ejecución es capaz, siendo que la palabra indicada para referirse a ello es un <u>verbo</u>, por ejemplo "nadar" que supone la unión de **a.** Quien nada con **b.** el nadar que <u>sabe</u> llevar a cabo. Entender el sentido verbal de la obra de Fayol nos obligará a profundizar –lo veremos más adelante– en la muy peculiar relación que los seres humanos sostienen con los verbos al momento de ejecutarlos. Por convención propia, en lo que sigue, habremos de distinguir "conocimiento" de "saber" (términos singulares que distinguimos para evitar la falta de rigor corriente que surge de la utilización indistinta de palabras cual si fuesen perfectos sinónimos, cuando estrictamente hablando no lo son).

gobierno se transformasen. Pero por muy importante que su influencia haya sido, la función cumplida sigue siendo una de apoyo y no el ejercicio mismo del gobierno y su enseñanza.[37]

Ahora bien, la singularidad y si se quiere la originalidad de Fayol radica en que, siendo su gran tema el gobierno, no lo aborda con el mero pensamiento como lo haría un filósofo. Tampoco lo hace a partir de la actitud característica de un investigador.[38]

Fayol... en lo fundamental ni pensador ni estudioso, un hombre de acción, aunque de inmediato cabe aclarar que siendo ésta su inclinación, ello no debe haberle impedido apreciar la utilidad que en el desempeño de su oficio podían tener las reflexiones e investigaciones que acerca del gobierno pudieran haberle llegado de pensadores y científicos.

Reiterémoslo. Lo que Fayol quiere lograr con su libro es contribuir a que el oficio de gobernar se aprenda mediante transmitirnos lo que considera una experiencia valiosa: la suya. Con mayor precisión: una contribución que apunta a la enseñanza del administrar en cuanto, como ya vimos, ser ésta la parte más importante del gobernar (más importante, veremos, mientras más alto el cargo y más desarrollada la empresa).

Según Fayol, una enseñanza necesaria. La historia sin embargo nos exige explicar su tardanza en llegar.

Sin duda a estas alturas cabe preguntar cómo es posible que los seres humanos –la humanidad entera– a lo largo de posiblemente cinco milenios o más, pudiese no haber sentido la necesidad de maestros cuya actividad y obras hubiesen tenido por clara orientación la de enseñar el oficio de gobernar. Se trata de muchos siglos a lo largo de los cuales han existido muchos jefes de todas las clases y jerarquía, con múltiples niveles y calidad de desempeño; sobre todo visto el elevado número de mandamases poco ejemplares habidos a lo largo de la historia.

---

[37] Los impresionantes avances de las ciencias desde los inicios de la modernidad, los crecientes y con frecuencia espectaculares logros alcanzados en virtud de su aplicación han contribuido a hacer perder de vista que el real papel que las ciencias aplicadas pueden cumplir en relación a la gran diversidad de actividades humanas no es otro que una función de apoyo. Veámoslo como sigue. Desde siempre, entre las actividades de los seres humanos, ha existido la de protegerse de las condiciones ambientales. A lo largo de los siglos, de múltiples maneras y con diversos medios se las ingeniaron para lograrlo. Muy lento fue el progreso. Llegan las ciencias con su aplicación en apoyo a esa actividad de cobijo y de manera impresionante se multiplican las maneras y medios para lograrlo. Tal como desde siempre los seres humanos han procurado protegerse de las condiciones ambientales, desde siempre ha sido necesaria la existencia de alguna actividad gubernamental entre los seres humanos. Al respecto igualmente pueden, y de hecho han podido, las ciencias aplicadas venir en su apoyo. Gobernar, sin embargo, no es simple ciencia aplicada.

[38] En cuanto hombre orientado a la acción en ningún caso el entendimiento que Fayol pudiera haber tenido de sí mismo podría haber sido cualquiera de los dos oficios mencionados, filósofo o científico (tampoco el de ingeniero, a pesar de ser ésta su profesión original). En cuanto al tema del gobierno, nos presenta, si se quiere, un tercer camino. Por lo tanto, en adición a no poder leerse y mucho menos criticarse a Fayol desde un punto de vista científico o de la ciencia aplicada, nos toca también agregar que tampoco puede leérsele y mucho menos criticársele un filosofar doctrinario que jamás asumió.

Llegados al cargo por vocación, herencia u obligación surgida de circunstancias particulares ¿cómo se formaron todos ellos? ¿Acaso por milenios se dejó a la simple suerte el que los gobernantes de turno fuesen talentosos por naturaleza y por lo tanto capaces de formarse a la par de estar ejerciendo el oficio? Nacidos en una clase dirigente ¿habrá sido mediante la observación de como lo hacían sus padres, al punto de incluso acostumbrarse a mandar desde muy temprana edad? Además ¿cómo es posible que en general, a diferencia de las grandes obras producidas por los grandes pensadores de la política, no dejasen notorios testimonios acerca de cómo gobernaron a fin de con base en su experiencia contribuir a la formación de cada vez mejores gobernantes?

En fin ¿cómo se explica el haber tenido que esperar hasta la Revolución Industrial para que surgiese un Fayol y otros indicando la necesidad de formar a los dirigentes de empresa?[39] Sin pretender agotar el tema presentamos seguidamente una posible respuesta.

Sin dejar de reconocérsele cierta importancia al conocimiento, en el campo político es fundamentalmente la opinión la que ha imperado e impera, siendo que a lo largo de muchos siglos los regímenes y gobiernos más visibles fueron precisamente de esta clase: fundamentalmente políticos en su naturaleza. Por siglos el problema gubernamental que más inquietó a pensadores y estudiosos fue el político.

En relación a las demás actividades —productivas, comerciales y otras— el problema gubernamental no se hacía sentir con igual intensidad. Ninguna organización o empresa tenía una magnitud tan siquiera comparable a la de cualquier ente político, fuese éste un principado, reino o imperio. Con la Revolución Industrial comienzan a aparecer empresas de creciente magnitud, cuya dirección —calidad de gobierno— ya no podía dejarse al azar. A diferencia de la impunidad de la cual con frecuencia gozaban —y aún hoy día gozan— los malos gobiernos en el campo de la política, las empresas pronto pagaban muy caro los errores que sus gobernantes pudiesen cometer. ¿Cómo explicar esto?

Si la política siempre ha sido más asunto de opinión que de conocimiento, en las empresas ocurre lo inverso. En ellas, sobre todo las de carácter productivo, es el conocimiento el que prevalece por sobre la opinión ya que, por ejemplo, no puede ser asunto de simple opinión la fabricación de una locomotora, de viviendas, de muebles y enseres, de alimentos y bebidas o de cualquier otro producto, sobre todo si la producción de estos ha de ser masiva y

---

[39] En la introducción a su obra "The Principles of Scientific Management" Taylor —igualmente hombre de la Revolución Industrial— también expresa la necesidad de que los futuros líderes reciban cierta formación. Lo dice así: "In the future it will be appreciated that our leaders must be trained right as well as born right,...". Sin embargo debe quedar claro que su propuesta difiere en mucho de la de Fayol. En verdad Taylor concibe al entrenamiento de los líderes —realmente debería haber dicho "managers"— como la formación de científicos aplicados al mundo del trabajo. Concepción que habrá de dominar la formación de múltiples generaciones de alumnos de las escuelas del campo hasta los años 80 del siglo XX. Tan solo a partir de entonces, en las escuelas del mundo anglosajón, comienza a surgir una creciente conciencia de la necesidad de que las escuelas formen líderes en lugar de simples "managers"... en lugar de simples científicos aplicados expertos en el manejo de los recursos de todas las clases.

estandarizada.[40] La Revolución Industrial significó precisamente esta irrupción de las ciencias aplicadas en las actividades productivas del ser humano. El aseguramiento de la producción en la cantidad y calidad requerida pasa a exigir ampliar y precisar el papel del conocimiento en la conducción de las empresas.[41]

Ciertamente lo expuesto nos permite entender el llamado que F. W. Taylor hace en cuanto a la necesidad de formar "managers"; esos expertos en las ciencias del trabajo requeridos para asegurar una producción de elevada y confiable productividad.

De las opiniones por demás elogiosas que Fayol expresa acerca del "management" científico de Taylor se desprende el claro entendimiento que tuvo del enfoque de este otro autor, amén de con algunas reservas expresar su general acuerdo.

Pero ¿qué hay del propio Fayol y su propuesta?

Ciertamente captó el novedoso espíritu ultra productivo de la época. Sin embargo, a diferencia de Taylor, Fayol entendió muy bien que producir no es lo mismo que gobernar; que la actividad de producir no es el todo del gobernar, aunque a este último corresponda, entre otros menesteres, asegurar que ocurra de la mejor manera posible.[42] En cuanto ingeniero ciertamente comprendió muy bien los beneficios de las ciencias aplicadas a la producción. Pero también supo entender que el éxito de las empresas, más allá de su capacidad y calidad productiva dependía de la calidad de sus gobernantes. Su desempeño ya no podía dejarse al azar. De allí la necesidad de enseñar a gobernar y… a administrar visto el importante papel que al respecto cumple.

---

[40] Ello no significa la total ausencia de opiniones en las empresas. Simplemente ocurre que su razón de ser productiva exige resultados tangibles los cuales normalmente suponen un elevado componente de conocimiento. Generalizando: tanto en la política como en la empresa productiva el conocimiento y la opinión cumplen un determinado papel, siendo que la actividad de la primera otorga mayor cabida a la opinión que al conocimiento, en tanto que en el ámbito de la segunda se otorga mayor importancia al conocimiento por sobre la opinión.

[41] Nótese que de paso estamos ahora en condiciones de entender porque en las empresas cuya actividad y razón de ser es principalmente producir bienes y servicios, no han podido con notorio éxito instaurarse los procesos democráticos de toma de decisiones que en el campo de la política ciertas sociedades han podido alcanzar a instituir (votaciones para tomar decisiones clave y elegir gobernantes, ley de la mayoría, libertad de expresión, división de los poderes y tantas otras iniciativas). Las decisiones sustentadas en el conocimiento científico no pueden ser democráticas como sí lo pueden ser las que son asunto de opinión. Todo conocimiento considerado válido acerca de cierta materia, rescinde cualquier derecho a la opinión acerca de ella.

[42] Pronto veremos (capítulo 1 de la 1ª parte de AIG) que las así denominadas por Fayol "operaciones o funciones técnicas" que están a cargo de la actividad productiva de la empresa tan solo constituyen una de la seis grandes clases de operaciones o funciones esenciales que la empresa ha de llevar a cabo y que a su gobierno corresponde asegurar.

PROFUNDIZANDO EN EL SENTIDO VERBAL DE LA OBRA "ADMINISTRACIÓN INDUSTRIAL Y GENERAL" DE FAYOL

Hemos afirmado que la obra de Fayol no representa otra cosa que el intento de transmitir su experiencia acerca de la ejecución de ciertos verbos. Afirmamos también que esto es lo que precisamente ha dificultado la plena comprensión de su real aporte al campo. Nos corresponde, pues, profundizar en el sentido verbal que el auténtico entendimiento de su obra exige.

¿Qué tienen de particular los verbos? La enseñanza que conduce a saber ejecutarlos.

A continuación nos proponemos profundizar en lo que significa la lectura verbal de la obra de Fayol. Lo haremos mediante la utilización reiterada de una situación verbal análoga, aunque sencilla. El verbo elegido será "nadar".

El intento de Fayol equivale a la de un maestro experto en natación que tan solo mediante algún libro o video que hubiese publicado acerca de este deporte, pretendiese que cualquier aprendiz, leyendo el primero y viendo el segundo, pudiese aprender a nadar.

Pero bien lo sabemos: no se aprende a nadar de esta manera.

Conviene desde un principio comprender que la relación de los seres humanos con los verbos –a diferencia de la que sostienen con los substantivos– tiene particularidades que conviene hacer explícitas y que necesitaremos no perder de vista. Veamos.

En relación a los verbos de ejecución humana, saber significa saber ejecutarlos.[43]

Ejemplo: nadar si se quiere y se está en condiciones de hacerlo y aguas suficientemente profundas están disponibles. De hecho la mejor evidencia de que se sabe nadar precisamente es ésta: nadar cuando se quiere hacerlo y tanto las condiciones propias como las del entorno son favorables.

De inmediato cabe preguntar: ¿y cómo se alcanza a saber nadar? La única respuesta posible es: ¡intentándolo! Pero se observará: ¿cómo es esto posible? ¿Cómo puede un simple intentar nadar asegurar el tránsito del no saber-hacerlo al sí saber-hacerlo? La respuesta sigue siendo: "intentando una y otra vez hasta lograrlo"; hasta lograr el aprendiz nadador compenetrarse con la ejecución que el verbo "nadar" exige. Como bien sabemos así ocurre con los niños, normalmente con la asistencia de algún adulto que evite se ahoguen.

Lo descrito con respecto a la natación nos permite distinguir las dos tareas clave siguientes, presentadas a continuación en su orden temporal natural.

En primer lugar, ¿cómo se alcanza en el caso de los verbos a poseer un determinado saber? Respuesta: intentar –probar– hasta alcanzar saber ejecutarlos. La posterior práctica apuntará a perfeccionar su ejecución.

---

[43] Tratándose de los quehaceres –verbos– correspondientes a un oficio, más indicado será decir que saber significa "saber ejercerlo".

En segundo lugar, ¿cómo se valida —como se evidencia— la posesión de ese saber-hacer? Respuesta: de querer ejecutarlos, hacerlo exitosamente cuando las circunstancias propias y del entorno son favorables.

Propuesta de distinción entre lo que significan conocer y saber.[44]

Precisar el sentido verbal de la obra de Fayol nos obliga, adicionalmente y continuando con el mismo ejemplo, a profundizar en la siguiente distinción que proponemos: no es lo mismo 1.– poseer conocimientos de natación, que 2.– el nadar mismo –el estar nadando– por parte de quien sabe-nadar.[45]

Por parte de quien posee un determinado conocimiento, ello supone la conciencia de un estar separado de lo que conoce… separado de aquello de lo cual está consciente; un algo otro a lo cual necesariamente habremos de referirnos –no mediante un verbo– sino mediante un substantivo, aquí "natación". Conocimiento al cual con toda naturalidad cabe calificársele de contemplativo.

Por parte de quien sabe-hacer algo, en lugar de separación, necesariamente ha de existir una suerte de compenetración entre quien ejecuta y el verbo que ejecuta. Supone unión entre el verbo ejecutado –aquí "nadar"– y quien conscientemente lo ejecuta, quien conscientemente nada; precisamente lo opuesto a una conciencia separada de lo que hace.

Es así que hemos asumido como convención distinguir conocer-x-cosa (apropiado será referirse a esa cosa mediante un substantivo) del saber-hacer que corresponde a la ejecución de un determinado verbo. Aún cuando ocasionalmente el lenguaje corriente permite hacerlo, asumiremos como norma evitar utilizar los verbos "conocer" y "saber" como sinónimos.

Ahora bien, refiriéndonos al conocimiento, éste encuentra su natural expresión en la afirmación de un determinado algo acerca de algo, afirmación que denominamos proposición; proposición que podrá ser calificada como verdadera o falsa, según los resultados que arroje la investigación correspondiente. En cuanto observador se podrá por ejemplo expresar la proposición "fulano de tal sabe nadar" y verificar si ello es verdadero o falso, toda vez que se le vea haciéndolo en aguas suficientemente profundas. Estamos, como ya apuntamos, en el ámbito del conocimiento contemplativo.

Invulnerable a todo intento concebible de desmentirla, establecida entonces como aceptablemente verdadera en tanto no ocurra tal desmentido, la proposición se constituye en la expresión de un determinado conocimiento. Conocimiento contemplativo fundamentado en un determinado encuentro entre el sujeto que conoce y el objeto conocido. Dualidad que propicia cierto rango de posibles apreciaciones, cuando no polémica, sobre todo en las ciencias sociales, acerca de cuanto de objetivo o subjetivo tiene el conocimiento que la proposición

---

[44] Una primera introducción de esta distinción fue hecha en la nota al pie 36, pág.: 27.
[45] Para allá vamos: no serán lo mismo poseer conocimientos acerca del tema gobierno que saber-gobernar; poseer conocimientos de administración que saber-administrar.

apunta a expresar. Objetivo —auténtico— aquel conocimiento, quizás jamás perfectamente alcanzable, del cual pueda asegurarse, mediante la rigurosa aplicación del método científico, la total independencia —separación— del objeto conocido del sujeto que conoce.

Ahora bien, obsérvese la diferencia muy importante que existe entre un tal <u>conocimiento proposicional contemplativo</u> que supone separación y el <u>saber-ejecutar</u> cierto verbo, por ejemplo "nadar", que supone un <u>saber no contemplativo</u>, vista la necesaria existencia, como ya apuntamos, de una suerte de compenetración —unión— entre el verbo ejercido y quien conscientemente lo ejecuta. De allí que tratándose del <u>saber nadar</u> —ninguna duda de que se trata de un saber-hacer— no aplique la dualidad separadora sujeto/objeto, mal pudiéndose entonces calificar la ejecución de cierto verbo —por ejemplo, "nadar"— como más o menos objetiva, más o menos subjetiva. De un nadador puede afirmarse que nada mejor o peor, pero en ningún caso criticar su nadar por ser muy subjetiva la manera en que lo hace o elogiarlo debido a la gran objetividad con la cual lo hace, o cualquier otra valoración entre estos dos calificativos extremos.

Primer gran contraste entre el conocimiento y el saber:

Siendo que el conocimiento contemplativo supone cierta separación —distancia— entre el sujeto conocedor y el objeto conocido, ello ciertamente posibilita calificar a ese conocimiento de más o menos objetivo, de más o menos subjetivo.

La ejecución de verbos, por el contrario, supone compenetración/confluencia —unión— entre el ejecutante y el verbo ejecutado. De allí la imposibilidad de calificar a dicha ejecución como más o menos objetiva, como más o menos subjetiva. Más bien caben expresiones calificadoras tales como: "un nadar pausado", "otro torpe", "aquél elegante", "este nadar es muy peculiar", etc.

Segundo gran contraste entre el conocimiento y el saber:

Siendo que el conocimiento contemplativo encuentra su <u>expresión</u> en la proposición, ocurre que el saber-hacer correspondiente a un verbo cualquiera —nadar, por ejemplo— encuentra su natural <u>expresión</u> en la ejecución misma del propio verbo —del propio nadar de alguien— y no, reiteramos, en la formulación de alguna proposición. Saber que se expresa en el hacer mismo.

Tercer gran contraste entre el conocimiento y el saber:

En cuanto expresión de un posible conocimiento contemplativo, a cada proposición cabe aplicarle, de serle ello posible, sea el calificativo de verdadera o el de falsa. Por el contrario, en cuanto expresión de un determinado saber-hacer —saber-nadar, por ejemplo— al verbo que mediante su propia ejecución expresa que un tal saber existe, calificarlo de verdadero o falso supone una previa determinada concepción —incluso estándar— acerca de lo que ese verbo significa, lo que un nadar <u>auténtico</u> significa; un simple flotar, por ejemplo, no será entendido como un nadar; mínimamente cierta propulsión propia será esencial para ser considerado un tal.⁴⁶ Exigencias adicionales más rigurosas pueden ciertamente agregarse a la concepción estándar previa del verbo que se aplique.⁴⁷

El saber-hacer del científico, las dos tareas que cumple y el conocimiento que produce.

Veamos cómo aborda la ciencia empírica usual moderna las mismas dos tareas antes introducidas (el ejemplo desarrollado fue: cómo se alcanza a saber-nadar/cómo se valida ese saber-hacerlo).

Las cumple mediante la aplicación del método científico. Al método conciernen ambos: el cómo alcanzar un determinado conocimiento, pero también el cómo validarlo. De allí la aplicación del bien conocido imperativo: "validar en la experiencia". Por "validado en la experiencia" ha de entenderse un conocimiento fundamentado en la observación... más precisamente: fundamentado en evidencias, significando esto que con base en aquello que se nos presente como evidente habremos de validar el conocimiento de aquello que no se nos presenta en directa evidencia. De allí que la tarea de la ciencia empírica consista en un insistente des-cubrir.⁴⁸

Importante sin embargo es distinguir lo que el científico hace –lo cual supone ejecutar ciertos verbos– de lo que al cabo de su quehacer produce.

Una cosa es lo que en cuanto investigador el científico hace y otra muy diferente lo que produce mediante la actividad que lo caracteriza. Preguntamos: ¿qué produce? La respuesta es: produce la clase de conocimiento que tanto el mismo en primera instancia como, luego de publicado, otros en segunda instancia adquieren en virtud del saber-hacer que en cuanto investigador posee, cual es la de llevar a cabo la rigurosa labor de validación que la ciencia exige. El conocimiento así adquirido no es un saber ejecutar cierto verbo, no es un saber-hacer.

---

⁴⁶ Las palabras "verdadero" y "auténtico" tienden a ser utilizadas como sinónimas – "Este oro es verdadero"; "Este oro es auténtico". Sin embargo, la etimología de "auténtico" tiende a favorecer su aplicación a las cosas mismas visto el significado de "sí mismo" –identidad– transmitido por la raíz "auto-". Queda claro, por ejemplo, que difícilmente quieren decir lo mismo "Fulano es verdadero"-"Fulano es auténtico". En cuanto a proposiciones, ningún inconveniente hay en afirmar que es verdadero o falso lo que expresan (obsérvese: proposición verdadera ≠ proposición auténtica).

⁴⁷ De allí que veremos a Fayol definir los verbos clave que introduce en AIG así: "Gobernar es...", "Administrar es...", "Prever es...", etc. Ejercido verdaderamente –auténtico– será aquél verbo que cumple con la definición correspondiente, supuesto, claro está, que la hayamos admitido.

⁴⁸ Caso paradigmático del método científico es la formulación de hipótesis y su validación experimental. La primera se expresa mediante una proposición, la cual afirma o niega algo acerca de algo, en tanto que la segunda –su validación– apunta a establecer si lo afirmado o negado corresponde con los hechos observados. Ejemplo: formulada la hipótesis "A temperatura constante, el volumen de una masa fija de gas es inversamente proporcional a la presión que este ejerce", se valida o rechaza esta proposición mediante la observación controlada –esto es, experimental– de dicha relación ("Para poder verificar su teoría Boyle introdujo un gas en un cilindro con un émbolo y comprobó las distintas presiones al bajar el émbolo" – Wikipedia). Vemos que el método científico permite ambas cosas: adquirir el conocimiento a la par de asegurar –esto es, evidenciar– su posesión. Esto es, cumplir las dos tareas clave a las cuales nos hemos referido.

Se trata más bien de un conocimiento contemplativo: "un saber algo acerca de algo", el cual se expresa mediante proposiciones y cuya denominación –creemos más cómoda en el idioma español– es "conocimiento", según la convención que hemos asumido.[49]

En suma: por un lado está lo que el científico sabe-hacer, y por el otro lo que produce: un conocimiento contemplativo. Está claro que ejecuta ciertos verbos a la hora de producir conocimiento. Tal ejercicio se resume en la expresión: "aplicación del método científico" ("aplicación" = substantivo para denominar la clase de acción que lleva a cabo). Cierto es que en gran medida alcanza a saber ejecutar tales verbos aplicando reiteradamente el método. También es cierto que la mejor evidencia de que sabe llevarlos cabo es que, de querer aplicar el método y de existir las condiciones propicias, entonces aplicará el método según los cánones científicos generalmente aceptados. Pero lo que sigue siendo cierto es que del quehacer del científico –de su ejecución de ciertos verbos– lo producido es un saber contemplativo; que a los efectos de diferenciarlo del saber-hacer –del saber-ejecutar verbos– preferimos a título de convención denominar conocimiento.

El conocimiento que el científico produce y su aplicación a la ejecución de verbos

Nos interesa profundizar en la relación que pudiera y quizás debiera existir entre el saber-hacer concerniente a verbos y la clase de conocimiento apellidado "científico".

Retomemos nuestro ejemplo acerca del nadar examinando el papel que al respecto puede desempeñar la ciencia. Bien lo sabemos: la ciencia puede ayudar al nadador a nadar mejor. Este es el papel de la ciencia aplicada. Pero lo que no puede la ciencia hacer es enseñarle a nadar. Tan solo puede ayudar a quien ya sabe nadar. ¿Cómo? Mediante la consciente aplicación de una o varias ciencias que contribuyan a que pueda nadar mejor.[50] Alianza, hoy día permanente, que ha significado notorios avances en el mundo de los deportes en general.[51, 52]

---

[49] **La convención:** tratándose de verbos, aplica hablar en términos de un saber ejecutarlos o no, en tanto que relativo al reino de lo contemplado preferimos hablar de conocimiento. A fin de comprobar que en el idioma español resulta más cómoda la palabra "conocimiento" para referirnos al saber contemplativo, obsérvese lo incómoda que resulta la construcción "conozco nadar" a la hora de querer afirmar "sé nadar". Por otro lado, vemos que no hay mayor incomodidad en afirmar que en mayor o menor grado se posee "conocimientos de natación". Afirmar que se conoce un verbo tiene por natural efecto –en nuestro idioma– separar contemplativamente a quien así lo afirma del verbo en cuestión. La palabra "saber" por el contrario no distancia. Su etimología así lo confirma. Saborear, más que simple cercanía supone el contacto que implica un unirse con... Claro está que al estudioso de la natación le es muy necesario estar a distancia a fin de poder ser un observador externo que apunta a alcanzar un determinado conocimiento contemplativo acerca de este deporte. Pero ciertamente no es ese un conocimiento que por sí solo pudiese autorizarle a decir "sé nadar"; así como tampoco podría afirmarlo quien sin práctica previa alguna tan solo hubiese leído su estudio.

[50] Nótese que dijimos "aplicación consciente". Expliquemos este énfasis mediante el ejemplo que hemos utilizado. Digamos que un joven que está aprendiendo a nadar es observado por un científico, quien día tras día comprueba como mejora su desempeño en virtud de practicar con empeño. Cierto es que el científico podrá explicar tal mejoramiento a partir de los conocimientos que posee acerca de las ciencias que tienen relación con la natación. Pero ¿cabe afirmar que el mejoramiento observado se debe a que el nadador aplicó tales conocimientos? Ciertamente que no. Bien sabemos que tan solo es por ensayo y error que ha mejorado su desempeño, y que ello no

De la detallada exposición hecha hasta aquí se desprende la importante conclusión siguiente:

Mal puede leerse y mucho menos criticarse a Fayol desde el punto de vista y cánones del conocimiento científico contemplativo. Otra cosa está en juego. [53] ***Aclaremos esto como sigue:***

Ciertamente cabe preguntar por qué –a diferencia de Taylor– no creyó Fayol conveniente iniciar el campo desde la perspectiva científica.[54]

Hallaremos la respuesta en lo que de hecho expresamente se propuso transmitir: fundamentado en su experiencia, lo que la ejecución de ciertos verbos clave implica. Si a esto añadimos, como ya vimos, que la ejecución de verbos siempre precede cualquier apoyo que la ciencia aplicada pudiese aportar a la hora de mejorar dicha ejecución, entonces en nada se nos dificulta entender que la real intención de Fayol fue contribuir a que el ejercicio del oficio de gobernar se elevase mediante la enseñanza de la ejecución de los verbos clave que involucra (gobernar, administrar, prever, etc.) previo a cualquier contribución que las ciencias aplicadas pudiesen al respecto hacer.[55]

---

ha involucrado la consciente aplicación de conocimiento científico alguno. Lo que en verdad ocurrió es, cual si las tomase en cuenta, la progresiva pero inconsciente sintonía del aprendiz nadador con las leyes naturales que, ocultas, rigen al nado.

[51] Alianza entre el deportista y su entrenador. El primero sabe ejecutar cierto verbo (e.g.: nadar). El segundo contribuye a que lo haga cada vez mejor con base en la diversidad de conocimientos científicos aplicables al deporte (e.g.: fisiología del nadador, régimen alimenticio idóneo, mecánica de fluidos, etc.).

[52] Cabe observar que tampoco el conocimiento a priori de las matemáticas, se adquiere y valida como se alcanza y valida el saber-ejecutar verbos. El punto de partida y conocimiento alcanzado por las matemáticas también es contemplativo y se valida mediante pruebas y demostraciones. Estos conocimientos a priori tan solo pueden indirectamente ayudar a mejorar el nadar de quien ya sabe nadar. ¿Cómo? Mediante, por ejemplo, modelos matemáticos de simulación del deporte o mediante el apoyo que las matemáticas hayan prestado a las investigaciones científicas, con anterioridad a la aplicación de los descubrimientos de éstas últimas al deporte en cuestión.

[53] Evitando apriorismos nuestro entendimiento de Fayol no tendrá como punto de partida categorías científico-técnicas, las cuales como veremos son foráneas a lo que en AIG propone. Nuestro esfuerzo estará dirigido a dilucidar su enfoque para así poder leer la obra de Fayol en los términos que él mismo estableció; solo luego es que se hace factible su relación con las ciencias y su aplicación. Habiendo sido su profesión original la de ingeniero debe haber sabido en qué consiste el método científico y cómo se aplica el conocimiento así producido. Mal podría entonces haber adversado a la ciencia y su aplicación. De hecho otras publicaciones suyas tocantes a temas concretos de ingeniería evidencian lo bien que comprendía los beneficios que la ciencia aplicada es capaz de aportar. Pero... a la hora de tratar del gobierno y la administración, comprobó que la naturaleza misma de estos temas le exigía otro acercamiento.

[54] Frederick W. Taylor –usualmente reconocido como el otro gran padre del campo– abogó por la aplicación del método científico al mundo del trabajo. Por su parte, Fayol no aborda en AIG el tema de la aplicación de las ciencias al campo, pero ciertamente no se opondría. Evidencia de ello es el elogio que hace del aporte de Taylor, amén de cierto importante aspecto que objeta, al cual nos referiremos en su momento.

[55] Obsérvese que afirmar que el saber ejecutar verbos precede a cualquier aporte que las ciencias pudieran hacer en relación a su desempeño en nada desmerece los grandes avances que las ciencias aplicadas –a su vez precedidas por las básicas– aceleradamente han permitido en todas las áreas de actividad humana, sobre todo a lo largo de los

Debe pues destacarse lo siguiente. Fayol escribió su libro luego de haber exitosamente ejercido el oficio de gobernar por más de cincuenta años. Muy distinto es el caso del académico –contemplativo de profesión– que escribe acerca del gobierno, sin jamás (hipérbole) haber ejercido en primera persona los verbos correspondientes. Cierto es que en cuanto investigador habrá aplicado el método científico a la hora de observar a los actores ejerciendo el oficio de gobernantes, pero tan solo lo habrá hecho, por así decirlo, como quien estudia a aquellos otros de los cuales está separado. El conocimiento así adquirido no puede ser otro que contemplativo, atinente únicamente a lo que desde allí –desde su estar separado– puede en primera instancia accederse: lo superficial, para solo luego a partir de lo superficial inferir lo que, ni antes ni luego de inferido, jamás se presenta de manera directa ante su conciencia. Muy distinto al saber que poseen actores íntimamente compenetrados con los verbos que ejecutan.

Vistos los conocimientos científicos que posee, nuestro académico podrá objetar cómo son ejecutados ciertos verbos por los actores. Podrá hacer recomendaciones acerca de cómo pueden mejorar su desempeño mediante la aplicación de las ciencias en cada caso pertinentes. Todo esto lo puede hacer, pero lo que no puede hacer es leer la obra de Fayol y criticar su falta de rigor científico. Y esto por una sencilla razón: el saber que intenta transmitir Fayol –hombre orientado a la acción– es de otro orden; precede al conocimiento científico y es de un orden no-contemplativo.[56]

---

siglos XIX y XX, y lo que va del XXI. Inescapable es reconocer que la humanidad no habría llegado muy lejos de haberse contentado con tan solo el saber ejecutar verbos que entonces poseía. Difícilmente mediante el simple ensayo y error habría el desempeño de verbos alcanzado los niveles de perfección que las ciencias aplicadas han permitido. Sin embargo, por otro lado, también es necesario evitar que los deslumbrantes logros alcanzados mediante la ciencia y la tecnología nos cieguen a la muy peculiar relación que el ser humano sostiene con los verbos. Aprender a ejecutar verbos precede al perfeccionamiento científico de su ejecución. Así entendida, muy evidente entonces la razón de ser de la ciencia aplicada: **para bien o para mal existe para estar al servicio de lo que los seres humanos hacen**. Posible incesante búsqueda de nuevos perfeccionamientos a la ejecución de los verbos de su interés.

[56] A propósito de evitar leer y mucho menos criticar a Fayol desde una perspectiva científica vale la pena recordar el severo juicio que en el capítulo 2 de su libro "Comportamiento administrativo" Herbert Simon hace acerca de la teoría administrativa que le precedió (*Administrative Behavior*, The Free Press, 1945), la cual, según él, podía expresarse en términos de –así los califica– proverbios de la administración. En efecto muy al comienzo del citado capítulo dice lo siguiente: "Un defecto fatal de los principios de la administración corrientes es que, al igual que los proverbios, ocurren en pares. Para casi cualquier principio puede encontrarse un principio contradictorio igualmente plausible y aceptable. A pesar de que los dos principios conducen a recomendaciones organizacionales opuestas, nada hay en la teoría <administrativa> que indique cual es apropiado aplicar." Así resumida su crítica, veamos los antecedentes. Lo primero es observar que Simon emite su juicio, no con base en la lectura de Fayol, sino de la que hizo de otros dos reputados autores clásicos del campo, Luther Gulick y Lyndall Urwick (Ambos como editores publican: *Papers on the Science of Administration*, Institute of Public Administration, New York, 1937; de L. Urwick como autor está: *The elements of Administration*, New York: Harper & Brothers, 1945). En las obras de ambos hay claras referencias a Fayol, así como la utilización de términos y expresiones que éste había introducido hacía más de veinte años (e.g.: elementos y principios de la administración, organización, mando, control, etc.). Hay que reconocer que, superficialmente examinadas, las obras de Gulick y Urwick darían la impresión de haberse

CON MAYOR RIGOR, ¿QUÉ SE PROPUSO FAYOL TRANSMITIR A SUS LECTORES?

Si no es conocimiento científico teórico o aplicado, ¿qué se propuso Fayol transmitir? Como ya vimos, él mismo nos lo dice en su "Advertencia inicial", de la cual citamos de nuevo sus dos primeras y más importantes oraciones, subrayando ahora la segunda:

"La Administración cumple, en el gobierno de las empresas, de todas las empresas, grandes o pequeñas, industriales, comerciales, políticas, religiosas u otras, un papel muy importante. Me propongo exponer aquí mis ideas acerca de la manera en que este papel debería ser cumplido."

Oración que a los efectos de comentarla fraccionamos como sigue:

"Me propongo exponer aquí mis ideas acerca de…
… la manera en que este papel debería ser cumplido."

Lo que dice en la primera parte pareciera quedar bien claro: lo que se propone transmitir al lector son sus ideas; léase: sus opiniones personales. Así es y sin embargo de inmediato deberían surgir inquietudes. ¿Qué puede en firme obtenerse de las ideas u opiniones de alguien? ¿Qué haremos con ellas?: ¿ignorarlas?, ¿compartirlas?, ¿objetarlas?, ¿profundizar en ellas? ¿Cuándo y con qué finalidad habremos de tomarlas en cuenta? A diferencia de los conocimientos, las opiniones no parecieran ofrecer un piso firme a partir del cual actuar. ¿Acaso no son firmes fundamentos los que habríamos esperado de Fayol en cuanto hombre de acción muy experimentado? [57]

Tratándose de las de Fayol: ¿cuáles ideas, cuáles opiniones? De nuevo es él mismo quien nos lo dice. Respetando el sentido verbal que a su obra atribuimos, nos permitimos expresarlo así: son sus ideas –opiniones– acerca de la manera en que el administrar debería cumplir su muy importante papel en el gobernar de las empresas de todo tipo. Se trata pues de opiniones acerca de cómo se debería administrar… del cómo se debería ejercer este verbo… del cómo debería saberse ejercerlo, **con miras a debidamente cumplir su muy importante papel en el gobernar de las empresas de todo tipo.**

---

inspirado de manera importante en el enfoque iniciado por Fayol, con lo cual fácilmente se le podría por extensión aplicar a éste la misma crítica que Simon hizo a estos dos autores. Sin embargo preguntémonos: ¿podría Simon haber tenido una real comprensión de Fayol, de haberlo leído directamente? Hay que reconocerlo: así como leyó a Gulick y Urwick, poca duda cabe que Simon también habría leído a Fayol con los lentes del científico firmemente interpuestos entre sus ojos y la obra de Fayol, imposibilitándosele así que en verdad la entendiese.

[57] La distinción entre conocimiento (gnosis; episteme) y opinión (doxa) se remonta al tiempo de los griegos. Aunque a diferencia del conocimiento, a las opiniones no corresponda ser verdaderas o falsas, hay que recordar que en general pueden ordenarse a lo largo de una escala que va desde las peores hasta las mejores, desde las más ingenuas hasta las más informadas. Aunque las expresadas por Fayol tan solo sean ideas personales, ciertamente no pueden las opiniones de un inexperto cualquiera en materia del gobierno de empresas alcanzar a tener el mismo peso. En cuanto ingeniero Fayol debe haber estado muy en cuenta de la distinción entre conocimiento y opinión. ¿No pasa entonces a ser muy significativo que a la hora de hablar de administración y gobierno eligiese transmitir sus ideas –opiniones– en lugar de anunciar conocimientos a ser expresados mediante proposiciones? Aun cuando tratándose de opiniones no aplica calificarlas de verdaderas o falsas, ciertamente puedan apreciarse en función de su profundidad y pertinencia.

¿Provenientes de dónde sus ideas, sus opiniones? Aunque Fayol no lo haga explícito la única respuesta posible es: las provenientes de su propia experiencia. ¿Cuál experiencia? Respuesta: no puede tratarse sino de su experiencia administrativa; aquella que, según afirmó en la primera oración de la advertencia, cumple un papel muy importante en el gobierno de las empresas de cualquier clase y que por lo tanto experimentó a lo largo de los muchos años en que le correspondió gobernar empresas. Explica su decisión de expresar sus ideas –opiniones– el convencimiento de haber sabido administrar como debía hacerlo, cumpliendo así con el importante papel que le corresponde a la hora de gobernar.[58]

No tratándose de proposiciones a las cuales se les pudiesen válidamente aplicar el calificativo de verdaderas –o falsas–, no tratándose de conocimiento, a Fayol solo restaba opinar, y esto es lo que ofrece transmitir: sus opiniones. Y sin embargo, hemos visto, se trata de opiniones concernientes, a un saber, al saber-ejecutar verbos que el ejercicio del oficio de gobernar supone; verbos relativo a los cuales, hemos visto, no aplican las apreciaciones acerca del grado de objetividad o subjetividad que pudiese caracterizar su ejercicio.

Aunque partiendo del propio título de "Administración industrial y general" pareciera que Fayol tan solo destaca el verbo "administrar", vista la muy especial importancia que le atribuye, tal no será el único verbo tratado a lo largo de la obra. Varios otros necesariamente también lo serán. En adición al administrar, principalmente gobernar, prever, organizar, mandar, coordinar y controlar; también múltiples otros verbos subordinados, aunque solo mencionados.

En suma, relativo al ejercicio de verbos, lo que mediante "Administración industrial y general" Fayol se propuso transmitir es su saber; esto es, 1.– el entendimiento que de cada uno tuvo; veremos que se esfuerza en definirlos, y 2.– cómo cree haber sabido ejercerlos. Resta la tarea de extraer provecho de las ideas –opiniones– acerca del muy importante papel que al administrar corresponde cumplir en el oficio de gobernar las empresas de cualquier clase y dimensión.

¿Saber concerniente al ejercicio de ciertos verbos clave por un lado, pero, por el otro, opiniones concernientes al cómo el administrar ha de cumplir el muy importante papel que le corresponde en el gobernar de las empresas de cualquier clase y magnitud? Aparentemente tal es la lectura que se desprende de las dos primeras oraciones de la "Advertencia inicial".

---

[58] Recordando de nuevo que la profesión original de Fayol es la ingeniería ¿puede aún creérsele incapaz de distinguir opinión de conocimiento científico? Más razonable es pensar que tenía perfecta conciencia de poseer, tras largos años de práctica, una nada despreciable experiencia administrativa y gubernamental, convertida en ideas que considera necesario exponer; posiblemente habiendo descubierto a lo largo de su carrera que en su esencia más íntima tanto la administración como el gobierno no son, en cuanto a su naturaleza, simple ciencia aplicada, aunque ello no implique descartar tal aplicación cuando complementariamente pueda ayudar a administrar y gobernar mejor. Mal podría entonces interpretarse el libro de Fayol como un texto que pretendiese iniciar la enseñanza de una nueva ciencia. ¡Profunda diferencia –lo veremos– con Frederick W. Taylor, el otro reputado padre del campo!

No se trata de ideas u opiniones cualesquiera. Son las que provienen de su larga experiencia de más de 50 años en el mismo grupo de empresas del ramo minero y metalúrgico –relativamente grande para su época– cuya denominación final, tras otras dos reestructuraciones anteriores, fue «*La Société anonyme de Commentry–Fourchambault et Decazeville*». Son ideas que se han nutrido de esa experiencia. La experiencia de quien a lo largo de una carrera en continuo ascenso, hasta alcanzar el más alto cargo del grupo –el de *"Directeur général"*– le permitió comprobar la creciente importancia que la administración tiene en el gobierno de las empresas.[59]

Una obra con carácter preceptivo

Ahora bien, entrando en más precisiones y para descartar definitivamente al conocimiento científico aplicado como aquello que Fayol pudiera haber –con mucha torpeza según sus críticos– querido transmitir, nos toca ahora completar su respuesta a la pregunta concerniente a lo que nos quiere transmitir con su obra.

También nos lo dijo en la ya citada segunda parte de la segunda oración de la "Advertencia inicial". Lo que nos quiere transmitir son sus "… ideas acerca de la manera en que este papel debería ser cumplido". (¿Cuál papel? La primera oración lo dijo: el muy importante papel que cumple la administración en el gobierno de las empresas de cualquier clase).

Toda vez que aceptemos que se trata de ideas basadas en su larga experiencia acerca del muy importante papel que juega la administración en el gobierno de las empresas de toda clase, falta completar nuestros comentarios destacando que se trata ahora de la manera en que ese papel debería ser cumplido.[60]

La palabra "debería" claramente distancia la obra de Fayol de los tratados científicos que a lo largo del proceso educativo típicamente acostumbran leer los estudiantes. A diferencia de la intención descriptiva y explicativa de tales tratados, con la palabra "debería" se nos está previniendo, desde ya, que el carácter general de la obra será preceptivo. En efecto, veremos que tras un lenguaje frecuentemente sobrio y descriptivo, se oculta la transmisión de una

---

[59] **La época**: la Revolución Industrial, mayormente a la altura de la segunda mitad del siglo XIX, así como su postrimería en los años iniciales del siglo XX.

[60] Cuando Fayol nos señala que su intención es exponer sus ideas acerca de la manera en que la administración debería cumplir su papel en el gobierno de cualquier empresa, de nuevo podríamos caer en la tentación de minusvalorar o incluso desechar su obra como un simple conjunto de opiniones personales acerca de un deber ser que, por más interés que tuviese, no corresponde al conocimiento científico formular. Reiteramos: si queremos comprender a Fayol en sus propios términos es importante evitar emitir semejante juicio. Su intención, como ya ampliamente explicamos, es otra. ¿Cuál? En primer lugar, transmitirnos una clase de saber diferente. ¿Cuál saber? Lo reiteramos: el saber concerniente al ejercicio de unos cuantos verbos clave, objeto central de su escrito. Muy particularmente, en segundo lugar, verbalmente expresado, sus ideas –sus opiniones– acerca de cómo debería el administrar cumplir su muy importante papel en el gobernar de cualquier empresa.

propuesta —muy de Fayol— de preceptos, recomendaciones e incluso de consejos administrativos; a fortiori gubernamentales.[61]

La expresión "debería ser" debería sorprender al lector.[62] Al hecho cierto de que ningún texto que se precie de querer transmitir conocimientos científicos afirmaría proponerse exponer ideas u opiniones personales del autor, ha de añadirse este otro hecho: aunque el papel de las ciencias aplicadas pueda implicar recomendaciones a seguir, lo cierto es que las ciencias básicas que preceden y sustentan a las aplicadas son de orden teórico; esto es, en modo alguno son en sí mismas intentos de normar los fenómenos estudiados.[63]

Aspirando a que sean de provecho general, Fayol se siente autorizado a formular recomendaciones, aunque como veremos en el capítulo 3 de la 1ª parte de su libro tan solo afirma proponerse iniciar la discusión pública acerca de una posible doctrina administrativa.[64]

Precisemos:

Tomando como cierta nuestra tesis referente a que realmente son verbos y su ejercicio lo que realmente concierne a Fayol, traducimos su intención al lenguaje verbal como sigue:

Con miras a remediar una carencia fundamental que percibe y sin pretender agotar la multitud de aspectos involucrados, Fayol se atreve a poner por escrito sus ideas debido a que, vista su

---

[61] Sin embargo, preceptivo no habrá de significar imperativo. La intención de Fayol no es convertir sus ideas —sus opiniones— en indiscutibles o incuestionables. Todo lo contrario: más adelante, en el capítulo 3 de la 1ª parte de AIG, nos dirá que su intención no es otra que iniciar un debate público acerca de una doctrina administrativa por construir.

[62] Para dramatizar el punto: ¿tomaría la comunidad científica en serio la obra de un botánico, supuestamente experto en la reproducción de los helechos, que en una "Advertencia inicial" previniese al lector diciendo: "Me propongo exponer aquí mis ideas acerca de la manera en que los helechos deberían reproducirse"? Bien sabemos el ridículo al cual se expondría tal autor, tanto por proponerse presentar simples ideas —opiniones— en lugar de conocimiento validado en la experiencia, como por atribuirse la potestad de imponer al fenómeno natural de la reproducción de los helechos el cómo debería ella ocurrir.

[63] Esto es así incluso cuando —caso paradigmático, el de las ciencias sociales— puedan importantes filósofos de la ciencia afirmar la imposibilidad de que el investigador pueda desprenderse de sus propios valores. Se argüirá que inevitablemente tales valores habrán de interponerse entre él y la realidad social que estudia. Ello puede ser cierto, pero el hecho sigue siendo que en cuanto investigador su intención no es normarla. Su propósito más bien es alcanzar a formular una teoría —un determinado conocimiento contemplativo— acerca de esa realidad, cual si hubiese sido capaz de suspender, deliberadamente o no, sus propios valores. Sea cual sea su intención teórica —describir, explicar o interpretar— ciertamente puede aún suponerse la existencia de algún sesgo, pero evidente tan solo cuando la correspondiente ciencia aplicada sea puesta en práctica; cuando diferentes teorías impliquen políticas notoriamente diversas. Nótese que lo recién descrito involucra dos fases: la teórica y la ciencia aplicada que se desprende de la primera. El "debería" que Fayol nos dice proponerse exponer en su libro es un prescribir directo; un prescribir, sin embargo, que tan solo es una propuesta a discutir ya que por ahora son simplemente "sus ideas", muy lejos entonces de una objetable ciencia social. Aunque ciertamente capaz de reflexionar, no es un estudioso, un investigador. Ante todo es un hombre de acción.

[64] Curiosa palabra, la palabra "doctrina"; será necesario profundizar en lo que significa.

larga experiencia, cree estar en condiciones de hacer una contribución inicial significativa en cuanto a la satisfacción de una importante necesidad. ¿Cuál necesidad?

La necesidad de **_enseñar a administrar como parte muy importante del alcanzar a saber gobernar_**.[65]

Por lo tanto, a lo largo de la lectura que hagamos de "Administración industrial y general" en ningún momento hemos de perder de vista que <u>gobernar</u> es el gran marco dentro del cual se inserta la obra toda. Gobernar es el <u>oficio</u> que Fayol considera necesario enseñar a desempeñar mediante la enseñanza de su componente más importante: <u>administrar</u>.

La expresión comparativa "más importante" hace suponer que el administrar habrá de ser un componente entre otros. Veremos que en efecto habrán de ser seis, aunque por razones que aun no conocemos administrar será el más importante; el más importante mientras más alto el cargo, el más importante mientras más desarrollada la empresa, como lo veremos desarrollado por Fayol en el capítulo 2 de la 1ª parte de AIG; más importante también su enseñanza.[66, 67]

En el capítulo 1 de la 1ª parte, Fayol presentará la siguiente definición por él adoptada: "<u>administrar</u> es <u>prever</u>, <u>organizar</u>, <u>mandar</u>, <u>coordinar</u> y <u>controlar</u>". Son constitutivos del administrar cinco verbos. De allí que también habrá de hacerse extensiva la necesidad de la enseñanza a estos otros verbos, cuyo ejercicio también crece en importancia con el nivel del cargo y grado de desarrollo de la empresa.

---

[65] De hecho el título de la 1ª parte de la obra que incluye sus tres primeros capítulos reza así: "<u>Necesidad</u> y posibilidad de una enseñanza administrativa", subrayada "necesidad" a los efectos de la presente nota al pie.

[66] "Más importante" no habrá de significar, claro está, descuidar los otros cinco componentes también constitutivos del gobernar.

[67] A los seis componentes corresponderán seis grupos de operaciones o funciones esenciales (técnica, comercial, financiera, de seguridad, de contabilidad y administrativa). Verbalizados se trata de componentes del gobernar; esto es, del llevar a cabo, como parte del gobernar, operaciones –ejecutar verbos– de seis grandes clases. Sin embargo, mucho más adelante cuando profundicemos en la obra de Fayol, veremos que en adición a ser entendidos como <u>componentes</u>, también pueden y deben ser entendidos como <u>objetos</u> del gobernar, según que se trate del entendimiento reflexivo o transitivo al que, veremos, se presta este verbo.

FAYOL Y LA GOBERNABILIDAD

Apartando la ya manifestada finalidad inmediata del presente libro, cual es la de proveer una real introducción al campo mediante la lectura de los tres primeros capítulos de la obra de Fayol, y visto el importante aporte del administrar al gobernar que nos anuncia, pasa a ser oportuno destacar la posible pertinencia que "Administración industrial y general" pudiera tener en relación al inquietante tema de la gobernabilidad.

El problema: la existencia de sociedades y países que, globalmente evaluados y comparados con otros, parecieran enfrentar grandes dificultades a la hora de tanto determinar cómo materializar lo que se proponen alcanzar; profunda inquietud que abre la necesidad de estimar la posible contribución que al respecto pudiera Fayol proporcionar, precisamente debido al tratamiento que hace del gobernar como un oficio cuyo desempeño puede enseñarse y mejorarse.

Tras múltiples diagnósticos de todo orden a lo largo de décadas, tan solo es en tiempos relativamente más recientes que surgió la gobernabilidad como aquella problemática previa y más profunda que estaría a la base de todos aquellos otros problemas experimentados por las referidas sociedades; sociedades que al parecer enfrentan grandes dificultades a la hora de lograr tener en sus propias manos y de manera significativa su propio porvenir.[68]

Es de observarse que los estudios de gobernabilidad pueden poner de relieve las características estructurales de todo tipo que contribuyen a que exista un grado mayor o menor de gobernabilidad de tales sociedades. Sin embargo, puede que a la base de la gobernabilidad exista, **como asunto previo y más fundamental**, la capacidad para gobernar. Así lo afirmó el profesor Yehezkel Dror, experto en el tema, en su ya clásico Informe al Club de Roma de 1994:

"Se suele hablar equivocadamente de "ingobernabilidad" cuando lo que habría que hacer es afrontar el problema real: la *incapacidad de gobernar*."

Más adelante prosigue:

"El uso del término *ingobernabilidad* es con frecuencia incorrecto y también peligroso. Es incorrecto porque lo que se entiende por ingobernabilidad de la sociedad, suele ser el resultado del fracaso de los gobiernos para ajustarse a las condiciones cambiantes. Y es **peligroso porque proporciona una coartada para las torpezas del gobierno, que a su vez echará la culpa a la sociedad**. Es verdad que hay sociedades difíciles de gobernar, por excelente que sea su gobierno. Pero teniendo en cuenta las serias

---

[68] Aunque existe cierta afinidad entre ambos temas, al hablar aquí de gobernabilidad no nos estamos refiriendo al tema que se restringe a la gobernabilidad de empresas y organizaciones, cuyo desarrollo como sub-campo denominado "Corporate Governance" en inglés ha sido muy notorio en años recientes. La inquietud que concierne a este otro tema es cuan en sus manos tienen los propietarios o accionistas y juntas directivas el rumbo y control de última instancia de sus respectivas empresas u organizaciones. Digno de recordar es el caso emblemático de principios del milenio de la empresa Enron, en la cual funcionarios de alto nivel, no solamente fueron capaces de despistar a la Junta de Directores y al Comité de Auditoría en cuanto a sus *non sancta* prácticas contables, sino también de involucrar a la hoy extinta empresa auditora externa Arthur Andersen para que al respecto "se hiciera de la vista gorda".

flaquezas de todos los gobiernos contemporáneos, **habría que concentrar los esfuerzos en desarrollar la capacidad de gobernar** y no en inculpar a las sociedades tachándolas de ***ingobernables***." [69]

Lo que arguye el Profesor Dror es que hablar de ingobernabilidad desvía nuestra atención hacia la sociedad, responsabilizándola entonces de la baja gobernabilidad que supuestamente la caracterizaría. De allí que proponga concentrar las acciones remediales en desarrollar la capacidad de gobernar.

Ahora bien, ciertamente son múltiples y muy diversos los factores –políticos, culturales, institucionales– calificados de estructurales subyacentes a la mayor o menor capacidad de gobernar existente en una determinada sociedad.

Sin embargo, anticipamos al lector que conocido lo presentado por Fayol se evidenciará que el suyo se constituye en un muy particular y significativo aporte al tema. En última instancia gobernar es un oficio desempeñado por seres humanos "de carne y hueso" y será Fayol quien nos permitirá bajar hasta el nivel mismo de la capacidad poseída por ellos a la hora de gobernar. Afirmamos lo siguiente:

Sin necesariamente caer en la trampa de un reduccionismo exagerado, siempre puede establecerse cierta relación entre las causas estructurales de la mayor o menor gobernabilidad de una sociedad y la mayor o menor capacidad para gobernar tenida por quienes incidieron en la génesis y desarrollo de tales estructuras o que ejercen el gobierno desde el interior mismo de las ya existentes.

Gobernar: tal es el oficio cuyo significado Fayol se propuso aclarar y cuyo desempeño quiso contribuir a enseñar y mejorar.[70]

---

[69] La Capacidad de Gobernar, Informe al Club de Roma, Fondo de Cultura Económica, 1994 (Capítulo I). Originalmente: Yehezkel Dror, THE CAPACITY TO GOVERN, Círculo de Lectores and Galaxia Gutenberg, 1994, Bertelsmann 1994, Frank Cass, London & Portland, 2001

[70] Gobernar, tal es el tema de la obra de Fayol, y sin embargo ya hemos visto que no cabe catalogarla ni como filosofía política ni como un aporte efectuado desde la perspectiva de las ciencias políticas. Cierto es que a lo largo de "Administración industrial y general" son varias, aunque parcas, las veces en que Fayol se refiere al Estado, sus funciones, características y desempeño del sector público, evidenciándose así sus inquietudes al respecto y creencia en la pertinencia general de las ideas de administración y gobierno que expone. Esto último a pesar de personalmente estar más directamente familiarizado con empresas privadas, particularmente industriales, que con entes del Estado y organizaciones públicas. Aunque en AIG son escasas las veces en que Fayol se refiere al Estado, no dejan de existir otros escritos en los cuales se observa el esfuerzo que hace por contribuir a mejorar la capacidad gubernamental de éste (disponible una selección de escritos complementarios en la traducción al español de AIG publicada por Librería "El Ateneo" Editorial, 1961).

FAYOL Y TAYLOR... ¿DIFERENTES Y SIN EMBARGO AMBOS REPUTADOS PADRES FUNDADORES DEL MISMO CAMPO? ¿QUÉ SENTIDO PUEDE DÁRSELE A ESTO?

Nuestros comentarios a la "Advertencia inicial" nos permiten abordar una muy importante inquietud que dejamos sin resolver al final de nuestra "Introducción general".

La extensa exposición hasta aquí hecha podría llevar a suponer la existencia de posiciones encontradas entre los dos reputados padres de nuestro campo, Fayol y Taylor. Este último proponiendo la aplicación de la ciencia al mundo del trabajo, un enfoque sin duda muy diferente al que, según vimos, Fayol se propuso exponer en "Administración industrial y general".[71]

Sea como fuere, el asunto que debe llamarnos a reflexión es que a Taylor también se le atribuye –ahora conjuntamente con Fayol– la paternidad de nuestro campo.

¿Cómo puede ser esto posible?

De considerarse irreconciliables sus respectivas posiciones, tal inicio del campo implicaría tener que darle la razón a uno de los dos. Pero no nos apresuremos. Recordemos que tal podría ser el caso sí y solo si apuntando a lograr lo mismo fuesen contradictorios los enfoques por ellos propuestos. Sin embargo, bien pudiera ser que tal no fuese el caso y que en efecto –bien leídos– se compruebe que no apuntan a lo mismo y que por lo tanto no existe, por muy diferentes que ellos fuesen, la necesaria obligación de elegir entre los dos entendimientos del campo que proponen. De ser este el caso, estaríamos en presencia de dos enfoques, quizás muy diferentes, pero también pudiendo ser parcial o totalmente complementarios. Veamos si ello es posible.

Como punto de partida contrastemos sus respectivos aportes.

Ya nos hemos enterado de lo siguiente: la contribución clave de Fayol concierne al <u>oficio de gobernar</u> mediante la enseñanza de su componente más importante: <u>administrar</u>. El enfoque de Taylor, por su parte, apunta al mejoramiento de la productividad del trabajo mediante científicamente lograr su mayor eficiencia. Puso todo su empeño en persuadir a sus lectores

---

[71] Apartando a otros muy importantes precursores y contemporáneos, gran parte de la paternidad de la ingeniería industrial se atribuye a Frederick W. Taylor. Sin embargo –hecho significativo– no es el propio Taylor quien considera estar creando una nueva clase de ingeniería. De hecho recuérdese que titula su obra "The Principles of Scientific Management". Notorio es que por ningún lado en su texto califica al enfoque que propone como una ingeniería. Más bien es "management" la denominación general que le da al oficio, aunque añadiéndole el calificativo de "Scientific" para distinguir y destacar la superioridad del enfoque que propone por sobre cualquiera de los tradicionalmente existentes. La atribución de su paternidad a la ingeniería industrial se debe a quienes, tiempo después, entendiendo correctamente que toda ingeniería es ciencia aplicada, vieron en Taylor a un ingeniero de profesión para quien fue muy natural trasladar las bondades del modelo de la ingeniería al mundo mismo del trabajo, tanto humano como automatizado. De allí que nada haya de extraño en que un ingeniero industrial deba tener las competencias requeridas para no solo convertir al trabajo humano en más eficiente y productivo, sino también ser capaz de estar involucrado en el diseño de un fábrica integralmente automatizada.

que es la ciencia aplicada al desempeño de cualquier oficio –a la labor e instrumentos que supone– la que puede contribuir a que se ejerza mejor.

Así es, pero nada en Taylor nos impide de inmediato añadir: "…de cualquier oficio y no solamente a la clase de aquellos a los cuales principalmente se refiere en "The Principles of Scientific Management".[72]

Ahora bien, contrastados así, ¿no queda claramente sugerida la complementariedad que pudiese existir entre Fayol y Taylor? ¿No implica proponer mejorar el desempeño de cualquier oficio mediante la aplicación del conocimiento científico, el que evidentemente lo mismo también pueda aplicarse al oficio de gobernar, por muy importante y clase aparte que éste sea; y que por lo tanto nada impide que también pueda beneficiarse mediante la aplicación de las ciencias que le pudieran ser pertinentes? Profundicemos en lo aquí sugerido.

Aunque la profesión original de Fayol fue la ingeniería, estando por lo tanto muy familiarizado con el enfoque científico-técnico, vimos que no es éste el punto de vista a partir del cual escribe lo que se propone transmitir en su obra. Su larga carrera de jefe le permitió comprender que gobernar empresas no equivale a ejercer una nueva clase de ingeniería, mucho menos cuando de altos cargos se trata. Estamos en presencia de dos oficios diferentes que conviene distinguir.

Así las cosas ¿no podría entonces visualizarse a las ciencias –no como aquellas que nos pueden enseñar a gobernar (aporte intencional de Fayol)– sino como aquellas que debidamente aplicadas pueden ayudar a gobernar mejor (aporte no intencional de Taylor al oficio de gobernar)?

En efecto, la lectura de "The Principles of Scientific Management" nos permite comprobar que el recién sugerido aporte de Taylor al oficio de gobernar ciertamente no fue intencional. Es la palabra "management" la que de manera muy natural le pareció a Taylor conveniente utilizar. ¿Por qué? Porque lo natural en relación a los recursos es procurar manejarlos de la mejor manera posible: la más eficiente, la más productiva; en fin, la más provechosa. ¿Cuál es el recurso que Taylor apunta a que se maneje mejor? Respuesta: el trabajo que los seres humanos realizan, el cual ha de ser precedido por los estudios científicos que permitan mejorar la manera en que se lleva a cabo, así como los utensilios utilizados en la ejecución.[73]

---

[72] Los ejemplos que Taylor presenta en su obra (capítulo 2) se nutren, claro está, del entorno industrial dominante en su época, teniendo principalmente por objeto el trabajo de obreros fabriles.

[73] Subrayamos "el trabajo" para destacar que en Taylor, bien leído, no se trata del manejo de seres humanos, cual si fuesen, entre múltiples otros, un recurso más a ser manejado. Sin embargo, también es cierto que la historia no necesariamente evoluciona con base en el mejor y sutil entendimiento de los mensajes que han expresado los autores clave. De allí que pase a considerarse "como lo más natural del mundo" que al "management" también correspondiese el manejo de los "recursos humanos", expresión en la cual queda bien claro que la palabra "humanos" tan solo es uno de los múltiples calificativos aplicables al substantivo "recursos"; así como puede hablarse de los recursos mineros, forestales, energéticos, financieros, etc., nada en el lenguaje impide acoplar a la palabra "recursos" el calificativo específico "humanos". Repetimos: no proviene esto de un Taylor bien leído.

Ahora bien, con el tiempo, sin embargo, pero iniciándose con el propio Taylor, los grandes logros alcanzados por su enfoque sutilmente tuvieron por efecto transformar el significado de la palabra "management" al punto de alcanzar a monopolizar el oficio mismo de conducción de las empresas y organizaciones de cualquier clase. La labor, inicialmente entendida como aquella a ser realizada con <u>antelación</u> al trabajo a ser ejecutado, pasó a ser entendida como el oficio a ser desempeñado por el nivel jerárquico superior. Lo inicialmente entendido como un ordenamiento temporal –el antes y el después, sin que aun la palabra "planificación" apareciese en Taylor– pasó a ser entendido como el desempeño de un oficio superior por sobre el trabajo a ser realizado por los subordinados.[74] Muy pronto, desde el punto de vista científico-técnico ahora imperante, la contribución de Fayol al campo no solo pasó a ser subestimada sino también opacada por los grandes logros de la ciencia aplicada al mundo de la conducción de las empresas y organizaciones de todo tipo.

Ahora bien, si preservamos el sentido original que le es debido a la propuesta de Taylor como labor que, con el apoyo de las ciencias, <u>antecede</u> el trabajo a ser realizado… antecede a la ejecución de verbos, ¿qué mejor complemento podría dársele al aporte de Fayol? ¿Qué mejor complemento podría haber al oficio de gobernar: la ciencia aplicada al servicio de gobernar mejor? Sujeta a confirmación, adelantamos la tesis siguiente:

Tal es la mejor manera de entender <u>cómo</u> nació nuestro campo, así como la razón profunda por la cual necesariamente tenía que tener <u>dos</u> padres fundadores.

Puede que sea difícil ponerse de acuerdo acerca de una denominación única para nuestro campo, pero lo que sí se puede afirmar, de confirmarse la tesis recién adelantada, es lo siguiente: llámese como se llame y la diversidad de denominaciones de nuestras escuelas así lo atestiguan, son dos los posibles oficios a los cuales podrán apuntar –¿deberían apuntar?– quienes los estudian. Coincidiendo con la paternidad dual del campo, son dos las posibles vocaciones profesionales. Se estudia nuestro campo sea porque se quiere aprender a gobernar, sea porque nos inclinamos más por la labor de apoyo y asesoría a quienes gobiernan.

Dos carreras distintas para seres humanos con orientaciones de vida profundamente diferentes. [75]

---

[74] Son los propios escritos de Taylor los que se prestan al equívoco aquí presentado, ameritando el análisis detallado que al efecto exponemos en la sección "Profundizando en lo que significan administrar y gobernar", 5ª profundización, "Jerarquía interpretada a partir del enfoque de Taylor", págs.: 212-218.

[75] Dos carreras distintas implican enseñanzas diferentes, aunque se trate de la misma materia. Y de las mismas materias usualmente se trata en los planes de estudios usuales de nuestro campo. Tanto quienes van a gobernar como quienes van a asesorar necesitan saber de economía, de estadísticas, de mercadeo, de finanzas, de organización, etc., típicas materias que figuran en nuestros planes de estudio, pero ahora debe quedar bien claro que aunque se trate de las mismas asignaturas, muy distinto es atender a lo que habrá de necesitar saber el futuro gobernante a lo que habrá de dominar quien vaya a asesorar. Pero véase esta otra reacción:

En las últimas dos décadas y más, particularmente en los Estados Unidos, son múltiples las escuelas que han reorientado su currículo fundamentado en la propuesta de un ir más allá del simple "management", para más bien

LEYENDO A FAYOL
LA LECTURA Y SU IMPORTANCIA.

Muy posiblemente jamás sea suficiente el énfasis puesto en la importancia del aprender a leer. Las lecturas realizadas a lo largo de todos los estudios previos hasta por fin acometer los textos del campo y el estudio de casos que la carrera exige, tan solo se constituyen en una continua antesala al desarrollo de una facultad humana más fundamental y general cual es la del entendimiento; facultad que supone la capacidad esencial de acertadamente saber <u>leer</u> lo que nos corresponde vivir: las así calificadas realidades sociales, políticas y económicas, así como las situaciones muy particulares y concretas que nos atañen en lo personal y a los grupos sociales que nos conciernen. En este sentido, tanto nosotros mismos como lo por nosotros considerado como exterior, son cual dos grandes textos interrelacionados a la disposición de quien sepa leerlos y entienda lo que allí le es dicho. El de los seres humanos es un mundo y lo es precisamente por ser significante.[76] Podrá mejor entender la situación en la cual se encuentra, el reto que un determinado escenario supone, quien más tenga desarrollada la facultad de leer. Quien entiende más es como quien percibe más. Mal puede el ser humano descuidar la facultad de entender, la cual ciertamente lo distingue profundamente de otros seres. Mal puede descuidar el continuo desarrollo que ella exige, y sin embargo... eligiendo preferir poseer cualquier otra cosa ¡cuán frecuentemente se puede observar a seres humanos ignorar poseerla a la par de inadvertidamente de facto tomar por descontado poseer de ella todo lo ya necesario! *Ceteris paribus*, gobernará mejor su propia existencia y la de los grupos que más le conciernen quien mejor lea: quien más y mejor ponga en juega su facultad de entender.

---

concentrarse en la formación de líderes. Sin embargo, es importante caer en cuenta que tanto "líder" como "liderazgo" son categorías provenientes de la psicología individual, social o de masas. En Fayol <u>no</u> aparecen las palabras "líder" o "liderazgo". Preguntamos: ¿qué diría al respecto? Fácil de inferir: a la hora de gobernar conviene, por razones psicológicas y sociales, poseer virtudes de líder. Pero también debe observarse algo muy importante: ser líder <u>no</u> agota al oficio de gobernante; no asegura su debido ejercicio. De hecho muchos han sido los casos de individuos con espectaculares dotes de liderazgo, quienes sin embargo han resultado ser pésimos e incluso nefastos conductores de sociedades. Tentados por la sobredosis de poder por ellos poseído, con frecuencia más que gobernar lo que estos personajes han terminado por hacer es <u>manejar</u>. Más adelante tendremos la oportunidad y necesidad de entender que gobernar y manejar no son lo mismo. Manejar con éxito supone haber logrado la pasividad de la contraparte manejada, cosa, máquina o ser humano. (sección "Profundizando en lo que significan administrar y gobernar", 4ª profundización, pág.: 188)

[76] Ciertamente los animales perciben su entorno. Vemos al perrito de la casa corretear entre los muebles y demás habitantes esquivándolos con gran agilidad. Sin embargo, ello <u>no</u> significa que posea la facultad de propiamente hablando, percibir a las mesas en cuanto mesas, a las sillas en cuanto sillas y mucho menos a la gente en cuanto gente. El suyo no es un mundo.

ESTRUCTURA Y ESTRATEGIA DE PRESENTACIÓN DEL PRESENTE LIBRO

En lo que sigue, siempre en primer lugar, encontrará el lector, transcrita sin interrupciones, cierta parte –capítulos o secciones– de la obra original de Fayol traducida al castellano. Así mismo, hallará variadas e importantes notas de información y apoyo colocadas al pie de página de cada uno de estos textos originales.[77] Seguidamente le serán presentados uno o varios ensayos de profundización referentes a temas considerados clave y de gran importancia para la recta y más profunda comprensión de esos capítulos o secciones.

Esta estrategia de presentación se fundamenta en la posibilidad de distinguir dos grandes clases de obras.

Dos clases de obras.

Afirmamos que la comprensión de la obra "Administración industrial y general" de Henri Fayol puede iniciarse destacando a cuál de las dos grandes clases de obras siguientes pertenece.

Una primera gran clase de obras corresponde a aquellas que normalmente son leídas una sola vez, posiblemente debido a que el lector quiere enterarse de algo –cierta noticia u opinión, por ejemplo– o seguirle la pista a una determinada narrativa, cual es el caso de las novelas y cuentos. La comprensión total de esta clase de obras tan solo requiere del entendimiento de las partes <u>secuencialmente</u> leídas. Ciertamente nada impide su relectura, pero no es lo usual. Concluida la lectura de punta a punta, el lector mayormente ha recibido lo que esperaba de esta primera clase de escritos.

Sin embargo, por otra parte, están aquellas otras obras, usualmente bastante más exigentes, que es preciso releer para recibir de ellas lo que son capaces de entregar. Esto se debe al obstáculo dual siguiente que el lector enfrenta. Aunque la lectura de cualquier escrito necesariamente es secuencial, el cabal entendimiento de las partes que componen esta segunda gran clase de obras supone haber alcanzado una cabal comprensión de ellas como un todo. Sin embargo también ocurre que el entendimiento cabal de estas obras como un todo supone ya haber alcanzado el cabal entendimiento de todas y cada una de sus partes. Brevemente expresado: comprender la obra toda supone entender sus partes, en tanto que entender sus partes supone ya haber entendido la obra toda. Enfrentamos una circularidad y la única manera de superarla es recorrer el círculo. Esto es, reiteradamente pasar de las partes al todo y del todo a las partes. Tan solo así podrá el lector alcanzar a captar la íntima compenetración que existe entre ambos niveles –la obra toda y sus partes– y alcanzar su cabal entendimiento. La relectura de la obra es pues el único camino. ¿Cuántas relecturas? La cruda respuesta es: las que sean necesarias.[78]

---

[77] Para mayor comodidad a la hora de leer, el formateo que hubiésemos querido es un diseño vertical en dos columnas: una ancha para el texto principal con el tipo de letra más grande y a mano izquierda una columna más estrecha donde figurarían en letra más reducida las que aquí son notas al pie.

[78] Normalmente es recomendable que el lector se permita un tiempo de asimilación entre la lectura y cada una de las relecturas que de esta segunda gran clase de obras haga. En cuanto a ellas y en relación a la materia que

Es necesario, pues, que el estudiante recuerde lo siguiente: cuando en una obra los temas parciales se compenetran al punto de conformar una totalidad, su real comprensión solo se adquiere realizando tantas veces como sea necesario su lectura; esto es, el paso reiterado de las partes al todo y de este a las partes. Con la real compresión ocurrirá que aquellos aspectos de la obra que inicialmente pudieron haber dejado la impresión de ser incomprensibles u arbitrarios terminen no siéndolo, y esto debido a que cada lectura habrá permitido comprobar cómo tales aspectos se articulan y compenetran directa e indirectamente con todos los demás en la obra.[79]

Sin pretender colocarlo a la altura de aquellos grandes clásicos cuya riqueza intrínseca parece ser inagotable así como las relecturas que requieren, afirmamos que la obra "Administración industrial y general" de Henri Fayol pertenece a la segunda clase de obras arriba descrita.

De lo recién expuesto y dejando el lector a sus propios medios, pertinente es hacerle la recomendación siguiente:

Relativo a esta segunda clase de obras en general y a la de Fayol en particular, pasa a ser recomendable suspender cualquier concepto previo que se tenga de las palabras clave que en ella figuran e igualmente mantener en suspenso cualquier juicio positivo o negativo acerca de lo leído, hasta tanto no haber asimilado la obra toda y sus partes. Realizadas las relecturas de rigor y cual si estuviese en presencia de un rompecabezas ya bien armado, debe el lector quedar con la sensación de haber asimilado un todo bien integrado, así como haber captado muy bien el significado propuesto por el autor para cada una de las palabras clave por él introducidas.

De allí que las notas al pie de página de los textos originales, así como los ensayos que nos hemos permitido intercalar a todo lo largo del presente libro tienen por propósito fundamental proporcionar al estudiante una comprensión profunda de la obra, particularmente de sus

---

exponen, son escritos cuyo entendimiento requiere –pero también estimulan– que el propio lector crezca, evolucione, experimente un desarrollo. Además, en función de su profundidad y ya habiendo estimulado cierto crecimiento por parte del lector, son capaces con cada una de las siguientes relecturas de estimular ulteriores nuevos desarrollos. El hecho es que ciertos grandes clásicos parecen poseer inagotable riqueza, así como incalculable el número de relecturas que han ameritado y ameritan. Los diálogos de Platón son un ejemplo clásico; obras que han sido leídas y releídas por un sinnúmero de interesados desde los tiempos remotos de Grecia. Muy conocida es la observación hecha por Alfred North Whitehead cuando hiperbólicamente en "Process and Reality" (Free Press, 1979, p.39) afirma: "La caracterización general más segura de la tradición filosófica europea es que consiste en una serie de notas al pie de Platón".

[79] Cuando el lector, tras múltiples lecturas, alcanza aquel nivel que le permite aprehender la íntima compenetración entre el todo y las partes de la obra, puede entonces ocurrir algo muy gratificante: descubrir alguno que otro lapsus involuntario cometido por el autor de la obra. Tal cosa puede ocurrir incluso en los grandes. No están exentos de cometer deslices contrarios a su intención. Pero captar tales inconsistencias pasa a ser gratificante ya que señalan nuestro haber alcanzado una elevada comprensión de su obra. Recomendable, pues, alcanzar este nivel en el caso de Fayol. Su obra no está exenta de tales inconsistencias.

términos y aportes principales, reduciendo significativamente las relecturas que de ella se vería obligado a realizar, de no tener este apoyo.

También ha de ocurrir que la obra de Fayol, conjuntamente con los abundantes comentarios realizados, cumpla con aquél otro propósito al cual nos referimos en la introducción general, cual es la de llevar a cabo una real y profunda introducción del estudiante en el campo.

Un sesgo que impide entender a Fayol.

Vistas las particularidades que ampliamente expondremos acerca de la obra de Fayol, usualmente ignoradas en los breves resúmenes que de ella figuran en los primeros capítulos de los libros de texto de alta venta, e igualmente también ignoradas por parte de los expositores de la historia del campo que conocemos, creemos conveniente hacer algunas recomendaciones adicionales concernientes a la lectura de "Administración industrial y general".[80]

Vista la facilidad con la cual se cae en él, destaquemos en primer lugar un sesgo a evitar.

En nuestra experiencia docente, hemos observado que subconscientemente los estudiantes –principalmente familiarizados con el punto de vista científico y tecnológico inculcado por el sistema educativo– tienden a asumir esta perspectiva a la hora de leer a Fayol. Hemos afirmado que esto impide la real comprensión de su obra. Ya nos hemos referido a este asunto en nuestros comentarios a la "Advertencia inicial". La presentación de los demás capítulos de la obra de Fayol reforzará la tesis allí expuesta.[81]

Siendo esta la situación, leer su obra involucra liberarse del hábito largamente adquirido en los estudios de leer todo texto cual si siempre se tratase de alguna ciencia pura o aplicada, menospreciando toda obra que no parezca cumplir con sus cánones. Por lo tanto, ya que desde muy al inicio Fayol afirma proponerse presentar "sus ideas acerca del papel que debería cumplir la administración en el gobierno de las empresas de cualquier clase," es importante que el lector evite leer su obra como quien aborda los acostumbrados libros de matemáticas, física, química, ingeniería, sicología, sociología, etc.[82]

---

[80] Los resúmenes incluidos en los libros de texto hablan por sí mismos. Son exposiciones breves –sobre todo superficiales, cuando no erróneas– que evidencian un muy escaso entendimiento del aporte de Fayol. El lector de tales resúmenes queda con la impresión de un inicio muy primitivo, lo cual dificulta si no impide entender como tal autor pudiera ameritar ser reconocido como uno de los más importantes padres del campo. Tal presentación de los inicios equivale a suponer que necesariamente son primitivos, en lugar de comprender que los auténticos inicios contienen dentro sí, aún latente, todo el desarrollo ulterior. Son intrínsecamente ricos.

[81] Sin embargo, como ya hemos señalado, en modo alguno es la actitud de Fayol, ingeniero de profesión, contraria a la ciencia y a la tecnología.

[82] Por otra parte, también hemos podido comprobar que los hombres de acción, por ejemplo del mundo de los negocios o de la política que han sido nuestros alumnos, frecuentemente con un nivel de instrucción inferior al de los estudiantes, no tienen mayores dificultades para comprender el mensaje de Fayol. Lo ven como "lo más natural del mundo" ya que experimentan gran correspondencia entre sus vivencias y actuaciones personales cotidianas y mucho de lo que encuentran expresado por Fayol.

Fayol, el autor y sus imperfecciones

A lo largo de la lectura de "Administración industrial y general", conviene mantener presente lo siguiente. De los escritos de un hombre de acción no puede esperarse el mismo acabado, equilibrio y estricto rigor que podría y debería esperarse de un académico, filósofo o científico. Debido a ello, el libro de Fayol no conserva un estilo parejo. Muchas veces es extremadamente parco de palabras. Otras veces le da vueltas al mismo tema, como quien no atina a reducir sus palabras a las solo necesarias para decir lo esencial. En ocasiones hay inconsistencias entre los varios tratamientos que hace de un mismo tema. Entonces afloran alguna que otra aparente contradicción, pero fácil de resolver si el lector ha captado el espíritu mismo de la obra; esto es, captado aquellos mensajes más fundamentales que deberían guiar su lectura y unificar su interpretación. Pero captar ese espíritu requiere haber alcanzado un elevado grado de compenetración con la obra, lo cual solo se logra, como ya apuntamos, tras reiteradas lecturas. Entre tanto cierta paciencia y suspensión de preconceptos y posibles críticas son necesarias.[83]

En todo caso conviene recordar lo siguiente: cuanto más parco de palabras, cuanto más sencillo el texto, tanto más claro tiene Fayol lo que quiere decir. Sin embargo, son estos los trozos más difíciles de entender por parte del lector inexperto. Expresan lo esencial y son los que más ocultan la riqueza de la experiencia que el autor intenta transmitir. Tal es el caso de la 1ª parte de la obra. Tres capítulos que, aunque muy breves, creemos corresponden al acabado que Fayol hubiese querido para toda su obra. De allí la aparente paradoja de que sean estos trozos más lacónicos los que hemos comentado más largamente en el presente libro.

En adición a los ya apuntado primeros tres capítulos, es precisamente en estos textos más breves, repartidos un poco por todas partes a lo largo de AIG, que se expresa el espíritu más fundamental de la obra como un todo; espíritu que ha de ponerse de manifiesto si se quiere comprender todas y cada una de las cosas que Fayol dice; espíritu que además nos permite fácilmente comprender y resolver las ocasionales inconsistencias en las cuales inadvertidamente cae.

El carácter "enigmático" de la obra

A primera vista en nada luce enigmático el texto de Fayol. Permite una lectura fluida visto lo breves que son sus oraciones y párrafos, amén de la aparente sencillez de lo que progresivamente expone. Todo esto al punto de, ausente de todo esfuerzo interpretativo, aparentemente permitir el inmediato entendimiento de todo lo que va diciendo a lo largo de su obra. Y sin embargo nada más lejos de la realidad. La obra de Fayol exige interpretación.

No se nos malentienda. No es la intención de Fayol ocultar lo que quiere transmitir al lector, particularmente en cuanto al carácter preceptivo de su obra; carácter que tempranamente anuncia en su "Advertencia inicial". Pero posiblemente debido a su personalidad y formación de ingeniero con su casi nula inclinación a prescribir y mucho menos a predicar, le condujeron

---

[83] Véase APÉNDICE II: "Ocasionales inconsistencias en la obra de Fayol, pág.: 406.

a exponer sus ideas con sobriedad y frecuentemente con un estilo descriptivo tendente a ocultar ese carácter. Es así que a menudo el lector encontrará nuestra interpretación procurar sustentarse en el espíritu fundamental de su obra, aunque ello solo puede desprenderse de trozos de lectura muy breves y relativamente escasos, como cuando en la misma "Advertencia inicial" queda bien claro que la administración se enmarca dentro del campo más amplio y profundo del gobierno. En cuanto espíritu, no menos fundamental será comprobar la insistencia de Fayol en transmitir mediante verbos clave la orientación a la acción que gobernar supone. En otros casos nos empeñaremos en dilucidar la utilización de ciertos términos clave, tal como ocurre con la palabra "doctrina" que introduce en el capítulo 3 de la 1ª parte de su obra. Otras veces procuraremos resolver enigmas ausentes de solución, como cuando por ejemplo afirma que la doctrina habrá de surgir de una cierta "discusión pública"; en cuyo caso, en lo fundamental, nuestra labor interpretativa se convierte en la resolución de un problema.

Observación: Seguidamente se reproducen los tres primeros capítulos constitutivos de la 1ª parte de la obra de Fayol. Se trata de una nueva traducción acompañada de múltiples notas —algunas más extensas, otras más breves— que a modo de comentarios pretenden contribuir a una mejor comprensión <u>detallada</u> de lo que Fayol en cada caso expone. Así mismo, luego de reproducido cada capítulo el lector encontrará, cuando pertinente, alguno que otro ensayo centrado en algún tema de especial interés, también con miras a la mejor comprensión de la obra y sus implicaciones.

Posiblemente sea recomendable que el lector opte por leer la totalidad de cada capítulo y que tan solo luego se concentre en una relectura acompañada de las notas; posiblemente incluso luego de haber estudiado los extensos ensayos que siguen a estos tres capítulos, cuya finalidad es profundizar en lo que el propio Fayol califica como "sus ideas" acerca del administrar en cuanto componente clave del oficio de gobernar

Capítulo Primero
DEFINICIÓN DE LA ADMINISTRACIÓN [84]

Todas las operaciones a las cuales dan lugar las empresas pueden repartirse entre los seis grupos siguientes: [85, 86]

1°- Operaciones **técnicas** (producción, fabricación, transformación); [87]

2°- Operaciones **comerciales** (compras, ventas, intercambios);

3°- Operaciones **financieras** (búsqueda y gerencia de los capitales);

4°- Operaciones de **seguridad** (protección de los bienes y de las personas);

---

[84] El punto de partida de AIG y propósito del capítulo 1 es proponer una definición. La razón de ser de una definición es delimitar y permitir que, por así decirlo, diferentes lectores o interlocutores "visualicen" –entiendan– lo mismo cuando escuchen o lean la misma palabra. Si no queremos inadvertidamente mezclar el pensamiento de Fayol con puntos de vista que le son ajenos y que distorsionarían nuestra posterior comprensión de su obra, es muy importante que evitemos la intromisión de cualquier significado previo que para nosotros haya tenido la palabra "administración". Se le sugiere al lector, pues, que por así decirlo "aparte de su mente" cualquier entendimiento previo que tenga de ella y asuma, aunque siempre con cautela, la actitud receptiva requerida para captar la muy particular definición –nuevo entendimiento– que Fayol presentará más adelante en el capítulo. Solo entonces y tras completar la lectura de la obra toda podrá evaluarla y decidir la conveniencia o no de asumirla. Definición: entendimiento que ha de tenerse de lo definido.

[85] En esta oración la palabra "empresas" traduce la francesa "entreprises", cuya etimología expresa la secuencia siguiente: <"inter", "prae" y "hendere">, en latín, que literalmente puede traducirse como <"en el lugar" "antes" de "agarrar, coger, asir o empuñar">, conjunto significante que coincide bastante bien con el sentido usual que le damos a nuestra palabra castellana "emprender". De allí que hayamos considerado adecuado traducir el francés "entreprises" con la palabra "empresas". Quien emprende está momentáneamente situado en aquél lugar desde donde –aunque no lo haya logrado aún– se dispone a agarrar, coger, asir o empuñar lo que se propone.

[86] Es importante observar el singular inicio que Fayol hace. Las empresas se nos presentan como entidades que dan lugar a operaciones (del latín ***opus*** que significa obra, implicando que las operaciones apuntan a un término; estos es, que concluidas dejen una obra hecha). La razón de ser de la empresa es obrar y veremos que esto significa llevar a cabo múltiples operaciones parciales que se integran en una sola gran actuación de conjunto. Fayol inicia su libro con una caracterización de la empresa notoriamente diferente a la que típicamente haría un científico o un filósofo. A la hora de estudiar o pensar cualquier tema, el punto de partida de éstos es predominantemente contemplativo. Su descripción inicial de la empresa, antes que al obrar de ella, tendería a darle prioridad a su naturaleza, características y constitución. Para Fayol, por el contrario, lo esencial de la empresa es su orientación a la acción, al obrar en el sentido antes indicado. Entender lo que ella es significa empezar por lo que ella hace: sus operaciones. Tanto así que naturaleza, características y constitución tienen precisamente por razón de ser estar al servicio –posibilitar– el obrar de la empresa.

[87] Con frecuencia, en las empresas, la palabra "operaciones" se utiliza exclusivamente para denominar las incluidas en este primer grupo (producción, fabricación, etc.). Esto es debido a que la función técnica caracteriza la razón de ser de la empresa, cual es proveer algún producto o servicio. Obsérvese, sin embargo, que el significado que Fayol le da a la palabra "operaciones" es el originalmente más amplio. También son operaciones todas las incluidas en los restantes cinco grupos.

5°- Operaciones de **contabilidad** (inventario, balance, precio de costo, estadísticas, etc.);

6°- Operaciones **administrativas** (previsión, organización, mando, coordinación y control).

Sea la empresa simple o compleja, pequeña o grande, estos seis grupos de operaciones, o *funciones esenciales*, se encuentran en ella siempre.[88, 89, 90, 91]

---

[88] Para Fayol son funciones esenciales cada uno de los seis grupos de operaciones. En la primera oración Fayol nos dijo que todas las operaciones a las cuales dan lugar las empresas pueden repartirse en seis grupos. Ahora nos afirma que se trata de funciones esenciales y que en toda empresa se encuentran. *Si por esencial se entiende aquello que no puede omitirse sin que la cosa considerada deje de ser lo que es*, entonces toda empresa existente debe, mal que bien, haber ejecutado y estar ejecutando las seis grandes clases de operaciones. Si una empresa totalmente dejara de cumplir alguna de ellas, muy pronto desaparecería (decimos "muy pronto" en lugar de "*ipso facto*" debido a que las reservas que posee la empresa –fruto de operaciones previamente realizadas– pueden por un tiempo determinado alargar su vida; gracias, por ejemplo, a haber mediante la función comercial acumulado suficiente materia prima como para mantener activa su función técnica por algún tiempo más).

A los fines de recalcar la orientación al hacer que caracteriza a Fayol, recuérdese que la palabra "función" proviene del latín "functus" significando: llevar a cabo, cumplir. De allí que no sea extraña la casi sinonimia que puede establecerse entre operaciones y funciones: "operaciones" para el obrar de la empresa y "funciones" para lo que ella hace.

De lo dicho se desprende que, en tanto exista, la acción total de cualquier empresa puede desglosarse en términos de los seis grupos de operaciones que cumple. Sin embargo, esto no significa que las cumpla todas a cabalidad. La descripción que Fayol hace de la empresa también puede fundamentar recomendaciones. Siempre hay cabida para el mejoramiento de cualquiera de las seis grandes clases de operaciones. El potencial de supervivencia y desarrollo futuro de la empresa es función de su cumplimiento de las seis funciones. A mayor calidad e integración de ellas, mayor ese potencial.

[89] El significado que a la palabra "empresa" Fayol da es muy amplio, abarcando a las de cualquier clase, tanto públicas como privadas, con o sin fines de lucro. La denominación utilizada por Fayol para cada uno de los seis grupos es, con variantes, de uso corriente en las empresas privadas. Sin embargo, alcanzado el desarrollo que lo justifique, en todas las empresas de esta clase aparecen, con una denominación u otra, unidades organizativas tales como por ejemplo, los departamentos de Producción, de Mercadeo, de Finanzas, de Protección integral, etc. Pero también, visto el muy amplio significado que a la palabra "empresa" Fayol da no es difícil, por extensión y posiblemente con otras denominaciones, comprobar que los mismos seis grupos de operaciones también existen y han de cumplirse en el sector público; esto es, en y por cada uno de los diferentes entes que constituyen al Estado. Es fácil, por ejemplo, verificar que la función central de un ministerio de hacienda es de orden financiero; que la función comercial –la realización de compras, por ejemplo– ocurre en múltiples organismos y dependencias públicas. También, vista su magnitud y complejidad no es extraño que sean varios diferentes entes los encargados de cumplir alguna función esencial del Estado; por ejemplo, tanto las policías como las fuerzas armadas están a cargo de atender a la seguridad del país, aunque en relación a aspectos diferentes.

Pregunta interesante para el lector: en el caso del Estado entendido como macro empresa ¿qué concepción de la función técnica –producción, fabricación, transformación– convendría tener? ¿"Producir" la mayor suma de felicidad posible para todos? ¿Velar por el interés general? ¿Prestar múltiples servicios a los ciudadanos? ¿"Fabricar" viviendas populares? ¿Regular y mediar las relaciones entre los ciudadanos y las organizaciones privadas? ¿"Transformar" a la Nación en un Estado poderoso? ¿La que decidan los que detentan el poder?... ¿Todos los anteriores, pero establecidos según una determinada jerarquía? ¿Cuál? ¡Vaya asunto el confrontado por la filosofía política! La gran diversidad de países y naciones existentes en la actualidad parece sugerir que, amén de poder estar –para bien o para mal– en continua transformación, no existe una respuesta única ni simple.

Los cinco primeros grupos son bien conocidos; algunas palabras bastarán para delimitar sus dominios respectivos. El grupo *administrativo* requiere mayor explicación.[92]

1º Función técnica.

El número, la variedad y la importancia de las operaciones técnicas, el hecho de que los productos de toda clase (materiales, intelectuales, morales) provengan generalmente de las manos del técnico; la enseñanza –poco más o menos– exclusivamente técnica de nuestras escuelas profesionales; las oportunidades que le son ofrecidas a los técnicos...; todo concurre para darle a la función técnica, y por consiguiente a la *capacidad técnica*, un relieve que deja

---

Observación: En lugar de la palabra "empresas" con el amplísimo significado que Fayol le da, la arraigada costumbre es usar la palabra "organizaciones" para, a modo de un gran paraguas, referirse a la multitud de diversas agrupaciones humanas que pudieran interesar a nuestro campo, así como beneficiarse de sus aportes. Veremos que en Fayol el significado del substantivo "organización" así como del verbo "organizar" en cuanto elemento del administrar, es sui géneris. Llamaría a confusión substituir "empresas" por "organizaciones" a la hora de leer a Fayol.

[90] Lo importante son las funciones, su existencia y cumplimiento. Ello no necesariamente implica la existencia de unidades organizativas o departamentos correspondientes a cada una. Caso extremo: ¿serán las seis categorías de operaciones o funciones esenciales aplicables a la muy pequeña empresa unipersonal, en la cual no han aparecido aún unidades organizativas especializadas? Respuesta: también lo son. El bodeguero que cierra con candados su negocio cumple la función de seguridad sin ello significar que una tal unidad especializada exista; cuando solicita crédito a un proveedor cumple una combinación de las funciones financiera y comercial, sin que ello signifique que tales departamentos existan.

[91] Hay casos que podrían hacernos creer que no siempre existen los seis grupos de operaciones en la empresa. Esta impresión debe ser falsa. Recuérdese que todas ellas son funciones esenciales. El todo es tener claro la naturaleza de cada función y examinar como ocurre su cumplimiento en la empresa. Para Fayol, sea cual sea la empresa –pública o privada, con o sin fines de lucro, de cualquier clase y magnitud– siempre se encontrarán en ella los seis grupos de operaciones o funciones esenciales. Pero hay casos más delicados que podrían hacernos creer que en algunas empresas no estarían todas presentes. ¿Qué hay de las múltiples empresas que son prestadoras de servicios? ¿Acaso producen, fabrican, transforman? Producir, fabricar no, pero sí transformar. Es fácil ver que la transformación que lleva a cabo una empresa de transporte, por ejemplo, es desplazar productos o pasajeros de un lugar físico a otro. La función técnica del bodeguero, así como del supermercado, también es una transformación; en este caso la prestación del servicio que transforma en accesibles al consumidor singular productos comprados al por mayor. Tomemos, por ejemplo, este otro caso: el de una institución bancaria. Podría pensarse que en ella no están presentes las operaciones técnicas, pero sí lo están. Sabemos que su razón de ser como negocio es la prestación de servicios financieros a terceros, y es fácil ver que no pueden ni deben confundirse con las propias finanzas del banco, cuyas operaciones corresponderían a la función financiera. Las crisis bancarias nos lo recuerdan: bien graves han sido las consecuencias del haber "confundido" las finanzas propias con las de terceros.

[92] Los primeros párrafos del capítulo han cumplido su cometido. Tras realizar en este mismo capítulo 1 algunos comentarios muy generales acerca de cada uno de los cinco primeros grupos, en el resto del capítulo y de hecho en todo el libro, Fayol se concentrará en el sexto: el grupo administrativo. Sin embargo, debe quedar claro que no es del todo cierto que los primeros cinco fuesen bien conocidos. En realidad, tratándose de la época, el único grupo en pleno desarrollo, bien conocido y apreciado es el correspondiente a la función técnica. Fayol lo sabe y precisa mejor el asunto más adelante. Pero ocurre que en este capítulo 1 está ansioso por introducir y definir la función administrativa, la cual, veremos, considera ser de suma importancia, pero igualmente la menos desarrollada y comprendida.

en las sombras otras capacidades, tan necesarias y a veces más útiles para la marcha y la prosperidad de las empresas que la propia capacidad técnica.

Sin embargo, la función técnica no siempre es la más importante de todas. Incluso en las empresas industriales hay circunstancias en que, sobre la marcha de la empresa, cualquiera de las otras funciones puede ejercer una influencia mucho mayor que la función técnica.[93]

No hay que perder de vista que las seis funciones esenciales están en estrecha interdependencia. La función técnica, por ejemplo, no puede subsistir sin materias primas y sin mercados para sus productos, sin capitales, sin seguridad y sin previsión.[94]

---

[93] Recuérdese que la época de Fayol –segunda mitad del siglo XIX– coincide con el pleno apogeo de la Revolución Industrial. El fenómeno más visible que opaca a todos los demás factores es la profunda transformación de la producción. De allí la especial relevancia adquirida por la función técnica. Fayol está consciente de esto y sin embargo, su experiencia como jefe de empresa, le permitió comprobar que el éxito de ésta requiere del concurso de variadas funciones –las seis que introdujo– y de sus correspondientes capacidades. En cuanto conductor de empresas mal podría haber ignorado el que ellas siempre operan dentro del marco de ciertas circunstancias externas concretas y particulares que cambian continuamente. Un cambio en las condiciones del mercado bien puede significar, por ejemplo, el que por cierto tiempo la función comercial adquiera especial relevancia por sobre la función técnica, momentáneamente resuelta. Las circunstancias internas también pueden variar e influir notoriamente. La muy peligrosa propagación de un incendio, por ejemplo, puede por un tiempo significar la preeminencia de la función de seguridad, al punto de implicar la suspensión temporal de muchas de las operaciones de las demás clases. Valga entonces el comentario que sigue.

Desde el punto de vista del enfoque de sistemas se ha querido caracterizar a ciertos autores del campo –Fayol incluido– como quienes ignorando al entorno estudiaron exclusivamente a la empresa desde el punto de vista de los hoy día calificados como sistemas cerrados; punto de vista que habría sido ampliamente superado por el enfoque de los sistemas abiertos. Amén de evidentemente tratarse de una opinión interesada, debe quedar claro que en cuanto dirigente de empresas en ningún momento debe Fayol haber subestimado la importancia del entorno y sus mutuas relaciones con la empresa. Surgido el enfoque de los sistemas abiertos seis décadas después de publicado "Administración industrial y general", es anacrónico situar a Fayol entre aquellos autores que, haciendo caso omiso del entorno, de facto pudieran haber concebido y estudiado a la empresa como un sistema cerrado. En la medida en que avancemos en nuestra lectura, quedará cada vez más claro que el tema que Fayol aborda no es el de las relaciones empresa-entorno, de las cuales debe haber estado muy consciente a lo largo de su carrera. Lo que en realidad le concierne es el desempeño de un oficio muy particular e importante, cual es el de conducir –el de gobernar– empresas. Situarlo en el campo de quienes pudieran haber entendido a la empresa como sistema cerrado tan solo es indicativo de no haber entendido la razón de ser de su libro.

[94] Visto su título, se habría esperado de esta sección la exposición de comentarios acerca de la propia función técnica. Sin embargo, nótese que luego de destacar su especial notoriedad durante la Revolución Industrial, el mensaje de Fayol principalmente consiste en procurar establecer una concepción más equilibrada de la importancia de las seis clases de operaciones y mutuas relaciones. De allí que pronto observamos su empeño en recordarnos la existencia de los restantes cinco grupos de operaciones o funciones esenciales, su estrecha interdependencia, así como su importancia relativa y variable en función de las circunstancias. Sin embargo, veremos que más allá de tal estrecha interdependencia y a fin de poder actuar como un todo armónico, la empresa debe apuntar a que exista la mayor integración posible de sus seis grupos de operaciones. La integración, más allá de la interdependencia, supone la mutua compenetración de las seis funciones o grupos de operaciones. Profundizaremos en esto más adelante.

2º Función Comercial.

Frecuentemente la prosperidad de una empresa industrial depende de la función comercial tanto como de la función técnica; si el producto no encuentra salida, ocurre la ruina.

Saber comprar y vender es tan importante como saber fabricar bien.[95]

Con sutileza y decisión, la habilidad comercial implica un profundo conocimiento del mercado y de la fuerza de los rivales, una previsión de largo aliento y, en el caso de las grandes empresas, la practica creciente de acuerdos.

Por último, cuando ciertos productos pasan de un departamento a otro en una misma empresa, la función comercial procura que los precios fijados por la autoridad superior –denominados *'precios de orden'*– no sean fuente de peligrosas ilusiones.

3º Función Financiera.

Nada se efectúa sin su intervención. Se necesitan capitales para el personal, para los inmuebles, para las herramientas, para las materias primas, para los dividendos, para las mejoras, para las reservas, etc. Se precisa una hábil gestión financiera para procurarse capitales, para extraer el mejor partido posible de las disponibilidades, para evitar los compromisos temerarios.

Muchas empresas que podrían haber sido prósperas mueren de la enfermedad de la falta de dinero.[96]

Ninguna reforma, ninguna mejora es posible sin disponibilidades o sin crédito.

Una condición esencial del éxito es tener constantemente ante la vista la situación financiera de la empresa.

---

[95] El mundo de hoy, lejos de ver disminuir la necesidad e importancia de estas capacidades de carácter comercial, las ha visto en constante crecimiento y desarrollo.

[96] La formación de ingeniero de Fayol ciertamente le hace valorar los hechos. Sin embargo, en su advertencia inicial, nos dijo que el propósito de su obra era "exponer sus ideas acerca de la manera en que este papel (el de la administración en el gobierno de cualquier clase de empresa) debería ser cumplido". La palabra "debería" no debe perderse de visa. De allí que a todo lo largo de "Administración industrial y general" con frecuencia observaremos a Fayol aseverar hechos y, sin embargo, ocultarse tras la aparentemente inocua exposición de ellos y con base en su larga experiencia personal, importantes preceptos tocantes al deber ser de la administración en el gobierno de cualquier clase de empresa. Véase, por ejemplo, la exposición por demás lacónica que acaba de hacer del singular hecho siguiente: "Muchas empresas que podrían haber sido prósperas mueren de la enfermedad de la falta de dinero". ¿Solo la afirmación de un hecho? No, leído a la luz del propósito preceptivo anunciado en la "Advertencia inicial" nos ha de quedar bien claro el siguiente precepto: "Procure quien gobierna, en cuanto agente que administra, estar muy pendiente de las disponibilidades. No poseerlas en los montos y oportunidades requeridas puede en ciertos casos tener muy graves consecuencias."

4º Función de Seguridad.

Tiene por misión proteger los bienes y las personas contra el robo, el incendio, la inundación; evitar las huelgas, los atentados y, en general, todos los obstáculos de orden social que puedan comprometer la marcha e incluso la vida misma de la empresa.

Es el ojo del amo, es el perro guardián de la empresa rudimentaria, es la policía, es el ejército en el caso del Estado. De manera general, es toda medida que le da a la empresa seguridad; al personal, la tranquilidad de espíritu que necesita.[97]

5º Función de Contabilidad.

Es el órgano de visión de las empresas. En todo instante debe permitir saber adónde se está y hacia dónde se va. Acerca de la situación económica de la empresa debe dar indicaciones exactas, claras, precisas.

Una buena contabilidad, sencilla y clara, que dé una idea exacta de las condiciones de la empresa, es un poderoso medio de dirección.[98]

---

[97] Nótese que el concepto de Fayol de seguridad es sumamente amplio. Incluye todas aquellas operaciones que en algún sentido apuntan a proteger y evitar. Hoy día, aunque no siempre con esta denominación, lo que predomina en muchas empresas es el concepto de protección integral. La función de seguridad perfectamente desempeñada coincide con la perfecta prevención, caso particular de la previsión. Más adelante veremos que ésta, la previsión, es uno de los elementos de la administración. Por otra parte, cabe destacar que diferentes clases de empresas implican variadas modalidades y grados de visibilidad de las operaciones de seguridad; muy visibles y severas en una prisión; muy precisas y estrictas en un banco; más sutiles en empresas de voluntariado social.

[98] Leídos los dos primeros párrafos, queda bien claro que lo exigido de esta quinta función esencial va mucho más allá de lo que, por muy bien que se desempeñen, pueden proporcionar a la empresa y a su gobernante el conjunto de operaciones contables. "Toda la información necesaria", tal es el alcance exigido. A diferencia de lo transmitido por las denominaciones de las otras cinco grandes clases de operaciones o funciones esenciales, el término "contabilidad", puede, con razón, dejar en el lector la impresión de una concepción muy estrecha y especializada de la función que Fayol ahora comenta. La selección del término posiblemente se haya debido a que en aquellos tiempos ninguna otra herramienta existía, distinta a la contabilidad, cuya sistematicidad y rigor exigiese mayor disciplina. Bien leídos, lo expresado en los dos primeros breves párrafos debe permitir corregir esta impresión. En lugar de hablarnos de contabilidad como tal, Fayol explicita en pocas palabras la finalidad buscada y lo que de esta función espera: "Es el órgano de visión de las empresas. En todo instante debe permitir saber dónde se está y hacia dónde se va. Acerca de la situación económica de la empresa debe dar indicaciones exactas, claras, precisas". Como se ve, un conjunto muy amplio y exigente de requerimientos que la contabilidad profesional, por muy completa y rigurosa que sea, tan solo muy parcialmente puede satisfacer. En otras palabras, lo esencial, lo que Fayol espera de esta función es todo lo que en materia de información, conocimiento e inteligibilidad de las circunstancias, tanto internas como externas, del pasado y del porvenir, atinentes a la empresa, pudiese en cada instante necesitar quien esté a cargo de conducirla. En suma: "…un poderoso medio de dirección." Hoy en día son muchas y diversas las herramientas de alta calidad, cuantitativas y cualitativas, provenientes de múltiples campos diversos, las capaces de satisfacer al conjunto de los requerimientos que Fayol expone. Teniendo claro lo esencial, poca duda cabe de que hoy día sería el primero en no tener inconveniente alguno en cambiar la denominación de este quinto grupo de operaciones a fin de poder incluir todos los sistemas que modernamente proveen inteligencia gerencial de todo tipo, tanto interna como externa a la empresa; esto es, un término para referirse a todo lo capaz de suministrar la información, entendimiento y conocimientos constitutivos de "…un poderoso medio de dirección".→

Para esta función, como para las demás, cierta iniciación es necesaria. La indiferencia tenida por ella en las grandes escuelas industriales evidencia un no darse cuenta de los servicios que presta.

6º Función Administrativa

Ninguna de las cinco funciones precedentes está a cargo de establecer el programa general de acción de la empresa, de constituir el cuerpo social, de coordinar los esfuerzos, de armonizar los actos. Estas operaciones no forman parte de las atribuciones de la función técnica, como tampoco de las atribuidas a las funciones comercial, financiera, de seguridad o de contabilidad.[99] Constituyen otra función designada habitualmente con el nombre de **administración** y cuyas atribuciones y límites están bastante mal definidos.

La **previsión**, la **organización**, la **coordinación** y el **control**, indiscutiblemente forman parte de la administración como se la entiende corrientemente.[100]

→Consecuentemente tampoco tendría dificultad alguna en reconocer que la palabra "contabilidad", con el tiempo, se ha vuelto insuficiente para denominar todo el cuerpo de procesos y fuentes de datos necesarios para conducir la empresa hacia el éxito. Podríamos proponer cambiar el lenguaje; por ejemplo referirnos a las "Operaciones de inteligencia" en cuanto constitutivas de la muy esencial "Función de inteligencia empresarial". Sin embargo, a los efectos de la presente traducción y posteriores comentarios a lo largo de toda la obra seguiremos utilizando la palabra "contabilidad", aunque siempre manteniendo en mente, conscientes de su limitada cobertura, lo que realmente Fayol espera de esta función: información, conocimiento y entendimiento de todo lo pertinente.

[99] Mediante cuatro ejemplos Fayol introduce la función administrativa. Señala que la empresa da pie a operaciones cuya ejecución no corresponde a ninguna de las cinco funciones ya comentadas. Como veremos más tarde, hay correspondencia entre estos cuatro ejemplos y tres de los cinco elementos constitutivos de la administración: la previsión (establecer el programa general de acción de la empresa), la organización (constituir el cuerpo social) y la coordinación (dos ejemplos: coordinar los esfuerzos y armonizar los actos).

[100] Cual si no pudiese prestarse a dudas y dentro del marco de un supuesto entendimiento corriente de la administración, Fayol introduce en ella los cuatro elementos siguientes: previsión, organización, coordinación y control. Obsérvese que los mencionados son cuatro de los cinco elementos que listó entre paréntesis cuando muy al principio del capítulo introdujo al sexto grupo de operaciones, las administrativas. El elemento omitido es el mando. Por otro lado, nótese también que sin tan siquiera aclarar en qué consisten esos cuatro, nos pide creer, sin lugar a dudas, que forman parte de la administración, añadiendo de inmediato: "...como se la entiende corrientemente". Se supone entonces que para ver la supuestamente indiscutible inclusión de estos cuatro primeros elementos en la administración debería bastar con la más o menos vaga o precisa noción que el lector ya tenga de administración, así como de cada uno de los cuatro referidos elementos: previsión, organización, coordinación y control. ¿Es esto creíble? Se le podría objetar el punto y decir que esta cuádruple inclusión está lejos de ser convincente. Sin embargo, al respecto Fayol no se esfuerza por persuadir al lector y pasa rápidamente, para no decir olímpicamente, por encima del asunto, sin tan siquiera intentar persuadir a quien pudiera poner en duda lo que afirmó.

Hacemos esta observación para destacar que el arte de leer tiene sus dificultades y amerita ciertas recomendaciones, incluyendo la que sigue. La actitud del buen lector no es cerrarse a priori a toda comprensión; tampoco la de una servil aquiescencia. Una cautelosa receptividad es lo indicado. Sin embargo, alerta y tratándose de la obra "Administración industrial y general", debe el lector ser receptivo a las definiciones de la administración y de los elementos que Fayol propondrá más adelante; temas que desarrollará tanto en el presente capítulo como en el capítulo 2 de la 2ª parte de la obra. Solo entonces podrá comprobar cuan indiscutible es o no la inclusión de los cuatro referidos elementos en la administración. Por ahora tan solo queda mantener el asunto en suspenso.

¿Necesario incluir también el *mando*? No es obligatorio; se podría estudiar el mando aparte. Sin embargo, me he decidido incorporarlo en la administración por las razones siguientes: [101]

1º El reclutamiento, la formación del personal y la constitución del cuerpo social, que están a cargo de la administración, interesan en sumo grado al mando;

2º La mayoría de los principios del mando son principios de administración. Muy estrechamente entremezclados están administración y mando. Desde el solo punto de vista de la facilidad del estudio, había interés en agrupar estas dos clases de operaciones.

3º Este agrupamiento tenía, además, la ventaja de constituir una función muy importante, digna de atraer y retener la atención del público, al menos tanto como la *función técnica*.

Por lo tanto, he adoptado la siguiente definición: [102]

---

[101] En el párrafo anterior Fayol dio por indiscutible la inclusión de la previsión, organización, coordinación y control en la administración. Ahora, cosa curiosa, convierte en discutible la inclusión del mando y nos sorprende diciendo: "Sin embargo me he decidido incorporarlo en la administración...". De allí que, consciente de lo arbitrario que suena que tal inclusión sea decisión suya, Fayol se esfuerza –ahora sí– por persuadir al lector exponiendo tres "razones" a favor de la inclusión del mando en la administración. ¿Serán convincentes? Pues ¡no! Bajo cuidadoso escrutinio se verá que son engañosas. Veremos que ninguna de las tres razones, ni su combinación, habrá de justificar en estricta lógica la inclusión del mando en la administración. Por otra parte, oímos a Fayol afirmar que estas son las razones por las cuales decidió tal inclusión. Evidentemente algo extraño ocurre aquí. Nos tocará dilucidar esta situación y con ello aclarar el aparentemente caprichoso y detallista empeño que podremos en invalidar las tres razones que expone. Sin embargo, como se verá, ello no habrá de significar que nuestra intención sea criticar a nuestro autor destacando algunos posibles errores que hubiese cometido. Todo lo contrario. Se tratará más bien de aprovechar la oportunidad para entender mejor quien es Fayol y su obra. De allí que objetar las tres supuestas razones presentadas por Fayol no tendrá por intención invalidar su decisión de incluir al mando en la administración. Se trata de un asunto más delicado e interesante. En particular alcanzar a comprender lo que Fayol –y el hombre de acción en general– se propone lograr cuando utiliza el lenguaje, así como la peculiar manera en que lo hace. Pensamos que el asunto amerita ser examinado en profundidad. De allí la necesidad del ensayo especial que hemos elaborado acerca de "El lenguaje y la acción" (pág.: 67). Anticipamos que el real propósito de Fayol no es simplemente decir algo acerca del mando y la administración. En cuanto hombre de acción, su intención es en cada caso influir. Solo avanzando en la lectura de AIG es que podremos progresivamente despojar al pensamiento de Fayol de las ocasionales arbitrariedades que a primera vista parece contener.

[102] Los detalles hablan, sobre todo cuando arrojan luces sobre el autor, sus intenciones y lo que dice. Las palabras de Fayol son: "Por lo tanto, he adoptado la definición siguiente: ...". Decir "... he adoptado..." suena a selección –esto es, a una decisión– en tanto que el "Por lo tanto,..." enlaza esta selección con la argumentación que fue expuesta momentos antes y que supuestamente habría de convertir en menos arbitraria la definición adoptada. Sin embargo, del examen realizado pudimos ver que lo que hizo Fayol fue, en primer lugar, dar por sentada, sin mayor argumentación o evidencia, la inclusión de cuatro elementos –la previsión, organización, coordinación y control– dentro de la administración "...como se la entiende corrientemente", para luego decidir incluir como quinto elemento al mando, sustentando esta decisión en tres "razones". Se completan así cinco elementos de la administración, e inmediatamente Fayol se dispone a presentar la definición que ha adoptado. No debemos entonces llamarnos a engaño: lo que nuestro autor va a hacer a continuación es proponernos una definición. Podría haberlo hecho directamente sin pasar por el "trabajo" preparatorio de introducir los cinco elementos. Sin embargo, eligió "guiarnos" –¿persuadirnos?– de manera menos abrupta.   Sigue →

Administrar es prever, organizar, mandar, coordinar y controlar.[103, 104]

En cualquier caso, la gratuidad que hasta ahora parece tener la definición que está a punto de someter a nuestra consideración no implica que en verdad vaya a ser arbitraria o absurda. Aunque a primera vista nada impide asignar a tal o cual palabra –en cuanto simple sonido o secuencia de marcas impresas– el significado que se quiera, hay sin embargo fuerzas inherentes al lenguaje que impiden que tal comportamiento se vuelva totalmente caprichoso. Si se visualiza al lenguaje como un gran conjunto de palabras entretejidas, fácil es comprobar que más allá de cierta "variabilidad" posible el significado de una determinada palabra encontrará en las demás con las cuales se relaciona y "codea" un freno a cualquier modificación arbitraria o extrema. Por lo tanto, para cada vocablo de cada idioma existen ciertos límites más allá de los cuales su sentido se volvería absolutamente privado y por lo tanto absurdo e inaceptable para la comunidad que comparte el tejido lingüístico predominante en determinada época o región. Fayol le va a proponer al lector compartir con él un determinado significado de la palabra "administración". Su propuesta, hecha en el idioma francés, no podrá sin embargo traspasar los límites aceptables para sus lectores (ciertamente franceses, al menos los de su época). Por otro lado, el significado propuesto debería presentárseles como preferible a todos los demás significados posibles, estén ellos latentes o ya en uso explícito de manera más o menos generalizada. Al respecto, el trabajo preliminar de Fayol –presentar los cinco elementos– ciertamente no nos pone aún en condiciones de preferir su propuesta de significado: su definición. Queda ver si más adelante en el libro lo logrará.

Resumiendo. Fayol cree o nos hace creer haber preparado suficientemente bien el terreno. Nos va a presentar la definición que personalmente adopta, la cual de facto propone a los lectores, esperando la acepten. Sin embargo, visto el cuestionamiento que hemos hecho del camino preparatorio que nos hizo seguir, la definición que propondrá corre el peligro de ser considerada arbitraria. A pesar de esto conviene ser cautelosos y no adelantar juicios prematuros. En cuanto conjunto entretejido de vocablos el lenguaje no permite que significados convencionales alcancen total arbitrariedad. Necesitamos ampliar el contexto lingüístico dentro del cual habrá de estar inmersa la palabra "administración", para solo entonces poder determinar la aceptabilidad o no del significado que Fayol propone con su definición.

[103] Esta definición amerita amplios comentarios a ser registrados en la serie de 11 ensayos "Profundizando en lo que significan administrar y gobernar" (págs.: 169-275). A continuación, sin embargo, un primer comentario de gran importancia. Salta a la vista que Fayol no define al substantivo "administración", que el título del capítulo parecía prometer. Más bien lo que define es al verbo "administrar" y, además ¡lo hace en términos de cinco verbos!, precisamente los correspondientes a los cinco substantivos que presentó muy al principio del capítulo a la hora de introducir a la administración como el sexto grupo de operaciones.

Observación clave: los frecuentes virajes que de substantivo a verbo hace a lo largo de AIG son indicativos de algo muy importante a lo cual ya nos hemos referido. Paradójicamente, mediante un libro, como lo expusimos en nuestros "Comentarios a la Advertencia inicial; lo que Henri Fayol se propuso transmitir y la originalidad de su aporte" (pág.: 23), nuestro autor se propone exponer al lector sus opiniones acerca del cómo ejercer el verbo administrar en cuanto parte que cumple un papel muy importante a la hora de ejercer el oficio de gobernar la empresa.

El viraje ocurrido con la definición recién introducida refuerza la necesidad que tuvimos de profundizar en la relación que los seres humanos sostienen con los verbos "Comentarios a la Advertencia inicial; profundizando en el sentido verbal de la obra `Administración industrial y general´ de Fayol" (pág.: 31). Hemos de entender que esta relación no es contemplativa, como sí lo es la que sostienen con aquello a lo cual los substantivos apuntan. Se sabe un verbo en la justa medida en que se sabe ejecutarlo, y este saber solo se alcanza ejecutándolo, aunque nuestro aprendizaje inicialmente se caracterice por torpezas e intentos fallidos, seguidos de mejoramientos progresivos, así como también de ocasionales saltos en la calidad de nuestro desempeño, como ocurre cuando aprendemos a nadar. Aunque la relación natural con los libros sea contemplativa, no es a partir de tal actitud contemplativa que puede extraerse de la obra de Fayol el máximo provecho. A falta del auténtico aprendizaje de verbos que tan solo ocurre

Prever, es decir indagar en el porvenir y establecer el programa de acción;

Organizar, es decir constituir el doble organismo, material y social, de la empresa;

Mandar, es decir hacer funcionar al personal;

Coordinar, es decir enlazar, unir, armonizar todos los actos y todos los esfuerzos;

Controlar, es decir velar que todo ocurra de conformidad con las reglas establecidas y con las órdenes dictadas.[105]

Así entendida, la **administración** no es ni un privilegio exclusivo, ni una carga personal del jefe o de los dirigentes de la empresa; es una función que se reparte, como las demás funciones esenciales, entre la cabeza y los miembros del cuerpo social.[106], [107]

---

mediante su ejercicio, el remedio supletorio para el lector es leer la obra cual colocándose en el lugar del propio Fayol ejecutando los verbos que éste ejerció a lo largo de su extensa experiencia gubernamental, y que ahora para beneficio de sus lectores hace explícitos a lo largo de AIG.

Aunque pronto, en este mismo capítulo, Fayol presentará una segunda definición acerca de lo que significa administrar, deberemos de todas maneras recordar que tanto ella como la primera solo nos servirán de guía para lo que vamos a leer a lo largo de los próximos dos capítulos de la 1ª parte de AIG y en el capítulo 2 de la segunda. Solo finalizado el libro –leído el capítulo correspondiente a los elementos– puede el lector poseer un entendimiento inicialmente claro del mensaje de Fayol y de sus definiciones clave. Sucesivas lecturas le ayudarán a desarrollar una comprensión más profunda.

[104] A los cinco verbos constitutivos de esta primera definición Fayol los denominará elementos de la administración (título del capítulo 2 de la 2ª parte de AIG). Esto no es fortuito. Será muy importante observar que esta primera definición es semejante a la que de un compuesto nos daría un químico; esto es, en términos de una enumeración exhaustiva de los elementos que lo constituyen.

[105] Mediante verbos –se multiplican los verbos– Fayol hace una primera breve presentación de los cinco elementos constitutivos del administrar. Profundizará en ellos en el capítulo 2 de la 2ª parte de AIG. Por ahora obsérvese que el aspecto dominante del significado de cada oración son uno o más verbos, subrayados en la transcripción que sigue:

"*Prever*, es decir indagar en el porvenir y establecer el programa de acción;

Organizar, es decir constituir al doble organismo, material y social, de la empresa;

Mandar, es decir hacer funcionar al personal;

Coordinar, es decir ligar, unir, armonizar todos los actos y todos los esfuerzos;

Controlar, es decir velar que todo ocurra de conformidad con las reglas establecidas y con las órdenes dictadas."

Necesitamos estos cinco primeros esbozos de definición debido a que es solo a lo largo del último capítulo de AIG que recibiremos definiciones más rigurosas y explicaciones que enriquecerán nuestro entendimiento de cada elemento (capítulo 2 de la 2ª parte). Tal como está estructurada la obra, existe el peligro de que el lector conserve por largo tiempo en su mente preconceptos que distorsionen su entendimiento de lo leído hasta llegar a ese capítulo final. Por ahora la recomendación sigue siendo mantener en suspenso la significación de las palabras clave de AIG –verbos– así como reiteradamente leer todos los capítulos hasta que la compenetración de todos los temas expuestos se haga evidente.

[106] La expresión "cuerpo social", muy arraigada en la tradición sociopolítica francesa, es frecuentemente utilizada por Fayol. Limitémonos a aclarar que la utiliza para referirse a la parte humana de la empresa, entendida como cuerpo; es decir, como un todo orgánico y no como el simple tejido de individuos interrelacionados. Para que haya cuerpo no basta con la simple existencia, por muy densas e intensas que ellas sean, de interrelaciones externas entre los individuos de un determinado grupo, entendidos ellos como seres estrictamente distintos y separados.

La función *administrativa* se distingue claramente de las otras cinco funciones esenciales. Importa no confundirla con el *gobierno*.

Para que haya cuerpo social es necesario más. Se requiere que exista un cierto grado mínimo de compenetración entre los miembros del cuerpo, así como también compenetración entre cada uno ellos y el todo social al cual pertenecen, que se trate de una sociedad, pueblo, tribu, familia, partido político, iglesia, grupo, etc. Así, más allá de tan solo ser y comportarse como individuos pasan a ser miembros del cuerpo en cuestión.

En la tradición anglosajona, por el contrario, la realidad ontológica primaria ha descansado en el individuo, siendo la agrupación social, en su versión más extrema, entendida como una simple construcción intelectual que unifica bajo un mismo concepto –sociedad, pueblo, grupo, etc.– individuos unidos solo en virtud de las relaciones externas mutuas que sostienen entre sí. Es importante mantener presente esta observación ya que el campo denominado "management" en inglés, ha sido desde principios del siglo XX mayormente fundamentado en esa tradición anglosajona. Puede comprobarse que en cuanto a este supuesto fundamental hay más afinidad entre el pensamiento de Fayol y la gerencia japonesa que entre ésta y toda la tradición que se inició en los Estados Unidos con el punto de vista de Taylor. El punto de partida característico de las culturas orientales no es el individuo.

[107] Este breve párrafo es de vital importancia para comprender el lugar que el administrar ocupa en la empresa en cuanto sexta función esencial y correspondiente grupo de operaciones que le competen. Fayol nos dice que estas operaciones se reparten –veremos que no necesariamente en las mismas proporciones– entre todos los miembros del cuerpo social de la empresa, sea cual sea su nivel jerárquico e independientemente de si el grupo de operaciones que más notoriamente desempeñan son las administrativas o las correspondientes a cualquiera de los otros cinco grupos.

Por otra parte, nótese que de pasada Fayol dijo "..., como las demás funciones esenciales,...". No hay que permitir que esta cláusula pase desapercibida. En ella se refiere a las otras cinco funciones esenciales previamente comentadas por él en el capítulo: las técnicas, las comerciales, las financieras, las de seguridad y las de contabilidad. Ellas también, en proporciones variables, se reparten –como el administrar– entre todos los miembros del cuerpo social de la empresa, sea cual sea su nivel jerárquico y clase de operación –función esencial– más notoria que desempeñen.

¿Qué resulta de lo dicho? Ciertamente lo siguiente: todos los miembros del cuerpo social, en proporciones diversas, se ven involucrados, directa o indirectamente, certeramente o no, en la realización de las seis funciones esenciales y correspondiente cumplimiento de las operaciones respectivas.

En las empresas más desarrolladas, la división del trabajo por unidades diversas: departamentos, secciones, etc. puede dejarnos la impresión de que, por ejemplo, el departamento de producción, mediante su personal, solo realiza operaciones técnicas, en tanto que el departamento de mercadeo solo ejecuta actividades comerciales, la división de finanzas, operaciones financieras, etc. Interpretarlo así sería alejarnos del pensamiento de Fayol. Bien entendida, la división del trabajo no significa separar disociando los seis grupos de operaciones. Más bien debe entendérsela como la división, no del trabajo, sino de la empresa en divisiones, departamentos, secciones, etc. estando cada una de estas unidades organizativas a cargo de una parte del trabajo total. Lo que hace la división del trabajo es concentrar operaciones semejantes en unidades organizativas –por ejemplo, las técnicas en el departamento de producción, las comerciales en los departamentos de compras y ventas, etc.– *sin que por ello dejen tales unidades y su personal de estar involucradas directa e indirectamente, en más o en menos, acertadamente o no, aunque en menor proporción, en la ejecución de los otros cinco grupos de operaciones o funciones esenciales que no le son centrales*. El capítulo dos que sigue nos ofrecerá la oportunidad de aclarar y ahondar en la repartición generalizada de todas las operaciones o funciones esenciales.

Gobernar es conducir la empresa hacia su meta buscando extraer el mejor partido posible de todos los recursos de los cuales dispone; es asegurar la marcha de las seis funciones esenciales.[108]

La ***administración*** tan solo es una de las seis funciones cuya marcha debe el gobierno asegurar.[109] Pero ocupa en el papel de los altos jefes un lugar tan grande que a veces puede, este papel, parecer ser exclusivamente administrativo.[110, 111, 112]

---

[108] Observamos un nuevo viraje al pasar Fayol del substantivo "gobierno" al verbo "gobernar", para de inmediato presentar lo que a todas luces son dos definiciones del verbo "gobernar". Ambas serán objeto de profundización en posteriores ensayos, pero visto que la segunda afirma que gobernar "...<u>es</u> asegurar la marcha de las seis funciones esenciales" –una de las cuales precisamente consiste en llevar a cabo las operaciones que conciernen al administrar– tempranamente encontramos aquí una confirmación de la relación de inclusión de la administración <u>en</u> el gobierno de cualquier clase de empresa, cosa que nos había sido anunciada en la primera oración de la "Advertencia inicial" muy al inicio de AIG; solo que luego de aclarado el sentido verbal de la obra entendemos que, en lugar tratarse de la inclusión del <substantivo> "administración" dentro del <substantivo> "gobierno", lo que realmente expresa esa primera oración es la inclusión del ejercicio del <verbo> "administrar" en cuanto parte que cumple un muy importante papel en el ejercicio del <verbo> "gobernar" de las empresas de cualquier clase y magnitud.

[109] De gran importancia son los muy breves párrafos precedentes, cuatro oraciones en total. De ellos se desprende una segunda definición del administrar. Fayol la construye como sigue:

"(1) La función *administrativa* se distingue claramente de las otras cinco funciones esenciales.

(2) Importa no confundirla con el *gobierno*.

(3) Gobernar, es conducir la empresa hacia su meta buscando extraer el mejor partido posible de todos los recursos de los cuales dispone; (4) es asegurar la marcha de las seis funciones esenciales.

Pero ahora acaba de añadir esta quinta oración:

(5) La ***administración*** tan solo es una de las seis funciones cuya marcha debe el gobierno asegurar. Pero ocupa..."

Comencemos por observar que el "tan solo es" de esta 5ª oración destaca al administrar como especie subsumida bajo el gobernar en cuanto género. A su vez, el gobernar es el género que asegura la marcha de todas las funciones esenciales o grupos de operaciones –especies– que se introdujeron al principio del capítulo, seis en total, también subsumidas bajo el gobernar (4ª oración). Por lo tanto, también asegura la marcha del administrar en cuanto una de esas seis funciones. Pero es importante, como dice la 2ª oración, no confundir al administrar –simple especie– con el género bajo el cual se encuentra subsumido: gobernar. Si además se le distingue claramente del ejecutar de las otras cinco funciones esenciales (1ª oración), entonces el administrar queda perfectamente delimitado y localizado. De allí la segunda definición que nos ofrece Fayol, la cual puede calificarse de aristotélica: subsumida la especie a definir –el administrar– bajo un determinado género –el gobernar– a la par de claramente distinguirla de las otras especies –los cinco grupos de operaciones o funciones esenciales– igualmente subsumidas bajo ese mismo género.

[110] Los cuatro últimos párrafos del capítulo 1 son de extraordinaria importancia. Ameritan un profundo y extenso estudio, cosa que más adelante realizamos en la sección "Profundizando en lo que significan administrar y gobernar", 3ª Profundización (pág.: 184). Anticipamos solamente que veremos confirmada y aclarada en mayor profundidad la aseveración inicial de la obra de Fayol, cuando dijo; "La administración cumple en el gobierno de las empresas, de todas las empresas, grandes o pequeñas, industriales, comerciales, políticas, religiosas u otras, un papel muy importante. Me propongo exponer aquí mis ideas acerca de la manera en que este papel debería ser cumplido." En ambos casos vemos a las dos palabras clave "administración" y "gobierno", de inicialmente Fayol

ENSAYO: EL LENGUAJE Y LA ACCIÓN

El capítulo 1 de la 1ª parte de "administración industrial y general" lleva por título "Definición de la administración".[113] Poco antes de presentar la definición por él adoptada, Fayol conduce al lector hacia ella de la siguiente manera:

Tras indicar que existen operaciones no pertenecientes a ninguno de los primeros cinco grupos de operaciones o funciones esenciales, Fayol prosigue preparando el camino hacia la definición que pronto presentará, afirmando:

"La **previsión**, la **organización**, la **coordinación** y el **control**, forman indiscutiblemente parte de la administración como se la entiende corrientemente."

---

referirse a ellas mediante substantivos pasar a tratarlas como los verbos "administrar" y "gobernar" apenas se adentra en explicar lo que cada uno significa. Esto amerita especial aclaratoria, también objeto de la serie de ensayos mencionada. No perderemos de vista también que estos párrafos implican, amén de dos definiciones del gobernar, una segunda definición del administrar.

[111] He aquí la oración de transición hacia el capítulo que sigue. Parafraseándola queda claro que el administrar ocupa un lugar muy grande en el papel de los altos jefes, al punto de poder parecer que este papel es exclusivamente administrativo. La palabra "parecer" es importante. Como veremos en el próximo capítulo por muy alto el nivel jerárquico del actor, por muy grande que sea el componente administrativo de su papel, jamás podrá decirse que solo administra. Al igual que todos los demás miembros de la empresa, también ha de asegurar la marcha de los otros cinco grupos de operaciones o funciones esenciales, aunque en menor proporción.

[112] Concluido el capítulo 1 contamos con dos definiciones entrelazadas: aquella que define al verbo "administrar" mediante cinco verbos y aquella otra definición que nos permite en cuanto especie subordinar a la primera bajo el género "gobernar". Sin embargo no conviene descartar a priori la siguiente posibilidad. Comprendidas y aceptadas las dos definiciones propuestas por Fayol, bien podría aún preservárselas como significado de alguna otra palabra distinta a "administración", sobre todo si tal significado propuesto difiriese en alto grado del comúnmente aplicado a esta misma palabra, al punto de dificultar la aceptación, comprensión y utilización generalizada de la palabra "administración", ahora convertida en un término rigurosamente definido.

En el mundo hispano parlante, por ejemplo, sin gran inconveniente podría, a todo lo largo de la obra de Fayol, substituirse las palabras francesas "administration" y "administrar" por "conducción/conducir" o "dirección/dirigir", sin por ello verse uno obligado a rechazar o modificar la definición propuesta por Fayol (la palabra "gerencia" podría ser otra opción, y el verbo "gerenciar" que ya figura en el DRAE).

Con ello se evitaría la intromisión de los significados corrientes de la palabra "administración", preservando entonces la intención y mensajes de Fayol. Tan solo la substitución de unos términos por otros menos problemáticos en cuanto a aceptación. Tenga presente el lector que cuando de terminologías se trata, lo realmente importante son los significados propuestos; tan solo luego la mejor selección posible de las "etiquetas" utilizadas para transmitirlos. Sin embargo, a los efectos de nuestra traducción y comentarios en el presente libro, hemos creído conveniente seguir utilizando las palabras "administración" y "administrar" a fin de respetar lo más posible los términos originales que el propio autor utilizó. Nótese que por el contrario los términos "gobierno" y "gobernar" no se prestan a utilizaciones de uso corriente cuya intromisión pudiese dificultar la aceptación y fluida adopción del riguroso significado que transmiten las definiciones que Fayol introduce.

[113] Capítulo en el cual pronto pudo el lector comprobar el primer y muy importante viraje de substantivo a verbo, visto que pese a lo que el título pareciera haber prometido lo que realmente Fayol define en este capítulo es al verbo "Administrar" y lo hace, además, en función de los cinco verbos que ya conocemos: prever, organizar, mandar, coordinar y controlar.

Cual si no pudiese prestarse a dudas y dentro del marco de un supuesto entendimiento corriente de la administración Fayol introduce los cuatro <u>elementos</u> siguientes: previsión, organización, coordinación y control.[114] Nótese que al hacer esto Fayol vuelve a mencionar cuatro de las cinco palabras que presentó entre paréntesis cuando, muy al principio del capítulo 1 introdujo de entre seis grandes grupos de operaciones al sexto como "operaciones administrativas". Nótese igualmente que la palabra omitida es "mando". Además, obsérvese también que sin haber definido aún a ninguno de los cuatro que ha mencionado, sin embargo nos pide creer, sin lugar a dudas, que forman parte de la administración "…como se la entiende corrientemente". Se supone entonces que para ver la supuestamente indiscutible inclusión de estos cuatro primeros elementos en la administración, debería bastar con el más o menos vago o preciso concepto que el lector ya tenga de ella, así como de cada uno de los cuatro referidos elementos: previsión, organización, coordinación y control. ¿Es esto creíble? Se le podría objetar el punto y decir que esta cuádruple inclusión está lejos de ser evidente. Sin embargo, al respecto Fayol no se esfuerza por persuadir al lector y pasa rápidamente, para no decir olímpicamente, por encima del asunto, sin tan siquiera intentar convencer a quien pudiera poner en duda su afirmación.[115]

Algo curioso y veremos muy importante ocurre aquí. Además, ¿qué hay del mando? Ocasión que aprovechamos para ahondar en la muy particular manera en que Fayol se dirige al lector.

---

[114] Acabamos de utilizar la palabra "elementos" para referirnos a las cuatro primeras partes constitutivas de la administración que Fayol acaba de introducir: previsión, organización, coordinación y control. No es en el capítulo 1 de la 1ª parte de AIG donde las veremos denominadas y conceptualizadas como <u>elementos</u>. Esto habrá de ocurrir bastante más tarde en el capítulo 2 de la 2ª parte de AIG bajo el título "Elementos de la administración". Allí Fayol profundizará en cada de los primeros cuatro ya mencionados, así como en un quinto elemento –el mando– que muy pronto también incluirá. En su momento veremos que el entendimiento profundo de la definición que Fayol propone en el capítulo 1 de la 1ª parte de su obra pasa por comprender las muy importantes implicaciones que tiene concebir a sus cinco partes constitutivas como elementos y <u>no</u> como fases secuenciales del así denominado "proceso administrativo", error de interpretación comúnmente hecho al respecto (1ª profundización, ensayo especial incluido en la sección "Profundizado en lo que administrar y gobernar significan", pág.: 169).

[115] Aunque no lo haya hecho explícito, la actitud de hecho asumida por Fayol debe haber sido la de confiar más en el poder persuasivo de la totalidad de su escrito, que en tratar de demostrar punto por punto cada cosa que dice. Hacemos esta observación para destacar que el arte de leer tiene sus dificultades y amerita ciertas recomendaciones, como lo es la que sigue. La actitud del buen lector no es cerrarse a priori a toda comprensión; tampoco la de una servil aquiescencia. Una cautelosa receptividad es lo indicado. Alerta, debe sin embargo ser receptivo a las definiciones que Fayol propone y desarrollará tanto en el capítulo 1 de la 1ª parte como en el capítulo 2 de la 2ª parte de AIG. Solo entonces podrá comprobar cuan indiscutible es o no la inclusión de los cuatro referidos elementos en la administración. Recordar la circularidad virtuosa a la cual ya nos hemos referido en nuestros "Comentarios a la Advertencia inicial", sub-sección "Leyendo a Fayol; dos clases de obras", pág.: 49): para entender al todo de AIG hay que entender sus partes, pero para entender las partes ya hay que entender al todo. La única salida y recomendación fue: leer la totalidad de la obra una y otra vez hasta sentir que ninguna relectura adicional podría añadir un significativo entendimiento del todo o de las partes. Por otro lado, si al cabo de entender muy bien los significados que Fayol quiere transmitir juzgamos inapropiado alguno de los términos por él utilizados, siempre cabe recurrir a la otra solución presentada arriba en la nota al pie 112 (pág,: 67).

¿Logra realmente Fayol validar la inclusión del mando?

Fayol continúa preparando el camino hacia su definición como sigue:

"¿Hace falta incluir también el ***mando***? No es obligatorio; se podría estudiar el mando aparte. Sin embargo, me he decidido incorporarlo en la administración por las razones siguientes:

1º El reclutamiento, la formación del personal y la constitución del cuerpo social, que están a cargo de la administración, interesan en sumo grado al mando;

2º La mayoría de los principios del mando son principios de administración. La administración y el mando se entremezclan muy estrechamente. Desde el simple punto de vista de facilitar el estudio, había interés en agrupar estas dos clases de operaciones.

3º Este agrupamiento tenía, además, la ventaja de constituir una función muy importante, digna de atraer y retener la atención del público, al menos tanto como la ***función técnica***."

Vimos que en el párrafo anterior Fayol dio por indiscutible la inclusión de la previsión, organización, coordinación y control en la administración. Ahora, cosa curiosa, convierte en discutible la inclusión del mando y nos sorprende diciendo: "Sin embargo me he decidido incorporarlo en la administración...", y consciente de lo arbitrario que pudiera sonar esto, Fayol se esforzará –ahora sí– por persuadir al lector exponiendo las referidas tres "razones" a favor de la inclusión del mando en la administración. Examinadas a continuación veremos que no deberían ser del todo convincentes.[116]

La primera "razón" que expone Fayol no debería ser capaz de persuadir al lector. Se trata de una falacia. Veamos.

Dice decidir incluir el mando dentro de la administración debido a que al mando le son de sumo interés algunas de las operaciones –reclutamiento, formación del personal y constitución del cuerpo social– que el propio Fayol, sin mayor explicación, cataloga dentro de la segunda, la administración. Desde el punto de vista lógico esta "razón" es sumamente deficiente. Un campo puede interesarse por las acciones que se llevan a cabo en otro, pero de esto no se desprende su necesaria inclusión en el segundo. La estructura falaz de esta primera razón se evidencia con solo aplicarla de manera análoga a otros dos campos: pueden ser de sumo interés para la física <*para el mando*> muchas de las operaciones que en las matemáticas <*en la administración*> se llevan a cabo, pero queda claro que de ello no se desprende la legitimidad de incluir la física <*el mando*> en las matemáticas <*en la administración*>.

---

[116] Sin embargo –¡cuidado lector!– invalidarlas no va a significar presumir ser capaces de llevar a cabo una muy temprana severa crítica de Fayol. Veremos que la ocasión será propicia para destacar que su lenguaje corresponde al de un ser humano orientado a la acción, alejándose así de la utilización contemplativa que los estudiosos hacen de él.

La segunda "razón" que expone Fayol tampoco debería ser capaz de persuadir al lector. Hay incompleta inclusión de los principios del mando en la administración. Además la sola facilidad del estudio no justifica la referida inclusión.[117] Veamos.

Cuando en la primera oración Fayol dice "mayoría", ¿qué hacer con los principios del mando que, de existir, no fuesen a su vez principios de la administración? Si hubiese afirmado que todos lo son y ninguna otra cosa adicional referente al mando le fuese foránea a la administración, entonces sí podría justificarse la total inclusión del mando en la administración; de lo contrario no.

Por otro lado, tampoco lo que sigue convence. Un segundo ejemplo de aplicación analógica permite evidenciar lo falaz que es esta segunda "razón": bien se sabe que en su lugar de encuentro la química orgánica y la biología ciertamente "...se entremezclan de manera muy estrecha". Sin embargo, por sí solo, este hecho no justifica que "desde el simple punto de vista de facilitar el estudio, hubiera interés en agrupar a los dos campos mencionados". Mucho menos si la motivación es tan solo facilitar el estudio. El facilismo no justifica.

La tercera "razón" que expone Fayol aún menos debería ser capaz de persuadir al lector. Tan solo se trata de mejorar la imagen de la administración incluyendo en ella al mando.

¡Hay que reconocer que esta tercera razón es poco escrupulosa! Existe un competidor por la atención pública cual es la función técnica. Conviene tener tanto *glamour* como ella. Por lo tanto incluyamos al mando en la administración para darle a ésta la notoriedad que queremos que tenga (tácitamente admitiendo que por sí solos los cuatro primeros elementos –incluidos sin mayor explicación– no podrían proporcionársela). ¿Entonces?...

HENRI FAYOL ¿UN AUTOR INESCRUPULOSO?

¿Cómo entender semejante utilización falaz del lenguaje por parte de Fayol, ingeniero de profesión, egresado de una rigurosa escuela de ingeniería civil en Francia? Veamos.

Como ya adelantamos, objetar las tres supuestas razones presentadas por Fayol no implica que nuestra real intención haya sido invalidar su decisión de incluir al mando en la administración. Se trata de un asunto más profundo. En particular alcanzar a comprender lo que Fayol –hombre orientado a la acción– se propone lograr cuando utiliza el lenguaje, así como la "peculiar" manera en que lo hace.[118] Su real propósito es persuadir al lector y no simplemente decir algo acerca de la administración.

Ninguna de las tres razones, ni su combinación, justifica en estricta lógica la inclusión del mando en la administración. Por otra parte, Fayol nos afirmó que estas son las razones por las cuales decidió tal inclusión. Evidentemente algo extraño ocurre aquí. Debemos dilucidar esta

---

[117] Los "principios" ameritarán un tratamiento especial, al punto de convertirse en el tema central del capítulo 1 de la 2ª parte de AIG, titulado; "Principios generales de administración".

[118] No tan peculiar como muy pronto veremos. Es la cotidiana utilización que del lenguaje normalmente hacemos todos; aunque ciertamente existe gran diversidad en cuanto a la manera y habilidad en que cada quien lo hace.

situación y con ello aclarar nuestro, aparentemente caprichoso y detallista empeño en invalidar las tres razones que expuso. Como se verá, no significa que nuestra intención haya sido criticar al autor, destacando minuciosamente algunos posibles errores que haya cometido. Todo lo contrario. Se trata más bien de aprovechar la oportunidad para entender mejor quien es Fayol y su obra. Veamos.

En lo que sigue queremos entender a Fayol y su obra desde un ángulo muy particular; esto es, a través de la utilización que hace del lenguaje. Expliquemos esto distinguiendo, en primer lugar, las dos actitudes básicas siguientes.

La primera, que predomina en el hombre contemplativo –gente usualmente estudiosa– es utilizar el lenguaje principalmente "para decir algo acerca de algo..." e.g.: acerca de las plantas, acerca de las galaxias, acerca de fulano de tal, acerca de sí mismo, acerca de la situación económica, acerca de los sistemas políticos, acerca de tal o cual hecho, etc. En suma: lo hacen para informar algo o comunicar algún conocimiento.

La segunda actitud caracteriza al ser humano como quien posee la facultad de actuar mediante el lenguaje, lo cual significa que no lo utiliza simplemente para exponer algo, sino más bien –incluidos los silencios cargados de significado– para influir en el lector, el oyente o auditorio. Incluso cuando a primera vista parece que su intención es decir algo acerca de algo, cuando su tono parece ser el de un puro expositor que afirma cosas acerca de tal o cual tema o asunto –no necesariamente con apego a la estricta lógica o verdad– su verdadera intención y finalidad primaria sigue siendo influir en algún tercero. Así lo hace el político con su discurso, el dirigente sindical con su arenga, el cura con su prédica, el comerciante cuando quiere vender, el niño que quiere lograr que le compren una bicicleta.[119] Para ellos hablar es actuar y no un simple decir algo acerca de algo, tan solo para informar o transmitir algún conocimiento. La intención de sus mensajes escritos es la misma: influir.

En su uso cotidiano del lenguaje los seres humanos –en función de las circunstancias y de sus intenciones– entremezclan las dos actitudes recién descritas en muy variadas proporciones.

La actitud del "todo vale" con tal de lograr la influencia querida caracterizaría al inescrupuloso total. En este extremo ni la lógica ni la verdad tendrían nada que buscar. El todo sería, mediante cualquier de las muy variadas modalidades del lenguaje –símil, reiteración,

---

[119] Actitud en relación al lenguaje muy lejos de ser extraña visto que ciertamente el común de la gente continuamente así lo utiliza: mediante el lenguaje influir en otros. Lenguaje en el sentido muy amplio de la palabra, no solo el lingüístico propiamente dicho sino cualquier otro medio mediante el cual se le "habla" al otro, e.g.: el lenguaje corporal. Aún más amplio y con frecuencia indeseable entre seres humanos, cuando existe la convicción de que persuadir no es posible, cualquier medio con tal de lograr que el otro "entienda lo que se le dice o se quiere de él", y esto al punto de llegar a concebir a la coerción física como la necesaria utilización –legítima o no– de un tal extremo "lenguaje".

exclamación, anécdota, interrogación, metáfora, hipérbole, supresiones, etc.– actuar en el otro logrando así el efecto buscado.[120]

Vista su formación de ingeniero, Fayol bien conoce y debe haber apreciado ambas: la lógica y la verdad. Sin embargo, posiblemente sin llegar a estar plenamente consciente de ello, en cuanto conductor de seres humanos pronto debe haber sentido la necesidad de desarrollar la habilidad de influir en otros mediante el lenguaje, no necesariamente siempre con pleno apego a la lógica y a la verdad. Cuando Fayol –más hombre orientado a la acción que contemplativo– transformó en libro la conferencia que dictó en 1908, su intención precisamente debe haber sido ampliar el radio de influencia de las ideas que quería transmitir. La actitud en él dominante no es el simple hablar o escribir –decir algo– acerca de la administración y demás temas relacionados. Su intención, cuando primero habla y luego escribe, es persuadir al oyente o lector. Fayol quiere incluir el mando en la administración. Quiere que no luzca demasiado arbitraria esta inclusión y la definición de administración que sigue. Por eso expone sus tres "razones". Recuérdese que dijo: "…me he decidido incorporarlo en la administración por las razones siguientes". Por un lado no oculta el hecho de que son sus razones, pero por el otro también hay que reconocer que deja totalmente en manos del lector comprobar si tales "razones" en verdad persuaden.[121]

---

[120] En el otro extremo son bien conocidas las muy severas críticas que Sócrates y Platón hicieron a las que calificaron de enseñanzas poco escrupulosas de los maestros Sofistas, exigiendo por el contrario total apego a la lógica y a la verdad. Fácil es comprobar que el uso que normalmente la gente hace del lenguaje constantemente se desplaza hacia un lado u otro entre ambos extremos, en función de las circunstancias e intereses concretos. Más cercano al extremo sofista estaría el caso de los dirigentes. Más empeñados en el respeto debidos a la lógica y a la verdad se encontrarían los científicos y académicos.

Desde siempre ha habido y sigue habiendo por parte de los seres humanos orientación a la acción; orientación a hacer algo según la necesidad, preferencia, posibilidades, etc., del caso. Caracterizado por un lento y no muy impresionante avance de la condición humana así hubiese seguido siendo de no haber ocurrido en los tiempos iniciales de la civilización occidental el fuerte surgimiento de la actitud contemplativa. Sin pretender hacer aquí rigurosa y detallada historia, muy reconocida es la gran influencia habida por Sócrates, Platón y Aristóteles desde esos tiempos iniciales, siendo que a los efectos del tema que aquí nos concierne, de particular importancia sea la muy severa crítica que de los sofistas hicieron: "maestros" muy orientados a la enseñanza de la acción política mediante la eficaz utilización del lenguaje como medio para hábilmente influir en los demás; actitud ciertamente muy alejada del recto "decir un algo acerca de algo" e inescrupuloso en la medida en que poco importara la verdad o falsedad de lo dicho. Aunque como institución muy orientada a la acción –ejercicio del poder– será la iglesia la que lo largo de siglos habrá de reforzar a su manera el desarrollo de la actitud contemplativa iniciada por esos filósofos griegos; así, hasta perder su preeminencia a la llegada de Descartes, marcador de los inicios de la modernidad con su nuevo ritmo de avance. Pronto habrá de imponerse la rigurosa actitud contemplativa de la ciencia teórica, no tardando entonces en surgir su "hija predilecta", la ciencia aplicada, natural potenciador de la orientación humana a la acción; un nuevo mundo: la tecnología.

[121] Así como sí creyó Fayol necesario explicar su decisión de incorporar al mando en la administración, recuerde el lector que no así con los otros cuatro elementos –prever, organizar, coordinar y controlar– cuya inclusión según él no se prestaba a duda alguna, dejando igualmente totalmente en manos del lector dilucidar el asunto. Fayol sabe hacia dónde se dirige. El lector que lee su libro por primera vez aún no, y fácilmente se deja llevar.

A todo lo largo de la lectura de "Administración industrial y general" conviene mantener presente que, con muy pocas excepciones y a pesar de que frecuentemente su estilo parece ser el de "decir algo acerca de algo", la verdadera intención de Fayol es, mediante el lenguaje, persuadir al lector y no simplemente transmitir información, opiniones o conocimiento contemplativo.[122]

---

[122] Un buen ejemplo de ello puede verse en el capítulo 1 de la 1ª parte de AIG cuando Fayol, comentando la función financiera, expresa lo siguiente: "Muchas empresas que podrían haber sido prósperas mueren de la enfermedad de la falta de dinero". A primera vista tal oración podría ser leída como una afirmación, como un simple "decir algo acerca de algo", y sin embargo debe el lector saber que tras la aparente expresión de un hecho, se esconde una advertencia: la de cuidar las disponibilidades que toda empresa requiere. De allí la necesidad de estar, al respecto, atento a los indicadores de liquidez que la contabilidad suministra.

74

Capítulo 2
IMPORTANCIA RELATIVA DE LAS DIVERSAS CAPACIDADES QUE CONSTITUYEN EL VALOR DEL PERSONAL DE LAS EMPRESAS [123]

A cada grupo de operaciones o función esencial corresponde una *capacidad* especial.[124] Se distinguen: la capacidad técnica, la capacidad comercial, la capacidad financiera, la capacidad administrativa, etc.

---

[123] En nuestra experiencia docente hemos comprobado la curiosa dificultad que tienen los estudiantes para comprender el título del presente capítulo; posiblemente debido a lo largo que es. Les hemos recomendado que lo lean en el orden inverso, como sigue: el punto de partida es la existencia de empresas; en ellas hay personal; este personal, a su vez, tiene un determinado valor; este valor, por su parte, está constituido por diversas capacidades; por último, queda claro que el tema del capítulo –aunque no su mensaje central– es la importancia relativa de estas diversas capacidades. **Nota**: Obviamente se trata de valor en el sentido de valía, no de valentía.

[124] La palabra "capacidad" amerita especial consideración. Para Fayol –hombre de acción al fin– no es el conocimiento contemplativo, el simple saber–algo–acerca–de–algo, lo que convierte al actor en capaz. Por capacidad hemos de entender, supuestas poseídas las debidas cualidades, aquel saber-hacer que es condición necesaria, aunque no suficiente, para poder-hacer… para que el hacer pueda llevarse a cabo. Decimos condición necesaria pero no suficiente, debido a que un hacer cualquiera, de cualquier actor, supone reunidas las cinco condiciones siguientes: 1°– su querer-hacerlo; 2°– su posesión del conjunto apropiado de cualidades; 3°– su saber-hacerlo sustentado en los conocimientos requeridos; 4°– que disponga de los medios y recursos necesarios y 5°– que las circunstancias le sean favorables a ese hacer. Según Fayol, pronto veremos, las condiciones 2ª y 3ª proporcionan la capacidad. El poder-hacer, por su parte, es resultante de las tres últimas: del lado del actor, poseer las cualidades y saber-hacer requeridos, y por el otro, en cuanto al escenario de actuación, la existencia de los medios, recursos y circunstancias favorables. Todo ello sin omitir la 1ª condición, esencial para que este poder-hacer de hecho se convierta en el hacer mismo.

Un sencillo ejemplo: para que el nadar de alguien ocurra, son necesarias las cinco condiciones siguientes: que quiera-nadar, posea las cualidades corporales y y de actitud requeridas, sepa-nadar, de ser indispensables disponga de los medios y recursos apropiados, y por último que las circunstancias pongan a su alcance una piscina, playa o río suficientemente profundos.

Ahora bien, si por ejemplo *ceteris paribus* las circunstancias no son las propicias entonces la acción de nadar no podrá ser momentáneamente llevada a cabo, y por lo tanto habrá de estar precedida por una o varias acciones preparatorias; por ejemplo, llenar la piscina. Sin embargo, el cabal cumplimiento de esta acción preparatoria de nuevo supondrá la presencia de las mismas cinco condiciones; por ejemplo así: que en 1° lugar haya quien quiera-llenar de agua la piscina, que en 2° lugar posea las cualidades –pericia e iniciativa, por ejemplo– requeridas, en 3° lugar, que con base en los conocimientos que la operación supone sepa-llenarla, que en 4° lugar disponga de las herramientas necesarios y, por último, en 5° lugar, estén presentes todas aquellas circunstancias que hagan posible disponer del agua necesaria (que la bomba de llenado funcione, que haya agua que la alimente, etc.). De no estar presentes estas circunstancias, la cadena de acciones preparatorias habrá de ser aún más larga, extendiéndose hasta un primer eslabón que reúna las cinco condiciones exigidas para la ejecución de la acción que corresponda a dicho eslabón. En otras palabras, la cadena se extenderá hasta un primer eslabón que no requiera de la ejecución de acción previa alguna; esto es, que ninguna acción preparatoria ya sea necesaria. (volveremos sobre este tema en "Profundizando en la capacidad; fundamento del valor de cada agente del cuerpo social de la empresa", pág.: 91 y aplicada al gobernar la 11^{ava} profundización de la sección "Profundizando en lo que significan administrar y gobernar", pág.: 266).

Cada una de estas capacidades se fundamenta en un conjunto de cualidades y de conocimientos que puede resumirse así: [125]

1. ***Cualidades físicas***: salud, vigor, destreza;[126]
2. ***Cualidades intelectuales***: aptitudes para comprender y aprender, juicio, vigor y flexibilidad intelectuales;
3. ***Cualidades morales***: energía, firmeza, valentía ante las responsabilidades, iniciativa, devoción, tacto, dignidad;
4. ***Cultura general***: nociones diversas que no son exclusivamente del dominio de la función ejercida;
5. ***Conocimientos especiales***: conciernen exclusivamente a la función, ya sea técnica, comercial, financiera, administrativa, etc.;

---

[125] La creciente división del trabajo, la creciente sectorización de los ámbitos del quehacer, han propiciado la formación parcial del ser humano y el consecuente olvido de su capacitación integral. La clasificación que Fayol nos presenta tiene como mérito el proponerse preservar la visión de conjunto de todas las cualidades y conocimientos que bien integrados determinan la capacidad del agente: lo que es capaz de hacer. Queda implícito que ello se debe a la mutua compenetración –por lo tanto integración– que ha de existir entre todos y cada uno de los seis grupos de cualidades y conocimientos. Sin embargo, como ya apuntamos, la creciente sectorización de los ámbitos del quehacer humano ha tendido a asignar a diferentes campos de especialidad –trabajando por separado– el desarrollo de las cualidades y conocimientos que sustentan a las capacidades de los agentes. Ahora bien, aunque el desarrollo de estas diversas cualidades y conocimientos corresponda a diferentes campos de especialidad, lo que al gobernante concierne es la capacidad de los miembros de la empresa, resultante de la muy única síntesis de cualidades y conocimientos que para un momento determinado cada uno posea. Al jefe o gobernante corresponde asegurar que la debida síntesis de cualidades y conocimientos exista en cada uno de los miembros de la empresa.

La referida creciente división del trabajo ha implicado que el desarrollo de los seis grupos de cualidades y conocimientos se disgregara y crecientemente pasasen a ser labor que cumplen múltiples y diversos especialistas y actores a lo largo de la vida pre-laboral y laboral del agente. Sin embargo, visto que a la empresa no es la simple descomposición en cualidades y conocimientos lo que interesa, sino la capacidad total poseída por todos y cada uno de sus miembros, no puede el jefe o gobernante en cuanto gran asegurador de las capacidades desentenderse del asunto. Podemos ir más allá: también le conciernen la capacidad total poseída por todos y cada uno de los grupos humanos (departamentos, etc.) que constituyen a la empresa, y por último el poder-hacer de ésta como un todo (lo que en ella se quiere y se sabe hacer aunados a sus cualidades internas, con el aseguramiento tanto de los medios y recursos requeridos como la existencia de las circunstancias favorables).

[126] Cierto es que a menudo se ve a Fayol expresar a lo largo de su obra cosas aparentemente muy obvias. Así ocurre con las cualidades físicas. Ciertamente son esenciales. Precisamente por obvias es muy fácil ignorarlas y descuidarlas a la hora de gobernar. Se las considera asunto que concierne al propio agente o a expertos tales como médicos y fisiólogos de muy variadas especialidades. A lo largo de AIG serán varias las veces en que Fayol recalcará la importancia de las cualidades físicas, al punto de llegar a decir que su descuido puede poner en jaque al todo de la capacidad del agente. Las otras cinco categorías de cualidades y conocimientos también pueden ser indicativas de aspectos muy obvios, pero igualmente han de considerarse como condiciones fundamentales de las capacidades que la empresa requiere de sus miembros. Por muy obvias que parezcan tampoco conviene ignorarlas y descuidarlas a la hora de gobernar.

6. ***Experiencia***: conocimiento resultante de la práctica de los negocios.[127] Es el recuerdo de las lecciones que uno mismo ha extraído de los hechos.

Tal es el conjunto de las cualidades y conocimientos que constituyen a cualquiera de las capacidades esenciales; comprende cualidades físicas, intelectuales y morales, cultura general, experiencia y ciertos conocimientos especiales concernientes a la función a ser cumplida.[128]

La importancia de cada uno de los elementos que componen la capacidad está en relación con la naturaleza y la importancia de la función.[129, 130]

---

[127] Interpretada literalmente como negación del ocio, hemos preferido en esta ocasión la palabra "negocios" para traducir la palabra francesa "affaires", la cual posee como ya apuntamos una gama mucho mayor de connotaciones que la palabra "quehaceres" en español que hubiese sido más literal.

[128] Las cualidades y conocimientos que a modo de ejemplos y sin mayor explicación Fayol presenta para cada una de las seis categorías que fundamentan cualquier capacidad se prestan a largos y profundos comentarios. Abundante literatura clásica y contemporánea existe al respecto. Ciertamente se nos pueden ocurrir diversas otras cualidades y conocimientos no listados por Fayol, pero sin duda procuró mencionar a algunos de los más importantes.

Valgan unas breves observaciones generales sin antes dejar de reiterar que la capacidad total de un agente en particular —lo que es capaz de hacer— se fundamenta, supuestas las circunstancias favorables, en la muy única síntesis de las cualidades y conocimientos que posea (queriendo "síntesis" significar que las seis categorías —las tres clases de cualidades y tres clases de conocimientos— solo sean separables en el intelecto gracias a la facultad de análisis que la capacidad humana de abstraer habilita).

Las cualidades enumeradas en las tres primeras categorías coinciden con las virtudes clásicas que la educación integral —bien conocida por Fayol— estaba llamada a desarrollar, mediante sus principales agentes: la familia y la escuela. Tal educación apuntaba a la formación integral del ser humano, más que al simple suministro de algún recurso humano útil a la sociedad productiva. Con el tiempo hay que reconocer que muchas de las referidas virtudes han perdido el real aprecio que se les tenía. Sin embargo preguntémonos: "¿Acaso no son esenciales, sino para todo ser humano en general, con mayor razón en quienes aspiran a ocupar puestos de alta jefatura?". Ya que Fayol las incluye podemos anticipar que su respuesta es afirmativa. Dirigentes ejemplares: los poseedores del conjunto bien dosificado e integrado de las cualidades y conocimientos en cada caso requerido.

Pero ya que para bien o para mal todo agente influye en el rumbo, recorrido y destino de la empresa, igualmente ha de afirmarse que todos y cada uno de los agentes de la empresa han de poseer la capacidad requerida para debidamente coadyuvar a que la empresa esté bien dirigida. De allí que lo exigido en los altos jefes también aplique a todos los miembros del cuerpo social de la empresa, aunque con dosis diferentes de cualidades y conocimientos según el papel que a cada uno corresponda cumplir.

[129] Para cada función, vista su naturaleza e importancia, la "dosis" requerida de cada uno de los ítems constitutivos de cada una de las categorías de cualidades y conocimientos habrá de ser distinta. Es importante comprender esto. Para Fayol todos deben poseer cualidades y conocimientos de todas las clases. Lo que puede variar de un agente a otro dentro de la empresa es la dosis y características específicas de cada una de las cualidades y conocimientos que requiere poseer para poder dar lo mejor de sí. Por ejemplo, tanto el obrero como el director de la empresa requieren de vigor, tanto físico como intelectual. Sin embargo en el primero ha de predominar el vigor físico en tanto que en el segundo conviene un elevado vigor intelectual. Por otra parte, aunque ambos requieren de cierta dosis de vigor intelectual, el director lo necesita para lidiar con asuntos más abstractos, más diversos y de mayor cobertura, en tanto que el obrero —también necesitado de cierto vigor intelectual— lo requiere para lidiar con asuntos más concretos, menos diversos y más acotados.

En la empresa rudimentaria, donde todas las funciones son cumplidas por una sola persona, la gama de las capacidades necesarias es evidentemente reducida.

En la gran empresa, donde se efectúan operaciones importantes y diversas, el personal debe poseer numerosas capacidades y en alto grado; pero como las funciones están repartidas entre un gran número de agentes, a cada uno solo incumbe en general una parte reducida de las capacidades del conjunto.[131]

Aunque esta materia se presta mal a las notaciones numéricas, he intentado expresar en cifras la importancia relativa de cada capacidad en el valor de los agentes y de los jefes de empresa.

En un primer cuadro (Nº 1) he comparado las capacidades necesarias a los diversos agentes de la función *técnica* de una gran empresa *industrial*.

En un segundo cuadro (Nº 2) he comparado las capacidades necesarias a los diversos jefes de empresas *industriales* de cualquier magnitud.

Luego, tras haber comprobado que las conclusiones extraídas del primer cuadro son aplicables a los agentes de todas las funciones de la empresa industrial, y que las extraídas del segundo cuadro son aplicables a los jefes de todas las clases de empresas, llegué a las conclusiones generales siguientes:

---

[130] La capacidad total de cualquier agente de la empresa se fundamenta, pues, en dos cosas: sus cualidades y sus conocimientos. Resultante del <u>análisis</u> de cada uno de estos dos grandes componentes realizado por Fayol, vemos surgir un desglose séxtuplo según el cual son tres las categorías de cualidades y tres las de conocimientos que fundamentan la capacidad de cualquier agente. Ahora bien, sin dejar de apreciar el valor que el análisis posee, visto que su gran virtud es separar distinguiendo, debe entenderse que en la realidad concreta del ejercicio de cada una de las seis grandes clases de operaciones por parte de cada agente de la empresa, su capacidad <u>total</u> –su valor total también– se fundamenta en la muy particular <u>síntesis</u> –convergencia e integración– de la totalidad de las cualidades y conocimientos que posea.

[131] En estos dos párrafos, Fayol contrasta la empresa que denomina rudimentaria –unipersonal– con la que califica de grande. Su propósito es recalcar la necesidad que tiene toda empresa de poseer, en su debida proporción, bien distribuidas e integradas, las tres clases de cualidades y tres clases de conocimientos que la hagan poseedora de las capacidades que requiere para llevar a cabo los seis grandes grupos de operaciones o funciones esenciales que introdujo en el capítulo 1 de la 1ª parte de AIG. Sin embargo, de empresa a empresa, de miembro a miembro, la dosis y combinación de cualidades y conocimientos ha de variar. En la empresa rudimentaria un solo agente ha de ser capaz de ejecutar todas y cada una de las seis grandes funciones esenciales. Lo podrá hacer si, supuestas las circunstancias favorables, posee el conjunto de cualidades y conocimientos exigido. En la gran empresa, sin embargo, necesariamente aparece la división del trabajo y con ello la necesaria y heterogénea distribución de las múltiples y variadas cualidades y conocimientos que la empresa como un todo requiere. Lo que cada miembro ha de abarcar se reduce, pero se profundiza la especialización y las correspondientes cualidades y conocimientos que exige. Con la división del trabajo aparecen múltiples especialidades. Para cada especialidad, la capacidad requerida tiene por base la integración –síntesis– de las múltiples y diversas cualidades y conocimientos que dicha especialidad implica. Pero ello no debe conducir a la dispersión de las múltiples y diversas capacidades especiales. Todas ellas, a su vez, han de converger hacia una gran integración final única: aquella que hace que la empresa como un todo sea capaz de tener en sus propias manos –condición necesaria aunque no suficiente– su propio porvenir.

En todas las clases de empresas, la capacidad esencial de los agentes inferiores es la capacidad profesional característica de la empresa, y la capacidad esencial de los altos jefes es la capacidad administrativa.[132]

---

[132] Esta es la verdadera intención de Fayol. Lo que se propone en este capítulo es persuadir al lector de lo siguiente: mientras más elevado el nivel jerárquico del agente en la empresa tanto más elevada en proporción será la necesidad de capacidad administrativa requerida.

Si combinamos lo que aprendimos en el capítulo 1 de la 1ª parte de AIG acerca del administrar y del gobernar con lo que hasta aquí hemos leído en el presente, podremos deducir que la capacidad requerida para administrar –esto es, para prever, organizar, mandar, coordinar y controlar– es a su vez parte de la capacidad requerida para gobernar; esto es, para "conducir la empresa hacia su meta buscando sacar el mejor partido posible de todos los recursos de los cuales dispone"; para "asegurar la marcha de las seis funciones esenciales".

Sin embargo, aunque Fayol no desestimará las otras cinco clases de capacidad, lo que apunta a lograr en el presente capítulo es poner de relieve la especial importancia de la capacidad administrativa. Vemos a nuestro autor tratando de "vender" la necesidad de enseñar –contribuir a desarrollar– esta capacidad. Recordemos que la 1ª parte de AIG se denomina "Necesidad y posibilidad de una enseñanza administrativa". El capítulo 1 definió el tema. El presente capítulo 2 quiere persuadirnos de la necesidad de enseñar a administrar. Y de hecho ya en parte sabemos por qué: precisamente debido a que todos en la empresa deben, como lo vimos en el capítulo 1, saber hacerlo. Pero en este capítulo 2 se destaca otra razón, cual es que la importancia de la capacidad administrativa crece con el nivel jerárquico del agente y grado de desarrollo de la empresa dentro de la cual se desempeña. Veremos que en el capítulo 3 Fayol acomete el tema de la posibilidad de enseñar a administrar. Necesidad y posibilidad completan la 1ª parte de AIG.

En contraste con los agentes superiores, la capacidad que han de poseer los agentes inferiores, es la requerida para llevar a cabo las operaciones que caracterizan al propio negocio o rama de actividad, denominada por Fayol "capacidad profesional característica de la empresa". Cuanto más bajo el nivel jerárquico del agente, tanta mayor consonancia ha de existir entre su capacidad y la naturaleza misma del negocio; esto es, el ramo de actividad al cual se dedica la empresa, la clase de producción, fabricación o transformación –es decir, función técnica– que lleva a cabo. Está claro, por ejemplo, que no son los gerentes y supervisores, sino los choferes, quienes conducen los camiones de una empresa dedicada al transporte de mercancías. Ellos son los que llevan a cabo la transformación que involucra físicamente desplazarlas de un lugar a otro. Aunque situados en el nivel más bajo de la jerarquía, son ellos los que llevan a cabo las operaciones correspondientes a la función técnica. Del total de capacidad que cada chofer posea, la mayor proporción debe corresponder a su capacidad técnica: conducir camiones.

CUADRO N° 1

Importancia relativa de las diversas capacidades necesarias al personal de las empresas industriales

GRAN EMPRESA
PERSONAL DE LA FUNCION TECNICA

CATEGORIAS DE AGENTES	CAPACIDADES						VALIA total
	Administrativa	Técnica	Comercial	Financiera	de Seguridad	de Contabilidad	
Grandes Establecimientos							
Obrero	5	85	»	»	5	5	100(a)
Contramaestre	15	60	5	»	10	10	100(b)
Jefe de taller	25	45	5	»	10	15	100(c)
Jefe de división	30	30	5	5	10	20	100(d)
Jefe del servicio técnico	35	30	10	5	10	10	100(e)
Director	40	15	15	10	10	10	100(f)
Varios Establecimientos reunidos							
Director general	50	10	10	10	10	10	100(g)
Industria del Estado							
Ministro	50	10	10	10	10	10	100(h)
Jefe de Estado	60	8	8	8	8	8	100(i)

CUADRO N° 1
Importancia relativa de las capacidades necesarias al personal de la función técnica de una gran empresa industrial

Este personal constituye la serie jerárquica siguiente: **obreros**, **contramaestres**, **jefes de taller**, **jefes de división**, **jefes de departamento**, **director**.

Si la empresa comprende varios grandes establecimientos distintos, la serie jerárquica continúa con un **director general**.

Y si la empresa es una industria del Estado, la jerarquía técnica prosigue hasta el **jefe del Estado**, pasando por un **ministro**.

El cuadro Nº 1 indica la parte relativa de cada una de las capacidades esenciales en el valor total de un agente cualquiera.[133]

Este valor total está en todos los casos, para un agente perfecto, representado con el número 100, trátese de un obrero, de un jefe de departamento o de un jefe de Estado.[134]

Conviene advertir que no se trata aquí de comparar el valor de un obrero con el de un contramaestre, o con el de un director o jefe de Estado. No hay medida común entre estos diversos valores. Las unidades *a*, *b*, *c*, *d*,... *m*, *n*, *o*, *p*,... ni son de la misma naturaleza, ni tienen la misma importancia: al pasar de un nivel jerárquico a otro, los elementos de los cuales se componen dichas unidades se transforman, de tal suerte que acaba por no haber ya nada en común entre la capacidad –técnica, administrativa o cualquier otra– de un agente inferior y la capacidad del mismo nombre de un alto jefe.[135]

En los cuadros Nº 1 al Nº 5 tan solo he buscado expresar la importancia *relativa* de las diversas capacidades que constituyen el valor total de un agente.[136]

Los coeficientes atribuidos a las diversas capacidades que constituyen el valor total de un agente cualquiera, sea cual sea la categoría a la cual pertenece, expresan mi opinión personal;

---

[133] En este cuadro el lector observará que en ciertas casillas aparecen comillas en lugar de un cero. Esto no significa que para tal o cual clase de agente exista ausencia total de la capacidad que la columna indica. Más bien quiere decir que la dosis de esta capacidad existe, pero es muy pequeña, presumiblemente bastante menor a un entero, al punto de ni siquiera poder ser redondeada a uno (esto es, una dosis de capacidad < 0,5). La misma observación es aplicable al segundo cuadro que Fayol presenta más adelante en el presente capítulo.

[134] El que en esta oración aparezca la palabra "perfecto" para calificar a los agentes cuyas dosis de capacidades figuran en los cuadros, permite entrever que su construcción no fue la resultante de un riguroso levantamiento científico de datos provenientes de una realidad empírica necesariamente imperfecta. Los cinco cuadros objeto del presente capítulo son construcciones idealizadas de Fayol, aunque no por ello simple invención intelectual desprovista de todo contacto con la realidad. (ver profundizada esta observación en la próxima nota al pie 135)

[135] Este párrafo es importante. Aclarémoslo mediante un ejemplo. En el cuadro vemos que el total de capacidad de todos y cada uno de los miembros del cuerpo social de la empresa siempre suma (horizontalmente) 100%, independientemente de su nivel jerárquico. También vemos que a la capacidad técnica del obrero corresponde un 85% de su capacidad total, en tanto que en el caso del jefe de taller tan solo le corresponde un 45%. Esto, sin embargo, no debe llevarnos al error de considerar al obrero como técnicamente más capaz. De la comparación porcentual de las respectivas dosis de capacidad técnica no se desprende una comparación cualitativa. Las capacidades técnicas del obrero y las del jefe de taller son de distinto orden. Lo que cada uno es capaz de hacer es diferente: puede que el 85% de la capacidad del obrero se manifieste en la operación de una máquina, en tanto que el 45% del jefe de taller tenga que ver con su capacidad para tomar decisiones que optimicen la utilización productiva de un conjunto de máquinas diversas. Debemos, por lo tanto, cuidarnos de hacer comparaciones cualitativas verticales al examinar el cuadro. Solo pueden realizarse las comparaciones cuantitativas que nos permitan establecer proporcionalmente la importancia que cada clase de capacidad parcial tiene en la capacidad total (100%) de cada uno de los diversos agentes de la jerarquía empresarial.

[136] Los cuadros N°s 3, 4 y 5 se encuentran al final del presente capítulo (págs.: 88–89).

por lo tanto son discutibles y estoy muy seguro que serán discutidos.[137] Creo, sin embargo, que cualesquiera sean las divergencias de apreciación que podrán producirse, las conclusiones que he extraído del cuadro N° 1 subsistirán por entero.

He aquí estas conclusiones:

1. La capacidad principal del **obrero** es la capacidad **técnica**.

2. En la medida en que se asciende en la jerarquía, la importancia relativa de la capacidad **administrativa aumenta**, en tanto que la de la capacidad **técnica disminuye**. La equivalencia entre estas dos capacidades se establece alrededor de los grados 3° o 4°. [138]

---

[137] Es importante comprender que ninguno de los cinco cuadros presentados y analizados por Fayol en este capítulo es el producto de un riguroso levantamiento de información de campo, convertido en valores numéricos vaciados en tablas y gráficos.

Desde los inicios mismos de AIG –cuando comentamos las dos primeras oraciones de la "Advertencia inicial"– indicamos el carácter no científico –aunque no anticientífico– de la obra. La lectura cuidadosa del capítulo 1 nos afirmó en esta interpretación. En último análisis lo que Fayol se propone es transmitir al lector ciertos mensajes de cuya importancia está personalmente convencido. Lo sabemos: son sus opiniones acerca del "papel que ha de cumplir la administración en el gobierno de las empresas". Su interés no es la búsqueda contemplativa de verdades científicamente verificadas. Tampoco desarrolla los inicios de una ciencia aplicada a imagen y semejanza de la ingeniería que estudió. No debería entonces sorprendernos la candidez con la cual reconoce que sus cuadros son producto de sus opiniones personales. Dicho crudamente: son cuadros y gráficos expresamente construidos por él para hacer explícitas ciertas opiniones. No son herramientas o producto de investigación alguna. Son medios de expresión.

Sin embargo, a pesar de las múltiples veces en que Fayol hace explícito el punto de vista que asume, todavía puede ocurrir –ha ocurrido– que críticos imbuidos de un espíritu científico objeten el carácter no científico general de la obra, cual si nuestro autor no hubiese estado consciente de ello. Condescendientemente se le califica entonces de pre-científico, precursor de lo que surgiría después: una verdadera ciencia administrativa. Evidentemente esto es olvidar que Fayol conocía muy bien el punto de vista científico y técnico alcanzado en su época. Aunque ingeniero de profesión, Fayol hace carrera de jefe. Son sus propias experiencias las que le convencen de la necesidad de dejar atrás la mentalidad y actitudes inherentes a su profesión original.

Tal es la profunda diferencia entre Fayol y Taylor. Este último igualmente reputado como "padre" del campo también estudió ingeniería. Sin embargo no hace carrera de jefe. Más bien le vemos concebir al "management" científico a imagen y semejanza de una ingeniería –ciencia aplicada– tocante a la mejor realización posible del trabajo –cualquier trabajo– en lugar de al diseño y ejecución de las obras objeto de las otras ramas de la ingeniería. De allí que en gran medida, curiosamente también, se le incluya entre los iniciadores sino padres de la ingeniería industrial, asunto que llama a reflexión: ¿a la vez padre de dos campos aparentemente muy diferentes? Paternidad dual que resolvemos en la 5ª Profundización de la sección "Profundizando en lo que significan administrar y gobernar", pág.: 205)

Fayol cree necesaria la existencia de una verdad administrativa normativa la cual aspira –mediante charlas y publicaciones– contribuir a desarrollar. No se trata de una verdad meramente surgida de la contemplación de los "hechos". Cree en la verdad de los cuadros construidos por él. Cree que las cifras indican "grosso modo" los valores que arrojaría un estudio científico de la realidad empresarial, de llegar ésta a comportarse como debería hacerlo en relación a los seis grupos de capacidades; muy particularmente con relación a los valores jerárquicamente crecientes que asigna a la capacidad administrativa. Más cercana la distribución de las capacidades en la empresa al ideal que propugna, más próximos los jefes a la perfección, más arrojarían los estudios de campo los valores empíricos y conclusiones que expone en el presente capítulo.

3. La capacidad principal del ***director*** es la capacidad ***administrativa***. Cuanto más elevado es el nivel jerárquico, tanto más domina esta capacidad.
4. Las capacidades ***comercial, financiera,*** de ***seguridad*** y de ***contabilidad*** alcanzan su máximo de importancia relativa en los agentes del 5° o 6° grado de jerarquía.

    En la medida en que se asciende, la importancia relativa de estas capacidades en el valor de cada categoría de agentes disminuye y tiende a nivelarse.
5. A partir del 4° o 5° grado de jerarquía, el coeficiente ***administrativo*** aumenta solo a expensas de los demás, que disminuyen aproximándose al décimo del valor total.[139]

Las conclusiones que preceden se extraen únicamente del examen de las capacidades del personal de la función técnica; personal que va desde el obrero hasta el jefe de la empresa.

Ninguno de los miembros de este personal se consagra exclusivamente a la función técnica; todos prestan un concurso más o menos amplio a las demás funciones, y recién vimos que los altos jefes son más administradores que técnicos.[140]

El examen de las capacidades del personal de las otras funciones de una gran empresa industrial —***comercial, financiera,*** de ***seguridad*** o de ***contabilidad***— da lugar a observaciones semejantes y a conclusiones idénticas, debiendo simplemente ser reemplazados los vocablos de ***capacidad técnica*** por los de ***capacidad característica de la función***.[141]

---

[138] Es a la altura de los cargos medios y medios-altos de la empresa donde debe existir el mejor y más delicado equilibrio de capacidades entre conocer el negocio (lo que Fayol denomina "la capacidad profesional característica de la empresa") y el saber administrar como parte de la capacidad de gobernar.

[139] Destaquemos de nuevo lo ya señalado. La proporción de capacidad de un 10% que Fayol le asigna al Director General para cada uno de los cinco grupos no administrativos, no indica que estas clases de capacidad sean cualitativamente poco importantes; muy por el contrario. El 10% de capacidad técnica del Director debería, por ejemplo, pesar más en el rumbo técnico de la empresa como un todo que el 30% de capacidad técnica del Gerente de Producción. Puede que este último domine con lujo de detalle el campo técnico característico de la empresa; en todo caso más que su Director. Pero lejos está esto de disminuir la importancia de éste. A cargo de las decisiones de última instancia, su 10% de capacidad técnica debería ser cualitativamente distinto y superior al 30% de capacidad del Gerente de Producción. Entre las facultades de este último puede estar incluido, por ejemplo, decidir cambiar una determinada maquinaria, en tanto que al Director decidir si montar o no una nueva planta en tal o cual región o país; como se ve, algo de mucha mayor trascendencia.

En resumen: verticalmente no es la dosis cuantitativa —mayor o menor porcentaje— de capacidad relativa la que distingue al jefe de los subalternos. Lo verdaderamente significativo es la naturaleza de lo que le corresponde hacer.

[140] De nuevo vemos confirmado que para Fayol todos y cada uno de los agentes de la empresa, cualquiera sea su nivel jerárquico y unidad organizacional en la cual labora, ha de contribuir a la realización de las seis grandes clases de operaciones o funciones esenciales de la empresa. Solo varía la naturaleza y proporción de su contribución. Pero, visto que **"gobernar es…; asegurar la marcha de las seis funciones esenciales."** (capítulo 1), cada agente ameritará ser considerado un co-gobernante en la justa medida en que contribuya —coadyuve junto con los demás— a asegurar que la empresa como un todo **se**-gobierne.

[141] De manera muy explícita este párrafo y el anterior nos confirman la interpretación que desde el capítulo 1 de la 1ª parte hemos hecho de la obra de Fayol. En mayor o menor grado todos los agentes de la empresa —no solo los de la función técnica— deben prestar el concurso requerido para asegurar la buena marcha de los seis grandes grupos

Cualquiera sea la función de la que se trate, la capacidad principal de los agentes inferiores es la capacidad *característica* de la función (técnica en la función industrial, comercial en la función comercial, financiera en la función financiera, etc.) y la capacidad principal de los agentes superiores es la capacidad *administrativa*.[142]

---

de operaciones o funciones esenciales de la empresa. Por lo tanto, todos deben poseer, en proporción adecuada, las capacidades correspondientes a cada uno de estos seis grandes grupos.

Fayol convendría en que la especialización surge de la división del trabajo, pero es evidente que en su concepto el buen especialista no es aquél que miopemente se concentra en una sola clase de operación, tarea o actividad determinada, haciendo caso omiso –separándose– de las cinco restantes. Lo que caracteriza al verdadero especialista es la mayor dosis relativa de capacidad que posee para realizar cierta clase de operación; ciertamente no una suerte de solipsismo funcional. Aunque en menor proporción, todavía deben estar presentes en él las capacidades requeridas para prestar su concurso a la buena marcha de las demás clases de operaciones.

Lamentablemente la clase de operación principalmente llevada a cabo por el especialista así como la capacidad dominante que lo caracterizan propician que por antonomasia –sinécdoque que consiste en nombrar al ente todo a partir de una característica o aspecto dominante que posee– se le etiquete con una determinada denominación: supervisor de producción, vendedor, agente de seguridad, etc. Estas apelaciones unilaterales tienden a hacer perder de vista las otras contribuciones que el especialista debe ser capaz de hacer para asegurar la buena marcha de todas las operaciones de la empresa, aunque de mayor peso sean las correspondientes a su especialidad. En cuanto auténtico cooperante, el especialista no se desconecta o separa. Aunque mayormente centrado en la realización de alguna clase particular de operaciones, comprende ser parte de la división del trabajo total que la empresa ha de realizar.

[142] El primer cuadro construido por Fayol se refirió a las capacidades del personal de la función técnica de una gran empresa industrial. Ahora generaliza sus conclusiones a cualquiera de las otras cinco funciones de la empresa. Lo que le interesa sobremanera es persuadir al lector de la creciente importancia que adquiere la capacidad administrativa en los agentes superiores de la empresa. La superioridad jerárquica de estos está en proporción directa con su capacidad administrativa, siempre, claro está, que mantengamos en mente la definición del administrar que propuso en el capítulo 1.

CUADRO N° 2

Importancia relativa de las diversas capacidades necesarias al personal de las empresas industriales

EMPRESAS INDUSTRIALES DE TODOS LOS TAMAÑOS
JEFES DE EMPRESAS

CATEGORIAS DE JEFES	CAPACIDADES						VALIA total
	Administrativa	Técnica	Comercial	Financiera	de Seguridad	de Contabilidad	
Empresa rudimentaria	15	40	20	10	5	10	100(m)
Pequeña empresa	25	30	15	10	10	10	100(n)
Mediana empresa	30	25	15	10	10	10	100(o)
Gran empresa	40	15	15	10	10	10	100(p)
Empresa muy grande	50	10	10	10	10	10	100(q)
Empresa del Estado	60	8	8	8	8	8	100(r)

[143]

CUADRO N° 2

Importancia relativa de las capacidades necesarias a los Jefes de empresas industriales de todo tamaño

Este cuadro ha sido compuesto de la misma manera que el precedente.

100 representa el valor total del buen jefe.

Los coeficientes atribuidos a las diversas capacidades de los jefes de cada categoría son expresión de mi apreciación personal.[144]

---

[143] Este segundo cuadro convierte en variable el grado de desarrollo de la empresa. Con la finalidad de compararlas, Fayol quiere que le prestemos ahora atención a las dosis de capacidad que típicamente caracterizarían al jefe máximo de cada categoría de empresa.

[144] De nuevo, explícitamente, Fayol reconoce que los cuadros son expresión de sus opiniones y no el producto de una rigurosa investigación de campo.

De este cuadro pueden extraerse las conclusiones siguientes:

1. La capacidad principal del jefe de la **pequeña** empresa industrial es la capacidad **técnica**.
2. En la medida en que se asciende en la jerarquía de las empresas, la importancia relativa de la capacidad **administrativa aumenta**, en tanto que la de la capacidad **técnica disminuye**.

   La equivalencia entre estas dos capacidades se establece en las empresas medianas.
3. La capacidad principal de los jefes de las grandes empresas es la capacidad **administrativa**. Cuanto más importante es la empresa, tanto más domina la capacidad administrativa.
4. Las capacidades **comercial** y **financiera** desempeñan un papel mucho más importante en los jefes de empresa pequeña y mediana, que en los agentes inferiores y medios de la función técnica.
5. En la medida en que se asciende en la jerarquía de las empresas, el coeficiente **administrativo** aumenta solo en detrimento de la mayoría de los demás, los cuales tienden a nivelarse aproximándose al décimo del valor total.

Salvo la diferencia que resulta del hecho de que todos los jefes de empresa, incluso los más pequeños, tienen necesidad de las capacidades **comercial** y **financiera**, en tanto que los agentes inferiores de la función técnica pueden prescindir de ellas, las conclusiones extraídas del cuadro Nº 2 se asemejan singularmente a las extraídas del cuadro Nº1.

El hecho más destacado puesto en evidencia por estos dos cuadros es el siguiente:

La capacidad **técnica** es la capacidad principal de los agentes inferiores de la gran empresa y de los jefes de la pequeña empresa industrial; la capacidad **administrativa** es la capacidad principal de los altos jefes. La capacidad **técnica** domina en los niveles bajos de la escala industrial y la capacidad **administrativa** en los altos.

Este hecho tiene tal importancia desde el doble punto de vista de la organización y gobierno de los negocios, que no he tenido temor alguno en multiplicar los medios para darlo a conocer.

De ahí los cuadros numéricos Nº 1 y Nº 2; de ahí también los esquemas a color Nº 3 y 4 que no son sino reproducciones, bajo otra forma, de los cuadros Nº1, Nº 2. De ahí también el esquema a color (cuadro Nº 5): **Importancia relativa de las diversas capacidades necesarias a las diferentes categorías de agentes de una gran empresa metalúrgica.**

Todos estos cuadros tienen por finalidad atraer la atención pública sobre la importancia de la función **administrativa** en las empresas industriales. Desde ya hace mucho tiempo la función **técnica** se halla situada en el nivel que le corresponde y que es preciso dejársele seguir ocupando.[145] Pero no basta para asegurar la buena marcha de las empresas; le es necesario el

---

[145] En términos absolutos Fayol preserva la importancia de la función técnica, muy propia de la Revolución Industrial. Sin embargo, es su importancia relativa la que sí se ve reducida en relación a las otras cinco clases de operaciones o funciones esenciales, sobre todo cuando se la compara con la función administrativa; tanto más así

concurso de las demás funciones esenciales y particularmente el de la función *administrativa*.[146]

Empresas diversas.

Un estudio de las capacidades necesarias a los agentes y a los jefes de las empresas de cualquier naturaleza, conduce a las mismas conclusiones que el estudio precedente realizado acerca de las capacidades necesarias a los agentes y a los jefes de las empresas industriales.[147]

Estas conclusiones se resumen como sigue:

En todas las clases de empresas, la capacidad principal de los agentes inferiores es la capacidad profesional característica de la empresa, y la capacidad principal de los altos jefes es la capacidad administrativa.

La necesidad de nociones administrativas es general.[148]

---

cuanto más elevado el nivel jerárquico del agente (cuadro 1) y mayor el desarrollo alcanzado por la empresa (cuadro 2).

[146] En el capítulo 1 Fayol nos dijo que gobernar es asegurar la marcha –ejercicio y cumplimiento– de las seis clases de operaciones o funciones esenciales de la empresa. Ha de quedar claro que ninguna de las seis puede por sí sola asegurar la marcha de la empresa, ni siquiera la técnica cuya principal virtud es caracterizar su rama de actividad o negocio. Aunque con frecuencia contrasta las funciones técnica y administrativa, esto no significa que las otras cuatro funciones sean para Fayol menos esenciales. Pone de relieve a la administración debido al carácter neurálgico que tiene en el desempeño de quienes gobiernan; carácter tanto más relevante cuanto más alto el nivel jerárquico del agente y más desarrollada la empresa.

[147] Fayol generaliza aún más su conclusión, extendiéndola a todo tipo de empresa y no solo a las industriales, las cuales mejor conoció. Recuérdese además el entendimiento muy amplio de empresa que el lector ha de asumir en su lectura de "Administración industrial y general".

[148] Fayol expresa la implicación fundamental de su "descubrimiento":

Ha "comprobado" que en toda clase de empresa, a <u>todos</u> los agentes, en mayor o menor grado, corresponde desempeñar la función administrativa y que por lo tanto la necesidad de la capacidad correspondiente –la administrativa– se hace general; igualmente la de su enseñanza.

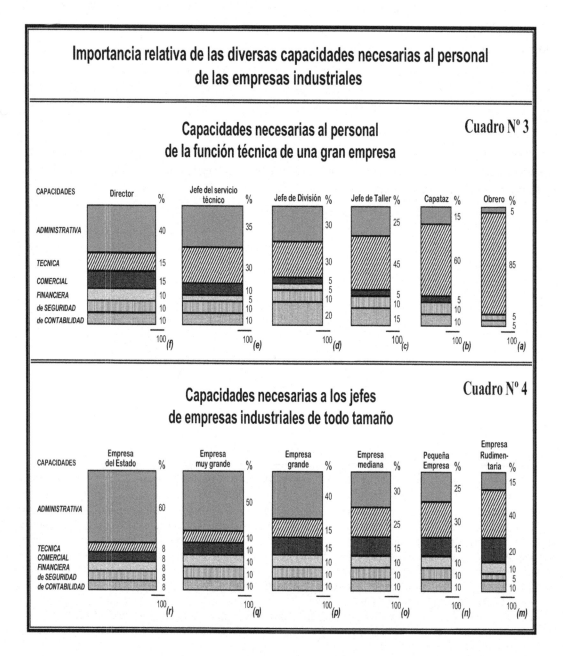

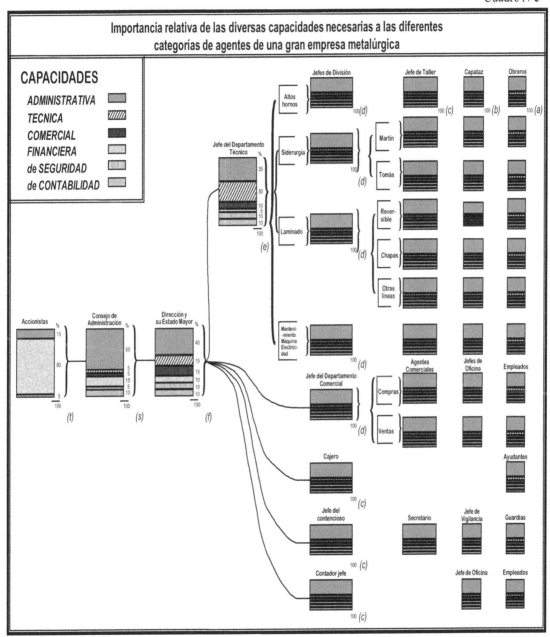

Cuadro Nº 5

90

PROFUNDIZANDO EN LA CAPACIDAD; FUNDAMENTO DEL VALOR DE CADA AGENTE DEL CUERPO SOCIAL DE LA EMPRESA

Para Fayol el valor de cada agente miembro del cuerpo social de la empresa se fundamenta en la capacidad que posee. Ahora bien, en relación a la pregunta concerniente a lo que a su vez fundamenta esta capacidad, su respuesta consiste en un desglose de las cualidades y conocimientos que el agente posea. En "Administración industrial y general" son tres las ocasiones en que Fayol nos presenta, aunque con variaciones menores, este desglose.

A continuación profundizamos en el primer desglose, para luego solo presentar breves comentarios acerca de los otros dos.[149]

Primer desglose

El texto correspondiente a esta primera ocasión proviene del capítulo 2 de la 1ª parte de "Administración industrial y general", capítulo cuyo título es: "Importancia relativa de las diversas capacidades que constituyen el valor del personal de las empresas." Capítulo que desemboca en la conclusión que al final resume así: "La necesidad de nociones administrativas es general"; implicando esto la necesidad general que existe de enseñar nociones administrativas a todos los agentes y jefes de las empresas de cualquier clase y magnitud, cualquiera sea el nivel jerárquico y función que desempeñen.

Inicia el capítulo diciendo:

"A cada grupo de operaciones o función esencial corresponde una *capacidad* especial. Se distinguen: la capacidad técnica, la capacidad comercial, la capacidad financiera, la capacidad administrativa, etc."

La palabra "capacidad" amerita especial consideración. Para Fayol –hombre de acción al fin– no es el conocimiento contemplativo, el simple saber-algo-acerca-de-algo, lo que convierte al actor en capaz. Tratemos de dilucidar el entendimiento que Fayol nos propone tener de ella. Para ello podemos comenzar por listar las condiciones necesarias para que un determinado hacer –cualquier hacer, de cualquier actor– ocurra; condiciones que a su vez, en cuanto conjunto, alcancen a ser suficientes para que lo lleve a cabo.[150]

---

[149] La clasificación que veremos a continuación es la más general y básica, pero es solo la primera de tres variantes que Fayol presenta. Aunque comparten el mismo espíritu, las otras dos variantes incluyen siete categorías en lugar de seis, producto de destacar por separado al saber-administrar, el cual, en el presente capítulo, está incluido en la quinta categoría como uno de los conocimientos especializados. Cuando llegue a las otras dos clasificaciones que figuran en la sección "Organización" del capítulo 2 de la 2ª parte de AIG, conviene que el lector compare las tres variantes (sub-secciones: "Jefes de grandes empresas" y "Elementos que forman el valor de los jefes y agentes de empresas). En su exposición de la tercera, Fayol incluye una breve explicación de cada una de las categorías, cosa que no hace en esta primera ocasión y es recomendable leerla una primera vez sin esperar a llegar allá (traducción recomendable de AIG: Librería "EL ATENEO" Editorial, 5ª edición, 1961).

[150] Se trata de un hacer cualquiera, de cualquier naturaleza, intensidad y duración: nadar en este momento, realizar un viaje, finalizar los estudios, educar a los hijos, abrir la puerta, etc. Tratándose del agente miembro del cuerpo social de la empresa: fabricar una pieza, atender a un cliente, realizar una venta, dirigir la empresa, reorganizar los despachos, etc.

Tratándose del actor –cierto agente miembro del cuerpo social de una empresa, por ejemplo– las condiciones para que su hacer-algo ocurra, cualquier algo, son las siguientes:

1°– su querer-hacerlo, 2°– su saber-hacerlo y 3°– que reúna las condiciones propias (físicas, mentales, de actitud y carácter) requeridas; las que Fayol denomina "cualidades".

No alcanzando a ser suficientes, puede que tengan que añadirse las siguientes:

4°– que disponga de los medios y recursos necesarios y que 5°– las circunstancias externas le sean favorables a ese hacer.

Estas son las condiciones del **poder-hacer**; aquellas condiciones necesarias y suficientes para que un determinado hacer pueda llevarse a cabo; antesala a que sea hecho.

Veamos el siguiente ejemplo. Para que el cultivar de un campesino ocurra, son necesarias las cinco condiciones siguientes: que este campesino quiera-cultivar, que sepa-cultivar, posea las condiciones físicas y mentales requeridas de un cultivador, disponga del equipamiento y suministros de cultivo necesarios y que las circunstancias pongan a su alcance un terreno propicio en el que pueda prosperar el cultivo que se propone.

Si cualquiera de las cinco condiciones no es la requerida o propicia, entonces la acción no podrá ser llevada a cabo. Por lo tanto habrá de estar precedida por una o varias acciones preparatorias.

Continuando con el ejemplo: supongamos que no disponga de las semillas requeridas. Vemos que el cabal cumplimiento de esta acción preparatoria de nuevo supondrá la presencia de las cinco condiciones ya presentadas, por ejemplo así: 1°– que quiera-adquirir-las semillas, 2°– sepa-adquirirlas (en clase, calidad y cantidad), 3°– que posea las condiciones físicas, mentales, de actitud y carácter propias de un comprador de semillas, 4°– disponga de los recursos financieros necesarios, y 5°– que las circunstancias externas (empresa proveedora cercana) le hagan posible la adquisición de esas semillas. [151]

Seguimos citando a Fayol:

"Cada una de estas capacidades se fundamenta en un conjunto de cualidades y de conocimientos que puede resumirse así:"

Fayol nos afirma que la capacidad total –el valor total también– de uno cualquiera de los agentes miembros del cuerpo social de la empresa habrá de fundamentarse en dos grandes clases de componentes: sus cualidades y sus conocimientos. Capacidad total del agente que

---

[151] De no estar presentes una o varias de las referidas condiciones, la cadena de acciones preparatorias habrá de ser aún más larga, extendiéndose hasta un primer eslabón que reúna las cinco condiciones exigidas para la ejecución de la acción que corresponda a dicho eslabón. En otras palabras, la cadena se extenderá hasta un primer eslabón que no requiera de la ejecución de acción previa alguna; esto es, que ninguna acción preparatoria sea necesaria para que existan: el querer-hacer, el saber-hacerlo, las condiciones propias requeridas, los medios necesarios o para que las circunstancias le sean favorables a dicho hacer.

por lo tanto habrá de sustentarse en la muy particular integración –síntesis– en dicho actor de la totalidad de las cualidades y conocimientos que posea.

Condiciones atinentes al propio actor.

Pregunta: de las cinco condiciones necesarias y en su conjunto suficientes arriba presentadas ¿cuáles corresponderán con las dos grandes categorías que Fayol acaba de introducir? Veamos el desglose que de cada una hace.

Habrán de ser tres las grandes clases de cualidades atinentes al agente:

"1. *Cualidades físicas*: salud, vigor, destreza;
2. *Cualidades intelectuales*: aptitudes para comprender y aprender, juicio, vigor y flexibilidad intelectuales;
3. *Cualidades morales*: energía, firmeza, valentía ante las responsabilidades, iniciativa, devoción, tacto, dignidad;" [152]

No ofrece gran dificultad asociar el entendimiento que Fayol tiene de estas cualidades con la tercera de las cinco condiciones necesarias arriba introducidas, resumidas así: "3°– que reúna las condiciones propias (e.g.: físicas, mentales, de actitud y carácter) requeridas".

Igualmente son tres las grandes clases de conocimientos que Fayol presenta. Son:

"4. *Cultura general*: nociones diversas que no son exclusivamente del dominio de la función ejercida;
5. *Conocimientos especiales*: conciernen exclusivamente a la función, ya sea técnica, comercial, financiera, administrativa, etc.;
6. *Experiencia*: conocimiento resultante de la práctica de los negocios.[153] Es el recuerdo de las lecciones que uno mismo ha extraído de los hechos."

¿Qué entendimiento hemos de tener de estas tres grandes clases de conocimientos? Para Fayol –hombre de acción al fin– no es el conocimiento contemplativo, el simple saber-algo-acerca-de-algo, lo que convierte al actor en capaz. Más bien hemos de entender que se trata de conocimientos que sustentan el saber-hacer. Por un lado, la cultura general y su contribución con cualquier clase de hacer; por el otro, los conocimientos especiales y experiencia directamente aplicables al hacer particular en cada caso pertinente.

En cuanto conjunto no ofrece entonces gran dificultad asociar a estas tres clases de conocimientos con la segunda de las cinco condiciones necesarias arriba presentadas; esto es,

---

[152] El desglose que Fayol hace de las cualidades en términos de las citadas tres grandes clases amerita ser examinado más de cerca, cosa que más adelante haremos, aun cuando ciertamente habrá de ser imposible agotar todas las reflexiones a las que se prestan y ameritan cada una de las cualidades particulares incluidas en cada una de estas tres grandes clases.

[153] Hemos preferido la palabra "negocios" a "quehaceres", pero condicionándola a ser interpretada literalmente como negación-del-ocio.

con "su saber-hacerlo"; el requerido, claro está, para que un determinado hacer ocurra o se lleve a cabo.[154]

Así entendidas, las condiciones "2°– su saber-hacerlo y 3°– que reúna las condiciones propias (e.g.: físicas, mentales, de actitud y carácter) requeridas", son las que según Fayol convierten al agente en capaz. Pero… ¿acaso **puede**-hacerlo? Veamos.

El poder-hacer y las condiciones ajenas al actor.

Del entendimiento de capacidad que Fayol propone quedan, por lo tanto, excluidas las condiciones necesarias cuarta y quinta: "4°– que el agente disponga de los medios y recursos necesarios" y "5°– que las circunstancias que le son externas le sean favorables a su hacer".

Este entendimiento de la capacidad como condición necesaria pero aún insuficiente para que el poder-hacer ocurra, supone que tanto los referidos medios y recursos como las circunstancias laborales del agente normalmente sean provistas por la empresa, responsabilidad clave de quienes la dirigen. El agente puede ser capaz y sin embargo no alcanzar a poder-hacer lo que le corresponde cuando fallan las condiciones cuarta y quinta.

RESUMEN

Condiciones que fundamentan la realización de un **HACER** cualquiera por parte del agente:

(A) **POSEEDOR DE VOLUNTAD PROPIA…**

1°– Que lo quiera-hacer.

(B) **FUNDAMENTADO EN…**

2°– su saber-hacerlo, sustentado según Fayol en las tres grandes categorías de conocimientos siguientes: **2.a-** Cultura general, **2.b-** Conocimientos especiales acerca de la función y **2.c-** Experiencia, y

3°– Poseedor de las condiciones propias requeridas. Expresadas en el lenguaje de Fayol como las cualidades de tres clases: **3.a-** Físicas, **3.b-** Intelectuales y **3.c-** morales.

… SEA CAPAZ DE HACERLO,

PERO QUE…

No siendo las anteriores suficientes, **HACER** lo necesario para añadir las siguientes condiciones…[155]

---

[154] Sin embargo, tal capacidad, tal saber-hacer, no debe interpretarse como una simple potencialidad. Veámoslo con un ejemplo: de un bebé puede afirmarse, por ejemplo, que en potencia posee la facultad de hablar y sin embargo no poseer esta capacidad hasta pasados unos pocos años; transcurridos estos, sabrá-hablar y se dirá entonces que ahora sí posee la capacidad de hacerlo, aunque a ratos —más o menos largos— se le observe guardar silencio.

[155] De no serles provistos por un tercero —suministrados, por ejemplo, por la empresa— se tratará de un **HACER** preparatorio de segunda instancia al cual aplican las tres primeras condiciones arriba listadas; a reiterar de requerirse adicionales acciones preparatorias.

4°– que disponga de los medios y recursos requeridos

y que...

5°– las circunstancias que le son externas le sean favorables a su hacer.

... para que lo

   (C) **PUEDA-HACER**

Comentarios generales acerca de las seis grandes clases de cualidades y conocimientos que Fayol lista en su primer desglose.

1.– Las cualidades; comentarios generales.

Las múltiples y diversas cualidades listadas sin mayor explicación por Fayol en cada una de las tres categorías se prestan a largos y profundos comentarios. Acerca de las más fundamentales así lo han hecho múltiples grandes pensadores a lo largo de la historia. Abundante literatura clásica y contemporánea existe al respecto. De allí que al respecto tan solo nos atrevamos a hacer unas cuantas breves observaciones de carácter general, amén de particularmente y a modo de ejemplo permitirnos comentar el papel a desempeñar por parte de quien gobierna en relación a una de ellas: la valentía.

Las cualidades enumeradas en tres grandes categorías –físicas, intelectuales y morales– coinciden con las virtudes que la educación clásica estaba llamada a desarrollar mediante sus principales agentes: la familia, la escuela y la sociedad en general. Tal como aún la pudo conocer Fayol ella apuntaba a la formación integral básica del ser humano, más que a la simple proveeduría de los "recursos humanos" que la sociedad productora habría de requerir. Hay que reconocer sin embargo que hoy día no son pocas las virtudes cardinales fundamentales que han perdido el profundo aprecio que antaño y por largo tiempo se les tuvo, por ejemplo la valentía. Pero preguntémonos: ¿Acaso no son esenciales, sino para todo ser humano en general, con mayor razón en quienes aspiran a ocupar puestos de alta jefatura? Poca duda cabe de que la respuesta de Fayol habrá de ser afirmativa, vista la inclusión que de tales virtudes hace en las tres grandes categorías de cualidades que define. Dirigente ejemplar: aquél que es poseedor del conjunto bien dosificado e integrado de las cualidades en cada caso requeridas.

Creyéndolas muy importantes, pero estando fuera del propósito fundamental del presente libro explicar en detalle cada una de las cualidades listadas por Fayol, valgan los tan solo sugestivos comentarios generales que siguen:

Subrayadas en las interrogantes que siguen las virtudes que Fayol lista a modo de ejemplo en tres grandes clases de cualidades, preguntémonos: ¿qué sería de un dirigente sin la necesaria <u>salud</u>, <u>vigor</u> y <u>destreza</u> físicas?; ¿qué sería de un dirigente sin el entendimiento –<u>aptitud para comprender</u>– que requiere tanto de la gente y de sí mismo, como de las situaciones vividas, y aprender de ellas?; [156] ¿qué sería de un dirigente falto de buen juicio, con escaso vigor y flexibilidad intelectuales?; ¿qué sería de un dirigente cuyas cualidades morales –energía, firmeza, valentía ante las responsabilidades, iniciativa o devoción– no fuesen las indicadas?; ¿qué sería de un dirigente que careciese de tacto o de dignidad? Todas ellas –como se ve– virtudes de gran peso en la formación integral del dirigente, sino de todo ser humano. [157]

A modo de ejemplo, acerca de la valentía, creemos muy pertinente el siguiente comentario.

Papel de quien gobierna en relación a la valentía de sus subordinados

En el punto 19 del capítulo quinto del "Arte de la guerra" de SunTzu éste afirma lo siguiente:

"El orden o el desorden dependen de la organización, la valentía o cobardía, de las circunstancias; la fuerza o la debilidad, de los despliegues."   (subrayado nuestro)

Interesante es el comentario de Li´Chuang usualmente añadido:

"Ahora bien, cuando las tropas alcanzan a colocarse en una situación favorable, el cobarde es valiente; si perdida, los valientes devienen cobardes. En el arte de la guerra no existen reglas fijas. Tan solo según las circunstancias pueden ellas ser trazadas." [158]

Ciertamente es vital la valentía del superior, pero ¿qué hay de los subordinados? Preguntémonos: ¿A quién corresponde máximamente la responsabilidad de crear las circunstancias favorables, tales que hasta el más cobarde de los subordinados se vuelva valiente? [159] Evidentemente corresponde a quien gobierna –al superior– el crear tales circunstancias.

Corolario: no puede calificarse de buen gobernante aquél que con miras a dominar a sus subordinados fabrica circunstancias atemorizantes que los convierte en cobardes *vis a vis* de sí mismo.

2.– Los conocimientos; comentarios generales.

Los creemos muy importantes, pero estando fuera del propósito fundamental del presente libro explicar en detalle (excepto los administrativos) cada uno de los conocimientos listados por Fayol, valgan los tan solo sugestivos comentarios generales que siguen:

---

[156] Acerca de la facultad del entendimiento y su gran importancia en relación al oficio de gobernar ver la 10ª Profundización de la Sección "Profundizando en lo que significan administrar y gobernar", pág.: 254.

[157] Ejercicio de gran provecho sería profundizar en cada una de las cualidades que Fayol incluye (y las que "se olvidó" incluir) en el desglose tripartito de cualidades que presenta. Aunque esta labor está más allá del alcance del presente libro, no estaría de más que el estudiante con miras a su propio desarrollo como gobernante profundizara en esa diversidad de importante temas. No tiene porque empezar de cero ya que como hemos apuntado han sido "food for thought" para múltiples grandes pensadores e investigadores a lo largo de la historia.

[158] Traducido de la versión inglesa. Sun Tzu´s "The Art of War", Samuel B. Griffith, translator, Oxford University Press, 1963.

[159] Manera breve en que Li´Chuang expresa el envalentonarse del cobarde que para todos los efectos prácticos se vuelve equivalente a lo que se espera de un valiente auténtico.

¿Y qué decir de las tres grandes clases de los múltiples y diversos conocimientos presentados? Muy descuidada hoy día su adquisición, sin una sólida cultura general ¿cómo podría el dirigente alcanzar a tener una comprensión integral de las múltiples, diversas e incluso contrapuestas y complejas facetas de su época, de las situaciones vividas por él mismo, por sus subordinados, por la empresa y por la sociedad en general? Inmerso en tal caleidoscopio de circunstancias ¿Cómo podría orientarse y orientar? ¿Cuán eficaz podría ser la supervisión de un jefe que no poseyese los conocimientos especiales concernientes a cada una de las seis grandes funciones o grupos de operaciones de la empresa? Por último ¿qué sería de un dirigente sin la experiencia necesaria para cumplir exitosamente el papel que una determinada situación y circunstancias, posiblemente críticas, pudiesen exigirle? Esta última amerita el comentario especial que sigue.

La experiencia

Habiendo omitido comentar en detalle los conocimientos a los cuales Fayol se refiere, consideramos sin embargo pertinente detenernos en la categoría que denomina "experiencia", visto que nos ofrece la oportunidad de mejor entender lo que significa la existencia de relaciones de superioridad y subordinación entre los seres humanos, cuando de jerarquía se trata. En efecto y aunque nos sorprenda, la noción de experiencia de Fayol puede ser mal interpretada si perdemos de vista el contexto dentro del cual se enmarca. Acerca de ella nos ha dicho dos cosas. En primer lugar, es un "conocimiento resultante de la práctica de los negocios". En segundo lugar, "es el recuerdo de las lecciones que uno mismo ha extraído de los hechos". Aclaremos esto con el debido cuidado.

En primer lugar hemos de descartar la noción científica y por lo tanto empírica de experiencia. Cuando un científico habla de experiencia siempre se refiere a la experiencia contemplada; el conocimiento, se dice, ha de estar sustentado en la experiencia. Un ejemplo muy sencillo: si la hipótesis de un investigador es que la pared que está a sus espaldas es blanca, la aplicación del método científico le conmina a que se voltee para verificar si su hipótesis es cierta o no. Verificar significa aquí mirar la pared para comprobar su color y así validar si es blanca o no. Tal es el sentido científico de experiencia: ver, mirar, comprobar, contemplar... No hemos sin embargo de olvidar que siempre existirá una profunda diferencia entre ser científico y ser quien gobierna.

En cuanto ingeniero, Fayol no puede haber ignorado el significado científico de experiencia. Sin embargo, dentro del contexto de los conocimientos determinantes de la capacidad del personal de la empresa, la palabra "experiencia" adquiere un significado muy distinto, aunque más cercano a su utilización corriente. Haber adquirido experiencia no puede reducirse al simple haber visto, mirado o contemplado tal o cual hecho.

En relación a cualquier ámbito de actuación o actividad se dice que el actor ha adquirido experiencia cuando en virtud de haber vivido ciertas circunstancias –producto o no de sus propias acciones– ahora es capaz de superar su desempeño anterior.

Poseer experiencia no es simplemente haber comprobado algún hecho. Es haber extraído, como lo apunta Fayol, lecciones que vueltas propias –bien asimiladas– mejoran nuestra futura actuación. Si veo una pared y compruebo que es verde, esto, por sí solo, no es experiencia. Si por el contrario, tras haberla pintado compruebo que no tiene el color exigido por el cliente, me pongo a reflexionar y alcanzo a entender como mi mezcla de pinturas y las cualidades de la pared no podían producir ese color, y por último concibo como lograrlo, alcanzando así un mayor control del resultado final de mis actos de pintor, entonces sí he ganado –hecha propia– una experiencia que de ahora en adelante me convertirá en superior en cuanto al ejercicio de mi oficio.[160]

Aunque por sí sola no suficiente la experiencia es condición necesaria para alcanzar la superioridad. Convertirse en superior requiere experiencia. De un pintor se puede decir que es superior a otros en la justa medida en que pinta mejor. Esto, sin embargo, por sí solo, no lo convierte en jerárquicamente superior a esos otros pintores. Otro es el caso cuando el oficio del cual se trata es el de dirigir gente. La cosa cambia si en lugar de comparar la obra de pintores comparamos la actuación de gobernantes dentro de una misma empresa o agrupación social. Entonces, *ceteris paribus*, es en virtud de su experiencia gubernamental que podremos con propiedad señalar a algunos como superiores a otros, contraste producto de separar aquellos que saben gobernar mejor de aquellos que, por no saber hacerlo igual de bien o mejor, necesariamente habrán de estar subordinados a la conducción de los primeros. Superioridad que en gran medida bien puede haber provenido de la experiencia ya adquirida acerca del oficio de gobernar hasta entonces ejercido. Aquí es el propio agente –no meramente su obra– el que se ha vuelto superior en virtud de una mayor experiencia en el oficio que le corresponde desempeñar. De allí la existencia de jerarquías entre los seres humanos. Experiencia y superioridad van de la mano. De allí la superioridad concedida en tiempos antiguos a la gente de avanzada edad; e.g.: el consejo de los ancianos.[161]

---

[160] En el ejemplo recién presentado la experiencia fue adquirida a partir del feliz aprovechamiento de un fracaso o error. Conviene evitar la propensión muy humana de tan solo reflexionar cuando "las cosas salen mal". Alcanzado un determinado éxito conviene igualmente ganar experiencia esforzándonos por hacer explícitos los factores propios y externos que lo hicieron posible.

[161] Con respeto a los ancianos y a su experiencia cabe observar su declive histórico. Iniciándose en el mundo occidental, impulsada por la Iglesia Católica de inspiración agustiniana/platónica, progresivamente surgió la educación como institución jerárquicamente estratificada a cargo de la formación de los futuros miembros de la sociedad destinados a gobernar en función del nivel de calidad humana integral superior –aristocrática– por cada uno alcanzado al cabo de sus estudios, con lo cual la superioridad y por lo tanto la jerarquía dejó de ser singularmente asunto de los años de experiencia vivida por quien gobierna... no invalidándose sin embargo con ello totalmente a la experiencia positiva bien asimilada como causa aun importante pero ya no exclusiva de superioridad. Obsérvese sin embargo lo siguiente: alejándose de su concepción platónica original, la educación –convertida luego en sistema– pasa a ser casi exclusivamente entendida como una factoría... como un sistema destinado a egresar recursos humanos, ciertamente superiores según el nivel de estudios alcanzado, aun cuando ahora solo lo son principalmente en relación a alguna especialidad en particular, y no como seres humanos integralmente formados como superiores.

Clásico tema: recuérdese que para Aristóteles el arte de gobernar es, de entre todas las artes, la más elevada, el arte de ser superior y auténticamente actuar como tal (léase "oficio" donde dice "arte").[162]

En cuanto al muy importante tema concerniente a la jerarquía entre los seres humanos leer la 5ª Profundización, de la sección "Profundizando en lo que significan administrar y gobernar" (pág.: 205).

Papel del gobernante en relación a la capacidad de los agentes de la empresa

A quien ejerce el oficio de gobernar corresponde crear las condiciones para que el conjunto de cualidades y conocimientos de cada agente se constituya en un todo integrado, fundamento de la capacidad poseída por cada uno de los miembros del cuerpo social de la empresa; oficio que necesariamente involucra contrarrestar la sectorización miope cuando no ciega de las especialidades.

Ahora bien, la creciente división especializada del trabajo, la creciente sectorización de los ámbitos del quehacer humano, han propiciado la formación parcial del ser humano y el consecuente olvido de su formación integral. Las clasificaciones tripartitas de cualidades y conocimientos que Fayol nos presenta tienen como mérito el proponerse preservar la visión de conjunto de todas las cualidades y conocimientos que bien integrados determinan la capacidad del agente miembro del cuerpo social de la empresa: lo que es capaz de hacer.

Sin embargo la referida creciente sectorización de los ámbitos del quehacer humano ha tendido a asignar a diferentes campos de especialidad –cada uno trabajando por su lado– el desarrollo de las cualidades y conocimientos que sustentan las capacidades de los agentes.

Buen ejemplo de ello son las cualidades físicas. Ciertamente son esenciales. A lo largo de AIG serán varias las veces en que Fayol reafirma su importancia, al punto de decir que su descuido puede poner en jaque al todo de la capacidad del agente.[163] Quedando implícito que ello se debe a la mutua compenetración –por lo tanto integración– que ha de existir entre todos y cada uno de los seis grupos de cualidades y conocimientos. Sin embargo, vista la división sectorizada del trabajo son los especialistas en salud y fisiología humana los encargados de su desarrollo generalizado. ¿Bastará con la atención que cada uno de ellos le preste desde su

---

[162] Entendámonos. Se trata de la dimensión de superioridad constitutiva de la existencia de jerarquías entre seres humanos. Muy otra y posiblemente mucho más profunda –no es nuestro tema– aquella otra superioridad propiamente humana que no implica necesariamente la existencia de relaciones de autoridad entre superiores y subordinados: aquella definida por el amplio compás existente entre las más elevadas y sublimes manifestaciones de las cuales es capaz el ser humano y aquellas otras profundamente repugnantes por **in**-humanas... por contrarias a la naturaleza humana.

[163] Cierto es que muchas veces se ve a Fayol expresar a lo largo de su obra cosas aparentemente muy obvias. Así ocurre con las cualidades físicas de la gente. Precisamente por obvias es muy fácil ignorarlas y descuidarlas a la hora de gobernar. Pero también es cierto que a la empresa las cualidades físicas de sus miembros le conciernen como condición fundamental de su capacidad y en este sentido asunto que no puede ignorar quien gobierna.

campo de especialidad? ¿Cuál habrá de ser el papel a cumplir por parte de quienes ocupan puestos de gobierno? Veamos.

La capacidad como la integración –síntesis– en el agente miembro del cuerpo social de la empresa de un muy particular conjunto diverso de cualidades y conocimientos.

Aunque el desarrollo de las diversas cualidades y conocimientos corresponda a diferentes campos de especialidad, lo que al jefe o gobernante concierne es la capacidad de los agentes miembros del cuerpo social de la empresa, resultante de la muy única integración –síntesis– de cualidades y conocimientos que en atención a las circunstancias y desempeño esperado hayan de poseer. Al jefe o gobernante corresponde asegurarse de que la referida síntesis –capacidad total requerida– exista en todos y cada uno de esos agentes.

Sin embargo, en las décadas que siguen a la publicación de la obra de Fayol, el campo mayormente convertido en especialidad bajo la creciente influencia científico-técnica iniciada por Taylor se olvidará de la función integradora de quienes gobiernan. Como ya apuntamos, la creciente división del trabajo ha implicado que el desarrollo de los seis grupos de cualidades y conocimientos se disgregara y crecientemente pase a ser labor que cumplen múltiples y diversos especialistas y actores a lo largo de la vida pre-laboral y laboral del agente, sin corresponderles en cuanto especialistas prestar atención a su síntesis.

Sin embargo, visto que a la empresa no es la simple descomposición en cualidades y conocimientos lo que interesa, sino la capacidad total poseída por todos y cada uno de sus miembros, no puede el jefe o gobernante en cuanto gran asegurador de las capacidades desentenderse del asunto.

Y podemos ir más allá: también le conciernen la capacidad total poseída por todos y cada uno de los grupos humanos (unidades y departamentos) que constituyen a la empresa, y por último la(s) capacidad(es) de ésta como un todo (su poder-hacer).

En suma

Se nos pueden ocurrir múltiples cualidades y conocimientos no listados por Fayol, pero sin duda se trata de los que consideró más importantes.

En adición a las cualidades físicas, las otras cinco categorías de cualidades y conocimientos también pueden ser indicativas de aspectos muy obvios, pero igualmente han de considerarse como condiciones fundamentales de las capacidades que la empresa requiere de sus miembros. Por muy obvias que parezcan tampoco conviene ignorarlas y descuidarlas a la hora de gobernar.

Se nos hace muy difícil visualizar a dirigentes ejemplares que no posean, en cada caso y circunstancia, las dosis requeridas de las cualidades y conocimientos que Fayol nos presenta sin mayor explicación.

Finalmente se nos es permitido generalizar. Resultante de nuestro estudio de los dos primeros capítulos de "Administración industrial y general", ha de haber quedado clara la conveniencia de que todos los miembros de la empresa co-gobiernen en lugar de simplemente co-influir en el rumbo, recorrido y destino de la empresa. De allí que lo que vale para los altos jefes también valga para todos los demás miembros del cuerpo social de la empresa, aun cuando según dosis diferentes de cualidades y conocimientos en función del papel que a cada quien corresponda desempeñar. Se nos hace muy difícil visualizar a dirigentes ejemplares que no posean, en cada caso y circunstancia, las dosis requeridas de las cualidades y conocimientos que Fayol nos presenta sin mayor explicación y dosificación.

Fayol concluye su primer desglose de cualidades y conocimientos diciendo:

"Tal es el conjunto de las cualidades y conocimientos que constituyen a cualquiera de las capacidades esenciales; comprende cualidades físicas, intelectuales y morales, cultura general, experiencia y ciertos conocimientos especiales concernientes a la función a ser cumplida.[164]
La importancia de cada uno de los elementos que componen la capacidad está en relación con la naturaleza y la importancia de la función."

Para cada función, vista su naturaleza e importancia, la "dosis" requerida de cada uno de los ítems constitutivos de cada una de las categorías de cualidades y conocimientos habrá de ser distinta. Es importante comprender esto. Para Fayol todos deben poseer cualidades y conocimientos de todas las clases. Lo que puede variar de un agente a otro dentro de la empresa es la dosis y características específicas de cada una de las cualidades y conocimientos que requiere poseer para poder dar lo mejor de sí. Por ejemplo, tanto el obrero como el director de la empresa requieren de vigor, tanto físico como intelectual. Sin embargo en el primero ha de predominar el vigor físico en tanto que en el segundo conviene un elevado vigor intelectual. Por otra parte, aunque ambos requieren de cierta dosis de vigor intelectual, el director lo necesita para lidiar con objetos más abstractos, más diversos y de mayor cobertura, en tanto que también necesitado de cierto vigor intelectual, el obrero lo requiere para lidiar con objetos más concretos, menos diversos y más acotados.

Finalmente, La capacidad total de cualquier agente de la empresa se fundamenta, pues, en dos cosas: sus cualidades y sus conocimientos; las primeras, de tres clases –físicas, intelectuales y morales–, los segundos inherente a la diversidad de saber-hacer que su desempeño exige. Resultante del análisis de cada uno de estos dos grandes componentes realizado por Fayol, hemos visto surgir un desglose séxtuplo según el cual son tres las categorías de cualidades y tres las de conocimientos que fundamentan la capacidad de cualquier agente. Ahora bien, sin dejar de apreciar el valor que el análisis posee, visto que su gran virtud es separar distinguiendo, debe entenderse que en la realidad concreta del ejercicio de cada una de las seis grandes clases de operaciones por parte de cada agente de la empresa, su capacidad total –su

---

[164] Reiteramos que la capacidad total de cierto agente –lo que es **capaz** de hacer– es la muy única síntesis de las cualidades y conocimientos que lo caracterizan. Recuérdese que toda vez que, síntesis hecha, se hallen bien integradas en el agente, las seis categorías –tres clases de cualidades y tres clases de conocimientos– solo son separables mediante el análisis intelectual que la capacidad humana de abstraer habilita.

valor total también– se fundamenta en la muy particular <u>síntesis</u> –convergencia e integración– de la totalidad de las cualidades y conocimientos que posea.

Los otros dos desgloses

La clasificación que acabamos de comentar es la más general y básica, pero es solo la primera de las tres variantes que Fayol presenta. Aunque comparten el mismo espíritu, las otras dos incluyen siete grandes clases de cualidades y conocimientos en lugar de seis, producto de destacar por separado al conocimiento administrativo, que en el primer desglose está incluido en la quinta categoría denominada "Conocimientos especiales".

Los desgloses segundo y tercero figuran en el capítulo 2 de la 2ª parte de AIG denominado "Elementos de administración". Fayol los desarrolla en la sección titulada "organización" (sub-secciones denominadas "Jefes de grandes empresas" y "Elementos que forman el valor de los jefes y agentes de empresas"). Conviene compararlos y contrastarlos con el primer desglose. En su exposición del tercero, Fayol incluye una breve explicación de cada una de las categorías, cosa que no hace en las dos ocasiones anteriores y que es recomendable que el lector lea una primera vez sin esperar a llegar allá (traducción recomendable de AIG: Librería "EL ATENEO" Editorial, 5ª edición, 1961).

El segundo desglose

Tiene por propósito presentar un resumen de las cualidades y conocimientos que Fayol considera deseables en los altos jefes de empresa. Serán las mismas tres clases de cualidades antes presentadas, pero ahora serán cuatro las clases de conocimientos, debido a que considera necesario: en 1° lugar, destacar en categoría aparte a la capacidad administrativa separándola de los otros cinco conocimientos también funcionales, y en 2° lugar, destacar como séptima categoría la necesidad de "La más amplia competencia posible en la profesión especial característica de la empresa".

El tercer desglose

Fayol vuelve a relacionar a las tres clases de cualidades y tres clases de conocimientos con el valor tanto de los jefes como de los agentes de la empresa. Serán las mismas tres clases de cualidades antes presentadas, pero ahora de nuevo serán cuatro las clases de conocimientos, debido a que de nuevo considera necesario destacar en categoría aparte a los conocimientos administrativos separándolos de los otros cinco conocimientos especiales. Igualmente vuelve a destacar la necesidad de que en general tanto los jefes como los demás agentes de la empresa posean la debida "Capacidad profesional especial característica de la empresa."

A la segunda categoría de cualidades la denomina "Inteligencia y vigor intelectual". Cabe destacar los dos párrafos que citamos a continuación:

"El vigor intelectual permite, sea concentrar poderosamente el pensamiento sobre un tema urgente, sea tratar sin transición temas diferentes y múltiples.
Inteligencia y vigor intelectual son tanto más necesarios cuanto más numerosas, extensas y complejas sean las operaciones que la función acarrea. El alto jefe necesita de una amplitud de miras y de una

flexibilidad de espíritu, que solo en muy débil grado reclaman las funciones de capataz y aún menos las del obrero."

Facultades que hay que querer poseer y que solo ejercitadas con empeño pueden desarrollarse en alto grado.

Capítulo Tercero
NECESIDAD Y POSIBILIDAD DE UNA ENSEÑANZA ADMINISTRATIVA[165]

Acabamos de ver que la obra *gubernamental* implica el ejercicio y el cumplimiento de las seis funciones esenciales; si alguna de estas funciones no se cumple, bien puede la empresa por ello morir; en todo caso verse debilitada.[166] Por lo tanto, es preciso que el personal de una empresa cualquiera sea capaz de cumplir las seis funciones esenciales.[167]

---

[165] Este capítulo concluye la 1ª parte de AIG y repite el título de ella. Los dos primeros párrafos reafirman ideas presentadas anteriormente. Seguidamente Fayol se concentra en examinar la posibilidad de enseñar administración.

[166] Fayol reitera la cláusula que a modo de aclaratoria complementaria presentó en el capítulo 1, de facto estableciendo la identidad y por lo tanto la 2ª definición siguiente: "Gobernar, es...; es asegurar la marcha de las seis funciones esenciales". Sin embargo, las palabras "ejercicio" y "cumplimiento" que Fayol ahora inserta en el texto son más expresivas que el simple "asegurar" utilizado en aquella ocasión. Las nuevas palabras enriquecen y añaden precisión a lo dicho en el capítulo 1, donde podría haber quedado la impresión de que gobernar tan solo implicaría una simple tarea de vigilancia atenta; impresión resultante de una más bien tímida interpretación de la frase "asegurar la marcha de las seis funciones esenciales". Equivale a reducir el "asegurar" a ser tan solo un aspecto del gobernar. Pero bien entendido sabemos que gobernar involucra lograr mucho más: implica lograr que las operaciones o funciones esenciales de la empresa en verdad se ejerzan y cumplan. La presentación que hizo en el capítulo 2 de las capacidades respalda esta concepción del gobernar. A cada capacidad corresponde un saber-hacer, y de ser favorables las condiciones, medios y recursos disponibles, entonces poder-ejercer-y-cumplir una cualquiera de las funciones esenciales. Pero visto que cada agente de la empresa ha de poseer, en una determinada proporción, cada una de las seis grandes clases de capacidad, también queda claro que su poseer estas capacidades no significa otra cosa que su saber ejercer y cumplir cada una de las operaciones correspondientes a cada una de las seis grandes funciones esenciales: su cuota parte de contribución al gobierno de la empresa toda. Ésta también, como un todo armónico, ha de lograr ejercer y cumplir integralmente las seis clases de operaciones o funciones que le son vitales. Solo así de ella podrá afirmarse que **se**-gobierna.

En la segunda parte de esta misma oración Fayol recalca el carácter esencial de todas y cada una de las funciones. De no ser cumplidas tarde o temprano la empresa muere. Cuando dice "debilitamiento" no hay que interpretar que una empresa debilitada pueda seguir dejando de cumplir una cualquiera de las seis funciones y continuar existiendo indefinidamente. Puede que posea algunas reservas producto de haber cumplido la función en el pasado, pero en la justa medida en que las consuma, irá debilitándose. Entonces, tarde o temprano dejará de existir si no recupera el ejercicio de la función. Ejemplo: si una empresa deja de comprar (función comercial) y tiene reservas en sus almacenes podrá sobrevivir por un tiempo, pero tarde o temprano o vuelve a comprar o muere.

[167] En esta ocasión el lenguaje de Fayol se presta a dos interpretaciones distintas. Una de ellas ha de ser la correcta. Acertar en la lectura es fácil toda vez que en cada caso hagamos el esfuerzo por captar el espíritu del mensaje recurriendo a los diversos textos repartidos a lo largo de la obra toda y que bien relacionados e interpretados permiten determinar con mayor exactitud lo que el autor quiere expresar.

La oración "Por lo tanto hace falta que el personal de una empresa cualquiera sea capaz de cumplir las seis funciones esenciales" viene al caso. Es ambigua según que la palabra "personal" se refiera a la totalidad de quienes laboran en la empresa o se refiera más bien a cada uno de los que lo hacen. Puede significar: "entre todos" capaces de cumplir las seis funciones; es decir, cada uno especializado en el cumplimiento de alguna de ellas. O también: "cada quien" en la empresa capaz de cumplir todas y cada una de esas seis funciones. La lectura correcta de esta oración supone no olvidar las explicaciones realizadas a lo largo de los dos primeros capítulos. Por una parte, no deja de ser cierto que "entre todos" han de ser capaces de cumplir las seis clases de operaciones o funciones esenciales. Sin embargo, por otra parte "entre todos" no significa aquí "cada uno solo capaz de ejercer una sola función". La

Hemos visto, además, que la capacidad más necesaria para los agentes superiores de las grandes empresas es la capacidad **administrativa**.

Por lo tanto, estamos seguros de que una educación exclusivamente **técnica** no responde a las necesidades generales de las empresas, ni siquiera de las empresas industriales.[168]

Ahora bien, en tanto que se hacen –y con razón– los más grandes esfuerzos por difundir y perfeccionar los conocimientos técnicos, no se hace nada o casi nada en nuestras escuelas

---

lectura correcta supone recordar que según Fayol son todos y cada uno de los agentes de la empresa quienes –en mayor o menor grado, de manera directa o indirecta– han de ser capaces de ejecutar y asegurar el cumplimiento de todas y cada una de las seis funciones esenciales. Ser calificado de especialista no significa aquí ejecutar y asegurar el cumplimiento de una sola determinada función. Estar especializado tan solo resulta de la mayor dosis relativa de capacidad poseída puesta en práctica. No significa poseer la miope capacidad de ejercer una sola función. Implica más bien poseer una dosis relativamente más elevada de capacidad para llevar a cabo una determinada función, sin por ello dejar de ser capaz de llevar a cabo o asegurar el cumplimiento de las otras cinco, como lo vimos expresado en el primer cuadro del capítulo 2. Nos permitió entender que todos los agentes de la empresa son coadyuvantes del gobernar en la justa medida en que velan por el cumplimiento y ejercicio de las seis funciones esenciales constitutivas de la acción de gobernar requerida por la empresa. La lectura correcta de la oración aquí comentada es, pues, la siguiente: entre todos, todos y cada uno de los agentes han de ser capaces de ejercer y velar por el cumplimiento integrado de las seis funciones esenciales. Todos y entre todos deben ser capaces de gobernar; esto es, contribuir a que la empresa misma como un todo **se**-gobierne.

[168] Este punto es muy importante para Fayol. La sola capacidad técnica –una entre seis– no habilita para gobernar. Con vimos en el capítulo 1 la misión de la función técnica es producir, fabricar... llevar a cabo la transformación que caracteriza a la actividad principal de la empresa. Asegurar su marcha –su adecuado ejercicio y cumplimiento– aunque esencial, es tan solo parte del gobernar. Conviene recordar que, aunque agente activo de la Revolución Industrial, Fayol es capaz –como lo hace en la sección "Función técnica" del capítulo 1– de reconocer cosas como las siguientes: "... la función técnica no siempre es la más importante de todas. Incluso en las empresas industriales hay circunstancias en que, sobre la marcha de la empresa, cualquiera de las demás funciones puede tener una influencia mucho mayor que la función técnica." Y de inmediato añade: "No hay que perder de vista que las seis funciones esenciales están en estrecha interdependencia.", de lo cual también se desprende que no es la buena marcha de ninguna de ellas por separado la que puede asegurar el buen gobierno de la empresa.

Fayol no desprecia la educación técnica. Muy por el contrario la aprueba considerándola esencial. Sin embargo objeta su visible hipertrofia en el sistema educativo francés de su época, lo cual ocurre cuando las otras cinco funciones –particularmente la administrativa– no se enseñan. Si Fayol hubiese vivido hasta la década de los años setenta del siglo XX, le habría frustrado ver el creciente dominio de la corriente anglosajona del "Management" científico-técnico, de inspiración ingenieril, iniciada por Taylor en su misma época. Sin duda alguna se habría esforzado por persuadir al publico de que gobernar no es un mero producir o aseguramiento de la eficiente producción, sino que muy por el contrario producir es tan solo un aspecto por cuyo cumplimiento y ejercicio debe el gobierno de la empresa asegurar. A partir de los años cincuenta el auge del mercadeo, de las finanzas y de otras funciones le habría complicado, pero no satisfecho. Solo a partir de los años ochenta el campo de la administración –"management" igualmente– ha estado sufriendo una profunda transformación que incorpora, aunque frecuentemente solo de manera muy tácita y fragmentaria, pensamientos afines a los que Fayol presentó acerca de la labor de gobierno de las empresas. Aun cuando los autores más contemporáneos no hagan referencia a su aporte, lentamente se están redescubriendo algunas de sus intuiciones ("insights") más fundamentales. Algo similar puede afirmarse acerca de los aportes de este otro gran ejecutivo del campo que fue Chester I. Barnard, autor de "The Functions of the Executive" (Harvard University Press, 1938), también dirigente de empresa la mayor parte de su vida, como lo fue Fayol.

industriales por preparar a los futuros jefes para sus funciones comerciales, financieras, administrativas y otras.[169]

La **administración** ni siquiera figura en los programas de enseñanza de las escuelas superiores de ingeniería ¿Por qué?[170]

¿Acaso se desconoce la importancia de la capacidad **administrativa**?[171]

No. Trátese de elegir a un contramaestre entre obreros, de un jefe de taller entre contramaestres, de un director entre ingenieros... jamás, o casi jamás, es la capacidad **técnica** la que determina la escogencia. Uno se asegura –claro está– que la dosis de capacidad técnica necesaria esté presente; pero hecho esto, entre candidatos con valor técnico más o menos equivalente, se le da preferencia a aquél que parece superior en cuanto a las cualidades de porte, autoridad, orden, organización y otras, que son los elementos mismos de la capacidad **administrativa**.[172]

¿Será porque la capacidad **administrativa** no puede adquirirse sino en la práctica de los negocios?[173]

Creo en verdad que ésta es la razón que se da. Veremos que no tiene validez y que en realidad la capacidad **administrativa** puede y debe adquirirse, como la capacidad **técnica**, en la escuela primero, en el taller después.[174]

---

[169] Desde el punto de vista educativo este es el gran reclamo de Fayol. La Revolución Industrial, con todos sus avances y éxitos deslumbrantes en materia de producción (principalmente resultante de lo que hoy día calificamos de "tecnología dura"), tuvo por consecuencia opacar por un tiempo las otras cinco funciones que la empresa también debe cumplir. Para Fayol la enseñanza técnica es insuficiente. Su propuesta –aquí bastante modesta, aunque en la sección "Organización" del último capítulo de AIG la profundizará– era tan solo complementar los planes de estudios técnicos con el dictado de algunas asignaturas administrativas, así como de otras tocantes a las restantes cuatro funciones. El jefe –el gobernante– debe poder ejercer y lograr el cumplimiento de todas las funciones esenciales.

[170] Fayol va a explorar dos posibles explicaciones acerca del porqué la administración es ignorada en los planes de estudio de las carreras técnicas, e.g.: las de ingeniería. Descartará ambas para por fin dar al lector su propia explicación y así proponer la solución que haga posible la enseñanza de la administración.

[171] Primera explicación posible.

[172] Fayol rechaza de plano la primera explicación. Para ello recurre al ejemplo de una típica acción efectuada en las empresas con cierta frecuencia, cual es la de elevar el nivel jerárquico de un hasta entonces subordinado mediante su ascenso al puesto de jefatura inmediato superior. Comprueba que en la práctica la capacidad administrativa no es ignorada, aunque ciertamente la educación que él objeta parezca desconocer su importancia. De lo presentado en el capítulo 2, también nos es lícito afirmar que mientras más alto el nombramiento del jefe buscado, más pesará en su selección la capacidad administrativa.

[173] Segunda explicación posible. Según Fayol frecuentemente aducida y aceptada sin darle mayor pensamiento. ("negocios" en el amplio sentido de no-ocio, para traducir la palabra francesa "affaires" cuya amplitud de significados es mucho mayor que la palabra "quehaceres" en español)

[174] Este párrafo se presta a dos comentarios. En primer lugar, siglos de historia parecen confirmar que los que han alcanzado puestos de jefatura entre los seres humanos no han sido producto de un esfuerzo consciente de formación. De allí la creencia muy extendida según la cual los jefes son, por así decirlo, un producto casual y

La verdadera razón de la ausencia de enseñanza *administrativa* en nuestras escuelas profesionales, es la ausencia de doctrina. Sin doctrina, no hay enseñanza posible.[175] Ahora bien, no hay doctrina *administrativa consagrada, surgida de la discusión pública*.[176]

---

espontáneo de la naturaleza. Circunstancias muy particulares les dieron la oportunidad de practicar la jefatura a lo largo de períodos más o menos extensos de sus vidas, permitiéndoles así desarrollar un talento natural con el cual habían nacido; algunos más (Alejandro Magno, Augusto, Luis XIV, Pedro el Grande, Mahoma, Bolívar, Churchill, Chester Barnard, Henri Fayol, etc.), otros menos (la infinidad de jefes anónimos de nivel medio y bajo olvidados por la historia). Con todo y las muchas escuelas de administración y "management" que hoy día existen, aún son frecuentes los casos de jefes que han alcanzado a ser excelentes conductores de empresas, sin haber recibido formación formal alguna en materia administrativa o gubernamental. Pero también es casi seguro que los mediocres y pésimos han sido los más. Es la aleatoriedad de la calidad de los Jefes en todas las ramas de actividad humana la que preocupó a Fayol. Solo un proceso sistemático de formación gubernamental y administrativa podría reducir esta aleatoriedad.

Lo dicho acerca de la existencia de excelentes conductores de empresa sin haber pasado por una rigurosa y sólida formación formal debe llamar la atención de los estudiantes del campo. Les indica que la obtención del título no certifica su capacidad profesional al punto de eliminar por completo a los competidores de origen informal; cosa que sí ocurre con otras carreras cuyos títulos respectivos certifican que el egresado, aún antes de haber adquirido considerable experiencia, posee la capacidad básica que exige su profesión, la cual no puede ser poseída por ningún competidor de origen informal. Vemos entonces que los estudios de administración no garantizan la posesión exclusiva de las capacidades que la profesión de jefe exige. Y es que la clase de superioridad que determina la jerarquía de un jefe es intrínsecamente diferente a la clase de superioridad que puede alcanzar un médico, un abogado, un ingeniero, etc., en virtud de los estudios y experiencia que haya acumulado. Clara evidencia de ello es que en relación a los estudios de administración, gerencia o "management" quien realmente titula es la empresa y no la universidad o centro de estudios. Es la natural correspondencia que ha de existir entre los cargos de jefatura y la organización jerárquica la que hace que sea la empresa receptora de los graduados la que en función de su antigüedad, méritos y otros factores los asciende progresivamente, elevando así su título: de capataz a supervisor, de supervisor a gerente, de vicepresidente a director, de teniente a capitán, de arzobispo a cardenal, etc. Estudios formales de administración, gerencia o "management" de elevada calidad pueden proporcionar una ventaja competitiva al graduado, pero no le garantizan el monopolio de su profesión. ¿Habrá manera de repensar la formación en nuestro campo tal que le asegure al egresado una certificación capaz de por completo descartar la existencia de competidores de origen informal? Y si no es del todo posible ¿qué formación proporcionar que apreciablemente incremente la ventaja competitiva del egresado?

El segundo comentario al que se presta el párrafo es de gran importancia. Se trata de la aparente identidad que Fayol parece establecer entre la adquisición de la capacidad administrativa y la adquisición de la capacidad técnica. Aunque la oración "..., la capacidad administrativa puede y debe adquirirse como la capacidad técnica, en la escuela primero, en el taller después", puede prestarse a equívoco, debe quedar claro que la palabra "como" no ha de interpretarse como identidad total. Lo que Fayol dice aquí no significa que la manera en que ha de ocurrir la adquisición de la capacidad administrativa haya de ser idéntica a la manera en que se adquiere la capacidad técnica. El que al igual que la técnica deba enseñarse la administración, no significa que pueda ni deba ser enseñada del mismo modo. Nadie duda, por ejemplo, que las artes y las ingenierías pueden y deben adquirirse en la escuela primero y luego en el taller o lugar de trabajo, pero esto no significa que la formación del ingeniero y desarrollo de un futuro músico o pintor hayan de efectuarse de la misma manera.

[175] La real explicación según Fayol es la ausencia de doctrina. La palabra que utiliza es por demás extraña. La refuerza afirmando —suena categórico— que sin ella la enseñanza no es posible. Obsérvese que no utiliza tales otras palabras como "teoría", "modelo", "ciencia" o "filosofía". Desde muy temprano hemos afirmado que la obra de Fayol no puede ni debe leerse desde una perspectiva filosófica o científica ("Fayol, su originalidad: relativo al oficio

No hay escasez las doctrinas personales.[177] En ausencia de doctrina consagrada, cada quien puede creerse en posesión de los mejores métodos, y pueden verse por doquier, en la industria, en el ejército, en la familia, en el Estado, prácticas de las más contradictorias colocadas bajo la égida de un mismo principio.

En tanto que desde el punto de vista **técnico** un jefe no podría ir contra ciertas reglas establecidas sin exponerse a perder todo prestigio, desde el punto de vista **administrativo** puede permitirse impunemente las prácticas más enojosas.[178]

Los procederes empleados no se juzgan intrínsecamente, sino por sus resultados, los cuales a menudo son muy lejanos y que generalmente son difíciles de relacionar con sus causas.[179, 180]

---

de gobernar, ni filósofo ni científico de la política", pág.: 25). De allí que la palabra "doctrina" nos obliga a estudiar detenidamente el asunto con la profundidad que exige. Al respecto leer la serie de ensayos titulados "Profundizando en la noción de Doctrina", que incluye seis muy importantes profundizaciones (pág.: 119).

[176] Si aún pudiéramos tener dudas acerca de cuan alejada está la noción de doctrina de alguna teoría científica, esta oración debiera despejarlas por completo. Fíjese el lector que en primer lugar, tras reafirmar la ausencia de una doctrina administrativa, de inmediato le aplica el muy extraño calificativo de "consagrada"; palabra muy poco apropiada para calificar alguna teoría científica, la cual ciertamente puede al menos por un tiempo ser calificada de verdadera, pero en ningún caso de "sagrada". Comprobada, una teoría no necesariamente implica obligaciones conductuales. Una doctrina sagrada, por el contrario, necesariamente supone imperativos de comportamientos, tanto privados como públicos por parte de quien habrá de llevarlos a cabo. En segundo lugar, la cláusula que sigue a la oración principal debe sorprendernos aún más si la contrastamos con la ciencia y su manera de validar verdades. Para la ciencia una auténtica verdad jamás podría ser el simple producto de una discusión pública. De hecho la rechazaría de plano por escandalosa, ya que la simple intersubjetividad de un grupo de creyentes no convierte en verdad científica la creencia que comparten sus miembros. La ciencia apunta, todo lo que se pueda, a verdades liberadas —mediante el método— de las subjetividades individuales o grupales. Triple extrañeza por dilucidar: "doctrina", "consagrada", "resultante de una discusión pública".

[177] Obsérvese que si la doctrina puede tener carácter personal, no puede ni debe entonces ser posible confundirla con una teoría científica. Ésta jamás es personal.

[178] Impunidad que se extiende al gobernar mismo, visto que administrar cumple un papel muy importante en el ejercicio de ese oficio. Fayol acaba de decir algo que amerita una profunda reflexión, textualmente: "…, desde el punto de vista administrativo puede permitirse impunemente las prácticas más enojosas." Producto de un pésimo desempeño cuando no de una utilización abusiva del poder, claramente notoria es la impunidad de quienes ocupando altos cargos gubernamentales le han hecho profundo daño a la sociedad por ellos conducida, así como muy en lo particular a un sinnúmero de ciudadanos. Cuando su desalojo no es producto de un proceso violento, lo peor que puede esperarles —su penalidad— es: sea perder el poder, sea no ser reelegidos, sea exiliarse, etc. Tan solo si han cometido graves actos tipificados como crímenes según algún código nacional o internacional es que surge la posibilidad, aunque no la certeza, de que vayan a ser juzgados. Su haber sido un mediocre o mal gobernante que tanto nacional como internacionalmente ha debilitado a su sociedad, perjudicado a sus ciudadanos de múltiples maneras, etc., todo ello queda impune. Graves perjuicios que no figuran en código penal alguno. Privilegios del poder, pues.

[179] Hemos preferido traducir la palabra francesa "procédés" por "procederes" en lugar de "procedimientos" para preservar el carácter fundamentalmente verbal de la obra de Fayol. Con esta traducción se evita perder de vista, cualquiera sea su nivel jerárquico, las maneras de proceder del jefe, lo cual es tanto o más importante que la selección y utilización de procedimientos que hace. Queda claro entonces que la selección y utilización de estos es menos fundamental y depende en gran medida de su manera de actuar —de proceder— y no a la inversa. Una

Del todo distinta sería la situación si existiese una doctrina consagrada, es decir un conjunto de **principios**, de **reglas**, de **métodos**, de **procederes** comprobados y controlados por la experiencia pública.[181]

No son los principios los que escasean; si bastase proclamarlos para hacerlos reinar, gozaríamos en todas partes de la mejor administración posible ¿Quién no ha escuchado un centenar de veces proclamar la necesidad de los grandes principios de **autoridad**, de **disciplina**, de **subordinación de los intereses particulares al interés general**, de **unidad de dirección**, de **coordinación de los esfuerzos**, de **previsión**, etc., etc.? [182]

---

segunda ventaja de preservar el sentido verbal de la palabra es recalcar que lo que va a ser juzgado (dice "probados y controlados por la experiencia pública" en el siguiente párrafo) no es un conocimiento teórico-contemplativo sino procederes; es decir, modos y maneras de ejecutar o ejercer acciones, particularmente las administrativas y por lo tanto gubernamentales.

[180] Por breve la importancia de lo dicho por Fayol aquí puede con mucha facilidad pasar desapercibido. Conjuntamente con lo observado en los dos párrafos anteriores expresa la segunda gran razón por la cual es necesario que exista una doctrina administrativa consagrada. Recordemos que la primera era convertir en posible la enseñanza administrativa. La segunda razón que ahora se presenta apunta a la evaluación del desempeño de los jefes. Vista su importancia desarrollamos este tema en el mismo ensayo "Profundizando en la noción de doctrina", 3ª profundización" (pág.: 134).

[181] En los párrafos anteriores Fayol ya había utilizado indistintamente las palabras "métodos", "prácticas", reglas" y "procederes". Ahora añade la palabra "principios" enterándonos entonces que mediante tales denominaciones se refería a los componentes mismos de la doctrina. Aunque por consideraciones de redacción Fayol seguirá utilizando esta diversidad de términos, veremos que en último análisis los más fundamentales serán dos: los principios y los elementos, temas centrales de la 2ª parte de AIG. Veremos que cuando estos componentes existen, cuando existe una doctrina, los problemas tocantes a la posibilidad de enseñar a administrar así como evaluar el desempeño de los jefes podrán hallar solución, primeros dos beneficios resultantes de que tal doctrina exista (tratados en las tres primeras profundizaciones concernientes a la noción de doctrina (págs.: 121, 125 y 134).

[182] Aunque Fayol utiliza la denominación genérica de "principios" para referirse a todos, veremos más adelante que los cuatro mencionados en primer lugar, impresos en letras itálicas –autoridad, disciplina, subordinación de los intereses particulares al interés general y unidad de dirección– se encontrarán entre los principios de la administración propiamente dichos que Fayol lista y comenta en el capítulo 1 de la 2ª parte de AIG. Los dos últimos, la coordinación y la previsión, son, como ya vimos en el capítulo 1 de la 1ª parte, dos de los cinco elementos de la administración. ¿Manifiesta inconsistencia? Veremos más bien que los elementos también pueden caracterizarse como principios, cuando a esta palabra se le aplica el sentido amplio y profundo que encontraremos en el referido capítulo. (ver ensayo especial "Profundizando en la noción de principios", pág.: 280)

Cuando al inicio del presente párrafo Fayol afirma que no son los principios los que escasean recordemos que cuatro párrafos más arriba también reclamó la existencia general de "prácticas de las más contradictorias colocadas bajo la égida de un mismo principio". Esto nos indica que para Fayol el problema no es la ausencia de etiquetas o palabras para denominar a los principios y elementos constitutivos de la doctrina. Estas existen y en abundancia. El problema radica en que no existe un mínimo de uniformidad básica de significación para ellas que las conviertan en términos del campo, y que por lo tanto tampoco exista uniformidad en las prácticas. Por ello también afirmó en el mismo párrafo anterior que "las doctrinas personales no faltan" y que "en ausencia de doctrina consagrada cada quien puede creerse en posesión de los mejores métodos.

Hay que creer que la proclamación no basta. Y es que la luz de los principios, como la de los faros, no guía sino a aquellos que conocen el camino al puerto. Un principio, sin el medio para realizarlo, no tiene eficacia.[183]

Estos medios tampoco escasean; son innumerables. Pero buenos y malos se manifiestan, alternativa y simultáneamente, en la familia, en el taller y en el Estado, con una persistencia que no se explica sino por la ausencia de doctrina.[184] El público no está en condiciones de juzgar los actos administrativos.[185]

---

[183] La idea compactamente desarrollada en este párrafo ya se expresa al inicio del anterior. Hemos visto que independientemente de la falta de uniformidad de significación, los principios no escasean. Pero de inmediato debemos añadir que, aunque dicha uniformidad existiese y los principios se proclamasen, todavía el problema del buen gobierno no quedaría totalmente resuelto. La eficacia de los principios supone poseer los medios para convertirlos en tales. La analogía que utiliza Fayol aparea a los principios con "faros" y a los medios con "el camino hacia el puerto". Tener prescrito un norte por nosotros observado no basta, ya que simplemente dirigirse "eficientemente" hacia él –por así decirlo "en línea recta"– no garantiza nuestra llegada. También se requiere tener prescrito el camino que nos indique como ir desde donde estamos hasta el puerto, cuyo faro luminoso indica su localización. Es importante destacar que la misma analogía nos permite comprender que la palabra "medios" no debe interpretarse en el exclusivo sentido tecnológico e instrumental del término. El medio no es necesariamente un instrumento o herramienta externo al usuario mismo cuya finalidad es "servir para". Entendido como camino, el medio es todo lo que puede mediar entre el dónde estamos y el adonde apuntamos llegar. Apartándonos de la analogía del camino podemos concebir al medio como todo aquello, instrumental o no, que proporciona un "poder para...". Un modo de proceder, por ejemplo una actitud valiente, la cual en ningún caso es un instrumento externo al agente, puede servirle de medio para alcanzar una determinada finalidad o lugar de llegada.

La palabra "principios" en Fayol supone una cuidadosa explicación. Ganaremos plena comprensión del párrafo aquí comentado cuando hayamos leído y comentado los primeros párrafos del capítulo 1 de la 2ª parte de AIG y otros textos selectos. De hecho veremos que dicho capítulo concluye con la reiteración de la analogía del faro (ensayo "Profundizando en la noción de Principios", pág.: 280).

Otro punto muy importante a destacar consiste en que la fortaleza de la obra de Fayol no radica en la presentación de medios instrumentales provenientes de la tecnología. Nuestro autor apunta a cosas más fundamentales. Como ya vimos la técnica puede ayudar a gobernar, pero en sí misma no puede constituirse en, ni sustituir a, las actitudes determinantes de quien asume el oficio mismo de gobernar.

En cuanto a los medios, cabe examinar la parte tercera originalmente prevista por Fayol, la cual según vimos en la Advertencia inicial, tendría por título "Observaciones y experiencias personales". De ella está disponible un extenso texto borrador inédito compilado por el historiador Jean-Louis Peaucelle (cahier GREGOR, 2000). Mayormente se trata de una narrativa personal de algunas de las principales experiencias vividas por Fayol. De allí puede el lector extraer, dispersos a lo largo del texto, algunos de los medios por él utilizados a la hora de enfrentar y resolver situaciones. Pero esto está lejos de constituirse en un catálogo completo y bien estructurado de los medios al alcance de quien gobierna.

[184] Según lo que ya hemos observado en los dos párrafos anteriores, no pueden identificarse a los medios con los principios. Aunque nos diga que son abundantes, la inquietud central de Fayol no se refiere a tales medios; no tiene por propósito presentarlos. Aquí su profunda preocupación radica en la persistente ausencia de criterios para distinguir los buenos de los malos. De nuevo es la Doctrina la que podría ponerle remedio a la situación. En resumen: por sí sola la proclamación de los principios no garantiza su eficacia; se requiere de medios para alcanzarla. Por otra parte, los medios pueden ser buenos y malos. Fayol cierra el círculo afirmando que solo claros principios constitutivos de un doctrina administrativa podrían garantizar la adecuada discriminación y por lo tanto selección de los medios

Importa, pues, establecer lo más pronto posible una doctrina administrativa.

Esto no sería ni muy largo ni muy difícil si algunos altos jefes se decidiesen a exponer sus ideas personales acerca de los principios que consideran como los más apropiados para facilitar la marcha de los negocios y sobre los medios más favorables para la realización de los principios.[186] De la comparación y de la discusión pronto surgiría la luz.[187] Pero, la mayoría de los altos jefes no tiene ni el tiempo ni el gusto de escribir y las más de las veces desaparecen sin dejar ni doctrina ni discípulos. Por lo tanto, no hay que contar mucho con este recurso.[188]

Podemos ahora listar los diversos problemas que la Doctrina resuelve:
- Posibilita la enseñanza administrativa.
- Permite la evaluación de los jefes pasados, presentes y futuros.
- Proporciona los criterios de selección de los buenos medios; precisamente aquellos necesarios a la hora de implantar los principios constitutivos de la propia Doctrina.

[185] En conexión con el tema más específico de los medios Fayol aprovecha la oportunidad para reiterar el tema de la evaluación del desempeño de los jefes que nos había introducido cuatro párrafos atrás. No estar en condiciones de evaluar –de juzgar– los actos administrativos a fortiori implica no estar el público en condiciones de juzgar los actos de gobierno.

[186] El tema de los principios ameritará todo un capítulo en AIG, el primero de la 2ª parte, de la cual en el presente libro sólo encontrará el lector algunos trozos clave a la hora de introducir la noción de principios, seguida de la presentación y comentarios de algunos de los principios que el propio Fayol afirma haber puesto en práctica a lo largo de su carrera, y propone como parte de la doctrina a ser formulada. (En relación a la noción de "Principios", leer: "Primeros párrafos del capítulo 1 de la 2ª parte de AIG", pág.: 277 y "Profundizando en la noción de Principios", pág.: 280). Aunque tenemos hecha nuestra propia traducción no publicada aún, el lector interesado en leer las traducciones integrales de los dos capítulos de la 2ª parte de AIG, puede recurrir a la traducción Librería "EL ATENEO" editorial, © 1961, o la publicación de Herrero Hermanos, sucs., S.A., © 1971, que incluye tanto AIG de Fayol como la obra clave de Frederick W. Taylor "Principios de la administración (management) científico".

[187] Recordemos que previamente Fayol nos anticipó que la doctrina sería el resultado de una discusión pública. En este y los próximos dos párrafos nos va a ampliar el proceso que visualiza al respecto, señalando inconvenientes y soluciones. Óptimo sería lograr que altos y muy exitosos jefes hiciesen explicito desde sus propias experiencias vividas los principios y medios que guiaron su actuación, posibilitando así entender cómo alcanzaron sus éxitos. La comparación y discusión permitiría uniformizar interpretaciones de dichos medios y principios. Permitiría también aislar, por así expresarlo, una suerte de denominador común de los procederes asociables con jefaturas exitosas. Por ejemplo, comprobaríamos que de una manera u otra todos se empeñaron en ser previsores, lográndolo mayormente. Observemos que el proceso propuesto por Fayol para formular la doctrina supone el que sea posible hallar ciertas prescripciones de carácter general concernientes al administrar en cuanto componente clave del saber-gobernar. Dado que en los grandes jefes se condensa el más profundo y eficaz saber-gobernar, lo óptimo para desarrollar la Doctrina sería utilizarlos a ellos como agentes clave de la discusión pública. Sin embargo, existe el inconveniente que de inmediato expone Fayol.

[188] El Inconveniente radica en que los grandes jefes, muy orientados a la acción, no tienden a disponer del tiempo ni del querer apartarlo para reflexionar acerca de la formulación de una doctrina. Por otra parte es físicamente imposible reunir en un solo gran foro a los grandes dirigentes que han vivido en tiempos y lugares históricos muy distintos. Apartando el hecho de que en ellos normalmente no existe gran vocación docente, está este otro factor intrínseco que les impide revelar su doctrina personal: ocurre que en gran medida el saber que poseen, fundamento de su éxito, es más bien de carácter tácito al no haber sido elevado al nivel de los conceptos expresables que solo la reflexión hace posible. Esto explicaría por qué, con muy pocas excepciones, a diferencia de científicos y filósofos,

Afortunadamente no es necesario gobernar una gran empresa ni presentar un estudio magistral para aportar un concurso útil a la constitución de una doctrina.

La mínima observación bien hecha tiene su valor, y como el número de observadores posibles es ilimitado, puede esperarse que una vez establecida la corriente ya no se detendrá;[189] se

---

han tendido a no transmitir su saber, ni oralmente ni por escrito. En nuestro campo existen dos notorias excepciones que confirman la regla. Escribieron tardíamente tras haber concluido el grueso de su carrera como conductores de empresas: uno es Fayol, el otro es Chester I. Barnard, autor de las "Funciones del Ejecutivo" ("The Functions of the Executive", Harvard University Press, 1938, 1968). La gran mayoría de quienes han gobernado a lo largo de la historia han desaparecido, como lo apunta Fayol, sin dejar doctrina ni discípulos. Recurrir a los grandes jefes es, pues, incluso tratándose de los aún en vida, poco viable para iniciar el proceso de formular una doctrina mediante una discusión pública.

[189] ¿Por qué ilimitado el número de observadores posibles? Tratemos de explicarlo. Todos los seres humanos co-influyen en el rumbo, recorrido y destino –cual si se tratasen de naves– de las agrupaciones sociales de las cuales son miembros; empresas en la justa medida en que además de existir se proponen alcanzar ciertos logros. De allí que todos estén involucrados, lo quieran o no, para bien o para mal –algunos muy poco, otros en alto grado– en la tarea de gobernar… contribuyendo así a que esos entes sociales, a los ojos de observadores externos, sean percibidos como totalidades sociales capaces de tener, por así decirlo, cuando exitosas, en sus propias manos su porvenir y destino; esto es, **se**-gobiernen… **se**-gobiernen siempre y cuando la co-influencia de cada miembro sea la indicada para que, bien integradas esas influencias, esos entes sociales alcancen sus metas tras el recorrido que realmente allí conduzca (la descripción fenomenológica recién resumida la verá el lector desarrollada en la 4ª profundización de la serie de ensayos "Profundizando en lo que significan administrar y gobernar", pág.: 188). Co-influyentes todos, pero co-gobernante cada uno en la justa medida en que co-adyuva a que el ente social **se**-gobierne. De allí que no exista un límite al número de observadores –internos y externos– que ahora y en el futuro puedan contribuir al proceso público de formular una doctrina que amerite ser calificada de sagrada. Si con respecto al administrar y a fortiori al gobernar pueden formularse ciertas generalizaciones, entonces el haber, en cuanto miembro, tenido que gobernar una familia, o a una pequeña o mediana empresa de cualquier clase (coadyuvar a que como un todo cada una **se**-gobierne) –entes sociales que no son de gran magnitud– ello habilita sin embargo a quienes hayan sabido asimilar sus experiencias a expresar sus opiniones en el foro de la discusión pública que Fayol quiere ver instituido. Experiencias tanto o más válidas que las transmitidas por quienes hayan tenido la oportunidad de ejercer el gobierno desde los más altos niveles jerárquicos de grandes empresas, entidades o naciones.

Profundicemos. La formulación y descubrimiento de los grandes principios de la vida colectiva –de la ética en cuanto componente importante del saber gobernar-**se** en sociedad, son en la historia humana de larga data. Ello es debido a que en aquellos tiempos las agrupaciones humanas eran más reducidas y mucho menos complejas. En una tribu, en un pueblo pequeño, por ejemplo, los miembros pronto descubrían la conveniencia de cumplir con ciertas normas éticas o de convivencia social tales como no mentir, no robar, auxiliar al vecino, etc. Quien violara tales normas pronto era detectado y vivía las consecuencias adversas de sus infracciones. Fuerte contraste con lo que de hecho tiende a ocurrir en nuestras ciudades, empresas y sociedades de gran magnitud y complejas de hoy. En ellas los miembros pueden una y otra vez impunemente infringir normas y principios de convivencia social. Han perdido visión de conjunto así como la vivencia muy expedita y en carne propia de las consecuencias de sus acciones. Tiende a serles mucho más difícil gobernar-**se** y contribuir así a que sanamente esas sociedades **se**-gobiernen.

De lo explicado se desprende que nada impide que sean precisamente los jefes de menor envergadura los que propongan algunos de los principios más fundamentales de la administración y gobierno de las empresas en general. Por otra parte, cabe aclarar que tampoco requieren poseer aquella rigurosa formación académica o científica que les permitiría realizar extensos y profundos estudios magistrales; su experiencia vivida bien articulada les permitiría aportar un concurso útil a la constitución de una doctrina.

trata de provocar esta corriente, de abrir la discusión pública; es lo que intento hacer publicando estos estudios.[190]

Espero que de ella surja una doctrina.[191]

---

[190] Es importante recalcar la finalidad expresa que Fayol le asigna a AIG. Lo que quiere es provocar el inicio de una corriente y discusión pública con respecto al tema de la administración y gobierno de las empresas, centrado en la formulación de una doctrina. Pero por otro lado, como su aspiración es que esta corriente no se detenga, posiblemente hayamos de concluir que para Fayol la doctrina jamás habrá de concebirse como un producto final acabado, convertido en dogma absoluto y eterno. Su naturaleza concreta la obliga a variar con los tiempos y lugares, así como con las épocas y circunstancias por las cuales atraviesa cada clase de empresa. Debe evolucionar e incluso revolucionarse de ser necesario. De hecho a partir de los años ochenta nuestro campo ha estado, con el surgimiento de múltiples y diversos aportes y enfoques (e.g.: Calidad total, Reingeniería, Estrategia de empresas, Cuadro de mando, Gerencia del conocimiento, Cadena de suministros, etc.), sufriendo una transformación importante que aún no ha concluido; multiplicidad y diversidad que dificulta dilucidar lo que le está ocurriendo y hacia dónde se orienta el campo. Bien leído veremos que es la recuperación y profundización en el real aporte de Fayol lo que nos permitirá comprender la transformación en curso, así como arrojar luces sobre su porvenir. Sus vivencias de la jefatura están lejos de estar caducas.

[191] La creciente y visible importancia que los temas de administración y "management" han adquirido desde principios del siglo XX indican que la discusión pública de hecho se inició y que la corriente ha sido establecida. Lo que sin embargo es importante señalar y que amerita explicación es que, propiamente hablando, la corriente no ha seguido los lineamientos indicados por Fayol. De haber vivido lo suficiente, sin duda alguna habría afirmado que el campo ha sido dominado por una "doctrina"... de hecho por una muy particular: aquella que lo ha concebido como una suerte de ciencia aplicada; es decir, como la aplicación de técnicas deducibles de teorías científicamente validadas. En efecto, hasta finales de los años setenta del siglo XX el entendimiento fundamental del campo habrá sido incontestablemente dominado por la corriente anglosajona iniciada por Taylor, contemporáneo de Fayol y reconocido como el otro gran padre del campo. Para solo mencionar los más importantes se verá que esta corriente científico-técnica, se enriquecerá con el movimiento de Relaciones Humanas (Elton Mayo, 1933), se consolidará mediante el enfoque de la toma de decisiones profundizado por Herbert Simon (1945), para finalmente desembocar en el predominio del Enfoque de Sistemas de los años setenta (resumen GRÁFICO "Grandes hitos de la Historia del Campo", pág.: 387).

Solo a partir de los años ochenta, con la creciente visibilidad e impacto del caso japonés, la caída de la Unión Soviética y las profundas repercusiones económicas, sociales, políticas y culturales globales habidas de todo tipo y magnitud acarreadas principalmente por el impresionante desarrollo de una diversidad de novedosas tecnologías, aunado todo esto al surgimiento de múltiples y diversos enfoques (e.g.: Calidad Total, Reingeniería, Gerencia del Conocimiento, Culturas organizacionales, Estrategia empresarial, Cuadro de Mando, Cadena de Suministros, etc.) – todos ellos parciales y por lo tanto incapaces de proporcionar un entendimiento integral del campo, se ha vuelto visiblemente necesario, creemos, regresar a sus inicios a fin de con renovados ímpetus proyectarlo de nuevo como inicialmente lo hicieron Taylor y Fayol en su época (sin olvidar, claro está, los aportes de sus precursores y seguidores).

Ahora bien, así como lo iniciado por Taylor domina "doctrinariamente" al campo hasta los años setenta del siglo XX, veremos que sin pasar a menospreciar al enfoque científico-técnico iniciado por Taylor será precisamente un Fayol profundizado quien nos proporcionará las bases firmes requeridas para reiniciar con nuevo ímpetu nuestro campo. Para ello será esencial liberarle de la interpretación errónea que ha tendido a dársele, cuando bajo el dominio del enfoque dominante se le leyó y evaluó como a un autor empírico pre-científico. Recuérdese, sin embargo, que a pesar de también haberse formado como ingeniero, el inicio que propuso Fayol en poco se asemeja a lo que Taylor inició. A diferencia de éste que bien puede entenderse como el primer gran consultor de empresas del campo, vemos a Fayol dictar conferencias y escribir a partir de sus vivencias como jefe de empresa. Vidas diferentes

Hecho esto, habrá que resolver el problema de la enseñanza.[192]

Todo el mundo, en más o en menos, tiene necesidad de nociones administrativas.[193]

En la familia, en los asuntos del Estado, la necesidad de capacidad administrativa está en relación con la importancia de la empresa, y para los individuos esta necesidad es tanto mayor cuanto más elevada la posición que ocupan.

La enseñanza de la administración debe, por lo tanto, ser general: rudimentaria en las escuelas primarias, un poco más extensa en las escuelas secundarias, muy desarrollada en las escuelas superiores.[194]

---

necesariamente debían conducir a proyectos de campo distintos. ¿Por qué dominó la corriente iniciada por Taylor? Respuesta: muy posiblemente debido a los asombrosos —de allí cautivantes— éxitos de la ciencia a lo largo del siglo XX. Sin embargo, hemos de entender que tan solo un algo superior puede lograr poner al servicio de fines más elevados semejante tecnología todo-envolvente. Al respecto pertinente es recordar que la política, el saber-gobernar, era para los griegos —explícitamente expresado por Aristóteles— el arte suprema, relativo a la cual han de estar subordinadas todas las demás artes particulares.

[192] Hasta tanto no se conozcan las características de la doctrina resultante de la discusión pública, mal puede pensarse en cómo enseñarla. En la sección "Organización" del capítulo 2 de la 2ª parte de AIG, Fayol hará bastantes comentarios con respecto al papel que a su modo de ver deberían cumplir los diferentes agentes de la educación (familia, escuela, empresa,...). Sin embargo, poco o nada nos dirá acerca de cómo enseñar a administrar y formar a los futuros jefes de empresa. Como veremos más adelante en el presente capítulo, según Fayol esta tarea —determinar cómo enseñar— corresponde a los docentes. Sin embargo, sin descartar algunos parecidos, ya podemos anticipar que enseñar a administrar y gobernar debe ocurrir de una manera sui géneris; muy distinta a la transmisión de una ciencia, tecnología o arte de otra clase.

[193] Esta oración confirma nuestra interpretación según la cual, a diferencia de otros campos de actividad humana, el saber-gobernar —implicando saber administrar— es necesario a todos, aun cuando con mayor o menor pericia y sofisticación según los puestos y nivel jerárquico por cada quien alcanzado en los diversos entes sociales de los cuales son miembros: empresas y sociedad en general. Lo quieran o no, del simple hecho de ser miembros de dichos entes sociales se desprende el que co-influyan en el porvenir colectivo. Co-gobernante será... sabrá-gobernar... aquél que desde el interior mismo del ente social del cual es miembro co-influye de tal modo a efectivamente contribuir a que dicho ente social **se**-gobierne; esto es, que exitosamente logre, transitando por los múltiples, diversos y cambiantes escenarios que sucesivamente se presenten a lo largo del recorrido, alcanzar el destino querido.

[194] Este párrafo nos confirma que Fayol jamás concibió a los estudios de administración como una nueva especialidad o carrera profesional. Las numerosas escuelas de administración y "management" existentes le sorprenderían (de hecho son la natural consecuencia del enfoque científico-técnico iniciado por Taylor: un campo de especialidad). En el fondo, para Fayol —al igual que para Platón— la educación ha de existir para formar gente de calidad superior, filtrando y seleccionando candidatos a través de cada uno de sus niveles educativos; todo ello con miras a la constitución de un ordenamiento jerárquico social que distingue, para cada par de niveles, a los superiores destinados a gobernar de los subordinados a ser dirigidos.

Sin embargo, los hechos han tendido a desviar a la educación de su concepción platónica original. Vistas las nuevas exigencias sociales surgidas de la revolución industrial, no habrá de transcurrir mucho tiempo para que egresen de las diversas ramas del sistema educativo y en suficientes números quienes hayan sido formados para atenderlas; de hecho conceptualmente transformando gran parte del sistema educativo en una factoría de recursos humanos especializados. Fayol está al tanto de esta tendencia, pero cree necesario completar estos estudios con asignaturas

Esta enseñanza no convertiría a todos sus alumnos en buenos administradores, así como la enseñanza técnica tampoco convierte a todos los suyos en excelentes técnicos. Tan solo se le pedirían servicios análogos a los que presta la enseñanza técnica. ¿Y por qué no habría de prestarlos? [195] Se trata sobre todo de poner a la juventud en condiciones de comprender y utilizar las lecciones de la experiencia. Actualmente el principiante no tiene ni doctrina administrativa ni método, y al respecto muchos siguen siendo principiantes toda su vida.[196]

---

concernientes al administrar. De allí su propuesta de <u>complementar</u> a cada uno de los diferentes niveles educativos ascendentes con la apropiada enseñanza creciente del saber-administrar, como parte esencial del saber-gobernar.

Otros dos puntos que explican porque a los ojos de Fayol la enseñanza de la administración tenga que ser general; estudios que mal pueden convertirse en una carrera especializada.

En primer lugar, debido a que al ser tan solo una parte del gobernar y recordando lo ya afirmado según lo cual "Todo el mundo, en más o en menos, tiene necesidad de nociones administrativas", ni siquiera para enseñar a gobernar tendría sentido una carrera aparte. ¿Podría admitirse una educación especializada que solo enseñase a unos pocos a administrar como parte clave del aprender a gobernar, en tanto que la gran mayoría ni siquiera alcanzaría a poseer rudimentos de un saber-gobernar-<u>se</u> en cuanto miembros de su familia o como ciudadanos en general?

En segundo lugar, a diferencia de otras carreras de orden superior cuya acreditación es posible en virtud del certificado emitido por alguna institución educativa, el título de jefe no es otorgable por semejante institución a sus egresados. La práctica lo confirma así: es la empresa contratante la que otorga al egresado, en función de los criterios que su propia jerarquía interna haya desarrollado, el primer título y sus ascensos ulteriores. Con todo y los muchos egresados de las múltiples escuelas de administración y "management" que existen hoy día, los contratados y ascendidos pueden provenir de cualquier otra profesión, (e.g.: ingenieros, médicos, educadores, etc.).

[195] Al igual que la de cualquier otro campo, la enseñanza de la administración solo puede garantizar una cierta calidad mínima básica. Lo que no puede garantizar es el igual aprovechamiento por parte de todos y cada uno de sus egresados. En función de las oportunidades habidas y del talento natural poseído, estarán aquellos que alcancen a destacarse más, habrán otros que lo harán menos. Cuando Fayol utiliza la expresión "servicios análogos", la analogía es meramente cuantitativa, es decir solo referente a la similitud estadística del número de egresados para cada nivel de calidad en ambos campos de la enseñanza, la técnica y la administrativa.

[196] Oportuno es provechar la ocasión para afinar aún más nuestra comprensión del entendimiento que tanto del gobernar como del administrar Fayol nos propone. Con base en lo leído hasta aquí —texto principal y comentarios— el lector ya debiera estar convencido de que aunque Fayol fue originalmente un ingeniero de profesión, su experiencia ascendente en la jerarquía empresarial le hizo comprender no haber en gran medida recibido la formación requerida; que gobernar y administrar no son simples ciencias aplicadas. Sin embargo, puede que esto ipso facto despierte en nosotros la inquietud de que al no ser ciencias, pertenezcan al ámbito de las artes, con lo cual en último análisis y sobre todo para los altos niveles de actuación, tanto el gobernar como el administrar serían intransmisibles; esto es, no enseñables. Pero esto precisamente iría en contra de la voluntad de Fayol, quien según vemos sí quiere que lo sean. Necesitamos dilucidar esta aparente aporía. ¿Qué ocurre en las artes? Sucede que mientras más elevado el nivel del artista más se le apreciará como siendo único en su género; una suerte de "clase aparte" de la cual, inaccesible a discípulos e imitadores, él es el único miembro. La observación histórica de los grandes jefes nos dejaría la misma impresión: su singularidad. Sin embargo, debemos de inmediato observar que, al igual que la gran ciencia, la alta filosofía, el magno derecho, etc., la suprema jefatura siempre ha sido ejercida por "artistas"; es decir, por hombres de excepcional talento; talento que acompañado de los favores de la fortuna han podido desarrollar en virtud de su elevada capacidad de aprendizaje y aprovechamiento de las múltiples oportunidades que les han ofrecido su entorno y circunstancias. Fayol no negaría esto, pero tampoco establecería una total equivalencia entre el gobernar de cualquier nivel y el arte en su máxima expresión. Al igual que en la

Es menester, pues, esforzarse por difundir nociones administrativas en todos los rangos de la población. La escuela evidentemente tiene un papel considerable a desempeñar en esta enseñanza.[197]

En las escuelas superiores, los profesores bien sabrán como componer sus cursos el día en que la administración forme parte de su enseñanza.[198]

Más difícil es imaginar lo que la enseñanza administrativa primaria ha de ser. Al respecto he realizado un ensayo que expondré sin pretensión, convencido de que un buen maestro sabrá mejor que yo extraer de la doctrina y poner al alcance de sus alumnos lo que conviene enseñarles.[199]

---

ciencia, filosofía y otros campos donde –siendo enseñables– no todos los aspirantes alcanzan los más altos niveles de desempeño, en materia de gobierno tampoco habrán de ser muchos los capaces de alcanzar niveles excepcionales de jefatura. Lo mismo ocurre en las comúnmente denominadas artes: música, pintura, literatura, etc. Son enseñables al punto de existir un sinnúmero de artistas y las obras de arte que producen. Y sin embargo de nuevo se comprueba la excepcionalidad de los grandes. Excepcionalidad que igualmente se manifiesta en los más elevados niveles de desempeño del oficio de gobernar. Administrar en cuanto componente clave del gobernar es enseñable, siempre y cuando un cierto conjunto de principios y procederes generalmente admitidos –doctrina– existan.

En todo caso queda claro que no debe subestimarse la importancia de la afirmación de Fayol según la cual el saber-gobernar, a diferencia de todo otro saber-hacer particular, es un saber-hacer que ha de ser poseído por todo ser humano. A diferencia de cualquiera de esos otros ramos del hacer, sin cuyo saber-hacer la gran mayoría de los seres humanos pueden existir –e.g.: nadar, tocar piano, leer, manejar un vehículo, hacer cálculos aritméticos elementales, etc.– sabemos que para Fayol todos, en mayor o menor grado, requieren saber-gobernar, cosa que no podría ser el caso si este saber-hacer no fuese enseñable a todos, alcanzando así a ser co-gobernantes capaces de coadyuvar a que los entes sociales –familia, tribu, clan, empresa, país, etc.– de las cuales son miembros co-influyentes **se**-gobiernen.

Con miras a por otro camino más riguroso profundizar en el entendimiento del oficio de gobernar como arte, léase cuidadosamente la 6ª profundización de la serie de ensayos "Profundizando en lo que significan administrar y gobernar" (pág.: 221).

[197] La difusión generalizada del saber-administrar en todos los rangos de la población es necesaria. El sistema educativo –la escuela– debe añadir a sus cargas presentes la de transmitir a las nuevas generaciones la experiencia humana acumulada en cuanto al administrar. Es así que el egresado del sistema educativo habría, cuando menos, absorbido lo más fundamental de la experiencia histórica previa acerca del administrar y por lo tanto del gobernar mismo. Por otra parte, su capacidad para ganar experiencia de sus propias vivencias le pondría en condiciones para hacer nuevos aportes a la doctrina administrativa. El sistema educativo a su vez transmitiría estas nuevas experiencias a las nuevas generaciones posteriores. De esta manera quedaría instituida la creciente transmisión inter-generacional del saber-gobernar. Cada nueva generación sabría gobernar-se mejor que sus predecesoras.

[198] Sobrevino el reto y supieron enfrentarlo a la hora de ingeniárselas para encontrar la mejor manera de enseñar matemáticas, física, química, sociología, sicología, etc. El nuevo reto: aprender a enseñar a administrar, componente de máxima importancia a la hora de saber-gobernar.

[199] Es sorprendente comprobar cuan desapercibido ha pasado lo que Fayol dice en este párrafo, no siendo otra cosa que la transición que explica lo que se propone realizar en la 2ª parte de AIG. En el párrafo anterior dio por descontado que en las escuelas superiores los profesores sabrán ingeniárselas para encontrar la manera de enseñar a administrar. En el presente párrafo expone algo que considera difícil: imaginar lo que pueda y deba incluirse en el plan de estudios de las escuelas primarias. Pero... ¡sorpresa! El "humilde" propósito de la 2ª parte de

"Administración industrial y general" es –en adición a abrir la discusión pública– exponer el contenido curricular que en materia administrativa podría y quizás debería incluirse en los programas de estudio de las escuelas primarias (decimos "podría y quizás" debido a que Fayol sería el primero en someter su propuesta a la discusión pública). En la última oración de nuevo Fayol delega al educador seleccionar lo enseñable y encontrar la manera de enseñar los contenidos programáticos.

Es importante, cuando aborde la 2ª parte de "Administración industrial y general", que el lector mantenga en mente el propósito expreso de Fayol. No imaginemos que está escribiendo para niños. Se está dirigiendo a los docentes (y obviamente también a la opinión pública en general). De allí que muchos de los textos selectos que analizaremos tendrán una profundidad inalcanzable por infantes. Su audiencia está constituida por practicantes de la jefatura, interesados en el campo, así como docentes y alumnos universitarios de pre y post-grado de cualquier campo.

PROFUNDIZACIONES CON MIRAS A ELEVAR EL NIVEL DEL DISCURSO

Leídos los tres capítulos de la 1ª parte de "Administración industrial y general", concentrándonos momentáneamente en el tercero, examinaremos detenidamente:

SEIS PROFUNDIZACIONES CENTRADAS EN LA NOCIÓN DE DOCTRINA

Con frecuencia la lectura de Fayol supone enfrentar problemas no resueltos por él. Ello supone entonces que corresponde al lector caer en cuenta de que existe un problema, articule claramente su formulación y exponga una clara manera en que puede ser resuelto; solución que Fayol aprobaría de serle dada conocer. Casos muy evidentes son los que motivan las profundizaciones que siguen.

Profundizando en la noción de doctrina

He aquí lo que en alto grado debería sorprendernos. Tras haber en el capítulo 3 de la 1ª parte de "Administración industrial y general" descartado que la ausencia de la administración en los programas de estudios superiores de ingeniería civil se deba a ninguno de los dos supuestos usuales –el que no se reconozca la importancia de la capacidad administrativa (párrafo 6) y la creencia de que tan solo en la práctica puede adquirírsela (párrafo 8)– Fayol introduce su propia explicación como sigue:

"...en realidad, la capacidad *administrativa* puede y debe adquirirse, como la capacidad *técnica*, en la escuela primero, en el taller después."

Para de inmediato proseguir afirmando la sorprendente explicación siguiente:

"La verdadera razón de la ausencia de enseñanza *administrativa* en nuestras escuelas profesionales, es la ausencia de doctrina. Sin doctrina, no hay enseñanza posible. Ahora bien, no hay doctrina *administrativa consagrada, resultante de la discusión pública*."

Todo lo expuesto hasta ahora –textos del autor y comentarios nuestros en lo que va del presente libro– nos debe haber preparado para aceptar y comprender que en Fayol la utilización de la palabra "doctrina" no puede haber sido casual. En su lugar no figuran tales palabras como "ciencia", "teoría", "modelo" o "conceptos". No sabemos cuán consciente fue la selección de la palabra "doctrina" por su parte, ni si vaciló o no entre varias posibilidades. En todo caso, haya sido su elección consciente o intuitiva, utilizó la palabra "doctrina" y nos compete tratar de dilucidar su significado y el porqué de su selección.

Palabra que ciertamente nos crea varios problemas a ser resueltos; resueltos en verdad, solo cuando contrario a nuestra extrañeza inicial nos parezca de lo más natural su haberla elegido.

Si quedaran dudas respecto a cuan distante está la palabra "doctrina" de "ciencia", "teoría", "modelo" o "conceptos", deberían despejarlas por completo las dos "aclaratorias" que Fayol expresa en el mismo párrafo.

En primer lugar, fíjese el lector que tras subrayar sin mayor aclaratoria lo dependiente que es la enseñanza de la existencia de una doctrina, nada tarda Fayol en aplicarle el extraño calificativo de "consagrada". Ciertamente la expresión "doctrina <u>consagrada</u>" ha de querer significar algo bien distinto a la ciertamente no utilizada expresión "doctrina verdadera". ¿Cómo explicar entonces la utilización de tan extraño calificativo? Veamos.

Lo sagrado no excluye a lo verdadero, pero una proposición o teoría verdadera no necesariamente implica exigencias conductuales. Por el contrario, lo sagrado implica por parte del actor imperativos tanto de actuación como de no actuación de ciertas clases, tanto en lo privado (e.g.: sentimientos y pensamientos) como públicamente (e.g.: expresiones y comportamientos).[200] *Mutatis mutandis*, es de esperar la existencia de semejantes imperativos relativos a una doctrina consagrada.

En segundo lugar, la cláusula "…, *resultante de la discusión pública*." que sigue a la afirmación central "…, no hay doctrina *administrativa consagrada*,…" debe también sorprendernos de manera significativa, si hacemos el esfuerzo de contrastarla con la ciencia y su manera de validar verdades. Para la ciencia el conocimiento verdadero jamás puede ser el simple producto de una discusión pública, como Fayol lo está proponiendo para la doctrina. De hecho la rechazaría de plano por escandalosa, ya que la simple intersubjetividad de un grupo de creyentes no puede convertir en verdad científica la creencia que comparten sus miembros. La ciencia apunta a verdades liberadas, todo lo posible, aunque posiblemente jamás perfectamente, de las subjetividades individuales o grupales. De allí lo imperativo del método científico.

Nos vemos, pues, obligados a profundizar en la noción de doctrina. Habrán de ser seis las profundizaciones que desarrollaremos.

1ª PROFUNDIZACIÓN: ¿Qué ha de entenderse por doctrina? La noción de doctrina. El adoctrinamiento implica un ser convertido en… Pág.: 121

2ª PROFUNDIZACIÓN: "Comprender significa transformar-se": asimilación de buena voluntad en lugar del adoctrinamiento entendido como inculcar una doctrina. Pág.: 125

3ª PROFUNDIZACIÓN: La doctrina habilita la evaluación del desempeño pasado, presente y futuro de los jefes, condición necesaria pero no suficiente para que cese la impunidad de quienes no ejercen debidamente el oficio de gobernar. Pág.: 134

4ª PROFUNDIZACIÓN: La doctrina y la consecución de los medios. En suma: la doctrina resuelve tres grandes problemas: la enseñanza, la evaluación del desempeño de los jefes y la selección de los medios. Pág.: 137

5ª PROFUNDIZACIÓN: Constitución de la doctrina. La necesaria discusión pública: surgimiento y evolución de la doctrina. Pág.: 139

---

[200] Preguntémonos: ¿Qué es lo sagrado? Sin por ello apartar lo que al respecto expone el DRAE, obligado está decir que lo sagrado, bajo cualquiera de las formas en que se manifieste, es lo supremamente grave de infringir, quebrantar, transgredir, pretender superar en grado, contravenir, traspasar, conculcar, pisotear, violar. De allí la fuerza imperativa que posee sobre el comportamiento. La madre, por ejemplo, que considera sagrado su deber de dar la vida por la de su hijo. La sacralidad de su deber la obliga.

6ª PROFUNDIZACIÓN: La necesidad de nociones administrativas –esencial a la hora de desempeñar el oficio de gobernar– es universal. Su enseñanza.   Pág.: 154

SEGUIDAMENTE LA EXPOSICIÓN DE CADA PROFUNDIZACIÓN.

1ª PROFUNDIZACIÓN:

¿Qué ha de entenderse por doctrina? La noción de doctrina. El adoctrinamiento implica un ser convertido en...

Observemos en primer lugar, que la palabra "doctrina" con frecuencia se ha utilizado en el campo religioso para referirse a la doctrina de tal o cual iglesia, agrupación o secta religiosa. Su utilización también ha sido usual en la política para hacer referencia a la doctrina de tal o cual partido o movimiento político, así como en lo militar para referirse a tal o cual doctrina militar.

La palabra "doctrina" tiene sus orígenes en las palabras latinas *docilis* que significaba enseñable y dispuesto a ser enseñado, y *docere* que significaba enseñar. El participio pasado de *docere* era *doctus* significando un docente y por lo tanto un alguien conocedor. Muy posiblemente la palabra "doctrina" se deriva directamente de la palabra "doctus". [201]

En todo caso, para solo referirnos al mundo occidental, la influencia de la Iglesia Católica a todo lo largo de la época medieval y más, confirma su carácter doctrinal. Sabemos que para esta iglesia la verdad fundamental que hace autoridad y sobre la cual han de fundamentarse todas las demás verdades proviene de la revelación bíblica.[202] La mediación de la iglesia se hace necesaria para rectamente interpretar las escrituras. La verdad propiamente dicha, habrá de ser transmitida a través de la doctrina de los doctores de la iglesia. Doctrina y verdad se identifican.

Pero hay más: la doctrina de la Iglesia Católica no comprende meramente un saber contemplativo. Implica imperativos conductuales –prohibiciones incluidas– tanto en relación a los estados y actos privados del creyente (e.g.: sentimientos, pensamientos, actitudes) como a sus comportamientos públicos (e.g.: modos de expresión, conductas, hábitos), todos ellos siempre con miras a alcanzar la salvación. De allí que la doctrina podría entonces pasar a ser entendida como un "saber-salvarse", condición necesaria pero también no suficiente para "poder-salvarse".

A los efectos de su utilización, muy natural fue ampliar la aplicación de la palabra "doctrina" para expresar los imperativos y patrones de comportamiento propios de otros ámbitos de actuación humana. Es por ello que hoy día confortablemente podemos referirnos a "la doctrina del partido" y a "la doctrina militar", así como utilizar la palabra para emitir juicios, tales como

---

[201] Etimología de la palabra inglesa "doctrine" extraída de: "Origins, A Short Etymological Dictionary of Modern English" by Eric Partridge © 1966, Macmillan Publishing Co., Inc., New York 1977.

[202] Recuérdese la muy conocida afirmación de San Agustín: "Creo para comprender y comprendo para creer mejor"; subordinación evidente del entendimiento a la fe, así como su estar al servicio de ella.

"una doctrina que por sectaria es excluyente", "una doctrina que no está a tono con las exigencias del momento", etc.

Doctrina y adoctrinamiento.

Doctrina y adoctrinamiento van de la mano. Toda doctrina tiene por vocación su ser adoctrinada; esto es, la conformación de una masa crítica –preferiblemente numerosa– de seres humanos ya adoctrinados a través de quienes, ella, la doctrina, se manifieste y consolide.

La asimilación de una doctrina implica el haber el individuo transitado por un proceso de adoctrinamiento. Y no deja de ser cierto que para el común de la gente tiende a existir un cierto rechazo del adoctrinamiento en la justa medida en que se le asocia con una imposición coercitiva, cuando menos manipulativa, por parte de agentes adoctrinadores. Sin embargo, podrá vérselo con mejores ojos cuando se nos haga evidente más adelante que el adoctrinamiento tan solo es la variante más estricta de un proceso muy necesario y generalizado de moldeamiento social del ser humano singularmente considerado; solo que la palabra "adoctrinamiento" tiende a aplicarse a los casos más exigentes de conversión.

El adoctrinamiento implica un ser convertido en…

Queda claro que según Fayol la doctrina habrá de tener importantes implicaciones para la enseñanza administrativa.[203] Aunque ciertamente inicia el muy importante párrafo que estamos comentando atribuyendo a la ausencia de doctrina la ausencia de enseñanza administrativa en las escuelas profesionales, no menos cierta es la proposición de carácter general que de inmediato presenta cuando categóricamente afirma lo siguiente: "Sin doctrina, no hay enseñanza posible." Afirmación atrevida si se la coloca al lado de las concepciones usuales de la enseñanza, entendida como un proceso que difiere profundamente de un adoctrinamiento.

Por otro lado, afirmar que "La verdadera razón de la ausencia de enseñanza *administrativa*… es la ausencia de doctrina.", sin duda significa que de ella existir en lugar de ausente, enseñar a administrar supondrá adoctrinamiento; esto es, inculcar la doctrina administrativa más apropiada en quienes corresponda gobernar. Oficio que corresponde a cada miembro del cuerpo social de la empresa ejercer en la justa medida en que coadyuve, conjuntamente con los demás miembros, a que la empresa como un todo logre gobernar-**se**; esto es, alcance –tras

---

[203] Cuando en este mismo capítulo 3 de la 1ª parte de AIG Fayol introduce la necesidad de que exista doctrina afirmando que "…en realidad, la capacidad administrativa puede y debe adquirirse, como la capacidad técnica, en la escuela primero, en el taller después", debe quedar claro que con ello no está afirmando total identidad. La enseñanza del administrar –por lo tanto del gobernar también– necesariamente habrá de ser distinta a la enseñanza técnica. La capacidad técnica se adquiere mediante el estudio de las teorías científicas y su reiterada aplicación; proceso que partiendo de leyes generales deduce para cada caso particular lo que hay que hacer y dejar de hacer para alcanzar aquello que se quiere lograr. Otros son el administrar y el gobernar, aunque como ya hemos señalado no rechazan el apoyo que en su ejercicio les puedan prestar las ciencias y sus aplicaciones.

un recorrido caracterizado por múltiples, diversos y cambiantes escenarios, favorables o no– a haber tenido en sus manos su propio destino o meta.[204]

¿Cómo relacionar ambas: por un lado la afirmación concerniente a la enseñanza en general y por el otro su aplicación particular a la enseñanza administrativa?

Iniciamos la explicación mediante algunos ejemplos. Supongamos existentes en una determinada sociedad dos partidos políticos, uno denominado republicano y el otro denominado demócrata, cada uno poseedor de una determinada doctrina, muy dogmática y explícita para uno de ellos, menos dogmática pero más ambigua para el otro. Mediante actividades de proselitismo cada partido procura captar simpatizantes y potenciales miembros. La conversión de un simpatizante en miembro supondrá un proceso de adoctrinamiento, innecesario detallarlo aquí vistos los múltiples medios y factores que en cada caso intervienen. El punto es que al cabo del proceso, quizás nunca totalmente concluido, tendremos sendos <u>miembros</u> de cada partido, unos muy dogmáticos, otros menos rígidos. Refiriéndose a ellos, unos serán denominados demócratas y los otros republicanos. Se habrán <u>convertido</u> en lo que cada una de estas denominaciones significa a la hora de individual y colectivamente ser <u>identificados</u>.

Inculcar una determinada doctrina –política en el ejemplo presentado– tiene por finalidad <u>convertir</u> al simpatizante en un alguien de cierta clase.[205] Más allá de las creencias, valores y actitudes –cónsonas con la doctrina partidista– que haya interiorizado, se habrá convertido en un <u>miembro</u> de esa clase de seres humanos en todo lo que siente, piensa, imagina, recuerda, percibe, expresa y hace.[206]

A semejantes identificaciones se prestan las religiones y congregaciones religiosas. Es así que tendremos cristianos en general, cristianos católicos, cristianos protestantes, jesuitas, agustinos, carmelitas, etc.; musulmanes en general, musulmanes sunní, musulmanes chiitas, sufís, etc.; budistas en general, budistas hˑinayˑana (Pequeño Vehículo), budistas mahˑaˑyˑana (del Gran Vehículo), etc.

---

[204] Aunque la doctrina y su práctica sean lo fundamental, esto no le quita importancia, como ya hemos apuntado, a la formación <u>complementaria</u> que los conocimientos filosóficos y científicos puedan significar para quienes gobiernan a la hora de perfeccionar el desempeño de su oficio. En todo caso filosofía y ciencia no han de confundirse con la doctrina administrativa misma. Son parte de su periferia.

[205] Hemos seleccionado al verbo "inculcar" por dos razones. En primer lugar debido a que lo inculcado incluye todo lo interiorizado, pero también más. Lo interiorizado tan solo abarca como lo indica la palabra contenidos que pasan a formar parte del inculcado, tales como lo son valores, creencias, actitudes, etc. Lo inculcado no solo incluye todo el rango de lo interiorizado sino que también confortablemente incluye las conductas y patrones de conducta a exteriorizar, así como los comportamientos grupales a asumir, como lo son por ejemplo los ritos, las ceremonias, los símbolos, etc. La segunda importante razón por la cual seleccionamos al verbo "inculcar" radica en el sujeto de la acción. Quien inculca es un tercero. Quien interioriza es el propio sujeto. Cuando comentemos los inicios del capítulo 1 de la 2ª parte de AIG veremos que el verbo transitivo "inculcar" atiende al interés práctico de quienes se proponen tanto forjar como continuamente moldear –gobernar– culturas empresariales.

[206] Diversidad de doctrinas políticas => diversidad de miembros, diversidad de partidos.

Ha de entenderse pues que el adoctrinamiento tiene por objeto una determinada transformación del ser humano, singularmente considerado en primera instancia, colectivamente en segunda.

Transformación no puede significar otra cosa sino transformación en... Aplicada a seres humanos singularmente considerados la interrogante más apropiada habrá de ser: ¿en quién? Teniendo por respuesta evidente: "... en un alguien de cierta clase"; transformaciones... en un alguien más dogmático en algunos casos, en un alguien menos rígidamente definido en otros.[207]

¿Qué hay de la formación de profesionales, por ejemplo los estudios de ingeniería por los cuales el propio Fayol pasó? Preguntémonos: ¿Será el desarrollo de la capacidad técnica el único efecto que en general los estudios de ingeniería causan en los egresados? Ciertamente que no. De esos estudios se espera como resultado la graduación de un ingeniero. Esto es, una transformación. Más allá de las creencias, valores y actitudes –cónsonas con la ingeniería– que haya interiorizado, se persigue haber formado a un profesional cuyas maneras de sentir, pensar, percibir, expresarse y actuar sean las propias de un ingeniero. Los estudios de ingeniería no solamente transmiten los conocimientos técnicos requeridos. Transforman al candidato en un ingeniero. Los estudios de medicina tampoco transmiten únicamente los conocimientos científicos requeridos. También han de cumplir una labor de transformación: tras varios años de estudio y práctica, la de transformar al candidato en un médico. Y así con la formación aparentemente transparente de profesionales como habrán de serlo los abogados, los educadores, los científicos, los filósofos, etc.

Ha de reconocerse pues que toda formación indefectiblemente supone un adoctrinamiento, simplemente variable en función de la clase de transformación que supone. Las más de las veces ocurre de manera no explícita. Quien a lo largo de varios años de arduo esfuerzo estudia ingeniería, medicina, derecho, etc., se convierte en un ingeniero, en un médico, en un abogado, etc. aunque ciertamente sin plena conciencia de la transformación sufrida. ¿Adoctrinamiento en cada caso? Si. ¿Explícito como en el caso de los partidos políticos, religiones, mundo militar, etc., ciertamente que no. Convertirse en un profesional de tal o cual clase supone transitar por unos estudios que en adición a capacitar en lo propio del ramo, con

---

[207] La primera gran transformación a la que está sometido todo ser humano desde los inicios mismos de su existencia, es su transformación en un miembro particular del grupo humano al cual habrá de pertenecer. Se trata del ampliamente estudiado proceso que los sociólogos denominan socialización. La socialización es el adoctrinamiento primario fundamental sobre el cual habrá de ocurrir cualquier otro adoctrinamiento posterior más circunscrito. En cuanto proceso puede ocurrir de múltiples maneras diferentes, así como con diferentes niveles de éxito. Sean las causas internas o externas al candidato, del fracaso de la socialización resulta un antisocial. Denominar socialización al proceso básico mediante el cual se transforma a un ser humano en un ser social disimula el adoctrinamiento al cual se le somete. La socialización es pues adoctrinamiento: ingreso de nuevos miembros al grupo humano que corresponda. Pero igualmente están los adoctrinamientos que no disimulan sus intenciones y cuyos medios son explícitos.

sutileza –digamos subliminalmente– inculca en el candidato las creencias, valores, actitudes, patrones de comportamiento, etc., propios de su futura profesión.

En su momento pudo habernos sorprendido, pero ahora entendemos la afirmación de carácter muy general que Fayol categóricamente expresa: "Sin doctrina, no hay enseñanza posible." Se entiende ahora que toda enseñanza implica la transformación del candidato en un alguien de cierta clase. [208]

De allí a trasladar lo recién explicado al caso del oficio de gobernar y del administrar hay un solo paso, solo que Fayol cree necesario que la doctrina administrativa sea hecha explícita. Tratemos de explicar esto.

Fayol, ingeniero de profesión según sus estudios, pero que vistos los cargos de conducción que desde muy temprano hubo de asumir, se transformó en gobernante sin haberse visto personalmente beneficiado por los correspondientes estudios formales de administración y gobierno que posteriormente reclamará que existan. Cayó en cuenta que su transformación original en ingeniero no le había realmente preparado para desempeñar el oficio de gobernante que a lo largo de muchos años en efecto talentosamente desempeñó.

Siendo el administrar la parte que cumple el papel más importante a la hora de gobernar, le corresponderá a Fayol proponer la necesidad de transformar a los miembros del cuerpo social de la empresa en capaces de administrar y por lo tanto en capaces de gobernar. Mejor aún: transformarlos en co-gobernantes.

2ª PROFUNDIZACIÓN:

"Comprender significa transformar-se": asimilación de buena voluntad que se opone al adoctrinamiento entendido como inculcar una doctrina.

Para Fayol es la doctrina la que posibilita enseñar a administrar, aspecto clave del aprender a gobernar. Hemos visto que leída desde cierto ángulo –1ª profundización– ella implica un adoctrinamiento; esto es, un proceso que necesariamente supone un inculcar, el forzar cierta interiorización y formación conductual. Proceso que suena a una suerte de imposición –variable según la necesidad– a la cual es sometido un sujeto mayormente pasivo relativo al agente que lo adoctrina. [209] El problema a ser resuelto en lo que sigue: ¿Siempre supone la propagación de una doctrina la existencia de un adoctrinador?

---

[208] Hubiéramos preferida la palabra "formación" en lugar de "enseñanza" utilizada por Fayol. Vista su etimología enseñar significa mostrar, en tanto que como acabamos de ver adoctrinar no se limita al simple mostrar, sino que implica transformación en una determinada manera de ser, en un determinado alguien. Más fuerte aún: conversión en lugar de transformación cuando se trata del pasar de un modo de ser a otro modo ser, del ser uno a ser otro; e.g.: conversión ideológica o religiosa.

[209] Refiriéndonos a la muy temprana socialización básica a la cual es sometido el infante futuro miembro de alguna sociedad, pareciera ser inevitable cierta imposición por parte de los agentes de socialización (familia, maestros, otros niños, adultos en general, los contenidos transmitidos por los programas de televisión...)

Siendo que lo que nos concierne aquí es la enseñanza que Fayol considera necesario posibilitar, nos proponemos ahora, en contraposición al sujeto pasivo, profundizar en la capacidad de asimilación que el sujeto activo posee en virtud de la facultad de entender que en grado variable y sobre toda clase de asuntos poseen los seres humanos, tesis que expresamos resumidamente así: "comprender significa transformar-se". Facultad que ha de ser aplicada a la lectura de "Administración industrial y general" visto que es el propio Fayol quien en el capítulo 3 de la 1ª parte de su obra afirma estar iniciando la discusión pública acerca de la doctrina, así:

"Afortunadamente no es necesario gobernar una gran empresa ni presentar un estudio magistral para aportar un concurso útil a la constitución de una doctrina.

La mínima observación bien hecha tiene su valor, y como el número de observadores posibles es ilimitado, puede esperarse que una vez establecida la corriente, ya no se detendrá; se trata de provocar esta corriente, de abrir la discusión pública; es lo que intento hacer publicando estos estudios.

Espero que de ella surja una doctrina."   (subrayados nuestros)

Con la exposición de su propia doctrina, quizás imperfecta e incompleta en "Administración industrial y general", la declarada intención de Fayol es iniciar la discusión pública. Esto no parece implicar su querer convertirse en un agente de adoctrinamiento. Veamos entonces lo que significa aplicar "comprender significa transformar-se" a la lectura de su obra, en la justa medida en que se trata de la comprensión del proyecto de doctrina que expone para iniciar la referida discusión. [210]

Mediante un simple escrito –"Administración industrial y general"– difícilmente puede haber Fayol aspirado al adoctrinamiento de un sujeto pasivo. Ausente el adoctrinador, ausente quien inculca, la labor fundamental resta ahora en manos del propio lector. Corresponde a éste leer la obra hasta alcanzar la plena y más profunda comprensión de la doctrina que allí Fayol expone, significando esto dejar en manos del sujeto su propio convertir-se en... ¿En quién? En alguien capaz de administrar, componente esencial del convertir-se en gobernante. De allí la importancia de entender que "comprender significa transformar-se".

La real comprensión, el real entendimiento, implica un transformar-se. [211]

No pudiendo mediante un simple libro inculcar y seguramente tampoco queriendo hacerlo, Fayol aspira a que su obra contribuya a la transformación de quien la lea, supuesto que lo

---

[210] Doctrina fundamentalmente constituida –lo veremos– por las nociones de gobierno y administración que nos propuso en los primeros tres capítulos, así como por el detallado desarrollo de los principios y elementos que habrá de realizar en los capítulos 1 y 2 de la 2ª parte de AIG.

[211] Cabe expresar la contraparte: de no haber una cierta transformación propia, de no haber un cierto convertir-se en..., mal puede afirmarse haber alcanzado la real y más profunda comprensión de cualquier tema, asunto o circunstancia, propia o extraña, que nos concierna o afecte.

haga con la mejor de las buenas voluntades, como corresponde a quien quiere realmente comprender lo que el autor le quiere decir. [212]

Pero ojo, aplicado a la lectura de "Administración industrial y general" no necesariamente en el sentido de un total acuerdo con la doctrina que allí expone Fayol. De otro modo, ¿qué sentido tendría la discusión pública que propone? No se trata de una auto-sumisión plena por parte de quienes lean y comprendan su obra. La auto transformación en alguien capaz de administrar y gobernar habrá de ocurrir, pero solo en la justa medida en que lo comprendido por cada lector suponga su encontrarse, <u>cual</u> <u>si</u> <u>ocurriese</u> <u>sin</u> <u>esfuerzo</u> <u>alguno</u>, en sintonía con lo que comprende; no más allá. En el desacuerdo puede existir cierta comprensión de lo objetado, aunque no sintonía aun. He aquí el real pero acotado significado de "comprender significa transformar-**se**".

Doctrina e ideología, una aclaratoria importante.

Dijimos: "La real comprensión, el real entendimiento, implica un transformar-**se**." Pregunta: ¿Asegura esto el haber-**se** transformado en quien <u>debíamos</u>? ¿No cabe acaso la posibilidad de una transformación <u>indebida</u> sustentada en la fuerte sensación de ciertamente haber alcanzado, cual súbita revelación, la real comprensión, el real entendimiento integral, pero también detallado, de todo lo concerniente a cierta profunda inquietud nuestra? Formulado de otra manera: ¿Puede, hecho de buena fe, ocurrir un haber-**se** transformado a todas luces objetable, pero no reconocido como tal por el afectado? Ciertamente. Así pasa con aquellas ideologías que a modo de anteojeras –gríngolas– conducen a una comprensión firmemente asumida pero estrecha de las cosas, excluyente de quienes no la comparten... tan excluyente al punto de incluso en casos extremos conducir a la ejecución de actos claramente in-humanos.

Así las cosas, no podemos pasar por alto procurar darle respuesta a la siguiente inquietud: ¿Acaso nos veremos obligados a considerar a toda doctrina como una ideología? Se quisiera que la respuesta fuese: toda ideología supone su posible transformación en una doctrina, pero que no toda doctrina tenga necesariamente que ser ideológica. No habría escapatoria conceptual si, por ejemplo, tuviésemos, con miras a su socialización, que calificar de ideológico lo que a la generalidad de los seres humanos se les inculca desde muy temprano en sus vidas, o lo que les es inculcado a los estudiantes a lo largo de sus estudios para su transformación en el profesional de cierta clase.

Ahora bien, sin pretender adentrarnos en la compleja historia conceptual de la palabra "ideología" y de hecho prefiriendo ignorarla, limitándonos a lo antes indicado en cuanto a su

---

[212] Prerrequisito entonces para quien quiera contribuir a la discusión pública que Fayol aspira se inicie con la presentación, como vimos, de su propio aporte doctrinal inicial: "se trata de provocar esta corriente, de abrir la discusión pública; es lo que intento hacer publicando estos estudios". ¿Cómo podría haber real discusión pública, desarrollo, mejoramiento o superación de una doctrina de la cual no hubiese de entrada una real comprensión? La primera tarea es pues alcanzar una real comprensión del proyecto de doctrina que Fayol expone en su libro. Comprensión que implica una primera determinada transformación, pero no necesariamente definitiva e insuperable.

estrechez de miras y de entendimiento así como al poder que posee sobre la actuación humana al punto de imponer actos contrarios a la humanidad, se desprende lo que consideramos esencial: la ideología asumida resta libertad... Resta libertad al punto de incluso esclavizar al ser humano desde su propio fuero interno; muy particularmente restándole facultad pensante propia, usualmente por haber "inadvertidamente" asumido el que alguien otro ya hubiese pensado por él. De allí la identificación con cualquiera de los múltiples enfoques –ismos– existentes y consecuente veneración de los autores que fueron capaces de pensarlos y formularlos con pretendida aplicabilidad general sino universal, posibilitando así que los "discípulos" que han comprendido a cabalidad a uno cualquiera de esos enfoques (que bien visto no deja de ser sino uno de entre otros igualmente propuestos), sin gran esfuerzo, sin pensamiento propio, apliquen lo pensado por el autor preferido a la que entonces suponen habrá de ser la real comprensión que necesitan de las situaciones concretas que exigen actuación comprometida.

A propósito de la facultad pensante nos parece de provecho citar a Kenichi Ohmae cuando al final del capítulo 14 de su libro "The Mind of the Strategist" (McGRAW–HILL/Penguin Books, 1982), textualmente afirma lo siguiente: "Las teorías y los conceptos están sujetos a la obsolescencia; los cerebros y los procesos mentales no lo están". Precisamente su manera de afirmar la facultad de pensar que poseemos, en lugar de por ejemplo asumir, ausente de todo cuestionamiento, el simple exhorto: "debemos cambiar de paradigma". En efecto de inmediato puede preguntarse: ¿liberarse de un paradigma para luego caer bajo el dominio de otro, aun cuando suponga una mayor amplitud de miras relativo al anterior? ¿Por qué no más bien liberarse de todo paradigma y comprender de una vez por todas lo afirmado por Ohmae? ¿Acaso no es tomar conciencia de los propios prejuicios, preconceptos, modelos, paradigmas, credos, ideología, etc., la oportunidad para enfrentarles y oponerse a su dominio? Entender también que es una falacia afirmar que debido a que siempre estamos sometidos a algún prejuicio, preconcepto, modelo, paradigma, credo o ideología, entonces nada hay de equivocado en simplemente consentirse en tenerlos, en función de simples preferencias o intereses por nuestra parte.

Y en lo particular, refiriéndonos a las ideologías, creemos importante por fin comprender que:

El fin de las ideologías, supuesto pudiese alcanzarse, no conduce a un crudo pragmatismo inhumano. El fin de las ideologías equivale a mayores grados de libertad. El libre pensador no necesita que otro haya pensado por él.

Si brevemente expresada la razón de ser del oficio de gobernar es alcanzar a poseer los grados de libertad requeridos para tener en nuestras propias manos nuestro porvenir, el de nuestra familia, el de nuestra empresa cualquiera ella sea, el de la agrupación social del cual seamos miembros, etc., ¿puede aún legítimamente calificarse de gobernante aquél cuya actuación provenga de la ideología que ha asumido y con la cual se identifica? Hacerlo equivale a suponer innecesaria su propia facultad pensante para entonces ciertamente poner en práctica una doctrina: solo que se tratará de la correspondiente a su ideología, pero no una doctrina de gobierno propiamente hablando. La doctrina que Fayol promueve es la que atañe mediante el administrar al gobernar mismo. Así las cosas, vemos que lo que nuestro autor entiende por doctrina precisamente supone todo lo contrario, siempre sujeta a revisión: amplitud de miras, facultades de pensamiento y entendimiento propios… y libertad. ¿Qué decir de un gobernante que todo lo sienta, perciba, piense, exprese y haga desde el único punto de vista impuesto por cierta ideología… pensamiento de otro? [213]

Lo que Fayol se propone y la labor del lector

Cuando en relación a la "Advertencia inicial" comentamos la manera en que el propio Fayol expresa su intención cardinal diciendo "Me propongo exponer aquí mis ideas acerca de la manera en que este papel debería ser cumplido", destacamos el carácter preceptivo aunque no imperativo de la obra toda; preceptiva sin pretensión normativa ya que como el propio Fayol también nos lo indica, tan solo apunta a presentar sus ideas acerca de la manera en que la administración debería cumplir su papel en el gobierno de las empresas de todo tipo, *con la finalidad expresa de someterlas a la discusión pública.*

Sin embargo, ocurre que frecuentemente a todo lo largo de "Administración industrial y general" el estilo de Fayol no parece estar conforme con la esperada directa exposición de preceptos acerca de la manera en que la administración debería cumplir ese papel. Podría pensarse que ha olvidado su intención cardinal inicialmente declarada. Vemos a un Fayol que entremezcla mensajes: expone hechos, afirma, asevera y describe, pero también evalúa, recomienda, aconseja, prescribe, sugiere preceptos, etc., en fin pone en práctica la gran diversidad de maneras de comunicar sus mensajes que el lenguaje pone a su alcance.

Conviene de entrada comprender que la simple comprensión intelectual de "Administración industrial y general" como un todo y en sus partes es insuficiente. **Comprender la obra significa ser transformado por ella**, pero el estilo de Fayol no siempre expresa directamente el carácter preceptivo al cual nos hemos referido.

Veamos un claro ejemplo que figura en el capítulo 1 cuando comenta la función financiera; ejemplo que aprovecharemos para profundizar aún más en lo que significa comprender y extraer un mayor provecho de la obra de Fayol. Allí nos dice:

"Muchas empresas que podrían haber sido prósperas mueren de la enfermedad de la falta de dinero."

A todas luces la clara aseveración de un hecho, pero cuya real comprensión supone no perder de vista el carácter preceptivo inicialmente advertido. Ocurre que tras un lenguaje a menudo simplemente descriptivo como el aquí utilizado se esconde un autor cuya larga experiencia le autoriza a prescribir de múltiples maneras, a veces indirectamente como aquí lo hace, otras veces de manera más abierta. Confirma la variabilidad en su manera de expresarse lo que muy pronto añade:

"Una condición esencial del éxito es tener constantemente ante la vista la situación financiera de la empresa."

---

[213] Volveremos sobre este tema en la 10ª Profundización: "Gobernar un oficio que supone entendimiento y libertad"; sección "Una profundización necesaria: doctrina e ideología contrastadas", (pág.: 260).

Cabe igualmente recordar los cuadros aparentemente descriptivos que Fayol construye y comenta en el capítulo 2 precedente (págs.: 80, 85, 88, 89). Construidos, quedó bien claro que no se trataba de simples descripciones.

Cierto es que el muy breve párrafo arriba citado en primer lugar no ofrece dificultades al intelecto del lector. Sin embargo, cabe destacar que no basta con haberlo leído y captado intelectualmente. No se trata aquí de la simple descripción de un hecho que le ha ocurrido a muchas empresas: la enfermedad de la falta de dinero y su consecuencia mortal. Puede haberse leído u oído la misma oración infinidad de veces y sin embargo ello no garantizar que el lector la haya convertido en parte de sí mismo a la hora de visualizarse llevando a cabo sus actividades de gobierno de la empresa.

El lenguaje a menudo descriptivo de Fayol tiende a dificultar que el lector que no mantenga en mente el inicialmente declarado carácter preceptivo general de AIG que expresa en el primer párrafo de su "Advertencia inicial", pueda, yendo más allá de lo inmediatamente impreso, inferir lo que de recomendación, cautela o franca prescripción pudiese desprenderse de tales descripciones. Puede leerse la obra toda, incluso más de una vez, y sin embargo no haber sido transformado por lo que en ella Fayol dice y esto significa no haberla realmente comprendido.[214]

En cuanto ingeniero de formación, nada extraño hay en que el lenguaje de Fayol no sea el de la exhortación o prédica. Este no podía ser su estilo. Más bien se trata de un decir directo que frecuentemente afirma las cosas cual si fuesen de lo más obvias o sin ponerles especial énfasis. Cuando dice "Muchas empresas que podrían haber sido prósperas mueren de la enfermedad de la falta de dinero", pareciera que tan solo expone un hecho limitándose a describir una realidad. Sin embargo, tras la citada oración descriptiva subyace el precepto de cuidar la liquidez de la empresa. En adición a las herramientas requeridas para estar vigilantes de lo que en el campo de las finanzas se denomina el flujo de fondos de la empresa, la condición previa es haber interiorizado el precepto: haberlo convertido en actitud de vida... parte de nuestra doctrina.[215]

---

[214] De allí la gran importancia que significa comprender lo que Fayol expresa en su "Advertencia inicial", cuales son las pautas fundamentales para la recta lectura de toda la obra. Comprensión de esas pocas líneas iniciales que ha de constituirse entonces en la transformación primera que ha de experimentar el lector, necesaria precondición para su comprensión del resto de la obra.

[215] Preguntémonos: en la mayoría de los casos ¿cuándo tiende a ocurrir la real comprensión del precepto tocante al cuido del flujo de fondos de la empresa? No pocas veces cuando el empresario o gerente experimenta, por así decirlo, un "tremendo susto". Rica en propiedades pudiera ocurrir la empresa encontrarse escasa de fondos para pagar una deuda vencida, y su dirigente ver con preocupación al acreedor amenazar con actuar legalmente al punto de quizás llegar a posesionarse de parte importante de dichas propiedades, cuyo valor supera ampliamente el valor original de la deuda contraída. En este caso queda bien claro que es el temor y no la sola comprensión intelectual de la oración "Muchas empresas que podrían haber sido prósperas mueren de la enfermedad de la falta de dinero" lo que habría transformado al dirigente en alguien más vigilante del flujo de fondos, a partir de entonces.

En suma, aunque el ejemplo expuesto tan solo se refiere a las operaciones financieras, conviene comprender que la sola comprensión intelectual de la obra "Administración industrial y general" como un todo y en sus partes es insuficiente.

Examinemos un segundo ejemplo altamente significativo.

En ocasión al 14avo principio de administración titulado "La Unión del personal" Fayol inicia sus comentarios mediante los tres muy breves párrafos siguientes:

"La unión hace la fuerza.

Este proverbio se impone a la meditación de los jefes de empresa.

La armonía, la unión del personal de una empresa es una gran fuerza dentro de esta empresa. Por lo tanto es necesario esforzarse por establecerla."

Fayol toma por obvio el proverbio. Escasos deberían ser quienes no lo comprendan. Pero… ¿realmente lo comprenden? Algo falta aquí. Puede que posean una comprensión intelectual del proverbio, pareciéndoles obvio lo que dice y sin embargo vemos a Fayol de inmediato afirmar que "… se impone a la meditación de los jefes de empresa." ¿Por qué habríamos de meditar acerca de algo que ya comprendemos? Precisamente debido a que nuestra simple comprensión intelectual no basta. Y es el propio Fayol quien nos indica lo que nos falta por comprender cuando más adelante nos dice: "Por lo tanto es necesario esforzarse por establecerla." Establecerla, he aquí el verdadero reto, supuesto que nuestra comprensión intelectual suponga convicción.

Convencidos de la veracidad del proverbio e inmersos en una situación muy única caracterizada por circunstancias concretas muy particulares, lo que nos corresponde es establecerla: lograr que la unión caracterice al grupo humano del cual somos miembros, aun cuando con rango de jefe.[216] Quien por ejemplo, vistas las circunstancias, se vea encargado de la presidencia de un condominio muy pronto caerá en cuenta de que su sola comprensión intelectual no lo habilita para ser quien establezca la unión entre la totalidad de los vecinos. La comprensión intelectual tan solo fue un primer paso. Tal es la comprensión integral que exige la lectura de los tres muy breves párrafos arriba citados.[217]

En suma:

---

[216] Puede que el riguroso estudio de múltiples casos conduzca al descubrimiento de ciertas recomendaciones de carácter general aplicables a una gran variedad de situaciones y circunstancias. Ello no obsta sin embargo que la situación práctica vivida siempre implique circunstancias concretas muy particulares que convierten en muy única la manera de lograr la unión buscada.

[217] Otro ejemplo para reforzar nuestra comprensión de que "comprender significa transformar-se". Se trata del artículo que Simón Bolívar en Kingston luego del 28 de septiembre de 1815 dirige al editor del "The Royal Gazette" de Jamaica. Finaliza El Libertador este escrito diciendo: "La desesperación no escoge los medios que la sacan del peligro". La comprensión intelectual de esta aseveración no ofrece dificultad alguna. ¿Pero realmente la habremos comprendido si de allí en adelante, enfrentados a situaciones difíciles no somos capaces, apenas asomarse en nosotros la desesperación y apresurar medios, de inmediatamente recuperar nuestra serenidad para fríamente sopesar tanto el peligro como los medios?

"Comprender significa transformar-**se**". Significa asimilar o si se quiere incorporar al propio yo lo comprendido, aféctese con ello todo lo que a partir de entonces se sienta, perciba, recuerde, piense, imagine, exprese y haga.

El que ello así ocurra puede ser de gran provecho. Particularmente el que no tengamos la necesidad de recordar hasta el más mínimo detalle y en secuencia todo lo por nosotros experimentado a lo largo del pasado ya vivido.[218]

En virtud de la facultad que poseemos de transformarnos cuando realmente comprendemos, evolucionar, crecer en experiencia, gobernar cada vez mejor, no significa otra cosa sino asimilar provechosamente cada instancia de lo por nosotros experimentado; transformarnos de continuo gracias a la más profunda real comprensión nuestra de cada momento vivido. ¡Superarnos, pues![219]

Como se ve, la real utilidad de la obra de Fayol no consiste en la utilización de teorías convertidas, mediante un proceso deductivo, en tecnologías. No se trata de ciencia aplicada. Su

---

[218] Particularizando limitándonos al arte de leer, otro ejemplo: no nos es humanamente posible recordar todo lo leído a lo largo de años, pero de haber tempranamente comprendido que "comprender en cada caso significa habernos transformado favorablemente", no habremos leído en vano, siempre y cuando hayamos en ocasión a cada lectura sabido transformar-**nos** provechosamente. No obsta sin embargo un importante arte segundo a desarrollar: amen de saber seleccionar las lecturas, cuidar de extraer de ellas las verdaderas –no las falsas– lecciones. Comprender el libro de Fayol es ser transformado por la propuesta de doctrina que allí expresa y ciertamente, aunque abierto a objeciones y nuevos aportes, eso es precisamente lo que debe haber querido lograr en sus lectores. ¿Transformarlos en quiénes? Respuesta: en gente capaz de gobernar. Quizás aun más, transformar a algunos en mejores gobernantes, vista la selección que hayan hecho de este oficio como orientación central de vida. Clara finalidad, tanto de la charla que dictó como de la obra que publica ocho años más tarde: persuadir => provocar una comprensión transformadora en su auditorio y lectores.

[219] Con miras a reforzar los comentarios hechos a propósito de lo que significa haber asimilado "experiencia" –un volverse superior en lo que hacíamos o éramos antes– a la cual Fayol se refiere en ocasión al desglose que hace de la noción de "capacidad" en el capítulo 2 de la 1ª parte de AIG (pags.: 97-99), valga el siguiente comentario. Fisiológicamente entendida se capta fácilmente lo que significa la debida alimentación, desde cuidar la selección de lo permitido ingresar al cuerpo, para luego de salivar, masticar y deglutir con mesura, procurar la debida labor estomacal, asegurar la óptima asimilación intestinal, hasta finalmente desechar aquello que no lo amerita. Saber alimentarse significa en la medida de lo posible atender a <u>todas</u> las fases del proceso. Fácil de entender cuando de alimentación fisiológica se trata y sin embargo de intrigante sino inexplicable generalizado descuido por parte de los seres humanos cuando se trata de todo lo que de continuo experimentan. Considerado simple percepción ingresa indiscriminadamente en cada quien cuando así libremente lo permite, con lo cual, sin elaboración preparatoria previa alguna se inicia un procesamiento y asimilación mayormente irreflexivos sino inconscientes de lo directamente captado, todo ello cual si todas estas experiencias no pudiesen ser entendidas como tantas otras oportunidades de alimentación no fisiológica, dignas del mismo cuido en todas sus fases, desde su selección inicial, cuando aun externas, hasta su desecho pasando por su procesamiento y asimilación, todo ello en procura del mejor aprovechamiento transformador de lo que en gran medida habremos de percibir, sentir, pensar, recordar, decir, hacer y ser a partir de entonces. El fenómeno opuesto pero síntoma de la misma clase de descuido: al no permitir ni tan siquiera su inicio, prohibirse tener las que a todas luces serían valiosas experiencias. Todo ello bajo la "cómoda" creencia de "cual contenidos de una memoria externa, presente la necesidad, estarán disponibles con solo hacer `click´ en mi buscador"; ninguna oportunidad entonces de ni tan siquiera iniciar el correspondiente provechoso proceso de alimentación con la experiencia y desarrollo que de ello podría haberse obtenido.

obra apunta a fenómenos humanos previos y más profundos, cuales son el carácter y las actitudes fundamentales de quienes tengan a su cargo el porvenir de la empresa... tengan a su cargo gobernar.

Comprenderemos esto mejor si observamos que pueden poseerse –otro ejemplo– amplios conocimientos de las teorías y modelos de toma de decisiones, así como disponer de todo el instrumental tecnológico requerido para tomarlas y sin embargo, todo ello ser de poca o ninguna utilidad a quien por falta del carácter requerido es alguien indeciso. Como lo dirá más tarde el propio Fayol: "Hay el instrumento y hay el artista". Ser decidido –o de no serlo transformarse en tal– antecede la utilidad que pueda extraerse de las referidas tecnologías y herramientas.

Lo que corresponde al lector que apunta a extraer el máximo provecho práctico posible de "Administración industrial y general", es comprender lo insuficiente que habrá de ser su simple comprensión intelectual. Comprender esta obra significa ser transformado por ella, pero ya lo hemos visto: el estilo de Fayol no siempre le facilita al lector ir más allá de lo leído para inferir las implicaciones de carácter preceptivo que pudieran desprenderse del texto. [220]

Finalmente, visto que "Todo el mundo, en más o en menos, tiene necesidad de nociones administrativas." como el propio Fayol lo afirma en este mismo capítulo 3, ha de quedar bien claro que, ya que nadie se escapa del ejercicio de la labor gubernamental, todos han de esforzarse por comprender la doctrina –la de Fayol al inicio; la que vaya siendo producto de la discusión pública luego– al punto de transformarse en co-gobernantes; esto es, en agentes capaces de coadyuvar a que los diferentes grupos sociales de los cuales son miembros **se**-gobiernen.

---

[220] Ciertamente el estilo de Fayol no corresponde con el de un predicador, ni siquiera con el de quien se empeña en aconsejar. Pero, de permitirnos traducir en términos de consejos al espíritu preceptivo general de su obra, valga entonces destacar lo que sigue. Hasta tanto no se desarrollen la disposición y capacidad de realmente escucharlos, por el lado del receptor los consejos tienen la siguiente peculiar característica: a quien necesita de un consejo le es muy difícil y a menudo imposible comprenderlo, en tanto que quien de inmediato y sin mayor esfuerzo lo entiende, muy posiblemente compruebe que en el fondo no lo necesitaba; sentirá que seguramente se ha puesto en palabras algo de lo cual ya poseía conocimiento tácito. Saber oír consejos requiere estar dispuesto a dar saltos de comprensión y correspondiente transformación de sí mismo. Por el lado de quien aconseja, lo opuesto a saber recibir consejos es saber darlos, sobre todo cuando se trata de señalar alguna falla en el otro. Al respecto bien vale la pena escuchar lo que el Hagakure en el capítulo 14 nos aconseja practicar: en ningún caso críticas sin preparar muy bien el terreno. Veamos como al respecto sintetiza hacerlo: "El reprender verdadero consiste en lograr que el otro asimile nuestra amonestación con naturalidad, *cual agua en una garganta sedienta*." Un arte que supone poseer mucho tacto, no siendo un escrito el mejor medio para lograrlo. La actitud del lector sigue siendo lo dominante.

3ª PROFUNDIZACIÓN:

La doctrina habilita la evaluación del desempeño pasado, presente y futuro de los jefes, condición necesaria pero no suficiente para que cese la impunidad de quienes no ejercen debidamente el oficio de gobernar.

Aclarada la noción de doctrina, nos está permitido proseguir la exposición de Fayol. Dice:

"No hay escasez de doctrinas personales. En ausencia de doctrina consagrada, cada quien puede creerse en posesión de los mejores métodos, y pueden verse por doquier, en la industria, en el ejército, en la familia, en el Estado, prácticas de lo más contradictorias colocadas bajo la égida de un mismo principio.

En tanto que desde el punto de vista *técnico* un jefe no podría ir contra ciertas reglas establecidas sin exponerse a perder todo prestigio, desde el punto de vista *administrativo* puede permitirse impunemente las prácticas más enojosas.

Los procederes empleados no se juzgan intrínsecamente, sino por sus resultados, los cuales a menudo son muy lejanos y que generalmente son difíciles de relacionar con sus causas.

Del todo distinta sería la situación si existiese una doctrina consagrada, es decir un conjunto de *principios*, de *reglas*, de *métodos*, de *procederes* comprobados y controlados por la experiencia pública." [221]

Por breves lo expresado en estos párrafos puede con mucha facilidad pasar desapercibido, perdiéndose entonces de vista su importancia. Y es que en su conjunto los tres últimos párrafos citados exponen la <u>segunda</u> gran razón por la cual es necesario que exista una doctrina administrativa consagrada. Ya examinada en las dos profundizaciones anteriores, recordemos que la <u>primera</u> razón era convertir en posible la enseñanza administrativa. La segunda razón que ahora se presenta apunta a la evaluación: 1º– del desempeño de los jefes, sea que estén en ejercicio o ya pasada su gestión, y 2°– del potencial de los posibles candidatos a jefes a los ojos de por ejemplo un superior o de un electorado facultado para ascender a alguno de ellos.[222]

Aunque según Fayol no pueda ni deba totalmente descartarse evaluar el desempeño de un jefe en función de los resultados tangibles correspondientes a un plazo determinado de antemano, no menos cierto es que las consecuencias de su gestión pueden ciertamente prolongarse más allá de tal plazo, al punto de incluso, aunque muy lejanos, revestir elevados niveles de

---

[221] Aunque por consideraciones de redacción Fayol seguirá utilizando esta diversidad de términos, veremos que en último análisis los más fundamentales serán dos: los principios y los elementos, temas centrales de la 2ª parte de AIG. Veremos que cuando estos componentes existen, cuando existe una doctrina, los problemas tocantes a la posibilidad de enseñar a administrar, a la evaluación del desempeño de los jefes y a la selección de los medios podrán hallar solución, tres beneficios clave resultantes de que tal doctrina exista.

[222] Veremos que por extensión la solución que mediante la existencia de una doctrina consagrada Fayol ofrece al problema de la evaluación, habrá de ser aplicable a los jefes de cualquier nivel en la sociedad: evaluación de su desempeño pasado, presente o futuro (futuro cuando se trata de comparar candidatos que aspiran a que mediante algún mecanismo de elección se deposite en ellos la confianza requerida a la hora de otorgarles asumir algún alto cargo de gobierno).

gravedad. De hecho, como la vimos introducida en su calidad de elemento en el capítulo 1 de la 1ª parte de AIG, para Fayol una de las virtudes cardinales de quien administra –de quien gobierna– es la previsión. Evaluar el desempeño de un jefe exclusivamente con base en resultados tangibles para un cierto plazo establecido, podría suponer colocar a este jefe ante el muy inconfortable dilema siguiente: por un lado mostrar los resultados de corto plazo solicitados (trimestrales, semestrales o anuales) para evitar sanciones y por el otro condenarse a una mala evaluación en la justa medida en que honestamente haya procurado ser previsor más allá del horizonte de tiempo establecido. Situación tanto más cierta cuanto más elevado el cargo, visto ser mucho más distantes y menos tangibles los resultados o consecuencias de su gestión.[223]

Vemos pues que la simple evaluación del desempeño del jefe en función de resultados es insuficiente, y que además es menos apropiada mientras más altas y globales –más administrativas y menos técnicas– sus responsabilidades.[224]

Para los evaluadores –sean estos los superiores o los electores– la evaluación según resultados tiene otra posible implicación peligrosa. Lo que les interesa es evaluar hoy si el gobernante está desempeñando bien o no su papel, ya que de tener que esperar por los resultados para decidir si le siguen otorgando o no su voto de confianza, esta espera podría convertir daños menores en mayores, o incluso convertirlos en irreversibles aunque entonces muy tangibles y visibles sus nefastas consecuencias.

Profundización en la evaluación del desempeño y potencial de los jefes; La solución que Fayol propone.

Hemos de recurrir a los párrafos 3° y 4° arriba citados:

"Los procederes empleados no se juzgan intrínsecamente, sino por sus resultados, los cuales a menudo son muy lejanos y que generalmente son difíciles de relacionar con sus causas.

Del todo distinta sería la situación si existiese una doctrina consagrada, es decir un conjunto de **principios**, de **reglas**, de **métodos**, de **procederes** comprobados y controlados por la experiencia pública." (subrayado nuestro)

Expliquemos el problema a ser resuelto.

Es común creer que al jefe se le debe evaluar en función de los resultados de su actuación; pero la cosa no resulta ser muy sencilla. Inmediatamente habría que preguntarse: ¿A los ojos de quién y según cuáles resultados se le habrá de evaluar? ¿Según lo que le pidieron hacer sus superiores? ¿Pero qué pasa si ellos estaban equivocados y no son capaces de reconocer su error a la hora de evaluar? ¿Según lo que nuestro candidato se comprometió cumplir? ¿Pero qué hay de malo en cambiar de idea sobre la marcha si esto se hace para el bien de la

---

[223] Por "resultados" entendemos los intencionados; por "consecuencias" las no intencionadas.

[224] De allí lo que expresa Fayol en el segundo párrafo citado: "En tanto que desde el punto de vista *técnico* un jefe no podría ir contra ciertas reglas establecidas sin exponerse a perder todo prestigio, desde el punto de vista *administrativo* puede permitirse impunemente las prácticas más enojosas."

empresa? Además, considerando el factor tiempo: ¿sobre cuáles resultados evaluar? ¿Sobre los de corto, de mediano o de largo plazo? Pero entonces, ¿qué hay de aquellos casos en los cuales los resultados de corto plazo –positivos o negativos– no son indicativos de lo positivas o negativas que serán las ulteriores consecuencias? ¿Acaso no ha ocurrido que generaciones posteriores evalúen positivamente muchos aspectos de la gestión de un determinado personaje histórico –por ejemplo un dictador– quien a su salida fue evaluado con mucha severidad vistas las pasiones que para el momento todavía imperaban?

Para Fayol los resultados son ciertamente importantes. Sin embargo, evaluar a los jefes únicamente en función de criterios <u>extrínsecos</u> a su actuación –esto es, según las consecuencias ulteriores a su actuación– puede llevar a graves errores, sino a injusticias.

Le preguntamos entonces: ¿de qué otra manera propone Ud. evaluar las acciones de un jefe? Fácil es suponer cual podría haber sido su respuesta:

"En general las acciones de todo ser humano pueden ser evaluadas <u>intrínsecamente</u>, siempre y cuando exista algo contra lo cual cotejarlas: una suerte de patrón de actuación óptima contra el cual comparar tanto las acciones que ejecuta como las que descarta. En el caso de los jefes ese algo, ese patrón, es la doctrina."

Evaluar a los jefes debe poder ocurrir **antes** de que lleguen a serlo –para seleccionarlos bien– **mientras lo son** –para poderlos remover del cargo de ser necesario– y también, claro está, **después de que lo han sido** –para sancionarlos positiva o negativamente, según se lo merezcan. Obsérvese que en adición a las dificultades arriba mencionadas, evaluar en función de resultados solo permite evaluar a los jefes con posterioridad a su actuación, pero no antes ni durante su jefatura.

Para Fayol, evaluar no es otra cosa que determinar si las posibles actuaciones <u>futuras</u> del jefe cumplirán, las <u>actuales</u> cumplen y las <u>pasadas</u> han cumplido con la doctrina administrativa, la cual aunque central es parte de una doctrina gubernamental más amplia.

Comprobamos, pues, que en adición a posibilitar la enseñanza, a la doctrina cabe una segunda función de gran importancia: permite la continua y cotidiana evaluación de la bondad <u>intrínseca</u> de los modos de proceder, procedimientos, métodos, reglas, etc., puestas en práctica por los jefes en la medida misma en que así lo hacen, no siendo entonces necesario esperar –quien sabe cuánto tiempo– por los resultados de su actuación para removerlos o confirmarlos en sus cargos."[225, 226]

---

[225] Tratándose del sector público en el cual los funcionarios de ciertos niveles y clases son elegidos mediante algún sistema de votación, la doctrina también es muy importante por dos razones. En primer lugar: debido a que frecuentemente los cargos tienen una duración preestablecida relativamente corta, la calidad del gobernante, para los fines de su re-elección o de temprana remoción, no puede evaluarse en función de resultados cuyo tiempo de maduración sobrepasa en mucho su propio período de gobierno. En segundo lugar: debido a que cuando un candidato se postula por primera vez mal pueden habérsele comprobado los resultados que promete alcanzar. Son

4ª PROFUNDIZACIÓN:

La doctrina y la consecución de los medios. En suma: la doctrina resuelve tres grandes problemas: la enseñanza, la evaluación del desempeño de los jefes y la selección de los medios.

Seguimos nuestra lectura del capítulo 3 de la 1ª parte de la obra de Fayol:

"No son los principios los que escasean; si bastase proclamarlos para hacerlos reinar, gozaríamos en todas partes de la mejor administración posible ¿Quién no ha escuchado un centenar de veces proclamar la necesidad de los grandes principios de *autoridad*, de *disciplina*, de *subordinación de los intereses particulares al interés general*, de *unidad de dirección*, de *coordinación de los esfuerzos*, de *previsión, etc., etc.?*"

Cuando al inicio del presente párrafo Fayol afirma que no son los principios los que faltan, recordemos que cuatro párrafos antes en el mismo capítulo 3 también había denunciado la existencia general de "prácticas de las más contradictorias colocadas bajo la égida de un mismo principio". Esto nos indica que para Fayol el problema no es la ausencia de etiquetas o palabras para denominar a los principios y elementos constitutivos de la doctrina. Estas existen y en abundancia. El problema radica en que no existe un mínimo de uniformidad básica de significación para ellas que las conviertan en términos del campo, y que por lo tanto tampoco exista uniformidad en las prácticas. Queda claro entonces porque en el mismo capítulo 3 también le vemos afirmar que "las doctrinas personales no faltan" y que "en ausencia de doctrina consagrada cada quien puede creerse en posesión de los mejores métodos."

Prosigue Fayol diciendo:

"Hay que creer que no basta la proclamación. Y es que la luz de los principios, como la de los faros, no guía sino a aquellos que conocen el camino al puerto. Un principio, sin el medio para realizarlo, no tiene eficacia."

La proclamación solo da a conocer. Por sí sola no logra que este conocer se una con el hacer y se transforme en un saber-hacer. En las ciencias la verificación de las proposiciones conduce a

---

su retórica y promesas las que deberían dar al electorado una idea anticipada de la calidad de su futuro gobernar. Pero ello supone electores capaces de elegir: electores, según se desprende de Fayol, cuando menos en posesión de los conocimientos generales básicos de aquella doctrina administrativa y gubernamental más apropiada para, dadas las circunstancias de lugar y momento, evaluar a sus gobernantes presentes y futuros.

[226] Aprovechemos la ocasión para comprobar que Fayol, a pesar de principalmente haberse desempeñado en el mundo de los negocios, no manifiesta un exclusivo apego filosófico por las consecuencias, doctrina general según la cual las acciones habrían de evaluarse en función de la bondad o perjuicio de sus resultados (obsérvese que hemos evitado decir "...no manifiesta un exclusivo apego por el utilitarismo..." debido a que éste último tan solo es una variante anglosajona muy particular; aquella debida a Jeremy Bentham según la cual la mejor acción es aquella que optimiza la utilidad). Cuando Fayol se expresa en términos de juzgar las maneras de proceder del jefe por y en sí mismos —esto es, intrínsecamente— también nos está diciendo lo siguiente: ni siquiera una filosofía anticipatoria de consecuencias —utilitarismo incluido— sería de su plena satisfacción a la hora de evaluar el desempeño de los gobernantes. Según él debe poder existir una valoración intrínseca de los *modus operandi* (modos de proceder) de los jefes.

su aceptación. Se convierten en creencias, es decir en proposiciones que se nos presentan como descripciones verdaderas de la realidad hasta tanto no se compruebe lo contrario. En el caso de la doctrina el simple creer contemplativo y descriptivo no bastará. Ella habrá de implicar prescripciones.[227]

La idea compactamente desarrollada en este párrafo ya se ve expresada al inicio del anterior. Independientemente de la falta de uniformidad de significación, los principios no escasean. Pero de inmediato debemos añadir que aunque dicha uniformidad existiese y los principios se proclamasen, el problema del gobernar con acierto no quedaría totalmente resuelto. La eficacia de los principios –incluyendo aquí la de los elementos– supone poseer los medios para convertirlos en tales.

La imagen que Fayol utiliza analógicamente aparea a los principios con "faros" y a los medios con "el camino hacia el puerto". Tener prescrito un destino terminal percibido por nosotros desde lejos no basta, ya que simplemente dirigirse "eficientemente" hacia él –"en línea recta", por así decirlo– no garantiza nuestra llegada. También se requiere tener prescrito el camino que nos indique como ir desde donde estamos hasta el puerto, cuyo faro luminoso indica su localización.

Es importante destacar que la segunda analogía nos permite comprender que la palabra "medios" no debe interpretarse en el exclusivo sentido tecnológico e instrumental del término. El medio no es necesariamente un instrumento o herramienta externo al usuario mismo cuya finalidad es "un servir para…". Entendido como camino, el medio es todo lo que puede mediar entre el dónde estamos y el adonde queremos llegar.

Apartándonos de la analogía del camino podemos concebir al medio como todo aquello, instrumental o no, que proporciona un "poder para…". En este sentido, un modo de proceder, por ejemplo una actitud valiente, que no es ningún instrumento externo al actor, puede servirle de medio para alcanzar una determinada finalidad o lugar de llegada.[228]

---

[227] Un par de ejemplos: 1°– está claro que para alcanzar a tener sicología no basta con poseer los conocimientos del campo correspondiente; haber estudiado psicología, incluso de alto nivel, no garantiza tener psicología; igualmente 2°– para alcanzar a tener ética no basta con conocerla. Del jefe, de quien está a cargo de gobernar, se espera que posea ambas, psicología y ética, amén de procurar que todos los demás miembros del cuerpo social de la empresa también las tengan. Requiere de preceptos a los cuales él mismo se somete y han de someterse los demás. Preceptos que más allá de simplemente describir se constituyen en una doctrina.

[228] Reiteremos lo ya dicho: jamás debe olvidarse que una lectura o crítica de la obra de Fayol a partir de una mera perspectiva científico-técnica puede conducirnos a graves errores de interpretación. Al efecto, ver por ejemplo la crítica aparentemente demoledora de los "proverbios de la administración" que Herbert Simon formula en el capítulo II de su libro "Comportamiento Administrativo" en 1945; muy posiblemente más basada en su lectura de las publicaciones de Luther Gulick y Lyndall Urwick que directamente en lo expresado por Fayol. Pero independientemente de si estos autores fueron o no intérpretes fidedignos de nuestro autor, lo que sí se puede afirmar es que, como se diría en inglés, "he misses the point". Ausente a su propio sesgo científico, imposible que Simon pudiese situar a la experiencia administrativa gubernamental como precediendo y ser más fundamental que cualquier contribución ulterior de las ciencias aplicadas, por muy beneficiosas que ciertamente éstas puedan ser.

La fortaleza de la obra de Fayol no radica, pues, en la presentación de medios instrumentales provenientes de la tecnología. Nuestro autor apunta a condiciones previas que en cuanto tales son más fundamentales. Como ya vimos la técnica puede ayudar a gobernar, pero en sí misma no puede constituirse en –ni sustituir a– la actividad misma de gobernar.

¿Cuál puede en relación a los medios ser la contribución de la doctrina? Dice Fayol:

"Estos medios tampoco escasean; son innumerables. Pero buenos y malos se manifiestan, alternativa y simultáneamente, en la familia, en el taller y en el Estado, con una persistencia que tan solo la ausencia de doctrina explica. El público no está en condiciones de juzgar los actos administrativos."

De los dos párrafos antes comentados hemos visto que se desprende que no pueden identificarse los medios con los principios. Aunque nos diga que son muy abundantes, la inquietud central de Fayol no se refiere a los medios mismos; su obra no tiene por propósito presentarlos. Aquí su profunda preocupación radica en la persistente ausencia de criterios para distinguir los buenos de los malos.[229] De nuevo es la Doctrina la que podría ponerle remedio a la situación.

En resumen: por sí sola la proclamación de los principios no garantiza su eficacia; se requiere de medios para alcanzarla. Por otra parte, los medios pueden ser buenos y malos. Fayol cierra el círculo afirmando que solo claros principios constitutivos de una doctrina administrativa podrían garantizar la adecuada discriminación y por lo tanto selección de los medios.

Podemos ahora reiterar los ya indicados diversos problemas que la Doctrina resuelve:

• Hace posible la enseñanza administrativa.

• Permite la evaluación de los jefes pasados, presentes y futuros.

• Proporciona los criterios para la adecuada discriminación de los medios, así como la selección precisa de los requeridos para implantar los principios constitutivos de la propia doctrina: circularidad virtuosa entre los medios y la doctrina.

5ª PROFUNDIZACIÓN:

Constitución de la doctrina. La necesaria discusión pública: surgimiento y evolución de la doctrina.

---

[229] En adición a los medios a los cuales brevemente se refiere a lo largo del capítulo 1 de la 2ª parte de AIG tocante a los principios, es en otros estudios y conferencias dictadas que veremos a Fayol ser más explícito acerca de ciertos medios en particular. En cuanto a las partes tercera y cuarta de AIG prometidas en la "Advertencia inicial", ellas no alcanzaron a ser publicadas. De la tercera está disponible un largo borrador ("Observaciones y experiencias personales"), pero tan solo unas muy breves líneas para la cuarta. Siendo el modo de presentación de la tercera una narrativa de lo vivido y observado por Fayol, no hallaremos en ella, aunque por lo demás sea de provecho su lectura, un estudio metódico del tema de los medios. Acerca de ellos y otros instrumentos el lector podrá encontrar un insistente llamado a su aplicación en los varios textos y fragmentos de otros escritos y conferencias de Fayol, que a modo de lecturas complementarias fueron incluidas en la traducción de "Administración industrial y general", 5ª edición corregida y aumentada, publicada por Librería "EL ATENEO" editorial, © 1961.

CONSTITUCIÓN DE LA DOCTRINA.

Con respecto a los componentes de la doctrina Fayol nos proporciona algunas indicaciones, más explícitas las unas, más indirectas las otras:

"No hay escasez de doctrinas personales. En ausencia de doctrina consagrada, cada quien puede creerse en posesión de los mejores métodos, y pueden verse por doquier, en la industria, en el ejército, en la familia, en el Estado, prácticas de lo más contradictorias colocadas bajo la égida de un mismo principio."

(subrayados nuestro)

Aquí menciona métodos y principios.

Más adelante:

"Los procederes empleados no se juzgan intrínsecamente, sino por sus resultados, los cuales a menudo son muy lejanos y que generalmente son difíciles de relacionar con sus causas."

(subrayado nuestro)

Menciona los procederes; esto es, los modos de proceder.

"Del todo distinta sería la situación si existiese una doctrina consagrada, es decir un conjunto de **_principios_**, de **_reglas_**, de **_métodos_**, de **_procederes_** comprobados y controlados por la experiencia pública"

(subrayados nuestros)

Se trata del texto más explícito: incluyendo las reglas son cuatro las grandes clases de componentes de la doctrina.

Pero, como ya apuntamos (capítulo 3, nota al pie 181, pág.: 110): "Aunque por consideraciones de redacción Fayol seguirá utilizando esta diversidad de componentes, veremos que en último análisis, en relación a la doctrina que alcanza a desarrollar, los más fundamentales serán dos: los principios y los elementos, temas centrales de la 2ª parte de AIG."

En su momento veremos (1ª profundización de la serie de ensayos: "Profundizando en lo que significan administrar y gobernar", pág.: 171) que los elementos –prever, organizar, mandar, coordinar y controlar– han de ser vistos, según diversas modalidades y dosis, como constitutivos del administrar, entendido éste como la caracterización misma del modo de proceder individual de quienes ejercen el oficio de gobernar. Cuando comentemos desde la perspectiva de las actitudes el capítulo 2 de la 2ª parte de "Administración industrial y general" titulado "Elementos de administración" veremos que cada uno de los elementos puede ser entendido como una de entre las cinco muy necesarias actitudes fundamentales que simultáneamente han de verse manifiestas en el comportamiento individual de quienes desempeñan el oficio de gobernar; actitudes rectoras de su actuación (caracterización de estas cinco actitudes en: "En cuanto actitudes… insoslayables y posibles dramas", págs.: 344-346).

Contrastando con semejante énfasis en el desempeño individual, veremos en el capítulo 1 de la 2ª parte de AIG –"Principios generales de administración"– que los principios conciernen al cuerpo social de la empresa, entendidos ellos como las condiciones más fundamentales que en tal cuerpo han de existir que propicien su salud, fortaleza y buen funcionamiento. Veremos que instauradas en el cuerpo social son éstas las condiciones que le proporcionan a la empresa la capacidad de gobernar-**se**, precisamente en virtud de poseer un cuerpo social saludable, fuerte y que funciona bien. (En relación a la noción de "Principios", véase la presentación de los "Primeros párrafos del capítulo 1 de la 2ª parte de AIG", pág.: 277 y su interpretación en "Profundizando en la noción de Principios", pág.: 280)

Importante será distinguir la perspectiva dual aplicable al verbo gobernar, por un lado un verbo <u>transitivo</u> en la medida en que individual y colectivamente es ejercido por los miembros del cuerpo social de la empresa respecto a los seis grandes grupos de operaciones o funciones esenciales y, por el otro, el gobernar-**se** que <u>reflexivamente</u> atañe a la empresa, la cual en cuanto totalidad <u>observada</u> <u>desde</u> <u>el</u> <u>exterior</u> procura alcanzar los destinos que se propone (estudio realizado en la 4ª profundización de la serie de ensayos "Profundizando en lo que significan administrar y gobernar", pág.: 188).

Así las cosas, queda claro que la propuesta de doctrina que Fayol presenta en la 2ª parte de su libro supone distinguir dos niveles de actuación; interdependientes en la justa medida en que, por una parte, son los propios miembros del cuerpo social quienes han de instaurar las condiciones requeridas para su salud, fortaleza y buen funcionamiento, e innegable por otra parte que un cuerpo social poseedor de estas tres cualidades se constituye en un ambiente interno altamente habilitador de la labor de quienes allí ejercen el oficio de gobernar.[230]

LA NECESARIA DISCUSIÓN PÚBLICA: SURGIMIENTO Y EVOLUCIÓN DE LA DOCTRINA.

Presentados los grandes componentes de la doctrina así como los tres grandes problemas que contribuye a resolver, vemos a Fayol proseguir de esta manera:

"Importa, pues, establecer lo más pronto posible una doctrina administrativa."

El asunto es <u>cómo</u> habrá de ocurrir. Ya Fayol también nos lo dijo: "mediante la discusión pública".[231]

Pasa a ampliar el asunto mediante los breves comentarios siguientes,

---

[230] En el campo de la política los dos niveles presentados nos permiten diferenciar dos clases de actores, dos niveles de actuación. A los primeros –nivel correspondiente al ejercicio de los cinco elementos del administrar– cabe denominarlos <u>gobernantes</u>; a los segundos –nivel que corresponde a los capaces de implantar principios– ser aquellos que merecen el calificativo de <u>estadistas</u> (estadistas en la justa medida en que exitosamente asumen la muy exigente labor de forjar instituciones que eficazmente contribuyan a que el todo social **se**-gobierne). Apartando de la siguiente analogía cualquier concepción mecanicista, podría decirse que al gobernante corresponde "dar la hora", en tanto que el empeño del estadista está en dejar tras su propia desaparición un "reloj andando".

[231] Poco antes en este mismo capítulo 3 de la 1ª parte de AIG, Fayol había introducido la necesidad de que existiese una doctrina, expresándolo así: "La verdadera razón de la ausencia de enseñanza **administrativa** en nuestras escuelas profesionales, es la ausencia de doctrina. Sin doctrina, no hay enseñanza posible. Ahora bien, no hay doctrina **administrativa consagrada, proveniente de la discusión pública**." (subrayado nuestro) Vemos claramente expresado en letra cursiva de dónde según Fayol ha de provenir la doctrina, aunque ciertamente no se preste a comprensión inmediata el cómo habrá de ocurrir tal discusión pública.

"Esto no sería ni muy largo ni muy difícil si algunos altos jefes se decidiesen a exponer sus ideas personales acerca de los principios que consideran como los más apropiados para facilitar la marcha de los negocios y sobre los medios más favorables para la realización de los principios. De la comparación y de la discusión pronto surgiría la luz. Pero la mayoría de los altos jefes no tiene ni el tiempo ni el gusto de escribir y las más de las veces desaparecen sin dejar ni doctrina ni discípulos. Por lo tanto, no hay que contar mucho con este recurso.

Afortunadamente no es necesario gobernar una gran empresa ni presentar un estudio magistral para aportar un concurso útil a la constitución de una doctrina.

La mínima observación bien hecha tiene su valor, y como el número de observadores posibles es ilimitado, puede esperarse que una vez establecida la corriente ya no se detendrá más; se trata de provocar esta corriente, de abrir la discusión pública; es lo que intento hacer publicando estos estudios.

Espero que de ella surja una doctrina."

Fayol tan solo se limita a introducir a grandes pinceladas –sin entrar en detalles acerca del cómo– la manera en que la doctrina habrá de ser establecida. Por ninguna parte en estos párrafos vemos argumento alguno en pro de la discusión pública como el método más indicado para que de ella surja una doctrina. Ciertamente el cómo habrá de surgir la doctrina es importante, pero ¿acaso no estamos primero obligados a justificar la selección misma de la discusión en general, y pública en lo particular, como el ámbito más apropiado, sino el único, de donde debería la doctrina provenir?

En suma, por si no fuera suficientemente desconcertante la necesaria existencia de una doctrina como solución a los problemas de la enseñanza, evaluación de quienes desempeñan el oficio de gobernar y la necesidad de criterios para evaluar los medios, lo que enfrentamos ahora es la afirmación de que tal doctrina haya de provenir de una discusión: no solo de cualquier discusión, sino de una discusión <u>pública</u>, procedimiento claramente muy alejado del método científico, sumamente exitoso en una gran diversidad de campos del conocimiento, pero ¿por qué no en relación al administrar como componente clave del gobernar?

De hecho ya presentamos la respuesta a esta interrogante en el ensayo titulado "Comentarios a la "Advertencia inicial"; profundizando en lo que Fayol se propuso transmitir" (págs.: 31-37), cuando tratamos extensamente acerca del sentido verbal que ha de dársele a la obra de Fayol.[232]

Recuérdese que en dicho ensayo pusimos de relieve la profunda diferencia que existe entre el <u>conocimiento</u> contemplativo –siempre separado de lo que conoce y al cual se le refiere vía

---

[232] Tal como en su momento destacamos en los referidos "Comentarios", existe una diferencia muy importante entre, en primer lugar, el <u>conocimiento</u> contemplativo que encuentra su expresión en proposiciones calificables de verdaderas o falsas, según lo que arroje la aplicación del método científico, y en segundo lugar el <u>saber-ejercer</u> verbos que encuentra su expresión en el ejercicio mismo de esos verbos, supuesta una concepción estándar previa de lo que cada verbo auténticamente significa, sin la cual mal puede determinarse su estar o no siendo ejercido, y lo bien o mal que lo está. En todo caso, en relación a su ejercicio, en modo alguno cabe calificarlos en cuanto a su grado de objetividad o subjetividad, como si aplica cuando de conocimientos expresados mediante proposiciones se trata.

substantivos– y el <u>saber</u> ejercer verbos que supone por parte del ejecutante compenetración con el verbo ejercido.[233] Vimos cuan profundamente difieren tanto el alcanzar como el validar cierto conocimiento contemplativo –punto fuerte del método científico– del cómo se alcanza a saber ejercer algún verbo y validar su saber ejercerlo.

Profundamente otro que el conocimiento contemplativo susceptible de expresión mediante proposiciones y de validación mediante el método científico, al alcanzar el saber-ejercer de verbos no aplica este método.[234]

Ahora bien, el que toda doctrina necesariamente implique imperativos conductuales (1ª profundización de la serie de ensayos "Profundizando en la noción de doctrina, pág.:119) aunado al hecho de que en cuanto componentes de la doctrina los principios, reglas, métodos y modos de proceder precisamente han de entenderse como imperativos conductuales, ello confirma que en contraposición al <u>conocimiento</u> contemplativo, a la doctrina corresponde principalmente el <u>saber</u>-ejercer verbos; en particular el ejercicio de los verbos clave que Fayol introdujo desde muy temprano en AIG: gobernar, administrar, prever, organizar, mandar, coordinar y controlar.[235] Pero igualmente todos los imperativos conductuales –ejercicio de verbos– implicados en la instauración de los principios que apuntan a la salud, buen funcionamiento y fortaleza del cuerpo social de la empresa.

Un saber que estando orientado al exitoso ejercicio de verbos, los somete a la doctrina que para el momento, lugar y circunstancias estuviese vigente, la cual como vimos en la 3ª profundización (pág.: 134), posibilita la <u>intrínseca</u> <u>evaluación</u> del ejercicio de verbos, aunque sin por ello menospreciar el logro de los resultados extrínsecos a los cuales apuntan.

Ahora bien, aunque tratándose de la doctrina estamos en el reino de las opiniones acerca del ejercicio de verbos, ello no significa total desconocimiento de la contribución que pudiesen aportar los conocimientos de carácter contemplativo científicamente validados a la hora de formular una doctrina. Tomados en cuenta por parte de quienes explícita o tácitamente la formulan, la doctrina puede ciertamente verse influida por los conocimientos considerados pertinentes y científicamente validados. Ello sin embargo no impide que en cuanto totalidad, ella, la doctrina, propia o compartida con otros, siga siendo materia de opinión. Aunque cierta doctrina llegase a convertirse, al menos por cierto tiempo, en dominante tras alguna discusión pública llevada a cabo en tiempos y circunstancias determinadas, ella seguiría siendo opinión,

---

[233] Recuérdese la convención que adoptamos con respecto a la utilización de las palabras "conocimiento" y "saber", aplicando la primera solo al conocimiento contemplativo en tanto que la segunda exclusivamente al ejercicio de verbos.

[234] Todo ello ciertamente sin negar la importante contribución que el conocimiento contemplativo <u>aplicado</u> –fundamentado en el método científico– puede significar relativo a alcanzar niveles superiores de ejecución de los verbos. Primero saber nadar para solo luego aplicar aquellas ciencias que contribuyan a mejorar su ejecución.

[235] Siempre y cuando, claro está, la discusión pública inicialmente llevada a cabo, no solamente admita a esos verbos en cuanto términos, sino que también someta a discusión el significado propuesto por Fayol para cada uno; quien ciertamente se sometería a los resultados que tal discusión pública arrojase.

aun cuando poseedora de ciertos fundamentos científicos, momentáneamente no enfrentase competencia y discusión. Pero de cambiar los tiempos y circunstancias pronto veríamos resurgir la discusión en búsqueda de una nueva doctrina dominante compartida. De allí que la discusión haya de convertirse en un proceso continuo, alternando tiempos de predominio con tiempos de discusión.

Tratándose de la concertación de opiniones y descartado el método científico, solo nos queda profundizar en lo que la discusión apunta a lograr y cómo lo logra, para así completar la justificación de tal discusión como medio idóneo para que surja alguna doctrina dominante. Veamos.

LA DISCUSIÓN PÚBLICA

Discusión no habrá de significar aquí polémica y mucho menos la asunción de posiciones inamovibles, acompañadas o no de coerción, sutil o abierta. Se trata más bien de un alcanzar a ponerse de acuerdo. Colectivamente hablando, alcanzar vía concordia un determinado consenso público acerca del tema tratado.

Entendamos primero, como ya lo apuntó Fayol un poco antes en el mismo capítulo 3, que el punto de partida es la existencia de múltiples y diversas –incluso opuestas– doctrinas personales; posiblemente un sinnúmero de ellas, si incluimos las que mediante sus comportamientos individuales tácitamente expresan el sinnúmero de "observadores" a los cuales Fayol hace referencia en el tercer párrafo de los arriba reproducidos (pág.:142). "Observadores" que a sabiendas o no, háganlo bien, mal o regular coadyuvan a que los entes sociales de los cuales son miembros co-influyentes, **se**-gobiernen, según un rango que va desde una total incapacidad para hacerlo hasta la muy deseable pero jamás alcanzable plena capacidad.

El punto de la discusión es llegar a acuerdos, preferiblemente un consenso, en relación al contenido y alcance de la doctrina.

Pero bien sabemos que llegar a acuerdos y más aún consenso entre los seres humanos no es cosa fácil. De allí que necesitemos mejorar nuestra comprensión de la referida "discusión pública", visto que tal es el camino que Fayol propone para el surgimiento de una doctrina.

Planteamiento básico inicial.

Como punto de partida consideremos a "observadores" inicialmente convencidos de la bondad del punto de vista que cada uno ha asumido acerca de un determinado ente social. Bondad que lleva a cada uno de ellos creer poseer, desde su muy particular punto de vista externo, un entendimiento integral perfecto acerca de lo que ocurre en –y en relación a– dicho ente social, trátese de una empresa pública o privada, con o sin fin de lucro, de cualquier clase o magnitud.[236] Entendimiento integral que sin embargo cabe analizar en los siguientes términos:

Cada uno percibe como <u>evidente</u> cierta parte de lo que ocurre en –y en relación a– la totalidad social, cierto... pero no necesariamente cayendo en cuenta que la calificación de entendimiento <u>integral</u> supone la incorporación de otras ocurrencias –todas las restantes– las cuales asume como verdaderas, aunque en cuanto tales no se le presenten como verdades evidentes; verdades que por lo tanto han sido añadidas por algún otro camino: coherencia lógica que el entendimiento integral le exija o inferidas a partir de lo que se le presenta como evidente.[237]

Dos componentes pues aplicables al entendimiento de cada observador: verdades que por evidentes cada uno percibe como indubitables; verdades derivadas que suponen cierta validación.

Aquí seis observadores externos imperfectamente representados como sigue:

___

[236] Empresa en el sentido muy amplio que desde muy temprano vimos a Fayol asumir: una empresa comercial o industrial, cualquier ente del sector público, determinado gremio, el partido político opositor, nuestra agrupación religiosa, X país como un todo, etc.

[237] **Supuesto fundamental.** Variable según de quien se trate, todo ser humano considera ciertas cosas como evidentes, indubitablemente así. La existencia humana saludable requiere de un tal piso firme, normalmente asumido sin plena conciencia de cuándo ni cómo lo fue. Ahora bien, como no todo habrá de presentársele como evidente, inevitable también su tener creencias derivadas.

Es así que cada uno cree poseer un <u>entendimiento</u> <u>integral</u> <u>perfecto</u> de todo lo referente al ente social, cuando en verdad tan solo ilusoriamente lo entiende así. La suya es una opinión entre múltiples otras posibles. Tal es la comprensión alcanzable desde el punto de vista de un observador externo: necesariamente asumido desde cierto ángulo, desde cierta perspectiva particular, y por lo tanto siempre en verdad solo conducente a una comprensión parcial. Múltiples son las denominaciones dadas a esta clase de entendimientos supuestamente integrales y perfectos: ideología, paradigma, visión de mundo ("Weltanschauung"), cualquiera de los múltiples y diversos –ismos habidos, concepciones, escuelas, enfoques, etc. [238]

Surgimiento de una doctrina.

Ahora bien, en lugar de limitarse a ser simples "observadores", asignemos a cada uno de los arriba descritos el oficio de gobernar al ente social objeto del entendimiento integral perfecto que cada uno cree poseer; totalidad social que para los efectos de la discusión que sigue habrá de ser una misma determinada empresa. [239]

Regresamos así a nuestro punto de partida: la existencia de un sinnúmero de "observadores", pero ahora con sus respectivas doctrinas administrativas personales, aspecto clave del nuevo oficio que les corresponde ahora ejercer: gobernar. Apuntar al éxito de su gestión implica que necesariamente haya de existir correspondencia entre el entendimiento integral perfecto de la empresa que cada uno cree poseer y la doctrina administrativa personal que explícita o tácitamente habrán de formular y poner en práctica. [240]

---

[238] Ciertamente que a los fines de las explicaciones que siguen estamos idealizando al punto de partida de la discusión que habrán de sostener los "observadores", quienes al ser muy coherentes creen tener entendimientos integrales perfectos de la misma totalidad social. Bien sabemos que para la gran mayoría de los seres humanos este no es el caso; poco interés tienen usualmente por alcanzar a poseer un entendimiento integral perfecto de las cosas, mucho menos si se trata de realidades complejas, distantes y de gran magnitud.

[239] Ha de quedar claro el ardid utilizado. Tratándose, en las descripciones anteriores, del entendimiento integral de una sola y misma totalidad social –empresa– por parte de un sinnúmero de "observadores" diversos que, cosa imposible, simultáneamente asumiesen el oficio de gobernarla, el ardid consiste en mantener constante a una misma única empresa a la par de sí permitir variar y así poner de relieve lo diversas que podrían ser las doctrinas administrativas aplicadas a la hora de gobernarla.

[240] El lector conocedor de la historia del campo recordará las en su época muy en boga teorías **X** y **Y** que, a falta de mejores denominaciones, formulara Douglas McGregor (The Human Side of Enterprise, 1960, New York, McGrawHills), dos conjuntos de supuestos extremos que relativo a los trabajadores pueden asumir quienes están a cargo de dirigirlos. **Supuestos de la teoría X:** 1– Trabajan lo menos posible. 2– Carecen de imaginación y creatividad 3– Rehúyen las responsabilidades. 4– Prefieren ser dirigidos. 5– Se resisten a los cambios. 6– Son crédulos y están mal informados. 7– Harían muy poco por la empresa si no fuese por las posibles consecuencias que les acarearía no hacerlo. **Supuestos de la teoría Y:** 1– Consideran que trabajar es natural y fuente de satisfacción 2– Capaces motu proprio de dirigirse hacia la consecución de los objetivos que se les confían. 3– Más que rehuir, buscan responsabilidades. 4– Tienen imaginación y son creativos. 5– Están motivados y aspiran a perfeccionarse. 6– Comprometidos, de existir las apropiadas compensaciones y reconocimiento de méritos. 7– Su pleno potencial a menudo no es aprovechado.

Gráficamente:

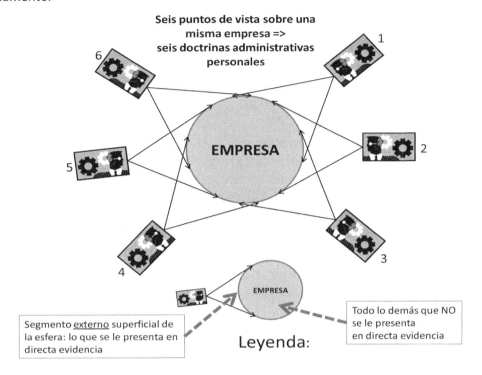

Precisemos el punto de partida de la discusión pública propuesta por Fayol.

Bien sabemos que en gran medida lo que a cada observador se le presenta como otro que sí mismo, el entendimiento integral y perfecto de la empresa que cree poseer, lo que experimenta como evidente y lo que no se le presenta como tal, es en gran medida determinado por lo que –*así sugerido mediante engranajes en el gráfico*– cada uno ha asimilado –vuelto propio– a lo largo de lo que ha vivido y experimentado hasta entonces, tales como: el entendimiento que tiene de cada palabra que usa y escucha, conceptos, supuestos, prejuicios, paradigmas, ideologías, actitudes, inclinaciones y preferencias, el efecto que en él han dejado circunstancias y experiencias, las vivencias y contenidos residuales en su

---

La tesis de McGregor: dependiendo de cuál sea el conjunto de supuestos que el dirigente o supervisor asuma, tal será también su estilo de dirección o supervisión de los trabajadores.

En cuanto posibles imperativos de actuación asumidos por el jefe, aunque parciales visto que solo tienen por foco de atención a los trabajadores, nada nos impide calificar a las teorías **X** y **Y** como doctrinas, aún cuando, tal cual la entiende Fayol, la doctrina en verdad abarca mucho más: todo lo que el oficio de gobernar involucra. Por otro lado, aunque estas dos grandes categorías extremas de supuestos son interesantes, en rigor ha de saberse que en verdad ha habido, hay y habrán tantas doctrinas como gobernantes; esto… en tanto no se lleve a cabo la discusión pública que conduzca al surgimiento de una doctrina.

subconsciente e inconsciente (traumas, deseos reprimidos), etc. Sabemos todo esto, pero piense el lector que la totalidad de lo asimilado –vuelto propio– por cada uno de los seis "observadores" se ve proyectado integralmente sobre lo que cada uno considera ser otro que sí mismo, aquí una determinada y misma empresa. Se trata de lo que en el lenguaje ordinario, pero fenomenológicamente impreciso, cada uno considera serle <u>exterior</u> vista la natural inclinación de los seres humanos a ser "realista ingenuos"; esto es, a hacer caso omiso de hasta qué punto lo que consideran serles exterior realmente, aunque transfigurado, de hecho procede de cada uno a título de proyección,

Hemos establecido la situación punto de partida de la discusión pública entre estos seis "observadores". Punto de partida según el cual existe correspondencia entre el entendimiento integral perfecto que cada uno cree poseer acerca de lo que ocurre en –y en relación a– dicha empresa y la doctrina administrativa personal que pondrían en práctica a la hora de gobernar. Cada una de estas doctrinas se sustenta en el entendimiento integral perfecto que cada uno cree poseer: entendimiento directo de lo evidente, entendimiento indirecto alcanzado mediante coherencia lógica o mediante lo inferido a partir de lo evidente.

Finalidad de la discusión y actitud: Llegar a un acuerdo general y si posible a un consenso acerca de una sola doctrina.[241]

La actitud a ser asumida por los participantes

Esta actitud la vemos muy bien expresada en el 1° artículo de la, así frecuentemente calificada, primera constitución del Japón:

"Ante todo debe valorarse la armonía (WA), y será honroso el evitar toda oposición obstinada… Cuando los que están arriba cuidan de la armonía, y colaboran positivamente los de abajo, entonces hay concordia en las discusiones de negocios, y las estimaciones correctas de las cosas con toda naturalidad ganan aceptación. Y en tal caso ¿qué cosa hay que no pueda realizarse?" [242]

---

[241] Siempre solo válida para cierta época, lugar, cultura y circunstancias generales y particulares, aunque presta a ser revisada en discusión pública según cambien esas condiciones.

[242] Constitución del año 604. Consta de 17 artículos, cuya autoría usualmente le es atribuida al Príncipe Shotoku Taishi (574–622) en los tiempos de un desarrollo incipiente del Japón. El kanji 和 es el utilizado en el Japón desde hace 1300 años para representar a WA, la armonía. Seguidamente una traducción al inglés del mismo primer artículo, igualmente imperfecta pero más elaborada: "WA – Harmony and peace" is to be most valued, and an avoidance of wanton antagonisms to be honored. All men are influenced by class and group feelings, and wise persons are rare among us. Hence there are some who disobey their lords, masters and fathers or who maintain feuds with the neighboring villages. But, when those above are harmonious and peaceful-minded and those below are friendly and discuss harmoniously and peacefully the matters of the communities and the State, there will be no discord and the right view-points of things naturally gain acceptance and prevalence. Then any difficult task can be accomplished smoothly and harmoniously. Hiroaki Sasaki – Tourist guide licensed by the Ministry of Land, Infrastructure & Transport, January 07, 2006.

Se trata de una sociedad que por lo visto tiende a no considerar como pérdida de tiempo y esfuerzo el alcanzar a ponerse de acuerdo: un reconocido rasgo cultural de la sociedad japonesa.

Obsérvese que la armonía es el punto de partida y no una suerte de ideal a ser alcanzado al final de un determinado recorrido, necesariamente infinito vista la exigencia de perfección que todo ideal implica. Se trata de evitar conflictos en lugar de, ya existentes, resolverlos.

Punto de partida que en nuestro caso inicialmente y por un tiempo habrá de convivir con la existencia de múltiples doctrinas personales, posiblemente un sinnúmero de ellas, si incluimos las que tácitamente expresan mediante sus comportamientos individuales el sinnúmero de "observadores" a los cuales Fayol hace referencia. "Observadores" que en su calidad de gobernantes a sabiendas o no, háganlo bien, mal o regular coadyuvan a que los entes sociales, de los cuales son miembros co-influyentes, **se**-gobiernen.

Cada uno cree saber administrar en cuanto aspecto clave del oficio de gobernar, pero al estar dicho saber, aunque no lo sepa, sustentado en un entendimiento parcial y no verdaderamente integral y perfecto de la empresa, ha de interpretarse como una simple opinión entre otras posibles. Cada doctrina personal se constituye así en una opinión acerca de los principios y elementos, los cuales vimos son las dos grandes categorías de componentes que según Fayol habrán de constituir a la doctrina administrativa.

A los efectos de la presente explicación, quedémonos con los seis "observadores" representados arriba. Son seis doctrinas diversas, incluso las hay contradictorias como las polarmente opuestas en los casos de los pares de observadores 1 y 4, 2 y 5, 3 y 6.

Con base en una supuesta comprensión integral y perfecta de la empresa, cada uno cree poseer la doctrina administrativa indicada para gobernarla con éxito.

De asumir la actitud descrita en el primer artículo de la primera constitución del Japón, cada uno ante todo habrá de valorar la armonía (WA), significando esto que evitará toda oposición obstinada, honrándole así hacerlo.

Ahora bien —en el gráfico— guiados por esta actitud, deberíamos, en lugar de porfiadamente cada uno de estos "observadores" permanecer inmóvil, observarles dispuestos a explorar puntos de vista distintos a los propios y, por así decirlo, girar en torno a la empresa, colocándose sucesivamente en el lugar de cada uno de los otros cinco, debiendo en cada ocasión sorprenderle el hecho de que cada uno de estos otros pudiese considerar como evidente lo que para él evidentemente estaba muy lejos de serlo. ¿No debería la actitud WA auténticamente asumida conducirle a comprender que muy posiblemente lo evidente para él no tiene porque serlo para cada uno de los demás? ¿No debería la actitud WA auténticamente asumida conducirle a comprender que no hay identidad entre lo individualmente asumido como obvio y lo indiscutible, pasando entonces a estar más abierto a la discusión de lo originalmente considerado como indiscutible?

Aunque no se la comparta, esforzarse por entender cómo a partir de cierta posición lo obvio —lo evidente— se presenta de cierta manera en tanto que desde otra posición lo obvio —lo evidente— se presenta como distinto, es clave como escalón inicial conducente a la concordia. Comprobar que lo obvio propio no lo es para otros propicia, por así decirlo, el descongelamiento de la posición propia, condición necesaria aunque no suficiente para elevándose por encima de los –aquí seis– puntos de vista parciales apuntar a una síntesis de orden superior. Condición necesaria que aunada a la actitud WA firmemente asumida sí se vuelve suficiente.

El escenario de discusión ex profesamente idealizado que hemos descrito nos permite comprobar que los dos obstáculos clave al entendimiento compartido entre seres humanos son: por un lado, la convicción que cada uno tiene de poseer el entendimiento integral y perfecto de las cosas cuando solo es parcial y, por el otro, el imperio que sobre cada uno ejerce lo que asume como indiscutible, como evidente.

Entendemos ahora lo que sin mayores explicaciones afirma el primer artículo de la primera constitución del Japón relativo a lo que en principio habrá de ocurrir, no exento del esfuerzo de buena voluntad WA requerido. Si todos y cada uno se esfuerza por hacer lo mismo –sucesivamente asumir el punto de vista de los otros cinco– progresivamente, así lo afirma el primer artículo, las estimaciones correctas de las cosas habrán de ganar natural aceptación; igualmente la concordia en las discusiones de negocios. Estimaciones correctas que necesariamente suponen un haberse elevado cada uno por encima de los seis puntos de vista inicialmente parciales.

Obsérvese que el artículo afirma que el desenlace positivo está asegurado: las estimaciones correctas de las cosas y la concordia en las discusiones de negocios. De allí que lo clave, lo importante, lo necesario, sea la actitud Wa requerida por parte de cada uno de no aferrarse: 1.– a un supuesto entendimiento integral y perfecto de la empresa como un todo, 2.– a lo que se le presenta como evidente, así como consecuentemente 3.– a la doctrina que cree indicada para gobernarla.

En fin, una discusión civilizada entre gente que realmente apunta a formular una doctrina que, cual paraguas, sea de aplicación general, dejando, claro está, abierta la posibilidad de complementarla con las doctrinas específicas subordinadas que fuesen necesarias en función de las circunstancias particulares externas e internas de cada empresa y clase de actividad.

La naturaleza intrínsecamente contingente de la doctrina significa que ha de variar según las circunstancias, épocas, culturas, ramos de actividad, etc. La doctrina nunca estará estática, siempre estará cambiando, en ocasiones con mayor rapidez, en otras con menos. Así lo veremos en relación al tema de los principios, componentes clave de la doctrina (capítulo 1 de la 2ª parte de AIG, Tomo 2), entendidos ellos como aquellas condiciones a instaurar en la empresa con miras a alcanzar la muy particular clase de salud, fortaleza y buen funcionamiento del cuerpo social de cada empresa en particular.

No pueden, por ejemplo, ser los mismos principios los aplicados a las empresas culturalmente heterogéneas de hoy, que los aplicados 100 años atrás cuando eran bastante más homogéneas. Es así que también los principios, las condiciones en general a instaurar para la salud, fortaleza y buen funcionamiento de los cuerpos sociales de las empresas de los mundos occidental y lejano oriente, por ejemplo, no podrán ser los mismos, pudiéndose claro está, apuntar a la formulación de doctrinas siempre generales, pero para sociedades, sectores de actividad, etc. más específicos.

Podrán igualmente en función de tiempos, lugares y circunstancias específicos comprobarse diferencias y transformaciones en cuanto a cómo se manifiestan los elementos constitutivos del administrar –prever, organizar, mandar, coordinar y controlar–, segunda gran categoría de componentes de la doctrina (capítulo 2 de la 2ª parte de AIG).

En suma, se trata, mediante la constante discusión, procurar un consenso siempre viviente –siempre cambiante– de la doctrina administrativa en cada caso más apta en pro del mejor desempeño gubernamental.[243]

Factibilidad y lo que de hecho ocurrió

Entendida la propuesta de Fayol cabe interrogarse acerca de cuan realista pudo ser que ocurriese tal discusión pública en su época, pero sobre todo cuan factible el que pudiese ocurrir hoy día.

Según lo reporta el historiador Jean-Louis Peaucelle, ciertamente en la Francia de Fayol y hasta por un tiempo relativamente corto tras su fallecimiento, surgió una polémica entre los que podríamos denominar Fayolistas y Tayloristas; polémica que según este mismo historiador en la práctica fue ganada por los segundos, y consecuente disolución progresiva del movimiento favorable a Fayol.[244]

---

[243] Las descripciones aquí presentadas ciertamente están lejos de coincidir con las discusiones usuales que ocurren entre los seres humanos; usualmente desordenadas, poco eficientes en cuanto a pronto alcanzar acuerdos, y lamentablemente –ausente la actitud WA– con frecuencia conducentes a profundizar malentendidos en lugar de conducir a la concordia. Tan solo hemos idealizado lo que de hecho constantemente ocurre en los grupos y sociedades humanas: múltiples y diversas discusiones públicas, conducentes según el caso a la formación de una determinada multifacética "matriz de opinión", registrada por las empresas encuestadoras y de la cual habrán de estar muy pendientes los sectores afectados. No obsta tal panorama de dificultadas a que ciertas opiniones puedan por un tiempo y con cierta intensidad pasar a ser dominantes, tras la natural discusión pública que tiende a ocurrir entre los miembros de cualquier sociedad humana a la luz de lo que la inquieta para un momento determinado; e.g.: rivalidades políticas, dificultades económicas, cierto problema social acuciante en lo particular, circunstancias externas adversas, etc. Aunque no resultantes de un consenso, dominantes y por lo tanto poseedoras de un importante poder para influir en el rumbo, recorrido y destino final del ente social del cual se trate.

De allí también –como solución práctica– la existencia de instituciones a cargo de tomar ciertas clases de decisiones por cuenta de la sociedad toda, y que siendo más manejables dado el relativamente reducido número de miembros que las caracterizan, han acordado normas parlamentarias que lentamente han evolucionado con miras a alcanzar <u>acuerdos</u> en la variedad de cuerpos legislativos existentes, aunque tan solo sea con base en un <u>consenso</u> previamente alcanzado acerca de que cierta mayoría, normal o calificada, habrá de bastar para decidir ciertos temas.

[244] Jean-Louis Peaucelle, posiblemente el investigador que más se ha adentrado en la vida, trayectoria y circunstancias de Henri Fayol. Entre sus múltiples ensayos están: "Henri Fayol et la recherche-action"; "Les combats de Henri Fayol"; "Les raisons de l'éclipse de Henri Fayol"; "Présentation et commentaire du livre d'Henri Fayol, Administration Industrielle et Générale". Este último texto con la declarada intención de explicar la obra de Fayol.

Pero bien pensado se trata de un hecho histórico fácil de comprender, si se recuerda que para la época los ya muy visibles extraordinarios éxitos de las diversas ciencias aplicadas fácilmente podían hacer olvidar que en lo fundamental la real función de éstas es el apoyo, sea a lo que los seres humanos quieren hacer o a lo que de hecho ya hacen. Esto es, en apoyo a la gran diversidad de verbos por ejercer o que ya se ejercen.[245] Caso paradigmático... precisamente la contraparte en la referida polémica: Taylor cuya propuesta fundamental consistía en la aplicación –apoyo– de las ciencias a las labores humanas de todo tipo. Precisamente el olvido del apoyo como la real función de las ciencias aplicadas; olvido solo posible cuando el sentido profundamente verbal de la propuesta de Fayol fuese ignorado, a la luz de una simple lectura contemplativa incapaz de compenetrase con el pensamiento del autor y debidamente profundizar en su aporte.

En este sentido, vistos los hechos históricos reportados por Jean-Luis Peaucelle, puede afirmarse que una primera discusión pública sí ocurrió, pero igualmente única ya que pronto –para no decir apresuradamente– desembocó en <u>doctrinariamente</u> convertir a la ciencia aplicada en el enfoque dominante del campo. Doctrina que al proponer el dominio de lo secundario por sobre lo más originario determinará la evolución y enseñanza del campo a lo largo de las varias décadas que siguen. Dominio que empieza a agrietarse a principios de los años 80 del siglo XX con la publicación de "En búsqueda de la excelencia" de T. Peters y R. Waterman.[246] Y ha de quedar claro que el aporte realmente significativo de estos autores no son las ocho características presentes –una o varias de ellas– en las empresa excelentes que detallan en la 3ª parte de su libro, sino lo que expresan en los dos capítulos de la 2ª parte, "El modelo racional" y "El hombre en espera de motivación"; capítulos que directamente van al encuentro de lo que califican como la "racionalidad limitada" inherente a los enfoques

---

Pero... tanto así como sin duda alguna son muy valiosos los minuciosos aportes de este historiador, tanto así es pobre su interpretación del mensaje de Fayol, tanto así le es imposible compenetrarse con el texto desde la simple lectura contemplativa que reporta en su ensayo.

[245] Importante es observar que en el orden histórico de los hechos primero advino "...lo que los seres humanos querían hacer o lo que de hecho ya estaban haciendo." para solo luego, mucho más tarde, ello ser reforzado con el surgir de las respectivas ciencias aplicadas. Pero si seguimos adelante hasta tiempos más recientes comprobamos la ocurrencia de una suerte de inversión que se añade a la histórica precedencia recién descrita completándose así el círculo: en primer lugar el surgimiento de múltiples tecnologías –ciencias aplicadas particulares– para solo luego dar pie a concebir o convertir en realizables nuevos quehaceres, previamente –y a lo sumo– solo imaginables, pero ciertamente hasta entonces no ejecutables (e.g.: planear con un parapente gracias a la existencia de nuevos materiales), o también nuevas maneras de llevar a cabo ciertos quehaceres, como evidentemente tal ha sido la propuesta fundamental de la reingeniería ("Reengineering the Corporation", Michael Hammer & James Champy, HarperBusiness, 1993). Así completada la circularidad histórica, pero en el orden lógico de la ejecución siempre en primer lugar "...lo que los seres humanos quieren hacer o lo que de hecho ya están haciendo." para solo luego ser reforzado con las respectivas apropiadas ciencias aplicadas (revisar lo ya explicado en la sección "El conocimiento que el científico produce y su aplicación a la ejecución de verbos" (pág.: 35).

[246] "In search of Excellence, lessons from America's Best–Run Companies", Thomas J. Peters and Robert H. Waterman, Jr. Warner Books, 1982.

iniciados por Taylor y el Movimiento de la relaciones humanas y sus desarrollos posteriores. El primero proponiendo, como ya sabemos, aplicar la ciencia al trabajo humano, y los segundos determinando, mediante sus muy conocidos experimentos realizados en la planta de la Western Electric Company en Hawthorne de la época, las causas de la productividad humana y consecuentes recomendaciones que se desprenden de dichos estudios; cual es la necesidad de científicamente diseñar un entorno laboral propicio para la alta moral de los trabajadores y correspondiente productividad ("moral" que no perdura como palabra clave del campo, sino que pronto se verá desplazada por el término mucho más exitoso de "motivación"). [247]

Y… ¿actualmente?

Sin minusvalorar, como ya lo hemos hecho, los aportes de las ciencias aplicadas en pro de cualquier actividad humana, cabe sin embargo cuestionar su apresurada temprana conversión en doctrina del campo, la cual en ausencia de todo cuestionamiento perduró hasta principios de los años 80. Cuestionamiento que se inició con la publicación de "En busca de la excelencia" de Peters y Waterman; cuestionamiento aun en marcha desde entonces, notoriamente manifiesto en el gran dinamismo que ha caracterizado al campo; muy evidentes y crecientes la plétora de foros, congresos, publicaciones académicas y no académicas impresas o mediante medios audiovisuales y sociales, las nuevas iniciativas curriculares, las múltiples nuevas escuelas y postgrados centrados en la formación de dirigentes empresariales, etc.

En una palabra: una voluminosa y multifacética discusión pública, internacional y regional, de mayor envergadura las unas, más específicas las otras. Discusión que comenta y analiza las nuevas realidades, retos actuales y futuros, así como sus implicaciones para la conducción de las empresas de toda clase. Voluminosa discusión, aparentemente caótica y dispersa, pero que con el tiempo doctrinariamente conduce a que solo perduren e influyan significativamente –algunas más, otras menos– las mejores opiniones e ideas. En fin, un dinamismo y magnitud que posiblemente pocos otros campos igualan.[248]

---

[247] "The Principles of Scientific Management", Frederick Winslow Taylor, Harper and Row Publishers, 1911. En cuanto al Movimiento de Relaciones Humanas: "The Human Problems of an Industrial Civilization", Elton Mayo, The Macmillan Company, 1933.

[248] Un viraje doctrinal de gran importancia puede observarse en los cambios curriculares ocurridos desde hace ya un tiempo en algunas de las más importantes "Business/Management schools" de los Estados Unidos. Viraje que se resume en la expresión "Management is not enough; what we need is leadership." "Leadership" –"liderazgo"– término que en los Estados Unidos el campo toma, a falta de una mejor opción, prestado de las ciencias psicológicas, psicosociales y sociológicas, pero ausente en el lenguaje de Fayol. (Decimos "a falta de un mejor término" ya que para nuestro autor en modo alguno el liderazgo es garantía de un buen desempeño gubernamental. Gobernar es el oficio; liderazgo es una característica psicosocial tocante a la relación existente entre quien dirige y los dirigidos)

6ª PROFUNDIZACIÓN

La necesidad de nociones administrativas –esencial a la hora de desempeñar el oficio de gobernar– es universal.[249] Su enseñanza.

En el mismo capítulo 3 de la 1ª parte de AIG –propuesta la discusión pública como el medio más indicado y necesario para el surgimiento de la doctrina– Fayol prosigue así:

"Hecho esto, habrá que resolver el problema de la enseñanza."

Para de inmediato sorprender al lector afirmando:

"Todo el mundo, en más o en menos, tiene necesidad de nociones administrativas."

Afirmación que profundizaremos debidamente en "Gobernar concierne a todo ser humano", última sección de la 7ª Profundización de la serie de ensayos "Profundizando en lo que significan administrar y gobernar" (pág.: 230).

Anticipamos, sin embargo, la tesis:

Del hecho mismo de formar parte de ellas, de por así decirlo hallarse en su interior, todo ser humano, independientemente del nivel jerárquico que posee, necesariamente ya influye en el rumbo, recorrido y destino de cada una de las usualmente diversas empresas de las cuales son miembros.[250] Pero influir por acción u omisión de cualquier manera ciertamente no habrá de ser suficiente para efectivamente contribuir a que cada una de esas empresas **se**-gobierne; esto es, alcance a tener, por así decirlo, en sus propias manos tanto el recorrido necesario como el destino que colectivamente se propone alcanzar. Por lo tanto, influir en cuanto miembro desde el interior sí, pero no de cualquier manera, sino por el contrario desde allí hacerlo acertadamente para bien de la empresa; significando esto desempeñar el oficio de gobernar, para lo cual, de entre las seis funciones esenciales a cumplir, habrá de igualmente ser cardinal poseer la capacidad de administrar; esto es, la de: prever, organizar, mandar, coordinar y controlar.

Precisemos: un gobernar-**se** de las empresas que gracias a la capacidad administrativa poseída por quienes desde su interior acertadamente gobiernan, le proporcionen tanto la capacidad de

---

[249] El que la necesidad de nociones administrativas constitutivas de una doctrina –principios y elementos– sea universal, supone también recordar que ello no significa, según destacamos en la profundización anterior, que las nociones administrativas mismas habrán de ser universales; necesariamente han variado y varían en función de épocas, lugares, culturas, ramo de actividad de la empresa, etc. Universal es la necesidad de que alguna doctrina exista; sus componentes necesariamente son variables.

[250] Por ejemplo: al mismo tiempo gerente de un departamento en una empresa, voluntario en una ONG, padre de una familia que se propone realizar un viaje, etc. "Empresa", como ya lo hemos apuntado, en el muy amplio sentido que Fayol le da: un ente social de cualquier clase o magnitud, emprendedor en la justa medida en que colectivamente sus miembros se activan con miras a alcanzar o cumplir cierto(s) logro(s). Recordar que así evitamos utilizar la palabra "organización" cuya cobertura es semejante en su utilización ordinaria, pero que tendrá un significado diferente y muy específico en AIG (El elemento "Organización" largamente tratado por Fayol en el capítulo 2 de la 2ª parte).

tomar en cuenta los escenarios cambiantes –propicios o no– que surjan a lo largo del recorrido, cómo en efecto en cada momento saber "maniobrar"; esto es, qué hacer y dejar de hacer para alcanzar el destino final de antemano comprometido.

Queda claro entonces porque un poco más adelante Fayol se centra en la enseñanza: cuan general y profunda ha de ser así como el alcance de sus servicios, destacando el papel que la escuela habría de cumplir, más allá del que le correspondería a otros agentes sociales (e.g.: la familia):

"La enseñanza de la administración debe, por lo tanto, ser general: rudimentaria en las escuelas primarias, un poco más extensa en las escuelas secundarias, muy desarrollada en las escuelas superiores."

Más adelante:

"Es menester, pues, esforzarse por difundir nociones administrativas en todos los rangos de la población. La escuela evidentemente tiene un papel considerable a cumplir en esta enseñanza.

En las escuelas superiores, los profesores bien sabrán como componer sus cursos el día en que la administración forme parte de su enseñanza."

El primero de estos tres párrafos nos confirma que Fayol jamás concibió a los estudios de administración como una nueva especialidad o carrera profesional. Las numerosas escuelas existentes hoy día le sorprenderían (de hecho son producto del enfoque científico-técnico iniciado por Taylor: cada campo requiere de un especialista). [251]

En el fondo, para Fayol –al igual que en La república de Platón– la educación existe con miras a la formación de egresados merecedores y capaces de asumir los altos cargos de conducción social, filtrando y seleccionando candidatos a través de cada uno de sus, cual escala, niveles educativos ascendentes. Muy posiblemente, consciente de las crecientes exigencias de la revolución industrial que progresivamente han estado convirtiendo al sistema educativo en una simple factoría de recursos humanos profesionales especializados, Fayol haya sentido la necesidad de complementar tales estudios –ingeniería, por ejemplo– con asignaturas concernientes al administrar, precisamente con miras a la formación de futuros jefes; estos es, de gobernantes para cada uno de los distintos niveles que la sociedad requiere. A diferencia del saber político-contemplativo de Platón, lo que por así decirlo "modestamente" propone Fayol es complementar los diferentes niveles educativos con la enseñanza creciente del saber-administrar... administrar como parte esencial de la formación de cada futuro miembro de la sociedad en general y de las diversas empresas en las cuales participen: su saber-gobernar.

Otros dos puntos muy importantes que explican porque los estudios de administración no pueden a los ojos de Fayol convertirse en una carrera universitaria o de postgrado:

---

[251] Escuelas sujetas a muy diversas denominaciones: Administración de empresas, Ciencias administrativas, Gestión de empresas, Gerencia y demás variantes; sin contar "School of Management", "Business School" y otras en el mundo anglosajón. Diversidad que se debe, como lo apuntamos muy al inicio, a la multiplicidad de posibles denominaciones corrientemente utilizadas para referirse al campo que de manera más inmediata nos concierne.

En primer lugar, como ya hemos visto, debido a que el administrar solo es una parte de un todo mayor, cual es el gobernar. Además, en su rancio sentido platónico, que Fayol comparte, es la educación como un todo la que debe formar superiores. Ni siquiera para enseñar a gobernar tendría sentido una carrera aparte. ¿Concebible una educación especializada que solo enseñase a unos cuantos a gobernar, en tanto que la gran mayoría ni siquiera alcanzase a poseer rudimentos del saber-gobernar en cuanto miembros de su familia, de una empresa, de una ONG o como ciudadanos en general? Claramente esto iría en contra de lo que hemos visto el propio Fayol manifestar ("Todo el mundo, en más o en menos, tiene necesidad de nociones administrativas.")

En segundo lugar, a diferencia de otras carreras de orden superior cuya acreditación es posible en virtud del certificado emitido por alguna institución educativa, el título de jefe (dirigente, gobernante, etc.) no es otorgable por esta clase de institución a sus egresados. La práctica lo confirma así: quien otorga el primer título y los ascensos ulteriores es la empresa contratante del egresado en función de los criterios en que se fundamenta su propia jerarquía interna. Con todo y las múltiples escuelas del campo que hoy existen, los contratados y ascendidos pueden provenir de cualquier otra carrera u oficio.

Prosigue Fayol:

"Más difícil es imaginar lo que la enseñanza administrativa primaria ha de ser. Al respecto he realizado un ensayo que expondré sin pretensión, convencido de que un buen maestro sabrá mejor que yo extraer de la doctrina y poner al alcance de sus alumnos lo que conviene enseñarles."

Fayol cierra este capítulo 3 de la 1ª parte de su libro con este párrafo. Párrafo que fácilmente pasa desapercibido, no solo debido a que de manera muy particular destaca la enseñanza primaria, sino que en relación a ella dice haber realizado sin pretensión un ensayo de lo que a ese nivel habría de ser enseñado.

Pero entonces cabe preguntar: ¿Adonde encontraremos la exposición que al respecto Fayol afirma haber hecho? Tras consultarlos sabemos que no se halla en los manuscritos existentes tocantes a las partes tercera y cuarta, jamás publicadas, del plan original de la obra. Pero visto que habla en futuro, solo cabe entender que es en la 2ª parte de "Administración industrial y general" donde hallaremos esta exposición.

Es sorprendente, pues, comprobar cuan desapercibido ha pasado lo que Fayol dice en este párrafo, no siendo otra cosa que la transición que explica lo que se propone realizar en la 2ª parte de AIG. En el párrafo anterior dio por descontado que en las escuelas superiores los profesores sabrán ingeniárselas y encontrar la manera de enseñar a administrar. En este último párrafo expone algo que considera difícil: imaginar lo que pueda y deba incluirse en el plan de estudios de las escuelas primarias. Pero... ¡Sorpresa! El "humilde" propósito de la 2ª parte de "Administración industrial y general" es –en adición a iniciar la discusión pública– exponer el contenido curricular que en materia administrativa podría y quizás debería incluirse en los programas de estudio de las escuelas primarias (decimos "podría y quizás" debido a que Fayol sería el primero en someter su propuesta a la discusión pública).

En la última oración de este capítulo 3 de la 1ª parte de AIG vemos de nuevo a Fayol delegar en los educadores la labor de seleccionar lo enseñable y encontrar la manera de enseñar esos contenidos programáticos. Queda claro que la propuesta de doctrina que Fayol presenta en la 2ª parte de su obra supone distinguir dos niveles de actuación –dos componentes curriculares– ya destacados en la profundización anterior concerniente a la constitución de la doctrina (pág.: 140): los principios y los elementos.

Cuando el estudiante lea la 2ª parte de "Administración industrial y general", es importante que mantenga en mente el propósito expreso de Fayol: no imaginarlo escribiendo para niños. Se está dirigiendo a los docentes (y obviamente también a la opinión pública en general). De allí que en gran medida los textos que en su momento seleccionaremos con miras a ahondar en el entendimiento de lo que son los principios y elementos, tendrán una profundidad inalcanzable por infantes, pero sí necesariamente pertinentes para quienes apuntan a desempeñar el oficio de gobernar –"todo el mundo", según Fayol– así como también para docentes y estudiantes universitarios de pre y postgrado.[252]

---

[252] Ninguna duda cabe de la insistencia de Fayol en promover la necesidad de una enseñanza generalizada de la doctrina a todo nivel. Citamos: "¶ Esta doctrina puede y debe ser enseñada en todas partes, tanto en las escuelas primarias como en las superiores, con la amplitud que corresponde a la cultura general de los alumnos./ ¶ Dos páginas de libro y dos cuadritos bastarán en la escuela primaria./ ¶ Así los principios y las reglas fundamentales <denominadas 'elementos' en AIG> impregnarían todos los espíritus y la educación administrativa experimental se haría mucho más fácil." Palabras expresadas por Fayol en ocasión a la sesión pública del 24 de noviembre de 1917 y publicada en el *Bulletin de la Société d'encouragement pour l'industrie nationale*, noviembre-diciembre 1917. (tres muy breves párrafos que citamos del extracto de esta conferencia que agradecemos figura en la traducción de "Administración industrial y general" de 1961 publicada por Librería "EL ATENEO" editorial.

LOS 3 PRIMEROS CAPÍTULOS:
VISIÓN DE CONJUNTO MEDIANTE CITAS TEXTUALES CLAVE

Seguidamente, previo a profundizar significativamente en lo que administrar y gobernar significan, una presentación compacta de las principales ideas que Fayol expone en la 1ª parte de "Administración industrial y general", mediante el breve comentario de citas textuales clave provenientes de los tres primeros capítulos que la constituyen.[253]

ADMINISTRACIÓN INDUSTRIAL Y GENERAL
1ª PARTE:
NECESIDAD Y POSIBILIDAD DE UNA ENSEÑANZA ADMINISTRATIVA

Capítulo 1 – Definición de la administración.

Capítulo 2 – Importancia relativa de las diversas capacidades que constituyen el valor del personal de las empresas.

Capítulo 3 – Necesidad y posibilidad de una enseñanza administrativa.

Entender la obra de Fayol supone la plena y articulada comprensión de los textos citados a lo largo de las próximas páginas.

Cita clave proveniente de la "Advertencia inicial" de Fayol

"La administración cumple en el gobierno de las empresas, de todas las empresas, grandes o pequeñas, industriales, comerciales, políticas, religiosas u otras, un papel muy importante. Me propongo exponer aquí mis ideas acerca de la manera en que este papel debería ser cumplido."

Como ya comentamos, la palabra "en", presente en la que precisamente es la primerísima oración de AIG, afirma –da por sentada– la siguiente relación de inclusión: "La administración... en el gobierno de...".

Y hemos afirmado que el real entendimiento de la obra de Fayol concerniente a la administración supone no perder de vista el gran contexto del cual forma parte; contexto al cual el propio autor se refiere con la palabra "gobierno".

Citas clave provenientes del capítulo 1 de la 1a parte de AIG, denominado "Definición de la administración".

Fayol inicia el capítulo diciendo:

"Todas las operaciones a las cuales dan lugar las empresas pueden repartirse entre los seis grupos siguientes:

1º. Operaciones **técnicas** (producción, fabricación, transformación);

2º. Operaciones **comerciales** (compras, ventas, intercambios);

---

[253] En lo que sigue seguirán siendo diversas las maneras utilizadas para referirnos a la obra de Henri Fayol: las siglas AIG o simplemente "la obra" cuando no el título completo "Administración industrial y general".

3º. Operaciones *financieras* (búsqueda y gerencia de los capitales);
4º. Operaciones de *seguridad* (protección de los bienes y de las personas);
5º. Operaciones de *contabilidad* (inventario, balance, precio de costo, estadísticas, etc.);
6º. Operaciones *administrativas* (previsión, organización, mando, coordinación y control).

Sea la empresa simple o compleja, pequeña o grande, estos seis grupos de operaciones, o *funciones esenciales*, se encuentran en ella siempre.

Los cinco primeros grupos son bien conocidos; algunas palabras bastarán para delimitar sus dominios respectivos. El grupo *administrativo* requiere mayor explicación."

Fayol describe a la empresa mediante las seis grandes clases de operaciones o funciones esenciales a las cuales da lugar.

Son seis las funciones esenciales, pero cada una puede dar pie a un sinnúmero de operaciones diversas, conducentes a que la función esté cumplida: bien, mal o cualquier calificación intermedia.

El tema inmediato aparente de AIG es el sexto grupo, el administrativo, pero el lector debe entender y no olvidar que forma parte de un primer gran contexto mayor, constituido éste por los seis grandes grupos de operaciones o funciones esenciales.

Tras brevemente comentar los cinco primeros grupos, haber sentado ciertas bases con respecto al sexto y de esta manera conducido al lector hasta el punto culminante del capítulo 1, Fayol introduce la siguiente definición:

"Por lo tanto, he adoptado la siguiente definición:
Administrar es prever, organizar, mandar, coordinar y controlar."

Muy importante: obsérvese que Fayol no define el substantivo "administración" sino al verbo "administrar", y esto en función de cinco verbos; verbos que más tarde, en la 2ª parte de AIG, calificará como elementos... elementos de un compuesto... del compuesto "administrar".

De allí que seguiremos insistiendo en la importancia de no perder de vista el profundo sentido verbal de la obra de Fayol, y esto debido a que lo que en verdad quiere transmitir a su lector son verbos y no substantivos; particularmente el ejercicio de esos verbos.[254] Esto es de extraordinaria importancia y nos permite entender cuál ha sido la dificultad fundamental habida para entender su obra y aporte al campo.

Pero lo anterior no es todo. Fayol concluye el capítulo con los muy breves pero significativos párrafos que siguen y en su momento comentaremos ampliamente.

---

[254] De allí que en lo sucesivo y para evitar el distanciamiento contemplativo que en el lector causa el substantivo "administración", hayamos preferido usar e incluso abusar de la expresión "el administrar" para referirnos a este verbo clave de Fayol; nominalización fácil de hacer con simplemente anteponerle el artículo "el", giro no muy familiar al oído, aunque tan solo sea por falta de costumbre. Igual procederemos con los demás verbos clave que figuran en la obra de Fayol. Pronto le veremos más adelante en el mismo capítulo 1 introducir al verbo "gobernar".

"Así entendida, la ***administración*** no es ni un privilegio exclusivo, ni una carga personal del jefe o de los dirigentes de la empresa; es una función que se reparte, como las demás funciones esenciales, entre la cabeza y los miembros del cuerpo social.

La función ***administrativa*** se distingue claramente de las otras cinco funciones esenciales.

Importa no confundirla con el ***gobierno***.

Gobernar es conducir la empresa hacia su meta buscando sacar el mejor partido posible de todos los recursos de los cuales dispone; es asegurar la marcha de las seis funciones esenciales.

La ***administración*** tan solo es una de las seis funciones cuya marcha debe el gobierno asegurar. Pero ocupa en el papel de los altos jefes un lugar tan grande que a veces puede, este papel, parecer ser exclusivamente administrativo."

(Subrayados nuestros para destacar las partes que se comentan a continuación)

A la definición del verbo "administrar" antes ofrecida, Fayol adiciona ahora su definición del —también verbo— "gobernar", complementándola de inmediato con la muy importante aclaratoria siguiente: [255]

"…; es asegurar la marcha de las seis funciones esenciales".

Obsérvese que la oración "La ***administración*** tan solo es una de las seis funciones cuya marcha debe el gobierno asegurar" parece en efecto confirmar la relación de inclusión de la administración en el gobierno de las empresas, afirmada por Fayol en la que vimos ser la primerísima oración de AIG en su "Advertencia inicial". Verbalmente expresado:

Administrar es parte de gobernar, pero jamás el todo del gobernar. A éste concierne asegurar la marcha de todas operaciones correspondientes a las seis funciones esenciales presentadas al inicio del capítulo 1. Muy en lo particular, significa que ha de asegurar la marcha de todas las operaciones correspondientes al administrar en cuanto sexta función esencial, la cual, según vimos expresado en la primerísima oración de AIG, cumple un papel muy importante en el gobernar de la empresa.

Intrigante: gobernar la empresa supone asegurar la marcha de las seis funciones esenciales a las cuales ella da lugar, pero ocurre que una de ellas —la sexta— cumple un papel muy importante a la hora de que el gobernar de la empresa ocurra; esto último, según lo que pareciera haber sido expresado en la ya citada primerísima oración de AIG, reproducida a continuación.

"La administración cumple en el gobierno de las empresas, de todas las empresas, grandes o pequeñas, industriales, comerciales, políticas, religiosas u otras, un papel muy importante."

¿Acaso hemos de entender que para que el gobernar ocurra, al propio gobernar corresponde asegurar la marcha de una parte de sí mismo… aquella que precisamente cumple el papel muy importante anunciado —pero no hecho explícito— en la primerísima oración de AIG, arriba reproducida? Extraña circularidad.

---

[255] Obsérvese de nuevo el viraje del substantivo "gobierno" al verbo "gobernar"; substantivo cuando se trata de un referirse al verbo, verbo cuando se adentra en su ejercicio.

Cita clave proveniente del capítulo 3 de la 1ª parte de AIG, denominado "Necesidad y posibilidad de una enseñanza administrativa".

Refiriéndose a lo ya expuesto en los dos primeros capítulos de AIG, Fayol inicia el tercero diciendo:

"Acabamos de ver que la obra gubernamental implica el ejercicio y el cumplimiento de las seis funciones esenciales; si alguna de estas funciones no se cumple, bien puede la empresa a causa de ello morir; en todo caso verse debilitada."

(Subrayados nuestros para destacar las partes que se comentan a continuación)

Fayol nos había dicho que gobernar es asegurar la marcha de las seis funciones esenciales. Lo que dice ahora completa y precisa el papel asegurador del gobierno. Asegurar la marcha de las seis funciones esenciales implica su ejercicio y cumplimiento; ejercicio y cumplimiento de las operaciones que cada una de ellas involucra.

Implica, claro está, asegurar el ejercicio y cumplimiento de la muy importante sexta función esencial: administrar; ejercicio y cumplimiento de las operaciones que ella involucra.

En resumidas cuentas tenemos:

Cinco elementos constitutivos del compuesto administrar, cuales son: prever, organizar, mandar, coordinar y controlar.

También tenemos que la empresa da lugar a seis grandes grupos de operaciones o funciones esenciales. Y que...

... al gobernar concierne asegurar el ejercicio y cumplimiento de esas seis funciones esenciales, una de las cuales involucra al administrar mismo, componente clave para que el propio gobernar ocurra.

Todo lo cual podemos gráficamente representar como sigue:

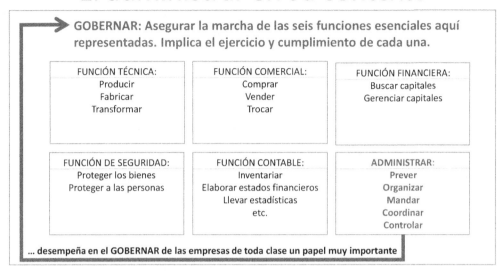

Ahora bien, situar con exactitud al administrar en su debido contexto exige, en adición a lo antes presentado, escuchar muy bien las precisiones que la siguiente cita añade.

Cita clave proveniente del capítulo 1 de la 2ª parte de AIG, denominado "Principios generales de administración".

Fayol inicia este capítulo afirmando:

"La *función administrativa* no tiene por órgano ni por instrumento otra cosa que el *cuerpo social*. En tanto que las demás funciones ponen en juego la materia y las máquinas, la función administrativa no actúa sino sobre el personal."

(Subrayados nuestros para destacar las partes que se comentan a continuación)

Bien estudiado este texto y en relación al gran conjunto de operaciones constitutivas de la función administrativa, vemos a Fayol afirmar aquí tres cosas:

1- Tratándose del órgano, a la pregunta "¿quién administra?" queda bien clara su respuesta: "el cuerpo social de la empresa".

2- Tratándose del instrumento, a la pregunta "¿mediante quién lo hace?" también queda bien clara su respuesta: "mediante el propio cuerpo social de la empresa".

3- Tratándose del personal, a la pregunta "¿sobre quien recae el administrar?", admitida cierta sinonimia aceptable entre "personal" y "cuerpo social", igualmente queda bien clara su respuesta: "recae sobre el cuerpo social de la empresa", siempre que se entienda a ese cuerpo social como un todo orgánico constituido por la totalidad del personal que conforma dicho cuerpo.

Muy importante: a diferencia de las otras cinco grandes funciones esenciales, caracterizadas por la ejecución de verbos transitivos, lo exclusivo y distintivo del administrar es su carácter de verbo reflexivo inherente al componente humano –cuerpo social– de la empresa.[256]

Continuando con los capítulos constitutivos de la 1ª parte de la obra de Fayol, veamos algunos aportes clave provenientes del segundo.

Citas clave proveniente del capítulo 2 de la 1ª parte de AIG, denominado "Importancia relativa de las diversas capacidades que constituyen el valor del personal de las empresas".

Tras construir y analizar un cuadro ordenador del personal de la empresa según su jerarquía, Fayol concluye diciendo:

"En la medida en que se asciende en la jerarquía, la importancia relativa de la capacidad *administrativa aumenta*, en tanto que la de la capacidad *técnica disminuye*."

(Subrayada la parte que se comenta a continuación)

Aunque necesariamente ha de ser poseída por todo el personal de la empresa, independientemente de su nivel, el texto subrayado destaca que la importancia relativa de la capacidad de administrar aumenta con el nivel jerárquico alcanzado.[257]

De allí que no le será difícil a Fayol enfatizar en este mismo capítulo la importancia de la capacidad de administrar, cuando de altos jefes se trata. Lo hace presentando las casi idénticas dos grandes conclusiones citadas a continuación. Casi idénticas salvo que en la primera ocasión la calificará de *"...capacidad esencial..."*, en tanto que en la segunda la calificará de *"...capacidad principal..."*.

"En todas las clases de empresas, la capacidad esencial de los agentes inferiores es la capacidad profesional característica de la empresa, y la capacidad esencial de los altos jefes es la capacidad administrativa."

"En todas las clases de empresas, la capacidad principal de los agentes inferiores es la capacidad profesional característica de la empresa, y la capacidad principal de los altos jefes es la capacidad administrativa." [258]

(Subrayadas las palabras contrastadas)

---

[256] **Transitivo**: verbo cuya acción, realizada por el sujeto, recae sobre algún tercero. Ver en el gráfico resumen "El administrar en su contexto" de la pág.: 163 los múltiples ejemplos de verbos transitivos que el propio Fayol introduce muy al inicio del capítulo 1 para brevemente caracterizar cada uno de los cinco primeros grandes grupos de operaciones o funciones esenciales. **Reflexivo**: verbo cuya acción recae sobre el propio sujeto que lo ejecutó; aquí el cuerpo social –totalidad del personal– de la empresa, a la vez sujeto y objeto de la acción.

[257] En este mismo capítulo 2, Fayol construye otro cuadro con la finalidad de reforzar la conclusión extraída del primero, destacando ahora la necesidad de una proporcionalmente mayor capacidad de administrar por parte de los altos jefes de las empresas en función de la magnitud y desarrollo por ellas alcanzado.

[258] ¿Muy importante que –posiblemente inadvertidamente– en el primer caso Fayol haya dicho "esencial", en tanto que luego diga "principal"? En el fondo ambas calificaciones son aplicables a la capacidad de administrar de los altos jefes. Decir "esencial" significa que se trata de una capacidad que no puede omitirse. Decir "principal" significa que se trata de la capacidad más importante dentro de cierto conjunto. Para Fayol ambas cosas son ciertas. Si se recuerda que administrar es parte esencial de gobernar y gobernar supone la posesión del conjunto de las seis

Pero también es muy importante comprobar la muy significativa conclusión con la cual finaliza el capítulo. Dice:

"La necesidad de nociones administrativas es general."

¿Por qué general? Precisamente debido a que como lo reforzará la próxima cita a comentar, corresponde a todos y cada uno de los miembros del personal —cuerpo social— de la empresa ser capaz de coadyuvar a que el gobernar de ésta ocurra. Un coadyuvar que implica que en adición a ser todos y cada uno capaces de ejercer y cumplir las operaciones correspondientes a las funciones técnicas, comerciales, financieras, de seguridad y contabilidad, igualmente sean todos y cada uno de ellos capaces de ejercer y cumplir las operaciones correspondientes al administrar, parte esencial de su ser capaces de gobernar.

Citas clave provenientes del capítulo 3 de la 1ª parte de AIG, denominado "Necesidad y posibilidad de una enseñanza administrativa".

Del primer párrafo de este capítulo 3 ya citado y parcialmente comentado más arriba, nos interesa ahora la segunda oración citada a continuación y subrayada para destacarla.

"Acabamos de ver que la obra **_gubernamental_** implica el ejercicio y el cumplimiento de las seis funciones esenciales; si alguna de estas funciones no se cumple, bien puede la empresa a causa de ello morir; en todo caso verse debilitada. Por lo tanto, es preciso que el personal de una empresa cualquiera, sea capaz de cumplir las seis funciones esenciales."

(Subrayada la parte que se comenta a continuación)

Rectamente entendida, vistos los cuadros construidos por Fayol en el capítulo 2 de la 1ª parte de AIG, esta oración significa que todos y cada uno de los miembros del cuerpo social de la empresa —su personal— ha de ser capaz, según proporciones que varían según su nivel jerárquico y papel a desempeñar, de cumplir las seis funciones esenciales: técnica, comercial, financiera, de seguridad, de contabilidad y administrativas.[259]

Cada uno ha de ser capaz, pues, de asegurar el ejercicio y cumplimiento de todas las operaciones correspondientes a cada una de las seis grandes funciones esenciales.

Pero... ¿qué significa esto? Nada menos que lo siguiente:

Todos y cada uno de los miembros del personal o cuerpo social de la empresa ha de ser capaz de gobernar. Precisemos:

Todos y cada uno de los miembros del personal de la empresa, capaz de coadyuvar a que desde tal cuerpo social interno a la empresa el gobernar transitivo de ella ocurra.

---

grandes clases de capacidad requeridas para asegurar —el ejercicio y cumplimiento— de las seis grandes funciones –grupos de operaciones— a las cuales dan lugar las empresas, entonces queda bien claro por qué Fayol aplica los calificativos de "esencial" y "principal" a la capacidad de administrar que los altos jefes han de poseer.

[259] No debe por lo tanto interpretarse la oración como afirmando la necesidad de un personal constituido por especialistas funcionales, como lo sería el que algunos de ellos solo fuesen capaces de cumplir la función técnica, otros exclusivamente la comercial, otros únicamente la financiera, etc.

Aún más:

Todos y cada uno de los miembros del personal constitutivos del cuerpo social de la empresa capaz de coadyuvar a que, observada desde el exterior, pueda considerársela capaz de reflexivamente gobernar-se a la hora de transitar por los sucesivos y diversos escenarios circundantes y cambiantes que pudiesen presentársele.

Provenientes del mismo capítulo 3 de la 1ª parte de AIG, citas clave concernientes a: ¿será posible enseñar a administrar?

Veamos cómo Fayol aborda el asunto.

Dando por sentada la necesidad general de una enseñanza administrativa, Fayol expresa su insatisfacción con el estado de las cosas así:

"Ahora bien, en tanto que se hacen –y con razón– los más grandes esfuerzos por difundir y perfeccionar los conocimientos técnicos, en nuestras escuelas industriales no se hace nada o casi nada por preparar a los futuros jefes para sus funciones comerciales, financieras, administrativas y otras."

Existe una clara necesidad insatisfecha. El asunto llama a explicación. Fayol formula dos preguntas retóricas, aunque ciertamente con la finalidad expresa de ser él mismo quien exponga las dos explicaciones más comunes; son:

1- "¿Acaso se desconoce la importancia de la capacidad administrativa?"

2- "¿Será porque la capacidad administrativa no puede adquirirse sino en la práctica de los negocios?"

Explicaciones usuales que en cada caso Fayol rápidamente descarta, para de inmediato presentar su sorprendente propia explicación, así:

"La verdadera razón de la ausencia de enseñanza administrativa en nuestras escuelas profesionales, es la ausencia de doctrina. Sin doctrina, no hay enseñanza posible. Ahora bien, no hay doctrina **administrativa consagrada, surgida de la discusión pública**."

Sorprendente debido a que:

1°– Introduce de manera claramente intencional la palabra "doctrina" (de hecho tres veces).

2°– No se trata de cualquier doctrina; la necesaria ha de estar consagrada.

3°– Una consagración surgida de la discusión pública.

Amén de estar obligados a profundizar en la doctrina en cuanto explicación que Fayol suministra, preciso es destacar su triple utilidad:

1°– Posibilita la enseñanza del administrar en cuanto parte importante del aprender a gobernar.

2°– En contraposición a la usual impunidad, posibilita la evaluación de la labor administrativa del gobernante antes, durante y con posterioridad al desempeño de su cargo.

3°– Posibilita la acertada selección de los medios conducentes a la aplicación de la propia doctrina.

En cuanto a la enseñanza misma ¿qué nos dice Fayol?:

"La enseñanza de la administración debe, por lo tanto, ser general: rudimentaria en las escuelas primarias, un poco más extensa en las escuelas secundarias, muy desarrollada en las escuelas superiores." [260]

Y no perder de vista los dos textos siguientes que amplían enormemente la pertinencia humana de la obra de Fayol.

"Todo el mundo, en más o en menos, tiene necesidad de nociones administrativas."

Y más adelante:

"Es menester, pues, esforzarse por difundir nociones administrativas en todos los rangos de la población."

(Subrayados para destacar lo comentado a continuación)

Recordemos lo que muy al inicio de su obra en su "Advertencia inicial" había afirmado:

"La administración cumple en el gobierno de las empresas, de todas las empresas, grandes o pequeñas, industriales, comerciales, políticas, religiosas u otras, un papel muy importante."

(Palabra subrayada para recordar el amplísimo rango de empresas a las cuales aplica)

Pero entonces: ¿qué tienen que ver "todo el mundo" y "todos los rangos de la población" en el tema del gobierno? ¿Les concierne? ¿Están involucrados? ¿De qué manera y con cuánto vigor? La explicación radica en el muy amplio significado que Fayol da a la palabra "empresa". [261]

Veamos:

En cuanto a características y magnitud, muy diversas son las agrupaciones humanas, agrupaciones de todo tipo y magnitud: públicas y privadas, con o sin fines de lucro, nacionales o internacionales. Están las múltiples y diversas agrupaciones religiosas, partidos políticos, entes del Estado, fuerzas armadas, cooperativas, grupos de presión, gremios, sindicatos, sectas, celdas subversivas, etc. Pero también están las familias, los clanes, las tribus, y porqué no: los países, las naciones, la humanidad toda.

---

[260] Enseñar a administrar como parte de enseñar a gobernar no es, pues, asunto que solo concierne a los niveles superiores de educación.

[261] Tocante a la palabra "empresa" cabe repasar la nota al pie 24 a nuestra traducción de la Advertencia inicial (pág.: 21). Allí apuntamos lo siguiente: "También es importante evitar a lo largo de toda la obra restringir la palabra "empresa(s)" a la única búsqueda del lucro o de intereses privados como usualmente se hace. El mensaje de Fayol apunta a cualquier sector del quehacer humano, tanto público como privado, con o sin fines de lucro, cualquiera sea su magnitud. Veremos que la cabal comprensión de su obra exige preservar la amplitud del tema tratado, cual es el gobierno de cualquier sector del quehacer humano. Que el lector, pues, a lo largo de toda la obra no se olvide del amplísimo significado aplicado a la palabra "empresa" recién explicado

Ahora lo importante:

Cualquiera de ellas pasa a formar parte de la categoría "empresas" cuando apunta a alcanzar alguna meta al cabo de un determinado tránsito por escenarios diversos y cambiantes, exigiendo esto que en virtud de quienes transitivamente gobiernan desde su interior posea, observada desde el exterior, cierta capacidad de auto-gobierno, pudiendo entonces afirmarse de ella que apunta a "tener en sus propias manos su porvenir"; esto es, a gobernar-**se**.

Y reiterando lo que ya apuntamos:

Acerca de cualquiera de estas empresas, muy diversas en cuanto a su naturaleza, razón de ser y magnitud, siempre podrá afirmarse que:

Vistos los cuadros construidos por Fayol en el capítulo 2 de la 1ª parte de AIG, todos y cada uno de los miembros del personal –cuerpo social de la empresa– ha de ser capaz, según proporciones que varían de acuerdo a su nivel jerárquico y papel a desempeñar, de cumplir las seis funciones esenciales: técnica, comercial, financiera, de seguridad, de contabilidad y administrativas.

Cada uno ha de ser capaz, pues, de asegurar el ejercicio y cumplimiento de las seis funciones esenciales.

Pero... ¿qué significa esto? Reencontramos lo que ya habíamos precisado:

Todos y cada uno de los miembros del personal o cuerpo social de la empresa ha de ser capaz de gobernar.

Todos y cada uno de los miembros del personal de la empresa, capaz de <u>coadyuvar</u> a que desde tal cuerpo social interno a la empresa el gobernar <u>transitivo</u> de ella ocurra.

Aún más:

Todos y cada uno de los miembros del personal constitutivos del cuerpo social de la empresa capaz de <u>coadyuvar</u> a que, <u>observada desde el exterior</u>, pueda considerársela capaz de reflexivamente gobernar-se a la hora de transitar por los sucesivos y diversos escenarios circundantes y cambiantes que pudieran presentársele.

PROFUNDIZACIONES CON MIRAS A ELEVAR EL NIVEL DEL DISCURSO

Leídos los tres capítulos de la 1ª parte de "Administración industrial y general", examinar detenidamente:

Once profundizaciones respecto a lo que significan administrar y gobernar

PROFUNDIZANDO EN LO QUE SIGNIFICAN ADMINISTRAR Y GOBERNAR [262]

RESUMEN INTRODUCTORIO

Vimos que Fayol inicia el capítulo 1 –"Definición de la administración"– introduciendo los seis grupos de operaciones o funciones esenciales a las cuales las empresas dan lugar, para luego de brevemente presentar algunos comentarios clave acerca de cada uno de los cinco primeros grupos, finalmente iniciar su tratamiento del sexto grupo de operaciones, constitutivas éstas de la función administrativa– tema cardinal de la obra.

Así las cosas, tras unos pocos párrafos preparatorios, Fayol nos presenta su definición, la cual dice adoptar y que de hecho propone a los lectores para su aceptación. Lo hace así:

"Por lo tanto, he adoptado la siguiente definición:

Administrar es prever, organizar, mandar, coordinar y controlar;" [263]

Pero ésta no será la única. Debidamente examinados veremos que más adelante en este mismo capítulo 1, mediante unos pocos muy breves párrafos, Fayol introduce tanto una segunda definición del administrar como dos definiciones del gobernar.

Habrán de ser once las profundizaciones que se exponen en lo que sigue. Cada una se constituye en un ensayo completo –en ocasiones más corto; en otras más largo– que desarrolla cierta tesis interpretativa particular acerca del pensamiento de Fayol. Las ideas expuestas se entrelazan. De allí que la reiteración de ciertos temas e ideas a lo largo de estas profundizaciones no deba extrañar al lector; reiteración, pero con variantes e inserción en otros contextos. De nuevo aplica aquí la recomendación general ya hecha acerca de la lectura de la obra de Fayol. La plena comprensión de lo expuesto exige pasar de las partes al todo y del todo a las partes; de cada profundización a la totalidad de ellas y regresar tantas veces como sea necesario hasta alcanzar el entendimiento profundo de las tesis presentadas. Son:

1ª PROFUNDIZACIÓN: Pág.: 171

Fayol define el compuesto administrar en términos de los cinco elementos que lo constituyen; cada uno de ellos un verbo. Son elementos de un compuesto. De allí que no puede la ejecución de estos cinco verbos ser entendida como la realización en sucesión de cinco fases, comúnmente reunidas bajo

---

[262] Tan entrelazados están los dos temas –administrar y gobernar– que muy pronto se evidencia que profundizar en cada uno de ellos por separado deja de tener sentido.

[263] Seguida esta definición de una muy breve aclaratoria concerniente a lo que cada uno de los cinco verbos constitutivos de esta definición involucra. Obsérvese que lo hace mediante diversos otros verbos subordinados.

la denominación "proceso administrativo". A la hora de gobernar, mucho más pericia exige integrar –según dosis muy únicas en cada caso– los cinco elementos del administrar, que mecánicamente seguir los pasos del usualmente referido proceso.

2ª PROFUNDIZACIÓN: Pág.: 177

El carácter reflexivo del verbo administrar: diferencia específica que permite entender lo distinta que es su actuación de la que llevan a cabo los otros cinco grupos de operaciones o funciones esenciales.

COMENTARIO DE TRANSICIÓN

3ª PROFUNDIZACIÓN: Pág.: 184

Examen de las cuatro oraciones concernientes al gobierno que figuran al final del capítulo 1 de la 1ª parte de la obra de Fayol. La segunda definición de gobernar también puede entenderse desde un punto de vista afín a la de un compuesto químico.

4ª PROFUNDIZACIÓN: Pág.: 188

Es el administrar el que le provee a la empresa, observada desde afuera cual totalidad, la facultad reflexiva de gobernar-se. Por otro lado, según Fayol, al gobernar corresponde desde el interior mismo de la empresa, transitivamente asegurar la marcha –ejercicio y cumplimiento– de los seis grupos de operaciones o funciones esenciales, entre las cuales se encuentra el administrar. De allí que al gobernar internamente considerado corresponda transitivamente asegurar la marcha –ejercicio y cumplimiento– del administrar; precisamente de aquello que le proporciona a la empresa –así lo estimaría un observador externo– la facultad de gobernar-se.

RESUMEN INTEGRADOR.   Pág.: 203

5ª PROFUNDIZACIÓN: Pág.: 205

En cuanto división vertical del trabajo, toda jerarquía se fundamenta en aquello que de hecho diferencia o ha de diferenciar al superior del subordinado.

1°– Entendimiento de la jerarquía que se desprende de lo expuesto por Fayol en los dos primeros capítulos de su obra.

2°– Dos entendimientos posibles de la jerarquía inspirados en el "Management científico" de Taylor. Cómo uno de ellos inadvertidamente pasa a dominar el desarrollo posterior del campo.

3°– Solución que articula a los entendimientos de la jerarquía de Fayol y de Taylor.

6ª PROFUNDIZACIÓN: Pág.: 221

Gobernar, intrínsecamente un arte, aunque ciertamente lejos Fayol de rechazar la muy positiva contribución que la ciencia aplicada puede prestar a su mejor ejercicio.

7ª PROFUNDIZACIÓN: Pág.: 230

La división del trabajo no implica compartimientos estancos. Si gobernar, según la 2ª definición de Fayol, significa asegurar la marcha –ejercicio y cumplimiento– de los seis grupos de operaciones o funciones esenciales, y todos y cada uno –agente o unidad organizacional– ha de contribuir a que ese aseguramiento ocurra, entonces todos gobiernan en la medida en que ejercen su cuota parte. Desde el interior de la empresa como un todo pasan a ser sus co-gobernantes.

8ª PROFUNDIZACIÓN: Pág.: 240

Administrar y gobernar no son lo que se nos presenta directamente en la percepción cotidiana. Ambos son producto de haberlos abstraídos de aquello que sí es percibido directamente: el comportamiento de los seres humanos.

9ª PROFUNDIZACIÓN: Pág.: 244

Evaluación y autenticidad del gobernar, un problema que exige ser resuelto.

10ª PROFUNDIZACIÓN: Pág.: 254

Gobernar, un oficio que supone entendimiento y libertad.

11ª PROFUNDIZACIÓN   Pág.: 266

El oficio de gobernar, su ejecución exitosa; reuniendo las condiciones necesarias y suficientes.

COMENCEMOS.

1ª PROFUNDIZACIÓN:

Fayol define el compuesto administrar en términos de los cinco elementos que lo constituyen; cada uno de ellos un verbo. Son elementos de un compuesto. De allí que no puede la ejecución de estos cinco verbos ser entendida como la realización en sucesión de cinco fases, comúnmente reunidas bajo la denominación "proceso administrativo". A la hora de gobernar, mucho más pericia exige integrar –según dosis muy únicas en cada caso– los cinco elementos del administrar, que mecánicamente seguir los pasos del usualmente referido proceso.

Es de suma importancia profundizar en el entendimiento que Fayol tiene de los cinco verbos constitutivos de la definición que dice adoptar. Los presenta como <u>elementos</u> del administrar y <u>no</u> como fases secuenciales de un así comúnmente denominado "proceso administrativo"; importante error de interpretación, siempre que se le atribuya a Fayol esta concepción.[264]

---

[264] La desviación del pensamiento de Fayol pronto se inició. Tal es el caso de Luther Gulick, quien conjuntamente con Lyndall Urwick, tanto como autores como editores, publican en 1937 un conjunto de ensayos bajo el título de "Papers on the Science of Administration". Ambos han leído la obra de Fayol, aunque ciertamente procurando enriquecerla con ideas propias. Gulick, por ejemplo, en su ensayo, propone expresar la descomposición de la labor de los altos jefes mediante el acrónimo POSDCORB (planning, organizing, Staffing, Directing, Co-ordinating, Reporting, Budgeting). Cuatro de ellos terminológicamente cercanos a los elementos de Fayol, pero considerando necesario añadir tres nuevos (Staffing, Reporting, Budgeting). Lo que afirma luego de presentada su nueva descomposición ya evidencia un inicio de alejamiento conceptual de la definición de Fayol. Dice: "If these seven elements may be accepted as the major duties of the chief executive, it follows that they may be <u>separately</u> organized as subdivisions of the executive." (subrayado nuestro). Todavía no se trata de un proceso secuencial, pero la separación de esos "elements" ya sugiere un primer olvido del administrar como síntesis, como un compuesto; así pronto lo veremos. La transformación que lleva a cabo Urwick es aún más compleja, pero también implica, aunque ciertamente bien intencionados, crecientes alejamientos conceptuales del pensamiento de Fayol.

Bien leído, tal como lo haría un químico a la hora de definir un compuesto, Fayol nos ha definido el verbo "administrar" en función de cinco elementos, correspondientes ellos a los cinco verbos que lo constituyen: "prever", "organizar", "mandar", "coordinar" y "controlar".[265]

Esta interpretación que considera a la definición propuesta por Fayol como análoga a la que haría un químico de algún compuesto tiene importantísimas implicaciones, las cuales pronto veremos tras primeramente retener lo siguiente. Cierto es que en química los compuestos se definen en términos de los elementos de los cuales están compuestos, pero de inmediato no debemos olvidar lo siguiente: cuando mediante el <u>análisis</u> aparecen los elementos con sus respectivas proporciones (dos moléculas de hidrógeno y una de oxígeno, por ejemplo), entonces el compuesto o totalidad (el agua) desaparece. Por su parte, cuando la <u>síntesis</u> es completa y perfecta, el compuesto o totalidad (agua) aparece, pero entonces los elementos ya no lo hacen.[266]

Ahora bien, la definición de toda palabra es normativa en la justa medida en que determina aquellos casos o instancias concretos a los cuales <u>con propiedad</u> pueda aplicárseles esa palabra; esto es, casos e instancias que <u>auténticamente</u> corresponden con aquello a lo cual dicha palabra se refiere. En este sentido, caracterizar a la primera definición que propone Fayol como semejante a la que proporcionaría un químico tiene las muy importantes implicaciones que siguen.[267]

En <u>primer</u> lugar significa que para nuestro autor, solo será un "administrar" aquella acción en la cual el prever, el organizar, el mandar, el coordinar **Y** el controlar ocurran.[268] Los cinco elementos son esenciales y por lo tanto la total ausencia de cualquiera de ellos –uno o varios– hace que la acción no sea, estrictamente hablando, un administrar.

En <u>segundo</u> lugar, la simple presencia insuficiente o inadecuada de cualquiera –uno o varios– de los cinco elementos significa que en lo esencial sí hay una suerte de síntesis, <u>sí</u> hay un administrar, pero imperfecto.

---

[265] No es en este capítulo 1 de la 1ª parte de AIG donde encontraremos la palabra "elementos". Habrá que esperar al título del capítulo 2 de la 2ª parte de la obra para explícitamente encontrar, categorizados como elementos, a los cinco verbos constitutivos del "administrar".

[266] Así ocurre en química, y aunque para facilitar nuestras explicaciones recurrimos a ella para poder aclarar lo que son los elementos y correspondiente compuesto, pronto veremos que al administrar <u>no</u> aplican dos estados extremos alternos tan perfectamente diferenciados como en el caso de los compuestos químicos. Tratándose del administrar y de los cinco verbos que lo constituyen, debe más bien considerarse la <u>imposibilidad</u> de esos dos estados extremos. Imposibilidad de una perfecta síntesis que hiciese desaparecer –fusionara a la perfección– los cinco elementos, así como también la imposibilidad de la plena presencia disjunta de los cinco elementos, junto con la total ausencia del administrar en cuanto compuesto.

[267] Hemos dicho "primera definición" debido a que, como lo veremos en su momento, podremos poner de manifiesto una segunda definición, la cual se desprende de unos pocos muy breves párrafos más adelante en este mismo capítulo 1.

[268] La "**Y**" intencionalmente impresa en mayúscula y negrillas.

Lo que habrá de quedar claro es que según Fayol el acto de administrar, considerado como un todo, es siempre un compuesto, una síntesis de los cinco elementos, aunque diferentes actos administrativos los contengan en variadas proporciones, modalidades y niveles de perfección. Además, en la práctica, mientras más cercano el acto administrativo concreto a la perfección, menos separables y perceptibles habrán de ser los cinco elementos que lo constituyen. La perfección, jamás alcanzable, coincidiría con la plena compenetración y unión de los cinco elementos, al punto de ocurrir —como en la síntesis química— la desaparición de estos y la sola presencia del administrar mismo como un todo integrado.

Paréntesis.- Si hemos recurrido a la química para caracterizar la definición de Fayol, es lícito preguntar por cual vía se le habrán hecho evidentes estos cinco elementos. Se dirá: mediante un análisis. Cierto, pero de inmediato debe recordarse que aquí no se trata de la química de un algo tangible, y por lo tanto tampoco de un análisis al estilo del realizado por un químico en su laboratorio. ¿Cuál análisis entonces? Una parte importante de la respuesta radica en la facultad intelectual de abstracción y por lo tanto de análisis que la mente humana posee; la cual le permite, por ejemplo, separar —esto es, abstraer— en el intelecto cualidades tales como el color o forma particulares de una determinada mesa, sin que tal separación de hecho ocurra o sea jamás realizable en la práctica. Obsérvese, sin embargo, que es esta misma facultad la que posibilita que el ser humano decida —prosiguiendo con el mismo ejemplo— cambiar el color o forma de la mesa por otros preferidos, aunque ciertamente en ningún momento queda ella incolora o ausente de forma. Posibilidad que ahora entendemos como igualmente aplicable a los elementos constitutivos del administrar, para mejorando uno o varios de ellos mejorar al administrar mismo en cuanto compuesto.[269]

---

[269] Véase este otro, aunque no único, ejemplo de extraordinaria importancia. Adam Smith es considerado el padre de la economía moderna. Del examen de sus dos obras fundamentales "The Theory of Moral Sentiments" y "An Inquiry into the Nature and Causes of the Wealth of Nations" y otras, lo que se observa es —mediante la facultad de abstracción que sin duda poseía en alto grado— un primer desprendimiento de lo que posteriormente se constituirían en los fenómenos que el campo de la economía estudia. Ahora bien, corresponderá a los posteriores grandes padres de la economía abstraer con creciente pureza los fenómenos económicos propiamente dichos, toda vez que en las obras de Adam Smith aún subsistía una mezcla de fenómenos humanos íntimamente entrelazados (ciertamente mucha filosofía social, política, moral, etc.). Creciente depuración que posibilitará mejorar la economía de una determinada colectividad humana, tal como la facultad de abstracción hace posible, por ejemplo, mejorar la forma o aspecto —color— de una mesa. Con el tiempo, ya olvidado su origen abstracto, pasa a ser muy natural estudiar y discutir acerca de las realidades económicas, los retos que implican y cómo enfrentarlos, cual si en efecto pudiesen separarse de los fenómenos sociales, políticos, culturales, históricos, religiosos, etc., originalmente constitutivos de cierta realidad humana originariamente existente, pero ahora entendida a posteriori como síntesis de todos estos elementos en muy variadas proporciones, modalidades y niveles de perfección.

Ciertamente cabe la conjetura de si lo recién explicado para la economía representa el patrón histórico que nos permite entender el origen y aplicabilidad práctica de las diversas categorías de fenómenos que, una vez abstraídos, pasan a ser materia de estudio para una diversidad de campos, ahora consolidados: sociología, psicología, politología, antropología, historia, etc.

Sin duda que Fayol fue leído, pero con frecuencia sin la debida profundización de su mensaje. De allí que es cometer un grave error de interpretación atribuir a Fayol la concepción según la cual los cinco verbos de su definición constituyen fases o etapas a ser realizadas en secuencia.

Reiteramos, lo que Fayol define es un <u>compuesto</u>: un verbo compuesto de cinco verbos, aunque como ya apuntamos, a diferencia de un compuesto químico del mundo material, los cinco elementos del administrar –apartando el hecho de presentarse según muy diversas modalidades– pueden combinarse de múltiples maneras y en variadas proporciones, como lo aclaramos seguidamente destacando la muy importante particularidad que sigue.

Cierto es que el administrar se compone de cinco elementos… involucra el ejercicio de cinco verbos. Sin embargo, por así decirlo, la "fórmula" –las proporciones en que han de combinarse o de hecho se combinan– no es única o rígida. A diferencia de los compuestos químicos que, como ya apuntamos, suponen proporciones únicas y exactas de sus elementos, en materia administrativa la <u>proporción</u> y <u>modalidad</u> requerida de cada uno de los cinco elementos puede variar en función de a quién o a quienes corresponda administrar, así como de las circunstancias concretas en la cual su administrar ocurra.[270]

Cinco verbos son elementos constitutivos e inseparables del verbo administrar. ¿Cómo entender esto?

¿Acaso se trata de cinco acciones diferentes no ejecutables como compuesto y por lo tanto solo realizables, cual fases de un proceso, en secuencia? Ya lo hemos visto. <u>Nada</u> tiene en común la definición de Fayol con una concepción secuencial de actividades o fases. Vista la caracterización química que hemos utilizado para interpretar la primera definición que Fayol propone, afirmamos que mal podría estar de acuerdo con aquellos autores que han concebido a la administración en términos del cumplimiento de las actividades correspondientes a una serie de fases, que se reiterarían cíclicamente en el tiempo.

El error cometido por esta concepción sería la resultante de una actitud analítica que, tras poner en juego su facultad intelectual de abstracción para descomponer al todo de la administración en sus elementos, hubiese perdido de vista la síntesis original de la cual partió, con la consecuente reificación, separación y posterior ordenamiento secuencial de los elementos así abstraídos, olvidando que el origen de estos tan solo fue intelectual.[271]

---

[270] Ahora bien, a fin de no apresurar aceptación por nuestra parte debe quedar claro que la existencia de la facultad humana de abstracción no nos permite, por sí misma, llegar a la conclusión de que, hecho el análisis intelectual respectivo, los elementos del administrar propuestos por Fayol sean realmente los que incluyó en su primera definición y que sean cinco en número, ni uno más ni uno menos; mucho menos vista la inclusión no justificada por él de los cuatro elementos (prever, organizar, coordinar y controlar), así como la falaz introducción que del mandar hace poco antes de introducir dicha definición (repasar el desarrollo detallado presentado en la sección "El lenguaje y la acción" (pág.: 67).

[271] Aunque no idéntico, se trataría de un error semejante al de, por ejemplo, tras haber separado en el intelecto tales cualidades como la forma, color, dimensiones, resistencia y peso de una mesa, se llegase a creer que cada una posee una realidad substancial propia, separada e independiente. Bien sabemos que éste no es el caso. Las

El lector que revise los típicos libros de texto del campo podrá comprobar que las más de las veces los proponentes del así denominado "proceso administrativo" reducen a cuatro las fases, denominándolas: planificación, organización, dirección y control, todos substantivos; aunque ocasionalmente también con los verbos: planificar, organizar, dirigir y controlar.[272]

Si no se trata de la ejecución secuencial de verbos, cinco en el caso de Fayol, ¿cómo hemos de interpretar la definición que nos propone? Reiteramos: se trata de una sola actuación global, que con mayor o menor cercanía a la perfección sintetiza –compenetra en proporciones y grado de intimidad muy diversos y variados– la ejecución de cinco verbos, intelectualmente separables, pero no así en la realidad concreta de la actuación administrativa.

Solo ameritará calificarse de un administrar aquella actuación que en cuanto síntesis prevé, organiza, manda, coordina Y controla. [273]

Acertado administrar cuando la proporción y modalidad de compenetración de estos elementos se adecua a las circunstancias y exigencias concretas del caso. No acertado, pero sin embargo un administrar, cuando la proporción y modalidad de compenetración de los elementos no es la más indicada.

Recordando lo ya señalado en cuanto a que en química solo son dos las posibilidades (presencia del compuesto **o** la de sus elementos, pero **no** la de ambos a la vez), conviene más bien, tratándose del administrar, visualizar un continuo que va desde su total inexistencia debida a la inexistencia de alguno o varios de los cinco elementos, hasta aquél singular pero

---

cualidades de forma, color, dimensiones, resistencia y peso jamás existen por sí solas –siempre son cualidades de alguna cosa– y el hecho de que, por ejemplo, digamos que vamos a barnizar la mesa, en ningún momento significa que sea incolora y que el color del barniz por venir "esté por allí, quien sabe dónde, flotando solo" en espera de unirse a esa mesa preexistente sin color. Además vemos que, dada la madera como materia prima, el decir que en primer lugar le vamos a dar forma de mesa, para luego darle cierto color, ciertas dimensiones, cierta resistencia y cierto peso, no tiene mucho sentido. Hay que entender que siempre se trata de cierta transformación o sustitución de las cualidades que la propia materia prima ya posee: de su forma original a una nueva, de su color original a uno nuevo, de sus dimensiones actuales a otras nuevas, de su peso original al que luego tendrá, etc.

Es importante, sin embargo, observar que la analogía recién expuesta no es total y que los cinco elementos no son al administrar como las cinco cualidades lo son a la mesa. Elementos y cualidades no son lo mismo. Las cualidades caracterizan a la mesa y son observables conjuntamente con ella, cosa ésta que no ocurre cuando se trata de un compuesto y los elementos que lo componen, tan solo observables alternadamente.

[272] Curiosa omisión del coordinar, considerado innecesario debido a darle al verbo "organizar" un significado muy alejado del que veremos a Fayol darle. De allí que lo omiten, posiblemente pensando que ha de ser parte del organizar. Obsérvese además que a menudo los verbos prever y mandar son respectivamente substituidos por las fases en que el planificar y el dirigir ocurren. Cuando comentemos con mayor profundidad cada uno de los cinco elementos, comprobaremos que tales cambios no son inocuos y que existen errores ocultos tras la eliminación del elemento coordinar, así como en el uso de palabras aparentemente similares a las utilizadas por Fayol, pero cuyo significado es muy diferente.

[273] Utilizamos la palabra "actuación" en el doble sentido siguiente: ciertamente incluye a las acciones propiamente tales ejecutadas, pero también, como formando parte de tal actuación, incluye a todo el universo de acciones descartadas y por lo tanto no ejecutadas.

jamás alcanzable acto de administrar merecedor del calificativo de perfecto, vista la total fusión y acertada proporción de los elementos que oculta.

Para aclarar como un verbo puede estar constituido por cinco verbos íntimamente compenetrados y debido a que por ahora no es mucho lo que sabemos acerca del administrar y sus cinco elementos, examinemos el ejemplo de un verbo concerniente a una acción humana compleja; esto es, constituida por variados elementos. Visualicemos a un juez llevando a cabo un sentenciar que amerite calificarse de un tal. Sin duda que se trata de una acción compleja. En el intelecto podemos analizar su acción en términos de variados verbos o expresiones verbales. Aunque sentenciar involucre acciones preparatorias secuenciales también es cierto que solo será merecedor de la palabra "sentenciar" aquél que en la <u>síntesis</u> de un solo acto <u>aplica</u> la ley general al caso particular, <u>evita</u> parcializarse, <u>toma en cuenta</u> la jurisprudencia producto de casos semejantes, <u>evalúa</u> cuan benevolente puede ser, <u>anticipa</u> las consecuencias de su sentencia para las partes involucradas y para su propia imagen como juez, etc. Este ejemplo nos indica que pueden existir verbos complejos –aquí sentenciar– analizables en términos de verbos más elementales cuya ejecución exige la compenetración de estos. Perfección claro está que el juez jamás alcanza, pero a la cual debe apuntar.

A la hora de actuar lo clave es que entre en juego la facultad humana de síntesis. ¿Inútil entonces la facultad que posee de abstraer y por lo tanto de analizar? Ciertamente que no. Ya lo apuntamos: es la facultad humana de abstracción la que nos permite descomponer –analizar– realidades complejas en sus componentes, aspectos o elementos constitutivos para así poder cambiar, transformar o mejorar a voluntad cualquiera de ellos. Si no se pudiesen abstraer los colores para considerarlos por separado ¿podría el ser humano cambiar el color de las cosas según sus deseos o necesidad? Si no pudiese considerar por separado su imparcialidad ¿podría el juez tratar de mejorar esta faceta de sus sentencias?

Si no pudiese quien administra considerar por separado cuan previsor es ¿podría acaso pensar cómo mejorar este elemento en su actuación cotidiana? Sí, pero solo si, claro está, no pierde de vista que el análisis y mejoramiento de su prever así abstraído –así considerado por separado– tan solo tuvo por razón de ser perfeccionar la síntesis de los cinco elementos en todo administrar suyo posterior. Se ve, pues, que mucha de la capacidad que el ser humano tiene de cambiar, transformar y mejorar las cosas según sus deseos o necesidad proviene de la facultad que poseer de abstraer.[274]

Pero hay más... Pronto veremos que mejorar su administrar en gran medida habrá de contribuir a mejorar su gobernar

---

[274] ¿Puede razonablemente formularse la hipótesis de que la facultad de abstracción del ser humano ha sido factor de enriquecimiento y desarrollo del lenguaje en la justa medida en que ha posibilitado el análisis de acciones complejas –y correspondientes verbos para referirse a ellas– en acciones subordinadas a las cuales necesariamente, a su vez, también hubo que asignar los verbos respectivos?

Por último, podría pensarse que insistir en rechazar concebir a los cinco elementos como fases o etapas de un proceso tan solo podría ser de interés teórico, sin implicación práctica aparente alguna. Hacerlo se constituiría en una grave subestimación del asunto. Llevar a cabo cinco clases de actividad por separado y en secuencia es muy distinto e involucra pericias muy diferentes y posiblemente mucho menos exigentes que el procurar alcanzar la mejor síntesis posible de elementos con miras a la realización de un compuesto. El arte de administrar en cuanto parte que desempeña un papel muy importante a la hora de gobernar cualquier clase de empresa, implica la –muy difícil de alcanzar en alto grado– capacidad de integrar los múltiples, diversos y variables elementos y facetas de la empresa a fin de convertirla en un ente capaz de actuar como un auténtico todo. Tal es el real significado de la expresión "en la unión está la fuerza". Veremos que gobernar implica no solo integrar a los cinco elementos del administrar. Gobernar implica integrar a la empresa, integrar seis grupos de operaciones o funciones esenciales, así como múltiples y diversos componentes y facetas a fin de que auténticamente funcione como un todo, condición necesaria aunque no suficiente para que su actuación sea exitosa.

2ª PROFUNDIZACIÓN:

El carácter reflexivo del verbo administrar: diferencia específica que permite entender lo distinta que es su actuación de la que llevan a cabo los otros cinco grupos de operaciones o funciones esenciales.

Con la finalidad de profundizar en el papel que la administración juega en el gobierno de las empresas, recordemos en primer lugar lo que Fayol nos dijo al final del capítulo 1 cuando nos solicitó no confundir a la función administrativa, tanto con las otras cinco funciones esenciales como con el gobierno. Lo expresó así:

"La función *administrativa* se distingue claramente de las otras cinco funciones esenciales.

Importa no confundirla con el gobierno.

Gobernar es conducir la empresa hacia su meta buscando sacar el mejor partido posible de todos los recursos de los cuales dispone; es asegurar la marcha de las seis funciones esenciales.

La administración tan solo es una de las seis funciones cuya marcha debe el gobierno asegurar. Pero ocupa en el papel de los altos jefes un lugar tan grande que a veces puede este papel parecer ser exclusivamente administrativo."

A los fines de los comentarios que siguen extraemos de estos textos las tres oraciones siguientes:

1ª – "La función *administrativa* se distingue claramente de las otras cinco funciones esenciales." [275]

---

[275] La función administrativa se distingue claramente de las funciones técnica, comercial, financiera, de seguridad y de contabilidad, para un total de seis funciones esenciales, ya listadas, como vimos, muy al inicio del capítulo 1 de la 1ª parte de AIG.

2ª – "Gobernar es...; es asegurar la marcha de las seis funciones esenciales." [276]

3ª – "La administración tan solo es una de las seis funciones cuya marcha debe el gobierno asegurar. Pero ocupa..."

Así las cosas, no se nos hace difícil extraer de este conjunto de afirmaciones una estructura según la cual al gobernar corresponde ser el "género" bajo cuyo paraguas operan seis grupos de operaciones o funciones esenciales, cuyo desempeño, cuya marcha nos dice Fayol, ha de asegurar –ejercer y cumplir– dicho gobernar. Tampoco se nos dificulta entrever la posibilidad de una segunda definición, la cual nos permite entonces precisar aún más lo que administrar significa. Veamos.

Recordemos en primer lugar que el formato clásico de la definición aristotélica de una "especie" exige distinguirla con toda claridad de las demás "especies", igualmente subsumidas bajo el mismo género. Aplicado a nuestro caso significa que la definición del "administrar" en cuanto "especie" supone distinguirla claramente de las otras cinco funciones esenciales, igualmente subsumidas bajo el mismo género, cual es aquí "gobernar". Segunda definición visto que la primera fue: "Administrar es, prever, organizar, mandar, coordinar y controlar"

Ahora bien, habiendo Fayol a los fines de esta segunda definición afirmado que "La función *administrativa* se distingue claramente de las otras cinco funciones esenciales.", lo que ahora se nos hace imperativo es aclarar muy bien la diferencia específica que le corresponde al administrar. ¿Dónde hallaremos la respuesta?

Es el 1° párrafo del capítulo 1 de la 2ª parte de AIG intitulado "Principios generales de administración" el que nos permite aclarar por completo la diferencia específica fundamental existente entre la administración y las otras cinco grandes clases de operaciones o funciones esenciales.

Se trata del muy breve párrafo siguiente:

"La **función administrativa** no tiene por órgano ni por instrumento otra cosa que el **cuerpo social**. En tanto que las demás funciones ponen en juego la materia y las máquinas, la función administrativa no actúa sino sobre el personal." [277]

---

[276] A lo largo de los comentarios que siguen convendrá también tomar en cuenta cómo, al inicio del capítulo 3 de la 1ª parte de su obra, Fayol precisa aún más esta segunda oración diciendo: "...la obra gubernamental implica el ejercicio y cumplimiento de las seis funciones esenciales;..." (subrayados nuestros). No se trata, pues, tan solo de asegurar la marcha de las seis funciones esenciales. Gobernar implica el ejercicio y cumplimiento de todas ellas.

[277] Es este mismo párrafo el que nos permitirá entender el porqué, siendo aparentemente la administración tan solo una de entre las seis funciones –todas ellas esenciales y que el gobierno ha de asegurar– es ella sin embargo la seleccionada por Fayol como el tema central de su obra. Además, curioso el hecho de que no haya seleccionado al "gobierno" como tal gran tema, cuando precisamente le corresponde ser el "género" bajo el cual ella, la administración, se halla subsumida. ¿Será que finalmente alcanzaremos a entender y veremos confirmado el importante papel cumplido por la administración en el gobierno de las empresas de toda clase, como lo expresó muy al principio de su obra en su "Advertencia inicial"? ¿Tan importante como para además permitirle afirmar:

Aunque figura al inicio del capítulo concerniente a los "Principios generales de administración", es curioso comprobar que a primera vista más tiene este párrafo que ver con la función administrativa que con el tema de los principios.[278] Sin embargo, antes que al tema de los principios, hemos de ahondar en lo que este párrafo nos dice acerca de la función administrativa misma. Veremos que entenderlo es vital ya que completa nuestra comprensión del administrar con precisiones no hechas explícitas en ocasión a la primera definición presentada por Fayol en el capítulo 1.

Comenzamos realizando un análisis semántico del párrafo arriba reproducido, concentrándonos en el significado de algunas de sus palabras clave.

Pareciera constar de dos oraciones. Sin embargo, examinada más de cerca veremos que la primera de ellas –"La **función administrativa** no tiene por órgano ni por instrumento otra cosa que el **cuerpo social**."– expresa dos cosas diferentes. Distingámoslas a fin de hacer explícito lo que Fayol nos transmite en esta primera oración.

Desglosada esta primera oración nos dice:

(1.1) "La función administrativa no tiene por <u>órgano</u> otra cosa que el cuerpo social", y

(1.2) "La función administrativa no tiene por <u>instrumento</u> otra cosa que el cuerpo social".

¿Por qué distinguirlas? Porque "órgano" e "instrumento" no son simples términos sinónimos intercambiables sin más. Significan dos cosas diferentes. De allí que la primera oración del párrafo pudiera de hecho estar transmitiendo dos mensajes diferentes. ¿Cuáles? Veamos:

La palabra "órgano" concierne al <u>qué</u> o al <u>quién</u> cumple determinada función.[279]

La palabra "instrumento", por su parte, concierne el medio: al <u>con</u> <u>qué</u> o <u>mediante</u> <u>quién</u> es hecho lo que se hace.[280]

La primera oración de Fayol nos dice las dos cosas siguientes:

"Pero ocupa en el papel de los altos jefes un lugar tan grande que a veces puede este papel parecer ser exclusivamente administrativo", última oración del capítulo 1 de la 1ª parte de AIG?

[278] La conexión se hará evidente toda vez que llegados allí comprobemos que los principios son aquellas condiciones, en cada caso muy únicas, que han de instituirse en el cuerpo social para asegurar la salud, buen funcionamiento y fortaleza de éste; cuerpo que, como lo veremos, tiene todo que ver con la actuación administrativa que el gobierno de la empresa requiere.

[279] "Órgano", de las raíces indoeuropeas "*werg*" y "*worg*": obrar, actuar; griego "*ergon*": acción, trabajo; griego "*organon*" y latín "*organum*": que realiza un trabajo. Latín medieval "*organizare*": dotar de órganos; de allí que organizar signifique: dotar de partes que realizan, cada una, un trabajo. (ORIGINS by Eric Partridge; Macmillan, N.Y., 1966) Importante: no olvidar esta etimología cuando profundicemos en lo que "organizar" significa para Fayol en cuanto uno de los cinco elementos del compuesto administrar.

[280] "Instrumento", del latín "*Struere*" construir; latín: "*instrumentum*" algo que sirve como equipo, una herramienta. (ORIGINS by Eric Partridge; Macmillan, N.Y., 1966)

(1.1) Por un lado, nos afirma que el cuerpo social es quien cumple la función administrativa, añadiendo de inmediato enfáticamente que solo es él –el propio cuerpo social– quien administra.

(1.2) Y sin embargo, por otro lado, cosa extraña, también afirma esta primera oración del párrafo, que precisamente es el propio cuerpo social quien es para sí mismo instrumento –medio– de tal ejecución; para igualmente de nuevo enfáticamente añadir que solo es mediante sí mismo que dicho cuerpo social cumple la función administrativa.

En suma la primera oración nos dice las dos cosas siguientes: la función administrativa "no tiene por" un quien administra "otra cosa" que el cuerpo social, pero también que "no tiene por" un mediante quien lo haga "otra cosa" que el propio cuerpo social.

Completa nuestro entendimiento de la primera oración recién examinada observar que a Fayol, en cuanto heredero de la tradición socio-política franco parlante moderna, le es muy natural utilizar la expresión "cuerpo social."[281] Nada extraño entonces que el cuerpo social de la empresa sea concebido como el conjunto orgánico de todos sus miembros; esto es, de todo su personal, palabra ésta que utilizará en la segunda oración del párrafo que estamos estudiando y que comentamos a continuación.

(2) Esta segunda oración expresa una tercera cosa acerca del verbo administrar. Dice: "En tanto que las demás funciones ponen en juego la materia y las máquinas, la función administrativa no actúa sino sobre el personal." Fayol nos afirma que la acción del verbo administrar recae sobre el personal y solamente sobre éste.

Ahora bien, si como recién apuntamos, para Fayol el cuerpo social de la empresa no es otra cosa que el conjunto orgánico de todos sus miembros, es decir de todo su personal, entonces podemos retomar la visión de conjunto del primer párrafo para comprobar lo que en resumidas cuentas expresa. Obtenemos la extraña trilogía siguiente:

¿Quién administra?

Respuesta: **el cuerpo social (el personal).**

¿Mediante quién lo hace?

Respuesta: **mediante si mismo (el personal).**

¿Sobre quién recae su acción de administrar?

Respuesta: **sobre sí mismo; esto es, sobre el personal en cuanto conforma un cuerpo social.**[282]

---

[281] Para esta tradición –la de los contratistas sociales– el cuerpo social no es otra cosa que el conjunto de miembros de la sociedad, concebida ésta como un todo orgánico poseedor de realidad propia, y no como la mera concepción –agregación intelectualmente fabricada– de individuos que interactúan entre sí, como mayormente ocurre en la tradición socio-política anglosajona

[282] Cabe preguntar: ¿Por qué Fayol utiliza la palabra "personal" en su segunda oración, en lugar de la expresión "cuerpo social"? Muy posiblemente debido a parecerle poco elegante y quizás desconcertante para el lector volver a

Trilogía que gráficamente expresamos como sigue:

Nos corresponde ahora darle respuesta a la siguiente interrogante: ¿en qué sentido el primerísimo párrafo del 1º capítulo de la 2ª parte de AIG arriba comentado complementa y completa la primera definición del administrar propuesta por Fayol en el capítulo 1 de la 1ª parte de AIG?

Respondemos afirmando que el detallado estudio recién presentado nos ha permitido comprobar un primer punto muy importante: la acción administrativa es reflexiva. Profundicemos en este asunto.

El que algo actúe sobre sí mismo mediante sí mismo puede extrañarnos. ¿Por qué? Por dos razones: 1º– porqué la palabra "instrumento" en general se refiere a alguna cosa distinta del usuario mismo, y 2º– porqué comúnmente las acciones de este usuario tienen un carácter transitivo, es decir: mediante dicho instrumento apuntar a que sus acciones recaigan sobre algo otro que sí mismo.

---

utilizar la expresión "cuerpo social" ¿Preocupación estilística? Quizás. De ser así: ocultamiento sin querer del real mensaje tripartito transmitido en el párrafo.

Desde un simple punto de vista gramatical el verbo administrar a todas luces parece ser transitivo, entendiéndose por ello un verbo cuyo significado exige la presencia de un agente que realiza la acción y de un paciente sobre el cual ella recae. Transitivos son aquellos verbos cuya acción recae sobre alguien otro o cosa distinta del propio actor. Sin embargo, por otro lado, la descomposición tripartita del párrafo que recién realizamos, parece más bien coincidir con la descripción de una acción reflexiva. ¿Permitiremos que este aparente contrasentido nos desconcierte? La respuesta es no. Lo que nos concierne es la recta interpretación del entendimiento que Fayol se propuso transmitir acerca del gobierno de las empresas de cualquier clase y magnitud. La fenomenología de los verbos gobernar y administrar manda por sobre su simple primera apariencia gramatical. Proseguimos.

Expresada brevemente nuestra interpretación dice lo siguiente: el cuerpo social mediante sí mismo actúa sobre sí mismo. ¿Cómo hemos de entender esto? Para ello basta con recordar que los verbos reflexivos pueden ser vistos como un caso muy particular de los verbos intransitivos; aquellos cuya acción recae sobre el propio agente que realiza la acción. [283] Respondemos entonces:

Lo que la breve expresión "el cuerpo social mediante sí mismo actúa sobre sí mismo" pretende lograr es condensar todo el administrar que se lleva a cabo en el interior del cuerpo social y que en mayor o menor grado, para bien o para mal, afecta a la organicidad del propio cuerpo social; y esto desde la multitud de actuaciones particulares de toda clase que llevan a cabo cada uno de los miembros de su personal singularmente o como equipos de trabajo. Actuaciones que van desde las más básicas y elementales hasta las grandes re-organizaciones del propio cuerpo.

Precisemos: Lo propio de los verbos es ser ejecutados por agentes, individual o colectivamente. De allí que sean los agentes —esto es, los miembros del cuerpo social— quienes individual o colectivamente administren. Pero entonces, ¿cuándo y cómo puede legítimamente entenderse al cuerpo social como un todo que es a la vez actor y paciente de su propia actuación? Respuesta: tan solo en el límite de una actuación colectiva perfectamente armónica de la totalidad de los miembros —individuos y grupos— del cuerpo social es que puede dársele una interpretación literal a la expresión global que involucra al propio cuerpo social como un todo orgánico, que es a la vez tanto actor como paciente

Una clara diferencia específica:

"La función administrativa no tiene por órgano ni por instrumento otra cosa que el cuerpo social. En tanto que las demás funciones ponen en juego la materia y las máquinas, la función administrativa no actúa sino sobre el personal."

Tal ha sido el aporte del muy importante párrafo comentado.

---

[283] Expresado en términos gramaticales se trata de aquellos verbos que tienen por complemento directo un pronombre personal indicativo del propio agente que ejecuta la acción.

Vemos que expresa claramente la diferencia específica fundamental buscada. La función administrativa se ejerce exclusivamente dentro del ámbito humano o cuerpo social de la empresa. Expresado con las palabras que el propio Fayol utiliza le oímos decir lo siguiente: "quien administra es el cuerpo social, precisamente mediante el propio cuerpo social, para en fin de cuentas su acción recaer sobre el cuerpo social mismo." Si por otra parte referirse al cuerpo social supone su estar compuesto de personal, oímos a Fayol –ahora expresado en lenguaje ordinario– decir lo siguiente: "quien administra es la gente, precisamente mediante la propia gente, para en fin de cuentas su acción recaer sobre la gente misma."

Así entendida queda claro que la función administrativa –el conjunto de operaciones que implica– se distingue claramente de las otras cinco grandes clases de operaciones o funciones esenciales.[284] Estas últimas, aunque ciertamente ejecutadas por la gente –con o sin el apoyo de medios materiales– tienen un accionar transitivo, significando esto que su operar recae sobre cosas, tangibles o no, internas o externas a la empresa, pero no sobre su propio componente humano, entendido como la totalidad del personal que conforma al cuerpo social de la empresa. Así nos lo reafirmó Fayol cuando en la 2ª oración del mismo párrafo nos dijo que, a diferencia de las otras cinco funciones cuya acción pone en juego la materia y las máquinas –componentes materiales de la empresa– la acción administrativa solo actúa sobre su personal o cuerpo social; esto es, sobre su componente humano.

¿Será este carácter reflexivo del administrar, su tener por sujeto y paciente de su acción al propio cuerpo social de la empresa, el que nos permitirá comprender y ver confirmado el importante papel que cumple en el gobierno de las empresas de toda clase, como lo expresó Fayol en la primera oración de su "Advertencia inicial" muy al inicio de "Administración industrial y general"? Posiblemente.

La presentada es pues la diferencia específica que distingue a la función administrativa de las otras cinco funciones, también esenciales. Con ello se completa la definición de la función administrativa –del administrar– presentada en el capítulo 1.

Sin embargo, por sí sola, esta diferencia específica no se constituye en una 2ª definición. Tan solo nos permite completar lo que la 1ª expresa cuando afirma que "administrar es prever, organizar, mandar, coordinar y controlar". Profundizaremos en la segunda definición del administrar cuando, estando en conocimiento de esta diferencia específica y en adición a ya tener clara la 1ª definición del gobernar antes presentada, se nos aclare otro significado del género "gobernar" según una segunda definición; la cual veremos explicada más adelante en la 3ª profundización que sigue (pág.: 184).

En todo caso, lo que hasta aquí hemos comprobado es que la gran particularidad de las operaciones administrativa, de donde así mismo lograremos entender su especial importancia, es que apuntan al funcionamiento del propio cuerpo social a la hora de cumplir las operaciones

---

[284] Las otras cinco: Técnica, Comercial, Financiera, de Seguridad y Contabilidad.

de las seis clases. ¡De las seis! Esto es, incluso del propio desempeño administrativo del cuerpo social, cual si se tratase de una reflexividad aplicada a la propia reflexión de primera instancia.

COMENTARIO DE TRANSICIÓN

La 2ª profundización recién presentada nos ha permitido aclarar la diferencia específica del administrar relativo a los otros cinco grupos de operaciones o funciones esenciales. Completar la definición del administrar según el formato aristotélico supone aclarar el género bajo el cual están subsumidos los seis grupos de operaciones o funciones esenciales, entre los cuales se cuenta, claro está, la propia función administrativa.

La misma 2ª profundización recién expuesta supuso apelar a una definición del "género" gobernar, fundamentada ella en la labor que ha de cumplir relativo a los seis grupos de operaciones o funciones esenciales. Se dijo: "Gobernar es...; es asegurar la marcha de las seis funciones esenciales." Pero también observamos (Nota al pie N° 276, pág.: 178) que al inicio del capítulo 3 de la 1ª parte de su obra, Fayol precisa aún más el asunto diciendo: "...la obra gubernamental implica el ejercicio y cumplimiento de las seis funciones esenciales;...", lo cual nos permitió aclarar que no se trata tan solo de asegurar la marcha de las seis funciones esenciales. Gobernar implica asegurar que el <u>ejercicio</u> y <u>cumplimiento</u> de todas y cada una de las operaciones correspondientes a estas seis funciones ocurra.

Entendido, por un lado, el gobernar como el "género" que abarca cual "especies" a los seis grupos de operaciones o funciones esenciales y, por el otro, aclarada la diferencia específica que distingue al administrar, cual "especie", de las otras cinco, vemos completada la definición aristotélica del administrar: de hecho una 2ª definición que Fayol introduce en el mismo capítulo 1 de la 1ª parte de AIG.

Sin embargo, la 3ª profundización que se expone a continuación nos permitirá perfeccionar esta 2ª definición del administrar con otra definición del "género" gobernar, no utilizada hasta ahora en estas profundizaciones.

Veremos que a pesar de lo conciso que son los textos de Fayol acerca del gobernar y sus dos definiciones, ellos expresan ideas que son fundamentales a la hora de comprender lo que administrar y gobernar significan.

3ª PROFUNDIZACIÓN:

Examen de las cuatro oraciones concernientes al gobierno que figuran al final del capítulo 1 de la 1a parte de AIG de la obra de Fayol. La segunda definición de gobernar también puede entenderse desde un punto de vista afín a la de un compuesto químico.

Llegado hasta este punto conviene retomar la visión de conjunto de los muy breves párrafos, cinco oraciones en total, de las cuales dijimos se desprende la segunda definición del administrar que Fayol presenta. Son:

"1.– La función *administrativa* se distingue claramente de las otras cinco funciones esenciales.

2.– Importa no confundirla con el *gobierno*.

3.– Gobernar, es conducir la empresa hacia su meta buscando sacar el mejor partido posible de todos los recursos de los cuales dispone; 4.– es asegurar la marcha de las seis funciones esenciales.

5.– La **administración** tan solo es una de las seis funciones cuya marcha debe el gobierno asegurar. Pero ocupa..." [285]

Comencemos por observar que el "tan solo es" de la oración 5 refuerza lo ya observado en cuanto a considerar al administrar como "especie" subsumida bajo el "género" gobernar.

Ahora bien, en cuanto género corresponde al gobernar asegurar la marcha –el ejercicio y cumplimiento– de todos y cada uno de los seis grupos de operaciones o funciones esenciales que Fayol introdujo muy al inicio del capítulo 1 de la 1a parte de su obra.[286] Seis "especies" que según lo que expresa la cláusula 4 arriba citada pueden entenderse como estando cada una subsumida bajo el gobernar; administrar, la sexta, una de ellas.

De allí que al gobernar, en adición a los cinco primeros, le corresponda muy en lo particular asegurar –ejercer y cumplir– la marcha del administrar, en cuanto sexto grupo de operaciones o función esencial.

Es importante, sin embargo, como apunta la oración 2, no confundir al administrar como simple "especie" con el "género" gobernar bajo el cual se halla subsumido. Si además –como vimos en la 2ª profundización– se le distingue claramente de la ejecución de las operaciones correspondientes a las otras cinco funciones esenciales –como lo afirma la oración 1– entonces el administrar queda perfectamente delimitado, precisamente lo que se aspira obtener de una definición.[287]

Ha quedado, pues, en evidencia la segunda definición del administrar que Fayol –quizás inadvertidamente– precisamente introduce en ese mismo capítulo 1. La hemos calificado de aristotélica por subsumir a la "especie" a ser definida –administrar– bajo el "género" gobernar, a la par de claramente distinguirla de las otras "especies" –cinco otros grupos de operaciones o funciones esenciales– igualmente subsumidas bajo ese mismo género.[288]

Segunda definición del administrar integralmente expresada como sigue:

---

[285] La quinta oración aquí citada reproduce la primera oración del párrafo con el cual Fayol cierra el capítulo 1 de la 1ª parte de AIG. Completo dicho párrafo dice: "La administración tan solo es una de las seis funciones cuya marcha debe el gobierno asegurar. Pero ocupa en el papel de los altos jefes un lugar tan grande que a veces puede este papel parecer ser exclusivamente administrativo."

[286] Cláusula 4 que más allá del solo "asegurar" que ella inicialmente expresa normalmente nos permitimos reforzar con las palabras "ejercicio/ejercer" y "cumplimiento/cumplir", según lo hace el propio Fayol en la primera oración del capítulo 3 de la 1ª parte de AIG y se justifica en la nota al pie 166, pág.: 105.

[287] Recuérdese la actuación transitiva que caracteriza a estas otras cinco grandes clases de operaciones o funciones esenciales, en claro contraste con la actuación fundamentalmente reflexiva de las administrativas.

[288] Forma de definir atribuida a Aristóteles (384–322 A.C.), usualmente expresada en latín como definición por *"genus proximum et differentia specifica"*.

En cuanto gran grupo de operaciones o función esencial, el <u>administrar</u> es aquella parte del gobernar cuya marcha –ejercicio y cumplimiento– dicho gobernar ha de asegurar, pero que visto el carácter reflexivo de su actuación, se diferencia claramente de los otros cinco grupos de operaciones o funciones esenciales –técnica, comercial, financiera, de seguridad y contabilidad– igualmente partes del gobernar, cuya marcha este mismo gobernar también ha de asegurar, pero que a su vez, visto el carácter transitivo de su actuación, recíprocamente se diferencian con toda claridad del administrar.

Ahora bien, al gobernar entendido como el asegurar la marcha –el ejercicio y cumplimiento– de las seis funciones esenciales, también puede entendérsele desde un punto de vista afín al de un compuesto químico.

Según la Real Academia, subsumir significa "incluir algo como componente en una síntesis o clasificación más abarcadora". Esto nos autoriza a explorar si, tras el carácter aristotélico de la segunda definición del administrar que Fayol presenta, no podría estar implícita una definición "química" del gobernar. Puede que nos permita profundizar en la naturaleza misma de este oficio. Veamos.

En la 1ª profundización, como parte del examen realizado acerca de la primera definición del administrar en términos de sus cinco elementos "prever, organizar, mandar, coordinar y controlar", observamos que el intelecto humano posee la facultad de separar –esto es, abstraer y por lo tanto analizar– lo que son componentes inseparables –elementos– de un todo sintético. En aquél momento vimos aparecer los cinco elementos del administrar en virtud de un tal análisis intelectual.

No parece pues estar fuera de lugar, cuando menos a título de ejercicio, imaginar a Fayol aplicando esta misma facultad de abstracción y análisis al propio gobernar, evidenciándosele así, cual elementos de un todo, cada uno de los seis grupos de operaciones o funciones esenciales de la empresa.

Esta posibilidad nos retrotrae al inicio mismo del capítulo 1 de la 1ª parte de AIG, donde Fayol describe a la empresa en función de las operaciones a las cuales da lugar. En aquél momento no podíamos saber de donde provenían esos seis grupos de operaciones o funciones esenciales. Veamos si lo podemos lograr ahora examinando, más de cerca, las dos definiciones del gobernar que Fayol enuncia en las oraciones 3 y 4 antes citadas.

La 3 indica la labor total a ser realizada:

"Gobernar es conducir la empresa hacia su meta buscando sacar el mejor partido posible de todos los recursos de los cuales dispone".

Podemos parafrasear esta primera definición del gobernar diciendo que consiste en asegurar la marcha de la empresa <u>toda</u> hacia su meta... lo cual significa asegurar que la empresa como un todo, utilizando lo mejor posible sus recursos, haga lo que tiene que hacer y evite hacer lo que no debe para marchar hacia la meta que aspira alcanzar; y esto en un incesante abrirse camino, como lo expresan los clásicos versos del poeta Antonio Machado y Ruiz:

> Caminante, no hay camino,
> se hace camino al andar.

La segunda definición, por su parte, desglosa –analiza– esa labor total afirmando:

"Gobernar es...; es asegurar la marcha –ejercicio y cumplimiento– de todos y cada uno de los seis grupos de operaciones o funciones esenciales".

No ofrece entonces gran dificultad visualizar a estos seis grupos de operaciones o funciones esenciales como resultantes de la actitud analítica de un "químico" que en el intelecto –visto el carácter intangible del compuesto a ser analizado– se hubiese propuesto desglosar los elementos del gobernar, al cual correspondería entonces asegurar la marcha de la empresa toda, pero asegurando a su vez la marcha –ejercicio y cumplimiento– de todos y cada uno de esos seis grupos de operaciones o funciones esenciales.

La segunda definición del gobernar que Fayol introduce –asegurar la marcha de las seis funciones esenciales– podría entonces, no obstante importantes diferencias, también entenderse como equivalente a la proporcionada desde una actitud "química". Asumida esta posibilidad, todo lo comentado en relación al administrar y sus elementos en la 1ª profundización (pág.: 121), aplicaría *mutatis mutandis* al gobernar, como resumidamente exponemos a continuación:

En primer lugar, significa que para Fayol solo será un "gobernar" aquella actuación que asegura que los seis grupos de operaciones o funciones esenciales se ejerzan y cumplan. Concebidos como elementos del compuesto "gobernar" los seis son esenciales. Por lo tanto la total ausencia de cualquiera de ellos –uno o varios– hace que la actuación no sea, estrictamente hablando un gobernar. En segundo lugar, la simple presencia insuficiente o inadecuada de cualquiera, uno o varios, de los seis grupos de operaciones o funciones esenciales –considerados como elementos– significa que en lo esencial sí hay un gobernar, pero imperfecto.

Así las cosas, lo que habrá de quedar claro es que según Fayol el acto de gobernar, considerado como un todo, siempre habrá de ser un compuesto, una síntesis de esos seis elementos, aun cuando diferentes actuaciones de gobierno los contengan en variadas proporciones, modalidades y niveles de perfección. Además, en la práctica, mientras más cercana a la perfección sea la actuación concreta de gobierno, menos separables y perceptibles habrán de ser los seis elementos que lo constituyen. La perfección, jamás alcanzable, coincidiría, como ya apuntamos, con la plena compenetración y unión –cual elementos– de los seis grupos de operaciones o funciones esenciales, y de así ocurrir la desaparición, como en la síntesis química, de estos grupos y la sola presencia del gobernar mismo como un todo integrado.

Todo lo cual nos pondría en condiciones de afirmar lo siguiente:

Los cinco elementos son al administrar como el administrar y los otros cinco grupos de operaciones o funciones esenciales son al gobernar.

El administrar tiene sus elementos: cinco en total. El gobernar también tendría los suyos –seis en total– solo que denominados "grupos de operaciones o funciones esenciales" en lugar de calificados como elementos.

Es la capacidad de abstracción del intelecto humano la que nos habrá permitido distinguir claramente al administrar del ejecutar de las otras cinco funciones esenciales. Es la misma capacidad del intelecto la que ahora nos permite evitar confundir al administrar con el gobernar.[289]

Administrar es parte esencial del gobernar. Pero para que esto fuese óptimamente así, la ejecución de los seis grupos de operaciones o funciones esenciales –entre los cuales se cuenta el propio administrar– habría de ocurrir con plena e íntima compenetración. Solo así podría, en la perfección misma del gobernar –cosa que la práctica jamás alcanza– ocurrir la síntesis que haría aparecer al todo del gobernar a la par de hacer desaparecer, cual elementos de un compuesto químico, a los seis grupos de operaciones o funciones esenciales.

Mediante "Administración industrial y general" comprobamos sin lugar a dudas que la audiencia a la cual se dirige Fayol es la constituida por los gobernantes presentes y futuros de las empresas de cualquier clase y magnitud, independientemente del nivel jerárquico por ellos alcanzado.

Ciertamente apunta a enseñar a administrar, pero… muy importante y que no debe perderse de vista, *en cuanto parte esencial del alcanzar a saber gobernar.*

4ª PROFUNDIZACIÓN:

Es el administrar el que le provee a la empresa, observada desde afuera cual totalidad, la facultad reflexiva de gobernar-se. Por otro lado, según Fayol, al gobernar corresponde desde el interior mismo de la empresa, transitivamente asegurar la marcha –ejercicio y cumplimiento– de los seis grupos de operaciones o funciones esenciales, entre las cuales se encuentra el administrar. De allí que al gobernar internamente considerado corresponda transitivamente asegurar la marcha –ejercicio y cumplimiento– del administrar; precisamente de aquello que le proporciona a la empresa –así lo estimaría un observador externo– la facultad de gobernar-se.

---

[289] Pero veremos que ni el administrar ni el gobernar pueden ser considerados el compuesto final. Tema que se verá desarrollado en la 8ª profundización "Administrar y gobernar no son lo que se nos presenta directamente en la percepción cotidiana" (pág.: 240). Se verá que ambos, gobernar y administrar, son el producto de sucesivos actos escalonados de abstracción aplicados a aquello que **sí** es percibido directamente como el compuesto final: el comportamiento de los seres humanos. Comportamiento que en tanto compuesto total se verá analizado en términos de componentes gubernamentales y no-gubernamentales, los gubernamentales, a su vez, analizados en términos de los seis grupos de operaciones o funciones esenciales, de los cuales el sexto –administrar– se verá analizado en términos de los cinco elementos. O a la inversa, partiendo de estos cinco elementos, subir peldaño a peldaño hasta la síntesis final: el comportamiento humano directamente percibido.

Hemos visto que para Fayol gobernar significa asegurar la marcha –el ejercicio y cumplimiento– de las seis grandes clases de operaciones o funciones esenciales. Se trata de un curioso verbo debido al carácter mixto que un Fayol bien leído le atribuye: transitivo y reflexivo a la vez.[290] ¿Cómo entender esto?

Transitivamente entendido el gobernar ha de asegurar la marcha –ejercicio y cumplimiento– de cada una de las seis funciones esenciales, excepto que como ya vimos (3ª profundización) de entre esas seis funciones le corresponda muy en lo particular asegurar la marcha –ejercicio y cumplimiento– del administrar; un verbo eminentemente reflexivo y tanto más importante el papel que cumple en el gobernar de las empresas de cualquier clase cuanto más elevado el cargo y más desarrollada la empresa; precisión que en términos de la capacidad en cada caso requerida hemos visto a Fayol establecer mediante cuadros en el capítulo 2 de la 1ª parte de su obra.

Profundicemos en la transitividad aclarando primero el significado de un verbo que no figura en Fayol; se trata de "manejar", un verbo eminentemente transitivo. Preguntamos:

¿Qué significa manejar?

Podremos dilucidar su significado describiendo la estructura característica básica de una relación de manejo. En ella figuran dos entes distintos y externos el uno del otro; esto es, existe total alteridad y separación entre ellos. A la parte que se dispone a manejar la denominamos "actor". A la parte que este actor tiene por intención manejar la llamamos "paciente", pudiendo ser de dos clases: capaz de actuación propia o naturalmente incapaz de actuar; esto es, intrínsecamente pasivo. A partir de su propia actuación la intención del actor –el éxito al cual apunta– es lograr manejar al paciente, un ente al cual considera distinto y externo a sí mismo.

Supuesto un paciente por naturaleza intrínsecamente pasivo, el éxito del actor tan solo dependerá de cuan acertados sean los efectos que sus actos tengan sobre lo que al paciente le ocurra. Tal es el caso, por ejemplo, de un conductor que mediante ciertos controles –palancas, pedales, botones, etc.– acertadamente maneje una máquina libre de defectos o fallas.

Supuesto un paciente capaz de actuación propia, el éxito del actor supondrá entonces la realización en secuencia de dos tareas. La primera consistirá en llevar a cabo las acciones necesarias y suficientes para neutralizar, hasta donde convenga, la capacidad de actuación propia que tuviere el paciente, para de hecho así convertirlo en pasivo relativo a las acciones que posteriormente lleve a cabo el actor; y esto a pesar de no haberle sido originariamente intrínseca tal pasividad. Ya suficientemente pasivo, el éxito del actor, en segundo lugar, pasará de nuevo a depender totalmente de cuan acertados sean los efectos que sus actos habrán de tener sobre lo que le ocurra o haga el paciente. Tal es el caso, por ejemplo, de un niño

---

[290] **Transitivos:** aquellos verbos cuya acción, realizada por el sujeto, recae sobre algún tercero. **Reflexivos:** aquellos verbos cuya acción recae sobre el propio sujeto que la realiza.

malcriado que no quiere bajar de un muro y cuyo padre agarra y carga hasta depositarlo en el suelo. Hay pasividad transitoria obligada del niño, a pesar de todavía ser capaz de cierta acción propia; esto es, chillar y patalear.

Obsérvese que la característica fundamental del verbo "manejar" es su transitividad, aquella según la cual la acción del sujeto actuante recae sobre algún tercero, animado o no.

Precisemos lo que manejar significa mediante la representación gráfica y narrativa siguientes, inspiradas en el juego de billar.

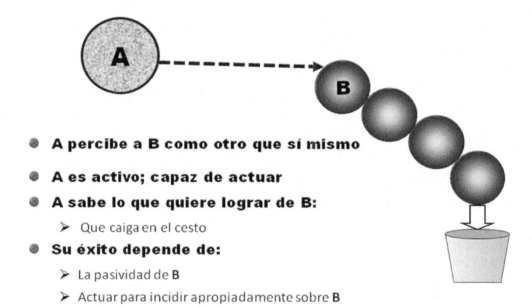

Nuestra pregunta: ¿qué significa manejar?

A los fines de esta explicación gráfica hemos reducido al mínimo el número de los entes involucrados. Solo son dos, **A** y **B**. Por un lado estará el ente que maneja y por el otro el ente manejado. Acerca del manejo esta simplificación nos facilita evidenciar los cuatro aspectos esenciales siguientes:

Primero: Para **A**, **B** es un ente externo distinto a sí mismo. Esto es, **A** percibe a **B** simplemente como a un otro. **B** puede ser un ente de cualquier clase, animado o inanimado. Para **A** en modo alguno existe algo así como un "nosotros".

Segundo: **A** quiere y le interesa lograr algo de **B**; por ejemplo, que caiga en el cesto, como se ilustra en la lámina. El destino de **B** es decidido inconsultamente por **A**.

Tercero: la realización de lo que **A** quiere lograr supone ser activo en relación a **B**. Esto es, que **A** sea capaz de hacerle a **B** lo necesario para que —regresando al ejemplo de la lámina— éste caiga en el cesto.

Cuarto: se hace evidente que el éxito de **A** a la hora de manejar a **B** dependerá de las dos condiciones siguientes:

En 1° lugar, de la pasividad de **B** relativo a lo que **A** le haga.

Y...

En 2° lugar, que la acción que ejerza **A** sobre **B** sea acertada. Esto es, precisamente la requerida para lograr lo que se propone; aquí que **B** caiga en el cesto.

En cuanto a la **1ª condición**, queda claro que a mayor pasividad de **B**, mayor será el poder de **A** sobre **B**. Nótese, sin embargo, que si **A** quiere manejar a **B**, pero estima que su poder sobre éste es insuficiente visto a que posee —cual frijol saltarín— cierta autonomía, entonces tendrá que primero llevar a cabo ciertas acciones preparatorias a fin de lograr que la pasividad de **B** sea la necesaria; al menos hasta alcanzar el grado que a **A** más convenga.

En cuanto a la **2ª condición**, ella supone que **A** conozca muy bien cómo influir exitosamente sobre **B**. [291]

Significado transitivo del verbo gobernar.

Hemos visto que en cuanto verbo transitivo el gobernar ha de asegurar la marcha —ejercicio y cumplimiento— de los seis grupos de operaciones o funciones esenciales. Entenderemos esta transitividad desarrollando las breves descripciones que muy al inicio del capítulo 1 de la 1ª parte de AIG el propio Fayol presenta acerca de cada uno de los seis grupos. Veamos

---

[291] Importante. En la justa medida en que para Fayol quienes gobiernan, en su calidad de miembros, se hallan en el interior del cuerpo social de la empresa, no ha de confundirse gobernar con manejar. Quien maneja lo hace desde el exterior del ente a ser manejado, aspirando a que la pasividad de éste sea la que le convenga. Por el contrario gobiernan quienes son miembros de una nave social —un nosotros— que procura gobernar-**se**; esto es, tener en sus propias manos su porvenir y destino en virtud de precisamente existir en su interior, en su calidad de miembros, agentes capaces de coadyuvar a que lo logre, vista la capacidad que poseen de administrar.

Interesante: ¿Acaso existen relaciones de manejo entre los seres humanos? Así parece, y posiblemente convenga dejar en suspenso las siguientes preguntas. Desde el punto de vista ético ¿pueden las relaciones de manejo entre los seres humanos ser consideradas como las más naturales y preferidas? De no ser así ¿cabe entonces afirmar que el significado de gobernar y administrar necesariamente habrán de ser distintos al de manejar recién expuesto? Veremos. En todo caso queda claro que aquel que impone su voluntad sobre otros maneja, no gobierna. La transitividad de su actuación necesariamente supone su estar separado, su propia alienación, su propio un volverse un otro, relativo a quienes maneja, trátese de seres humanos singulares o conformando alguna clase de agrupación social. En la práctica del ejercicio del poder entre los seres humanos siempre hay mezcla de gobierno y manejo, pero tanto más un volverse un otro cuanto mayor la proporción de manejo existente.

➤ Mientras más y mejor se asegure la marcha –ejercicio y cumplimiento– de la función técnica –es decir, mientras más y mejor se <u>asegure</u> la marcha del <u>producir</u>, del <u>fabricar</u>, del <u>transformar</u>– mejor será, mejor está siendo, mejor habrá sido el gobernar.

➤ Mientras más y mejor se <u>asegure</u> la marcha –ejercicio y cumplimiento– de la función comercial –es decir, del <u>comprar</u>, del <u>vender</u>, del <u>trocar</u>– mejor será, mejor está siendo, mejor habrá sido el gobernar.

➤ Mientras más y mejor se asegure la marcha –ejercicio y cumplimiento– de la función financiera –<u>buscar</u> y <u>gerenciar</u> capitales– mejor será, mejor está siendo, mejor habrá sido el gobernar.

➤ Mientras más y mejor se asegure la marcha –ejercicio y cumplimiento– de la función de seguridad –<u>proteger</u> bienes y personas– mejor será, mejor está siendo, mejor habrá sido el gobernar.   ("¿personas?" ¿Contradice esto lo afirmado en la 2ª profundización de reservar el carácter reflexivo solo a las operaciones administrativas? Ver APÉNDICE II, pág.: 406)

➤ Mientras más y mejor se asegure la marcha –ejercicio y cumplimiento– de la función contable –que incluye, entre tantas otras cosas, <u>realizar</u> inventarios, <u>elaborar</u> balances, <u>velar</u> por los precios de costo, <u>elaborar</u> estadísticas, etc.– mejor será, mejor está siendo, mejor habrá sido el gobernar.

Y a la par de todo lo anterior:

➤ Mientras más y mejor se asegure la marcha –ejercicio y cumplimiento– de la función administrativa –la cual fue definida como <u>prever</u>, <u>organizar</u>, <u>mandar</u>, <u>coordinar</u> <u>y</u> <u>controlar</u>– mejor será, mejor está siendo, mejor habrá sido el gobernar.

Obsérvese que los verbos subrayados correspondientes a los cinco primeros grupos de operaciones o funciones esenciales son transitivos. Son los agentes constitutivos del cuerpo social de la empresa quienes llevan a cabo estos verbos. Su acción habrá de recaer sobre algún ente animado o inanimado externo a dicha empresa, o sobre cualquier ente no humano si le es interno (ganado vacuno de una hacienda, por ejemplo). En todo caso, tratándose de los cinco primeros grupos de operaciones o funciones esenciales, jamás habrá su acción de recaer sobre ellos mismos o cualquier otro miembro –individuo o grupo– constitutivo del cuerpo social del cual son agentes. Son actores que <u>manejan</u> visto que en cada caso su acción recae <u>desde</u> <u>el</u> <u>exterior</u> sobre algún ente animado o inanimado, distinto a ellos mismos y al cuerpo social. [292]

---

[292] No debe considerarse casual ni inocuo el que en el mundo anglosajón mayormente haya sido la palabra "management" la dominante, entendiéndose al campo –clásica definición– como aquél que se encarga del <u>manejo</u> de los recursos de toda clase, tangibles o no, humanos o no. Tampoco casual el que en tiempos relativamente recientes el propio mundo anglosajón haya introducido la categoría "liderazgo" para atender a su creciente conciencia de lo limitado de aquella concepción tradicional. Han proclamado: "Management is not enough. What we need is leadership." (de allí los cambios que se han visto en muchos de sus planes de estudio a partir de los años ochenta). Tampoco casual que en estos mismos tiempos relativamente recientes haya habido por parte de los expertos una creciente preferencia por, entre otras, las expresiones "capital humano", "talento humano", en lugar

Tratándose del grupo administrativo, hemos visto que muy otro es el caso.

Significado reflexivo del verbo gobernar.

A estos efectos hemos de retornar lo que Fayol destaca muy al inicio del capítulo 1 de la 2ª parte de su obra (párrafo ya minuciosamente estudiado: 2ª profundización, pág.: 177).

En efecto...

A la pregunta "¿quién administra?" vimos que su respuesta es: "el cuerpo social de la empresa".

A la pregunta "¿mediante quién lo hace?" también vimos que responde: "mediante el propio cuerpo social de la empresa".

Y a la pregunta "¿sobre quien recae el administrar?" igualmente responde: "recae sobre el cuerpo social de la empresa, constituido éste por la totalidad del personal que conforma a dicho cuerpo".

A todas luces se trata de una concepción reflexiva del verbo administrar, siendo que es el propio cuerpo social, considerado como un todo –cual si se tratase de un agente singular– quien actúa: un ente que mediante sí mismo administra, ocurriendo que tal acción recaiga sobre él mismo.

Curiosa reflexividad que nos obliga a profundizar en el carácter reflexivo del gobernar, que según Fayol –bien leído– el administrar le provee.

Aclarando el carácter reflexivo del gobernar.

La comprensión del significado reflexivo del gobernar supone un punto de partida muy diferente al que asumimos para explicar lo que manejar significa.

Se inicia visualizando, de entre su gran diversidad, la existencia de agrupaciones humanas de cualquier clase y magnitud: familia, clan, tribu, secta, partido político, empresa, sindicato, nación, etc. Genéricamente denominados entes sociales, son más o menos homogéneos o heterogéneos, según cuan semejantes o diversos sean los seres humanos que los constituyen.

Puede que el ente social tenga una historia pasada, pero a los efectos del tema que nos concierne, cual es el gobernar, lo que nos interesa es su porvenir.

---

de la tradicional expresión "recursos humanos" en la cual evidentemente la palabra "humano" tan solo figuraba como un simple calificativo entre tantos otros (financieros, energéticos, minerales, forestales, etc.), en contraste a lo realmente considerado como substancial, inequívocamente expresado por la palabra "recurso". Estas nuevas tendencias son indicativas de un cuestionamiento fundamental. Si lo que se quiere es lograr que en cantidad y calidad los seres humanos den lo mejor de ellos mismos, entonces manejarles no es lo más indicado. Sometido a exigencias cada vez mayores, vemos a nuestro campo redescubriendo una de las formulaciones del clásico imperativo categórico de Kant: "Actúa de tal modo que trates a la humanidad tanto en tu persona como en la persona de cualquier otro, siempre al mismo tiempo como un fin y jamás simplemente como un medio".

En lo que sigue importa mantener presente la primera definición de gobernar que Fayol presentó ya cerca de concluir el capítulo 1 de la 1ª parte de AIG:

"Gobernar es conducir la empresa hacia su meta buscando sacar el mejor partido posible de todos los recursos de los cuales dispone".

Aquí nos interesa sobre todo la primera parte: "Gobernar es conducir la empresa hacia su meta…". La palabra "meta" sugiere un lugar de llegada tras la conducción de la empresa a lo largo de cierto recorrido, idea nada novedosa. En efecto…

Desde tiempos muy remotos la metáfora inspiradora de las primeras reflexiones concernientes al tema del gobierno muy posiblemente fue la de una nave y su conducción. [293]

Una antigua metáfora

- GOBERNAR:
- Del Latín:
    - Gubernare   Guiar, dirigir, conducir, manejar, gobernar…
- Del Griego:
    - Kubernan   Guiar, dirigir, conducir, manejar, gobernar…
    - Kubernetikos   Timonel: quien posee la pericia para hacerlo
    - Ta kubernetika   Cibernética

(Composición realizada con imágenes prediseñadas de PowerPoint, Office, Microsoft)

Clásico ejemplo de una nave: el trirreme griego, embarcación naviera con sus respectivos remeros y piloto. Fácilmente podía visualizarse que haciendo abstracción de la influencia de los factores externos, el porvenir de la nave —su rumbo, recorrido y destino— dependería de la actuación de todos y cada uno de esos actores, piloto y remeros que se hallasen en su

---

[293] Aplicamos aquí el sentido más tradicional de metáfora: expresión de una realidad más abstracta o intangible en términos de otra más concreta o tangible, siendo que esta última facilita la comprensión de la primera.

interior.²⁹⁴ Cierto es que la simple presencia de ellos en la nave necesariamente implicaría que tal actuación, cualquiera fuese ella, <u>influiría</u> tanto en el recorrido como sobre el destino final de la nave. Sin embargo, también quedaba claro que tal actuación no podría ser cualquiera. De los remeros se esperaría que en cada momento remaran al unísono con la debida intensidad, y del piloto a cargo del timón mantener el rumbo conducente a la meta previamente establecida. Cualquier otra actuación individual y colectiva también influiría, pero muy posiblemente el destino de la nave sería distinto a la meta originalmente decidida; quizás hasta muy perjudicial.

Ahora bien, tratándose de entes sociales y a los fines de las descripciones que siguen, haremos caso omiso de la nave física, distanciándonos así de la metáfora original: no hay trirreme, solo están el piloto y los remeros. En otras palabras, solo hay seres humanos conformando una agrupación tal que la palabra "nosotros", cual esfera invisible que les envuelve, tiene algún sentido para ellos; desde un significado muy vago y existencia efímera de su unión, hasta aquella otra caracterizada por una muy alta cohesión y perdurabilidad.²⁹⁵

Estamos en presencia del ente social propiamente dicho, producto de ya no necesitar los seres humanos que lo componen del artificio de una nave física para entenderse como grupo, con la importante implicación siguiente: el que se entiendan como teniendo que compartir un mismo porvenir y destino.²⁹⁶

Sobre el rumbo, recorrido y destino resultante del ente social así concebido habrán de influir tanto los factores externos –fuerzas y circunstancias, de origen humano o no humano– como la actuación de todos y cada uno de los seres humanos que lo constituyen.

Los externos, cual escenarios cambiantes a ser "navegados" por el ente social, son de muy diversas clases: geográficos, climáticos, sociales, políticos, económicos, culturales, religiosos, demográficos, tecnológicos, etc. Escenarios externos que en cada momento ejercen simultánea y/o alternadamente su influencia sobre el porvenir y destino de la nave social, facilitando y/o dificultando su recorrido y arribo a la meta.

---

[294] Aquí y en lo que sigue entiéndase "actuación" como <u>incluyendo</u> ambos: tanto lo hecho como lo no hecho por cada uno de los actores. Igualmente cuando nos refiramos a la actuación mancomunada –acertada o no– de todos ellos. Actuación, para no olvidar que la consciente determinación de la acción supone, más allá de su significación intrínseca, mantener presente todo lo otro que no fue hecho.

[295] Serán dos las maneras en que habremos de referirnos a quienes constituyen al ente social, cualquiera sea este: en ocasiones nos referiremos a ellos como <u>miembros</u> del ente social en cuestión; otras veces nos referiremos a ellos como quienes están en el <u>interior</u> del ente social. Desde el punto de vista de una descripción rigurosamente fenomenológica la palabra "miembro" es la más apropiada. La palabra "interior" como contraparte a la existencia de un "exterior" supone un regreso a la utilización metafórica de un ente físico, cosa que el ente social intrínsecamente no es, aunque sus miembros sí estén caracterizados por poseer cuerpos físicos. Nuestra utilización del calificativo "interior" para referirnos a ellos es una concesión que hacemos para, cuando haya lugar, facilitar la lectura evitando giros incómodos de redacción.

[296] Fayol: visualícese al cuerpo social de la empresa como aquella parte que resta luego de abstraído de ella todo lo no humano.

Otra cosa muy importante de entender. A diferencia de la nave física en la cual podían temporalmente alojarse pasajeros necesariamente pasivos en cuanto a su conducción, en el caso de la nave social <u>no</u> existe tal cosa como pasajeros. Lo quieran o no, lo sepan o no, todos <u>influyen</u> en su porvenir.[297]

Ahora bien, el que todos influyan no significa que todos y cada uno lo haga acertadamente y mucho menos con la apropiada concertación de esfuerzos. Tal como vimos en el caso del trirreme, ser parte que influye con su simple "estar allí actuando de cualquier manera" en el ente social no es suficiente. Cierto es que cada quien habrá de influir, pero ha de hacerlo certeramente, sobre todo cuando alcanzar la meta supone su necesaria concertación con la actuación de los demás. Necesariamente certera ha de ser, por lo tanto, la actuación mancomunada de todos y cada uno de quienes constituyen al ente social, pero... remeros los unos, pilotos los otros.

Del hecho que la sola influencia de todos y cada uno sea insuficiente para asegurar el recorrido y meta de la nave social, surge el tema del gobierno; esto es: la interrogante acerca de lo que significa gobernar, así como la inquietud concerniente a lo que un exitoso gobernar significa.[298] Insuficiente si adicionalmente consideramos que el navegar de la nave social ha de ocurrir con ella inmersa en el constante fluir de escenarios externos –abruptos o no, favorables o no– que en cada instante ejercen simultánea y/o alternadamente su influencia sobre el porvenir y destino de la nave social.

Ahora bien, precisamente debido a que son ellos y solo ellos quienes conforman a la nave social y en este sentido le son <u>internos</u>, mal pueden entendérseles como quienes la manejan transitivamente desde su <u>exterior</u>: la estructura del manejo antes presentada no aplica.[299]

---

[297] Obsérvese lo siguiente. Incluso un turista u hombre de negocios que por unos pocos días visita un país influye en el porvenir de éste: su rumbo, recorrido y destino. Es el impacto lejano y posiblemente difícil de estimar por minúsculo, lo que impide a quienes conforman una sociedad grande y compleja considerar sus propios actos y omisiones a la luz del impacto que podrían tener sobre el porvenir de ella. Ejemplo clásico: votar ocasionalmente es uno de estos actos que influye en el porvenir social, y sin embargo inevitables son los abstencionistas quienes consideran no valer la pena hacerlo por considerar intrascendente su voto. Y no ha de extrañar que la gran mayoría de los seres humanos de continuo actúen cual si considerasen intrascendente la influencia que la gran mayoría de sus actos cotidianos –su actuación– habrá de tener sobre el porvenir de su sociedad, al punto de consolidarse en cada uno el hábito de ni siquiera pensar en el asunto. ¿Solución que hace innecesario tal pensar?: el lento desarrollo de reglas de comportamiento fáciles de aceptar y cumplir por la generalidad de la gente, aunque mayormente ausentes a entenderla como patrón de comportamiento que positivamente influye en el porvenir de su sociedad toda, de ser seguido por la gran mayoría. **Solución imperfecta precisamente por suplir con reglas de comportamiento la ausencia de reflexión por parte de quienes constituyen al ente social.**

[298] **GOBERNAR. Del Latín Gubernare:** guiar, dirigir, conducir, manejar, gobernar... **Del Griego: Kubernan:** guiar, dirigir, conducir, manejar, gobernar... **Kubernetikos,** Timonel: quien posee la pericia para hacerlo. **Ta kubernetika:** Cibernética (ORIGINS by Eric Partridge; Macmillan, N.Y., 1966).

[299] Esto se evidencia muy bien cuando se comparan los diferentes entendimientos de poder que se desprenden de ambos, manejo y gobierno. Cuando de <u>manejo</u> se trata vimos que el poder poseído por quien desde afuera maneja a algún ente –intrínsecamente animado o no– viene dado por la pasividad intrínseca de dicho ente o la que alcanza a

Interpretar al gobernar como simple verbo transitivo es confundir gobernar con manejar.

Algo más profundo está en juego aquí. Manejar y gobernar no son lo mismo. La transitividad comúnmente aplicada al verbo "gobernar" en el lenguaje corriente despista.[300]

¿Cómo entender el asunto entonces? Hemos de volver a la perspectiva recién expuesta y visualizar al ente social como un todo cuyo destino final es la resultante combinada de las dos influencias ya mencionadas que instante a instante inciden en su recorrido: por un lado, los factores –fuerzas y circunstancias– externos; por el otro, la actuación de todos y cada uno de aquellos que componen a dicho ente social.[301]

Las fuerzas externas (humanas y no humanas) inciden transitivamente sobre el rumbo, recorrido y destino de la nave social. Las circunstancias también influyen, pero no como fuerzas ejercidas sobre ella, sino como delimitaciones externas que pueden, sea facilitar su recorrido como obstaculizarlo. Cierto es que estas fuerzas y circunstancias externas influyen, pero capaces de ser aprovechadas, neutralizadas o superadas han de ser debidamente tomadas en cuenta por quienes, desde el interior del ente social y mediante sus actuaciones, influyen en su rumbo, recorrido y destino. Ello supone necesario que –individual y colectivamente– y supuesta su capacidad de certeramente y continuamente "leer el afuera", posean las dos clases de capacidad siguientes: la capacidad de aprovechar las fuerzas y circunstancias externas favorables y la de neutralizar o superar las desfavorables, a fin de que poseyéndolas y poniéndolas en práctica, cual certero navegar, el rumbo, recorrido y destino de la nave social dependa, sino exclusivamente, mayormente de la actuación de quienes desde su interior aseguran su recorrido y arribo a la meta originalmente comprometida.[302]

---

imponerle. Cuando de gobierno se trata, el poder poseído por cada uno de quienes se encuentran en el interior de la nave social –agente singular o grupo– viene precisamente dado por la influencia que, desde ese mismo interior, tengan sobre el recorrido y meta de dicha nave; unos tendrán más poder, otros lo tendrán menos. Por así decirlo se trata del "peso" propio poseído relativo al que poseen otros actores y grupos en el interior del mismo ente social. A mayor peso relativo mayor influencia. El agente singular pesa poco, influye poco, pero ve su peso, su influencia, su poder, significativamente incrementados de estar al mando de una empresa, de un partido político, de un sindicato, etc. Tanto así como elemental es el ejercicio del poder-manejar, exigente lo es el ejercicio del poder-gobernar.

[300] Permitiendo al común de la gente entender, denominar y aceptar como gobernantes a quienes más que gobernar y cual si le fuesen externos pretenden manejar al ente social. ¿Cuál si…? Pongámoslo en duda. No será más bien que quien viéndose calificado de "gobernante", pero entendiendo al oficio que le corresponde desempeñar como un puro manejar (según la descripción antes hecha), de hecho ciertamente, aunque sin plena y clara conciencia de ello, elige situarse como actor externo al "nosotros" social del cual ahora se encuentra desprendido, y que sabiendo lo que quiere lograr de él, asegura su pasividad –al menos la suficiente– para estar en posesión del poder que requiere para manejarlo exitosamente… exitosamente, claro está, en la justa medida en que adicionalmente sepa como transitivamente y certeramente actuar sobre ese cuerpo social (¿Tipo ideal del autócrata afirmaría el gran sociólogo alemán Max Weber?)

[301] Utilizamos la expresión "factores externos" para designar tanto a las fuerzas como a las circunstancias externas cuando no sea necesario distinguir las unas de las otras.

[302] Relativo a estos factores externos cambiantes solo son concebibles dos posibles clases de actuación, no necesariamente excluyentes, por parte de quienes constituyen al ente social: Sigue →

Considerada la nave social como un todo se nos evidencia ahora lo siguiente: es la certera actuación de todos y cada uno de quienes la componen la que ha de entenderse como posibilitando que ella, la nave social, tenga en sus propias manos, por así decirlo, su porvenir; que pueda afirmarse que ella **se**-gobierna y que el papel de todos y cada uno de quienes se hallan en su interior –agentes singulares y grupos– no sea otro que coadyuvar a que dicho gobernar-**se** ocurra.

Lo descrito a propósito de los entes sociales pasa a ser un caso particular de aquellos seres animados caracterizados por poseer en su interior aquello que les permite seleccionar una meta y proseguir por cierto recorrido a fin de alcanzarla, haciéndose evidente que poseen la capacidad de gobernar-**se** cuándo se les ve dirigirse en la dirección correcta, aun cuando de toda evidencia las fuerzas externas, actuando sin oposición alguna, les llevarían en una muy otra e indeseada dirección.

He aquí una fotografía que por lo sencilla nos facilita el entendimiento del caso general:

Photo by josullivan.59 on Foter.com / CC BY-NC-SA

Vemos a un salmón que en virtud de sus propias fuerzas intenta precisamente ascender en dirección contraria a la corriente del rio. Al no poder el observador detectar fuerza externa alguna que pudiese hacerle comprender lo que percibe –el hecho de que a menudo lo logra–

1°– Entre todos procurar actuar de tal modo a lograr que el ente social mayormente se encuentre y mantenga rodeado de factores favorecedores del recorrido conducente a la meta. En el caso extremo de ininterrumpidamente ser favorables bastaría con que la nave social se dejara llevar por "la corriente" de esas fuerzas externas hasta la meta querida.

2°– Conjuntamente con saber tomar en cuenta a los factores externos también saber, a la luz de las fuerzas que ejercen sobre la nave social, que hacer entre todos para proseguir por el recorrido conducente a la meta. En el caso extremo de ininterrumpidamente ser desfavorables, la actuación mancomunada de quienes conforman a la nave social alcanzaría su mayor nivel de exigencia.

Normalmente la nave social se encuentra entre estos dos extremos: escenarios externos que a la vez, a la par o alternadamente, facilitan y dificultan el recorrido.

no le queda más opción que suponer que la explicación ha de hallarse en el interior del salmón; tratándose entonces de un ser animado: de un ser que posee dentro de sí aquello que le proporciona algún grado de autonomía.[303]

Ahora bien, lo expuesto nos autoriza a completar nuestras descripciones pasando a considerar a los remeros y piloto como seres humanos que desde el interior de la nave social coadyuvan a que el gobernar-**se** de ella ocurra.

Y como descripción integral poder afirmar que considerada como totalidad y en virtud de quienes la componen y de la actuación de cada quien –lo que hace o deja de hacer– la nave social posee entonces, al igual que el salmón de la gráfica, la capacidad de gobernar-**se**, queriendo esto significar que su recorrido y meta, cuando exitosos, solo habrán dependido de ella misma y no de factor externo alguno, cuya influencia supieron remeros y piloto tomar en cuenta a la hora de navegar, habiendo sabido aprovechar los favorables así como neutralizar y superar los no favorables.[304]

Pero apartándonos del caso óptimo recién resumido, bien sabemos que la realidad imperfecta usual de los entes sociales los ve constituidos por, en un extremo, quienes inconscientemente tan solo influyen en el recorrido y meta de la nave social, y en el otro, cuando los hay, quienes conscientemente procuran coadyuvar a que ella **se**-gobierne, y claro está, también todos los grados y modalidades intermedios de consciencia e influencia concebibles por parte de quienes se hallan en su interior.

El porvenir de la nave social –su rumbo, recorrido y destino final– estará entonces determinado por la resultante de todas las fuerzas internas y externas involucradas a lo largo de todo el recorrido. Internas las actuaciones, múltiples, diversas e incluso contrapuestas, cuando no contradictorias, de quienes la constituyen. Externas las fuerzas que inciden sobre la nave social, así como las circunstancias que sin ejercer fuerza alguna sin embargo imponen límites al recorrido posible.

---

[303] Existe otro caso que amerita ser destacado. La capacidad que el ser animado posee de simplemente dejarse llevar por las fuerzas externas que considere favorables. Un ejemplo muy sencillo: se trata de un nadador –claramente un ser humano y no un simple muñeco de goma– al que se le puede observar de espalda disfrutando de un dejarse llevar por la suave corriente de un rio; aquí la meta del placer buscado coincide con el recorrido.

[304] Para reforzar nuestras descripciones visualice el lector un rio en ocasiones fluyendo con rapidez, otras veces suavemente, turbulentos a ratos, etc., y un nadador –un ente animado– cuya meta es llegar a la orilla opuesta. De poco le servirá nadar en contra de la corriente, pronto se agotará y ella se lo llevará. Nadar a favor de ella o dejarse llevar, tampoco ya que nada tiene esto que ver con llegar a la otra orilla. El nadador experto es aquel que sin perder de vista la meta a alcanzar y tomando en cuenta las fuerzas que instante a instante el rio ejerce sobre él, sabe como mejor aprovecharlas o contrarrestarlas, sabe cuando le conviene abandonarse un poco a fin de no agotarse y recobrar fuerzas, hábilmente logra ser impulsado por la fuerza centrífuga de remolinos, etc., y aunque con un recorrido transversal no muy en línea recta al fin logra alcanzar la otra orilla.

Es tiempo de volver a Fayol.

El desarrollo anterior tuvo por finalidad evidenciar a la nave social en el <u>abstracto</u>; un ente que posee –condición necesaria pero no suficiente– la capacidad de gobernar-**se**.[305]

Sin embargo, en el mundo <u>concreto</u> de Fayol la empresa no es la sola nave social antes descrita, a la cual denomina cuerpo social. Ciertamente están los agentes que lo constituyen, pero bien sabemos que en la empresa hay más: instalaciones, maquinarias, accesorios, suministros, etc., agrupados bajo la denominación de cuerpo material. Y es que la empresa de Fayol existe con miras a actuar; en particular, exitosamente llevar a cabo sus operaciones técnicas, aquellas que producen y transforman los productos y/o servicios que justifican su existencia, siempre y cuando, además, lleve a cabo exitosamente las otras cinco grandes clases de operaciones: comerciales, financieras, de seguridad, contables y las administrativas. Y lo que precisamente la hace capaz de realizar estos seis grupos de operaciones o funciones esenciales es su estar constituida, en palabras de Fayol, por dos cuerpos: el cuerpo social y el cuerpo material.[306]

Momento oportuno para recordar la lectura que hicimos del primer párrafo del capítulo 1 de la 2ª parte de AIG que nos permitió aclarar por completo la diferencia específica fundamental existente entre la administración y las otras cinco grandes clases de operaciones o funciones esenciales.

Se trató del muy breve párrafo siguiente:

"La función administrativa no tiene por órgano ni por instrumento otra cosa que el cuerpo social. En tanto que las demás funciones ponen en juego la materia y las máquinas, la función administrativa no actúa sino sobre el personal."

Analizado detenidamente, obtuvimos la entonces extraña trilogía siguiente:

1°– ¿Quién administra? Respuesta: el cuerpo social.

2°– ¿Mediante quién lo hace? Respuesta: mediante sí mismo.

3°– ¿Sobre quién recae su acción de administrar? Respuesta: sobre sí mismo; esto es, sobre la totalidad del personal en cuanto conforma un cuerpo.[307]

El detallado estudio realizado en aquella ocasión nos permitió comprobar que la actuación administrativa del cuerpo social, considerado como un todo, es reflexiva.

---

[305] "Condición necesaria pero no suficiente" debido a que poseer las cualidades y capacidad –el simple saber-hacer– solo garantiza poder-hacer si las fuerzas y circunstancias en adición son, o son hechas, favorables.

[306] La expresión "cuerpo social" no sorprende; la analogía biológica es clásica. No tanto así cuando Fayol se refiere a la totalidad de los componentes materiales de la empresa cual si constituyesen un cuerpo. Se nos ocurre que aplica aquí un significado más amplio de la palabra "cuerpo", para destacar que el conjunto material de la empresa será tanto más útil cuanto más articulados sus componentes.

[307] Repasar el detallado análisis realizado en la 2ª profundización "El carácter reflexivo del administrar" (pág.: 177).

El cuerpo social de la empresa: ¡a la vez sujeto, medio y objeto de las operaciones administrativas de ésta!

No solo esto, el cuerpo social es además quien hace a la empresa capaz de actuar; capaz de llevar a cabo los seis grupos de operaciones o funciones esenciales. En última instancia, el cuerpo material, intrínsecamente inanimado, nada puede por sí solo hacer.

Con base en el entendimiento adquirido acerca de los entes sociales en páginas anteriores, podemos ahora añadir que la razón fundamental de ser del cuerpo social es, desde el propio interior de la empresa, proporcionarle a ésta el carácter de ente social, y en cuanto tal poseedora entonces de la capacidad –condición necesaria pero no suficiente– de gobernar-**se**.

No solo, pues, un ente capaz de llevar a cabo operaciones, sino un ente poseedor de la facultad de tener en sus propias manos su porvenir en la justa medida en que exitosamente sea capaz de gobernar-**se**; esto es, siempre y cuando sea capaz de superar las fuerzas y circunstancias externas que pudieran oponérsele y aprovechar las que le fuesen favorables.

Nada nos impide entonces visualizar a la empresa –ahora poseedora de un cuerpo material– como una nave social que procura alcanzar sus metas mediante los recorridos que se lo posibiliten. De allí, entonces, la primera definición del gobernar presentada por Fayol cercano a concluir el capítulo 1 de la 1ª parte de AIG:

"Gobernar es conducir la empresa hacia su meta buscando sacar el mejor partido posible de todos los recursos de los cuales dispone".[308]

Leída la obra atendiendo simplemente a lo que a primera vista expresa fácilmente puede conducir a creer que el uso que Fayol hace del verbo "gobernar" es transitivo, y sin embargo hemos comprobado que ello no ha de entenderse como que la empresa sea transitivamente manejada desde afuera por parte de quien sabe quién. Si lo fuese habría de tener algún grado de pasividad relativo a quien desde su exterior la manejase.[309]

Tan solo nos queda entender a la empresa como un ente social concreto capaz de gobernar-**se** en la justa medida en que las fuerzas y circunstancias externas le sean favorables, cosa para lo cual también le conviene desarrollar la capacidad de convertirlas en tales.

---

[308] Aunque la completa diciendo "...buscando sacar el mejor partido posible de todos los recursos de los cuales dispone;..." esta primera definición, bien leída, ciertamente no autoriza la por muy largo tiempo irreflexivamente aceptada definición de la administración como el oficio a cargo del manejo de los recursos. Así entendida se trata del "management", pero no de la administración según Fayol. Lo que pesa en su definición, lo esencial, lo que realmente define al oficio es la primera parte: "conducir la empresa hacia su meta", solo que, claro está, dicha conducción involucra aprovechar lo mejor posible los recursos tanto externos a la empresa como constitutivos de su cuerpo material.

[309] Pretensión frecuente por parte del autócrata. Su vocación es manejar, de facto eligiendo su propia alteridad de cara al ente social al cual pretende manejar. Muy distinto a quien tiene por vocación gobernar: gobierna quien, desde el interior mismo del ente social, procura coadyuvar a que éste **se**-gobierne, y esto con miras a influir favorablemente en su porvenir.

Lo decisivo es que la empresa —cuerpo social + cuerpo material— existe como ente actuante y que en cuanto tal ha de ejecutar cinco grandes clases de operaciones transitivas, pero que en cuanto poseedora de un cuerpo social constituido por agentes, dispone de aquello que desde su interior le permite tomar en cuenta al mundo exterior para aprovecharlo de serle favorable y neutralizarlo o superarlo de ser desfavorable.

La aclaración del significado del verbo "manejar" puso en evidencia su carácter naturalmente transitivo. La doble naturaleza de verbo transitivo y reflexivo del "gobernar" hizo imperativa la detallada explicitación de su significado, evidenciándose entonces las realidades profundamente diferentes expresadas por los dos verbos, "manejar" y "gobernar". Aclaratoria necesaria visto que el muy generalizado entendimiento transitivo del verbo "gobernar" irreflexivamente ha llevado a quienes corresponde ejercerlo deslizarse hacia manejar en lugar de auténticamente gobernar, con las muy significativas implicaciones y consecuencias a las que lleva tal confusión.

Precisemos aún más el carácter dual del gobernar como sigue.

Hemos visto que Fayol define al gobernar de dos maneras. Tanto como nos interesó la primera definición recién estudiada, tanto así también nos interesa la segunda. Gobernar, nos dijo, "es asegurar la marcha de las seis funciones esenciales" (marcha => ejercicio y cumplimiento). Esta segunda definición nos permitió poner en claro que al gobernar, en cuanto verbo <u>transitivo</u>, corresponde asegurar la marcha de cinco grandes clases de operaciones también <u>transitivas</u>; las correspondientes a cada una de las cinco primeras funciones esenciales (técnica, comercial, financiera, de seguridad y contabilidad). Pero igualmente poner en claro que en cuanto verbo <u>transitivo</u> al gobernar también corresponde asegurar la marcha de las operaciones administrativas constitutivas de la sexta función; operaciones cuyo carácter <u>reflexivo</u> afirman a la empresa como a un ente social <u>animado</u> poseedor de la capacidad de gobernar-<u>se</u>; supuesto claro está que a todo lo largo del recorrido conducente a la meta que se proponga, posea la capacidad de exitosamente tomar en cuenta a los factores externos, aprovechando los favorables así como enfrentando, obviando o neutralizando los que no lo son. Tal entendimiento del administrar nos permitió reafirmar la primerísima aseveración de Fayol en su advertencia inicial: "La administración cumple en el gobierno de las empresas, de todas las empresas, grandes o pequeñas, industriales, comerciales, políticas, religiosas u otras, un papel muy importante"; tanto más importante cuanto más alto el cargo y más desarrollada la empresa según vimos argüido en el capítulo 2 de la 1ª parte de AIG.

RESUMEN INTEGRADOR

Citamos de nuevo los muy breves párrafos finales del capítulo 1. Son:

"1.– La función *administrativa* se distingue claramente de las otras cinco funciones esenciales.

2.– Importa no confundirla con el *gobierno*.

3.– Gobernar, es conducir la empresa hacia su meta buscando sacar el mejor partido posible de todos los recursos de los cuales dispone; 4.– es asegurar la marcha de las seis funciones esenciales.

5.– La **administración** tan solo es una de las seis funciones cuya marcha debe el gobierno asegurar. Pero ocupa..."

Según la oración 3, para Fayol: "Gobernar **es** conducir la empresa hacia su meta buscando sacar el mejor partido posible de todos los recursos de los cuales dispone; es...". Se trata de una primera definición que supone visualizar al gobernar de la empresa como un conducir... un conducirla por un determinado recorrido, aquél que le posibilite alcanzar su meta. [310]

Pero también de inmediato vemos a Fayol añadir la que podríamos considerar como una segunda definición, cláusula 4: Gobernar "...; **es** asegurar la marcha de las seis funciones esenciales." Esto es, asegurar el ejercicio y cumplimiento de los seis grupos de operaciones a las cuales toda empresa da lugar.

Ahora bien, individual o colectivamente son los miembros del cuerpo social quienes, "buscando sacar el mejor partido posible de todos los recursos de los cuales dispone la empresa", llevan cabo estas operaciones. [311]

Cinco de estas operaciones son transitivas en el sentido de que su acción recae sobre algún tercero distinto al cuerpo social o cualquiera de sus miembros o grupo de miembros; esto es, sobre algún ente animado o inanimado externo a la empresa, o no humano de serle interno. Son las operaciones técnicas, comerciales, financieras, de seguridad y de contabilidad.

Pero también, individual o colectivamente, son los miembros del cuerpo social quienes administran; esto es, llevan a cabo las operaciones del sexto grupo. Su actuación es reflexiva en el sentido de su acción recaer sobre el propio cuerpo social, sea sobre alguno de sus miembros —agente singular o grupo— o sobre el cuerpo social considerado como un todo.

Administran en la justa medida en que cada operación que llevan a cabo se constituya en una síntesis muy particular —dosis y modalidades— del prever, organizar, mandar, coordinar **y** controlar, exigida por las circunstancias.

---

[310] Obsérvese que tanto en este párrafo como en el que sigue, hemos impreso en negrillas y subrayado a la palabra "**es**". Esto para destacar la afirmación de una identidad entre gobernar y el texto que le sigue, identidad que toda definición expresa mediante el verbo "ser" en tiempo presente.

[311] En el límite "colectivamente" habría de significar un cuerpo social capaz de operar como un todo integrado, como un todo orgánico.

Pero, obsérvese lo evidente: sin cuerpo social lo que resta son los componentes no humanos de la empresa: instalaciones, equipos, insumos, productos terminados, etc., todos ellos intrínsecamente inanimados. Por lo tanto, obvio también, tan solo resta el cuerpo social para animar a la empresa a lo largo de su recorrido.[312]

¿Acaso la calidad de esta animación –su provecho para la empresa– precisamente dependa de lo bien o mal que administre? Ciertamente.

El cuerpo social administra, cierto, pero también –con o sin el apoyo de recursos– ha de llevar a cabo las operaciones correspondientes a los otros cinco grupos de operaciones, para un total de 6 grupos de operaciones; precisamente lo que vimos la cláusula 4 afirmar en cuanto segunda definición <u>transitiva</u> del gobernar: "…; **es** asegurar la marcha de las seis funciones esenciales." Gobernará mejor o peor en la justa medida en que asegure mejor o peor la marcha –ejercicio y cumplimiento– de los seis grupos de operaciones, que vimos a la clausula 4 afirmar.

Sin cuerpo social no hay gobierno, acertado o no, que valga.

Ahora bien, lo hemos visto:

Según 3.– "Gobernar, **es** conducir la empresa <*como un todo*> hacia su meta buscando sacar el mejor partido posible de todos los recursos de los cuales dispone;" …" Definición que vimos supone visualizar al gobernar de la empresa como un conducirla a lo largo de aquél recorrido que le posibilite alcanzar su meta.

Considerando su estar a cargo de asegurar –ejercer y cumplir– la marcha de las operaciones técnicas, comerciales, financiera, de seguridad y contabilidad, el cuerpo social gobierna en la justa medida en que estando también a cargo de asegurar –ejercer y cumplir– su propio administrar –esto es, en cada momento y circunstancia constituir su propia síntesis del prever, organizar, mandar, coordinar y controlar– acertadamente anime a la empresa a lo largo del recorrido conducente a la meta que se propone alcanzar.

De allí el muy importante –esencial y singular– papel que el administrar cumple en el gobernar de las empresas, de todas las empresas, grandes o pequeñas, industriales, comerciales, políticas, religiosas u otras, como vimos a Fayol afirmar en la primerísima oración de AIG.

Evitemos confundirnos. Como lo vimos en la 3ª profundización, la acción de administrar es <u>reflexiva</u> en la justa medida en que el cuerpo social es actor y receptor de tal acción. Pero aunque así sea y el administrar desempeñe un papel muy importante en el gobernar de las empresas de cualquier clase, cuando siguiendo a la cláusula 4 nos referimos al gobernar como un "… asegurar la marcha –ejercicio y cumplimiento– de las seis funciones esenciales." ello claramente expresa lo que <u>transitivamente</u> lleva a cabo ese gobernar, aunque de entre esas

---

[312] Cierto es que hay empresas que cuentan con seres animados –ganado, por ejemplo– entre sus activos. El punto sigue siendo que al igual que los demás activos inanimados tampoco son estos los capaces de animar a la empresa en su recorrido.

seis le corresponda muy en lo particular "... asegurar la marcha –ejercicio y cumplimiento reflexivo– de las operaciones que al administrar corresponde llevar a cabo. Solo que, además, a la hora de responder a las dos interrogantes "quién administra reflexivamente" "quién gobierna transitivamente" quede bien claro que tan solo encontraremos un único y mismo actor: el cuerpo social de la empresa, único ente animado que puede a su vez animar; esto es, ejercer verbos.

En la 4ª profundización, vimos que al gobernar también puede dársele un sentido reflexivo, aunque para ello fuese necesario cambiar de punto de vista: del interno arriba descrito a uno externo desde el cual pudiese apreciarse si a lo largo de su recorrido la empresa evidencia, por así decirlo, haber tenido, estar teniendo y posiblemente seguir teniendo en sus propias manos su porvenir y destino; en otras palabras, más allá de tan solo ser un ente animado, poseer la capacidad de gobernar-**se**.

5ª PROFUNDIZACIÓN:

En cuanto división vertical del trabajo, toda jerarquía se fundamenta en aquello que de hecho diferencia o ha de diferenciar al superior del subordinado.

1°– Entendimiento de la jerarquía que se desprende de lo expuesto por Fayol en los dos primeros capítulos de su obra.

2°– Dos entendimientos posibles de la jerarquía inspirados en el "Management científico" de Taylor. Cómo uno de ellos inadvertidamente pasa a dominar al desarrollo posterior del campo.

3°– Solución que articula a los entendimientos de la jerarquía de Fayol y de Taylor.

Vimos que Fayol concluye el capítulo 1 de la 1ª parte de AIG con el breve conjunto de párrafos siguientes:

"La función *administrativa* se distingue claramente de las otras cinco funciones esenciales.

Importa no confundirla con el gobierno.

Gobernar es conducir la empresa hacia su meta buscando sacar el mejor partido posible de todos los recursos de los cuales dispone; es asegurar la marcha de las seis funciones esenciales.

La administración tan solo es una de las seis funciones cuya marcha debe el gobierno asegurar. Pero ocupa en el papel de los altos jefes un lugar tan grande que a veces puede este papel parecer ser exclusivamente administrativo."

Esta secuencia de párrafos todavía contiene mensajes importantes que conviene examinar y agregar al carácter reflexivo del administrar ya hecho explícito en la antes desarrollada 2ª profundización (pág.: 177); muy particularmente profundizar en la oración final del muy importante y denso, aunque engañosamente sencillo, capítulo inicial de AIG. Tras reafirmar que la administración tan solo es una de entre seis funciones esenciales cuya marcha el gobierno debe asegurar, vemos a Fayol de inmediato aclarar lo siguiente:

"Pero ocupa en el papel de los altos jefes un lugar tan grande que a veces puede este papel parecer ser exclusivamente administrativo." [313]

Necesitamos comprender como es posible que tal cosa ocurra. Aclararlo igualmente permitirá entender aún mejor por qué Fayol inicia AIG con la afirmación que ya conocemos: "La administración cumple en el gobierno de las empresas, de todas..., un papel muy importante." ("Advertencia inicial", pág.: 21) [314]

La 2ª profundización antes desarrollada nos permitió comprobar, sin más, que la elevada importancia de este papel radica en que a la administración –al administrar– lo que integralmente le concierne es la parte humana –el cuerpo social– de la empresa. Asunto que estamos ahora en condiciones de explicitar si atendemos al resultado general que Fayol presenta, tras los análisis que realiza en el capítulo 2 de la 1ª parte de AIG. Cercano a concluir este capítulo dice:

"En todas las clases de empresas, la capacidad principal de los agentes inferiores es la capacidad profesional característica de la empresa, y la capacidad principal de los altos jefes es la capacidad administrativa." [315]

¿Qué hizo Fayol en este capítulo 2 de la 1ª parte de "Administración industrial y general"?

Tras, primero, asignar a cada uno de los seis grupos de operaciones o funciones esenciales una categoría específica de capacidad, y en segundo lugar, en general desglosar a cualquiera de las seis grandes clases de capacidad resultantes en términos de tres grandes clases de cualidades y tres grandes clases de conocimientos, vimos a Fayol presentar y comentar, en tercer lugar, un par de cuadros por él construidos, precisamente con miras a persuadir al lector de la tesis siguiente:

Más elevado el nivel jerárquico, mayor y más desarrollada la unidad empresarial a su cargo, más evidente el carácter administrativo de la labor gubernamental del jefe; labor que crecientemente requiere de capacidad administrativa según lo muestra Fayol en los cuadros por él construidos y comentados.[316]

---

[313] Oración que de hecho anticipa parte importante de lo que vimos a Fayol desarrollar en el capítulo 2 de la 1ª parte de AIG.

[314] Expresado en términos verbales: "El administrar cumple en el gobernar de las empresas, de todas..., un papel muy importante."

[315] Para de inmediato lacónicamente concluir el capítulo con la aparentemente inescapable implicación que se desprende de lo que expuso antes, cual es: "La necesidad de nociones administrativas es general.", acerca de la cual cree ahora haber logrado persuadir a los lectores. En los términos verbales que tanto enfatizamos significa que para Fayol enseñar a administrar es generalmente necesario, y no el exclusivo privilegio de un determinado sector de la sociedad que se beneficie de tal enseñanza. ¿Será posible tal enseñanza? En el capítulo 3 de la 1ª parte le vimos responder a esta interrogante. Recuérdese que el título de ésta es: "Necesidad **y posibilidad** de una enseñanza administrativa.

[316] Correlaciones que Fayol expone en el referido capítulo 2 de la 1ª parte de AIG mediante los dos cuadros siguientes: "Importancia relativa de las diversas capacidades necesarias al personal de las empresas industriales" e

Esta gradación sugiere profundizar en el entendimiento de la jerarquía que se desprende de lo que Fayol expone en los dos primeros capítulos de AIG; pero antes, la breve introducción general que sigue.

Toda jerarquía, supuestas reunidas las condiciones para su existencia, implica la diferenciación de superiores y subordinados. Condiciones que lleven a los seres humanos a reconocer y aceptar la superioridad y correspondiente autoridad por parte de alguno de sus congéneres. [317]

En teoría toda jerarquía habría exclusivamente de estar sustentada en las dos condiciones siguientes: una fuente u origen que fundamente su legitimidad y en ciertos criterios clave para diferenciar superiores de subordinados; ambas condiciones lo más claramente hechas explícitas y admitidas por todos los miembros de la jerarquía cualquiera sea su grado, así como a los ojos de los observadores externos a quiénes ella concierne. Sin embargo, en la práctica, ineludible es la existencia de condiciones o factores de toda clase (psicológicos, psicosociales, sociales, económicos, de tradición histórica, de religión, etc.) que coadyuvan o incluso causan que los seres humanos reconozcan y acepten como superiores, con su correspondiente autoridad, a alguno de sus congéneres, al punto de ni siquiera tal aquiescencia depender de un claro entendimiento de en qué consiste tal superioridad, de si es auténtica o no, legítima o no.

Apartando los referidos factores extraños, resta por parte de los miembros de la agrupación humana en cuestión, la generalizada aceptación de un origen y criterios que fundamenten dicha superioridad. Lo centralmente variable con las épocas y los grupos humanos son estos fundamentos. [318]

"Importancia relativa de las diversas capacidades necesarias a los jefes de las empresas industriales de todo tamaño" (un par de cuadros que complementa gráficamente con los cuadros 3, 4 y 5, págs.: 88-89). En el primero de estos cuadros Fayol jerarquiza al personal de las empresas, desde el obrero hasta el jefe de Estado, con la finalidad de comparar la importancia relativa de las seis grandes clases de capacidad que han de poseer. En el segundo jerarquiza empresas en sus diferentes estadios de desarrollo, desde la rudimentaria hasta la empresa del Estado, con la finalidad de comparar la importancia relativa de las seis grandes clases de capacidad que sus jefes han de poseer. Resultado general: ambos cuadros muestran que la dosis de capacidad administrativa requerida se eleva tanto con el nivel del cargo ocupado como con el desarrollo alcanzado por la empresa.

[317] Muy breve pero significativa es la definición de autoridad presentada por Fayol en el capítulo 1 de la 2ª parte de AIG titulado "Principios generales de administración". Allí nos dice: "La *autoridad* es el derecho a mandar y el poder de hacerse obedecer". De allí que auténtica autoridad y correspondiente jerarquía habrán cuando ambas condiciones se cumplan: el derecho a mandar **y** el poder de hacerse obedecer. Queda claro entonces que "el poder de hacerse obedecer" por sí solo es insuficiente para que tal cosa como una auténtica jerarquía exista.

[318] En el campo político, en cuanto al origen, está el clásico contraste establecido entre el origen divino de la soberanía de la realeza y el pueblo como soberano originario. En el caso, por ejemplo, de una tribu, de entre los criterios posibles caben ser mencionados: la simple fortaleza o habilidad física de cierto miembro, las cualidades y conocimientos esenciales para la supervivencia del grupo, una reconocida capacidad para integrar el esfuerzo común y enrumbar la comunidad hacia la realización de cierto porvenir, etc.; criterio(s) en cada caso reforzado(s) o no por las otras cualidades que pudiera el superior poseer.

Entendimiento de la jerarquía que se desprende de la obra de Fayol.

En Fayol origen y criterio de superioridad se confunden en un solo fundamento. La capacidad manda. La capacidad legitima la superioridad; la capacidad diferencia a superiores de subordinados.[319]

En primer lugar, ya lo sabemos, a la hora de gobernar es superior quien lo es en cuanto a la capacidad que posea de administrar; esto es, de prever, organizar, mandar, coordinar **y** controlar, según explicita la primera definición que Fayol expone en el capítulo 1 de la 1ª parte de AIG.

Pero hay más. De lo antes ampliamente expuesto en las profundizaciones anteriores, cabe presumir a tono con Fayol la existencia de un segundo fundamento cardinal de superioridad. Veamos.

Lo característico del superior entre los seres humanos –cualquiera sea su papel y nivel jerárquico en la empresa– habrá de ser la capacidad que posea de coadyuvar en la tarea –que todo miembro ha de cumplir– de impulsar la actuación reflexiva del cuerpo social de la empresa, de tal modo a que alcance a ser, como vimos, órgano, instrumento y objeto de la función administrativa; función acerca de la cual crecientemente ha quedado en evidencia el muy importante papel que cumple en el gobierno de las empresas de cualquier clase, primerísima afirmación que Fayol hace muy al inicio de AIG y que en aquel momento ("Advertencia inicial", pág.: 21) mal podía presentarse como inmediatamente inteligible.

¿Cuál papel importante? El que en virtud de poseer semejante cuerpo social la empresa posea la capacidad de gobernar-**se**; esto es, capaz de tener en sus propias manos, por así decirlo, su destino, tras transitar por los siempre diversos y cambiantes escenarios que la circundan, sean éstos a veces favorables, otras veces no tan favorables o incluso adversos.[320]

---

[319] De cual clase de capacidad se trata, lo veremos más adelante. Por ahora hemos de saber que según Fayol toda capacidad se fundamenta en seis componentes: cualidades físicas, cualidades intelectuales, cualidades morales, cultura general, conocimientos especiales concernientes a cada una de las seis grandes clases de operaciones o funciones esenciales y experiencia. Si en consonancia con el espíritu del hombre de acción, interpretamos a los tres últimos conocimientos como los conducentes a que el agente posea lo que hace falta para saber-hacer, entonces la noción de Fayol ciertamente va más allá de la simple noción estrecha usual de capacidad como mero saber-hacer, la cual omite lo que vemos a Fayol incluir: las cualidades personales –físicas, intelectuales y morales– del agente. Se trata de un aporte significativo al concepto de capacidad. Sin embargo, ha de recordarse que para que el saber-hacer de un agente con las cualidades requeridas se convierta en poder-hacer, sigue siendo clave que las circunstancias le sean favorables a dicho hacer (al respecto refrescar el análisis presentado en el ensayo "Profundizando en la capacidad; fundamento del valor de cada agente del cuerpo social de la empresa", pág.: 91).

[320] Tema referente a la conducción de la nave social ya desarrollado en la 4ª profundización (pág.: 188).

En cuanto miembro del cuerpo social, gobierna quien mediante su actuación <u>transitiva</u> interna a la empresa coadyuva a que ésta, observada como un todo desde su exterior, posea la clase de cuerpo social que la hace capaz de gobernar-**se**.[321]

Ahora bien, la referida capacidad de coadyuvar en la tarea <u>transitiva</u> de impulsar la actuación <u>reflexiva</u> del cuerpo social de la empresa necesariamente supone poseer la correspondiente elevada <u>capacidad</u> de conducción de quienes lo constituyen, asunto ciertamente esencial a la hora de lograr que el cuerpo social –el personal– alcance a funcionar como el todo orgánico integrado, en el cual ha de aspirar convertirse.[322]

Contrariamente, mientras más bajo el nivel jerárquico del agente más su labor y capacidad requerida consisten en el tratamiento <u>transitivo</u> de los asuntos –técnicos, comerciales, financieros, de seguridad y contabilidad– correspondientes a los otros cinco grupos de operaciones o funciones esenciales, y proporcionalmente menor la capacidad requerida de conducción de los miembros del cuerpo social con miras a coadyuvar en la tarea de impulsar la reflexividad del cuerpo social de la empresa.

Iniciamos el entendimiento de la jerarquía que se desprende de lo que Fayol expone en los dos primeros capítulos de AIG mediante las representaciones gráficas que se presentan a continuación. La primera destaca cómo todos a todo nivel –miembros singulares o grupos– crecientemente requieren de la capacidad administrativa: aquella capacidad de actuación <u>reflexiva</u> constituidora del cuerpo social de la empresa, ente ahora animado y capaz de llevar a cabo las operaciones correspondientes a cada una de las seis funciones esenciales; operaciones cuya marcha –ejercicio y cumplimiento– corresponde a quienes gobiernan <u>transitivamente</u> asegurar; actuación que necesariamente supone por parte de cada uno de esos miembros poseer la correspondiente elevada capacidad <u>transitiva</u> de lidiar con quienes constituyen a dicho cuerpo social, así como <u>reflexivamente</u> cada uno ser capaz de lidiar consigo mismo en cuanto igualmente miembro de ese mismo cuerpo.

---

[321] Para ser más precisos: actuación <u>mayormente</u> transitiva ya que, en cuanto miembro del cuerpo social de la empresa, aún resta la actuación necesariamente reflexiva que ha de sostener en relación a sí mismo, sin la cual no estaría completa la labor que le corresponde de coadyuvar a que la empresa vista como un todo desde afuera posea la clase de cuerpo social que la hace capaz de gobernar-**se**; en cuanto miembro del cuerpo social cada agente gobernar-**se** a fin de que la empresa **se**-gobierne.

[322] Hemos fundamentado el entendimiento de la jerarquía que se desprende del pensamiento de Fayol a partir de la sugerida por el 1° cuadro por él construido en el capítulo 2 de la 1ª parte de AIG: una jerarquía de cargos. Una fundamentación semejante podría establecerse manteniendo constante la jerarquía del cargo (máxima jefatura) como lo hace Fayol en su 2° cuadro, a la par de hacer variar el nivel de desarrollo de la empresa, desde rudimentaria hasta la empresa del Estado. Resultado: a mayor nivel de desarrollo, mayor la capacidad requerida de conducir a los agentes de la empresa por parte de quien desde su cúspide jerárquica ejerce funciones de gobierno en la empresa.

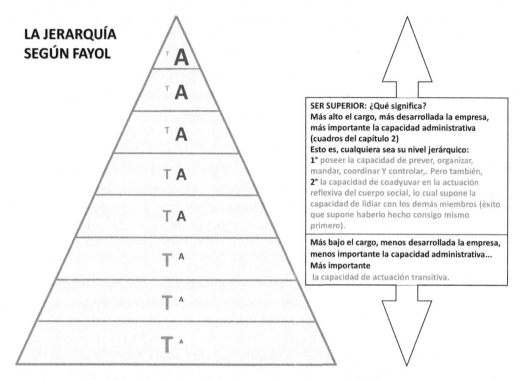

A → *Capacidad Administrativa*   T → *Capacidades de actuación Transitivas*

Más elevado el nivel jerárquico del cargo, proporcionalmente mayor la capacidad administrativa –reflexiva– requerida. Más bajo el nivel jerárquico del cargo, mayor proporcionalmente la capacidad requerida de actuación transitiva en relación a los otros cinco grandes grupos de operaciones o funciones esenciales: técnica, comercial, financiera, de seguridad y contabilidad.

Pero… si asegurar la marcha –ejercicio y cumplimiento– de los seis grandes grupos de operaciones o funciones esenciales (T+A) constituye lo que gobernar significa, entonces la jerarquía según Fayol no es otra cosa que el ordenamiento vertical de los gobernantes de cualquier empresa, donde…

En primer lugar, todos los que se encuentran en los niveles intermedios son en cuanto gobernantes superiores a quienes les son subordinados, a la par de ellos mismos estar a su vez subordinados a gobernantes que les son superiores.

En segundo lugar, tan solo habrán de ser ciertos actores o entes externos a la empresa los poseedores de la autoridad necesaria para restringir o facilitar la labor gubernamental de quienes se encuentran en la cúspide de la pirámide jerárquica.

En tercer lugar y en cuanto gobernantes, quienes se encuentran en la base no son superiores a tercero alguno, aunque sea esencial que, por así decirlo, cada uno sea al mismo tiempo su propio superior y subordinado; en otras palabras, poseedor de la capacidad de gobernar-se.

Evidente implicación:

Supuesta necesaria para un determinado ente social la existencia de una jerarquía entre sus miembros, es la capacidad gubernamental por ellos poseída la que debe fundamentar su ordenamiento vertical.[323]

En Fayol convergen el origen y criterio de la jerarquía: la capacidad de gobernar.

De allí el gráfico más adecuado siguiente.

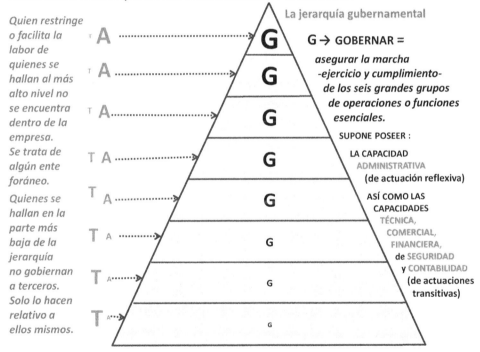

---

[323] Capacidad gubernamental tanto transitiva como por sus implicaciones reflexivas. Transitiva desde la perspectiva interna del gobernar a cargo de asegurar la marcha –ejercicio y cumplimiento– de las seis grandes clases de operaciones o funciones esenciales. Reflexiva en la justa medida en que debido a ese mismo gobernar transitivo interno coadyuva a que la empresa toda observada desde afuera evidencie una clara capacidad de auto-gobierno; esto es, **se**-gobierne a lo largo de un recorrido continuamente determinado por los sucesivos, diversos y cambiantes escenarios por los que haya de transitar.

La jerarquía interpretada a partir del enfoque de Taylor.

Ahora bien, cabe recordar que nuestro campo se inicia con el surgimiento casi simultáneo de dos enfoques muy diferentes, hechos explícitos en las obras de los dos reputados "padres" del campo: Henri Fayol y Frederick W. Taylor.

Históricamente el enfoque de Taylor se centró en los problemas enfrentados por éste a la hora de procurar el mejor y más alto rendimiento –productividad– de los trabajadores que temprano en su carrera tuvo a su cargo. Su ingeniosa solución fue proponer que en relación a la labor a ser desempeñada, la autoridad se fundamentase en el conocimiento científico y procurar que en relación a su labor, el trabajador se sometiese a dicha autoridad, una autoridad nada personal, nada caprichosa y muy lejos de ser arbitraria.

De allí a someter, siempre que ello fuera posible, cualquier clase de labor o parte de ella a la autoridad del conocimiento científico, tan solo requirió de una simple aplicación generalizada del enfoque propuesto por Taylor. Esto es, no reducirlo a las labores principalmente manuales realizadas por los trabajadores de más bajo nivel, sino *mutatis mutandis* a las de cualquier clase realizadas por los trabajadores de cualquier nivel dentro de la empresa; incluyendo, claro está, la labor realizada por los trabajadores y directivos de más elevado nivel.

El examen del desarrollo posterior del campo permite comprobar que el enfoque científico-técnico de Taylor adquirió preeminencia, a la par de haber, para todos los efectos prácticos, conducido a una interpretación *sui géneris* de la jerarquía, al punto de incluso pasar a ser ignorada la que vimos desprenderse del pensamiento de Fayol.

Esta otra jerarquía habría entonces de expresarse como sigue: mientras más elevado el cargo del agente, más importante su capacidad intelectual, particularmente aquella que se somete a los razonamientos propios de la ciencia aplicada. Esta capacidad sería la que le confiere al superior su superioridad. Por el contrario, mientras más bajo el cargo ocupado por el subordinado, más necesario sería que poseyese la capacidad requerida para ejecutar las operaciones que su superior determinase.

Relativo a cada par de escalones consecutivos de la jerarquía, correspondería al superior pautar lo que el subordinado habrá de hacer, precisando cómo habrá de hacerlo.

Interpretado de esta manera lo característico del superior sería su capacidad para razonar científicamente qué debe hacerse y cómo, fuente a su vez de su autoridad sobre la labor desempeñada por sus subordinados. En concreto se trataría de la superioridad del intelecto regido por las reglas del método científico aplicado a las labores desempeñadas por los subordinados en las empresas. Relativo a la labor a ser ejecutada, quién está en la cúspide, habrá de poseer una elevada capacidad intelectual; no tanto así la capacidad de ejecutar la labor misma.[324]

---

[324] Esto no quiere decir que la capacidad intelectual –científicamente guiada– haya de estar ausente en los demás miembros de la jerarquía. En los niveles intermedios la capacidad requerida es triple. 1°– debe el subordinado poder

Es así como, en virtud de poseer la capacidad intelectual necesaria para <u>apropiarse</u> de la superioridad que la ciencia aplicada intrínsecamente posee relativo al trabajo a ser ejecutado, seres humanos <u>no intrínsecamente superiores por naturaleza</u> se convirtieron en tales relativo a subordinados apreciablemente menos provistos que ellos de esa capacidad.

Con el tiempo, en el mundo empresarial, el creciente y casi exclusivo dominio del enfoque científico-técnico de Taylor tendió a consolidar, sin mayor cuestionamiento, la creencia de que es la capacidad intelectual antes descrita la apropiada para fundamentar la jerarquía entre los seres humanos, si no exclusivamente cuando menos como criterio dominante.

Es fácil entender que así ocurriese.

Ciertamente pueden compararse a los seres humanos en función de su posesión de la capacidad intelectual que la ciencia aplicada requiere, convirtiéndose sin más tal capacidad en fuente de autoridad legítima relativo a los niveles subordinados de la jerarquía.

Pero… "fácil entender que así ocurriese" no necesariamente implica poder ponerle un punto final al tema de la jerarquía entre los seres humanos.

Apartando momentáneamente la jerarquización de seres humanos, hay que entender que la ciencia aplicada permite, en función de los resultados producidos, jerarquizar maneras de realizar cierta clase de labor. Por ejemplo, que cierta forma de ensamblar vehículos sea, mediante la línea de ensamblaje, superior al ensamblaje artesanal singular que le precedió. Y ciertamente tal fue en gran medida la intención de Taylor al apuntar a la mejor realización de las labores humanas. No se le ve explícitamente argüir en pro de una jerarquía que permitiese diferenciar superiores de subordinados, aunque, hay que reconocerlo, sus escritos se prestan a esta interpretación; interpretación que en efecto tendió, como ya apuntamos, a dominar el entendimiento del campo a partir de entonces.

No habrá de sorprender, pues, que la formación de superiores en las escuelas del campo que nos concierne (administración, gerencia, "management", "business", etc.) centralmente consistiese en convertir a los candidatos en expertos aplicadores de la ciencia a las labores que en las empresas se realizan, y correspondiente gradual surgimiento y reafirmación de una concepción científica de la jerarquía entre los seres humanos.

---

ejecutar el mandato del superior en cuanto a la labor a ser realizada, el qué hacer y el cómo hacerlo. Sin embargo, 2°– debido a que el jefe no puede ni debe pensarlo todo por cuenta de su subordinado, éste debe poseer la capacidad requerida para razonar los detalles del cómo ejecutar la labor que se le asignó. Ejemplo útil podría ser la relación entre el Vicepresidentes de finanzas y el Contador jefe de la empresa. Al primero <u>no</u> corresponde concebir hasta el último detalle la labor del segundo. Tan solo le transmite algunos grandes lineamientos –e.g.: método de valoración de los inventarios– que éste habrá de tomar en cuenta a la la hora de cumplir con las normas generales que su propia profesión de contador determina. Además, 3°– debe a su vez ser capaz de razonar científicamente la labor a ser realizada por sus propios subordinados; esto es, el qué y el cómo de esa labor. Quien se halla en el más bajo escalón de la jerarquía solo habría de requerir de las dos primeras capacidades.

Ahora bien, explicado lo anterior, lo vital será entender que tal interpretación de Taylor que convierte a su propuesta en lo que fundamenta la existencia de jerarquías entre los seres humanos miembros de una cualquiera de las muchas y variadas agrupaciones humana, se basa en una interpretación muy particular y en parte también equívoca del fenómeno de la jerarquía entre los seres humanos; equívoco que se inicia con el propio Taylor, como las citas textuales provenientes de finales del capítulo 1 y principios del segundo de "The Principles of Scientific Management" reproducidas a continuación claramente lo evidencian.

"Ahora bien, entre los varios métodos y herramientas utilizados en cada elemento de cada oficio, siempre hay un método y un implemento que es más rápido y mejor que cualquiera de los demás. Y este único mejor método y mejor instrumento solo puede ser descubierto o desarrollado mediante un estudio y análisis científicos de todos los métodos e instrumentos en uso,…"

Este primer trozo destaca la superioridad del método científico a la hora de descubrir o desarrollar la mejor manera de realizar el trabajo

Más adelante prosigue:

"El autor afirma como principio general (y se propone más adelante en este trabajo presentar ilustraciones que tienden a probar el hecho) que en casi todas las artes mecánicas, la ciencia que subyace cada acto de cada trabajador es de tal magnitud y tiene tanto alcance, que el trabajador más adecuado para de hecho hacer el trabajo, es incapaz de comprender plenamente esta ciencia sin la guía y ayuda de quienes están trabajando con él o por encima de él, debido, ya sea por falta de educación, o por una capacidad mental insuficiente."

Este trozo destaca que la plena comprensión de la ciencia del trabajo no la posee quien posiblemente es más adecuado para hacer el trabajo, para ejecutarlo. De allí que requiere de la guía y apoyo de quienes sí la poseen.

De inmediato continúa afirmando:

"Para que el trabajo pueda ser hecho de acuerdo con leyes científicas, es necesario que exista una división de la responsabilidad más por igual entre el "management" y los trabajadores, que la existente bajo cualquiera de los tipos ordinarios de "management". Las personas del "management" cuyo deber es desarrollar esta ciencia también deberían guiar y ayudar al trabajador a trabajar bajo ella, y deberían asumir una porción mucho mayor de la responsabilidad por los resultados de la que, bajo las condiciones usuales, es asumida por el "management"."

Este trozo va más allá de los anteriores. Sugiere una nueva división de responsabilidades asignándole al "management" ciertas tareas producto de la superior capacidad científica que posee.

Y más adelante…

"El cuerpo de este escrito podrá en claro que, para trabajar de acuerdo con las leyes científicas, el "management" debe encargarse y ejecutar mucho del trabajo que ahora se les deja a los hombres. Casi cada uno de los actos del trabajador debiera ser precedido por uno o más actos preparatorios del "management" que le habiliten para hacer su trabajo mejor y más rápido que lo que de otro modo podría."

Este trozo destaca que la labor que corresponde al "management" precede al realizado por el trabajador.

Pero de inmediato prosigue:

"Y cada hombre debería a diario ser enseñado y recibir la más amistosa ayuda de los que están por encima de él, en lugar de ser, en un extremo, compelido y sujeto a coerción por parte de sus jefes, y en el otro, abandonado sin ayuda a sus propios medios."

La expresión "por encima", más allá de simple anterioridad temporal, ya sugiere la existencia de una jerarquía entre el "management" y el trabajador.

Pero definitivamente es el trozo que figura muy al inicio del capítulo 2 el que pasa a consolidar la comprensión dominante de la jerarquía a la cual se prestó el enfoque desarrollado por Taylor en la historia posterior del campo. Dice:

"Bajo el antiguo tipo de "management", el éxito depende casi por entero de lograr la "iniciativa" de los trabajadores; y es en verdad raro el caso en que esta iniciativa es realmente alcanzada. Bajo el "management" científico, la iniciativa de los trabajadores (esto es, su trabajo arduo, su buena voluntad y su ingenio) se obtiene con absoluta uniformidad y en mayor cuantía de lo que es posible bajo el sistema antiguo; y en adición a esta mejora por parte de los hombres, los "managers" asumen nuevas cargas, nuevas obligaciones y responsabilidades jamás soñadas en el pasado. Los "managers", por ejemplo, asumen la carga de recolectar y agrupar todo el conocimiento tradicional que en el pasado ha sido poseído por los trabajadores y entonces, clasificarlo, tabularlo y reducir este conocimiento a reglas, leyes y fórmulas que resultan ser de inmensa ayuda a los trabajadores al hacer su trabajo diario. En adición a desarrollar de esta manera una ciencia, el "management" se encarga de otras tres clases de obligaciones que implican para ellos nuevas y pesadas cargas:

Estas nuevas obligaciones se agrupan bajo cuatro títulos:

Primero. Desarrollan una ciencia para cada elemento del trabajo de un hombre, que reemplaza el viejo método del "a ojo de buen cubero".

Segundo. Científicamente seleccionan y luego entrenan, enseñan y desarrollan al trabajador; en tanto que en el pasado este escogía su propio trabajo y se entrenaba todo lo bien que podía.

Tercero. Cooperan de todo corazón con los hombres de tal manera a asegurar que todo el trabajo se haga de acuerdo con los principios de la ciencia que ha sido desarrollada.

Cuarto. Existe una casi por igual división del trabajo y de la responsabilidad entre el "management" y los trabajadores. El "management" se encarga de todo el trabajo para el cual están mejor dotados que los trabajadores, en tanto que en el pasado todo el trabajo y la mayor parte de la responsabilidad recaía sobre los hombres."

Vemos que el conjunto de estos trozos progresivamente pasa de afirmar que tan solo es mediante la ciencia que puede descubrirse o desarrollar el mejor método e instrumento para realizar una determinada labor a vagamente sugerir una jerarquía, hasta finalmente claramente identificar la superioridad del "manager" con el dominio que posee de la ciencia y sus métodos, así como las obligaciones que de tal superioridad se desprenden.

De allí que, de dejarnos llevar por este entendimiento de la jerarquía, gráficamente se la podría representar como sigue:

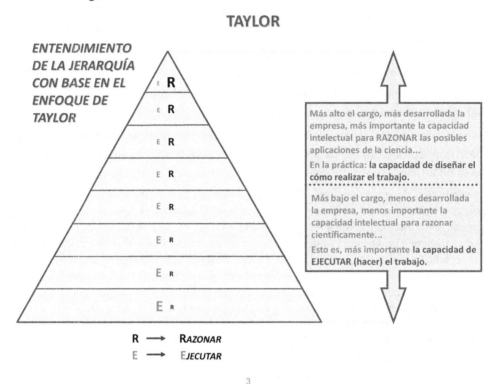

Jerarquía cuyo ordenamiento vertical expresa que la superioridad del superior se fundamenta en el dominio que posee de la ciencia y sus métodos. Bien se ve, como ya hemos apuntado, que se trata, por así decirlo, de una superioridad prestada, no intrínseca.

La intrínseca superioridad que el conocimiento científico posee por encima de cualquier otra clase de conocimiento empírico, es lo que posibilita que subrepticiamente esa superioridad pueda ser traspasada a quien logre poseerlo.

De allí que sea imprescindible hacer algunas precisiones.

Aunque no la denominase así, a Taylor ciertamente se le puede acreditar la planificación científica del trabajo a realizar. Y debe entenderse que lo propio de la planificación es la realización de una labor –un quehacer– que precede al trabajo que, por así decirlo, realmente se quiere ejecutar. A ella, a la planificación, corresponde el antes. Pero no es esta anterioridad la que por sí misma le proporciona superioridad por sobre el trabajo a ser realizado posteriormente. Estrictamente hablando, lo que le proporciona a la planificación tal superioridad, cuando la tiene, es su haber sido guiada —mejor dicho, regida— por la aplicación del método científico.

Cierto es que en ausencia de todo otro origen y criterio la ciencia manda, correspondiéndole ser superior a cualquier otra clase de conocimiento empírico, pudiendo tal superioridad trasladarse a quienes estén formados científicamente. Tal es el traslado que en efecto se generalizó y como ya apuntamos se consolidó en la historia posterior del campo, y sin mayor examen una determinada concepción de la jerarquía entre los seres humanos; generalización muy fácil de admitir como cierta a la luz de los indiscutibles y espectaculares éxitos de la ciencia aplicada en prácticamente todos los campos de actividad humana.

La pregunta no es solo si esta concepción de jerarquía es la única posible, la real pregunta es si es la más indicada para entender la existencia de relaciones de autoridad —de superioridad y subordinación— entre los seres humanos.

Se nos hace imperativo evidenciar la siguiente sutileza.

Una cosa es la subordinación del trabajo a ser realizado a la superioridad de una planificación científica de dicho trabajo y otra cosa muy distinta es la personificación de ambos; esto es, jerárquicamente subordinar al realizador del trabajo a la superioridad del planificador científico de dicho trabajo. Lo primero está claro. Lo segundo supone un concepto muy particular de jerarquía: aquél según el cual solo o principalmente la posesión de una mayor formación científica fundamentaría la autoridad del superior sobre sus subordinados.

Lo que Taylor realmente posibilita es el ordenamiento comparativo de las maneras en que la labor se realiza, ordenamiento que igualmente es aplicable a los productos o servicios prestados que se desprenden de dicha labor. Entre las diversas labores de una misma categoría serán superiores y confirmadas en sus productos o servicios, aquellas que antes de ser ejecutadas hayan pasado por el filtro del método científico.

Podremos entenderlo desde este otro ángulo. Hemos visto que tratándose del saber ejercer verbos la ejecución de estos precede a cualquier mejoramiento que pudiese lograrse mediante la aplicación de la ciencia. Saber-nadar, por ejemplo, precedió, quien sabe por cuánto tiempo, a las diversas ciencias aplicables a la natación; aquellas que han hecho posibles los impresionantes desarrollos del deporte, fundamentados estos en la actual relación y división del trabajo entre el nadador y su "coach". Los nadadores nadan. Eso es lo que hacen. Si en virtud de la aplicación de la ciencia poseída por su entrenador un nadador alcanza a tener una mejor manera de nadar que la de otro, podrá calificársele de nadador superior relativo al otro cuyo desempeño es inferior. En otras palabras, producto de la superioridad de una manera de nadar sobre la otra, surge un ordenamiento comparativo entre estos dos nadadores.

Obsérvese, sin embargo, que ello no significa que pase a existir una relación de autoridad entre ellos. El nadador inferior no pasa a ser un subordinado del superior. Hay comparación, pero no una jerarquía propiamente dicha. Y es que la pareja de calificativos comparativos de superior e inferior no ha de confundirse con este otro par de denominaciones, superior y subordinado, las cuales sí implican jerarquía y relaciones de autoridad del primero sobre el segundo.[325]

La ambigüedad de los textos de Taylor bien entendida conduce a comprender lo ya apuntado por nosotros muy al inicio del presente libro, cual es el hecho de que le sea asignada la paternidad de dos campos muy importantes pero disímiles:

➢ Taylor asesor/planificador => padre de la <u>ingeniería industrial.</u>

➢ Taylor interpretado jerárquicamente => padre del "<u>management</u>" <u>científico.</u>

Aunque sujeta a las observaciones que hemos hecho respecto a la interpretación de la jerarquía a la que se prestó la propuesta de Taylor y vista su aceptación generalizada e importante influencia en el desarrollo posterior de nuestro campo, se nos hace ineludible dilucidar la doble paternidad evidenciada en las obras de Taylor y Fayol; labor que se resume en lo siguiente:

Dos entendimientos fundamentales de la jerarquía. ¿Reñidas? ¿Alguna solución que permita mejor entender los inicios del campo?

Acabamos de ver que con Fayol y Taylor, los dos grandes reputados padres del campo, son introducidos dos entendimientos diferentes posibles de la jerarquía, al punto de parecer inevitable tener que decidir a quién darle la razón. Pero... ¡he aquí que son padres del <u>mismo</u> campo! Inquietud despierta que inevitablemente exige ahondar aún más en el asunto. Veamos.

Comprobaremos que bien leído es Fayol quien ofrece la solución a la inquietud recién expresada acerca de la aparente obligación de tener que elegir entre los dos entendimientos de jerarquía que se desprenden de lo expuesto por los dos padres del campo.

En efecto, en la sub-sección "Direcciones regionales y locales" de la sección "Organización" del capítulo 2 de la 2ª parte de AIG, Fayol –aunque expresando su preocupación por la dualidad de mando a la cual daría lugar la estructura organizativa propuesta por Taylor en su obra "Shop Management" (Transactions of the American Society of Mechanical Engineers, v.24 1903. 1337–1480)– sin embargo también expresa estar muy de acuerdo con la idea de <u>reforzar</u> a los jefes de taller y capataces (no solo a los altos jefes) con un estado mayor: una estructura de apoyo constituida por los diversos expertos que fuesen necesarios para suplir las fuerzas, competencias y tiempo que pudiesen faltarles; expertos que según el enfoque de Taylor y según el caso ciertamente podrían y deberían aportar el punto de vista científico a las labores realizadas por los subordinados.[326, 327]

---

[325] Análogamente, debido a la superioridad que proporciona el modo científico de realizar el trabajo sobre cualquier otro, un ordenamiento comparativo entre sus productos –cantidad y calidad– pasa a ser posible.

[326] En cuanto a su preocupación por la dualidad de mando a la cual daría lugar la propuesta de Taylor, misma preocupación muy seguramente expresaría Fayol acerca de la denominada organización matricial" que no conoció, y usualmente caracteriza a las empresas centradas en la realización de proyectos tales como lo son las del ramo de la

Ahora bien, estando Fayol muy de acuerdo con Taylor acerca de la conveniencia de reforzar a cualquier jefe con una estructura de apoyo (a la cual, a falta de un mejor nombre, denomina "estado mayor") ¿no se prestará este hecho a que, más allá de simplemente contrastar dos entendimientos de la jerarquía, exista la posibilidad de proporcionar una solución a la curiosa situación de un campo con una doble paternidad de origen, manifestada por dos enfoques substancialmente diferentes? En efecto así es. Veamos.

Como ya señalamos, históricamente el enfoque de Taylor surge a raíz de los problemas que enfrenta a la hora de procurar el mejor y más alto rendimiento –la productividad– de los trabajadores que tuvo inicialmente a su cargo. Su ingeniosa solución, vimos, fue proponer que en relación a la labor a ser desempeñada, la autoridad se fundamentase en el conocimiento científico y procurar que en relación a su labor, el trabajador se sometiese a dicha autoridad, una autoridad, como ya apuntamos, nada personal, nada caprichosa y muy lejos de ser arbitraria.

Pero... de inmediato surge entonces la idea clave conducente a la resolución de la doble paternidad del campo:

Basta con caer en cuenta que conceptualmente nada impide aplicar el enfoque desarrollado por Taylor a las labores realizadas por los trabajadores de cualquier nivel dentro de la empresa; incluyendo, claro está, y quizás sobre todo a las que realizan directa o indirectamente los dirigentes y directivos de mayor jerarquía. En otras palabras, basta con simplemente generalizar el enfoque del "management" científico a cualquier labor u actividad humana.

¿Significa esto convertir al conocimiento científico en criterio de jerarquía entre los seres humanos, si no exclusivamente cuando menos como un criterio entre otros, como de hecho vimos tendió a ocurrir luego de Taylor? Bien lo sabemos, no necesariamente. Hay que entender que si lo que la ciencia aplicada permite jerarquizar tan solo son las maneras y medios para la realización de determinada labor, ello no nos autoriza sin más suponerla

---

construcción y centros de investigación: cada proyecto a cargo de la conducción de un jefe y sin embargo igualmente sometido a la autoridad funcional de algún departamento, por ejemplo a cargo de implementar las políticas del personal.

[327] Para el momento en que comenta la propuesta de Taylor, ya Fayol había introducido en páginas anteriores en la sección denominada "Dirección general" su concepción del "estado mayor"; allí nos dice: "El estado mayor es un grupo de hombres disponiendo de la fuerza, de la competencia y del tiempo que le pueden faltar al director general; es una ayuda, un refuerzo, una suerte de extensión de la personalidad del jefe. No está jerarquizado y no recibe órdenes sino del director general. En el ejército, este grupo de agentes se llama ***estado mayor***; le he conservado este nombre a falta de otro que me hubiese parecido preferible." Prosigue diciendo:

"Este organismo está destinado a acudir en ayuda del jefe en el cumplimiento de su misión personal. Si el jefe está en condiciones de cumplir él mismo todas las obligaciones de su cargo, no tiene necesidad de un estado mayor; pero si sus fuerzas o sus conocimientos son insuficientes, o si el tiempo le falta, está obligado a hacerse ayudar, y son las personas que vienen en su ayuda las que constituyen su estado mayor."

(La palabra inglesa "staff, entendida como estructura de apoyo a la organización de línea, corresponde muy bien con lo que Fayol denomina "estado mayor").

indicada para fundamentar una jerarquía que diferencie a superiores de subordinados entre los seres humanos.

Por otro lado, cierto es también que la existencia de tales jerarquías entre los seres humanos supone la realización de labores de muy diversas naturalezas, tanto internamente a cada nivel como entre niveles. ¡Cualquiera de ellas puede verse beneficiada gracias a la aplicación de las ciencias que le sean pertinentes! Labores que suponen el ejercicio de un sinnúmero de verbos, para ciertamente no ser excepción los introducidos por Fayol, principalmente: gobernar, administrar, prever, organizar, mandar, coordinar y controlar. Ellos pueden y de hecho han sido –caso insigne "gobernar"– ejercidos desde tiempos inmemorables, previo a todo conocimiento científico que pudiese aplicárseles. Como cualquier otro quehacer la ciencia puede contribuir a que los verbos que Fayol destaca se ejerzan mejor.

A continuación el gráfico que jerárquicamente articula a los dos enfoques iniciadores del campo: el gobernar de Fayol con el papel que la ciencia aplicada puede cumplir.

APORTE CONJUNTO DE LOS DOS GRANDES PADRES DEL CAMPO

Aporte de TAYLOR

CIENCIA APLICADA al aseguramiento de la marcha -ejercicio y cumplimiento- de la muy particular combinación de funciones esenciales u operaciones ADMINISTRATIVAS, TÉCNICAS, COMERCIALES, FINANCIERAS, de SEGURIDAD y CONTABILIDAD *que se llevan a cabo en cada nivel de la jerarquía*

La jerarquía gubernamental según FAYOL

G → GOBERNAR =

asegurar la marcha
-ejercicio y cumplimiento-
de los seis grandes grupos
de operaciones o funciones
esenciales.

supone poseer :

la capacidad
administrativa
(de actuación reflexiva)
así como las
capacidades
técnica,
comercial,
financiera,
de seguridad
y contabilidad
(de actuaciones
transitivas)

Comentamos:

Gobernar, según su segunda definición, supone asegurar la marcha –ejercicio y cumplimiento– de los seis grandes grupos de operaciones o funciones esenciales. Tanto como supone poseer las capacidades de actuación transitiva correspondientes a las funciones técnica, comercial, financiera, de seguridad y contabilidad, también supone poseer la capacidad administrativa de actuación reflexiva del cuerpo social; componente éste que le proporciona a la empresa la capacidad de gobernar-**se**.

Pero, bien pueden existir muchas y diversas ciencias aplicables al aseguramiento de la marcha –ejercicio y cumplimiento– de la muy particular combinación de grupos de operaciones o funciones esenciales correspondientes a cada nivel de la jerarquía; ciencias cuya aplicación eleva el desempeño del muy particular conjunto de operaciones técnicas, comerciales, financieras, de seguridad, de contabilidad y administrativas que se llevan a cabo en cada nivel.

Así podemos comprender los inicios del campo:

- *Mediante "Administración industrial y general" Fayol apunta a contribuir a que el gobernar de cualquier nivel de la jerarquía se vea bien ejercido, principalmente mediante mejorar al administrar del cual está constituido.*
- *Mediante "The Principles of Scientific Management" Taylor presenta el apoyo que la ciencia aplicada puede proporcionar a quien gobierna, cualquiera sea su nivel jerárquico.*

¡Dos oficios que se complementan!

El gobernante y sus asesores: quién está a cargo de gobernar, cualquiera sea su nivel jerárquico, y aquellos otros cuya labor consiste en prestarle el mejor apoyo que tan solo la ciencia aplicada puede suministrar.[328]

6ª PROFUNDIZACIÓN:

Gobernar, intrínsecamente un arte, aunque ciertamente lejos Fayol de rechazar la muy positiva contribución que la ciencia aplicada puede prestar a su mejor ejercicio.

Vimos que bien leídas son dos las definiciones de gobernar de Fayol. Se las puede distinguir comprobando las dos veces que utiliza el verbo identificador "**es**" en un breve párrafo cercano a la finalización del capítulo 1 de la 1ª parte de su obra. Leemos:

"Gobernar **es** conducir la empresa hacia su meta buscando sacar el mejor partido posible de todos los recursos de los cuales dispone; **es** asegurar la marcha de las seis funciones esenciales."

De la primera definición se desprende que en primera instancia la naturaleza del éxito consiste en alcanzar una determinada meta.[329]

---

[328] Muy posiblemente estamos ahora en condiciones de determinar las dos orientaciones fundamentales del campo. Enseñanzas que han de ser muy diferentes según a cuál de estas dos orientaciones están dirigidas ciertas materias, que por referirse con el mismo nombre a un determinado campo parecieran ser una sola y misma asignatura, cuando en el fondo realmente son dos. Todo ello asunto de muy particular importancia para quienes inician sus estudios. Han de saber que en función de sus aptitudes y pasión fundamentales son dos las carreras de vida, dos los oficios, profundamente diferentes que habrán de proseguir: sea el oficio que consiste en gobernar, sea el oficio consistente en apoyar –asesorar– a quienes gobiernan. Ambos combinadamente esenciales para que la empresa disponga de la más elevada capacidad de gobernar-**se**.

Ahora bien, las ciencias ponen a nuestra disposición una primera manera de alcanzar el éxito. Se trata de un proceso deductivo: ir de lo general a lo particular. Podemos resumirlo así: **del tomar en cuenta las leyes o regularidades confiables** que las ciencias metódicamente han descubierto como rectoras, cada una de ellas, de alguno de los muy diversos ámbitos de fenómenos investigados, **podremos deducir que hacer para alcanzar un muy particular éxito** en cualquier situación concreta caracterizada por la vigencia de alguna(s) de dichas leyes. Estructura deductiva ilustrada a continuación.

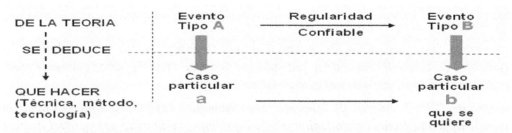

Tarea: Modificar el mundo de los fenómenos para lograr que el caso particular a ocurra; la ley hará el resto, haciendo que el caso particular b que se quiere materializar ocurra.

Obsérvese que es asunto de TOMAR EN CUENTA las regularidades o leyes que rigen a cierto sector de fenómenos a la hora de DEDUCIR que hacer para alcanzar el éxito buscado.

Sin pretender adentrarnos en todas las precisiones del caso, la Ley de Gay–Lussac, por ejemplo, establece que la presión de un volumen fijo de un gas es directamente proporcional a su temperatura. De allí una aplicación evidente: para evitar que un determinado recipiente estalle, regulemos la temperatura o procuremos instalar una válvula de seguridad.

El éxito práctico de la ciencia radica pues en la muy particular estructura de su aplicación, la cual tomando como punto de partida a las leyes o regularidades de carácter general que ella descubre, y yendo de lo general a lo particular, nos permite <u>deducir</u> que hacer en cada caso particular para alcanzar el éxito.

Nos preguntamos: ¿será la ciencia aplicada la única manera de alcanzar el éxito buscado? A la luz de los espectaculares y crecientes logros de las ciencias aplicadas es tentador responder afirmativamente, pero conviene examinar el asunto más de cerca.

En primer lugar –punto importante– si el éxito del gobernar solo dependiese de las ciencias que le fuesen aplicables a su ejercicio, entonces gobernar en cuanto oficio habría de figurar

---

[329] Sin embargo, visto que de inmediato Fayol añade "...buscando sacar el mejor partido posible de todos los recursos de los cuales dispone;" nada nos impide considerar a este requisito como constitutivo de una definición más completa del éxito. En otras palabras: habrá habido éxito cuando la meta es alcanzada **conjuntamente** con haber extraído el mejor partido posible de los recursos disponibles.

entre las ingenierías, cuya estructura conducente al éxito sería la deductiva arriba descrita. Pero... algo nos dice que esto no puede ser el todo del gobernar. Si aceptar el apoyo de las ciencias aplicadas no agota su naturaleza, preguntamos: ¿qué más hemos de entender acerca del gobernar? Tratemos de descubrirlo, profundizando primero en la vía deductiva ya esbozada.

Las leyes o regularidades suponen repetición, la cual a su vez supone la ocurrencia de casos considerados idénticos en cuanto a su naturaleza; esto es, casos que pertenecen a una misma clase que los identifica. Es facultad humana captar cosas parecidas –entes, hechos, fenómenos, etc.– para luego mediante la facultad, también humana, de abstracción depurarlas, por así decirlo, de sus diferencias y quedarse con lo que tienen de idénticas. Hecho esto, investigar las relaciones que pudieran existir entre ellas y alcanzar vía la también humana facultad de generalización a formular, para luego comprobar, leyes y regularidades que confiablemente rijan esas relaciones. Rigurosamente expresada la primera manera de alcanzar el éxito queda así:

La ciencia nos enseña a ser exitosos relativo al mundo de los fenómenos parecidos, toda vez que hayan sido "depurados" de todo aquello que en concreto determinaba que fuesen muy únicos y particulares. Así convertidos en idénticos y agrupados según categorías, con base en cómo se repiten y relacionan vemos ahora al investigador capaz de descubrir y comprobar las leyes o regularidades rectoras de las relaciones que pudieran entre ellos existir. Conocidas estas leyes y regularidades cabe entonces tomarlas en cuenta a la hora de deducir si tras nuestra actuación que modifica a los fenómenos que ellas rigen, ocurra precisamente esto: "que ellas se encarguen del resto"; esto es, que cumplan con producir el estado de cosas definido por nosotros como el éxito que queríamos alcanzar.

¿Éxito en el mundo de lo concretamente muy único y particular?

Pero, pregunta clave: ¿qué hay de todo lo que mediante la abstracción se dejó a un lado y eligió ignorar? ¿No es esto lo que precisamente hace que el mundo de lo concreto, de lo particular, de lo único exista? Dos seres humanos se parecen, se les puede declarar idénticos en cuanto a su naturaleza humana y sin embargo cada uno constituirse en un ser concreto muy particular, muy único, al punto de que lo que tienen de idéntico precisamente es lo que menos los identifica. Igualmente con los hechos y los fenómenos: parecerse, "depurarlos" de sus diferencias y categorizarlos, desprovistos ahora de todo aquello que en concreto antes les hacía muy únicos y particulares. Repetimos la interrogante: ¿qué hay de todo lo distintivo que mediante la abstracción se dejó a un lado y eligió ignorar? ¿Ignorarlos a la hora de apuntar al éxito? ¿Sensato hacerlo?

Un preámbulo: ciertamente el vivir de los seres humanos supone pasar –quizás habría que añadir "cual un fluir"– de una situación a otra: de estar estacionando su vehículo a ya estar instalado en su oficina, para más tarde ingresar a una reunión de trabajo y al concluir ésta irse a almorzar, volver al trabajo y tras vivir otras situaciones a lo largo de la tarde, en la noche asistir a una reunión social, dormir bien o mal y así sucesivamente día tras día, mes tras mes, año tras año. Cada situación puede guardar parecidos con alguna otra vivida con anterioridad –poco tiempo antes o mucho tiempo atrás– pero ciertamente siéndole imposible ser idéntica a la presentemente vivida.

Un simple ejemplo: no es la primera vez que fulano asiste a una conferencia; en cuanto conferencia guarda parecidos con otras a las cuales ha asistido. Sin embargo, un sinnúmero de diferencias la convierten en muy única, concreta y particular: el auditorio no es el mismo de otras veces, el tema y su razón de ser son otros, la constitución del público y sus preguntas son diferentes… En fin, un sinnúmero de novedades y aspectos que difieren de las pasadas conferencias a las cuales asistió.

Ahora bien, repasando la primera vía al éxito ya descrita, en la justa medida en que determinado actor detecte cosas parecidas –entes, hechos, fenómenos, etc.– entre múltiples situaciones, bien puede, como ya dijimos, "depurarlas" de sus diferencias y procurar mediante la generalización formular leyes o regularidades confiables que le permitan deducir qué hacer para alcanzar algún éxito en particular. Por ejemplo, un comerciante, vista sus experiencias previas, haber llegado a la conclusión de que en general no conviene realizar tratos de negocio con gente poseedoras de un determinado perfil, generalización que con el tiempo resulta contribuir significativamente al éxito que alcanza en sus operaciones de negocio. Es facultad de los seres humanos formular generalizaciones como estas, aunque comúnmente sin el elevado rigor que el método científico les exigiría.

¿Ignorar por completo su continuo transitar de una situación a otra, cada una muy única, concreta y particular? ¿Podrá la vía deductiva bastar? Veamos.

En relación a la empresa vimos que según la primera definición de Fayol gobernar supone conducirla hacia cierta meta. Tal conducción ha de ocurrir en el tiempo, pero también implica un determinado recorrido, lo cual a su vez supone la empresa transitar cual un fluir sin solución de continuidad de una situación a otra. ¿Puede el gobernar asegurar la exitosa conducción de la empresa ignorando los aspectos muy únicos, particulares y concretos que caracterizan a cada escenario de actuación experimentado por dicha empresa a lo largo del recorrido? Ciertamente que no.[330]

De allí nuestra nueva interrogante: a sabiendas de cómo ser exitosos en el mundo de las cosas parecidas toda vez que se "depuren" de todo lo que las hace muy únicas ¿cómo serlo relativo al mundo original previo a tales "depuraciones" en el cual, aunque existiesen cosas parecidas –desde simples hechos hasta complejas situaciones y circunstancias– no se hubiese separado de ellas, mediante abstracción, todas aquellas particularidades que concretamente las convertía en muy únicas? Esto es, ¿cómo alcanzar a ser exitosos en el mundo del común de los

---

[330] De allí la necesidad sentida que justifica una enseñanza mayormente centrada en la metodología de casos en algunas de las principales escuelas de nuestro campo (Harvard Business School, INCAE en Centro América e IESE en España).

seres humanos y sus empresas, el mundo de todo lo que es muy único, particular y concreto, trátese de hechos, situaciones o circunstancias?

La respuesta consiste, en primer lugar, en considerar a cada hecho, a cada situación, a cada circunstancia, cualquiera sea su magnitud o envergadura, cual si se tratase de una pieza singular <u>inteligible</u>, muy única, particular y concreta: "en tal reunión el otro día fulano dijo tal cosa", "la vivienda de fulana es un ejemplo de orden y limpieza", "la competencia acaba de introducir el nuevo producto xxx", "tres años atrás fulano y zutana se casaron", "el día tal del mes cual se devaluó la moneda en un 30%", "la economía del Japón entró en recesión", "la desintegración del imperio otomano", "Julio Cesar", etc.[331]

Ahora bien, en segundo lugar, ¿qué puede hacerse con piezas, considerando cuan múltiples y distintas pueden alcanzar a ser en cuanto a su naturaleza y magnitud, temporalmente diversas también, algunas concretas, otras intangibles, otras a todas luces opuestas o que se contradicen entre sí, etc.?

Única respuesta posible: "calzarlas" entre sí cual si se tratase de armar un "rompecabezas" buscando integrar un todo <u>inteligible</u> a partir de tales piezas entrelazadas; siendo que cada una de ellas es por su lado originalmente inteligible dentro de un amplio contexto general, pero no inteligible en el contexto particular del "rompecabezas" en construcción hasta tanto no se complete. Completado, cada pieza habrá entonces adquirido un determinado significado dentro del contexto de la totalidad del "rompecabezas", ahora inteligible (el cual podría a su vez entenderse como pieza de un "rompecabezas" de mayor envergadura, el cual a su vez...).[332]

Es una extraordinaria facultad humana poder armar tales "rompecabezas": calzar piezas singularmente inteligibles hasta su integración en una totalidad igualmente inteligible, capaz ésta de incluso modificar esos significados singulares previos; inteligibilidad del todo y de las

---

[331] Las "piezas" necesariamente son inteligibles "a los ojos" de alguien, y por lo tanto con el muy particular, concreto y único significado momentáneamente asignado por quien las experimenta, aunque no necesariamente opuesto a su revisión o cambio de ser necesario.

[332] Aunque normalmente al ser humano la gran mayoría de los hechos concretos particulares considerados cual "piezas" únicas le sean inteligibles, ciertamente puede que se le presenten "piezas" momentáneamente ininteligibles, acompañadas de la inconfortable sensación de ignorar –de haberla– su posible contribución al armado de aquél "rompecabezas" que convertiría en inteligible la situación y circunstancias concretas vividas. De allí la fuerte tendencia del ser humano a darle, dentro del amplio espectro de la totalidad de sus vivencias anteriores, algún significado a lo que presentemente experimenta, por mucho de que se trate de un hecho inédito jamás experimentado hasta entonces. Así por ejemplo el indígena de las Amazonas profundas que por primera vez vea pasar un avión; imposible para él entenderlo como un tal. Inicialmente desconcertado puede que en función de cuán importante sea para él que las cosas sean inteligibles, busque –quien sabe cómo– calzar su nueva vivencia dentro del marco general de su existencia. También puede que muy confortablemente sepa vivir sin respuestas. Excepción: los hechos intrínsecamente ininteligibles, e.g.: las desconcertantes escaleras que figuran en algunas de las muy conocidas litografías de M. C. Escher.

partes hasta entonces no manifiesta.³³³ Hay quienes tienen esta facultad desarrollada en alto grado, otros menos.³³⁴

Para entenderlo mejor, caso químicamente puro, visualícese a un actor ausente al mundo de leyes y regularidades. Puede percibir los parecidos pero no los "depura" de sus particularidades para mediante la generalización establecer relaciones. Se trata de alguien que vive un mundo exclusivamente constituido por hechos muy únicos, particulares y concretos de cualquier clase y magnitud.³³⁵

Siendo tal su entendimiento general del mundo en el cual vive ¿cómo alcanza a determinar en cada situación y circunstancia concreta, particular y única, qué hacer para alcanzar el éxito si no se trata de un proceso deductivo? Entenderla acertadamente es lo primero. Está muy consciente de que mal podría tener bien definido el éxito que quiere alcanzar y mucho menos saber cómo alcanzarlo de estar parcial o totalmente equivocada su lectura de la situación y circunstancias vividas. Cuando acertada, un entendimiento que puede visualizarse como resultante de la integración de múltiples y diversas "piezas" originalmente dispersas, pero conformando ahora el todo de un "rompecabezas" ahora inteligible.

De esta lectura, del entendimiento así adquirido acerca de la situación y circunstancias vividas, puede que ipso facto, cual súbita inspiración, en adición a hacérsele patente el éxito que quiere alcanzar —tanto lo que quiere lograr como lo que no quiere que suceda— se desprenda la actuación a seguir en procura de ese éxito.³³⁶

---

[333] ¡Extraordinaria facultad, en efecto! Muy peculiar en cuanto a la multitud de piezas de muy diversas clases que permite calzar; a modo de ejemplos, tan solo considerando parejas: hechos tangibles con intangibles, eventos pasados con los presentes y estos con los esperados, lenguaje corporal de alguien con lo ocurrido en una pasada reunión, frecuencia de accidentes laborales con la actitud de los supervisores, intempestiva reacción del jefe con la probabilidad de recibir un aumento, el estremecimiento de disgusto de la conserje y nuestro súbito recuerdo de un hecho ocurrido años atrás, el llanto del niño en el parque con la evidente indiferencia de la nodriza, etc. Lo usual: multitud de "piezas" de muy diversas clases.

[334] El desempeño exitoso de ciertos oficios exige poseer esta facultad en alto grado; la labor detectivesca por ejemplo: vistos motivo, oportunidad y medios conjuntamente con evidencias no meramente circunstanciales, resolver cierto crimen.

[335] A este mundo se aproxima el usualmente vivido por el común de los seres humanos con bajo nivel educativo; provoca decir: no "contaminados" por la fuerte tendencia educativa a transmitir conocimientos de corte general, así como su aplicación a los casos particulares. Frecuentemente son comerciantes, vendedores, dirigentes sindicales, políticos de menor estatura, todos ellos pudiendo alcanzar a ser bastante exitosos en sus variados menesteres a pesar de su bajo nivel educativo. Son duchos a la hora de vivir en un mundo principalmente constituido por cosas —hechos, situaciones y circunstancias— muy particulares, concretas y únicas, así como a la hora de calzar "piezas" con miras a entender aquello que les permitirá alcanzar lo que se proponen. No dejan de poseer la capacidad de generalizar, pero tan solo alcanzando a poseer un reducido número de crudas generalizaciones propias.

[336] "Actuación", la cual significa como ya hemos apuntado: "lo que haya de hacer a la par de esto siempre significar descartar todo lo que no le convendría o debería hacer"; un descartar que las más de las veces el actor no formula explícitamente.

Pero…, de no haber urgencia bien podría no ser necesario actuar de inmediato. Con ello, de ser evidente la conveniencia de hacerlo, se le abre la posibilidad de certificar o perfeccionar el entendimiento antes obtenido acerca de la situación y circunstancias vividas; en cuyo caso…: fundamentar su actuación en un nuevo "rompecabezas" no necesariamente constituido por las mismas piezas del anterior. Aparte de preservar las aún pertinentes, puede procurar recordar e incorporar piezas antes no incluidas o activamente buscar nuevas, siempre que se trate de hechos que contribuyan a afirmar, negar o perfeccionar el entendimiento previamente adquirido de la situación y circunstancias vividas, así como la conveniencia o no de proseguir con la antes súbitamente sugerida actuación; o de no serlo que se desprenda de este "rompecabezas" perfeccionado –nuevo entendimiento de la situación y circunstancias vividas– la actuación a seguir. Actuación que puede involucrar la elaboración de un plan de acción.

Aunque siempre en alguna medida el surgir del cómo alcanzar el éxito suponga la ausencia de elaboración característica del instante en el cual la inspiración ocurre, pasado ese instante la actuación a seguir normalmente implica la elaboración de un plan de acción: un conjunto de acciones a ejecutar en paralelo y en secuencia –momentos de inacción incluidos– que bien articuladas conforman, por así decirlo, un segundo "rompecabezas", ciertamente fundamentado en el entendimiento previamente obtenido de la situación y circunstancias vividas del ya perfeccionado primer "rompecabezas".

Considerado como un todo este segundo "rompecabezas" –expresión del plan de acción– también posee su propio significado unitario global. ¿Cuál? Respuesta: el cómo alcanzar el éxito al cual la voluntad –el querer– apunta; el patrón de comportamiento inteligible –actuación– que convierte a todas las acciones –piezas– de las cuales está constituido el plan de acción en acciones de una misma clase.[337]

A modo de ejemplo una sencilla situación y circunstancias vividas:

Las piezas: "La junta directiva se reúne todos los días martes. Producto de una diversidad de datos e informes –piezas– que me han llegado por diferentes medios, ha surgido en mi mente una idea que está en sintonía con las actuales tendencias del mercado. Quiero que la empresa la ponga en práctica. Momentáneamente sé que puedo contar con el apoyo de la mayoría. El presupuesto requerido es razonable. Si nuestra empresa no la pone en práctica de inmediato

---

[337] Momento oportuno para introducir la siguiente definición: la **Estrategia** es el lineamiento o hilo conductor que subyace –cual naturaleza común– al conjunto de las acciones a ejecutar y a descartar constitutivas de nuestra actuación y que a título de hipótesis responde a nuestra inquietud acerca de **cómo** alcanzar el éxito, vista la incertidumbre experimentada en una situación y circunstancias **no** estrictamente regidas por regularidades confiables, sea tal incertidumbre debida a nuestro desconocimiento de ciertas leyes de la naturaleza o a la posible falta de seguridad de un honesto cumplimiento de las normas esperadas por parte de los otros involucrados; incertidumbre en este último caso usualmente producto de la ausencia de un claro patrón de comportamiento –intencional o no– por parte de algún actor, singular o grupal, trátese de un competidor, adversario o enemigo. Como tal, la Estrategia es la gran unificadora de nuestra actuación. Le provee sentido unitario a todo lo que haremos y optaremos por no hacer: articula al conjunto de los actores y recursos requeridos, ensambla el sistema de metas y objetivos asociados a esas acciones, y rige toda la ejecución en su debida oportunidad (en tiempo y lugar).

puede que el momento oportuno se pierda." "Me parece que todas las piezas calzan. Siento que el momento es oportuno. Esto haré: mañana martes presentaré a la junta directiva mi idea y plan de acción para implementarla, el cual de inmediato voy a elaborar integrando las acciones, sus ejecutores y recursos." [338]

La diversidad humana.

Aunque lejos de querer con ello simplificar o agotar el tema, visto lo antes expuesto creemos estar en condiciones de definir un continuo entre los dos extremos químicamente puros siguientes: quienes viven en lo concreto y quienes viven en lo abstracto; quienes viven en lo particular y quienes lo hacen en lo general; quienes viven en lo muy único y quienes viven en lo plural. Aunque siempre poseedores de ambas capacidades –aplicar lo general a lo particular o convertir en un todo inteligible una multitud de hechos particulares–, según la inclinación que en ellos domine los seres humanos se distribuyen a lo largo del continuo determinado por estos dos extremos.

Aunque en menesteres diferentes se les ve exitosos. Hay quienes se desempeñan mejor en el mundo de las semejanzas "depuradas" de todo aquello que las distingue. Hay quienes se desempeñan mejor en el mundo de lo muy concreto, particular y único.

Los que se destacan entre los primeros le deben principalmente su éxito a la capacidad que poseen para deducir de las ciencias que hacer en cada caso para alcanzar el éxito querido. Su fuerte es la aplicación del conocimiento científicamente alcanzado. A los más destacados podemos genéricamente calificarlos de ingenieros. Más sujetos a cometer errores estarán aquellos otros que tan solo de sus propias generalizaciones empíricamente formuladas, deducen como alcanzar el éxito a cual apuntan.

¿Qué hay de aquellos exitosos en el mundo de lo muy concreto, particular y único?

El artista y la obra de arte

Califiquemos de artística la pericia de integrar –de convertir en inteligible– al complejo mundo de lo concreto, de lo particular y muy único para, con base en lecturas acertadas determinar lo que se quiere alcanzar y cómo, amén de la actuación requerida para lograrlo. Llamemos artista a quien posee altamente desarrollada esta pericia, ampliamente descrita anteriormente.

Sea el criterio estético, de veracidad o de eficacia para alcanzar lo que en cada caso se propone, artista es quien integra, hace confluir, hechos, fenómenos, circunstancias, condiciones, etc. en un todo considerado feliz... considerado exitoso.

Se explica entonces que tratándose de las tradicionalmente denominadas bellas artes, sobre todo cuando de los grandes artistas se trata, aplica la expresión "¡sui géneris!" ¡Único en su

---

[338] Obsérvese los tres niveles que hemos distinguido: 1.– lo que _quiero_ alcanzar y 2.– la _estrategia_: el _cómo_ lo lograré, producto del entendimiento adquirido de la situación y circunstancias vividas, para 3.– concluir con mi actuación: lo que haré, acción singular a ejecutar o complejo de acciones constitutivas de un plan de acción.

género! Así también puede observarse en el caso de los grandes gobernantes –estadistas y dirigentes– cada uno muy único, tanto en su manera de ser como en su forma de gobernar.[339]

A modo de conclusión

Aunque necesaria, habrá que admitir que la ciencia y su aplicación no agotan el tema del gobierno. Gobernar es siempre el gobernar de, o en, situaciones concretas caracterizadas por circunstancias muy únicas y particulares. En este sentido, en su naturaleza más íntima el oficio de gobernar es un arte, un arte que como ya hemos apuntado ciertamente no rechaza el apoyo de las ciencias aplicadas que le puedan ser pertinentes.

Aunque aplicables a una enorme gama de fenómenos, no todos los éxitos son alcanzables vía exclusivamente deducir que hacer a partir de leyes o regularidades generales confiables.

Amén de ciertamente las situaciones vividas por lo seres humanos poder poseer en mayor o menor grado hechos parecidos con los ya experimentados en el pasado, posibilitando así, mediante abstracción y método científico, aislar estos hechos y descubrir regularidades y leyes confiables deductivamente aplicables, ocurre que en toda situación vivida estos hechos poseedores de cierto parecido con los ya experimentados en tiempos previos, siempre vienen acompañados de inevitables novedades, entendiéndose por éstas aquella combinación de hechos y circunstancias particulares concretas que convierten a toda situación vivida en muy única, así como imposible de jamás volver idénticamente a repetirse.

El éxito pasa ahora a depender de la facultad humana de calzar "piezas" inteligibles, trátese de simples hechos o de complejas circunstancias de gran magnitud. ¡Singular facultad la de los seres humanos de poder armar "rompecabezas" con semejantes "piezas"!

Tal es, en fin de cuentas, la diferencia entre las actividades propiamente científicas y aquellas otras que a falta de saber cómo precisarlas, vagamente se califican como artísticas. Se explica entonces lo que se evidencia en los grandes gobernantes: cada uno lo ha sido muy a su modo, al punto de dificultar sino hacer imposible aislar sus semejanzas con miras a poder formular leyes o regularidades confiables que les fuesen en general aplicables. Tal no podía ser entonces el camino indicado para formular una doctrina. De allí que Fayol asumiera el reto desde otro ángulo: poner al descubierto la estructura misma del <u>oficio</u> de gobernar, compactamente expresada como le vimos proponer en términos de dos grandes componentes: los elementos y los principios.[340]

---

[339] Arte que en alto grado también han poseído los grandes estrategas del mundo militar a la hora de desempeñar el oficio que les es más propio: doblegar la voluntad de quien consideran ser un enemigo; un oficio muy diferente al de gobernar que el presente libro procura esclarecer vía la lectura de Fayol.

[340] En lugar de, claro está, abordar la fútil búsqueda de aquellas cualidades comunes que pudieran poseer o caracterizar a los llamados líderes; una categoría, ésta, psicosocial que en nada asegura saber gobernar.

7ª PROFUNDIZACIÓN:

La división del trabajo no implica compartimientos estancos. Si gobernar, según la 2ª definición de Fayol, significa asegurar la marcha –ejercicio y cumplimiento– de los seis grupos de operaciones o funciones esenciales, y todos y cada uno –agente o unidad organizacional– ha de contribuir a que ese aseguramiento ocurra, entonces todos gobiernan en la medida en que ejercen su cuota parte. Desde el interior de la empresa como un todo pasan a ser sus co-gobernantes.

"La administración tan solo es una de las seis funciones cuya marcha debe el gobierno asegurar. Pero ocupa en el papel de los altos jefes un lugar tan grande que a veces puede, este papel, parecer ser exclusivamente administrativo."

He aquí el párrafo final del capítulo 1 de la 1ª parte de AIG. La oración final se constituye en una clara transición hacia el siguiente capítulo.

Modificada para destacar su sentido verbal nos dice que el administrar ocupa un lugar muy grande en el papel de los altos jefes, al punto de solo parecer estar ejerciendo dicho verbo. La palabra "parecer" es importante.

Como lo expone Fayol en el capítulo 2, por muy elevado el nivel jerárquico del agente, por muy grande que sea el componente administrativo del papel que le corresponde cumplir, jamás podrá decirse que solo administra. Al igual que todos los demás miembros de la empresa, también ha de asegurar –ejercer y cumplir– la marcha de los otros cinco grupos de operaciones o funciones esenciales, aunque en menor proporción.

El desarrollo de la empresa implica la división del trabajo total que realiza. Esto es, el surgimiento de agentes y unidades organizativas en quienes se concentra, sin exclusión de las otras cinco, una mayor dosis de una cierta clase de operación o función esencial: técnica, comercial, financiera, de seguridad, de contabilidad o administrativa. Ha de quedar claro que ello no debería significar una especialización que tienda a hacer surgir compartimientos estancos.

El cumplimiento cabal de cualquier clase de operación particular –producción, comercio, finanzas, etc.– exige, más allá de simplemente tomar en cuenta las demás operaciones o funciones que la empresa realiza, contribuir al cumplimiento de ellas, asegurar su marcha. Solo así puede evitarse la tendencia hacia la miopía –incluso ceguera– que caracteriza a la especialización, cuando olvida su procedencia originaria de la división de un determinado trabajo total; esto es, cuando olvida la inseparabilidad original de los seis grupos de operaciones o funciones esenciales a las cuales dan lugar las empresas.

La división del trabajo total evidentemente puede de muchas maneras involucrar su creciente subdivisión hacia los niveles jerárquicos inferiores de la empresa. Sin embargo, la inseparabilidad de origen ha de mantenerse. Independientemente de su especialidad, todos y cada uno de los agentes y unidades organizativas de esos niveles también deben contribuir a asegurar, según dosis y modalidades diversas, la marcha —ejercicio y cumplimiento— de los seis grupos de operaciones o funciones esenciales.

La división creciente del trabajo total de la empresa en una multiplicidad cada vez mayor de especialidades centradas en la ejecución de la labor principal que las caracteriza e identifica, tiende a la reificación de tales especialidades. Preservar el carácter de síntesis del trabajo total original de la empresa se hace crecientemente difícil en la justa medida en que se vuelve cada vez más fácil olvidar el origen analítico-intelectual de esas especialidades. Se olvida que la visión de elementos químicamente puros —aquí, cada uno de los seis grupos de operaciones o funciones esenciales— solo es posible en el intelecto, vista la facultad de abstracción y separación que éste posee. La jamás alcanzable aparición del compuesto —trabajo total de la empresa— en su perfecta síntesis supondría la desaparición de sus elementos; esto es, de los seis grupos de operaciones. Si estos últimos en la realidad empírica se muestran, total o parcialmente, con un grado mayor o menor de separación estanca, ello significa que la síntesis —la realización del trabajo total de la empresa— es aún imperfecta.

Pero hay más. Si gobernar es asegurar la marcha —ejercicio y cumplimiento— de los seis grupos de operaciones o funciones esenciales, y todos y cada uno de los miembros de la empresa —agentes o unidades organizativas— independientemente de su nivel, han de contribuir directa o indirectamente a hacerlo, entonces quienes así lo hagan, por definición gobiernan. Serán merecedores del calificativo de gobernantes en la justa medida en que contribuyan a asegurar el ejercicio y cumplimiento de los seis grupos de operaciones o funciones esenciales, según las dosis y modalidades que a cada uno corresponda.[341]

La óptima inseparabilidad o síntesis, jamás alcanzable en la práctica, ocurriría cuando todos y cada uno gobernasen. Mejor: cuando entre todos gobernasen la empresa; esto es, que en cuanto auténticos co-gobernantes la gobernasen.[342]

Pilotos y remeros una necesaria división del trabajo gubernamental.

---

[341] Recuerde el lector que a los fines de una mayor precisión reiteradamente hemos combinado dos textos de Fayol. En primer lugar, casi finalizando el capítulo 1 de la 1ª parte de AIG: "Gobernar es…; es asegurar la marcha de las seis funciones esenciales." En segundo lugar, muy al principio del capítulo 3 de la 1ª parte de AIG dice: "Acabamos de ver que la obra *gubernamental* implica el ejercicio y el cumplimiento de las seis funciones esenciales;…" De allí que los reunamos para formular, según una versión que se nutre de ambos textos, una segunda definición de Fayol más completa, así: Gobernar es asegurar la marcha —esto es, el ejercicio y el cumplimiento— de los seis grupos de operaciones o funciones esenciales (subrayados nuestros para destacar las palabras clave que se combinaron en esta definición).

[342] Dada la síntesis que entre todos serían capaces de realizar, visto hallarse en el interior de la empresa co-gobernantes tan idóneos, entonces lo que en conjunto le proporcionarían a la empresa sería la facultad, ella toda, de gobernar-se. Lo veremos: la empresa como un todo se-gobierna en la justa medida en que todos y cada uno de sus agentes sean auténticos co-gobernantes. Es la empresa apuntando a lograr tener en sus propias manos su porvenir. Lográndolo, de superar las fuerzas y circunstancias externas siempre cambiantes que pudiesen dificultárselo; lográndolo de aprovechar las que le pudiesen ser favorables.

La lámina reproducida a continuación nos recuerda la antigua metáfora, posiblemente universal, con base en la cual se inició el entendimiento del oficio de gobernar aplicado a grupos humanos. Estos pueden visualizarse como naves sociales prestas a transitar por un determinado recorrido conducente a cierto lugar de llegada al cual quieren arribar.

Retomemos entonces la primera definición de gobernar introducida por Fayol al final del capítulo 1 de la 1ª parte de AIG. Dijo: "***Gobernar*** es conducir la empresa hacia su meta buscando sacar el mejor partido posible de todos los recursos de los cuales dispone;..."

Una antigua metáfora

- GOBERNAR:
- Del Latín:
    - Gubernare — Guiar, dirigir, conducir, manejar, gobernar...
- Del Griego:
    - Kubernan — Guiar, dirigir, conducir, manejar, gobernar...
    - Kubernetikos — Timonel: quien posee la pericia para hacerlo
    - Ta kubernetika — Cibernética

(Composición realizada con imágenes prediseñadas de PowerPoint, Office, Microsoft)

Se trata de un oficio: al Gobernar concierne la conducción de la nave social que Fayol denomina empresa, en el más amplio sentido posible de la palabra.[343]

---

[343] Para Fayol hay empresa cuándo se cumplen dos condiciones. **1ª condición**: la existencia de un conjunto de seres humanos que se consideran y entienden como formando parte, en cuanto miembros, de una cierta totalidad social, de una cierta "nave" social. **2ª condición**: independientemente de cómo haya surgido, que exista una finalidad –considerada posible de alcanzar– a ser emprendida por esa misma "nave" social. Un par de ejemplos: a los efectos del tema del gobierno que nos concierne, es empresa una familia que acuerda alcanzar a posee una vivienda propia, igualmente una nación que se proponga alcanzar una mayor prosperidad, un planeta que enfrenta al recalentamiento global. Aunque se trate de entes sociales de muy diferente magnitud, aplicable les es la 1a definición de Fayol. En el caso de la referida familia, gobernar es conducirla hacia su meta –vivienda propia–

Ahora bien, visualizadas las naves ejemplo que figuran en la lámina queda claro lo siguiente: haciendo por el momento caso omiso de las influencias de las fuerzas y circunstancias externas, todos influyen en la dirección en la que va la nave. ¿Quiénes "todos"? Todos aquellos que se hallan en la nave. Tratándose de trirremes, el piloto y los remeros; en empresa usuales: múltiples pilotos y remeros.[344, 345]

En una nave física como lo es un barco, un avión o cualquier otro medio de transporte pueden en adición estar presentes pasajeros. Sin embargo, tratándose de naves sociales, todos los que se encuentran en su interior influyen en su rumbo, recorrido y destino final. En este sentido, en las naves sociales propiamente dichas –ausente de ellas la base física– no existen pasajeros como tales, tan solo miembros. Ni siquiera visitantes que estén de paso lo son; caso, por ejemplo, de los turistas; ellos también <u>influyen</u>, aunque solo por breve tiempo y quizás mínimamente –en otros caso mucho– en el rumbo y destino final del país visitado. A sabiendas de que no son miembros de la nave social y ausentes a la intención de hacerlo, solo influyen; no aspiran a convertirse en co-gobernantes.

Queda sin embargo la importante división del trabajo entre quien por un lado pilotea y quienes por el otro reman.

¿En qué consiste esta división del trabajo?

Independientemente de cómo haya sido establecido un determinado destino a alcanzar y rumbo asociado –asuntos complejos que en su momento discutiremos– por el lado del piloto el oficio a cumplir pareciera ser el concerniente a que la nave toda prosiga por el debido rumbo y recorrido con miras a alcanzar el destino propuesto. De allí la potestad que le confiere el tener en sus manos el timón. Pero los remeros también influyen en la realización del rumbo, recorrido y posible alcance del destino, aunque lo hagan de manera muy diferente. En sus manos están los remos y siempre que los manejen al unísono, su contribución, en el caso del trirreme, consiste en motorizar la nave a todo lo largo del recorrido necesario.

Aplicada la definición de gobernar arriba citada diremos que, aunque de manera diferente, piloto y remeros, ambos necesarios, ciertamente gobiernan, visto que entre todos conducen la nave "hacia su meta buscando sacar el mejor partido posible de todos los recursos de los

---

buscando sacar el mejor partido posible de todos los recursos de los cuales dispone; igualmente es conducir a esta nación hacia una mayor prosperidad.

[344] El que todos influyan ciertamente habrá de exigir la existencia de lo que Fayol denomina coordinación: armonía en la actuación conjunta.

[345] El que todos influyan no debe hacer perder de vista el indiscutible hecho de que, tengan plena conciencia de ello o no, a todos concierne tanto el recorrido como el destino de la nave. Esto por la sencilla razón de que dependerá de lo que le ocurra a la nave lo que en fin de cuentas habrá de ocurrirle a cada uno de ellos en lo personal. De allí que más allá de un simple influir en el rumbo, recorrido y destino de la nave social haya que destacar el que quieran hacerlo, no de cualquier modo, pero eso sí: siempre y cuando tengan despierta la conciencia de que su propio porvenir está ligado al de la nave. (Importantes reflexiones en la sección "Ineludible profundización adicional" al final de la presentación y discusión del 6º principio "Subordinación del interés particular al general", pág.: 321)

cuales dispone". Estrictamente hablando, apegándonos a la definición, diremos que aunque de manera diferente, ambos, piloto y remeros, entre todos ejercen el oficio de gobernar.[346]

---

[346] No limitándonos a las empresas como entes sociales de cierta clase en lo particular y aplicando nuestras descripciones a cualquier país o nación como, bien leído, es el propio Fayol quien lo insinúa, pilotos serían todos aquellos cuya carrera esté regida por la usualmente denominada vocación política. Remeros serían todos los demás, cada uno desempeñando un determinado papel en la sociedad, según su particular vocación y posibilidades. La vocación política significa querer-poder; esto es, lo equivalente a querer tener en sus manos el timón. Sin embargo, tal como vimos ocurrir en el caso de una nave física, pilotos y remeros son interdependientes y nada extraño tiene que de múltiples y variadas maneras procuren influirse entre sí. Si con toda seriedad asumimos la validez de la antigua metáfora presentada —la definición de Fayol muy en sintonía con ella— obligado es cuestionar la asociación usualmente exclusiva que se hace entre la labor de los pilotos y el oficio de gobernar, cual si el rumbo, recorrido y destino de la nave social solo dependiese de ellos. Tener en las propias manos el timón no basta. Los remeros son igualmente esenciales, cosa que claramente queda en evidencia cuando se presentan los así denominados problemas de gobernabilidad, término que bien visto contiene el mensaje implícito asimétrico de que tan solo se trata de una condición que ha de ser fabricada y mantenida por los pilotos, mal disimulando así su voluntad exclusiva de poder. Precisión necesaria, pues: aunque es preciso que algunos tengan esa voluntad, ella no es para todos. La diversidad de vocaciones es necesaria; clave es la debida contribución de cada una a que la sociedad como un todo se-gobierne. Médicos, maestros, empresarios, comerciantes, plomeros, taxistas, etc., todos remeros, todos necesarios, cada uno debidamente ejerciendo su oficio particular, ausente en ellos la voluntad política de poder característica del piloto.

Ahora bien, si no se trata del solo piloto, a la pregunta "¿quién es el gobernante de última instancia?", la respuesta tautológica es: "el soberano". Cuando no se trata de una sucesión de miembros de un determinado linaje y al no ser para todos por igual la vocación de vida centrada en la política, tan solo queda poner en manos del gran conjunto de todos los miembros de la colectividad humana de la cual se trate el ejercicio de esa soberanía. Ejercicio que se convierte en el problema a ser resuelto. De allí el surgimiento consensual de, por un lado, reservarse esta colectividad soberana ciertas decisiones generales clave y formas en que serán ellas tomadas; tal como, por ejemplo, ha sido admitir vía consenso la toma de decisiones según la así denominada "regla de la mayoría" (simple o calificada, según de cual asunto se trate). Sustentada en el hecho cierto de que existen vocaciones claramente políticas, una primera gran categoría de decisión podría consistir en colectivamente, vía elecciones, poner en manos de ellas el timón, según grados de discreción también previamente decididos. En un extremo, altos grados de discreción significaría, poseídas las capacidades requeridas, facultarles para tomar decisiones de todo orden otorgándoles así actuar en representación a la colectividad que los ha elegido. En el otro extremo, muy reducidos grados de discreción significaría la obligación de ejecutar fielmente las decisiones generales y específicas colectivamente tomadas. Precisemos:

Si a la totalidad de quienes son constitutivos de un determinado ente social —país o nación— conciernen en lo personal el rumbo, recorrido y destino de la nave social de la cual todos son miembros y en cuanto tales cada uno parte del soberano, con riguroso apego a lo fenomenológicamente descrito en la presente 7ª profundización preguntamos: ¿cuál habrá de ser la labor que corresponde a los pilotos cumplir? Respuesta: habiendo al igual que todos demás, en cuanto miembro del soberano, participado en las decisiones tocantes al rumbo, recorrido y destino de la nave social toda, estrictamente hablando debería corresponderle cumplir con lo que en fin de cuentas a un piloto se le delega: mediante un timoneo acertado mantener el rumbo a seguir por la nave, cumplir con el recorrido pautado, siempre con miras al destino final a alcanzar. En la justa medida en que al respecto el carácter de las decisiones del soberano es más general que específico como normalmente ocurre, tanto mayor el grado de discreción puesto en manos del piloto, tanto mayor el peligro de que se aparte del espíritu de la labor delegada, tanto mayor el peligro de la usurpación. La asociación exclusiva usualmente hecha entre la labor del piloto y el oficio

Dos puntos de vista; ambos necesarios:

Desde un punto de vista <u>interno</u> y con apego a la definición de Fayol gobiernan quienes –pilotos y remeros– conducen a la empresa (en cuanto nave social) hacia su meta buscando sacar el mejor partido posible de todos los recursos de los cuales dispone.

Pero… desde un punto de vista <u>externo</u> gobiernan quienes, desde el interior de la empresa, coadyuvan a que, entendida como una totalidad, dicha nave social pueda ser perciba como un ente que a todas luces procura gobernar-**se**; esto es, que a lo largo de todo un recorrido procura mantener el rumbo conducente a la realización de su meta. En otras palabras: una empresa (nave social) que procura tener en sus propias manos su destino.[347]

Gobernar concierne a todo ser humano

Se nos hace ahora evidente que el libro de Fayol no apunta a exponer un determinado campo particular de actividad o especialidad. Más bien se trata de algo que concierne a todo ser humano, en la justa medida en que en cuanto ser social habrá de ser miembro de una o varias empresas; entes sociales que para Fayol, según vimos, son todos aquellos caracterizados por accidentalmente o en función de una razón de ser más permanente, emprenden la realización de cierta finalidad.

Según Fayol, en mayor o mayor grado, todo ser humano ha de saber gobernar en el sentido antes largamente expuesto. De allí que todos requieran saber administrar, lo cual se desprende de la muy importante primera oración de AIG que figura en la "Advertencia inicial" según la cual:

"La administración cumple en el gobierno de las empresas, de todas las empresas, grandes o pequeñas, industriales, comerciales, políticas, religiosas u otras, un papel muy importante."

---

de gobernar tiende a disimular, sino a ocultar, lo que el "soberano" –piloto y remeros–, <u>delega</u> al piloto: en lo esencial tan solo timonear según el rumbo, recorrido y destino soberanamente decididos.

Por último, ***muy importante igualmente es que no se nos acuse de reduccionismo***. Si a lo largo de nuestras descripciones nos hemos exclusivamente referido a seres humanos singularmente considerados para distinguir los papeles a cumplir por parte de pilotos y remeros, piense el lector que tan solo fue para simplificar la exposición. Quede claro pues, que en adición a seres humanos singularmente considerados, piloto o remero puede ser cualquier ente social de cualquier clase o magnitud: un partido político, un grupo de presión, cada empresa singularmente considerada, una federación de empresas, una ONG, un grupo de ciudadanos organizados ad hoc, un sindicato, una asociación de vecinos, etc. Todos parte del "soberano".

[347] "Procura" significa que por adelantado el éxito no está garantizado, pero que sin embargo a los ojos de un observador externo la empresa, a todas luces, parezca empeñada en alcanzar cierto destino seleccionado y evitar todos los demás que pudiesen perjudicarle, superando cualquier inconveniente u obstáculo que pudiese dificultárselo o impedírselo a lo largo del recorrido, amén de ciertamente procurar aprovechar toda circunstancia externa que pudiese serle favorable.

Testimonio de la universal necesidad del saber administrar afirmado por Fayol lo encontramos en el capítulo 3 de la 1ª parte de AIG cuando, refiriéndose al problema de su enseñanza, nos dice:

"Todo el mundo, en más o en menos, tiene necesidad de nociones administrativas."

Y un poco más adelante:

"La enseñanza de la administración debe, por lo tanto, ser general: rudimentaria en las escuelas primarias, un poco más extensa en las escuelas secundarias, muy desarrollada en las escuelas superiores."

Para finalizar diciendo:

"Es menester, pues, esforzarse por difundir nociones administrativas en todos los rangos de la población."[348]

---

[348] Evidentemente Fayol no se anda con medias tintas. La primera de las tres citas recién reproducidas lo expresa con toda claridad: "Todo el mundo, en más o en menos, tiene necesidad de nociones administrativas." Las otras dos simplemente destacan la implicación educativa de lo que ella afirma. A todas estas sin embargo ya sabemos que, visto el carácter reflexivo de sus operaciones, de entre las seis es la función administrativa la que convierte a la empresa en un ente social animado, condición necesaria aunque no suficiente para que pueda gobernar-**se** (falta que las condiciones externas sean favorables o sea capaz de convertirlas en tales). Entendidas así las cosas no nos luce descabellado precisar y completar la afirmación de Fayol como sigue: "Todo el mundo, en más o en menos, tiene necesidad de nociones administrativas, precisamente aquellas que más habilitan a los miembros del cuerpo social de la empresa cumplir la función gubernamental de la empresa que a cada uno corresponda"; cercano, lo veremos, a Fayol haber afirmado: "Todo el mundo, en más o en menos, tiene necesidad de nociones de gobierno, oficio que a todos concierne."

Preguntémonos: ¿existe alguna facultad humana universal que de estar ausente permite poner en duda la existencia de un ser humano capaz de funcionar socialmente? Tan solo el lenguaje, en el muy amplio sentido de esta palabra, pareciera ser la primera y más fundamental facultad universal social para los seres humanos. Obsérvese: ¿Puede el ser humano, ausente la facultad del lenguaje, existir socialmente? Considérese lo siguiente: se puede vivir toda la vida sin saber tocar piano, sin saber cocinar, sin saber manejar vehículos, sin saber resolver ecuaciones matemáticas, etc., se puede vivir toda una vida con cierta minusvalidez, pero claramente no sin la facultad del lenguaje *entendida esta como la facultad de entender y hacerse entender… cualquiera sea el medio para ello utilizado*.

Hagamos esta otra pregunta: aparte del lenguaje así entendido ¿alguna otra facultad candidata a ser socialmente universal? Singularmente considerado, la voluntad de gobierno del ser humano tan solo supondría procurar tener en sus propias manos su porvenir. Pero esto sería ignorar su funcionalidad social. Debe entonces considerársele como miembro de uno o varios entes sociales; empresas en la medida en que tales entes se propongan un determinado porvenir, procurando todo lo posible que de ellas mismas dependa alcanzarlo. Pareciera posible entonces que al igual que lo afirmado acerca del lenguaje, la capacidad para gobernar y coadyuvar a que el gobernar-**se** de las empresas ocurra haya de ser fuerte candidata a otra facultad humana social universalmente también necesaria. Y para completar, de manera general ¿puede el ser humano singularmente entendido ser socialmente apto sin tan siquiera poseer un mínimo de una funcional facultad de autogobierno, sin un mínimum de la facultad social para operativamente ser un adecuado co-gobernante dentro de las empresas y entes sociales de cualquier clase y magnitud de las cuales es miembro; co-gobernante en la justa medida en que vista su contribución coadyuva a que el porvenir de cada una de esas empresas fundamentalmente dependa de ellas mismas?

Lo usual es que a cada ser humano se le vea involucrado en varios y diversos entes sociales: familia, asociaciones, grupos de interés, entes públicos y privados de toda clase con o sin fin de lucro, partidos políticos, países o naciones... la humanidad toda. Todos estos entes pueden por cierto tiempo o de manera permanente apuntar a cierto porvenir, a emprender la realización de alguna finalidad. Por definición –la de Fayol– esto las convierte en empresas y la realización de su porvenir y finalidad supone que la empresa como un todo posea la capacidad de gobernar-**se**, capacidad que primariamente dependerá de su estar constituida por agentes poseedores de las capacidades gubernamentales requeridas internamente para coadyuvar a que dicho gobernar-**se** ocurra.

Conjuntamente con otros y desde el interior mismo de cada uno de estos entes sociales, todos influyen en el rumbo, recorrido y destino de la empresa, aunque la ausencia de la requerida pericia pueda significar ir a la deriva. En este sentido, del simple hecho de estar en su interior todos ya son de facto co-influyentes, pero habrán sido co-gobernantes en la justa medida en que hayan contribuido a que la empresa de la cual son miembros, al cabo de un determinado recorrido, superando fuerzas y obstáculos externos, aprovechando las circunstancias favorables, alcance el destino que a ella conviene o corresponda.

Si visualizamos a una empresa de menor envergadura como miembro de alguna agrupación humana de mayor envergadura –sociedad o nación– entonces también se podrán calibrar sus comportamientos en términos de su mayor o menor intención de gobernar y capacidad para hacerlo, más o menos caracterizada por la intención y capacidad de tener en sus propias manos su porvenir. Pero ya que la capacidad gubernamental de la empresa proviene de lo que en ella hacen sus agentes, sean singularmente considerados o agrupados en unidades, conviene decir que ella **se**-gobierna precisamente en virtud de en su interior haber buenos gobernantes.

El perfecto agente sería aquél que estando muy consciente de ser miembro activo de la empresa a sí mismo gobierna: **se**-gobierna siempre con miras a todo lo posible contribuir a que la empresa como un todo alcance a gobernar-**se**.

REFORZANDO LA 7ª PROFUNDIZACIÓN

Fayol concluye el capítulo 2 de la 1ª parte de "Administración industrial y general" afirmando:

"La necesidad de nociones administrativas es general"

Expresa así la implicación fundamental de su "descubrimiento".

Ha "comprobado" que en toda clase de empresa, a todos los agentes, en mayor o menor grado, corresponde desempeñar la función administrativa y que por lo tanto la necesidad de la capacidad correspondiente –la administrativa– se hace general; igualmente la de su enseñanza.

Pero además, no debe perderse de vista que el entendimiento de la capacidad total de cada agente en la empresa (valor total 100) que se desprende de los cuadros construidos y comentados por Fayol en el mismo capítulo 2, supone que en adición a la administrativa cada agente también posea las otras cinco grandes clases de capacidad: ciertamente la capacidad técnica –en pleno desarrollo vistos los requerimientos de la Revolución Industrial–, pero igualmente las otras cuatro capacidades: la comercial, la financiera, la de seguridad y la contable; capacidades éstas que al igual que la administrativa no habían alcanzado –como lo expresa Fayol en el capítulo 3– una enseñanza y desarrollo equivalentes a la capacidad técnica.

Si juntamos la segunda definición introducida por Fayol en el primer capítulo –"gobernar es…; asegurar la marcha de las seis funciones esenciales."– con lo que expresan esos cuadros acerca de cada agente poseer capacidades correspondientes a cada una de las seis grandes clases de operaciones, entonces ninguna duda cabe que la contribución total de cada agente al gobernar de la empresa –resultante del 100% de su capacidad– exige que posea como un todo integrado las seis grandes clases de capacidad, en la calidad y dosis en cada caso requerida.

Aunque muy en lo particular y de manera muy enfática, vista su especial importancia en el gobierno de la empresa, Fayol destaca la necesidad general de desarrollar la capacidad administrativa, no hay que perder de vista que, bien leídos, de los dos primeros capítulos de AIG se desprende que la necesidad de las otras cinco clases de capacidad también es general. Podemos, pues, ampliar la conclusión con la cual finaliza Fayol el capítulo 2, afirmando que la necesidad general aplica a todas y cada una de las seis grandes clases de capacidad, las cuales bien integradas en cada agente constituyen el 100% de su posible contribución al gobierno de la empresa.

Una importante implicación es la siguiente. Hoy día existen bajo diversas denominaciones muchas escuelas de: administración, gerencia, gestión, "management", "Business School", etc. Fayol se hubiera sorprendido. En cierto sentido su aspiración era bastante más modesta, pero en otro sentido mucho más ambiciosa. Más modesta en cuanto que jamás concibió ni pretendió que surgiese una nueva carrera profesional especializada. Más ambiciosa al proponer que la enseñanza del administrar en cuanto componente clave del gobernar fuese dirigida a todos los rangos de la población, desde sus inicios en los niveles más bajos del sistema educativo hasta los más elevados, como le vimos expresar ya cercano a finalizar el capítulo 3; destinados los más elevados y aprovechados egresados a ocupar los más altos puestos de conducción en las empresas y sociedad en general.

Para Fayol Gobernar –cada quien contribuir a asegurar la marcha de los seis grupos de operaciones o funciones esenciales– no es un simple campo de especialidad entre otros. Todo agente, independientemente de su nivel jerárquico, independientemente de sí posee o no el dominio de alguna especialidad, previo a ello y como condición originaria más fundamental requiere querer y saber coadyuvar a que el gobernar-**se** de la empresa de la cual es miembro (junto con los demás) ocurra.

Los seres humanos pueden vivir toda una vida sin tales conocimientos contemplativos como los correspondientes a las matemáticas, física, química, sociología, economía, historia, etc. Así mismo pueden vivir toda una vida sin tales "saber-hacer" como: saber tocar piano, saber conducir vehículos, saber nadar, saber coser un botón, etc. Sin embargo, a diferencia de todos estos otros campos de conocimiento o actividad, es necesario que todo ser humano sepa gobernar entendido como el "asegurar la marcha de las seis funciones esenciales" (capítulo 1), independientemente de cuan alto o bajo sea su nivel jerárquico en la empresa. Aunque jamás sea alcanzada la perfección, es muy necesario que las empresas estén constituidas por agentes que co-gobiernen en el sentido de cada uno contribuir a asegurar la debida ejecución de los seis grandes grupos de operaciones o funciones esenciales (capítulo 2). Cual equipo de tripulantes, son ellos quienes en fin de cuentas han de conducir la nave hasta el destino que ha de querer alcanzar.

Reflexión necesaria:

¿Acaso no puede cualquier agrupación humana, cualquier clase de sociedad –familia, tribu, clan, secta, país, nación, agrupación religiosa, partidos políticos, gremios, sindicatos, organizaciones subversivas, humanidad toda... convertirse en empresa apenas evidencie proponerse emprender alguna finalidad?

Y no eludamos ir hasta la implicación global final siguiente: difícilmente podrán los seres humanos escaparse de pertenecer a alguna de estas empresas a lo largo de su vida; tampoco por lo tanto escaparse de la necesidad de saber gobernar; de saber contribuir a que cada una de las empresas de las cuales sean miembros **se**-gobiernen; a que junto con los demás miembros coadyuven a que el gobernar-**se** de esas empresas ocurra.

No puede haber duda... para Fayol la capacidad de gobernar –no sólo la de administrar– también es una necesidad general, y general también la necesidad de enseñarla.

Otra manera de resumir el asunto. Por acción u omisión todo aquél que se encuentra en una determinada nave social –cualquiera sea ésta–, influye en su rumbo, recorrido y destino. El solo hecho de estar en ella lo convierte en alguien que co-influye. Pero bien sabemos que de proponerse la nave social emprender colectivamente algo –ser una empresa– estar únicamente constituida por co-influyentes no va a bastar. Requiere co-gobernantes. Solo lo serán quienes, asegurando la marcha de las seis funciones esenciales, positivamente contribuyan a que el rumbo y recorrido de la nave social sean los indicados para alcanzar el destino propuesto. Esto es, agentes que positivamente coadyuven a que pueda, desde su exterior, ser vista como una totalidad que **se**-gobierna a lo largo del recorrido conducente a ese destino. Co-gobernante será aquél que desde el interior mismo de la nave social pone todo de su parte para que ello ocurra. De él podrá afirmarse que **se**-gobierna en la justa medida en que no hace lo que simplemente le viene en gana, sino que toma muy en cuenta la influencia que tienen sus acciones u omisiones, por muy insignificantes que parezcan, sobre el rumbo, recorrido y destino de la nave social de la cual, ahora sí, es miembro.

Entendemos ahora porque para Fayol gobernar no es un simple campo de especialidad entre otros. Saber gobernar es requerido de todos los miembros del cuerpo social de la empresa, trátese de una familia, grupo, sociedad, nación o humanidad entera. Al ser parte importante del saber gobernar, saber administrar también es requerido de todos.

Por último, al igual que el lenguaje y otras facultades de orden general, que al inicio solo se encuentran en estado latente en los seres humanos, las capacidades de gobernar y administrar también requieren ser desarrolladas. En este sentido son constitutivas de la naturaleza humana, aunque su plena manifestación requiera de un proceso de aprendizaje más o menos largo, más o menos dificultoso.[349]

8ª PROFUNDIZACIÓN:

Administrar y gobernar no son lo que se nos presenta directamente en la percepción cotidiana. Ambos son producto de haberlos abstraídos de aquello que sí es percibido directamente: el comportamiento de los seres humanos.

Cercanos a cerrar nuestros comentarios a los tres primeros capítulos de la obra de Fayol pasa a ser vital exponer la siguiente aclaratoria.

Persistentemente hemos hablado del administrar y del gobernar, pero la necesaria exposición secuencial de los temas y comentarios hechos ha imposibilitado presentar simultáneamente el todo y las partes; al compuesto en cuanto síntesis y a los elementos surgidos del análisis. Ello puede haber dejado la impresión de que tales actos –administrar o gobernar– son lo que directamente se nos presenta en la percepción ordinaria. Nos corresponde ahora corregir esta impresión.

Hemos visto que el administrar integra cinco elementos: prever, organizar, mandar, coordinar y controlar. Sin embargo, a pesar de que, supuesto negado, pudiese ser efectuada la perfecta síntesis que hiciese desaparecer a esos elementos a la par de presentar al administrar como un

---

[349] Tanto la facultad del lenguaje como la capacidad para gobernar han de ser desarrolladas. Al respecto, en ambos casos pueden observarse la posesión de un mayor o menor talento. En un extremo, evidencia de un gran talento lo posee quien tras una relativamente muy reducida cuantía de práctica alcanza un desempeño de muy evidente elevada calidad. En el otro extremo, falta de talento, por el contrario, lo evidencia quien por mucho que practique en poco su desempeño alcanza a impresionar favorablemente. Se establece así un continuo del talento observable en los seres humanos. Así como en cuanto al lenguaje han existido y existen por ejemplo autores con mucho talento, así también acerca del ejercicio del oficio de gobernar puede presumirse la existencia pasada y presente de gobernantes altamente talentosos, lamentablemente posiblemente en compañía de los muchos otros mayormente desprovistos de un significativo talento. En cuanto tal, ningún talento es inmediatamente innato. No se manifiesta de inmediato en el recién nacido. Usualmente contrastado con lo innato y en relación al talento manifiesto, siempre habrá de existir un componente adquirido que supone la posibilidad de practicar en un entorno propicio; e.g.: ambiente familiar musical. *Ceteris paribus*, la medida del talento –del cuanto de él proviene de lo innato y cuanto de lo adquirido– viene dado por la cuantía observada de práctica requerida: poca => elevado talento; mucha => poco talento.

todo, ello no significa que *ipso facto* ante nuestra percepción sensorial cotidiana pudiesen hacérsenos presentes actos administrativos como tales, químicamente puros.[350]

También vimos que gobernar, entendido como síntesis, consiste en asegurar, según la segunda definición de Fayol, la marcha –ejercicio y cumplimiento– de los seis grupos de operaciones o funciones esenciales; el administrar incluido. Sin embargo, supuesto negado que pudiese ser efectuada la perfecta síntesis que hiciese desaparecer a estos seis grupos de operaciones o funciones esenciales, ello no significa que *ipso facto* ante nuestra percepción cotidiana pudiesen hacérsenos presentes actos de gobierno como tales, químicamente puros.

Si ante nosotros jamás aparecen actos administrativos o gubernamentales como tales, nos preguntamos: ¿qué es lo que se nos presenta cotidianamente en la percepción? ¿Qué es lo directamente percibido por nosotros en el día a día? Sabemos la respuesta.

Lo que de hecho percibimos sin esfuerzo especial alguno, lo que se nos presenta de manera directa en el día a día, sencillamente son los múltiples, diversos e incluso contradictorios comportamientos de los seres humanos y grupos que conforman. [351]

Si ninguna de las dos síntesis –la administrativa o la gubernamental– se nos presenta en la percepción cotidiana, y por otro lado lo que sí se nos presenta –lo que sí percibimos en el día a día– son los comportamientos de seres humanos singularmente considerados y grupos, entonces es lícito concebir a cada comportamiento percibido como una síntesis de mayor envergadura que incluye a las dos primeras, aunque no solamente a ellas... también hay algo más. Veamos.

La hemos aplicado varias veces. Es nuestra facultad de abstracción la que nos convierte en capaces de separar en nuestro intelecto –analizar en términos de sus elementos o partes– las totalidades –los compuestos– que se nos presentan en la percepción ordinaria.

Poseedores de esta facultad, un análisis de primera instancia nos conduce a intelectualmente descomponer al comportamiento humano –singular o colectivo– cotidianamente percibido

---

[350] Lo destaca el propio Fayol en su charla del 23 de junio del año 1900 en ocasión a la sesión de clausura del "Congrés international des mines et de la métallurgie" incluida como apéndice al final de la edición francesa de la editorial Dunod de 1918. Proponiéndose atraer la atención acerca de los asuntos administrativos y la dificultad de prestarles el debido cuido, dice: "El servicio técnico y el servicio comercial están bastante bien definidos; no así el servicio administrativo; su constitución y atributos no se conocen bien; sus operaciones no son captadas por los sentidos *("ne tombent pas sous les sens")*; no se le ve construir *("bâtir")*, ni forgar, ni vender, ni comprar..., y sin embargo cada quien *("chacun")* sabe que si no funciona bien, la empresa peligra *("périclite")*."

[351] El comportamiento supone por parte del observador la convicción de que el actor podría hacer otra cosa, otro comportamiento. No es comportamiento el movimiento del pelo de una dama producto del viento. Se dice entonces que es pasiva relativa a lo que le ocurre. Si lo percibido es alguien que ofrece resistencia al viento que lo empuja en dirección opuesta a la deseada, lo percibido es la resultante de ambos: su pasividad obligada y su comportamiento de resistencia para seguir adelante a pesar del viento que se le opone. Quien camina en cierta dirección sin que pueda observarse fuerza alguna extraña que ejerza influencia sobre él, se comporta en la justa medida en que claramente podría detenerse o cambiar de dirección.

como un compuesto en sus dos componentes –elementos– primarios fundamentales: lo que de un gobernar evidencia ese comportamiento, conjuntamente con evidenciar ausencia del mismo.

Poseedores de esa misma facultad, somos capaces en una segunda instancia, como lo hemos comentado extensamente, de analizar al aspecto gubernamental del comportamiento humano empresarial en términos de los seis grupos de operaciones o funciones esenciales, entre los cuales se halla el administrar; simple aplicación de la segunda definición que del gobernar introdujo Fayol en el capítulo 1.

Y por último, es la misma facultad de abstracción la que en tercera instancia nos permite intelectualmente analizar el administrar en términos de los cinco elementos constitutivos de la primera y muy clásica definición que en el mismo capítulo 1 Fayol nos dijo querer adoptar: "Administrar es prever, organizar, mandar, coordinar y controlar." [352]

De esta manera, cada comportamiento empresarial percibido puede entenderse como una triple síntesis: los cinco elementos se sintetizan en el administrar, el cual aunado a los otros cinco grupos de operaciones o funciones esenciales se sintetiza en el gobernar, el cual a su vez, conjuntamente con los aspectos no gubernamentales del comportamiento humano, se sintetiza en lo cotidianamente percibido por nosotros: los comportamientos de seres humanos y grupos de toda clase que día a día se nos presentan en el cuerpo social de la empresa.

Reforzando lo expuesto:

Punto de partida: relativo a lo que ocurre en la empresa, ante nosotros no es ni un administrar ni un gobernar lo que en cuanto tales se nos presentan. Se trata de compuestos. Cada uno, como bien sabemos, siempre es la síntesis imperfecta, sea de elementos en el caso del administrar, sea de funciones esenciales en el caso del gobernar. Lo que sí se nos presenta cotidianamente en la percepción es cada uno de los múltiples comportamientos de toda clase que los seres humanos constitutivos del cuerpo social de la empresa –agentes y grupos– exhiben. Comportamientos directamente percibidos ya que no son resultantes de la aplicación de nuestra facultad de abstracción a algún otro compuesto de mayor envergadura del cual esos comportamientos tan solo fuesen simples elementos.

Resumiendo, es la facultad de abstracción la que en primer lugar, aplicada al comportamiento humano de los agentes constitutivo del cuerpo social de la empresa, separa lo que de un

---

[352] Evidentemente a lo largo de esta descomposición del comportamiento nos hemos estado refiriendo al de los agentes y grupos constitutivos del cuerpo social de la empresa, y no al comportamiento de los seres humanos en otros contextos: en la calle, en una reunión con amigos, durante un almuerzo, etc. Muy posiblemente sea provechoso aplicar la descomposición de primera instancia a estos otros comportamientos, pero más allá de ella ya no es Fayol quien puede proporcionar su disección.

gobernar y un no-gobernar poseen los verbos por ellos ejercidos.[353] Aplicada ahora, en segundo lugar, la facultad de abstracción al propio gobernar aparecen entonces los seis grandes grupos de operaciones o funciones esenciales, de entre los cuales, como ya sabemos, el sexto grupo –administrar– cumple según Fayol un papel muy importante en el gobernar de la empresa (primerísima oración de AIG). Aplicada de nuevo, en tercer lugar, la misma facultad de abstracción a este administrar, vemos entonces aparecer los cinco elementos constitutivos de la primera definición que Fayol presenta en el capítulo 1.

Comentario.

Ahora bien, si el comportamiento humano siempre posee, a diferencia de los compuestos químicos, dosis variables de los dos aspectos fundamentales mencionados –el gubernamental y el no gubernamental– entonces la proporción en que se presentan determina un continuo que va desde aquél comportamiento cuyo componente gubernamental es mínimo y el no gubernamental máximo, hasta aquél otro comportamiento cuyo componente gubernamental es máximo y el no gubernamental mínimo. Tendrá entonces sentido calibrar los diversos comportamientos humanos individuales en términos de su estar en más o en menos caracterizados por la voluntad de gobierno: por su estar en más o en menos caracterizados por la intención de tener en sus manos su propio porvenir; esto es, la de querer gobernar-**se** o posiblemente coadyuvar a que los entes sociales de los cuales son miembros **se**-gobiernen. También tendrá sentido calibrar a los diversos comportamientos de las grupos humanos –familia, asociación, tribu, clan, empresa, nación, etc.– en términos de su estar en más o en menos caracterizados por el querer gobernar-**se** o la de constituirse en cogobernantes internos de las diversas agrupaciones de mayor envergadura de las cuales sean miembros, contribuyendo así a que tales agrupaciones **se**-gobiernen. En estos casos, no habrán de ser miembros singulares sino agrupaciones de diversas clases y magnitud quienes **1.–** "conduzcan a la empresa hacia su meta buscando sacar el mejor partido posible de todos los recursos de los cuales dispone" (1ª definición del gobernar), quienes **2.–** "aseguren la marcha de las seis funciones esenciales" (2ª definición del gobernar). Sobre el continuo así definido, habrán, pues, entes humanos –actor singular, familia, grupo, organización, empresa, nación o humanidad– caracterizados por una mayor o menor intención gubernamental, por una mayor o menor intención de tener en sus manos su propio porvenir.

Solo un ente sobrehumano, solo un ser divino, se presentaría ante nuestros ojos con comportamientos de gobierno químicamente puros, sin ápice alguno de desgobierno o falta de gobierno. Más allá de una simple intención estaríamos frente a aquél ser cuyo porvenir y destino estarían totalmente en sus propias manos. En el otro extremo, se nos presentaría aquél otro ser cuyo comportamiento no evidenciaría componente gubernamental alguno: ninguna

---

[353] Jamás pudiendo las actuaciones de los agentes del cuerpo social de la empresa consistir en un gobernar químicamente puro, toda actuación necesariamente pone de manifiesto un componente al cual, vista su enorme diversidad y a falta de una mejor denominación, optamos por genéricamente calificar de un no-gobernar.

intención de gobernar-**se**. Estaríamos frente a un ser radicalmente inerte y pasivo, cuyo porvenir y destino estarían totalmente en las manos de factores y actores extraños.

A diferencia de estos dos comportamientos extremos químicamente puros, el comportamiento cotidiano del ser humano, en cuanto ser viviente, siempre es síntesis de los dos componentes: gubernamental y no gubernamental. Claro está que hay quienes se acercan más a un extremo que al otro. Hay momentos –sin duda muy escasos– en que el comportamiento del ser humano se acerca a lo divino, pero también hay otros momentos –posiblemente demasiados– en que hasta pareciera ameritar el calificativo de **in**-humano, en el sentido muy literal de esta palabra.[354]

9ª PROFUNDIZACIÓN:

Evaluación y autenticidad del gobernar, un problema que exige ser resuelto.[355]

Administrar es parte de gobernar. Hemos visto que cercano a concluir el capítulo 1, Fayol introdujo la definición del verbo "administrar" por él adoptada:

"Administrar es prever, organizar, mandar, coordinar y controlar."

Sabemos sin embargo que de hecho serán dos las definiciones que hallaremos en ese mismo capítulo 1, siendo que la segunda, vimos, consiste en subsumir al administrar bajo el gobernar, distinguiéndolo de los otros cinco grupos de operaciones o funciones esenciales, con lo cual y tal como brevemente ya lo había anunciado en su "Advertencia inicial", no tarda mucho en relacionar al administrar con el gobernar. Así lo hace:

"La función **administrativa** se distingue claramente de las otras cinco funciones esenciales.
Importa no confundirla con el **gobierno**.
Gobernar es conducir la empresa hacia su meta buscando sacar el mejor partido posible de todos los recursos de los cuales dispone; es asegurar la marcha de las seis funciones esenciales.
La administración tan solo es una de las seis funciones cuya marcha debe el gobierno asegurar. Pero ocupa en el papel de los altos jefes un lugar tan grande que a veces puede, este papel, parecer ser exclusivamente administrativo."

Comentamos.

---

[354] A todas luces solo al ser humano le es aplicable el prefijo **in**-. Solo en el ser humano puede manifestarse la **in**-humanidad; esto es, la negación de sí mismo. Hecho que debería llamar a profundas reflexiones, visto que hablando con todo rigor pareciera que este prefijo no aplica a ninguna otra categoría de ser –mineral, vegetal o animal– como muy bien lo evidencia el que no tenga sentido alguno hablar de un in-diamante, de un in-secuoya o de un in-león.

[355] **Auténtico**: Acreditado de cierto y positivo por los caracteres, requisitos o circunstancias que en ello concurren (DRAE). "Auténtico": aquello que verdaderamente es lo que se le afirma ser (sea que pueda auto-afirmarse ser un X-tal; sea que algún tercero lo afirme). En otras palabras: "genuino" y que por lo tanto "merece" la denominación que se le aplica. Relativo al asunto que nos concierne: la existencia de un gobierno (un gobernar) que verdaderamente/genuinamente lo sea y que por lo tanto "merezca" ser denominado gobierno (un gobernar).

Al verbo "gobernar" siguen lo que, enunciadas en el tercer párrafo, son dos definiciones del gobernar. En primer lugar "… es conducir la empresa hacia su meta buscando sacar el mejor partido posible de todos los recursos de los cuales dispone;…", seguida por la que bien vista es una segunda definición del gobernar, cuando de inmediato Fayol añade: "…es asegurar la marcha de las seis funciones esenciales", una de las cuales, la sexta, es la función de administrar.[356]

Profundicemos en la primera observando que su estructura es clásica. La imagen utilizada es la del conductor o timonel quien, con el apoyo de auxiliares, tiene por labor conducir una nave o vehículo –la empresa– por aquél camino que la hará llegar a su meta.[357] Recordemos sin embargo que toda metáfora tiene sus límites. Por ello no hay que pensar que el camino simplemente está allí, de antemano trazado, esperando a que la empresa lo recorra. No se trata de un camino físico. Más bien se trata de un incesante abrirse camino; como lo expresan los muy clásicos versos del poeta Antonio Machado y Ruiz:

Caminante, no hay camino,
se hace camino al **andar**.

Y ahora la problemática que en verdad nos concierne.

Gobernar ¿intención o logro? ¿Cuándo nos es permitido afirmar que ocurre o que ha ocurrido el gobernar? Intentos de resolución con base en la primera definición.

Fayol ha dicho que "Gobernar es conducir la empresa hacia su meta…" Según esto, ¿cómo hemos de interpretar al gobernar? ¿Cómo la sola intención de actuar con miras a alcanzar la meta o cómo el haberla de hecho exitosamente alcanzado? ¿Gobierna quien está guiado por la buena intención de alcanzarla o solo habrá gobernado quien en verdad a lo largo de todo un determinado recorrido haya logrado conducir la empresa hasta su meta?

Sin duda alguna, desde una perspectiva puramente temporal, el conducir –el gobernar–, de ocurrir, ocurre a lo largo del camino, antes de alcanzar la meta. Ello no impide sin embargo de inmediato observar que tan solo a posteriori podrá determinarse si un auténtico gobernar ocurrió o no a lo largo del recorrido, ya que ¿de qué valen todas las buenas intenciones si en fin de cuentas no se alcanza lo propuesto?

---

[356] Fue así que tempranamente pudimos encontrar confirmación de la relación de inclusión del administrar en el gobernar; relación que de hecho ya había sido anunciada en la primerísima oración de AIG en su "Advertencia inicial", con la cual ya estamos familiarizados. No sobra insistir en ello: a lo largo de toda la obra es importante que el lector no pierda de vista que para Fayol administrar es parte de gobernar; el oficio que en cuanto dirigente de empresas desempeñó por más de cincuenta años. De allí la importancia de profundizar en el gobernar, tarea que de nuevo y por otro camino acometemos en la presente 9ª profundización.

[357] La palabra francesa que traducimos por meta es "but". Alineando su significado con la metáfora del navegar de una nave, la interpretamos como el lugar de llegada en cuanto expresión de aquello que se aspira alcanzar al final de un determinado recorrido, físico o no, pero que siempre implica un transcurrir de tiempo.

A este punto de vista lo refuerza lo que nuestra intuición claramente señala, y es que solo de aquel ente social –individuo, familia, grupo, empresa, nación, etc.– que consistentemente haya logrado tener en sus propias manos su propio destino, podrá afirmarse su haber sido realmente gobernado.[358] Según esto el gobernar auténtico ha de ir más allá de simples buenas intenciones. Además ¿qué sentido tendría para el conductor esforzarse por alcanzar tal o cual destino o meta si con su mera intención ya bastase para ser calificado como buen gobernante? El hecho de que exista un tal esforzarse por parte de quien aspira a ser reconocido como auténtico gobernante evidencia su creencia de que su simple buena intención no habrá de bastar para serlo.

Ahora bien, exigir el cumplimiento de la meta tampoco parece resolver el asunto del todo. Ciertamente no podrá saberse si un real gobernar ha ocurrido, sino hasta luego de alcanzada meta. Sin embargo y a pesar de ser necesario y muy deseable hacerlo, no habrá habido manera de evaluar al gobernante antes o durante el ejercicio de su oficio; solo a posteriori podría evaluársele.

He aquí nuestro problema. Visto que ambas perspectivas –intención o logro– ofrecen dificultades aparentemente insalvables, nos preguntamos: apartando la consideración de simples buenas intenciones ¿existirá manera de emitir dictamen acerca de la autenticidad del gobernar, tanto <u>antes</u>, como <u>durante</u>, como <u>después</u> de su ejercicio?

¿Podrá asumir la perspectiva de un observador externo a la empresa contribuir a aclarar la autenticidad del gobernar? Veamos.

Guiándonos por la primera definición de Fayol diremos que gobierna quien, actuando desde el <u>interior</u> mismo del ente social del cual es miembro, contribuye a que de él –de este ente– observado desde el <u>exterior</u>, pueda decirse con propiedad que en lugar de ir a la deriva tiene en sus propias manos su propio porvenir; gobierna quien contribuye a que el ente social del cual es miembro **se**-gobierne. Pero... hay que reconocerlo, desde esta perspectiva exterior seguimos en lo mismo: tan solo provisionalmente podrá calificarse de gobernante a quien a lo largo de un determinado recorrido, aún no completado, tenga la intención de conducir la empresa hacia su meta. El juicio final solo podrá ser hecho posteriormente, según si dicha meta es alcanzada o no. Tan solo nos hemos afirmado en la opinión de que las intenciones, por muy buenas que ellas sean, no bastan. Conviene, pues, no perder de vista que, apartando la consideración de simples buenas intenciones, la tarea que nos hemos encomendado es encontrar alguna manera cierta de emitir dictamen acerca de la <u>autenticidad</u> de cualquier gobernar, tanto <u>antes</u>, como <u>durante</u>, como <u>después</u> de su ejercicio.

Ahora bien, si cada cosa ha de merecer el apelativo utilizado para denominarla, la cuestión de la <u>autenticidad</u> es en cada caso ineludible.

---

[358] Se entiende: Gobernado en su sentido transitivo por quienes se hallaban en su interior; esto es, por los miembros de su cuerpo social.

No hacer el esfuerzo discriminativo requerido conduce a confusión cuando tanto a los casos auténticos de gobierno como a los no auténticos se les aplica la misma denominación; esto es, haciendo caso omiso de si son auténticos o no, a ambos por igual denominarlos gobierno.[359]

El gobernar que nos interesa es aquél que amerita ser denominado un tal.[360] Lo que nos concierne es determinar cuando la actuación de cierto agente ha constituido (en el pasado), constituye (en el presente) o constituirá (en el futuro según señales actuales) un (autentico) gobernar.

Pero antes una dificultad hasta aquí no contemplada.

¿Acertada la selección de la meta?

Nuestra búsqueda del gobernar auténtico fácilmente se complica toda vez que caigamos en cuenta que en cualquiera de los dos casos examinados anteriormente –intención o logro– tácitamente dimos por supuesta la acertada selección de la meta. Pero ¿qué pasa si no lo es? La distinción entre el tener por intención alcanzar una meta desacertada y el hecho de haberla alcanzado pasa a ser irrelevante. La intuición nos dice que en ninguno de los dos casos un auténtico gobernar puede haber ocurrido. Y de esto se desprende que el auténtico gobernar ha de incluir –a menudo se inicia– con la acertada selección de la meta a alcanzar, siempre sujeta a revisión o cambio a lo largo de todo el recorrido. La primera definición de gobernar que Fayol expuso no explicita esto, pero es evidente que supone esa acertada selección.

Pero entonces, ¿qué significa meta acertada? ¿Basta con quererla para que lo sea? Evidentemente que no. ¿Acaso podemos conocerla de antemano, antes siquiera de haberla materializado y seguidamente comprobado sus consecuencias, positivas o negativas? Además, ¿qué hemos de incluir en la meta? ¿Tan solo la realidad que intrínsecamente aspiramos a materializar o han de incluírsele también las consecuencias extrínsecas positivas que anticipamos tendrá esta nueva realidad? Pero ¿hasta dónde llevar las consecuencias en el tiempo? ¿Acaso no puede ocurrir que consecuencias positivas de corto plazo sean seguidas de consecuencias negativas no anticipadas en el mediano y largo plazo? ¿Puede calificarse de acertada una meta querida, materializada, acompañada de las consecuencias positivas de corto plazo que habíamos anticipado, pero seguidas posteriormente por consecuencias negativas no anticipadas, graves o no?

---

[359] A sabiendas de que el perfecto gobierno jamás existe, indiferentemente calificar de gobierno tanto a los que auténticamente, aunque imperfectamente, alcanzan a serlo, como a aquellos otros que (demasiado a menudo) flagrantemente no ameritan calificarse de gobiernos, no es asunto a ser tomado a la ligera. Tal indiferencia tiende a facilitar la perduración de estos últimos; esto es, de aquellos otros a los cuales habría que aplicarles otra denominación. Grave el asunto cuando no son más que simples regímenes de dominación.

[360] Quizás más importante aun: el gobernante que nos concierne es aquél que verdaderamente amerita ser denominado un tal. A demasiados se les califica de gobernantes cuando en realidad en gran medida no lo son. No conocen, cuando no desconocen, el oficio: más se inclinan por manejar que a gobernar (contraste entre manejar y gobernar presentado detalladamente en la 4ª profundización. Pág.: 188).

Dejando a un lado enfocar el problema –ciertamente no resuelto– de las consecuencias que sobrevienen en el corto, mediano y largo plazo tras la consecución de la meta, y más bien considerar a estas consecuencias como <u>incluidas</u> en la definición que de entrada hagamos de la meta, ¿qué pasa si no somos tan exigentes en cuanto a la meta o destino? [361]

A fin de profundizar en este asunto, conviene comenzar por comprobar que la perfección jamás se alcanza y que de exigirla, jamás cosa concreta alguna merecería el nombre que se le da.[362] Por exceso o por defecto lo logrado jamás es exactamente la versión perfectamente delimitada o definida de aquello a lo cual aspiramos. Sin embargo, por otro lado, no cabe duda que con todo y sus imperfecciones a menudo decimos haber alcanzado lo que queríamos lograr. En estos casos estamos explícita o tácitamente aceptando las imperfecciones que por exceso o por defecto –para expresarlo de cierta manera– tiene lo alcanzado por nosotros. En función de cuan exigentes seamos, aceptaremos, por ejemplo, la vivienda que hemos mandado a construir si a pesar de ciertas imperfecciones en lo fundamental cumple con las especificaciones contratadas. Por el contrario, la rechazaremos si no tiene algo que consideramos tan importante como lo es, por ejemplo, el número de ambientes requeridos por nuestra familia, según sus gustos y necesidades.

Si aplicamos estas precisiones a la meta o destino que se aspira alcanzar, podremos entonces razonar como sigue: cuando un ente social cualquier –individuo, familia, grupo, empresa o nación– afirma, amén de algunas imperfecciones tolerables, haber alcanzado aquella meta que se proponía, se dirá que logró alcanzar este destino en virtud de su haber sido (realmente) gobernado, significando esto su haber internamente poseído lo requerido para, sea aprovechar, sea enfrentar, las fuerzas y circunstancias externas presentes a lo largo de todo el recorrido. Por otra parte, si las diferencias –las imperfecciones– por exceso o por defecto, no le fuesen aceptables, entonces habrá que decir lo contrario: en esta ocasión no fue (realmente) gobernado; no fue capaz de tener en sus manos su propio destino.

Sin embargo, aunque las imperfecciones no sean ya impedimento para admitir que la meta ha sido alcanzada, de todos modos vemos reforzada la opinión de que la intención de alcanzarla no puede bastar para calificar de auténtico gobernar una determinada actuación: acción o secuencia de acciones.

En resumen, hemos comprobado que de exigir su perfección, jamás meta alguna merecería calificarse de acertada. Por exceso o por defecto jamás será exactamente la versión perfectamente delimitada o definida de la meta acertada a la cual aspirábamos. Sin embargo,

---

[361] Aunque aquí hablamos de incluir las consecuencias, recuérdese que la primera definición de Fayol dice: "Gobernar es conducir la empresa hacia su meta buscando sacar el mejor partido posible de todos los recursos de los cuales dispone;..." queda claro también que "...buscando sacar el mejor partido posibles de los recursos de los cuales dispone" podría también entenderse como parte a incluir en lo que la empresa apunta a lograr.

[362] Perfección estrictamente entendida, claro está, como un logro solo alcanzable tras infinita labor y tiempo. Lo perfecto puede y hasta es deseable, sino imperativo, que sirva de norte a nuestra actuación. Eso está bien, pero siempre a sabiendas de que en sí mismo jamás alcanzaremos tal logro.

no cabe duda que con todo y sus imperfecciones a menudo cabe afirmar haber formulado metas acertadas, cuya definición –a fin de ser realizables– expresamente acotó las consecuencias ulteriores a ser incluidas en tales metas. En estos casos estamos explícita o tácitamente aceptando las imperfecciones de acierto que, por exceso o por defecto, tenga la meta por nosotros formulada.

¿Y si cambiamos de ángulo?

En lugar de ser aplicada a la meta o destino, probemos aplicar la misma precisión –la inevitable imperfección de cualquier realización humana– a la actuación misma de quien estuviese caracterizado por la seria intención de gobernar. El alcanzar a gobernar auténticamente se convertiría ahora, por así decirlo, en la meta misma a ser alcanzada, cual es el tema que de hecho verdaderamente nos concierne. Pero visto que como ya apuntamos, por exceso o por defecto lo logrado jamás es exactamente la versión perfectamente delimitada o definida de aquello a lo cual aspiramos, el perfecto gobernar jamás será alcanzable. Sin embargo, por otro lado, no cabe duda que con todo y su inevitable imperfección a menudo debe poderse afirmar que un gobernar ha ocurrido, que un gobernar está ocurriendo y que de alcanzar a poseer las debidas características, un gobernar habrá de ocurrir; lo cual significa la aceptación explícita o tácita de ciertas imperfecciones o grados de imperfección sin que ello implique negar su naturaleza de gobierno.

Acerca del perfecto gobernar.

Ahora bien, reconocer las imperfecciones supone el previo conocimiento intelectual de lo perfecto. De allí que la evaluación del gobernar necesariamente ha de pasar por saber lo que significa el perfecto gobernar. Solo así podrán detectarse las diferencias que por exceso o defecto existan, decidir si ellas son aceptables o no y poder, entonces, estar en condiciones de determinar si nuestra actuación ha constituido (en el pasado), constituye (en el presente) o constituirá (en el futuro, vistas señales presentes), un gobernar o no.

A la luz de todo lo discutido hasta aquí, preguntamos: ¿qué involucraría el perfecto gobernar? Respuesta: involucraría la selección de una meta perfectamente acertada, delimitada o definida a la perfección y que su realización hubiese sido igualmente perfecta, vista la inexistencia de toda posible consecuencia negativa ulterior no intencionada. Esto, a su vez, según la versión integral de la primera definición, supondría la perfecta conducción de la empresa con un óptimo –es decir, perfecto– aprovechamiento de los recursos de los cuales habría dispuesto, todo ello guiado por la más firme, la más pura –la más perfecta– intención de alcanzar la meta buscada.[363]

---

[363] Obsérvese que en toda nuestra disertación anterior omitimos considerar a los recursos disponibles, de facto quebrantando la primera definición de gobernar de Fayol, al excluir del gobernar las actividades tanto de consecución como de utilización de los recursos. Así se hizo a fin de simplificar los razonamientos realizados. Un estudio integral habría supuesto incluir consideraciones acerca de ambos: la consecución y utilización de los recursos como partes del gobernar mismo y evaluación de su autenticidad.

La empresa perfectamente gobernada sería aquella que tendría plenamente en sus propias manos su propio destino... un destino acertadamente seleccionado, a la par de su haber sacado el mejor partido posible de todos los recursos de los cuales dispuso a lo largo de sus recorridos.

Teóricamente es contra el perfecto gobernar recién expuesto que habría de cotejarse una determinada actuación: acción o secuencia de acciones. La evaluación positiva o negativa –si se trata de un auténtico gobernar o no– dependerá, como ya indicamos, de que estas diferencias, por exceso o defecto, sean o no aceptables.

Considerando el transcurso del tiempo...

Para evitar miopías, nuestra evaluación debería tomar en cuenta el historial de la empresa. En cuyo caso podrá decirse que ha sido bien gobernada, ha sabido gobernar-**se**, en la justa medida en que consistentemente haya alcanzado metas suficientemente acertadas, a pesar de ocasionalmente no haber alcanzado alguna que otra meta acertadamente seleccionada o haber alcanzado alguna que otra meta poco o nada acertada. En otras palabras, diremos que ha sido bien gobernada, ha sabido gobernar-**se**, aquella empresa cuyo historial indique que hasta el presente mayormente ha sabido lograr tener en sus propias manos su propio porvenir y destino.

¿Satisfechos? ¡Ciertamente que no! Amén de su imposibilidad práctica nuestro problema no está resuelto. La primera definición del gobernar, por muy sugestiva sea la imagen de la conducción de una nave, no permite resolver el problema de la autenticidad del gobernar.

Necesitamos otro camino. Y en efecto, seguidamente veremos que disponemos de un tal gracias a la segunda definición del gobernar provista por Fayol a continuación de la primera, cual si se tratase de una simple cláusula aclaratoria: gobernar "...; es asegurar la marcha de las seis funciones esenciales. Veamos.

De vuelta a la interrogante fundamental:

Gracias a la segunda definición de gobernar y tratándose de la empresa,
¿cómo liberarse del que la evaluación de la acción gubernamental tan solo pueda ser llevada a cabo a posteriori? [364]

---

[364] Con miras a darle carácter de universalidad a la solución que a partir del pensamiento de Fayol puede dársele al problema de la evaluación y autenticidad del gobernar, la cual se expone en la sub-sección que sigue, conviene recordar que "Para Fayol, hay empresa cuando se reúnen las dos condiciones siguientes: **1ª condición**: la existencia de un conjunto de seres humanos que se consideran y entienden como formando parte, en cuanto miembros, de una cierta totalidad social, de una cierta nave social. **2ª condición**: independientemente de cómo haya surgido, que exista una finalidad –considerada posible de alcanzar– a ser emprendida por esa misma nave social. Así entendida, la empresa puede ser de cualquier clase y magnitud. Un ejemplo sencillo: a los efectos del tema del gobierno que nos concierne, es empresa una familia que acuerda construirse una vivienda. Sin dificultad alguna le es aplicable la primera definición ya citada en el texto principal: "gobernar es conducir a esta familia hacia su meta –vivienda construida– buscando sacar el mejor partido posible de todos los recursos de los cuales dispone." Debe quedar claro que el ejemplo de la familia convertida en empresa aplica a cualquier otro ente social que cumpla con las dos condiciones sea cual sea su magnitud, tales como lo son: las naciones, los países, las asociaciones de todo tipo y

Veremos que tal evaluación del gobernar necesariamente habrá de ser intrínseca, en oposición al carácter exclusivamente extrínseco provisto por la primera definición, aquella sustentada en la metáfora de una nave, su recorrido y meta a alcanzar.

De lo antes expuesto, pareciéramos condenados a la evaluación extrínseca de la acción o secuencia de acciones que en el tiempo realizan quien(es) gobierna(n) la empresa, cualquiera ella sea. Extrínseca debido a que la evaluación solo podría conocerse tras haberse alcanzado la meta propuesta, considerada beneficiosa, tanto en sí misma como en sus consecuencias ulteriores (quien sabe hasta cuándo y hasta dónde estas últimas). Así las cosas, solo a posteriori podrían realizarse las evaluaciones gubernamentales.

Por otro lado, amén de poder distinguir actos de gobierno de los que no lo son, también pareciera ser innegable el que la necesidad de evaluar pueda surgir en cualquier momento: antes, durante y después de la actuación: acción o secuencia de acciones.[365]

- ➤ Antes de la actuación cuando, caso frecuente, se trate de elegir, posiblemente de entre varios candidatos a quien elevar a un cargo de gobierno. Aún no ha gobernado, pero del examen de su historial y de lo que actualmente expresa respecto a cómo se propone desempeñar su nueva labor, bien quisiéramos poder obtener cierta evaluación anticipada de su futuro gobernar.
- ➤ Durante su actuación, a fin de reafirmarlo en el cargo si de la evaluación de su actuación se desprende que gobierna bien, o removerlo en caso contrario.
- ➤ Después de su actuación, para someterlo a las sanciones de rigor, en función al desempeño gubernamental habido.[366]

En cada caso una evaluación intrínseca de su actuación misma de gobierno, sin dependencia alguna del destino alcanzado y sus posibles consecuencias. Veamos cómo lograrlo.

---

magnitud públicas y privadas con o sin fines de lucro nacionales o internacionales, religiones, familias, tribus, clanes, partidos políticos, entes del Estado, militares, gremios, sindicatos, cooperativas, subversivas, sectas, grupos de presión, etc. En cuanto totalidad social, incluso la humanidad puede proponerse una determinada finalidad y en este sentido ser, a los fines del tema del gobierno, entendida como empresa en el sentido que Fayol le da a esta palabra (e.g.: consenso acerca de la actividad humana como causa importante del aceleramiento del recalentamiento global, más allá de la velocidad de adaptación de la cual es capaz la naturaleza terrestre y consecuente necesidad de una actuación concertada). Sea cual sea la naturaleza y envergadura de la empresa, la solución al tema de la evaluación y autenticidad del gobernar supondrá, veremos, la aplicación de la segunda definición: gobernar "...es asegurar la marcha –ejercicio y cumplimiento– de las seis funciones esenciales."

[365] Concluida la presentación que sigue, no tome el lector como tarea concluida la evaluación de las acciones de gobierno. Recuérdese que según Fayol administrar es parte de gobernar y que por lo tanto podremos completar nuestra comprensión del gobernar y su evaluación en la justa medida en que más adelante profundicemos nuestra comprensión del administrar.

[366] ¡"Curioso" oficio aquél que puede haberse desempeñado desastrosamente afectando un sinnúmero de vidas, hasta incluso haber causado muertes, y sin embargo por todo castigo tan solo, cuando no se aferran, perder el poder! ¿No raya esto en un oficio privilegiado de impunidad?

Vimos que apenas presentada su primera definición del gobernar, Fayol de inmediato la complementa con lo que pudiera parecer una simple aclaratoria, pero que de hecho cabe ser entendida como una segunda definición.[367]

Ahora bien, aclarar que gobernar "… es asegurar la marcha de las seis funciones esenciales" a su vez prepara el camino hacia la segunda definición del administrar que ofrece Fayol.[368] Esta definición se puede calificar de aristotélica en la justa medida en que la especie a ser definida –el administrar– se subsume bajo un género –el gobernar– a la par de distinguirse claramente de las demás especies –los otros cinco grupos de operaciones o funciones esenciales– también subsumidos bajo el mismo género. En este sentido, los seis grupos de operaciones que se ejecutan son otras tantas especies, mientras que gobernar, que las incluye a todas, es el género. ¿Qué obtenemos?

Siguiendo estrictamente las muy breves descripciones que en términos de múltiples verbos Fayol hace de los seis grupos de operaciones o funciones esenciales muy al inicio del capítulo 1, obtenemos la misma segunda definición de Gobernar, pero ahora en una versión expandida, así:

Gobernar es,

> asegurar la marcha –el ejercicio y el cumplimiento– de la función técnica; es decir, asegurar la marcha del producir, del fabricar, del transformar;

> también es asegurar la marcha –el ejercicio y el cumplimiento– de la función comercial; esto es, del comprar, del vender, del trocar;

> así mismo es asegurar la marcha –el ejercicio y el cumplimiento– de la función financiera; buscar y gerenciar capitales;

> significa además asegurar la marcha –el ejercicio y el cumplimiento– de la función de seguridad; proteger bienes y personas;

> adicionalmente quiere decir asegurar la marcha –el ejercicio y el cumplimiento– de la función contable; la cual incluye, entre tantas otras cosas, realizar inventarios, elaborar balances, velar por los precios de costo, elaborar estadísticas, etc.;[369]

---

[367] La primera fue: "Gobernar es conducir la empresa hacia su meta buscando sacar el mejor partido posible de todos los recursos de los cuales dispone; es…"

[368] La segunda definición de gobernar nos dice que "… es asegurar la marcha de las seis funciones esenciales", pero hemos creído conveniente precisar el significado de "marcha" con base en lo que muy al principio del capítulo 3 nos dice: "Acabamos de ver que la obra gubernamental implica el ejercicio y el cumplimiento de las seis funciones esenciales". Hemos subrayado las dos palabras "ejercicio" y "cumplimiento" que permiten aclarar el significado de "marcha" y con ello precisar la segunda definición así: "gobernar es asegurar la marcha –ejercicio y cumplimiento– de las seis funciones esenciales".

[369] Recuerde el lector que nos hemos permitido sugerir (nota al pie 98, pág.: 60) que la palabra "contabilidad" restringe demasiado el significado que debe dársela a este quinto grupo de operaciones o función esencial. Consideramos que bien interpretada, según lo que el propio Fayol exige de ella, se trata de la función a cargo de

> y a la par de todo lo anterior, también significa <u>asegurar</u> la marcha –el ejercicio y el cumplimiento– de la función administrativa, la cual según sabemos fue definida como <u>prever</u>, <u>organizar</u>, <u>mandar</u>, <u>coordinar</u> y <u>controlar</u>.

Gobernar es el verbo que asegura la marcha –ejercicio y cumplimiento– de los múltiples verbos que hemos destacado, subrayándolos.[370]

Obsérvese, por último, que al asegurar la ejecución de todos estos verbos, el gobernar asegura su propia ejecución; asegura su propia marcha, su propio ejercicio y cumplimiento.

Si al asegurar la ejecución de todos estos verbos, el gobernar asegura su propia ejecución, entonces la perfección del gobernar involucra asegurar la perfecta marcha de los seis grupos de operaciones o funciones esenciales, cada una con sus respectivas metas. Claro está que en la práctica este asegurar nunca será perfecto, pero si las diferencias por exceso o defecto son aceptables se dirá que razonablemente puede afirmarse que la marcha de los seis grupos de operaciones o funciones esenciales ha sido asegurada y que por lo tanto el gobernar también lo ha sido, aunque no perfectamente.

La metáfora del camino y lugar de llegada pareció inevitablemente conducirnos a que tan solo a posteriori podía determinarse –y esto todavía con graves inquietudes– cuán bien la empresa había sabido gobernar-se. Ahora podemos comprobar que la segunda definición recién comentada permite realizar la evaluación del gobernar con independencia del tiempo. En efecto si gobernar "… <u>es</u> asegurar la marcha de las seis funciones esenciales", evaluar la calidad de ese gobernar antes, durante y después se hace posible con simplemente comprobar la calidad con la que **1.–** en el pasado se ha asegurado, **2.–** actualmente se está asegurando y **3.–** a futuro se asegurará, la marcha –ejercicio y cumplimiento– de los seis grupos de operaciones o funciones esenciales y, por lo tanto, el correspondiente cumplimiento del grupo de operaciones que a cada una compete. En resumen:

> Mientras más y mejor se asegure la marcha de la función técnica; es decir, mientras más y mejor se <u>asegure</u> la marcha del <u>producir</u>, del <u>fabricar</u>, del <u>transformar</u>, mejor será, mejor está siendo, mejor habrá sido el gobernar

> Mientras más y mejor se <u>asegure</u> la marcha de la función comercial; es decir, del <u>comprar</u>, del <u>vender</u>, del <u>trocar</u>, mejor será, mejor está siendo, mejor habrá sido el gobernar.

> Mientras más y mejor se asegure la marcha de la función financiera –<u>buscar</u> y <u>gerenciar</u> capitales– mejor será, mejor está siendo, mejor habrá sido el gobernar.

---

todas las operaciones que hoy día tienen que ver con la empresa y su gente estar informados, tanto en relación a lo interno como a lo externo.

[370] No se pretende, claro está, haber agotado la lista de verbos. Tan solo hemos repetido los que el propio Fayol menciona a la hora de presentar, muy al inicio del capítulo 1, los cinco primeros grupos de operaciones o funciones, amén de los cinco verbos constitutivos del administrar presentados en la definición del sexto grupo. La ejecución de los seis grupos de operaciones o funciones esenciales bien puede involucrar la ejecución de un sin número de otros verbos no mencionados por Fayol.

➤ Mientras más y mejor se asegure la marcha de la función de seguridad –proteger bienes y personas– mejor será, mejor está siendo, mejor habrá sido el gobernar.

➤ Mientras más y mejor se asegure la marcha de la función contable –que incluye, entre tantas otras cosas, realizar inventarios, elaborar balances, velar por los precios de costo, elaborar estadísticas, etc.– mejor será, mejor está siendo, mejor habrá sido el gobernar.

Y a la par de todo lo anterior:

➤ Mientras más y mejor se asegure la marcha de la función administrativa –definida como prever, organizar, mandar, coordinar y controlar– mejor será, mejor está siendo, mejor habrá sido el gobernar.

Todo ello en el entendido de que, claro está, mientras más y mejor se asegure todo lo anterior como gran conjunto de operaciones que se refuerzan las unas a las otras, mejor será en el futuro, mejor está siendo en el presente, mejor habrá sido en el pasado el gobernar.

¡He aquí al auténtico gobernar! La plantilla, por así decirlo, que superpuesta sobre cualquier desempeño gubernamental pasado, presente o por venir nos permite determinar si amerita o no ser calificado de gobierno… y auténtico gobernante su artífice. [371]

10ª PROFUNDIZACIÓN:

Gobernar, un oficio que supone entendimiento y libertad.

Gobernar supone poseer entendimiento, facultad clave del ser humano en general, tanto más así cuanto más centralmente se trate de quien asume el oficio de gobernar.

Antes de entrar en materia: cierto entendimiento muy básico acerca de los dos grandes niveles de entendimiento accesibles al ser humano.

No nos corresponde profundizar en todo lo que el tema del entendimiento implica. Tan solo creemos necesario, a los fines del oficio de gobernar, exponer una muy breve y básica introducción centrada en la conveniencia de distinguir las dos clases de entendimiento que al ser humano son accesibles: todo lo que entiende de manera inmediata en contraste con todo aquello cuyo entendimiento le exige la previa realización de ciertas operaciones.

Los entendimientos de la 1ª clase incluyen la gran variedad de actos de conciencia cuya referencia es al sin fin de cosas tangibles o no, generales o particulares de las cuales tales actos son conscientes. Tal es el caso, para solo mencionar unos pocos, del percibir, del recordar, del pensar, del sentir, del imaginar, del añorar, del temer, etc., todos ellos ciertamente un percibir, un recordar, un pensar, un sentir, un imaginar, un añorar, un temer, etc. de algo; un algo en cada caso de tal o cual cosa: percibo esta mesa, recuerdo la conversación que sostuvimos, pienso en la situación de la empresa, siento un fuerte dolor en la rodilla, imagino lo que pasará

---

[371] Ciertamente le hemos dado muchas vueltas al asunto para al cabo simplemente ¡desembocar en la sencilla –brillante– solución que Fayol intencionalmente o no provee al problema de la autenticidad del gobernar.

con la economía, añoro la libertad que tenía, temo se me acuse, etc.; en cada caso es una conciencia de tal o cual cosa. [372]

Estamos en presencia de una facultad propiamente humana; seres humanos para quienes el entendimiento de algo supone identificarlas en cuanto a lo que son, o parecen ser. Un entendimiento que claramente distingue a los seres humanos de los demás seres vivos que no poseen la referida facultad identificadora. Cierta conciencia en ellos puede existir. El que un perro esquive una mesa evidentemente significa que la ve, pero no la percibe en cuanto la mesa que es, o parece ser. El mundo humano está constituido por un sinfín de cosas, cada una con su significado.[373] De allí paralelamente la facultad del lenguaje al servicio, en cada caso, del hacer presente e identificar lo percibido, lo recordado, lo pensado, lo sentido, lo imaginado, lo añorado, lo temido, etc. Pueden ciertamente ocurrir errores de identificación y por lo tanto de entendimiento de múltiples clases y procedencia, tales como por ejemplo: creer ver una rama cuando en verdad se trata de un camaleón; múltiples clases ya catalogadas y estudiada su procedencia por los especialistas respectivos, pero de las cuales evidentemente han de estar muy conscientes y procuren todo lo posible evitar quienes asumen el oficio de gobernar.

La facultad humana de entender no se contenta con el primer nivel recién descrito. De allí los entendimientos de la 2ª clase. Es propio de los seres humanos apuntar a darle respuesta inteligible a cualquier interrogante que les concierna. Se trata de las interpretaciones, razonamientos, justificaciones y explicaciones, de las cuales no podemos ni nos proponemos aquí agotar las múltiples maneras en que se las han ingeniado para alcanzar toda suerte de entendimientos.

Dada la especial importancia que para el oficio de gobernar tiene, creemos necesario sin embargo destacar la facultad de integrar "piezas" con miras a la conformación de una totalidad inteligible, de una totalidad con un determinado significado; facultad ya introducida y explicada en la muy importante 6ª profundización "Gobernar, intrínsecamente un arte, aunque

---

[372] El carácter inherentemente intencional de toda conciencia fue introducido por Franz Brentano (filósofo/psicólogo: 1838–1917) en su obra de 1874 "La psicología desde el punto de vista empírico" con la finalidad de lograr distinguir a los fenómenos psicológicos de los que no lo son. Sin embargo para Edmund Husserl (1859–1938), en su momento discípulo de Brentano y reputado padre de la fenomenología moderna, en oposición a inmanente, lo fundamental de la conciencia es su intencionalidad, su carácter <u>direccional</u>, su siempre estar <u>dirigida</u>, su estar <u>orientada</u>, a algo.

[373] En el límite no deberíamos hablar del mundo humano en general, sino más bien en términos del mundo muy particular –más o menos cambiante en el tiempo– de cada quien en función de la socialización, adoctrinamientos y formación recibidos, las creencias religiosas asumidas, las vivencias corrientes y excepcionales experimentadas o sufridas en la vida, etc., conformándose así el mundo muy único de cada quien, lo cual no impide que en gran medida tenga parecidos con el de otros cuyas vidas guardan importantes semejanzas. Tal es el mundo de las cosas que mayormente se le presentan con cierto significado, como siendo en cada caso un determinado algo, una determinada tal cosa. Se desconcertará cuando no logre darle algún significado a algo que, por ejemplo, perciba por primera vez, pero fuerte será su tendencia a darle algún significado (visualícese indígenas que en lo más profundo de las amazonas por primera vez viesen pasar –entrando en su mundo– un ruidoso helicóptero).

ciertamente lejos Fayol de rechazar la muy positiva contribución que la ciencia aplicada puede prestar a su mejor ejercicio" (pág.: 221). Facultad de integrar cuyo uso reiterado a casos similares se constituye en la diversidad de modelos que el campo de la conducción empresarial ha concebido y frecuentemente aplica, tales como el modelo de las sietes eses de McKinsey para la organización, el modelo de cinco fuerzas de Michael Porter para los sectores de actividad económica, el modelo de negocio en términos de sus nueve componentes según A. Osterwalder y Y. Pigneur, etc. Modelos aplicados tanto para estudiar y entender esas totalidades como para diseñarlas.

Más allá de integrar "piezas" está la multitud de vías mediante las cuales los seres humanos se las han ingeniado para alcanzar y transmitir a terceros el entendimiento de aquello que no les es de inmediato inteligible, aunque ciertamente siendo algún asunto de su interés. Para al vuelo solo mencionar algunas: teorías, modelos, las variadas lógicas, demostraciones, figuras retóricas, síntesis, análisis, inferencias, analogías/alegorías, contrastes, cada una de las escuelas y corrientes que han existido y existen en los diversos campos de estudio y acción, cuentos con o sin moraleja, refranes, redundancias, etc.; cada una proporcionada a la clase de entendimiento buscado o transmitido.[374]

Un sinfín de vías, pues: tal es la voluntad de entendimiento del ser humano genéricamente hablando. Genéricamente visto que la voluntad de desarrollar la propia facultad de entender no se manifiesta con la misma intensidad en cada quien. Baste con observar a la multitud de seres humanos afanados en obtener un sinfín de cosas otras que sus propias facultades, muy particularmente prefiriéndolas al poseer entendimiento... al poseer el entendimiento de todas aquellas cosas que en verdad deberían entender les conviene entender.

El punto de partida de la 2ª clase de entendimientos recién presentados, es el entendimiento de todo lo que de la 1ª clase sea pertinente según el caso; el que por ejemplo determinada teoría esté sustentada en observaciones certeras de la 1ª clase.

Siendo el entendimiento algo que uno mismo experimenta, ciertamente pueden los seres humanos, con respecto a la 2ª clase recién descrita, <u>sentir</u> que entienden, que han alcanzado el entendimiento de algo y sin embargo ser un entendimiento equivocado; esto es, haber alcanzado un falso entendimiento. Puede entenderse lo inconveniente que es que esto le ocurra a quien desempeña el oficio de gobernar. Entender es fundamento del recto gobernar; clave por lo tanto habrá de ser superar las barreras que impiden, limitan, incluso esclavizan el entendimiento, reduciendo los grados de libertad de quien gobierna.

---

[374] Entre las vías hacia el entendimiento cabe destacar la desde siempre muy fructífera labor del descubrir que apunta a hallar explicaciones. Explicar, esto es **des**-cubrir aquello que a partir de cierto substrato oculto a la percepción inmediata se constituye en lo que permite entender lo que superficialmente ocurre y que en cuanto tal no ofrece mayor dificultad a la percepción ordinaria. Tal es el caso de la formulación de leyes resultantes del descubrimiento de las condiciones necesarias y suficientes –causas– rectoras de cierta clase de fenómenos directamente observables en procura de ser entendidos.

Consciente de la situación en la cual se halla inmerso y de la cual por lo tanto forma parte, importa el entendimiento que de ella sea capaz de tener quien apunte a gobernar con éxito; mal entenderla puede conducir a errores, así como a las consecuencias disfuncionales y/o no intencionadas que pudieran ellos acarrear, cuando no a efectos perversos. [375]

El entendimiento y el oficio de gobernar:

Gobernar, acabamos de decir, supone poseer entendimiento, facultad clave del ser humano en general, tanto más así cuanto más centralmente se trate de quien asume el oficio de gobernar.

Ha de entenderse que todo gobernar supone un contexto: supone ocurrir dentro del marco de una situación concreta, que amén de poseer ciertos parecidos con cualquiera otra anterior, debe sin embargo en cuanto totalidad seguir siendo entendida en su singularidad; singularidad conferida por la particularidad de las circunstancias muy únicas que la constituyen.[376]

Ahora bien, dado lo concreta, particular y muy única que cada situación es ¿cuál entendimiento de ella ha de poseer quien gobierna? Respuesta general: a la hora de desempeñar el oficio de gobernar, ha de poseer el entendimiento con la amplitud y profundidad espacio-temporal que vista su particularidad cada situación concreta exige, sin ignorar sus posibles interrelaciones con otras que ocurren en paralelo, así como con la sucesión unas tras otras cual un fluir sin solución de continuidad de situaciones, cada una igualmente intrínsecamente muy única.[377, 378]

---

[375] Efectos perversos, aquellos que más allá de simplemente no intencionados o disfuncionales son además nocivos –hasta muy nocivos y contrarios a lo originalmente querido– según la ya clásica introducción que de ellos hizo el sociólogo francés Raymond Boudon. ("Effets pervers et ordre social", Presses Universitaires de France, 1977)

[376] Una tesis que se presta a profundas reflexiones: De la articulación, de la sintonía, incluso fusión que en cada caso aplique –en tiempo y lugar determinados– al encuentro –a la convergencia– de ciertos conjuntos muy particulares de hechos y tendencias concretos, surgen las situaciones muy únicas que en cada caso, unas tras otras, contextualizan a la existencia humana y sus quehaceres. Las situaciones pueden guardar ciertos parecidos con otras vividas por otra gente o por el mismo agente en otro momento y lugar, no obsta sin embargo a que cada una siempre será diferente, muy única.

[377] El que cada situación concreta en lo particular sea muy única no significa que a la hora de entenderla quien desempeña el oficio de gobernar totalmente se desentienda de sus parecidos con otras situaciones. Toda generalización rigurosamente científica o no supone reunir semejanzas. El punto es que a la hora de gobernar el recto entendimiento de la situación supone tomar en cuenta tanto lo que tiene de muy única y particular como aquellas generalizaciones que pudiesen contribuir a tal entendimiento.

[378] Encontramos aquí la razón profunda del éxito que la enseñanza vía el estudio y resolución de casos ha tenido en la formación de los futuros dirigentes empresariales. Se debe precisamente a que gobernar siempre habrá de ocurrir dentro del marco de una situación concreta muy particular y única, diferente *en lo específico* a cualquier otra jamás conocida o enfrentada anteriormente. A diferencia de otros campos cuya enseñanza sigue el patrón <<teoría primero y resolución de problemas o prácticas después>>, la condición de vida que habrán de asumir quienes ocupen puestos de gobierno estará dominantemente caracterizada por la obligación de consecutivamente desempeñarse con éxito dentro del marco de casos, esto es, de situaciones concretas muy únicas y particulares, como ya hemos apuntado. Patrón inverso al anterior: <<primero el surgimiento y presencia del caso problema a ser resuelto y luego, disponga ya del conocimiento requerido o no, la búsqueda de los conceptos, modelo o teoría realmente aplicables al caso>>. Dijimos "...dentro del marco de casos..." ya que quien gobierna jamás ha de olvidar

Preguntamos: gobernar, pero… ¿hacia dónde? ¿Cuál sentido habrá de tener un tal gobernar? A estas preguntas la respuesta de carácter general de nuevo es: un gobernar conducente a los éxitos establecidos para el corto, mediano y largo plazo; aquellos que precisamente se desprenden del mejor entendimiento que pueda obtenerse de la situación concreta con la amplitud y profundidad espacio-temporal que vista su particularidad ella exige: punto de partida del recorrido conducente a esos éxitos, supuesto el acertado gobernar hecho posible por un entendimiento en constante revisión y actualización.

Lo fundamental es pues entender que gobernar supone querer, con base en los mejores medios disponibles, alcanzar el entendimiento requerido a la hora de desempeñar el oficio de gobernar. ¿Entender qué? Recurriendo a Fayol la respuesta ahora más precisa habrá de ser: todo lo pertinente al "asegurar la marcha –el ejercicio y el cumplimiento– de las seis funciones esenciales", según lo destacado en la 9ª profundización como solución al problema de la autenticidad del gobernar (pág.: 244). Todo lo pertinente: esto es, todo lo concerniente al caso concreto y particular que se constituye en el contexto dentro del cual habrán de ocurrir los actos de gobierno.[379]

En suma: la voluntad de entender la situación manda. Determina, considerándolos cual una totalidad, al conjunto de los hechos y circunstancias de los cuales habrá de estar consciente quien gobierna; lo cual incluye tanto lo alguna vez sucedido, como lo actualmente ocurriendo, como el por venir que anticipa, sea cual sea el dónde haya ocurrido, ocurra actualmente o pudiera alguna vez ocurrir.

Gobernar, pues, con el entendimiento lo más certero posible.

ENTENDIMIENTO, CONCIENCIA Y LIBERTAD

Vista la importancia del entendimiento abordaremos dos temas clave, relacionando en primer lugar entendimiento y libertad; en segundo lugar, conciencia y entendimiento.

Entendimiento y libertad

En el ideal jamás plenamente alcanzable, la autenticidad del gobernar supone ser libre de cualquier cosa que limite los grados de libertad del entendimiento de quien gobierna.

Pregunta: ¿Libre de qué entonces? Inevitable procurar dilucidar aquello que impide alcanzar el recto entendimiento que el gobernar exige.

Relativo al actor y aquello que restringe sus grados de libertad, la casi inmediata e irreflexiva reacción es distinguir a las barreras que le son externas de las que le son internas. Sin embargo,

---

su ser parte de la situación, siempre parte del caso. Hablar, como usualmente se hace, en términos de "enfrentar" el caso X tiende a que quien gobierna pierda de vista su ser parte clave del caso o situación que requiere entender con miras a que su actuación sea exitosa.

[379] Reiterando que no es nuestra intención adentrarnos aquí en las múltiples y diversas vías que el ingenio humano ha concebido para alcanzar a entender lo que por necesidad y/o determinación busca entender.

apenas comprobado lo problemática que es esta distinción, más bien hemos de fundamentar nuestro entendimiento de las barreras en términos de la descripción fenomenológica y terminológicamente más exacta que tiene como punto de partida la inseparabilidad que en el fondo existe entre el ser propio (el sí mismo) y el ser otro; la cual inseparabilidad podemos entonces expresar como sigue:

Tanto así como que lo percibido y entendido por el agente como otro que sí mismo lo es (percibido y entendido) como barrera a los grados de libertad poseídos por él mismo, tanto así su sí mismo sentido y entendido como limitado en sus grados de libertad determina lo que percibe y entiende como otro que sí mismo y como barrera a los grados de libertad que él mismo posee.

Inseparabilidad que se traduce en una interdependencia que, como vemos, pone al sí mismo —al agente— en el centro como influyente e influido a la vez, y cuyos grados de libertad afirmamos ser fundamentales a la hora de gobernar.

De allí que en lugar de buscar factores externos o internos que limiten su libertad, lo fundamental sea la constitución misma del sí mismo en cuanto ente consciente que a la hora de percibir y entender es susceptible de ser intrínsecamente más libre o menos libre; situado en algún punto entre los extremos de la plena libertad y total sometimiento.

Es así que en lugar de en un extremo hablar en términos de una conciencia limitada por algún prejuicio, modelo, paradigma, credo o ideología —o posible mezcolanza— cual si fuesen entes otros que ella misma, más bien fenomenológicamente expresarnos de manera más rigurosa; esto es, en términos de una conciencia que se ha hecho una, se ha identificado —fusionada, si se nos permite expresarlo así— con algún prejuicio, modelo, paradigma, credo o ideología —o mezcolanza—, y que por lo tanto se halla intrínsecamente sometida a ese prejuicio, modelo, paradigma, credo o ideología —o revoltijo— a la hora de percibir y entender el mundo que en mucho o en poco es ella misma la que lo proyecta, determinando así aquello que ahora se le se presenta cual otro que ella misma.[380]

---

[380] La introducción y popularidad del término "paradigma" en nuestro campo tiene su historia. Bien se sabe su haber sido propuesto por el historiador Thomas S. Kuhn en su obra "The Structure of Scientific Revolutions", inicialmente publicada en 1962, versión ampliada en 1970, por The University of Chicago Press, obra en la cual Kuhn refuta la entonces corriente visión evolutiva progresiva de las ciencias, para en su lugar proponer una historia caracterizada por la alternancia de fases de ciencia normal con las de revolución científica. Las primeras caracterizadas por la rectoría y profundización de un paradigma dominante, pero no exento de anomalías cada vez más evidentes y sin embargo no resueltas. Se prepara así el surgimiento revolucionario de un nuevo paradigma capaz de resolverlas, hasta alcanzar a su vez a constituirse en el nuevo paradigma dominante. Gran ejemplo de ello, pero no la única ni última, fue la denominada Revolución Copernicana capaz de resolver las anomalías que la visión Ptolemaica del universo se veía imposibilitada de abordar mediante soluciones elegantemente simples. Ocurre que la obra de Kuhn alcanza un éxito notorio al punto de convertirse en lectura obligada en prácticamente todas las facultades y escuelas universitarias. La máxima popularidad del término "paradigma" tanto en nuestro campo como en el público en general surge del curioso hecho fortuito ocurrido en la segunda mitad de los años 80 cuando una casa productora de videos en apoyo a la formación y desarrollo de gerentes y dirigentes empresariales publica un video titulado

Identificación ocurrida mediante haber sido sometida a un proceso suficientemente intenso de adoctrinamiento o –¡paradoja!– por la libre asunción de dicho prejuicio, preconcepto, modelo, paradigma, credo, ideología o confusión.

Obsérvese sin embargo que el adoctrinamiento por intenso que sea no causa la pérdida de libertad. Siempre hay a la final una entrega propia; aunque profundamente inadvertidos, un rendirse, un yugo asumido.

En el otro extremo, máximo rechazo posible a la identificación con algún prejuicio, preconcepto, modelo, paradigma, credo o ideología, y con mayor razón de cualquier mezcolanza de ideas, creencias y sentimientos.[381]

Debido al carácter de integral dominio que una ideología puede alcanzar a tener en la conciencia de quien asume el oficio de gobernar, pasa a ser necesario y de particular importancia distinguirla de lo que son las doctrinas en general y muy en lo particular de la doctrina administrativa/gubernamental.[382] De allí que antes de continuar con el oficio de gobernar, consideremos oportuno concentrar los comentarios que siguen en el importante contraste ya brevemente tratado en la sección "Doctrina e ideología, una aclaratoria importante" (pág.: 127).

Profundización: doctrina e ideología contrastadas

Es importante tener bien claro el siguiente contraste.

Asunción de una doctrina administrativa/gubernamental:

Hemos visto que en su obra Fayol comunica las posibles bases y desarrollo de una doctrina gubernamental cuyos componentes principales habrían de ser: seis funciones, cinco elementos y los principios aplicables al caso específico de cada empresa (doctrina gubernamental y no solamente administrativa por abarcar los otros cinco grandes grupos de operaciones o funciones esenciales).

"paradigma" con un éxito y efecto divulgador sin precedentes en la historia de tales videos. Aunque ciertamente el significado de la palabra "paradigma" no está libre de equívocos y polémicas entre los expertos, en tiempos de cambio nuestro campo y el público en general la adoptaron gustosos a pesar del más bien vago concepto que sin darse cuenta de ella tienen.

[381] Es una falacia afirmar que debido a que siempre estamos en alguna medida sometidos a prejuicios, preconceptos, paradigmas, credos, ideologías, etc., no queda más remedio que consentirse en tener alguna suerte de prejuicio, preconcepto, paradigma, credo, ideología, etc. Ciertamente, en cuanto tal, la perfección exigida por la libertad ideal jamás se alcanza, no obsta sin embargo el verse en la obligación de apuntar a ella quien desempeña el oficio de gobernar. Y si no una falacia, máximamente en el caso de la ideología un encierro que no permite escape.

[382] Mucho de las reflexiones concernientes a las ideologías que siguen son igualmente válidas, aunque de manera menos totalitaria, cuando de prejuicios, preconceptos, modelos, paradigmas, credos y mezcolanzas de creencias y sentimientos se trata.

Como en su momento expusimos, no se evidencia en Fayol la voluntad de adoctrinar. Queda en manos del lector el libremente estudiar y asumir o no la doctrina (repasar ensayo "Comprender significa transformar-**se**: asimilación de buena voluntad que se opone al adoctrinamiento entendido como inculcar una doctrina", pág.: 125).

Adicionalmente aclaramos que la real comprensión, el real entendimiento de algo implica ir más allá de una simple comprensión o entendimiento intelectual. Más bien supone un transformar-**se**. Aplicado a la doctrina administrativa –a fortiori gubernamental– tal cual la concibe Fayol, ello implica que la real comprensión, el real entendimiento, de una tal doctrina habrá de implicar por parte de quien libremente la asuma su transformación cualitativa en una determinada clase de agente. ¿Cuál clase? Respuesta: en alguien poseedor de una voluntad cónsona con el oficio de gobernar; voluntad que habrá de ser concretamente guiada por la manera en que esa doctrina defina y precise ese oficio. [383]

A la doctrina concierne, pues, el <u>ser</u> gobernante en cuanto correlato de un determinado <u>patrón</u> <u>de</u> <u>actuación</u>. Se espera de alguien que es médico cierto patrón de actuación característico de su profesión, de un ingeniero otro, así también de aquél a quien corresponda gobernar.

Descripción a ser contrastada con la que sigue.

Asunción de una ideología: [384]

Cuando, cualquiera sean las circunstancias que hayan favorecido y hecho posible el mutuo encuentro entre una ideología y quien es susceptible de asumirla –sea tras enterarse de su existencia y acercársele para estudiarla o impuesta mediante un régimen de adoctrinamiento– ocurre, en el que deberíamos calificar de un determinado instante y en la síntesis de una misma experiencia, la luminosa entrada en presencia de un mundo inteligible, junto con el desalojamiento integral de todo lo anteriormente presente, incapaz, vista su naturaleza intrínsecamente fragmentaria y desarticulada, de proporcionar un entendimiento tan satisfactorio claro e integral de la totalidad de lo experimentado por el adoctrinado, como sí lo

---

[383] En la 2ª profundización (pág.: 125) constitutiva de la sección "Profundizando en la noción de doctrina", explicamos como la real comprensión, el verdadero entendimiento, implica la transformación de quien comprende, de quien entiende. De allí que pudimos afirmar que Fayol, aunque introduce la noción de doctrina administrativa, no apunta ni requiere apuntar a que su transmisión implique un proceso de adoctrinamiento. Más bien comunica lo que entiende por doctrina, proporcionándole una estructura básica (seis funciones, cinco elementos de la función administrativa, y el sinnúmero posible de principios) quedando en manos del lector esforzarse por comprender la doctrina administrativo/gubernamental que en lo particular le corresponda, y de un tal entendimiento así alcanzado ocurrir su transformar-**se** en gobernante... condición necesaria pero no suficiente para gobernar acertadamente. Necesaria también será la recta comprensión –recto entendimiento– de la situación vivida que exija un gobernar acertado. De allí que nos hemos visto en la necesidad de poner de relieve las barreras a tal recto entendimiento introduciendo las que fundamentalmente nacen del propio agente: prejuicios, preconceptos, paradigmas, credo, ideología o posibles mezcolanzas de ellos.

[384] Sigue una descripción fenomenológica de quien se ha identificado con una determinada ideología: temáticamente consciente del mundo que la ideología le hace percibir, pero no temáticamente consciente de haberla asumido.

hace la ideología. No se trata pues de una simple reinterpretación de una determinada realidad de antemano percibida; mundo y entendimiento son inseparables. De allí que quien asume tal ideología, en el acto mismo de asumirla experimente súbita y total comprensión: la necesidad de entender como nunca antes tan integralmente satisfecha … el experimentar algo así como un despertar, como un iluminarse, característico de una conversión.

Para quien haya advertido lo diversas que pueden ser las ideologías, tal identificación con una en particular reduce todo lo que sienta, conciba, perciba, recuerde, exprese y haga quien así la haya asumido a lo únicamente en cada caso posible desde lo que entonces no pasa de ser otra cosa que un simple punto de vista entre otros, igualmente posibles. El afectado, por su parte convencido de que el suyo no es un simple punto de vista, una simple opinión, más bien se siente el poseedor privilegiado de un conocimiento al cual otros no han accedido aun. No es el creador de la ideología; ha permitido que otro la formule, de facto permitiendo que otro haya pensado por él.[385]

La ideología puede ser asumida como doctrina, en cuyo caso sí puede implicar que el agente **se**-transforme en quien todo lo siente, piensa, imagina, recuerda, percibe, expresa y hace desde tal doctrina. Se ha vuelto uno con la ideología. Al identificarse con ella siente como nunca antes tener bien claro quién es, bien clara su propia identidad (de allí que en su confusión los extraviados sean fácil presa de una ideología). Ha tomado partido. Puede entonces ¿toda ideología transformarse en doctrina con todas sus consecuencias? Sí, ya que en adición a la percepción y entendimiento de un determinado mundo, puede la ideología interiorizada igualmente determinar la actuación del agente según un patrón que se desprenda de esa misma ideología.[386]

Doctrina, sí, pero **no** doctrina gubernamental.

En suma: El mutuo encuentro de quienquiera con una determinada ideología hace entrar en la presencia un determinado mundo, junto con el entendimiento que le es consubstancial; de allí una transformación calificable entonces de epistemológica. Nuestro entendimiento de una determinada doctrina nos conduce a que la asumamos; de allí también nuestra propia transformación en cuanto a quienes somos; transformación calificable entonces de ontológica.

El que la ideología pueda ser asumida como doctrina precisamente evidencia que no son lo mismo. A menos que se la inculque, la ideología por sí sola tan solo es opinión. Convertir a la ideología en doctrina supone, como ya lo apuntamos, simpática asunción o adoctrinamiento, con lo cual, en adición a identidad, el agente gana fuerza actuante.

---

[385] Esta ha sido una descripción fenomenológica de quien se ha identificado con una determinada ideología: temáticamente consciente del mundo ideologizado que se le presenta, pero no-temáticamente consciente de haberla asumido. Es inexacta la descripción usual de la ideología como interpretación de los hechos desnudos que se le presentan a quien la asume. La descripción fenomenológica apunta fielmente a lo que experimenta.

[386] E.g.: El terrorista como caso extremo de asunción e identificación con una determinada ideología, considerando que el fin justifica al medio que a sus ojos se le presenta como indubitablemente ser el único disponible.

¿Inexorable el que toda doctrina suponga ser ideológica? Ideologías transformadas en doctrinas, ciertamente muchas pueden haber, pero de allí mal puede afirmarse la imposibilidad de que exista alguna doctrina que se fundamente en saber pensar... en poseer un pensamiento propio y una actuación todo lo libre que se pueda de prejuicios, preconceptos, paradigma, credo o ideología.[387]

Conciencia y entendimiento

No podemos agotar aquí todo lo que implica superar los propios prejuicios, preconceptos, paradigmas, credos, ideologías, etc. Pero ha de entenderse que asumido cualquiera de ellos no se trata de un estar consciente del prejuicio, preconcepto, paradigma, credo, ideología, etc. cual objeto presente ante nuestra conciencia. Su eficacia precisamente radica en su no estar presentes de esta manera. Asumido cualquiera de ellos es nuestra propia conciencia la que se ha transformado en prejuiciosa relativo a determinada clase de gente, o que preconcibe tal o cual cosa acerca de cierta situación, o mucho lo interpreta a través de un paradigma, o que todo lo siente, ve y vive con base en cierto credo o ideología.

Pregunta: ¿Cómo entonces liberarse de su dominio?

El punto de partida consiste en comprobar que aunque no conscientes de ellos cual objetos presentes ante nuestra conciencia ello no significa sin embargo el haber estado inconsciente del prejuicio, preconcepto, paradigma, credo o ideología, asumido. De allí una posible salida. ¿Cómo? Lo veremos, pero previamente, en relación a la conciencia, necesitamos introducir una importante distinción.

Por fugaz, por continuamente llegar, para de inmediato partir y dejar que otro llegue en su lugar, el instante no puede confundirse con el presente. La conciencia humana de lo presente siempre es conciencia de una multiplicidad de contenidos diversos correspondientes a cierto lapso temporal, que por así decirlo, brotan espontáneamente incluyendo tanto cosas actuales, como pasadas, como por venir.

De allí la interrogante acerca de cómo puede ocurrir tal presencia espontánea: ausencia de visible intervención de la voluntad para que ocurra. Al respecto, un importante aporte de la fenomenología contemporánea –la iniciada por Husserl– fue el haber introducido la necesidad

---

[387] **Inescapable inquietud.** Nuevos miembros de una determinada sociedad o grupo humano son socializados, así lo comprueban y estudian los sociólogos. ¿Significa esto que tal socialización implica inculcar prejuicios, preconceptos, paradigmas, credo y componentes ideológicos preexistentes en esa sociedad o grupo humano? Apartando aquello que se le inculca, ciertamente se le está convirtiendo en... y en tal caso mayormente no se considera objetable hacerlo visto que la finalidad es convertirlo en un ser social, un nuevo miembro bien adaptado. Bien adaptado sí, pero insoslayable la inquietud acerca de cuánto de esa socialización tan solo significa reforzar, en orientación e intensidad, los prejuicios, preconceptos, paradigmas, credo y componentes ideológicos tradicionalmente prevalecientes en esa sociedad o grupo humano. Inquietud que se extiende hacia las implicaciones de actuación que se desprenden de cuan "bien adaptados o no" hayan de estar quienes asumen el oficio de gobernar.

de distinguir a la conciencia calificada de temática de la considerada como no-temática.[388] Temática aquella conciencia del desfilar, cual un fluir, de las cosas actuales sucesivamente presentes a esa conciencia, para de inmediato entender que ello no significa que en ella, la conciencia temática, se agote el todo de nuestra conciencia. Estamos conscientes aunque de manera no-temática de un sinnúmero de otras cosas, algunas de ellas igualmente temporalmente actuales, pero también no-temáticamente conscientes de cosas pasadas y por venir.

Veamos el ejemplo de una cruda descripción fenomenológica, que no pretende captar toda la riqueza de aquello de lo cual estamos conscientes en determinado momento.

Estoy reportando a mi superior en la empresa cierta situación surgida recientemente en el departamento de producción. Mientras lo hago estoy temáticamente –esto es, centralmente– consciente del cómo está –cual sucesión fluida de reacciones– escuchándome: reclinándose hacia atrás en su silla ejecutiva como quien proyecta su propia importancia a la par de disponerse a oír, actitud que al poco se transforma en creciente preocupación en la medida que presento información y datos, para entonces empezar a evidenciar molestia, querer más detalles, etc. Descripción que como se ve en ningún momento requiere de mí estar temáticamente consciente de mi mismo. ¿Acaso será que la descripción provista agota la totalidad de las cosas de las cuales he estado consciente? Ciertamente que no. De entrada no-temáticamente y de manera continua estuve consciente de mi estar reportándole la situación. De manera igualmente no-temática he estado consciente de un sinnúmero de cosas, algunas también actuales, pero otras pasadas y otras por venir. De manera actual estuve consciente, aunque no-temáticamente, de estar emitiendo palabras conformando mensajes con la significación querida; palabras ya emitidas que de inmediato pasaban a formar parte del pasado reciente del cual seguía estando consciente, aunque ahora no-temáticamente. También no-temáticamente consciente de lo que hasta ese momento ya le había reportado y de la manera en que lo había hecho; no-temáticamente consciente, aunque sin forma definitiva, de lo que habría de decirle seguidamente, consciente no-temáticamente de la incertidumbre que tenía acerca de cuáles habrían de ser sus reacciones, pero sí, no-temáticamente, consciente de las que me propondría lograr. ¿Es todo? Ciertamente que no. También estoy no-temáticamente consciente de estar en su oficina, de ser un subordinado de confianza, del aprecio que me tiene, de los límites que no me es permitido cruzar, de lo expresado por el gerente X en cierta reunión que se realizó el pasado martes, etc. Imposible agotar, como se ve, la descripción. Fácil es comprobar el sinnúmero de cosas de las cuales, en cada momento, en adición a las temáticas, estamos no-temáticamente conscientes, aunque no una razón para alarmarse. Veremos que el real propósito de las descripciones fenomenológicas no es agotar

---

[388] Según el autor del cual se trate, otras denominaciones: posicional/no-posicional, reflexiva/irreflexiva, tética/no-tética. Preferimos los calificativos temática/no-temática debido a que destacan las dos maneras en que cierta cosa o asunto concierne, en calidad de tema, a la conciencia.

todo aquello de lo cual estoy, tanto temáticamente como no-temáticamente consciente en determinado momento.[389]

En suma: mi presente, pues, no se reduce a aquello de lo cual estoy actualmente cual tema que capta mi atención –temáticamente– consciente. Mi presente en adición incluye al sinnúmero de cosas de las cuales también estoy consciente, solo que no-temáticamente.

La descripción fenomenológica implica describir, hasta donde sea significativo hacerlo, aquello de lo cual estamos tanto temáticamente como no-temáticamente conscientes. En función de lo que nos motive a hacer determinada descripción, ella supone entonces enriquecer aquello de lo cual estábamos temáticamente conscientes con el añadido de aquello de lo cual, en su momento, no estuvimos temáticamente conscientes, de facto ampliando con esta descripción el ámbito de aquello de lo cual estamos ahora temáticamente conscientes. Ha ocurrido lo que comúnmente se califica de "un haber cobrado conciencia de...".

Lo presentado en esta sección: ¿qué aplicación práctica puede ello tener con respecto a la necesidad de entendimiento de la situación vivida que el oficio de gobernar exige? Ciertamente en primer lugar combatir la fuerte inclinación a creer haber entendido integralmente determinada situación, cuando tal entendimiento principalmente, sino únicamente, se ha fundamentado en aquello de lo cual solo temáticamente habíamos estado conscientes. Un ejemplo muy sencillo: limitarnos a calificar a un subordinado de inepto a la hora de cumplir cierto encargo, "olvidándonos" de cómo le dimos las instrucciones, del entrenamiento que estuvimos dispuesto a suministrarle desde su entrada en la empresa, etc., cosas de las cuales estuvimos todo el tiempo conscientes, solo que no-temáticamente. Volvernos conscientes temáticamente de cómo en efecto en su momento le dimos nuestras instrucciones y de la capacitación por él recibida es lo que realmente nos permitirá entender la totalidad del caso, remediar aquello a lo cual haya lugar y consecuentemente contribuir al desarrollo de un mejor personal para la empresa.

Desde su introducción por Sigmund Freud, conocido es el efecto liberador de la toma de conciencia de lo originalmente reprimido y sumergido en el inconsciente a la hora de psicoanalíticamente tratar los síntomas neuróticos, manifiestamente perjudiciales y dolorosos que afectaban la vida cotidiana del paciente.

Aunque sin alcanzar a despertar las profundidades del inconsciente, cuya existencia no negamos, pero cuya toma de consciencia exige de un tratamiento psicoanalítico que se sale de lo ordinariamente viable, cabe examinar si alcanzar mayores grados de libertad puede ocurrir

---

[389] Visualícese una suerte de esfera de todo aquello de lo cual para un determinado momento estamos conscientes. En el centro aquello acerca de lo cual estamos temáticamente conscientes, para luego, cual localizadas en esferas concéntricas imaginarias cada vez más alejadas estar no-téticamente conscientes, con creciente grado de indefinición, de un sinnúmero de cosas cada vez más alejadas de ese centro. Las más cercanas fácilmente cambiables de no-temáticamente conscientes a temáticamente conscientes, pero con creciente dificultad mientras más alejadas del centro se encuentren.

por otro camino: precisamente lo que la aplicación de la fenomenología recién introducida nos puede proporcionar. Se trata del efecto liberador de aquella toma de consciencia que convierte en temáticamente consciente aquello que nos era, previo a la aplicación de la fenomenología, tan solo no-temáticamente consciente y que por lo tanto ejercía, vista la imposibilidad de oponernos, cierto dominio sobre todo lo que sentíamos, pensábamos, recordábamos, percibíamos, imaginábamos, queríamos, expresábamos y hacíamos.

¿De dónde proviene tal poder liberador? Precisamente del tener la oportunidad de poner en práctica el poder <u>negador</u> de la conciencia, la cual puede, tras lograr convertir en temático lo previamente no-temático, rechazar, oponerse a, distanciarse de, impedir su propia identificación con aquello de lo cual ahora sí se está temáticamente consciente. En relación al oficio de gobernar la toma de conciencia de los propios prejuicios, preconceptos, paradigmas, ideología, etc., los coloca, por así decirlo, "afuera", al frente de nuestra conciencia, siendo precisamente esta la oportunidad para decirles que **no**, para frenar hasta impedir cualquier identificación nuestra con ellos.

Y de esta manera procurar, pues, alcanzar a estar temáticamente conscientes de nuestros prejuicios, preconceptos, paradigmas, credos, o ideologías, otras tantas barreras que dificultan, incluso impiden, alcanzar el real entendimiento de la situación que el gobernar exige poseer: ejercicio fenomenológico que nos permita ganar los grados de libertad que la situación vivida requiera.

Pero, si la asunción de un determinado prejuicio, preconcepto, paradigma, credo o ideología supone la existencia de causas profundamente inconscientes, ello ya es materia que trasciende los grados de libertad que disciplinadamente el oficio de gobernar por si solo puede alcanzar mediante la sola toma de conciencia fenomenológica. De allí que, vista la existencia de tales causas, mal pueden los seres humanos erradicar a la perfección todos sus prejuicios, preconceptos, paradigmas, credos o ideologías.

Máximamente tal es el caso de las ideologías, visto el perfecto entendimiento integral que ilusoriamente proporcionan al afectado.

11^{ava} PROFUNDIZACIÓN

El oficio de gobernar, su ejecución exitosa; reuniendo las condiciones necesarias y suficientes.

A los fines de reunir las condiciones necesarias y suficientes aplicables al oficio de gobernar acertadamente, nos conviene empezar por hacer explícitas dos grandes clases de actuación que apuntan al éxito. Para ello habremos de recurrir a cierta variación de lo ya presentado en la 6ª profundización titulada: "Gobernar, intrínsecamente un arte, aunque ciertamente lejos Fayol de rechazar la muy positiva contribución que la ciencia aplicada puede prestar a su mejor ejercicio." (pág.: 221). Allí pudimos distinguir las dos grandes vías "químicamente puras" conducentes al éxito de una determinada gestión, que resumimos a continuación.[390]

La vía deductiva

Recordemos que en el mundo de las semejanzas depuradas de toda particularidad distintiva, la repetición de hechos idénticos debidamente estudiados puede conducir al descubrimiento de regularidades o leyes de comportamiento de alta confiabilidad entre hechos, fenómenos o circunstancias. La validez general de tales regularidades o leyes, según vimos, nos proporcionan –trátese de materializar circunstancias favorables al gobernar, trátese del gobernar mismo– una primera vía hacia la consecución del éxito. ¿Cómo? Respuesta: deduciendo a partir de las leyes o regularidades confiables pertinentes a la situación vivida qué hacer para alcanzar ese éxito ("hacer" significa aquí, según vimos, de ello estar al alcance sin mayor actividad preparatoria previa, provocar, modificando lo que haya que modificar, que se hagan presentes las condiciones que la ley o regularidad supone como iniciales, para luego dejar que sea esta misma ley o regularidad subyacente confiable la que, por así decirlo, "hiciese" el resto: sea ella la que complete las consecuencias a las cuales normalmente da lugar: hechos, fenómenos o circunstancias procurando desde un principio que coincidan con el/los éxito(s) buscado).

Apostar al éxito mediante una estrategia

En relación al oficio de gobernar y en la misma 6ª profundización a la cual nos hemos referido, desarrollamos la segunda vía conducente al éxito, lo cual nos permitió establecer el ya muy clásico e incomprendido contraste entre arte y ciencia. Tratándose de las situaciones vividas por quienes desempeñan el oficio de gobernar, caracterizadas por hechos y circunstancias singulares que las convierten en muy únicas, es el calificativo de arte el que al parecer es el más indicado para genéricamente referirnos a la segunda vía conducente al éxito del gobernar que ahora nos concierne. Segunda vía que de entrada obliga a quien gobierna a no pasar por alto y a procesar los hechos concretos y circunstancias muy únicas y particulares propios de la situación vivida. ¿Cómo? Respuesta: mediante la aplicación, vimos, de la facultad humana que permite entender e integrar en totalidades a su vez inteligibles una multitud de hechos y circunstancias concretos. Totalidades mediante las cuales en una primera instancia y a título de hipótesis quien apunta a gobernar procura <u>entender</u> la situación vivida: lo que allí ocurre. Totalidades mediante las cuales en una segunda instancia e igualmente a título de hipótesis quien apunta a gobernar procura determinar la <u>actuación</u> gubernamental conducente al éxito.

Tal como lo expusimos en aquél momento toda situación vivida por quienes estén a cargo de gobernar estará caracterizada tanto por poseer ciertas semejanzas con situaciones previas como por aquellos hechos distintivos –"piezas", así las llamamos– que le proporcionan a cada

---

[390] "Químicamente puras" ya que usualmente en la práctica el apuntar al éxito ocurre mediante una determinada combinación de ambas vías, según una proporción variable que depende de si la situación vivida en más o en menos se presta a la aplicación de regularidades confiables o al ensamblaje de "piezas" de "rompecabezas" inteligibles.

situación concreta vivida el carácter, no solo el de ser nueva en lo particular sino también el de ser muy única, nunca totalmente idéntica a otras previamente vividas. Implicando, por así decirlo, el armado de un primer "rompecabezas" para procurar entender la situación vivida y el armado de un segundo con miras a determinar la actuación conducente al éxito.

Tratándose del segundo concerniente a la determinación de la actuación conducente al éxito vimos oportuno introducir la siguiente rigurosa definición de estrategia: [391]

"La Estrategia es el lineamiento o hilo conductor que subyace –cual naturaleza común– al conjunto de las acciones a ejecutar… y a descartar constitutivas de nuestra actuación y que a título de hipótesis responde a nuestra inquietud acerca de **cómo** alcanzar el éxito, vista la incertidumbre experimentada en una situación y circunstancias no estrictamente regidas por regularidades confiables, sea tal incertidumbre debida a nuestro desconocimiento de ciertas leyes de la naturaleza o a la posible falta de seguridad de un honesto cumplimiento de las normas esperadas por parte de los terceros involucrados; incertidumbre en este último caso usualmente producto de la ausencia de un claro patrón de comportamiento –intencional o no– por parte de algún actor, singular o grupal, trátese de un competidor, adversario o enemigo. Como tal, la Estrategia es la gran unificadora de nuestra actuación. Le provee sentido unitario a todo lo que haremos y optaremos por no hacer: articula al conjunto de los actores y recursos requeridos, ensambla el sistema de metas y objetivos asociados a esas acciones, y rige toda la ejecución en su debida oportunidad (en tiempo y lugar).

Con miras a alcanzar el éxito así opera el estratega. La estrategia es el cómo.

A diferencia de otros campos –Gerencia de proyectos, por ejemplo– para los cuales basta con hacer explícitos dos niveles, cuales son el qué se quiere lograr y el qué haremos para lograrlo, cuando de estrategia se trata son tres los niveles: el qué se quiere lograr, el cómo lo lograremos y el qué haremos para lograrlo. Se desprende de la definición recién vuelta a presentar que a la estrategia corresponde el cómo suponemos poder alcanzar el éxito buscado. Cuando de estrategia se trata, en lugar de, vista la ausencia de regularidades confiables, poder deducir qué haremos para alcanzar el éxito, tan solo nos resta –a título de hipótesis– formular el cómo suponemos poder alcanzarlo; ¡una apuesta, pues!"

Así definida, hemos de entender a la estrategia como la exacta contraparte a la vía científico/técnica deductiva arriba resumida. Significa apostar al éxito mediante un cierto patrón de actuación, hábilmente seleccionado claro está.

Ahora bien, aunque intrínsecamente un arte, ello no garantiza que el ejercicio del oficio de gobernar sea así mismo inherentemente estratégico. Aunque doctrina concerniente al arte de gobernar, la estructura de la doctrina que Fayol introduce en AIG no asegura que globalmente puesta en práctica y/o la ejecución de cada uno de sus componentes sea estratégica.[392] Puede que el gobernar, aun cuando ponga en práctica la doctrina, no lo lleve a cabo con la pericia

---

[391] Nota al pie 337 (pág.: 227) de la misma 6ª profundización.

[392] Recordar los componentes de estructura de la doctrina propuesta por Fayol: 6 grupos de operaciones o funciones esenciales, 5 elementos de la función administrativa, las 5 tareas concernientes a los principios con miras a asegurar la salud, fortaleza y buen funcionamiento del cuerpo social de la empresa.

estratégica que la situación vivida exija, viéndose así reducida la posibilidad de una gestión gubernamental exitosa. El patrón de actuación de quien gobierne según la sola doctrina no necesariamente habrá de ser estratégico.

Ahora bien, aunque lo que cada uno por su lado pone en práctica, tanto quien asume el oficio de gobernar como el estratega, es –sin dejar de aprovechar los posibles apoyos que las ciencias aplicadas pudiesen proporcionarles– intrínsecamente un arte, ello ciertamente no descarta la posibilidad de un mutuo apoyo de existir cierta suerte de convergencia en cuanto al éxito al cual apuntan; según lo que la situación vivida demande, el arte de gobernar al servicio del estratega, el arte estratégico al servicio de quien gobierna.

En suma: Tanto así como que para alcanzar el éxito el oficio de gobernar ha de extraer el mayor provecho posible de las ciencias aplicadas (1ª vía, la deductiva) tanto así depende también el éxito del arte de gobernar de la pericia estratégica con la cual se lleve a cabo (2ª vía, apuesta a un determinado patrón de actuación).

En relación al desempeño del oficio de gobernar y con miras a exponer el conjunto de las condiciones necesarias y suficientes determinantes de su éxito, examinemos las siguientes cuatro casos:

1°– Procurar –en efecto pretender– gobernar únicamente con base en una determinada ideología firmemente asumida (un extremo).

2°– Procurar gobernar únicamente con base en una doctrina administrativo/gubernamental, tal como en su estructura fundamental la propone Fayol en AIG: 6 grupos de operaciones o funciones esenciales, 5 elementos de la función administrativa, las 5 tareas concernientes a los principios con miras a asegurar la salud, fortaleza y buen funcionamiento del cuerpo social de la empresa (el otro extremo).

3°– Procurar gobernar con base en una doctrina administrativo/gubernamental, tal como en su estructura fundamental la propone Fayol en AIG, acompañada de un recto entendimiento de una situación en espera de gobierno, así como de otras condiciones igualmente necesarias hasta alcanzar la totalidad de las que, idealmente caracterizadas, habrán de ser las necesarias y suficientes.

4°– Procurar gobernar con base en una imperfecta reunión de las condiciones necesarias y suficientes antes presentadas, así como con la asunción de una determinada mezcolanza de prejuicios, preconceptos, paradigmas, credos y componentes ideológicos según grados e intensidad diversos (así usualmente ocurre).

Veamos.

1°– Procurar –en efecto pretender– gobernar únicamente con base en una determinada ideología firmemente asumida (un extremo).

¿Puede una ideología constituirse en doctrina gubernamental? No, ya que entonces la actuación de quien supuestamente se considere a cargo de gobernar, estará dominada por esa ideología y no primordialmente por aquella doctrina que de haberla interiorizado le hubiese convertido en un gobernante, alguien capaz de gobernar. Fuerte será la tentación de imponer la ideología.

Combínese:

1°– El poder total que una ideología –asumida como detentora de la verdad misma– puede tener sobre el entendimiento que posea de las situaciones vividas quien se crea ser el indicado para gobernar, al firmemente creer que ella realmente le permite entender integralmente y con certeza cualquier situación concreta, macro o micro, por muy única y particular que sea. [393]

Con...

2° Un total desconocimiento de una doctrina del gobernar que le dictara –según vimos en Fayol– cómo asegurar la marcha –el ejercicio y cumplimiento– de las seis funciones esenciales –técnica, comercial, financiera, de seguridad, contabilidad y administrativa– entendiendo muy en lo particular que su ignorancia en cuanto a esta última supondría no saber cómo ser previsor, ni cómo organizar, tampoco cómo mandar, coordinar y controlar.[394]

En ausencia de factores contrarios...

Creyendo entenderlo todo a la perfección, convencido de poseer el verdadero entendimiento de la situación concreta, muy única y particular que experimentan tanto él mismo, como según cree también afecta a los muchos que no poseen sus luces y por lo tanto necesitan de su guía, aunque no lo sepan o aprecien... pretendiendo gobernar sin saber hacerlo, la evidencia empírica e histórica bien lo ha confirmado: la elevada tentación de confundir gobernar con imponer; que en lugar de gobernar haya que manejar, según el detallado contraste que al efecto presentamos entre manejar y gobernar en la 4ª Profundización (pág.: 188).[395]

---

[393] Pero también significa la profunda y determinante influencia que sobre todo lo que sienta, piense, recuerde, imagine, perciba, exprese y haga, habrá de tener esa ideología; esto es, sin la plena conciencia del grado de irrealidad que pudiera estar implícito en el entendimiento que cree poseer de la situación vivida, necesario discernimiento que la propia ideología es incapaz de proporcionarle. Riesgosa la ilusión de entendimiento que proporciona.

[394] Ignorante también, lo veremos, acerca del cómo llevar a cabo las cinco grandes tareas que los principios involucran en relación al cuerpo social de la empresa. Estas cinco tareas se verán introducidas en el ensayo "Los principios de la administración según Fayol y las culturas empresariales", a ser incluido más adelante para completar la exposición e interpretación de los párrafos iniciales del primer capítulo de la segunda parte de AIG (pág.: 291). Un breve anticipo: los principios son aquellas condiciones a ser instituidas en el cuerpo social de la empresa con miras a asegurar su salud, fortaleza y buen funcionamiento. Las cinco tareas que implican son: 1.– su adecuada selección y formulación, 2.– instituirlos, 3.– preservar su cumplimiento, 4.– tras comprobar su obsolescencia, des-instituirlos, 5.– estar alerta a toda señal de corrupción que atente contra el cumplimiento de los principios y ser capaz de re-instituir su vigencia de ser necesario.

[395] Los partidos políticos tienden a confundir ideología con la doctrina gubernamental del partido. La ideología es entonces asumida como doctrina de gobierno. Inculcarla supone la conversión y asunción de una determinada identidad partidista por parte del nuevo miembro. Luego, llegados al poder, tienden a creer que gobernar es poner en práctica su ideología; y de "verse en la necesidad", imponerla.

En suma: Por sí sola una ideología no puede constituirse en una doctrina gubernamental. En lugar de gobierno más bien debería calificársele de un régimen de manejo, siendo la imposición mediante cualquier medio su modalidad más extrema. De enfrentar resistencias existirá la intención más o menos exitosa de establecer una relación de dominio, en cuyo caso, reiteramos, no ameritaría la denominación de gobierno.[396]

Descrito un extremo, veamos el otro.

2°– Procurar gobernar únicamente con base en una doctrina administrativo/ gubernamental, tal como en su estructura fundamental la propone Fayol en AIG (6 grupos de operaciones o funciones esenciales, 5 elementos de la función administrativa, las 5 tareas concernientes a los principios con miras a asegurar la salud, fortaleza y buen funcionamiento del cuerpo social de la empresa) (el otro extremo).

Debidamente asumida, la doctrina por sí sola es condición necesaria, pero no suficiente para que el desempeño del oficio de gobernar sea exitoso.

¿Cuáles otras condiciones entonces? Veámoslas reunidas y presentadas más adelante.

3°– Procurar gobernar con base en una doctrina administrativo/gubernamental, tal como en su estructura fundamental la propone Fayol en AIG, acompañada de un recto entendimiento de una situación en espera de gobierno, así como de otras condiciones igualmente necesarias hasta alcanzar la totalidad de las que, idealmente caracterizadas, habrán de ser las necesarias y suficientes.

Es importante comprender que la doctrina auspiciada por Fayol en AIG es una doctrina gubernamental pura, aquella que siendo condición necesaria hace abstracción de aquellas otras condiciones necesarias conducentes a la suficiencia. De allí la necesidad de reunir en una única representación –aquí gráfica– al conjunto de las condiciones necesarias y suficientes para que una certera actuación gubernamental ocurra. La siguiente, pues, apunta a completar nuestro entendimiento del gobernar haciendo explícitas esas condiciones necesarias **y suficientes** para que una tal actuación gubernamental sea acertada.[397]

---

[396] Resistencias cuya intensidad, retomando el tema de la socialización introducido en la nota al pie 207 (pág.: 124), estará determinada por el grado de sintonía o falta de ella que exista entre la socialización tradicional generalizada de los miembros de la sociedad o grupo humano y la "socialización" ideológica individual asumida por convicción o adoctrinamiento por parte de quien procura dirigir exclusivamente a partir de una ideología así asumida.

[397] En lo que sigue se verá específicamente aplicado al oficio de gobernar la estructura tocante al "hacer" presentada en el ensayo "Profundizando en la capacidad, fundamento del valor de cada agente del cuerpo social de la empresa" (pág.: 91), que finalizaba con el resumen de las condiciones aplicables a la realización en general de un hacer cualquiera por parte de algún agente de la empresa.

1°– Que lo quiera-hacer.

Que sea capaz de hacerlo:

2°– su saber-hacerlo (lo que Fayol denomina "conocimientos") y   (sigue)

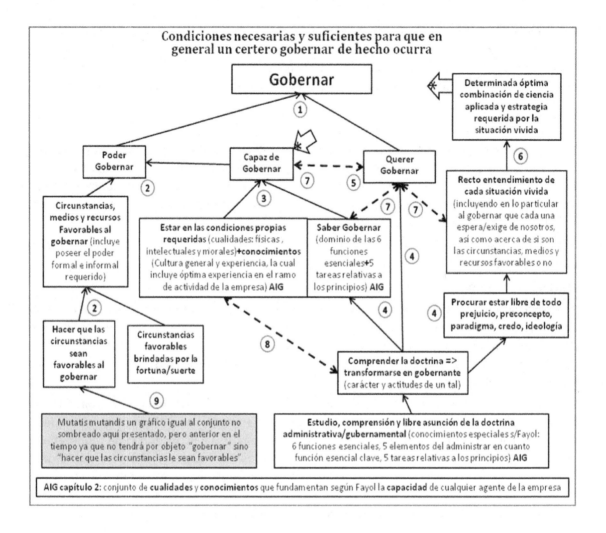

Narrativa según numeración secuencial que figura en el grafico:

1) Gobernar supone ambos: <u>poder gobernar</u> y <u>querer gobernar</u>.
2) Poder gobernar supone ser <u>capaz de gobernar</u>, así como de la existencia de las <u>circunstancias</u>, <u>medios</u> y <u>recursos favorables</u>, pudiendo estos ser resultantes de la <u>suerte</u> y/o producto de un intencional <u>hacer que existan</u> por parte del gobernante (en cuyo caso

---

3°– que reúna las condiciones propias (e.g.: físicas y mentales) requeridas ("cualidades" en el lenguaje de Fayol). Cualidades físicas, intelectuales y morales

No siendo las anteriores suficientes, pudiesen tener que añadirse las siguientes condiciones para que lo pueda-hacer: 4°– que disponga de los medios y recursos necesarios y que 5°– las circunstancias que le son externas le sean favorables a su hacer."

"hacer que existan" habría de preceder y por lo tanto implicará postergar la acción de gobernar que requiriese de tales circunstancias, medios y recursos favorables).

3) Ser capaz de gobernar, por su parte, supone el saber gobernar por parte de quien poseyendo las necesarias cultura general y experiencia (tanto general como concerniente al muy particular ramo de actividad de la empresa), está en condiciones de hacerlo según las tres clases de cualidades que Fayol introdujo en el capítulo 2 de la 1ª parte de AIG (físicas, intelectuales y morales).

4) Por su parte, saber gobernar supone, resultante del estudio, auténtica comprensión y libre asunción de la doctrina administrativo/gubernamental, un haberse transformado en gobernante, quien además de saber gobernar se inclina naturalmente hacia querer gobernar, procurando estar libre de todo prejuicio, preconcepto, paradigma, credo o ideología, con miras a alcanzar un recto entendimiento de cada situación vivida necesitada de gobierno, así como de si las circunstancias son o no favorables para que tal gobierno ocurra.

5) Amén del haberse –vista la real comprensión de la doctrina– transformado en gobernante, la intensidad con la cual pueda manifestarse el querer gobernar se verá positivamente influida por un sentirse capaz de gobernar, por estimar saber gobernar, y muy en lo particular por verse ambas apreciaciones confirmadas por el recto entendimiento tenido de la situación vivida.

6) Recto entendimiento requerido para, así mismo, determinar cuánto y de qué manera el éxito gubernamental habrá de depender de una combinación muy particular de ciencia aplicada y estrategia.[398]

7) Pero ciertamente también pueden comprobarse las relaciones recíprocas siguientes: el afán por alcanzar el recto entendimiento de la situación vivida, la búsqueda de un saber gobernar superior, así como del alcanzar a ser cada vez más capaz de gobernar se verán estimulados por la intensidad con la cual se nos manifieste el querer gobernar,

8) Otra relación recíproca a destacar: tanto así como la auténtica comprensión de la doctrina ciertamente habrá de impulsar el querer poseer las cualidades físicas, intelectuales y morales requeridas, así como la cultura general y una óptima experiencia en relación al

---

[398] Gobernar acertadamente supone no estar dominado por algún prejuicio, preconcepto, paradigma, credo, ideología que limite o impida nuestro entendimiento de la situación vivida. Entendimiento requerido para lograr adecuar nuestra actuación gubernamental a la situación que en verdad sea. No está libre quien permite que cualquiera de los "lentes" mencionados y asumido como parte de si mismo le domine. Como nos lo apuntó Kenichi Ohmae permitirlo equivale a renunciar pensar la situación misma. Gobernar acertadamente suponer saber pensar por cuenta propia la situación misma. ¡La voluntad de ser libre ha de venir por delante! Voluntad sin la cual hay renuncia a gobernar, permitiendo más bien ser dominado por los prejuicios o preconceptos que hayamos asumido, o por algún paradigma, credo, ideología con el cual nos hayamos identificado, usualmente producto del pensamiento, de general aplicación, de alguien otro. Sin libertad, pues, no hay auténtico entendimiento. Mal puede haber acertado gobernar sin el acertado entendimiento en profundidad que la situación exige.

ramo de actividad de la empresa, tanto así el ya poseer las referidas cualidades junto con las ya amplias cultura general y experiencia del ramo empresarial facilitarán la real comprensión de la doctrina.

9) De no ser plenamente favorables al gobernar las circunstancias, medios y recursos, puede que previo a ejercerlo haya que lograr que sí lo sean, con lo cual en lugar de apuntar a "gobernar", la representación gráfica de las condiciones necesarias y suficientes, en lugar de al "gobernar" aplicaría a esta otra actuación: "hacer que las circunstancias, medios y recursos le sean favorables".

La doctrina administrativo/gubernamental libre así mismo de todo contenido foráneo –prejuicios, preconceptos, modelo, paradigma, credo, ideología o mezcolanza de ideas, creencias y sentimientos– que pudiese obstaculizar el real entendimiento de la situación vivida convierte a quien la asume en un gobernante, en alguien que ha asumido el oficio de gobernar evitando toda distorsionadora intromisión de los mencionados contenidos foráneos; ciertamente un ideal jamás alcanzado a la perfección.

Estando en posesión del perfecto entendimiento que el oficio de gobernar exige acerca de la situación vivida visto su estar libre de todo prejuicio, preconcepto, paradigma o credo, así como máximamente libre de toda ideología, y poseedor de un perfecto dominio de una doctrina gubernamental ajustada a las condiciones de tiempo, lugar y actividad, sabrá según Fayol gobernar: sabrá cómo asegurar la marcha –el ejercicio y cumplimiento– de las seis funciones esenciales –técnica, comercial, financiera, de seguridad, contabilidad y administrativa– entendiendo muy en lo particular que su dominio de esta última aseguraría su saber prever, organizar, mandar, coordinar y controlar.[399]

Un gobernar cuyas luces –cuyo entendimiento– vuelve absolutamente innecesaria cualquier suerte de imposición.

Determinado así el otro extremo del continuo veamos lo que ocurre en cualquier punto intermedio.

4°– Procurar gobernar con base en una imperfecta reunión de las condiciones necesarias y suficientes antes presentadas, así como con la asunción de una determinada mezcolanza de prejuicios, preconceptos, paradigmas, credos y componentes ideológicos según grados e intensidad diversos. ¡Así usualmente ocurre!

Ciertamente tales han sido y serán los casos empírica e históricamente más frecuentes. Toda la gama: en algunos casos la reducida dosis de auténtico gobierno correspondiente con el elevado grado de imposición acorde con la determinada mezcolanza de prejuicios,

---

[399] Capaz igualmente de cumplir las cinco tareas concernientes a los principios a ser aplicados al caso de la empresa (determinarlos, instituirlos, velar por ellos, renovarlos, reimplantarlos; tareas que el lector verá desarrolladas en próximas páginas en el ensayo "Los principios de la administración según Fayol y las culturas empresariales", pág.: 291).

preconceptos, paradigmas, credos y aspectos ideológicos asumida; en otros, más gobierno que la imposición fundamentada en una determinada mezcolanza de prejuicios, preconceptos, paradigmas, credos y aspectos ideológicos.

En cada caso cierta mezcla de entendimiento veraz y entendimiento ilusorio determinándose así el éxito mayor o menor que el gobernar alcance.

ADMINISTRACIÓN INDUSTRIAL Y GENERAL

2ª PARTE: PRINCIPIOS Y ELEMENTOS DE ADMINISTRACIÓN

Desarrollada según el esquema siguiente:

Capítulo 1 – Principios generales de administración (primeros párrafos)

Dos ensayos:

1- Profundizando en la noción de principio
2- Los principios de la administración según Fayol y las culturas empresariales

De entre los catorce principios, sujetos a profundizaciones de especial interés, los siguientes:

       1°– La división del trabajo

       2°– Autoridad – responsabilidad

       3°– La disciplina

       6°– La subordinación del interés particular al interés general

       10°– El orden

       14°– La unión del personal

Capítulo 2 – Elementos de administración

Introducción general

       Láminas de presentación resumen de los elementos, entendidos como las actitudes clave que han de caracterizar a quien asume el oficio de gobernar

Los cinco elementos comentados:

       1°– Previsión; selección de textos y profundización

       2°– Organización; selección de textos y profundización

       3°– Mando; selección de textos y profundización

       4°– Coordinación; selección de textos y profundización

       5°– Control; selección de textos y profundización

SEGUIDAMENTE LOS PRIMEROS PÁRRAFOS DEL CAPÍTULO PRIMERO DE LA 2ª PARTE DE "ADMINISTRACIÓN INDUSTRIAL Y GENERAL"

Capítulo Primero   (solo los primeros párrafos)
PRINCIPIOS GENERALES DE ADMINISTRACIÓN [400]

La *función administrativa* no tiene por órgano ni por instrumento otra cosa que el *cuerpo social*. En tanto que las demás funciones ponen en juego la materia y las máquinas, la función administrativa no actúa sino sobre el personal.[401]

La salud y el buen funcionamiento del cuerpo social dependen de cierto número de condiciones, denominadas –más o menos indiferentemente– principios, leyes o reglas. Emplearé de preferencia la palabra *principios* liberándola de toda idea de rigidez. No hay nada rígido ni absoluto en materia administrativa; en ella todo es cuestión de *justa medida*.[402] Casi nunca cabe aplicar dos veces el mismo principio en condiciones idénticas: hay que tomar en

---

[400] Tres comentarios con respecto a este título:

Primero. Hubiéramos preferido traducir este título como "Principios Generales del Administrar", destacando así el sentido verbal comentado ampliamente desde el capítulo 1 de la 1ª parte de AIG. Vimos que para situarnos más cerca del real sentido del mensaje de Fayol, lo conveniente es compenetrarnos con los principales verbos que propone, principalmente: administrar, gobernar, prever, organizar, mandar, coordinar y controlar. En nuestra traducción hemos, sin embargo, respetado los substantivos que Fayol se ve obligado a utilizar en el idioma francés. Por otra parte, esta traducción literal autoriza a que el lector disienta de nuestra interpretación general de la obra. Lo creemos difícil ya que son muchos los textos de Fayol que confirman nuestra lectura.

Segundo. Obsérvese que en el título de este capítulo Fayol aplica el calificativo "generales" y no la palabra "universales". Más tarde comprenderemos la razón. Sólo una real clarificación de lo que son principios para Fayol nos permitirá hacerlo. Por ahora bástenos con observar que el calificativo de universal eliminaría toda contingencia de los principios. Su aplicación sería valedera para todos los casos. De ser universales, ninguna circunstancia específica los modificaría o afectaría su puesta en práctica. General, por su parte, es lo que poseen en común o lo que vale para un determinado número de casos: entes o circunstancias. Los principios, tal como los entiende Fayol, son el producto de generalizaciones basadas en la experiencia. En modo alguno han de convertirse en leyes universales validas incondicionalmente.

Tercero. Muy pronto veremos que la palabra clave para realmente comprender todo el capítulo es "principio". Tendremos que explicarla con bastante detenimiento. En nuestra experiencia docente hemos comprobado la curiosa dificultad que tienen los estudiantes para captar su significación profunda. Poseerla es esencial para poder compenetrarnos aún más con el entendimiento que Fayol propone acerca del administrar y oficio de gobernar. Los catorce principios que Fayol expone a lo largo del capítulo, así como nuestros comentarios, también ayudarán a profundizar en la noción de principio.

[401] Este primer párrafo no aborda aún el tema de los principios. Vimos que comprenderlo era vital para complementar nuestra comprensión del administrar según Fayol. De allí que ya lo hayamos trabajado detenidamente a lo largo de la 2ª profundización de la serie de ensayos referentes a lo que significan administrar y gobernar (pág.: 177), incluida en la serie de ensayos constitutivos de la sección "Profundizando en lo que significan administrar y gobernar", centrada en la interpretación de los tres primeros capítulos de AIG en su 1ª parte.

[402] Debido a la importancia que Fayol le da a esta cualidad, tuvimos que poner especial cuidado en nuestra traducción. Para traducir la palabra francesa "mesure" y luego de mucho cavilar elegimos la expresión "justa medida". No nos pareció conveniente utilizar la palabra castellana "mesura". "Mesure" connota tino, justa medida, evitar toda desmesura sea por exceso o por defecto, equilibrio y ponderación, es decir adecuación y acierto en la acción. "Mesura" en español más bien apunta a la moderación, al comedimiento; reflejaría una actitud más conservadora.

cuenta circunstancias diversas y cambiantes, hombres igualmente diversos y cambiantes, y muchos otros elementos variables.

Además los principios son flexibles y susceptibles de adaptarse a todas las necesidades. Se trata de saber valerse de ellos. Es un arte difícil que exige inteligencia, experiencia, decisión y justa medida.[403]

Hecha de tacto y de experiencia, la *justa medida* es una de las principales cualidades del administrador.[404]

---

[403] Hoy día puede sorprendernos y parecernos una grave omisión el hecho de que a todo lo largo de AIG Fayol utilice la palabra "decisión" muy pocas veces. Esta apreciación es posible debido a la preponderancia que posteriormente el tema de la toma de decisiones adquirió en nuestro campo, sobre todo a partir de Herbert Simon, quien haciendo abstracción de cualquier otra cosa distinta a las decisiones que en toda organización se toman, propone el estudio y diseño de la que entonces pasa a denominar "organización administrativa", exclusivamente constituida por las decisiones que en dicha organización se toman (Administrative behavior, A study of Decision-Making Processes in Administrative Organization", 1945, The Free Press; importante y muy exitosa obra de Simon que de facto habrá de significativamente contribuir a que el tema de la toma de decisiones se convirtiese en central al campo que nos concierne). Pero... obligado es profundizar en el asunto. Cierto es que Fayol utiliza la palabra "decisión" muy pocas veces. Sin embargo, esto no debe conducirnos a conclusiones prematuras. Con la palabra "decisión" apunta a poner de relieve la clase de carácter que ha de poseer quien decide, en particular quienes están a cargo de gobernar que son quienes más necesitan tal carácter, tanto más así cuanto más elevada su jerarquía. Simon, por el contrario, es un teórico de la toma de decisiones. Su interés fundamental es situarla en el centro mismo de la teoría administrativa y concebir teorías, modelos y herramientas que permitan mejorarlas. Necesario es, sin embargo, caer en cuenta de que el nivel del fenómeno al cual apunta Fayol no solamente precede sino que también es más fundamental que el nivel de análisis que Simon acomete. Preguntémonos: por muy complejas y veraces que resulten ser, ¿de qué nos pueden servir las teorías, modelos y herramientas para mejorar las decisiones que tomemos si no poseemos de antemano el carácter de alguien capaz de decidir cuando falta hace? Así las cosas, vemos que no basta con poseer grandes y sofisticados conocimientos concernientes a la toma de decisiones para ser capaz de tomarlas. El punto de vista de Simon es primariamente académico/contemplativo. Ante todo valora al conocimiento. Pero poseer éste no garantiza pasar a la acción. El carácter precede y es más fundamental que cualquier conocimiento que se tenga de teorías, modelos y herramientas para la toma de decisiones.

[404] Este 3° párrafo interrumpe momentáneamente la presentación iniciada por Fayol en el 2° párrafo acerca de la naturaleza de los principios. Allí afirmó que en materia administrativa todo es cuestión de *justa medida*. El 3° párrafo también menciona a la justa medida como una de las cuatro cualidades exigidas para atender al difícil arte de valerse de los principios, pero... tanta es según Fayol la importancia de la justa medida, que abre este 4° párrafo para muy brevemente destacarla como una de las principales cualidades que debe poseer quien está a cargo de administrar (atributo que en mayor o menor grado ha de caracterizar a todos y cada uno de los agentes de la empresa, visto que a todos, más allá de simplemente co-influir, corresponde coadyuvar a que la empresa **se**-gobierne, según lo ya largamente argüido en previas profundizaciones acerca de lo que significan administrar y gobernar). Este 4° párrafo añade precisiones acerca de la justa medida que conviene, dada su particular importancia, examinar.

Observemos primero que, curiosamente, Fayol no incluyó a la justa medida en su lista de ejemplos y categorías de cualidades y conocimientos clasificados al inicio del capítulo 2 de la 1ª parte de AIG. Pero, cuando ahora nos afirma que la justa medida está hecha de tacto y de experiencia, debemos observar que ambos, el tacto y la experiencia, sí figuran en la referida clasificación. En aquél momento comentamos ampliamente la segunda. Dijimos que la experiencia –presentada como categoría aparte al final de la clasificación– consiste en superarnos a nosotros mismos, de lograr extraer e incorporar en nosotros mismos las lecciones provenientes de nuestras vivencias

El número de los principios de **administración** no tiene límite. Toda regla, todo medio administrativo que fortalece al cuerpo social o que facilita su funcionamiento toma lugar entre los principios, al menos mientras la experiencia lo confirme en esta alta dignidad. Un cambio en el estado de cosas puede determinar el cambio de las reglas a las cuales este estado había dado nacimiento.

Voy a pasar revista a algunos de los principios de administración que he tenido que aplicar más a menudo:

1º La división del trabajo;
2º La autoridad;
3º La disciplina;
4º La unidad de mando;
5º La unidad de dirección;
6º La subordinación de los intereses particulares al interés general;
7º La remuneración;
8º La centralización;
9º La Jerarquía;
10º El orden;
11º La equidad;
12º La estabilidad del personal;
13º La iniciativa;
14º La unión del personal.

---

pasadas; es decir, gracias a nuestro pasado bien aprovechado convertirnos presentemente en superiores. Por otro lado, el tacto se menciona entre las cualidades morales sin explicación alguna. ¿Qué significa poseer tacto? Ciertamente implica poseer cierta clase de sensibilidad en relación a algún ente o ser distinto a nosotros mismos. De los cinco sentidos, el tacto (al igual que el gusto) es el que más destaca la necesidad del contacto directo con lo extraño para que éste despierte nuestra sensibilidad. La más mínima distancia impide que el sentir ocurra.

Fayol nos dice que la justa medida –hecha de tacto y experiencia– es una de las principales cualidades del administrador. Este necesita de tacto para ser cercanamente sensible a las cosas, seres humanos o circunstancias del caso; requiere de experiencia para comportarse como el superior que la situación exige. La pura sensibilidad no garantiza que actúe en perfecta sintonía o consonancia con respecto a los asuntos que le conciernen. La sola experiencia, sin sensibilidad, también le sería inútil. Por si sola no le permitiría captar las sutilezas de dichos asuntos. La justa medida, como combinación de ambas, sí le permite captar y adecuar exitosamente su actuación a las cosas, seres humanos y circunstancias que le conciernen como gobernante.

En cuanto al tema de la justa medida el lector haría bien en leer y profundizar en lo que dice Maquiavelo en el capítulo XXV de su obra "El Príncipe". En particular, reflexionar acerca de los dos textos siguientes:

(1) "..., digo que se ve a un príncipe prosperar hoy, y mañana arruinarse, sin haberlo visto cambiar de naturaleza o cualidad alguna. Lo cual creo se debe, primero, a las razones que se han expuesto ampliamente con anterioridad; es decir, que aquel príncipe que se apoya totalmente en la fortuna, se arruina en cuanto ésta cambia; creo también que es feliz [es exitoso] aquél que concilia su modo de proceder con las condiciones de los tiempos, y que, similarmente, es infeliz [fracasa] aquél cuyo proceder está en desacuerdo con los tiempos."

(2) "...; que si cambiase de naturaleza [patrones de conducta, modos de proceder, etc.] con los tiempos y las cosas, su fortuna no cambiaría."

SEGUIDAMENTE, PREVIO A COMENTAR ALGUNOS PRINCIPIOS CLAVE UN PAR DE ENSAYOS

1° ENSAYO:
PROFUNDIZANDO EN LA NOCIÓN DE PRINCIPIO

Mediante tres párrafos –2°, 3° y 5° del capítulo 1 de la 2ª parte de AIG reproducidos arriba– Fayol introduce su noción de principio. Los citamos a continuación vista la continua necesidad que tendremos de referirnos a ellos:

2° párrafo:

"La salud y el buen funcionamiento del cuerpo social dependen de cierto número de condiciones, las cuales –más o menos indiferentemente– se califican como principios, leyes o reglas. Emplearé de preferencia la palabra *principios* liberándola de toda idea de rigidez. No hay nada rígido ni absoluto en materia administrativa; en ella todo es cuestión de *justa medida*. Casi nunca toca aplicar dos veces el mismo principio en condiciones idénticas: hay que tomar en cuenta circunstancias diversas y cambiantes, hombres igualmente diversos y cambiantes, y muchos otros elementos variables."

3° párrafo:

"Además los principios son flexibles y susceptibles de adaptarse a todas las necesidades. Se trata de saber valerse de ellos. Es un arte difícil que exige inteligencia, experiencia, decisión y justa medida."

5° párrafo:

"El número de los principios de *administración* no tiene límite. Toda regla, todo medio administrativo que fortalece al cuerpo social o que facilita su funcionamiento, toma lugar entre los principios, al menos mientras la experiencia lo confirme en esta alta dignidad. Un cambio en el estado de cosas puede determinar el cambio de las reglas a las cuales este estado había dado nacimiento."

La explicación de la noción de principio en Fayol pasará por el comentario de estos párrafos con los cuales inicia el capítulo, pero también tendremos que utilizar el último párrafo de este mismo capítulo 1 de la 2ª parte de AIG, el cual guarda un importante parecido con el décimo sexto párrafo del capítulo 3 de la 1ª parte, cuyo comentario en aquél momento postergamos.

Presentar la noción de principio que Fayol quiere transmitirnos es tarea harto delicada y sin embargo esencial para entender el papel de los altos jefes. Con la finalidad de ser pedagógicos, lo haremos en tres etapas.

Primero destacaremos cuan diferente es la utilización que Fayol hace de la palabra; en particular del uso corriente que de ella se hace, así como del significado más riguroso que le asignan tales campos como la ética, física o matemáticas. Esto lo llevaremos a cabo con una primera lectura de los párrafos 2°, 3° y 5° del capítulo.

Luego volveremos a leer los mismos párrafos buscando indicaciones que nos acerquen a la noción de principios en Fayol.

Finalmente nos referiremos al último párrafo del presente capítulo, así como al décimo sexto del capítulo 3 de la 1ª parte de AIG, para redondear nuestro entendimiento de la noción de principio.

1ª lectura

La lectura de los párrafos 2°, 3° y 5° arriba citados debería sorprendernos visto que mediante ellos la noción de principio presentada por Fayol se aleja substancialmente de lo que comúnmente entendemos por "principio".

En primer lugar se nota cierta indeterminación de la palabra óptima que podría utilizarse. Fayol sólo menciona tres, pero posiblemente podría haber añadido otras palabras candidatas. Las tres que en plural menciona son: "principios", "leyes" y "reglas".[405] Aunque por razones de estilo a lo largo de AIG Fayol utiliza con cierta frecuencia las dos últimas —en cuyo caso siempre hay que leerlas como sinónimas de la primera— de inmediato expresa su preferencia por la palabra "principios", seguida de una primera aclaratoria que debe sorprendernos profundamente. En la misma oración, a la par de expresar dicha preferencia, súbitamente nos transmite su insatisfacción con la palabra elegida al afirmar que debe liberársela de toda idea de rigidez. ¿Por qué debe sorprendernos esto?

Nos debe sorprender precisamente debido a que normalmente asociamos principios con algo sumamente firme y sólido, y en este sentido con algo que debe poseer cierta rigidez intrínseca para no estar al vaivén de las circunstancias cambiantes.

La oración que sigue reafirma el punto: "No hay nada rígido ni absoluto en materia administrativa; en ella todo es cuestión de *justa medida*".

Recalca lo mismo en la siguiente oración: condiciones idénticas no implican poder aplicar dos veces un mismo principio. Esto se debe a que, amén de muchos otros elementos variables, tanto las circunstancias como los hombres son diversos y cambiantes.[406]

Las dos primeras oraciones del tercer párrafo deben incrementar nuestra sorpresa. Lo que Fayol expresa en ellas nos aleja aún más del significado común de la palabra "principio". Por un

---

[405] Mencionadas en plural debido a que normalmente, como veremos, son varios los principios en cada caso aplicados. Lo que apuntamos a aclarar en el presente ensayo es lo que la palabra "principio" expresa independientemente de su número.

[406] Observación: no debe interpretarse la expresión "condiciones idénticas" como identidad total hasta el último detalle. Semejante identidad sólo puede darse en el intelecto, cuando se hace abstracción del mundo empírico que transcurre en el tiempo y dentro del cual jamás se repiten idénticamente dos conjuntos de condiciones. Aquí, "condiciones idénticas" apunta a casos comparativamente semejantes, cuya naturaleza fundamental nos permite colocarlos dentro de una misma categoría. Por ejemplo, de ser suficientemente semejantes dos o más conjuntos de condiciones podrían categorizarse bajo cualquiera de las denominaciones generales siguientes: "drástica reducción de personal", "crisis de la producción", "ascenso de gerentes", "cambio fundamental en nuestra estrategia de mercadeo y ventas", etc.

lado, afirma su flexibilidad y susceptibilidad de adaptarse a todas las necesidades. Por el otro, de que en materia de principios la cuestión es saber valerse de ellos.

¡Imagine el lector que los principios éticos o de la física –o los postulados en geometría– fuesen "flexibles y susceptibles de adaptarse a todas las necesidades"!: la ética no nos obligaría en nada y todo nos sería permitido; la física perdería, por ejemplo, el piso firme del principio de la conservación de la materia y energía; y todo el castillo de deducciones de la geometría se derrumbaría.[407]

Por otro lado, la oración "Es cuestión de saber servirse de ellos" también debe desconcertarnos. El contraste se hace muy evidente en el caso de la ética. Cuando hacemos nuestro alguno de sus principios –"cumplir lo prometido", por ejemplo– nuestra relación con el principio no es en modo alguno instrumental. No pasa a ser una simple herramienta o instrumento externo del cual podemos valernos o no a nuestra conveniencia. Más bien, desde nuestro propio fuero interior dicho principio pasa a ser el evaluador, orientador y controlador de todo lo que hagamos en la vida cotidiana, regulando incluso la finalidad y uso que hagamos de las herramientas de un vecino prestadas que sí nos son externas.

A diferencia de los principios de la ética, los de Fayol dejan la impresión de ser algo así como herramientas o instrumentos externos al actor. Además, su utilización es "un arte difícil que exige inteligencia, experiencia, decisión y justa medida".

En el quinto párrafo Fayol nos reserva sorpresas adicionales. Ahora ocurre que "El número de principios de *administración* no tiene límite".[408] Esto debe intrigarnos ya que aparentemente su inmediata consecuencia es que jamás podríamos estar seguros de poseer doctrina alguna a la hora de administrar o gobernar. Expliquemos esto. Actuando con base en los principios momentáneamente conocidos, nuestra conducta pudiera parecernos correcta, y sin embargo más tarde parecernos todo lo contrario luego de enterarnos de cierto principio no tomado en cuenta por nosotros, ignorantes como estábamos de su existencia. Si el número de principios no tiene límite, la doctrina que para un momento dado conozcamos nunca podría ser una real guía para nuestra actuación. La parte antes desconocida por nosotros podría ahora cambiar nuestra actuación o hacer que nos arrepintamos de la acción ya ejecutada. Así entendidos los principios jamás podrían constituirse en una real guía para nuestra actuación como dirigentes de empresas.

Definitivamente la noción de Fayol se aleja de lo que usualmente esperamos de los principios.

Las siguientes dos oraciones del mismo párrafo completan nuestro desconcierto. La primera nos dice que es la experiencia la que confirma o no al principio en su alta dignidad. En otros campos, por ejemplo la física, la experiencia descansa sobre ciertos principios y no a la inversa.

---

[407] Al igual que la geometría de Euclides las geometrías no-euclidianas se construyen sobre, aunque diferentes, las bases firmes de un cierto número finito de postulados.

[408] Muy lejos esto de la impresión que en los estudiantes deja la lectura de los libros de textos con la usual mención que hacen de los consabidos 14 principios de Fayol, cual si fuesen finitos en número.

Una experiencia que infrinja alguno de ellos no puede ser una real experiencia; en cuyo caso, antes de revisar al principio es la experiencia la revisada.

En la siguiente oración de este quinto párrafo Fayol nos dice que lo que da lugar al nacimiento de ciertas reglas es cierto estado de las cosas. Añade además que si tal estado de cosas cambia, ello podría dar lugar a que dichas reglas (palabra sinónima de principios) cambiasen. Para comprender la gravedad de lo que Fayol dice aquí, recordemos que en materia de ética ocurre todo lo contrario. En ella los principios tienen por misión fomentar el surgimiento y preservación de cierto estado de cosas y no a la inversa. Si un estado de cosas es éticamente insatisfactorio es este mismo estado el que debe cambiar y no el principio o norma ética.

2ª lectura

Antes de tratar de aclarar la noción misma de principio y por razones pedagógicas, ex profesamente fuimos selectivos al destacar y comentar parcialmente lo dicho por Fayol en los párrafos 2°, 3° y 5° arriba reproducidos. Ante todo creíamos necesario que el lector comprobara la utilización peculiarmente inédita de la palabra "principio" que se desprende de la lectura cuidadosa de esos tres párrafos. Sin embargo, cabe esperar que leídos desde otro ángulo sean estos mismos textos los que puedan ofrecernos una primera clarificación de la noción. En efecto, este es el caso siempre y cuando, liberados de la significación tradicional de la palabra, sepamos hallar la clave. Reiniciemos, pues, nuestra lectura.

Al inicio del 2° párrafo Fayol nos dijo:

"La salud y el buen funcionamiento del cuerpo social dependen de cierto número de condiciones, las cuales –más o menos indiferentemente– se denominan principios, leyes o reglas."[409]

(subrayados nuestros)

En la 2a oración del 5° párrafo añade:

"Toda regla, todo medio administrativo que fortifica al cuerpo social o que facilita su funcionamiento, toma lugar entre los principios, al menos en tanto que la experiencia lo confirme en esta alta dignidad."

(subrayados nuestros)

Nuestros subrayados tienen por finalidad destacar los textos a los cuales prestaremos especial atención.

En ambos casos Fayol se refiere al cuerpo social. Si reunimos lo dicho en ambos textos subrayados, vemos que muy particularmente se refiere a un conjunto tripartito de cualidades aplicable a dicho cuerpo: su salud, su fortaleza y su buen funcionamiento. Además nos afirma que dependen de cierto número de condiciones a las cuales, hemos visto, podrían aplicárseles tres denominaciones distintas –principios, leyes o reglas–, aunque bien sabemos su haber expresado preferencia por la palabra "principios". Aparece, pues, una suerte de equivalencia

---

[409] Lector: grabarse momentáneamente en la mente que al decir "cierto número", Fayol pareciera sugerir que el número de condiciones será finito, lo cual parece contradecir la primera oración del quinto párrafo donde afirma que el número de principios no tiene límite. Aporía, veremos, fácil de resolver.

entre la noción de principios (leyes o reglas) y las condiciones que propician la salud, fortaleza y buen funcionamiento del cuerpo social; esto, aunque aún no sepamos bien lo que por "condiciones" hayamos de entender.

Por otro lado el 5° párrafo añade que toda regla (principio), todo medio administrativo que le proporcione salud, fortaleza y buen funcionamiento al cuerpo social toma lugar entre los principios, al menos en tanto la experiencia lo confirme en esta alta dignidad. Preguntamos: ¿De dónde proviene semejante merecimiento? Respuesta: proviene precisamente del referido aporte a la salud, fortaleza y buen funcionamiento del cuerpo social de una determinada empresa.

Observemos de inmediato lo siguiente: el cuerpo social <u>siempre es el cuerpo social concreto de una determinada empresa para un ciclo muy particular de su historia</u>. Se le caracteriza positivamente cuando, por un lado, posee <u>salud</u> y <u>fortaleza</u> y cuando, por el otro, <u>funciona bien y con facilidad</u>. Se nos dice que estas cualidades positivas dependen de un cierto número (finito) de condiciones. Por otra parte, también se nos dice que todo aquello (regla o medio administrativo) que contribuya a la realización de un cuerpo social con estas características será digno de incluirse entre los principios. Resumamos lo expuesto como sigue.

En una primera instancia –pronto vendrá otra– puede afirmarse, según lo dicho por Fayol, que los principios <u>aplicados</u> no son otra cosa que condiciones caracterizadoras de un determinado cuerpo social que permiten asegurar que posee la requerida <u>salud</u> y <u>fortaleza</u> así como el <u>funcionar bien y con facilidad</u> en un momento o etapa particular y concreto de su historia, y esto precisamente en virtud de estar caracterizado por esas condiciones. Sin embargo no nos apresuremos.

3ª lectura, también necesaria.

Ya comprendemos lo que son los principios para un cuerpo social concreto determinado. Sin embargo, un examen somero de las sorpresas que nos deparó la primera lectura de los tres párrafos, nos indica que aún no las hemos aclarado todas.

Para completar nuestro análisis deberemos primero examinar el último párrafo del presente capítulo y el decimosexto del capítulo 3 de la 1ª parte de AIG. Allí Fayol nos dice lo siguiente:

"Sin principios, se está en la oscuridad, en el caos; sin experiencia y sin justa medida, se permanece perplejo, incluso con los mejores principios. El principio es el faro que permite orientarse: no puede servir sino a aquellos que conocen el camino al puerto." (Último párrafo del capítulo 1 de la 2ª parte de AIG denominado: "Principios generales de administración)

"Hay que creer que la proclamación no basta. Y es que la luz de los principios, como la de los faros, no guía sino a aquellos que conocen el camino hacia el puerto. Un principio, sin los medios para realizarlo, no tiene eficacia." (Párrafo 16^{avo} del capítulo 3 de la 1ª parte)

En estos dos textos los principios son descritos, <u>no</u> como condiciones, sino como una fuente de luz que desde la distancia guía con su resplandor. En ambos casos se recalca que los principios por sí mismos no bastan; que también debe conocerse el camino a puerto. El faro que señala la meta provee el rumbo general, pero es incapaz de indicarnos el camino específico a seguir.

En el 1° párrafo citado se nos dice que los principios sólo guían a aquél que posea experiencia y justa medida. El 2° párrafo señala que su realización requiere de medios para convertirlos en eficaces.

¿Qué podemos extraer de los textos citados y comentados hasta ahora? Por un lado, ya sabemos que los <u>principios</u> <u>son</u> <u>condiciones</u> <u>de</u> <u>salud</u>, <u>fortaleza</u> y <u>buen</u> <u>funcionamiento</u> <u>del</u> <u>cuerpo</u> <u>social</u> de una empresa concreta para un determinado período de su historia. Por el otro, se nos acaba de indicar que los principios son también algo así como una señal que nos indica cierta meta a ser alcanzada. A primera vista no se ve conexión entre estas dos descripciones. Nos preguntamos: ¿cómo conciliarlas? Y en general: ¿cómo reunir en nuestro entendimiento la diversidad de cosas que Fayol nos ha dicho en relación a los principios en unos pocos breves párrafos?

Exponemos a continuación la interpretación que concilia todo lo expresado por Fayol en relación a los principios, amén de también armonizarse con la totalidad de AIG:

1. Los principios <u>aplicados</u>, es decir aquellos que ya han sido convertidos en caracteres intrínsecos de un cuerpo social particular y concreto, son sin duda alguna condiciones —finitas en número— que debe reunir dicho cuerpo para ser saludable, fuerte y funcionar bien. Sin embargo esto no agota el tema ya que:

2. Podemos visualizar aquél tiempo <u>previo</u> que precede a la aplicación de uno o varios principios; es decir, cuando no se había(n) convertido aún en característico(s) del cuerpo social a cargo del cual se encuentra un determinado gobernante, quien puede precisamente encontrarse en semejante situación previa. Le corresponderá entonces aplicar uno o varios principios, poniéndolos al servicio de su gestión. Evidentemente, antes de aplicarlos, deberá ser capaz de seleccionarlos. Su primera tarea consiste en determinar cuáles son las condiciones que debe implantar en el cuerpo social para lograr su salud, fortaleza y buen funcionamiento.

3. Para esto puede, en primer lugar, recurrir a una lista preexistente de principios ya consagrados en la doctrina administrativa, emanada de la discusión pública realizada hasta ese momento (recordar lo dicho por Fayol en el capítulo 3 de la 1ª parte de AIG). De dicha lista puede, entonces, seleccionar los principios aplicables al cuerpo social concreto del cual es responsable y luego implantarlos. En este sentido los principios son como faros que le indican la meta a alcanzar; es decir, las condiciones que debe instituir en el cuerpo social para lograr su salud, fortaleza y buen funcionamiento, o mejorarlos de ser posible y necesario.

4. Sin embargo, en segundo lugar, también puede ocurrir que no encuentre en la doctrina —hasta entonces consagrada— todos los principios que requiere implantar en el cuerpo social del cual es gobernante. En este caso deberá recurrir a su propia experiencia, justa

medida, intuición e inventiva para descubrir aquellas condiciones que en su mejor estimado podrían contribuir con la salud, fortaleza y buen funcionamiento del cuerpo social a su cargo. Al hacer esto formula lo que podríamos denominar principios-candidatos.

5. De implantarlos con éxito, más tarde puede incluso proponer y someter tales principios-candidatos al escrutinio público para su posible incorporación en la doctrina general. En este segundo sentido vemos que el número de principios posibles no tiene un límite que pueda establecerse a priori. Observemos que con este comentario hemos aclarado la primera oración del quinto párrafo: "El número de los principios de *administración* no tiene límite." En efecto, ya aplicados su número es finito, pero previo a su aplicación no lo es.

6. Lo expuesto nos pone en condiciones de comprender otras aseveraciones de Fayol. Veamos.

7. Debido a que los principios deben adecuarse al caso muy particular de cada cuerpo social, así como a la situación y circunstancias muy concretas por las cuales atraviesa, podemos ahora entender lo que Fayol nos quiere decir cuando en el quinto párrafo nos señala que "Toda regla, todo medio administrativo que fortalece al cuerpo social o que facilite su funcionamiento, toma lugar entre los principios al menos mientras la experiencia lo confirme en esta alta dignidad". En otras palabras, la "prueba de fuego" para determinar la validez de un principio aplicado es la experiencia de su eficacia a la hora de fortalecer y facilitar el funcionamiento de un determinado cuerpo social concreto. Si no posee tal eficacia, no es principio para dicho cuerpo, aunque bien pudiera serlo para otro. Los principios, eficaces para tal ramo de empresas pueden no serlo para tal otro; los eficaces para las empresas de tal época pueden no serlos para las de tal otra; los eficaces para empresas de tal cultura pueden no serlo para las de tal otra; etc.

8. La validez de los principios puede —dentro de ciertos límites de época, cultura, ramo, circunstancias, etc.— ser general. Sin embargo, visto que su certificación depende de la experiencia, debemos cuidarnos de afirmar a priori su validez universal. El jefe o gobernante que se crea poseedor de la doctrina universal puede cometer graves errores. Por ejemplo, tratar de dirigir la empresa de un ramo dado, de una época dada o perteneciente a una cultura determinada, mediante los mismos principios que con anterioridad aplicó exitosamente para dirigir una empresa de otro ramo, época o cultura. Sin darse cuenta puede perjudicar la salud, fortaleza y buen funcionamiento del nuevo cuerpo social que le corresponde conducir. Por otra parte:

9. Ahora podemos también comprender porqué de inmediato Fayol añade que "Un cambio en el estado de las cosas puede determinar el cambio de las reglas —esto es, principios— a las cuales este estado había dado origen". Por ejemplo, los mismos principios que hasta entonces le han garantizado la salud, fortaleza y buen funcionamiento al cuerpo social de una empresa en tiempos de calma, pueden súbitamente convertirse en insuficientes, o

incluso nocivos, si la misma empresa entra en crisis en virtud de sorpresivos cambios en las circunstancias de su entorno. En este caso el gobernante debe darse cuenta de que dichos principios deben des-incorporarse del cuerpo social y ser substituidos por otros que restauren las condiciones de salud, fortaleza y buen funcionamiento que dicho cuerpo requiere.

10. Todo lo anterior confirma la contingencia total de los principios al caso concreto de un cuerpo social determinado, así como a las circunstancias particulares por las cuales atraviesa. Ya no debe causarnos extrañeza la solicitud de Fayol tocante a liberar la palabra "principios" de "toda idea de rigidez". Tampoco nos debe sorprender su recomendación de tomar en cuenta "...circunstancias diversas y cambiantes, hombres igualmente diversos y cambiantes, y muchos otros elementos variables". Nos damos cuenta de que "...los principios son flexibles y susceptibles de adaptarse a todas las necesidades". Finalmente,

11. Colocarnos en el puesto del jefe de la empresa nos permitirá darnos mejor idea de los retos que enfrenta. Como ya vimos, su norte es proveer las condiciones intrínsecas de salud, fortaleza y buen funcionamiento que requiere el cuerpo social del cual es gobernante. Las tareas involucradas son diversas y complejas, a la par de ser sumamente delicadas de realizar. Veamos:

   i. En primer lugar, debe saber seleccionar los principios aplicables al cuerpo social del cual es responsable. Esto implica dirigir su mirada hacia los "faros" [principios] constitutivos de la doctrina hasta entonces consagrada y saber determinar cuáles pueden —con adaptaciones mayores o menores— contribuir a preservar y mejorar la salud, fortaleza y funcionamiento de dicho cuerpo social.

   ii. De no encontrarlos formulados, debe ser capaz de poner toda su capacidad e inventiva al servicio de formular los principios-candidatos deseables para lograr la salud, fortaleza y buen funcionamiento buscados.

   iii. En segundo lugar, cualquiera sea el origen de los principios, debe saber instituirlos en el cuerpo social. Recordemos que en cada caso "El principio es el faro que permite orientarse", pero que "no puede servir sino a aquellos que conocen el camino al puerto.", y que "...sin los medios para realizarlo, no tiene eficacia."

   iv. La tercera tarea del jefe o gobernante es saber preservar la vigencia —esto es, observancia— de los principios garantes de la mejor salud, fortaleza y buen funcionamiento del cuerpo social.

   v. Su cuarta tarea consiste en comprobar la obsolescencia de los principios y saber des-instituir aquellos que ya no le proporcionan al cuerpo social su debida salud, fortaleza y buen funcionamiento. Obviamente esto implica saber substituirlos por nuevos principios (tareas i y ii).

vi. Su quinta y última tarea debería ser excepcional. Consiste en estar alerta a toda señal de corrupción que atente contra la observancia de los principios. Debe saber combatirla tan temprano como le sea posible. Sin embargo, si a pesar suyo el mal ha realizado grandes avances, debe ser capaz de re-instituir la vigencia de dichos principios. Esto último no tiende a ocurrirle a los buenos jefes (aquellos capaces de realizar las primeras cuatro tareas). Usualmente el caso se les presenta como un *fait accompli* cuando se encargan de un cuerpo social ya corrupto en virtud de los mediocres o malos dirigentes que previamente ha tenido.

Ninguna de estas tareas es sencilla. Ahora podemos comprender lo que Fayol nos quiere transmitir con la palabra "principios". Se trata nada menos que de una de las facetas más fundamentales del papel de los gobernantes. Es la marca de los grandes dirigentes: la capacidad que han tenido para definir, instituir, preservar y renovar instituciones, así como para re-instituirlas cuando, debido a una mediocre o mala conducción previa, se han perdido. Es el gobernante-legislador capaz de formular principios, leyes, reglamentos, etc. Es el gobernante-ejecutor que instaura instituciones logrando el cumplimiento generalizado de todas estas normas. Es el gobernante-juez que está atento a los desvíos que las puedan corromper. Es el gobernante capaz de comprobar la necesidad permanente de cambiar, actualizar y renovar las instituciones. Por último, es el gobernante capaz de "re-enderezar el árbol que ha crecido torcido" re-instaurando las instituciones perdidas. Observemos que si el cuerpo social es complejo y de gran magnitud, continuamente debe llevar a cabo todas estas tareas.

Los principios constitutivos de una doctrina ya consagrada mediante la discusión pública le pueden ayudar a ejecutar las tareas arriba indicadas. Sin embargo, a semejanza de los faros que guían al marino, tales principios, por sí solos, no lo convertirán en buen gobernante. Alcanzar a serlo requiere de inteligencia, experiencia, decisión y justa medida (3° párrafo). Pero no solamente estos, ya que debe tener a su alcance los medios necesarios y ser capaz de utilizarlos exitosamente para llevar a cabo las tareas descritas. Entre los medios más importantes está la de disponer de la autoridad que requiere a la hora de corresponderle implantar los principios en el cuerpo social a su cargo. [410]

A la luz de la extensa explicación realizada podemos ahora también comprender por qué Fayol nos dice preferir emplear la palabra "principios" para referirse a las condiciones que <u>en lo fundamental</u> apuntan a propiciar y asegurar la salud, fortaleza y buen funcionamiento del cuerpo social de la empresa. Veámoslo de esta otra manera.

---

[410] La autoridad es uno de los catorce principios que Fayol afirma haber aplicado más a menudo. Colocarla entre los medios más importantes para implantar otros principios es solo un ejemplo de cómo en general cada principio implantado puede y debe apuntalar la implantación y mantenimiento de otros. Conviene visualizar al gran conjunto de los principios implantados como un sistema de componentes que mutuamente se articulan y refuerzan con miras a propiciar y asegurar la salud, fortaleza y buen funcionamiento del cuerpo social de la empresa.

Abandonando por un momento el punto de vista del gobernante y colocándonos en el lugar de los miembros del cuerpo social, podemos ver que la palabra "principios" pasa a ser muy acertada para denominar fundamentos. Para esos miembros, las reglas, leyes y demás mecanismos institucionales son como principios rectores de su comportamiento social. Deben mantenerlos permanente presentes y regular todo lo que sienten, piensan, imaginan, recuerdan, perciben, expresan y hacen en función de ellos. De mantenerlos presentes y regular su actuación con base en tales principios, habrán contribuido –plenamente conscientes o no de estarlo haciendo– a asegurar, la salud, fortaleza y buen funcionamiento del cuerpo social del cual son miembros. [411]

Seguidamente un gráfico en apoyo a los comentarios realizados.

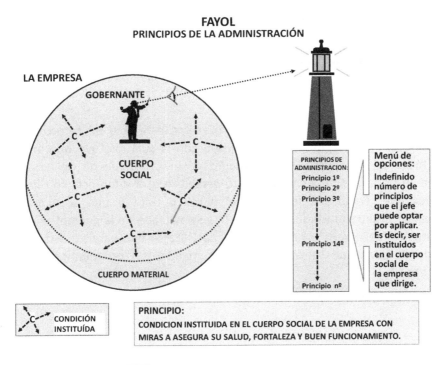

---

[411] Considerando todo lo expuesto y volviendo a la figura de quien dirige, podemos aprovechar la ocasión para abordar la antigua disputa acerca de si quien gobierna puede o no estar por encima de las leyes, sobre todo las más fundamentales (principios). Por un lado, cabe afirmar que en cuanto gobernante en ejercicio está por encima de tales leyes en la medida en que el oficio que desempeña involucra formularlas y/o promover su formulación. En este sentido nunca debe dogmáticamente permitir dejarse dominar por ellas, so pena de volverse incapaz de estar siempre abierto a su modificación, a los siempre necesarios cambios de legislación e instituciones correlativas. Por otro lado, en cuanto miembro del cuerpo social toda legislación en acto le obliga. Es el primero que debe someterse a la ley promulgada y por cuyo cumplimiento deben velar. En filosofía, por ejemplo Kant, esta potestad legislativa que implica inmediata subordinación no es vista como contradictoria. La denomina autonomía. Según él tal es la libertad bien entendida ("auto-", sí mismo, y "-nomos", costumbre, uso, y, por extensión, cuerpo de leyes, en suma: darse leyes a sí mismo).

Cierra Fayol su introducción a la noción de principios, diciendo:

"Voy a pasar revista a algunos de los principios de administración que he tenido que aplicar más a menudo:

    1º La división del trabajo;
    2º La autoridad;
    3º La disciplina;
    4º La unidad de mando;
    5º La unidad de dirección;
    6º La subordinación de los intereses particulares al interés general;
    7º La remuneración;
    8º La centralización;
    9º La Jerarquía;
    10º El orden;
    11º La equidad;
    12º La estabilidad del personal;
    13º La iniciativa;
    14º La unión del personal."

Previo a comentarlos uno a uno, Fayol nos presenta esta lista de catorce principios cuya selección nos dice estar basada en la frecuencia con la cual los tuvo que aplicar. De allí la conclusión tácita de que poseen cierta validez general, aunque no universal. Nótese que mayormente se trata de simples títulos. Esto establece otra diferencia con los principios de otros campos tales como los de las matemáticas o física y que se expresan mediante proposiciones con supuesta validez universal (e.g.: postulado de la geometría euclidiana: "Por un punto situado fuera de una recta sólo puede trazarse una paralela a dicha recta") o los principios de la ética que se expresan como mandatos ("no mentiras", "cumplirás tus promesas", etc.).

2° ENSAYO:
LOS PRINCIPIOS DE LA ADMINISTRACIÓN SEGÚN FAYOL Y LAS CULTURAS EMPRESARIALES [412]

Fueron psicólogos y psicólogos sociales los primeros en estudiar los fenómenos humanos internos a las empresas.[413] De ellos surgirán, en función de su particular orientación, varios campos afines con sus respectivas denominaciones, tales como: Psicología organizacional, Comportamiento organizacional ("Organizational Behavior") y Psicología Gerencial ("Managerial Psicology"). Surgen igualmente los temas centrales de su incumbencia: liderazgo, motivación, dinámica de grupos, aprendizaje, percepción, teoría de la atribución, etc.; todos ellos temas pertinentes a la hora de procurar entender a los seres humanos singular o grupalmente considerados en las empresas.

Tan solo décadas más tarde, con el ingreso de sociólogos en las escuelas dedicadas a la investigación y enseñanza de la administración y gerencia de empresas –"Management" y "Business Schools" en países de habla inglesa– es que surge la "sociología organizacional" en cuanto campo especializado. Ahora bien, de los diversos enfoques sociológicos surgidos a lo largo de los años, tan solo queremos destacar en lo que sigue una determinada vertiente que se inicia en los años setenta del siglo pasado, precisamente por ser de particular importancia en el estudio de las culturas empresariales, tema a desarrollar en el presente ensayo. Se trata de aquellos sectores de la sociología que, distanciándose de los tradicionales métodos positivistas, recurrirán a la etnografía como metodología de investigación; la cual de hecho ya era práctica usual por parte de los antropólogos culturales.[414] Otros sectores apelarán a la así

---

[412] Visto que el propósito central del presente ensayo es ahondar en las implicaciones culturales de lo expuesto por Fayol en "Principios generales de administración" –capítulo 1 de la 2ª parte de AIG– y dado que no es la palabra "organización" sino "empresa" la que nuestro autor utiliza para referirse genéricamente a toda suerte de agrupación humana orientada a la consecución de ciertos fines, en lo que sigue preferimos alinearnos con su terminología. Dicho de otra manera, visto que la palabra "empresas" en Fayol posee genéricamente la misma cobertura usualmente otorgada a la palabra "organizaciones", no se extrañe el lector vernos utilizar la expresión "culturas empresariales" en lugar de la más usual "culturas organizacionales", así como referirnos a las culturas que existen en las empresas en lugar de la existencia de culturas en las organizaciones. La otra razón importante que nos obliga a utilizar la palabra "empresa" en lugar de "organización" radica en que esta última ya la utiliza Fayol para referirse al segundo de los cinco elementos del administrar, los cuales introdujo en el capítulo 1 de la 1ª parte de su obra y desarrolla extensamente en el capítulo 2 de la 2ª parte de la misma.

[413] Nos referimos al así denominado "Movimiento de Relaciones Humanas" que se inicia en los años veinte del siglo pasado, alrededor de aproximadamente década y media luego de publicadas las obras de Taylor y Fayol.

[414] En cuanto método de investigación de la antropología cultural, la etnografía se fundamenta principalmente en la observación participante. Varía en sus estudios de campo desde la participación pasiva hasta una suerte de inmersión total, pasando por diversas modalidades intermedias.

denominada "ethnometodology", término inglés para el cual, por ahora, su posible equivalente en español –"etnometodología"– no figura en el Diccionario de la Real Academia.[415]

En todo caso, lo importante es comprobar cómo a partir de cierto momento la noción antropológica de <u>cultura</u> entra en juego a los fines de entender las realidades internas de las empresas de cualquier clase, públicas y privadas con o sin fines de lucro. Es así como el concepto de cultura, antes ausente del campo empresarial, pasa a ser utilizado como lente para comprender –desde un nuevo ángulo– los fenómenos humanos que ocurren en esas empresas, con la pronta comprobación y toma de conciencia de cuan variadas y cambiantes en el tiempo pueden ser las culturas que las caracterizan.

Pero, a la toma de conciencia de las culturas existentes en las empresas y su muy importante impacto en el desempeño y devenir de ellas, pronto se añadió la <u>intención</u> de influir provechosamente en tales culturas, desde su formación inicial hasta –comprobada la necesidad– su profunda transformación, pasando por su constante vigilancia y moldeamiento. Las culturas empresariales que antes surgían, se desarrollaban, cambiaban o fenecían cual fenómeno natural espontáneo sin participación intencional humana alguna, pronto pasaron a ser vistas como susceptibles de ser incluidas dentro del ámbito de las realidades gobernables.

Ahora bien, previo a abordar el tema concerniente al gobierno de una cultura, necesitamos profundizar en el fenómeno mismo, particularmente aclarando la clase de existencia que las culturas poseen.[416]

Cultura, su naturaleza; un esclarecimiento necesario

Apartándonos del sinnúmero de propuestas de definición existentes formuladas desde el punto de vista de observadores externos, quienes amén de características en efecto observables no dejan sin embargo de incluir componentes evidentemente no directamente observables como lo son los valores, las creencias, expectativas y supuestos cardinales, las actitudes, los patrones de interpretación y pensamiento fundamentales y demás categorías propias a los seres humanos singularmente considerados, creemos conveniente iniciar la

---

[415] Derivando del particular enfoque que para la sociología propuso Alfred Schütz, quien fuera influido tanto por la fenomenología moderna de Edmund Husserl como por la filosofía de Henri Bergson, "Ethnometodology" es la denominación que acuñó el sociólogo Harold Garfinkel a la metodología por él aplicada en sus investigaciones sociológicas, principalmente centradas en el estudio de grupos étnicos; actividad no del todo idéntica al estudio etnográfico de culturas por parte de los antropólogos, pero ciertamente guardando una importante afinidad en cuanto a la clase de fenómenos investigados y metodología utilizada.

[416] En lo que sigue y para seguir siendo consecuentes con el lenguaje que Fayol utiliza, en lugar de las palabras "gerencia" y "gerente" utilizaremos las palabras "gobierno" y "gobernante". Aunque la obra de Fayol tiene por título "Administración industrial y general", hay que recordar que según nuestro autor el tema de la administración se enmarca dentro del tema más amplio y profundo del gobierno. Lo que ocurre es que, en función de las definiciones que de la administración y del gobierno proporciona y visto que de ellas se desprende que la primera desempeña un papel muy importante en el gobierno de las empresas, Fayol cree muy necesario dedicar todo un libro a la función administrativa que todo gobernante ha de saber ejercer.

presentación que sigue tratando de mejorar nuestro entendimiento acerca de la cultura en cuanto ente que <u>existe</u> de cierta manera.[417]

A falta de una mejor forma de plantear la cuestión, preguntamos: ¿qué clase de existencia caracteriza a esto que acostumbramos denominar cultura?

En primer lugar, cabe observar que aunque ciertamente –toda vez que esté consolidada– la cultura de una determinada agrupación humana posee la fuerza de una realidad independiente de la voluntad de los seres humanos singulares sobre los cuales influye al punto incluso de imponérseles, no puede decirse que ella, la cultura, sea un objeto externo presente ante la conciencia de cada uno de ellos, según el modo usual en que en general son percibidos como externos los objetos corrientes y su influencia sobre cada quien.

Pero, en segundo lugar, también hay que reconocer que la existencia de una cultura depende de la existencia de los miembros individuales del grupo humano en cuestión, cualquiera éste sea. Está claro que ella existe en virtud de que tales miembros existen. Sin ellos <u>no</u> existiría.

Y para ser más precisos aún, también hay que reconocer que la existencia de una cultura <u>no</u> depende de la totalidad de los miembros constitutivos del grupo. Tan solo depende de que una cierta masa crítica de ellos la compartan. Puede existir una minoría que no la tenga inculcada.[418]

Por otro lado, a pesar de ser existencialmente dependiente de su estar inculcada en los miembros singularmente considerados, tampoco puede afirmarse que la cultura sea meramente un "algo subjetivo". Como ya apuntamos, consolidada posee una muy significativa fuerza de realidad independiente de la voluntad de cada uno de los miembros del grupo humano por ella caracterizado.

---

[417] Una somera búsqueda por internet evidencia el sinnúmero de definiciones a las cuales nos hemos referido. De una manera más rigurosa pueden encontrarse múltiples propuestas de definición y su análisis a partir de las tres perspectivas que para el estudio de las culturas la autora Joanne Martin propone en su libro "Cultures in Organizations; three perspectives" (Oxford University press, 1992), cuales son: integración, diferenciación y fragmentación. Cabe preguntar: ¿qué sensación puede quedarnos tras leer tal diversidad de propuestas de definición? Tan solo que el camino usualmente seguido por una gran diversidad de autores, no cumple la función delimitadora que se espera de una definición... evidente ausencia de una idea clara y distinta acerca de la cultura, nos diría Descartes.

[418] Hemos preferido el verbo "inculcar" a "interiorizar" y sus respectivas declinaciones por dos razones. En primer lugar debido a que lo inculcado incluye todo lo interiorizado por los seres humanos singularmente considerados, pero también más. Lo interiorizado tan solo abarca, como lo indica la palabra, contenidos que pasan a formar parte de lo usualmente considerado como interno a cada quien, tales como por ejemplo lo son los valores, las creencias, las expectativas, etc. Menos apropiado es calificar de interiorizadas las conductas individuales concretas, y más aún si se trata de comportamientos y aspectos grupales como lo son por ejemplo los ritos, símbolos, etc. Lo inculcado confortablemente incluye a estos últimos, pero también todo el rango de lo interiorizado. La segunda importante razón por la cual seleccionamos el verbo "inculcar" radica en el sujeto correspondiente. Quien inculca es un tercero. Quien interioriza es el propio sujeto. Como lo veremos más adelante el verbo transitivo "inculcar" atiende al interés práctico de quienes se proponen gobernar culturas empresariales.

Aquellos individuos en quienes no esté plenamente inculcada la cultura dominante del grupo serán percibidos por los demás miembros como quienes se "desvían" en mayor o menor grado de ella; siendo tratados por los demás, mejor o peor, en función de cuan tolerables o inaceptables sean esos desvíos para la cultura dominante.[419]

En suma, aunque posee fuerza de realidad, la cultura no es objetiva en el sentido usual del término. Tampoco es totalmente subjetiva, ya que, aunque su existencia dependa de que existan seres humanos en quienes esté inculcada, acaba en cuanto ente y como totalidad poseyendo una suerte de existencia "objetiva" propia.

Considerada una determinada cultura desde la vivencia de sus miembros, bien puede entendérsela entonces como el <u>mundo</u> particular en el que cada uno de ellos se halla inmerso; mundo como cuando, por ejemplo, nos referimos al mundo de los trabajadores, al de la mujer, al mundo oriental, etc. ¿Cada cultura un mundo? Veamos. Sin la respectiva categoría de miembros que los constituyen los mundos no existirían, pero igualmente cierto el que consolidados pasan a poseer una suerte de existencia independiente de la voluntad de esos mismos miembros. Cada cultura un mundo particular compartido por una determinada agrupación de seres humanos.[420]

Ni objetiva, ni subjetiva ¡Curiosa realidad la cultura! ¿Cómo conocerla entonces? [421]

Felizmente ya existen expertos cuya labor fundamental se centra en el estudio de las culturas: los antropólogos. De allí que si nuestro propósito es alcanzar a conocer las múltiples y diversas culturas existentes en las empresas –comprenderlas en verdad– bien haríamos en recurrir a algún método de investigación afín al utilizado por ellos, para lo cual la etnografía así como la "etnometodología" a las cuales ya nos referimos bien podrían utilizarse para enriquecer, desde un nuevo ángulo, al estudio de los fenómenos humanos internos a las empresas, de cualquier clase, como inicialmente apuntamos.[422]

---

[419] Con la expresión <… individuos que se "desvían"…> intentamos transmitir la palabra "deviants" utilizada por los sociólogos de habla inglesa. La traducción literal "desviados" posee connotaciones más extremas que "deviants" en inglés.

[420] Loable entonces la hasta cierto punto feliz expresión de Paul Bate en el primer capítulo de su libro "Strategies for Cultural Change" (Butterworth Heinemann, 1994), cuando estando de acuerdo en que las organizaciones pueden concebirse como <u>mundos sociales</u>, afirma lo siguiente: "Hence the idea that culture exists not so much 'inside' or 'outside' people as 'between' people" (traducción: "De allí la idea de que la cultura no tanto existe 'dentro' o 'fuera' de la gente como 'entre' la gente).

[421] Cómo conocerla… para más tarde acometer la interrogante práctica que más interesa al gobernante, cual es: ¿cómo convertirla en objeto de su actuación gubernamental? Esto es, según lo que las circunstancias le manden: ¿cómo instaurarla… cómo preservarla… cómo actualizarla… cómo transformarla profundamente de ser necesario?

[422] En antropología, al igual que en los demás campos de los estudios humanos, existe una diversidad de enfoques y metodologías. Si hemos destacado la etnografía y la "etnometodología" como métodos de estudio de las culturas, tan solo es debido a que no fueron antropólogos quienes iniciaron el campo de las culturas empresariales. Más bien fueron sociólogos quienes, mediante la observación participante como método de investigación de las culturas

Conocer una cultura involucra compenetrarse con ella tanto como sea posible. Pero, a diferencia de la forma en que los miembros usuales la viven –inmersos en ella– el investigador ha de mantener la actitud distante necesaria que le haga posible separarse de ella a la hora de reportar sus descubrimientos.[423]

Importancia empresarial de la cultura y las tareas de gobierno que implica.

Por un lado, gracias en gran medida al aporte de los sociólogos arriba descrito, pronto se despertó en los gobernantes la conciencia del importante impacto que la cultura como un todo tiene sobre las capacidades, forma de actuar y desempeño de las empresas. Poniendo a un lado las circunstancias políticas, económicas y sociales en las cuales podría hallarse inmersa una determinada empresa, cierta sintonía habría de existir entre las particularidades de su cultura y la clase de actividad a la cual se dedica con éxito.

Por otro lado, también despertó el interés gerencial por la cultura el hecho palpable de cuan facilitado se ve el gobierno de la empresa cuando la gran mayoría de sus miembros tiene inculcada su cultura. En tanto patrón fundamental de la colectividad ella determina en alto grado lo que esos miembros sienten, piensan, imaginan, recuerdan, perciben, expresan y hacen. Pasan, por así decirlo, a estar en condiciones de gobernar-se; autogobierno que notablemente reduce la necesidad de una supervisión inmediata, estrecha, cuando no opresiva de los miembros del grupo. Se reduce asimismo la necesidad de restricciones y controles sobre el comportamiento y desempeño de cada quien. Cada uno pasa a estar en condiciones de decidir por sí mismo la muy particular contribución que pudiera exigirle cualquier circunstancia, independientemente de lo novedosa que ésta fuese.

Lo anterior no significa que la cultura siempre habría de tener un impacto positivo en el devenir de la empresa. Igualmente cierto es que altamente consolidada y rígida, puede convertirse en una poderosa fuente de resistencias a importantes cambios vueltos indispensables; sobre todo cuando éstos suponen importantes transformaciones de la propia cultura. En fin, se reduce la necesidad de supervisión estrecha, pero a la hora de imponerse ciertos cambios culturales necesarios, puede que sea precisamente la cultura inculcada en cada miembro la que impida la contribución de cada uno a la transformación requerida.

Ahora bien, como ya apuntamos el interés del gobernante no se limita al simple llegar a conocer y comprender una determinada cultura. Toda vez que haya tomado conciencia de su impacto sobre el desempeño de la empresa, su papel se ve enriquecido con nuevas tareas.

---

vinieron a sumar sus aportes a los ya realizados acerca del aspecto humano de las empresas por los psicólogos y psicólogos sociales, desde los tiempos del Movimiento de Relaciones Humanas.

[423] Más adelante veremos que una actitud semejante también habrá de caracterizar a quien asuma responsabilidades de gobierno en relación a una determinada cultura. Al igual que el investigador, compenetrado, pero nunca al punto de hallarse totalmente inmerso en ella. Siempre presto a distanciarse todo lo que haga falta. Solo que conocer la cultura en su estado presente tan solo habrá de constituirse en un necesario, pero no suficiente, primer paso que lo ponga en condiciones de cumplir sus funciones de gobierno en relación a la cultura de su empresa, las cuales detallaremos más adelante.

Sentirá que le corresponde forjarla, desarrollarla, resguardarla, renovarla, etc., en función del estadio por ella alcanzado. En una palabra: hacerla objeto de sus acciones de gobierno.

Podrá ahora entenderse la necesidad que tuvimos de, obviando aquella gran diversidad de propuestas de definición a las cuales nos referimos, primero aclarar la clase de existencia o naturaleza que caracteriza a las culturas en general. Y es que a los efectos de su gobernabilidad de inmediato se impone la siguiente interrogante: ¿de qué manera –desde sus inicios y gestación, pasando por su vigilancia y continua actualización, hasta su más profunda transformación, de ser ésta última necesaria– puede la acción del gobernante influir sobre este curioso ente que denominamos cultura? Interrogante cuya respuesta suponía previamente comprender la clase de existencia poseída por este ente al cual se aspira gobernar. ¿Cuál clase de existencia? Como ya lo apuntamos, el que a la par de su estar inculcada en una masa crítica de miembros, posea sin embargo una fuerza de realidad que se impone en mayor o menor grado sobre cada uno de ellos. Comprensión que las definiciones usuales no son capaces de proveer, dado que el punto de vista externo asumido por sus proponentes conduce a una experiencia "objetivada" de la cultura, de sus componentes y particularidades, muy diferente a la vivencia que experimentan quienes se hallan inmersos en ella.

Ahora bien, antes de abordar la referida interrogante, veamos primero las grandes clases de tareas que en relación a la cultura empresarial habrán de saber desempeñar quienes en general estén a cargo de gobernar empresas. Son:

➢ De tratarse de una cultura completamente nueva, la tarea inicial consistirá en determinar –concebir y caracterizar– la que la empresa habrá de requerir en función de su ramo de actividad, circunstancias y retos esperados.

➢ Instaurar y consolidar la cultura empresarial así concebida.

➢ Preservar la cultura instaurada.

➢ Renovarla. Esto es, tratándose ahora de una cultura que ya existe y supuesto que el gobernante conozca muy bien sus características y desempeños actuales, determinar las modificaciones que pudiese requerir, sean éstas mayormente la continuidad de la misma cultura con alguno que otro ajuste mayor o menor, o su profunda transformación de imponerse la necesidad.

➢ De seguir siendo la cultura instaurada la apropiada para la empresa, pero haber sufrido alguna clase y grado de deterioro o corrupción, reinstaurarla total o parcialmente.

Cinco grandes clases de tareas que, como vemos, vienen a añadirse a las que tradicionalmente ya han de saber desempeñar quienes están a cargo de gobernar empresas, cualquiera sea el nivel jerárquico desde el cual les corresponda hacerlo.

Ejecución de las tareas gubernamentales concernientes a la cultura empresarial.

Surgió la importantísima pregunta práctica siguiente: si la cultura en tanto mundo no es una realidad objetiva externa directamente manipulable, pero tampoco un fenómeno meramente subjetivo, ¿podrán acaso cumplirse las cinco grandes clases de tareas arriba listadas; y de serlo, más importante aún, ¿cómo llevarlas a cabo?

Asimilación de un nuevo miembro

Examinemos primero el caso de un nuevo ingresante en una empresa cuya cultura ya existe y está bien consolidada; esto es, poseedora de una fuerza de realidad independiente de las voluntades individuales. Bien se sabe que es mediante del así denominado proceso de socialización que la cultura preexistente le es inculcada al nuevo miembro.[424]

Todo inculcar supone la previa existencia de alguna realidad que ejerza desde el exterior sobre el ser humano singularmente considerado, una fuerza suficientemente grande y persistente capaz de causar el surgimiento de aquellos contenidos específicos que dicha realidad exige que en dicho ser humano existan, se manifiesten y lo caractericen. Tratándose de una cultura empresarial preexistente consolidada, los inculcados serán los contenidos muy particulares y concretos que la caracterizan.

Sobre miembros singulares es, pues, la propia cultura la que mayormente se encarga del ajuste de nuevos miembros. Aparte de un necesario estar atento, no vemos entonces por el momento necesidad alguna de actuación por parte de quien está a cargo de gobernar la empresa. Es la propia cultura la que, sin descuidar la vigilancia de sus miembros ya socializados, mayormente se encarga de su propia preservación y continuidad en relación a los nuevos miembros.

Pero ¿qué hay de una cultura que aún no existe o está lejos de estar consolidada?

Dada la constitución de un nuevo grupo humano –de una nueva empresa, por ejemplo– y ya determinada la cultura que convendría que la caracterizase ¿cómo instaurarla, para luego preservarla, más tarde renovarla o re-instaurarla total o parcialmente de imponerse la necesidad?

---

[424] Ampliamente estudiada por los científicos sociales no viene al caso en el presente ensayo ahondar en la socialización. Sin embargo, restringiéndonos al campo de estudio de las culturas empresariales que aquí nos conciernen, creemos conveniente referirnos a un buen ejemplo de inmersión total para la clase de estudios sociológicos de la variante etnográfica a la cual nos hemos referido. Se trata de la tesis doctoral de John Van Maanen <Breaking in: A consideration of organizational socialization. Defense Technical Information Center, 1972>, un estudio acerca del cómo los candidatos –incluido el propio Van Maanen– fueron seleccionados, ingresaron y cursaron la academia para finalmente, con el tiempo y experiencia de calle, convertirse en verdaderos policías en cuanto a sus creencias, actitudes, valores, patrones de conducta individuales y colectivos, etc. Ciertamente Van Maanen pasó por todo el proceso, pero en tanto investigador, su compenetración, aunque similar a la de los demás candidatos, le imponía mantenerse muy consciente de que su real oficio como investigador suponía que en algún momento tuviese que retirarse del cuerpo policíaco para redactar su informe y así reportar sus descubrimientos. Así como este estudio, no escasean hoy día estudios participantes en empresas diversas.

A falta de una fuerza de realidad cultural preexistente, tiene que ser otra clase de fuerza o condición externa la que incida sobre los seres humanos singulares a fin de que un proceso de socialización ocurra. Además, han de ser fuerzas y condiciones que puedan estar en manos del gobernante a fin de que pueda seleccionarlas, así como variar su intensidad y tiempo de actuación, de tal modo que el impacto que ellas tengan sobre los miembros provoquen la clase de socialización deseada: la incorporación de los contenidos y particularidades culturales deseables para la empresa; cuales son, por ejemplo, creencias fundamentales acerca del negocio, valores de honestidad, actitudes relativas a los clientes, patrones de conducta individuales y colectivos favorables a la productividad e imagen de la empresa, iniciativa y apertura al aprendizaje, ausencia de temor a los cambios, etc.; un catálogo con un sinnúmero de posibles componentes y combinaciones muy particulares para cada cultura. [425]

¿Qué fuerzas o condiciones externas, otras que las ejercidas por una cultura preexistente, pueden existir y ser de utilidad a la hora de cumplir con las cinco grandes tareas de gobierno listadas en la sección anterior? Son de muchas clases y variantes: el sistema de incentivos, el trato recibido por parte de los agentes superiores, las actitudes percibidas en los demás miembros del grupo, la modalidad e intensidad de la capacitación o entrenamiento, el diseño y disposición del entorno físico interno a la empresa, la tecnología imperante en ella, etc.; todas ellas capaces de influir en lo que a la larga bien inculcado queda incorporado en el miembro, cuando persistentemente es sometido a tal o cual fuerza o condición externa.

Visto que en cuanto tal la cultura no puede directamente manipularse, todo el quid del asunto radica en las hipótesis que el gobernante haga acerca de cuáles fuerzas o condiciones externas, así como su intensidad y duración, serán capaces de inculcar en seres humanos singularmente considerados los contenidos culturales característicos, considerados necesarios para el bien de la empresa y su desempeño.[426]

---

[425] Debe quedar claro que los contenidos característicos de cada cultura empresarial en particular son muy únicos y concretos. Ciertamente que pueden ser vistos como manifestaciones muy sui géneris de una o varias grandes categorías de contenidos listados en cualquiera de las múltiples propuestas tradicionales de definición. Sin embargo, no son otra cosa que catálogos ad hoc de categorías que incluyen tales conceptos como: valores, creencias y supuestos fundamentales, formas de pensar, patrones de conductas individuales y colectivas, símbolos y su significado, etc. Sí, pero sin que quede clara la fundamentación del catálogo en cada caso propuesto. La lectura de estas "definiciones" tan solo deja una vaga sensación de entendimiento respecto a lo que una cultura es. En nuestra opinión, por este camino la diversidad de posibles definiciones nunca podrá dejar de existir. Siempre habrá variedad y ello es clara indicación de que no es mediante grandes categorías de contenidos que podrá alcanzarse una definición que en cuanto tal cumpla con su cometido, cual es el de delimitar claramente al ente o fenómeno que se quiere estudiar. Debido a ello es que en el presente escrito, en lugar de seguir ese camino, introdujimos a la cultura mediante preguntarnos la clase de existencia que la caracteriza.

[426] Las hipótesis del gobernante han de ser lo más certeras posibles a fin de evitar, hasta donde lo pueda, las consecuencias no intencionales, disfuncionales o incluso perversas que el ejercicio de esas fuerzas y creación intencional de condiciones externas habrán de tener sobre los miembros del grupo.

La implantación de normas y la ejecución de las cinco grandes tareas relativas a la cultura empresarial

En lo que sigue, sin embargo, de la gran diversidad de fuerzas y condiciones externas a la cual nos hemos referido queremos en particular destacar todas aquellas normas legítimas –y no tan legítimas– a las cuales los seres humanos son sometidos en virtud de su pertenencia a una determinada empresa. ¿Por qué? Precisamente debido a que Fayol dedica todo un capítulo al tema de los principios de la administración en cuanto condiciones que instauradas en el cuerpo social de la empresa han de asegurar su salud, buen funcionamiento y fortaleza. [427]

Por lo tanto, haciendo caso omiso de todas aquellas otras fuerzas y condiciones que el gobernante puede utilizar para inculcar en cada miembro aquellos contenidos culturales juzgados provechosos para la empresa y quedándonos tan solo con las normas más fundamentales que Fayol denomina principios, podemos, tratándose de la instauración de una nueva cultura, visualizar el cumplimiento de las dos primeras grandes tareas como sigue.

En primer lugar, la labor del gobernante consistirá en la determinación –concepción y caracterización– de la cultura requerida por la empresa. En segundo lugar, le corresponderá formular aquellos principios conducentes a que dicha cultura se instaure y con el tiempo se consolide, de estar asegurado que el cumplimiento de esos principios en efecto perdure.

Pero, visto que como ya apuntamos la cultura no puede directamente ser manipulada, todo el quid del asunto radicará en cuan acertadas sean las hipótesis que el gobernante haga acerca de cuáles principios –su intensidad y duración también– tendrán a la larga por efecto inculcar en los miembros los contenidos y rasgos culturales considerados necesarios para el bien de la empresa y su desempeño. Estamos en presencia del gran arte del legislador.

La exposición del caso que sigue bien puede servir para aclarar con sencillez la interrogante práctica acerca del cómo en general cumplir las cinco grandes clases de tareas de gobierno antes listadas.

En su obra, "En búsqueda de la excelencia", Peters y Waterman, exponen el caso del legendario "one-page memorandum" –memorándum de una sola página– instituido en la empresa Procter & Gamble. Según parece la tradición se remonta a Richard Deupree, un antiguo presidente de la empresa, quien sistemáticamente rechazaba leer cualquier memorándum mayor a una página.[428] Poseedor del poder necesario para legislar, explicita o tácitamente la convirtió en norma. En tanto ejecutor y sancionador se aseguró de que fuese cumplida, no solo en relación a sí mismo como presidente, sino que intencionalmente o no la

---

[427] Luego de haberla introducida conjuntamente con otras dos posibles palabras "leyes" y "reglas" para en general referirse a normas, Fayol expresa su preferencia por la palabra "principios". Esta última no se presta a equívocos. Apunta a la normativa más fundamental; aquella que se constituye en el basamento de cualquier otro conjunto de normas.

[428] *In search of Excellence*, Peters, Thomas J. & Waterman, Jr. Robert H.; Warner Books, 1982. Chapter 5 "A bias for Action".

convirtió en norma general y fundamental de comportamiento en la empresa. En otras palabras, quedó instituida.[429]

Visto que para la época de su gestión el campo de la conducción de empresas aún estaba lejos de adquirir plena conciencia de los fenómenos culturales en las empresas, seguramente Deupree no hizo lo descrito arriba con la intención de instaurar algunas de las características fundamentales de la cultura Procter & Gamble por venir, y sin embargo esto es lo que de facto terminó ocurriendo.[430] Por largos años y de manera importante la cultura P & G ha llevado la impronta de las consecuencias culturales de la citada norma: "one-page memorandum".

Para entender la relación entre los actos de gobierno –entre los cuales consta la implantación de normas– y la cultura, lo necesario es visualizar los efectos que a largo plazo y sobre los miembros de la empresa habrá de tener una norma insistentemente aplicada. La norma "nada escrito mayor a una página será permitido", por ejemplo, ciertamente tuvo a la larga ciertos importantes efectos sobre los miembros de la empresa en cuanto a lo inculcado en ellos. A modo de ejemplo y para el caso de la P & G, fácilmente podríamos, sin pretender alcanzar gran precisión ni agotar todos los efectos posibles, observar –o inferir a partir de lo directamente observable– los siguientes:

1. Miembros acostumbrados a pensar muy bien lo que quieren comunicar antes de hacerlo; tanto por escrito como más tarde incluso en su forma de hablar.
2. Gente que valora tanto la lucidez y concreción de lo propuesto como su tiempo a la hora de leer informes o escuchar presentaciones. Respeto por el tiempo de los demás.
3. La actitud generalizada de ir al grano y no distraerse en cosas que no vienen al caso.
4. Patrón de conducta: traer soluciones y no problemas.
5. La preferencia por interactuar con gente con la personalidad P & G.
6. Patrón de conducta: el ejercicio de una presión abierta o sutil sobre quienes se desvían del comportamiento esperado en la empresa.
7. Etc.

En fin, todas aquellas clases de cosas –observables y no tan observables– que en general habrían de caracterizar al contenido y particularidades de aquella cultura resultante de haber

---

[429] Con el tiempo cierta estructura estándar del contenido del memorándum vino a convertirse en el patrón de persuasión seguido por todos en Procter & Gamble, según el instructivo siguiente: 1°. Resuma la situación. 2°. Introduzca su idea muy brevemente. 3°. Explique su funcionamiento: cómo, qué, quién, cuándo y dónde. 4°. Los tres beneficios clave. 5°. Sugiera el próximo paso.

[430] Richard Deupree: Gerente general (CEO) de la P & G entre 1930 y 1947, año en el cual pasa a convertirse en Presidente de la empresa tras el fallecimiento de William Cooper Procter.

impuesto a título de principio y por un buen tiempo la norma de conducta "one-page memorándum" arriba presentada a título de ejemplo.[431]

Ciertamente, lo usual no es en las empresas la simple imposición de una sola norma. Lo común es la implantación de todo un complejo normativo que incluye tanto principios muy fundamentales como normas y reglas jerárquicamente subordinadas en importancia y alcance.

Vemos confirmado que todo el quid del asunto para el gobernante-legislador consciente de la importancia de la cultura empresarial, es ser muy certero en cuanto a sus hipótesis acerca del impacto que en el corto, mediano y largo plazo su normativa habrá de tener sobre la cultura: su desarrollo y transformaciones.[432]

Toda vez que la cultura esté consolidada y posea fuerza de realidad sobre los miembros del grupo humano del que se trate, será ella misma, como ya vimos, la que mayormente velará por su preservación. Beneficiará el desempeño de la empresa en la justa medida en que se alinee con los fines que aspiran a alcanzar sus gobernantes. El que la cultura mayormente se encargue de su propia preservación, no significa que ellos descuiden esta función.

---

[431] No espere el lector ver coincidencia entre la lista aquí elaborada y la caracterización que la P&G hace de su propia cultura en términos de su propósito cardinal, de sus valores y de sus principios (ver página web http://www.pg.com/en_US/company/purpose_people/pvp.shtml). La lista aquí esbozada tan solo apunta a destacar posibles implicaciones culturales muy concretas de la aplicación sistemática de una determinada norma –la clásica "one-page memorándum"– la cual de hecho no aparece en la lista actual de principios que la empresa presenta en esa página web. La lista presentada por P&G proviene de una concepción de cultura y metodología no hecha explícita en la referida página web y que por lo tanto no podemos comentar.

[432] El presente ensayo fue concluido a mediados de noviembre de 2014. La redacción de la presente nota al pie coincide con haber recibido el último número de la Harvard Business Review de abril 2016. Publica un artículo de Jay W. Lorsch y Emily McTague titulado "Culture is not the Culprit". En él los autores arguyen que a la hora de realizar un viraje organizacional, más que una causa a ser remediada, debe más bien considerarse a la cultura como un efecto ("outcome"). Textualmente: "When organizations get into big trouble, fixing the culture is usually the prescription." Luego de elaborar sobre lo dicho añaden: "But the corporate leaders we have interviewed –current and former CEOs who have successfully led major transformations– say that culture isn´t something you "fix". Rather in their experience, cultural change is what you get after you´ve put new processes or structures in place to tackle tough business challenges like reworking an outdated strategy or business model. The culture evolves as you do this important work." Prosiguen diciendo: "Though this runs counter to the going wisdom about how to turn things around at GM, the VA, and elsewhere it makes intuitive sense to look at culture as an outcome – not a cause or a fix. Organizations are complex systems with many ripple effects. Reworking fundamental practices will inevitably lead to some new values and behaviors." ¿No es este "descubrimiento" algo ya evidenciado tiempo atrás con el ejemplo P&G extraído de "In Search of Excelence" de T. Peters y R. Waterman, que hemos comentado y que para nosotros se desprende de la extraña naturaleza –ni categóricamente objetiva, no simplemente subjetiva– de la cultura? Lorsch y McTague llegan a su conclusión tras entrevistar a dirigentes empresariales realizadores de tales profundos virajes organizacionales, no cayendo en cuenta que sin necesariamente haber reflexionado acerca de la extraña naturaleza de la cultura, a estos dirigentes se les debe haber hecho muy evidente el no existir tal cosa como el directamente poder manipular la cultura. Evidencia clara del provecho que los académicos pueden extraer de la experiencia poseída por los hombres de acción.

Sin embargo, recalcando lo ya apuntado con anterioridad, la contraparte siguiente también ha de entenderse: en ocasiones puede precisamente ser la cultura consolidada la que se convierta en una muy poderosa fuente de resistencias a los cambios que en algún momento se impongan como realmente necesarios.[433]

La cultura empresarial y los principios de administración según Fayol.

¿Qué relación guarda el tema de la cultura con el capítulo de los principios de Fayol?

Al igual que en el caso de Richard Deupree, tampoco puede verse en el capítulo de los Principios de la Administración de Fayol la intención explícita de instaurar una determinada cultura. Y sin embargo, los catorce principios que expone en el capítulo1 de la 2a parte de AIG y que según sus propias palabras son aquellos "que he tenido que aplicar más a menudo" a lo largo de sus muchos años de influencia gubernamental en un importante grupo empresarial de la época, no pueden sino haber dejado un marcada e importante impronta sobre lo que autores mucho más recientes caracterizarían como una cultura empresarial sui géneris: lo particularmente inculcado en la masa crítica de miembros de cada una de las empresas constitutivas del referido grupo, así como del grupo como un todo.[434]

El término "cultura" no figura en "Administración industrial y general". La razón de ser del capítulo de los principios es –mediante tan solo catorce de ellos– la introducción conceptual general de aquellas <u>condiciones</u> internas al cuerpo social de las empresas de las cuales dependa el que este cuerpo posea salud, fortaleza y buen funcionamiento.

Veamos. Fayol introduce el tema del capítulo afirmando: "La <u>salud</u> y el <u>buen</u> <u>funcionamiento</u> del cuerpo social dependen de cierto número de <u>condiciones</u>, las cuales –más o menos indiferentemente– se califican como <u>principios</u>, <u>leyes</u> o <u>reglas</u>." Un poco más tarde añade: "El número de los principios de administración no tiene límite. Toda <u>regla</u>, todo medio administrativo que <u>fortalece</u> al cuerpo social o que <u>facilita</u> <u>su</u> <u>funcionamiento</u>, toma lugar entre los <u>principios</u>, al menos mientras la experiencia lo confirme en esta alta dignidad." [435]

---

[433] Me corresponde agradecer al Profesor Alberto Rodríguez Álvarez, Sociólogo, Profesor de la Universidad Católica André Bello en Caracas, Venezuela, a cargo de facilitar las cátedras de postgrado "Seminario de Investigación" y "Proyectos Sociales", lector del presente ensayo, por recordarme el importante tema del encuentros de culturas, tales como pueden ocurrir en el caso de fusiones, adquisiciones de empresas, "Take-overs" amigables o agresivos, etc. Cada vez más frecuentes, a menudo entre corporaciones preexistentes de gran envergadura, nunca como antes tales procesos exigen profunda comprensión del tema cultural por parte de quienes están a cargo de conducirlos. El tema ameritaría un largo ensayo adicional no contemplado en el presente libro.

[434] La experiencia gubernamental que Fayol quiere transmitir en "Administración industrial y general" es el resultado de los más de 50 años de su desempeño en el mismo grupo de empresas del ramo minero y metalúrgico –relativamente grande para su época– cuya denominación final, tras otras dos reestructuraciones anteriores, acabó siendo «La Société anonyme de Commentry-Fourchambault et Decazeville».

[435] Obsérvese que para Fayol el número de los principios de la administración <posibles> no tiene límite; no son tan solo catorce y mucho menos necesariamente esos catorce. Piénsese en los principios como los elementos –los artículos– constitutivos de la normativa más fundamental concebida por cada gobernante/legislador para la empresa que dirige; normativa que habrá de caracterizarla de manera muy única, en función de su ramo de

Curiosamente, a las referidas condiciones Fayol aplica las palabras "principios", "leyes", o "reglas". En general podríamos calificarlas de "normas", algunas más fundamentales para las cuales el calificativo "principios" más conviene, y otras de niveles jerárquicamente subordinadas como lo serían las leyes y reglas.

Así como la norma "one-page memorandum" –elevada al menos por un tiempo al nivel de un principio– debe a la larga haber tenido un impacto significativo sobre la cultura de P & G, podemos sin dificultad trasladar el mismo fenómeno a la presentación que Fayol hace de los catorce principios que más a menudo aplicó. En cuanto condiciones bien instituidas, a la larga habrán determinado lo inculcado en la masa crítica de miembros del grupo empresarial, convirtiéndolos así en agentes de una misma cultura.

Sin embargo es necesaria la siguiente aclaratoria:

A primera vista, el tratamiento del tema por parte de Fayol pudiera parecer legislativo en el sentido restringido de ley que la etimología de la palabra sugiere. En cuanto condiciones que han de caracterizar al cuerpo social de la empresa, se trata de principios que han de estar debidamente instituidos para obtener de ellos total beneficio en cuanto a su impacto en la salud, fortaleza y buen funcionamiento del cuerpo social. Sin embargo, de los títulos que utiliza para referirse a los catorce principios, así como de los comentarios que de cada uno de ellos hace a lo largo del capítulo, mal puede encontrarse semejanza con el contenido usual de un código legal. Y esto significa que el concepto de "condición" –particularmente tratándose de principios– no se limita en Fayol a la formulación e implantación de un código de normas en el estricto sentido legal del término. La forma en que los comenta así lo confirma. Veamos algunos ejemplos.

En cuanto a la autoridad –su segundo principio– tras definirla como "el derecho a mandar y el poder de hacerse obedecer", pronto vemos a Fayol destacar la responsabilidad y sanciones que su ejercicio implica.

Su forma de tratar la disciplina –el tercer principio– precisamente supone la previa existencia de convenios –formales o informales, explícitos o tácitos– constituidos por clausulas; esto es por normas. De ellas se desprenden diferentes modalidades de disciplina según los convenios que en cada empresa las partes involucradas habrán de cumplir.

El cuarto principio –Unidad de mando– tiene por expresión la norma explícita siguiente: "Para una acción cualquiera, un agente no debe recibir órdenes sino de un solo jefe". Un principio cuya violación según Fayol involucra grandes peligros.

---

actividad, aspiraciones y circunstancias. No se puede, para los artículos de una normativa –cualquiera sea esta– establecerse a priori un determinado número y mucho menos afirmar que han de ser los catorce presentados por Fayol. En cuanto conjunto de condiciones garantes de la salud, fortaleza y buen funcionamiento de, en cada caso, un determinado cuerpo social y sus circunstancias, cada normativa ha de ser muy única.

Posiblemente el único principio que desde el título mismo ya suena a norma en el sentido usual de la palabra sea el sexto: "La subordinación de los intereses particulares al interés general". Pero, luego de brevemente aclarar su significado, Fayol crudamente lista algunas de las particularidades humanas que dificultan enormemente su implantación en las empresas. Sin embargo, también afirma que a ambas clases de intereses debe el gobernante prestar debida atención.

Uno de los principios —el séptimo— tiene mucho que ver con lo que hoy día confortablemente calificaríamos de sistemas de incentivos. Luego de comentar su variedad, es notorio ver a Fayol dedicar toda una sección a destacar la importancia y manera de poner en práctica incentivos no monetarios, tales como subsidios en especie, instituciones de bienestar y satisfacciones honorificas.

Como noveno principio tenemos la Jerarquía. Luego de definirla como sigue "La Jerarquía es la serie de jefes que va desde la autoridad superior a los agentes inferiores" se ve a Fayol explicar cómo y cuándo flexibilizar su aplicación, precisamente debido a que existen circunstancias que exigen no seguir su largo camino de ida y vuelta desde la cúspide.

Es cuando comenta el onceavo principio —la Equidad— cuando más se evidencia el concepto no estrictamente jurídico que Fayol tiene de los principios, notoriamente cuando precisamente inicia sus comentarios preguntando: "¿Por qué equidad y no justicia?"

Cuando comenta el treceavo —la "iniciativa"— queda bien clara la importancia que Fayol otorga a la forma en que el superior ha de tratar las iniciativas que provengan de sus subordinados.

Catorceavo pero primero en cuanto a rango está "la Unión del personal", principio intelectualmente fácil de comprender pero que sin embargo llama a mucha necesaria reflexión a la hora de implantarlo.

En suma, apartando cualquier interpretación que se haga de cualquiera de los principios, tan solo a partir de su título puede comprobarse que los comentarios que Fayol hace de cada uno de ellos no sigue un patrón uniforme. Usualmente combina recomendaciones y advertencias que cree importante transmitir. Otras veces describe lo que implica el principio, toda vez que ya esté o que no esté instituido como condición que caracteriza al cuerpo social de la empresa.[436]

En todo caso, regresando al tema de la relación entre los principios y la cultura, volvemos a lo que ya habíamos destacado con anterioridad: todo el quid del asunto para el gobernante en su papel de legislador en el sentido muy amplio arriba indicado, es ser muy certero en cuanto a sus hipótesis acerca del impacto que en el corto, mediano y largo plazo sus principios habrán

---

[436] Fayol titula sus catorce principios como sigue: 1º– La división del trabajo; 2º– La autoridad; 3º– La disciplina; 4º– La unidad de mando; 5º– La unidad de dirección; 6º– La subordinación de los intereses particulares al interés general; 7º– La remuneración; 8º– La centralización; 9º– La Jerarquía; 10º– El orden; 11º– La equidad; 12º– La estabilidad del personal; 13º– La iniciativa; 14º– La unión del personal.

de tener sobre las particularidades de la cultura que queden inculcadas en los miembros de cuerpo social de la empresa.

Los principios de la administración según Fayol: las grandes tareas que implican.

Toda vez que comprendemos porqué hemos asociado el tema de la cultura con los principios de Fayol en cuanto ser estos las condiciones más fundamentales a instaurar en el cuerpo social de la empresa, veamos las tareas a ser cumplidas por parte de a quienes corresponde gobernar, cualquiera sea su nivel jerárquico. Para ello, a los fines de distinguir los diversos papeles que han de cumplir en las empresas, aprovecharemos la tradicional división tripartita de los poderes propuesta, con variantes, por grandes pensadores de la política como lo fueron Locke y Montesquieu.[437]

1. Determinar y formular los principios fundamentales requeridos por la empresa en función de su ramo de actividad, aspiraciones y circunstancias (función del poder legislativo).

2. Instaurarlos; esto es, asegurar su cumplimiento (función del poder ejecutivo con apoyo del judicial).

3. Preservarlos; esto es, evitar que se relaje su cumplimiento (función conjunta de los poderes ejecutivo y judicial).

4. Renovarlos; esto es, conocer los principios hasta entonces vigentes, revisarlos total o parcialmente e instaurar los cambios necesarios (función combinada de los poderes legislativo, ejecutivo y judicial).

---

[437] Ya que momentáneamente estamos haciendo uso de la tradicional separación de los poderes proveniente del campo político, cabe preguntase porqué tal separación de poderes no se refleja en la división del trabajo gubernamental en las empresas, y que más bien sean los propios gobernantes de los diferentes niveles en las empresas quienes ejerzan, en función de las particularidades de cada situación, uno cualquiera o combinación de estos poderes. Parte importante de la explicación –seguramente incompleta– radica en que en el campo de la política la opinión ocupa un lugar preponderante, en tanto que en la empresa lo central es el conocimiento. Expliquémonos. Las decisiones políticas no son principalmente –aunque ello no signifique que lo excluyan del todo– asunto de conocimiento. Mayormente acreditada a Montesquieu la división de poderes tendría por objeto impedir que en materia política una opinión –en cuya naturaleza no está el gozar de los procedimientos de validación que sí posee el conocimiento– se imponga arbitrariamente sobre cualquier otra opinión. Clásica es su expresión cuando afirma: "Para que del poder no pueda abusarse, hace falta que, por la disposición de las cosas, el poder detenga al poder" (Espíritu de las leyes, cap. XI–4). Ahora bien, en las empresas, vista su obligación de cumplir con los productos y servicios que la sociedad les encomienda, ineludiblemente el conocimiento aplicado pasa a desempeñar el papel más fundamental. Sin descartar del todo las opiniones que pudiesen aun manifestarse en las empresas acerca de una gran diversidad de temas, producir un par de zapatos que cumpla con ciertas especificaciones para determinado mercado no es asunto de simple opinión. Principalmente se trata de conocimiento aplicado, y como lo avalaría Taylor: "quien" en fin de cuentas ha de mandar respecto al trabajo que en las empresas se realiza es el conocimiento, y no la arbitrariedad personal. De allí que quienes en ellas gobiernan, según sea la situación por ellos enfrentada, en ocasiones "legislan", en otras son "ejecutores", en otras "juzgan", o las más de las veces una combinación de dos o tres de estos papeles, sin que como tal exista una división del trabajo que involucre la separación de poderes como sí ocurre en el campo de la política.

5. Re-instaurarlos de haberse corrompido total o parcialmente su aplicación (función conjunta de los poderes ejecutivo y judicial).

Obsérvese el paralelismo de lo aquí presentado con la exposición hecha con anterioridad acerca de las cinco grandes tareas de los gobernantes empresariales en relación a la cultura. Todo ello en el entendido, claro está, que las hipótesis que los gobernantes hagan acerca del impacto que sus principios habrán de tener sobre la cultura a instaurar, preservar, renovar o re-instaurar total o parcialmente, sean certeras. De otro modo dicho impacto podría depararles algunas sorpresas: consecuencias no intencionadas, disfuncionales e incluso efectos harto perversos.[438]

POST SCRIPTUM

Obligado comentario tocante a la frecuente elaboración que las empresas hacen del listado de los valores constitutivos de sus culturas.

En cuanto a los listados precedidos de la expresión "Nuestros valores son:...", que no sin orgullo frecuentemente presentan las empresas, no podemos pasar por alto opinar acerca de la grave deficiencia que en nuestra opinión les es inherente. Las palabras o frases clave constitutivas de tales listas se caracterizan por un claro alejamiento de lo concreto para perderse en una suerte de expresión filosófica de los que supuestamente serían los valores deseables, mayormente imperantes o por imperar en la empresa. Por su nivel de abstracción estos listados siempre dejan una fuerte sensación de arbitrariedad. Siempre queda abierta la interrogante siguiente: "¿por qué este listado y no cualquier otro proveniente del sinnúmero de palabras y términos más o menos sinónimos que podrían extraerse del diccionario, amén de construirse con ellos una infinidad posible de expresiones?". Tuvimos la oportunidad de entender las limitaciones inherentes a tales listas cuando años atrás nos correspondió examinar el código de ética de un cuerpo policial a cargo de las autopistas de un importante Estado norteamericano. En lugar de encontrarnos con una lista de palabras y frases abstractas tales como: servicio público, cortesía, respeto al ciudadano, salvar vidas, honestidad, etc., comprobamos expresadas en un texto no mayor a dos páginas descripciones muy concretas del comportamiento esperado por parte de cada agente. Ejemplos: "Cuando detenga a un conductor Ud. le solicitará su documentación como sigue:..."; "En ningún caso aceptará Ud. pago por sus servicios y mucho menos sobornos del ciudadano que ha violado la ley pretendiendo así liberarse de las consecuencias. Hacerlo sería por su parte convertirse en cómplice."; "En el caso de accidentes graves lo importante es salvar vidas, sea mediante comunicación expedita con el Departamento de auxilio vial XXX, sea habilitando un transporte voluntario inmediato" Claro está que subyacentes a todos estos ejemplos se encuentran

---

[438] Viene de antiguo en sociología el que los actos humanos puedan tener consecuencias no intencionales y disfuncionales, Es el sociólogo francés Raymond Boudon quien profundiza en el fenómeno mediante la introducción del concepto de los efectos perversos en su libro "Effets pervers et ordre social" (Presses Universitaires de France, 1977).

valores cuyo cumplimiento es exigido por parte de los agentes, pero ciertamente hay gran diferencia entre comunicarles que un valor del cuerpo policial es la "honestidad" y decirle "En ningún caso aceptará Ud. pago alguno por…". (No disponiendo del texto original, los ejemplos aquí presentados fueron construidos ad hoc; con ellos tan solo se pretende destacar el contraste entre tratar el tema de los valores, de la ética, pero también los tocantes a las actitudes y creencias fundamentales, modos de pensar, etc., –todos ellos no directamente observables– de manera abstracta y la especificidad que exige el tratamiento concreto y practicable de estos mismos temas.)

COMO EJEMPLO DE PROFUNDIZACIONES A LAS CUALES SE PRESTAN, SEGUIDAMENTE COMENTAMOS A SEIS DE LOS CATORCE PRINCIPIOS QUE FAYOL DESTACA

Sin pretender agotar todo lo que Fayol expone y llama a reflexión acerca de cada uno de los principios y a modo de ejemplos específicos de profundización, seguidamente –sujetos a profundizaciones de especial interés– centraremos nuestros comentarios en cada uno de los seis principios siguientes:

EL 1° principio: La división del trabajo

El 2° principio: La autoridad – responsabilidad

EL 3° principio: La disciplina

El 6° principio: Subordinación del interés particular al general

El 10° principio: El orden.

El 14^{avo} principio: La unión del personal

Haber centrado nuestros comentarios en algún aspecto clave de cada uno no significa minimizar la importancia y posibles otras profundizaciones a las cuales podrían dar lugar estos mismos seis principios o cualquiera de los otros ocho. "Administración industrial y general" es una obra relativamente breve y lo que entrega de manera directa puede obtenerse en unas muy pocas horas de lectura. No significa haber extraído de ella todo el provecho posible; lograrlo es labor del lector.

Importante será siempre que a la hora de profundizar en cualquier principio –los catorce de Fayol o cualquier otro que fuera de estos pudiera ser necesario concebir– el lector lo visualice felizmente implantado, calibrando su inmediata repercusión así como la tenida conjuntamente con otros principios igualmente instituidos, sobre la salud, buen funcionamiento y fortaleza del cuerpo social de la empresa, todo ello sin olvidar las cinco grandes tareas que los principios suponen a la hora de gobernar.

1º PRINCIPIO: LA DIVISIÓN DEL TRABAJO.

"La división del trabajo es de orden natural: se observa en el mundo animal donde, cuanto más perfecto es el ser, más órganos posee encargados de funciones diferentes; se observa en las sociedades humanas donde, cuanto más importante es el cuerpo social, más estrecha es la relación entre la función y el órgano. En la medida en que la sociedad crece, surgen nuevos órganos destinados a reemplazar al órgano único primitivamente encargado de todas las funciones.

La división del trabajo tiene por finalidad alcanzar a producir más y mejor con el mismo esfuerzo.

El obrero que siempre produce la misma pieza, el jefe que trata constantemente los mismos asuntos, adquieren una habilidad, una seguridad, una precisión que aumentan su rendimiento. Cada cambio de ocupación acarrea un esfuerzo de adaptación que disminuye la producción.

La división del trabajo permite reducir el número de objetos sobre los cuales deben recaer la atención y el esfuerzo. Se la ha reconocido como el mejor medio para utilizar a los individuos y a las colectividades.

No solamente se aplica a las tareas técnicas, sino a todos los trabajos, sin excepción, que ponen en juego a un número mayor o menor de personas y que requieren capacidades de varias clases. Tiene por consecuencias la *especialización de las funciones y la separación de los poderes*.

Aunque sus ventajas sean universalmente reconocidas y no se visualice la posibilidad del progreso sin el trabajo especializado de los eruditos y de los artistas, la ***división del trabajo*** tiene sus límites que la experiencia, acompañada del espíritu de justa medida, enseña a no sobrepasar."

Actitud de quien gobierna en relación a la división del trabajo

El primer párrafo es crítico para comprender la actitud que el jefe o gobernante debe asumir en relación al principio de la división del trabajo. Afirmar que es de orden natural tiene implicaciones que fácilmente pasan desapercibidas. Lo natural se contrapone hoy día con lo artificial. De allí que aunque en este primer párrafo Fayol expresa otras cosas que ameritan reflexión, creemos importante concentrarnos en profundizar en la muy breve aserción con la cual Fayol inicia sus comentarios: "La división del trabajo es de orden natural:…"

La palabra "natural" es clave. Tiene su historia. Viene de antiguo su particular importancia.

Lo natural se contrapone hoy día con lo artificial. Implica la existencia de dos clases de relaciones posibles. Esto significa que, en cada caso, la actuación del agente habrá de ser distinta. Indicado será tratar aquello que es de orden natural como lo natural que es, y tratar a lo artificial en cuanto artificial . Por el contrario, tratar aquello que es de orden natural cual si fuese algo artificial, o a la inversa lo artificial cual si fuese un algo natural, podría implicar graves errores de actitud y de comportamientos resultantes. Tratándose de la división del trabajo habremos de concentrarnos en lo que significa relacionarse con lo natural.

Relacionarse con lo natural no es lo mismo que lidiar con lo artificial. En cuanto a este último, bien sabemos lo que involucra: de una relación de utilización futura visualizada como beneficiosa o considerada necesaria, se pasa a la concepción y diseño de un dispositivo –aparato, instrumento o máquina– apropiado para cumplir con una determinada función; luego se construye o manufactura dicho dispositivo, lo cual significa que previo a engrosar el caudal de las cosas utilizables por parte de los seres humanos la relación es fundamentalmente una de fabricación.[439]

Ahora bien, la debida relación con lo natural pasa por comprender la naturaleza de lo natural. Hagamos algo de historia.

La palabra "naturaleza" es la traducción latina de la palabra "physis", la cual en su sentido original griego significaba "aquello que emerge, surge e ingresa en la presencia o manifestación a partir de sí mismo" (y no en virtud de algo que le fuese otro). Esta "physis" griega lo abarcaba y regía todo: la tierra, el firmamento, lo viviente en general, al ser humano en particular e incluso,... a los dioses mismos.

Lo dicho no significa que los griegos ignorasen la manifiesta existencia de las cosas fabricadas o construidas. Estas también formaban parte de la "physis" en la medida en que bien sabían que en su interior un determinado ser, el humano, las producía. A diferencia de lo que tiende a ocurrir hoy día en plena era tecnológica, la relación con lo natural no se perdía de vista. En términos actuales diríamos que para los griegos lo natural prevalecía por sobre lo artificial

Aunque en la actualidad la palabra "física" haya perdido su amplitud y profundidad originaria, muchos de los usos corrientes de la palabra "natural" nos recuerdan vagamente el sentido original griego de "physis". A menudo exclamamos "¡natural!"; acerca de un determinado resultado decimos: "naturalmente tenía que ser así"; elogiamos a una bailarina afirmando: "¡con que naturalidad baila!"; criticamos a alguien diciendo: "¡que artificial es!... le falta naturalidad"; etc. Sin darnos cuenta, en todos estos casos, de una manera u otra, afirmamos que el principio rector que hace emerger en la presencia una diversidad de cosas, situaciones o comportamientos de algún ser viviente radica en su fuero interior y no proviene inicialmente o principalmente de alguna cosa o fuerza que le fuese foránea.

Siendo que el ser humano forma parte del amplio ámbito de lo natural así caracterizado y constituido por una amplia gama de cosas, situaciones y seres intrínsecamente naturales, nos preguntamos: ¿Cuál ha de ser su natural relación con ellas? Lo podremos explicar mejor con un ejemplo. Luego, de modo muy natural surgirán sus implicaciones para la división del trabajo.

¿Quién mejor que un cultivador para ejemplificar una relación que se adecue con lo natural? Con todo y la ingeniería genética, las plantas no pertenecen al reino de las cosas manufacturadas. Su dependencia de elementos extraños, existentes en el entorno, no invalida el hecho de que su propio surgir, su crecimiento, provenga de ellas mismas. Dadas las circunstancias favorables, la planta crecerá independientemente de si un cultivador la cuida o no. Este le es completamente foráneo. Ni siquiera es un elemento del entorno del cual tenga ella que nutrirse o defenderse. Primera pregunta: ¿qué papel puede entonces desempeñar

---

[439] Obsérvese, sin embargo, que la relación de fabricación con miras a la ulterior utilización –muy propia de la época científico/tecnológica contemporánea– ha contribuido a extrañar a ingentes grupos de seres humanos de su tradicional pertenencia a lo natural y acostumbrada relación con él, inmersos como han pasado a estar en el todo dominante mundo de lo artificial.

dicho cultivador en relación a la planta? Respuesta: esencialmente ninguno ya que ella no requiere de él. Sin embargo, bien sabemos que sí puede requerir de ella para su sustento y el cumplimiento de otros fines. En este caso querrá que la planta crezca en el lugar indicado con la mayor salud y características de las cuales es capaz. La planta y su porvenir le atañen.

Surge entonces la segunda pregunta: ¿cómo ha de desempeñar su papel el cultivador? Con mayor o menor rigor –variable de cultivo a cultivo– todos conocemos la respuesta: el proceso involucra preparar y adecuar el campo de cultivo, sembrar en la época apropiada y momento oportuno, irrigar con el procedimiento y frecuencia adecuados, fertilizar con lo debido y en justa dosis, cuidarla de las diversas maneras que requiere, prevenir y contrarrestar la agresión de organismos externos... todo esto hasta llegar el tiempo de cosechar o recolectar lo que de su especie se espera, así como previsoramente almacenar las semillas o elementos reproductores que permitan que el ciclo del cultivo pueda iniciarse de nuevo en la siguiente estación. A todas estas, son muchos los momentos de espera cuando el cultivador, aunque pendiente, no hace nada, simplemente espera y deja que la planta misma "haga lo suyo:", es decir germine, crezca, florezca y de sus frutos.

¿Qué actitud subyace a toda esta gama de actividades que incluye inevitables periodos de inactividad, de simple pero vigilante espera? Ya hemos dado la respuesta: se trata de la actitud del cultivo. ¿Qué la caracteriza? Respuesta: su sometimiento a las leyes íntimas que rigen el desarrollo de la planta. La palabras y expresiones como "adecuar", "justa dosis", "momento oportuno", "adecuada frecuencia", así nos lo confirman. Incluso dejar "que haga lo suyo" implica sometimiento a dichas leyes. Cultivar supone pues íntima sintonía con la planta cultivada; armonización de los comportamientos del cultivador con el surgir natural de la planta. Cultivar no es fabricar. Cultivar supone compenetración.

El cultivador no puede acelerar indebidamente el crecimiento de la planta.[440] Tampoco puede violentar sus leyes y frenar abruptamente el natural crecimiento que, por así decirlo, ella "lleva por dentro".[441]

¿Implicaciones...? Fayol nos dijo: "la división del trabajo es de orden natural:..." Estamos ahora en condiciones de comprender las implicaciones de esta simple oración. El jefe o gobernante no puede tratar a la división del trabajo como cosa artificial, que primero concibe y luego fabrica. No debe sorprendernos que en la era de la ciencia y la tecnología este error se cometa con facilidad, lo cual ocurre cuando el así denominado "diseño organizacional" se concibe a imagen y semejanza de una ingeniería: primero se analiza la organización a la luz de las necesidades de la empresa, luego se la rediseña (con la nueva división del trabajo que esto

---

[440] Puede que la ingeniería genética acelere el crecimiento de una determinada especie de planta, pero toda vez que tal ingeniería haya sido concluida lo "fabricado" es una nueva variedad, la cual pasa a ser la nueva clase de planta a ser cultivada.

[441] Las "técnicas" orientales del Bonsái, más que violentar la naturaleza de la planta, ponen de relieve las más sutiles habilidades del cultivador que sabe ponerse en íntima sintonía con ella.

implica), y por último se implanta el nuevo diseño. Esta implantación implica agrupar y separar a las unidades existentes bajo nuevas categorías, con los cambios de jerarquía a que dieren lugar. Significa también crear nuevas unidades y eliminar las innecesarias. Todo esto luce muy obvio y, sin embargo a modo de contraste imagine el lector a un "cultivador" dándole semejante tratamiento a una planta: ¡pobre planta!. Algo más profundo está en juego.

Si tomamos en serio la afirmación de Fayol, se evidencia que lo fundamental y previo es la asunsión por parte de quien gobierna, con la sensibilidad que ella implica, de una actitud más parecida a la de un cultivador que a la de un ingeniero. ¿Qué significa esto? Explorémoslo por dos vertientes diferentes. Un primer caso en el cual el propietario de una empresa unipersonal dificulta cuando no impide el natural desarrollo de la división del trabajo. Un segundo caso en el cual quien gobierna pretende crear, por diseño, unidades para las cuales la empresa no está aún lista.

De ser conducida con éxito, el desarrollo natural de la empresa unipersonal implica su crecimiento. Este, a su vez, no puede ocurrir sin la requerida división del trabajo. En un principio, el propietario de semejante empresa es quien lleva a cabo todas y cada una de las seis grandes funciones esenciales. Si las cumple bien su empresa tenderá a crecer; es decir, a producir más, a comprar y vender más, a estar financieramente más holgada, etc. Llegará el momento en que este único propietario se encuentre saturado de actividades. Sentirá la presión y, sin duda, la idea le vendrá a la mente de contratar a alguien que lleve a cabo alguna de las funciones que ahora desempeña: por ejemplo, quien se encargue de las ventas. Sin embargo cavila y no será extraño que la idea de contratar a dicho personal le cause cierta angustia. Su empresa es aún muy pequeña. Cualquier error que el encargado cometa puede implicar una pérdida substancial. Además, ¿cómo va un extraño a cuidar su negocio con tanto empeño como él? Por otra parte, puede que anticipe las nuevas y desconocidas tareas de supervisión y coordinación que tendrá que acometer como jefe incipiente, así como los desagradables conflictos interpersonales que podrían surgir. Estas y otras razones ponen de relieve importantes riesgos y correspondientes temores; temores que a su vez pueden significar que no se atreva a contratar al personal que el crecimiento de su negocio requiere. El trabajo total seguirá en sus manos. Sin embargo, como no puede asumir tareas más allá de las que personalmente es capaz de ejecutar, vivirá alternativamente momentos de confort y saturación. En el primer caso su negocio estará bien atendido y tenderá a crecer. En el segundo caso volverá a sentir las presiones del crecimiento ya descritas y perderá aquella clientela que no pueda atender adecuadamente. Su negocio tenderá sinusoidalmente a fluctuar alrededor del volumen de actividad propio de una empresa unipersonal a la que no se le permite crecer. Reiteradamente recibirá el mensaje de que está lista para crecer y acoger en su seno un nuevo estadio en la división del trabajo. Sin embargo, son sus propios temores los que artificialmente impiden dicho crecimiento.

Puede generalizarse lo descrito para cualquier estadio de desarrollo en el cual se encuentre la empresa, sea que se trate de atender a la preservación del status quo o a una nueva división del trabajo requerida. Corresponde a quien gobierna atender al llamado natural que la empresa le haga en un momento determinado, enviándole múltiples señales, sea para decirle que está lista para crecer y/o diversificarse con la nueva división del trabajo que implica, sea lo opuesto: prematura y quizás hasta perjudicial.

Hemos visto un ejemplo de crecimiento y división del trabajo reprimidos. El caso contrario también ocurre, sobre todo en virtud de los apriorismos a los que conduce el diseño organizacional concebido a imagen y semejanza de una ingeniería. Examinemos dos posibles casos.

1°– Debido a que los sistemas no funcionan bien y que los procedimientos no parecen ser los más eficientes, puede creerse que lo que la empresa requiere es una Unidad de Organización y Métodos. Se ordena su creación: una nueva división del trabajo que promete resolver la situación. Sin embargo, como frecuentemente se observa, semejante unidad se convierte, si acaso, en uno de estos departamentos con un muy reducido poder real para influir sobre las prácticas que supuestamente están llamados a concebir e implantar. Los sistemas y procedimientos que la dinámica del negocio exige se crean y modifican de manera continua e inconsulta, casi al ritmo del día a día. La unidad se convierte en mera registradora *a posteriori* de cambios ya ocurridos. Sin embargo, ningún manual está al día.

2°– Frecuentemente la creación de entes del sector público es producto de una determinada legislación cuya posibilidad de aprobación pasa por ver incluida en el texto una serie de clausulas, que en adición a la razón de ser del ente, permita visualizar su estructura y funcionamiento futuros. Nada extraño ver decretada una estructura que a priori paute la existencia de unidades hasta el tercer nivel de jerarquía. Muchas de las unidades no son aún necesarias, pero la realidad lo indica: pronto estarán ocupados los cargos; un personal que más temprano que tarde encontrará manera de justificar su existencia.

Los dos casos que acabamos de brevemente exponer poseen esto en común: más que natural, sustentada en a priorismos, la división del trabajo propuesta fue artificial.

Una advertencia de orden conceptual a la hora de dividir el trabajo.

En el mundo físico puede que dividir no sea posible, aunque conceptualmente sí pueda hacerse. Tal es el caso de las cualidades. Físicamente, por ejemplo, no puede separarse el color de algo, aunque intelectualmente sí sea posible. Esta imposibilidad física puede que no sea siempre el caso a la hora de dividir el trabajo, precisamente por no tratarse de trabajos físicos. El campo educativo, por ejemplo, no está exento de proponer menciones, especialidades e incluso carreras cuyo nacimiento es precisamente el producto de una división del trabajo, cuando lo dividido no es de naturaleza física sino intelectual, lo cual sin embargo no significa que de plano haya que rechazar semejante división del trabajo. Bien entendida e implementada puede ser de gran provecho. Tal es el caso de las menciones o especialidades de Diseño Curricular e Instruccional, frecuentemente ofrecidas por las escuelas de Educación. ¡Nada más lógico que producir expertos en el diseño de los planes curriculares e instruccionales que el sistema educativo necesita para sus varios niveles y materias, sobre todo cuando tales diseños se fundamentan en muy profundos supuestos, filosofías y teorías de la educación, acerca de las cuales polémicas no escasean. Y sin embargo... ¿qué nos dice la práctica? Nos dice algo muy sencillo: quien no conoce el campo o materia cuyo dictado va a diseñar no puede, en fin de cuentas, realizar por sí solo semejante diseño con propiedad. Por diseño la carrera del diseñador curricular/instruccional lo ha convertido en un experto formal. Sólo conoce de formas: principios, enfoques, estrategias, components, procesos, tipologías, etc. que han de caracterizar y fundamentar un buen diseño curricular/instruccional, pero esto no lo convierte en un experto en el contenido de las materias a dictar. Todo diseño curricular/instruccional es diseño de un determinado curriculum o proceso de instrucción. Por sí solo el diseño curricular/instruccional no puede entenderse como una profesión porqué siempre es el diseño curricular/instruccional de un campo profesional determinado. Intrinsecamente son oficios ciertamente muy importantes y sin embargo conceptualmente han de entenderse como acompañantes de algo que propiamente hablando sí es un campo profesional. El máximo provecho será el natural producto de un trabajo de diseño curricular/instruccional realizado en conjunto.

Sin ir muy lejos lo descrito en el campo educativo corresponde muy bien con la clásica división del trabajo en las empresas entre la denominada organización de linea y las unidades de apoyo (staff), a la cual ya hicimos referencia en la sección "Dos entendimientos fundamentales de la jerarquía. ¿Reñidas? ¿Alguna solución que permita mejor entender los inicios del campo?", pág.: 218 (de especial interés las notas al pie 327 y 328, págs.: 219 y 221 respectivamente, incluidas en la 5ª Proundización tocante a lo que significan administrar y gobernar).

Moraleja fundamental y general que se desprende de lo expuesto: sólo la íntima comprensión que el jefe o gobernante tenga de la empresa y sus circunstancias así como de la naturaleza del trabajo total a ser dividido le permitirán ponerse en sintonía con la división del trabajo requerida y que la empresa está lista para acoger en su seno. Dividir el trabajo es ante todo prestarle atención a las señales que al respecto la propia empresa mande. Sólo así se evita la trampa de querer imponer lo artificial y *a priori* por sobre aquello que, de entrada, es de orden natural. Aquí la tarea del jefe o gobernante es más afín a la de un cultivador que a la de un ingeniero.

La División del Trabajo es un principio debido a que, bien instituida, se convierte en condición de salud, buen funcionamiento y fortaleza del cuerpo social.

2º PRINCIPIO – AUTORIDAD – RESPONSABILIDAD.

"La *autoridad* es el derecho a mandar y el poder de hacerse obedecer."

Con esta definición inicia Fayol su presentación del principio de la autoridad.

Aunque la relativamente breve exposición que sigue se presta a diversas otras profundizaciones de interés, es en esta definición que habremos de concentrar nuestros comentarios. Aunque breve, amerita cuidadosa reflexión por parte de quien se proponga desempeñar el oficio de gobernar. Obsérvese su estar constituida por dos componentes y que ambos deben estar presentes para que exista autoridad. En primer lugar supone el derecho a ejercer el mando. En segundo lugar implica el poder de hacerse obedecer. Se podría tener el derecho a mandar y sin embargo no tener el poder necesario para hacerse obedecer. A la inversa se podría tener este poder, sin poseer el referido derecho. En cualquiera de estos dos casos no se tendría autoridad. Para poseerla se requiere de ambos: el derecho a mandar y el poder de hacerse obedecer.

Exploremos la primera parte de la definición de Fayol. Comprenderla a fondo supondría que ya supiésemos lo que significa mandar, elemento del administrar que Fayol desarrolla en el último capítulo de su obra.[442] Por ahora habremos de concentrarnos en la palabra "derecho", la cual corresponde a uno de los problemas gubernamentales de los más clásicos y antiguos, cual es contestar preguntas tales como: "¿Quién ha de ser nuestro jefe?"; "¿Quién puede y debe serlo?"; "¿A quién habremos de obedecer?" Sin pretender ni por lejos agotar el tema, valgan las observaciones que siguen.

Inseparable del tema del gobierno, del problema de la jefatura, es la existencia de jerarquías entre los seres humanos: la existencia de estructuras sociales donde se distinguen superiores y subordinados. En relación a los niveles que les son superiores, para cada nivel o plano de subordinados surgen interrogantes semejantes a las recién formuladas; aquellas que atañen a las características y cualidades que han de poseer los superiores. No es de extrañar, por lo tanto, que el problema de la idoneidad y legitimidad de los jefes sea tan antiguo como la humanidad misma, siendo que a partir de cierto punto y desde entonces haya ocupado un puesto destacado dentro de la literatura política.

Los criterios de jerarquía han variado con los tiempos y circunstancias. Para comprender esto —caso base de menor complejidad— visualicemos a una tribu de seres humanos pertenecientes a tiempos o lugares remotos. Bien puede que su supervivencia y bienestar haya dependido de la regularidad de ciertos suministros. Los provenientes de la cacería por ejemplo. Ahora bien, el éxito de esta actividad ciertamente ha debido depender de ciertas cualidades tales como fortaleza y resistencia física, agilidad, capacidades perceptivas, experiencia, astucia, etc., de algunos sino de todos sus miembros. Estas mismas cualidades posiblemente también pudieron haber sido necesarias vista la existencia de ocasionales conflictos con otras tribus aledañas. Nada extraño será que en función de las referidas cualidades tan necesarias para la supervivencia y bienestar de la tribu no tardase en surgir una jerarquía entre sus miembros, diferenciándose así a superiores y a subordinados. Tampoco tardará mucho en surgir algún "método" para seleccionarlos, particularmente a quien habrá de constituirse en el jefe máximo de la tribu. Puede que, en un principio, se trate de combates mortales cuerpo a cuerpo entre los diferentes aspirantes. Estos combates, —de modo no necesariamente consciente—, ponen a

---

[442] Elemento que el lector verá profundizado más adelante en la sección "Elementos del administrar" pág.: 359.

prueba las cualidades arriba mencionadas; aquellas que distinguen al hombre superior; es decir, a aquél más capaz de asegurar la supervivencia y bienestar de la tribu. Tarde o temprano, –producto de un lento aprendizaje–, podrá ocurrir que la tribu compruebe lo costoso que resulta el método descrito, visto que cada vez que aparece un retador o se requiere determinar quién va a ser el nuevo jefe, varios de los mejores hombres de la tribu mueren. Podrá entonces cambiar de método y substituirlo por una determinada secuencia de competencias no mortales, para así poner a prueba las mismas cualidades distintivas del superior.

Descrita la relativamente menos compleja situación tribal, se han vuelto sin embargo patentes las relaciones fundamentales siguientes: 1º, ciertas cualidades de importancia para la supervivencia y bienestar de la colectividad no encuentran dificultad para convertirse en, 2º, criterios de jerarquía que fundamentan el surgimiento de estratos sociales distinguiendo a superiores de subordinados. El cumplimiento de estos criterios desemboca en, 3º, algún "método" para determinar quienes van a ser reconocidos y legitimados como superiores. Independientemente de todas las imperfecciones y distorsiones que en la práctica puedan existir, esta es la estructura fundamental que posee el proceso de legitimación de superiores o jefes. Con el tiempo y circunstancias los criterios específicos pueden cambiar. De hecho así ha ocurrido. Una comunidad agrícola posee criterios de jerarquía y métodos de selección de sus jefes muy diferentes a los de una sociedad guerrera.

De lo expuesto debe quedar claro un punto muy importante. Los criterios sustentadores de la jerarquía dentro de una comunidad humana no pueden ser cualesquiera. Por ejemplo, en cualquier época y lugar del que se trate, fácil es predecir que una jerarquía sustentada en el único "criterio" de la adulancia no funcionaría por mucho tiempo a favor de la colectividad que permitiese que semejante "criterio" prevaleciese. Cierto es que la adulancia ha figurado, y figura, como un fenómeno acompañante de toda jerarquía humana como su contaminante más excelso, pero jamás por sí sola podrá adquirir el rango de criterio de jerarquía y ser la virtud legítima distintiva de los jefes. La sociedad que mediante su aceptación tácita "eligiese" a la adulancia como su único criterio de jerarquía sería suicida.

En virtud de lo expuesto y con respecto al derecho a mandar, 1a parte de la definición de Fayol, ¿Cuales son las tareas del jefe, gobernante o gerente de empresa? En primer lugar, debe arribar al nivel jerárquico buscado en función de una legitimidad, real o aparente, reconocida por la colectividad. En segundo lugar, ha de conservar e incluso, si posible, incrementar su legitimidad cumpliendo, real o imaginariamente, con las cualidades esperadas de un superior. En tercer lugar, si su legitimidad percibida disminuye en virtud de haber cometido errores o de circunstancias adversas, saber detectar dicha disminución, así como qué hacer para revertirla. Cada una de estas tareas tiene sus propias complicaciones que el jefe o candidato a jefe debe saber cumplir con éxito.

Examinemos ahora la segunda parte de la definición. Se trata del "poder de hacerse obedecer". Ante todo vale la pena recalcar que en el caso de quienes viven principalmente orientados a la acción, poder siempre significa un poder para... un poder-hacer con miras a la realización de algún algo, cualquiera este algo sea; esto es, un saber-hacer ejercido dentro de un contexto de circunstancias favorables a la ejecución. [443]

Tratándose de la autoridad lo que nos concierne aquí es el poder lograr ser obedecidos. Con respecto a esto es conveniente comprender un punto brillantemente expuesto por Chester Barnard en su obra "Las Funciones del Ejecutivo" (capítulo XII). Examinemos lo que este autor dice.[444]

En primer lugar debemos estar conscientes de una particularidad esencial del fenómeno de la obediencia. Aunque suene trivial recalcarlo, quien obedece es el subordinado. Esto significa comprender que los seres humanos no son entes pasivos, a menos que elijan serlo. En otras palabras, supuesta una orden del jefe, el caso es que, por así decirlo, es el subordinado quien tiene la última palabra. Él es quien elige obedecer. De realmente no querer hacerlo, ni siquiera bajo una situación extrema de coerción lo hará. La importancia de este hecho es vital. Parece indicar una vulnerabilidad crítica del jefe. Este puede dictar órdenes y sin embargo vivir el drama de no poder determinar la conducta de los seres humanos. La pasividad de estos no es cosa garantizada.

El hecho descrito parece ir al encuentro de la segunda parte de la definición de Fayol. En último análisis, el "poder de hacerse obedecer" no sería un real poder. Sin embargo, por otra parte, existe considerable evidencia acerca de la facilidad con la cual los seres humanos obedecen. Así lo demuestra la observación cotidiana, o de manera más rigurosa e impactante la serie de experimentos realizados por Stanley Milgram y su equipo a principios de los años sesenta.[445] Según estos experimentos, todo indica que, cuando la persona es miembro de una organización formal aceptada por la sociedad, cuando tiene asignado a un jefe legitimado por esa misma organización y además recibe una contraprestación que le compromete a ejecutar ciertas tareas, esta persona obedecerá, como ya apuntamos, con una sorprendente facilidad,

---

[443] De allí la inutilidad del sinnúmero de definiciones diversas de la palabra "poder" que se encuentran en la literatura. Experimentado en primera persona, nuestro poder es siempre un **poder-algo**: "poder caminar, poder ver, poder lograr que nos oigan, poder conducir la empresa, poder proteger nuestro hogar, poder incrementar nuestro poder, etc. Cada una de estas vivencias es en lo concreto muy única y particular. Ninguna definición del poder en el abstracto puede cubrir tal diversidad de vivencias.

[444] Chester I. Barnard, otro de los grandes iniciadores del campo. Al igual que Fayol, un hombre orientado a la acción. Su carrera como ejecutivo por cerca de cuarenta años en la "American Telephone & Telegraph Company" culmina en la presidencia de la "New Jersey Bell Telephone Company". Posteriormente preside y es director de diversas empresas y organizaciones públicas, así como de importantes fundaciones. Su obra "The Functions of the Executive" –uno de los grandes clásicos del campo– constituido por diez y ocho capítulos y un apéndice, se pública por primera vez en 1938, y hasta del día de hoy forma parte del catálogo de la "Harvard University Press". Nos dice que su libro fue el producto de la revisión y ampliación del manuscrito que preparó en ocasión al dictado de ocho conferencias en el "Lowell Institute" en Boston a finales del año 1937.

[445] Véase, por ejemplo, su artículo "Behavioral Study of Obedience", The Journal of Abnormal and Social Psychology, Vol.67, N° 4, 1963.

cual si ignorase el hecho primario arriba señalado, cual es que "la última palabra" la tienen él como subordinado y no el jefe que le dicta la orden.

¿Cómo conciliar los dos hechos aparentemente contradictorios que hemos presentado? Barnard acepta el primero –el subordinado es quien tiene la última palabra– pero de inmediato añade la necesaria existencia de una ficción: la ficción de que la autoridad viene de arriba, siendo que la real habilidad del jefe consiste en crear, para expresarlo de cierta manera, la "ilusión óptica" en los subordinados de que la desobediencia no es una real opción. Su mensaje inequívoco es: "a mí no se me desobedece".

Según este autor, lograr que esta ficción exista dependerá en primer lugar de aprender a no emitir órdenes que no serán o no podrán ser obedecidas. En segundo lugar, dependerá de cuan razonables sean las órdenes dictadas, constituyéndose así una "zona de indiferencia" dentro de la cual caen todas aquellas órdenes aceptadas por el subordinado sin cuestionamiento alguno. Ciertamente esta zona de indiferencia puede ser más amplia así como más reducida. En tercer lugar dependerá de crear las condiciones organizativas, sobre todo informales, que promuevan el activo interés personal de todos los miembros de la organización por el mantenimiento de la autoridad, sobre todo en lo atinente a todas aquellas órdenes que caigan en la referida zona de indiferencia; que quien se atreva a desobedecerlas sea visto como anómalo y sienta la presión social por no volver a desviarse.

Aprender a hacerse obedecer, crear el cúmulo de circunstancias que promueven la fluida obediencia por parte de los subordinados, es unos de los artes más difíciles que debe desarrollar quien gobierna. Su ejercicio cotidiano no está sujeto a recetas o fórmulas sencillas, vista la particularidad concreta del infinito número de situaciones que se le pueden presentar. La autoridad perdida, es decir la excesiva conciencia por parte de los subordinados de que poseen la potestad de desobedecer, independientemente del daño que le hagan al cuerpo social y a la empresa, es una de las situaciones más difíciles de revertir. Casi siempre marca la caída del jefe.

Cuando Fayol postula la autoridad como un principio nos está diciendo que una de las grandes tareas de quienes gobiernan es instituir la obediencia. El alcance y modalidad de ésta variará de un cuerpo social a otro, dependerá de las circunstancias por las cuales atraviese la empresa y de los factores generales de época y cultura. Lo importante es que el jefe sea capaz de calibrar la exacta dosis, alcance y modalidad de autoridad requerida para conservar o elevar la salud, fortaleza y buen funcionamiento del cuerpo social a su cargo.

Necesario es darse cuenta de cuan precaria es la autoridad y de lo fácil que es perderla. A menudo son simples herederos de un cuerpo social en el cual la autoridad, así como muchas otras condiciones que se le relacionan, por ejemplo la disciplina, ya han sido instituidas por sus predecesores. De no comprender su razón de ser y cuán importante es preservarla, corren el riesgo de imperceptiblemente comenzar a permitir la desobediencia; primer paso hacia la pérdida, usualmente acelerada, de la autoridad.

No menos importantes son las observaciones que Fayol hace con respecto a la responsabilidad; de allí el título que a la final elige para referirse a éste, el segundo de los catorce principios: "Autoridad – responsabilidad". Queda en manos del lector profundizar en ello.

3º PRINCIPIO – DISCIPLINA.

Tal es la presentación que Fayol hace del principio de la disciplina:

"La *disciplina* es esencialmente la obediencia, la asiduidad, la actividad, el comportamiento, los signos exteriores de respeto realizados de conformidad con las convenciones establecidas entre la empresa y sus agentes.

Ya sea que estas convenciones hayan sido libremente debatidas o que, sin discusión previa se acaten; que estén escritas o sean tácitas; que resulten de la voluntad de las partes o de las leyes y costumbres, son estas convenciones las que fijan las modalidades de la disciplina.

Por resultar de convenciones diferentes y variables, la disciplina misma se presenta naturalmente bajo los aspectos más diversos: las obligaciones de obediencia, de asiduidad, de actividad, de comportamiento, difieren, en efecto, de una empresa a otra, de una categoría de agentes a otra en la misma empresa, de una región a otra, de una época a otra.

Sin embargo, el espíritu público está profundamente convencido de que la disciplina es absolutamente necesaria para la buena marcha de los negocios, que ninguna empresa podría prosperar sin disciplina.

Este sentimiento se expresa con gran vigor en los manuales militares, en los que se lee: "La principal fuerza de los ejércitos es la disciplina." Yo aprobaría sin reservas este aforismo si estuviese seguido por este otro: "La disciplina es tal cual la hacen los jefes." El primero inspira el respeto por la disciplina, lo que está bien; pero tiende a hacer perder de vista la responsabilidad de los jefes, lo cual es de lamentar. Ahora bien, el estado de disciplina de un cuerpo social cualquiera depende esencialmente del valor de los jefes.

Cuando se manifiesta una falta de disciplina o cuando el entendimiento mutuo entre jefes y subordinados deja que desear, en modo alguno debe negligentemente limitarse uno a achacar la responsabilidad al mal estado de la tropa; la mayoría de las veces el mal resulta de la incapacidad de los jefes. Esto es, al menos, lo que he comprobado en diversas regiones de Francia. Siempre he visto a los obreros franceses obedientes y hasta abnegados cuando eran bien mandados.

En el orden de los factores que influyen sobre la disciplina, hay que colocar, al lado del mando, las *convenciones*. Es importante que estén claras y que, tanto como sea posible, den satisfacción a ambas partes. Esto es difícil. Tenemos de ello una prueba pública en las grandes huelgas de mineros, de ferroviarios, o de funcionarios que, en estos últimos años, han comprometido la vida nacional, en nuestro país y otras partes, y que tenían por causa convenciones impugnadas o estatutos insuficientes.

Desde hace medio siglo, se ha operado un cambio considerable en el modo de establecer las convenciones que vinculan a la empresa y sus agentes. A las convenciones de otros tiempos, establecidas sólo por el patrono, se substituyen más y más convenciones debatidas entre el patrono o un grupo de patronos y las colectividades obreras. La responsabilidad de cada patrono se encuentra así reducida; también la aminora la injerencia cada vez más frecuente del Estado en las cuestiones obreras. Sin embargo, el establecimiento de las convenciones que vinculan a la empresa con sus agentes, de donde se derivan las modalidades de la disciplina, debe seguir siendo una de las principales preocupaciones de los jefes de empresa.

El interés de la empresa no permite descuidar, contra los actos de indisciplina, ciertas sanciones susceptibles de impedir o enrarecer su retorno. La experiencia y el tacto del jefe son puestos a prueba en la selección y grado de las sanciones empleadas: amonestaciones, advertencias, multas, suspensiones, degradación, expulsión. Hay que tomar en cuenta a los individuos y al medio.

En resumen, la **disciplina** es el respeto de las convenciones que tienen por objeto la **obediencia**, la **asiduidad**, la **actividad** y los **signos exteriores de respeto**.

Se impone tanto a los más altos jefes como a los agentes más modestos.

Los medios más eficaces para establecerla y mantenerla son:

     1º Buenos jefes a todo nivel;

     2º Convenciones tan claras y equitativas como sea posible;

     3º Sanciones penales juiciosamente aplicadas."

Clave para entender la disciplina es la noción de "convención" que cumple un papel destacado a todo lo largo de los comentarios que Fayol hace. Abarca todas aquellas normas, reglas, leyes, reglamentos, estatutos, pactos y contratos, derechos y obligaciones, usos y costumbres, etc., provenientes de los acuerdos y convenios que pueden existir entre los seres humanos, independientemente del grado de conciencia y libertad tenidas a la hora de formularlos o del modo en que se expresen y transmitan, explícita o tácitamente.

Instituir la disciplina supone comprender lo que ella es. La vaga sensación "atmosférica" que de su existencia e intensidad tengan los miembros de un determinado cuerpo social no es suficiente.

Disciplina la hay cuando cada una de las partes objeto de una determinada convención cumple con lo que en ella le está prescrito como de obligatorio cumplimiento.

De allí que Fayol también destaque el hecho de que son las convenciones las que determinan la clase de disciplina que veremos manifestarse, su implementación, su intensidad. En negrillas el texto de Fayol que destaca este punto:

"Ya sea que estas convenciones hayan sido libremente debatidas o que, sin discusión previa se acaten; que estén escritas o sean tácitas; que resulten de la voluntad de las partes o de las leyes y costumbres, **son estas convenciones las que fijan las modalidades de la disciplina**".

A los efectos de la disciplina, vemos que la manera en la cual surgen y se expresan tales convenciones no es lo inmediatamente crítico. Explícitas o tácitas, debatidas o no, voluntarias o no, surgidas de la lenta habituación característica de los usos y costumbres, etc., allí no radica lo esencial. El punto está en comprender que la disciplina supone el cumplimiento de estas convenciones, muy diversas de cuerpo social a cuerpo social según las circunstancias por las cuales éste atraviesa, teniéndose en cada caso que precisar los medios para su imposición.

En este sentido no existe cuerpo social sin una disciplina que le corresponda ya que no existe cuerpo social sin alguna suerte de convención, de pacto social. Una organización filantrópica puede, por ejemplo, a primera vista parecer ser sumamente anárquica, al estar libre de la coerción que caracteriza a otros cuerpos sociales, y esto precisamente debido a que depende de la buena voluntad de sus miembros. Sin embargo, esto no significa que en ella no haya disciplina. Si es exitosa como empresa, si su cuerpo social es saludable, fuerte y funciona bien, todo esto es indicativo de que en ella se cumplen las convenciones y la necesaria disciplina que suponen. Por otra parte, como ejemplo extremo opuesto, podemos comprobar la existencia en una prisión de una disciplina sumamente visible y coercitiva debido a que en ella guardias y presos cumplen con las convenciones características de esta clase de institución. Como bien sabemos lo prescrito por estas convenciones ni se discute y mucho menos se debate con los presos, siéndoles por el contrario impuesto. Sin embargo, también en las prisiones pueden ocurrir los estallidos de indisciplina que representan los motines, reflejo de que incluso en el caso de estas instituciones, las convenciones no pueden ser cualesquiera, si se quiere que a su modo ameriten ser calificadas de exitosas y sus cuerpos sociales saludables, fuertes y funcionales.

Aunque necesariamente enmarcadas dentro del más amplio contexto de las convenciones que caracterizan a la sociedad como un todo y a las cuales en principio han de estar subordinadas, cada cuerpo social tiene sus propias convenciones y, por lo tanto, una disciplina muy particular. Las señales externas o visibles variarán según el tipo de empresa, así como según los tiempos y circunstancias por los cuales atraviese. Las señales externas de disciplina en una organización militar son muy diferentes a las de una empresa comercial. Cada una puede tener implantada la disciplina que requiere, pero igual puede ocurrir que no la tenga o sea insuficiente. La misma empresa puede según los vientos que soplan requerir diferentes modalidades e intensidades de disciplina. En tiempos de calma una empresa puede ser saludable, fuerte y funcionar bien con una disciplina relativamente laxa. En tiempos de crisis la misma empresa puede requerir, al menos momentáneamente, recrudecer la disciplina reformulando las convenciones y exigiendo el severo cumplimiento de sus cláusulas. No es lo mismo un barco en alta mar en tiempos de calma que en plena tormenta. Puede que prevista esta última, ciertas pautas disciplinarias más severas ya existan, aunque no aplicadas. Surgida la situación, faltas ignoradas en tiempos de calma podrán entonces volverse inaceptables y sujetas a graves castigos.

En suma, la disciplina es relativa a la convención vigente dentro de la empresa. Los reglamentos de una prisión –convención impuesta, vimos– difieren mucho del libre pacto asumido por los miembros de una organización filantrópica. En cada caso las modalidades e intensidades de la disciplina serán diferentes. Por otra parte, la disciplina también varía en función de la categoría a la que pertenecen los agentes de una misma empresa. El régimen disciplinario aplicable a los guardianes de la prisión, por ejemplo, distinto al aplicable a los prisioneros. La disciplina también es relativa a las regiones y épocas. Las convenciones, usos y costumbres, varían de pueblo a pueblo, de un período de su historia a otro. Es muy posible que en promedio las empresas alemanas sean más disciplinadas que las italianas, y ciertamente la disciplina característica del Imperio Romano muy diferente a la de la península itálica de hoy.

Los ejemplos podrían multiplicarse. Lo importante por parte de quienes gobiernan es comprender la íntima relación existente entre las convenciones y la disciplina que habrá de caracterizar su aplicación y cumplimiento. De aquí se deduce que la primera tarea de quien gobierna es conocer dichas convenciones, explícitas y tácitas. En segundo lugar, determinar si la convención vigente para una empresa dada es la que mejor garantiza la salud, buen funcionamiento y fortaleza del cuerpo social a su cargo. Si la considera adecuada su tarea se reduce a la de velar por su cumplimiento, instituyendo las modalidades e intensidad de disciplina que implica. Si por el contrario juzga que la convención vigente no es la indicada su tarea se complica. Primeramente deberá formular una nueva convención para luego de desarraigada la anterior total o parcialmente, fijar e instituir las nuevas modalidades e intensidad de disciplina que la nueva convención implique; tarea nada fácil: su cumplimiento puede significar modificar la cultura corporativa que ha caracterizado al cuerpo social hasta entonces. Instituida la disciplina resta velar por su preservación y prevenir su deterioro, aunque siempre alerta a que un tal deterioro pudiera deberse a una convención que manda fuertes señales de necesitar ser revisada. Por último inevitable es contemplar la más difícil de las tareas que ha de enfrentar quien se propone gobernar: reinstituir la disciplina dentro de un cuerpo social corrompido que, vista la mediocridad de sus previos gobiernos, se ha vuelto total o parcialmente indisciplinado a pesar de ciertamente ser muy adecuada la convención pautada para regirlo, en lugar de afectada por constantes y muy visibles graves incumplimientos.

En suma: un gobernante sensible al constante y necesario contrapunteo convención/disciplina.

Siempre abierto al cuestionamiento, todo lo anterior confirma que en relación a los principios el jefe o gobernante debe evitar la dogmática asunción de los *apriorismos* que su formación y experiencias previas le puedan haber inculcado.

EL 6º PRINCIPIO: SUBORDINACIÓN DEL INTERÉS PARTICULAR AL INTERÉS GENERAL [446]

"Este principio nos recuerda que en una empresa, el interés de un agente, o de un grupo de agentes, no debe prevalecer en contra del interés de la empresa; que el interés de la familia debe anteponerse al de cualquiera de sus miembros; que el interés del Estado debe predominar por encima del de un ciudadano o grupo de ciudadanos.

Pareciera que semejante prescripción no debería necesitar de un recordatorio. Pero la ignorancia, la ambición, el egoísmo, la pereza, las flaquezas y todas las pasiones humanas tienden a hacer perder de vista el interés general en provecho del interés particular. La lucha a sostener es continua.

Dos intereses de orden diferente, pero igualmente respetables, están en presencia; hay que procurar conciliarlos. Es una de las grandes dificultades del gobierno.

Los medios para su realización son:

    1º La firmeza y el buen ejemplo de los jefes;

---

[446] Cuando Fayol lista por primera vez los catorce principios que se propone comentar, en lugar de "Subordinación del interés particular al general" le vimos colocar "Subordinación de los intereses particulares al interés general". ¿Modificaría el plural substancialmente sus comentarios y los nuestros? No lo creemos.

2º Convenciones tan equitativas como sea posible;
3º Una atenta vigilancia."

Sin aspirar a agotar el tema, nuestros comentarios

En sólo tres párrafos Fayol expone y comenta el principio de la subordinación del interés particular al interés general. No debemos sin embargo dejarnos engañar por esta apariencia y pensar que este principio es fácil de comprender, y mucho menos de poner en práctica.

Mediante tres niveles distintos de relación entre los miembros y la totalidad de la cual forman parte, el primer párrafo simplemente expone lo que el principio está llamado a decir. Los intereses de los miembros o partes de un todo social no deben prevalecer, anteponerse o predominar por sobre los intereses de la totalidad de la cual forman parte. Lo que el principio dice parece estar claro. El intelecto lo admite sin reservas.

Sin embargo, en la segunda oración del segundo párrafo Fayol enumera un conjunto de factores que conspiran contra el recuerdo y puesta en práctica generalizada del principio por parte de los seres humanos. Con facilidad estos pierden de vista el interés general en provecho de sus intereses particulares. Antes de comentar estos factores conviene, sin embargo, que momentáneamente nos adelantemos para examinar el tercer párrafo. Allí nos encontraremos con una afirmación que habrá de sorprendernos. Dilucidarla nos permitirá clarificar la naturaleza del 6° principio de Fayol y regresar al segundo párrafo con mayores posibilidades de entender a cabalidad los obstáculos que allí menciona.

La primera oración del tercer párrafo incluye una cláusula que no deben pasar desapercibida. La subrayamos a continuación: "Dos intereses de orden diferente, pero igualmente respetables, están presentes; hay que buscar conciliarlos". ¿Por qué ha de intrigarnos esta cláusula? Respuesta: debido a que por un lado, en el título y primer párrafo Fayol hizo hincapié en una relación de subordinación (no prevalecer, no anteponerse, no predominar) en tanto que ahora afirma que los mismos dos intereses en cuestión son igualmente respetables y que, por lo tanto ameritan el esfuerzo por conciliarlos.

Nos preguntamos: ¿cómo pueden los intereses particular y general ser igualmente respetables, y a la par existir entre ellos una relación de jerarquía?

Para aclararlo estudiemos la situación ejemplo que sigue:

Visualice el lector una suerte de gigantesca arca de Noé con la diferencia de que, en lugar de cobijar parejas de animales de todas las especies, tenga por objeto salvar a la humanidad realizando un viaje que habrá de durar siglos y cuyos pasajeros sean un vasto número de seres humanos. Varias generaciones habitarán la nave antes de alcanzar su destino final. El arca está hecha de madera y su tamaño es gigantesco. Tan enorme es, que pocos viajeros alcanzan a tener una visión de conjunto de toda el arca, sobre todo tratándose de los que son descendientes de los que originalmente ingresaron al arca. Los que jamás han tenido oportunidad de subir a cubierta incluso ignoran que el arca es una nave y que por lo tanto navega sobre la superficie de un gigantesco mar. Los promotores originales del arca eran hombres sabios. No sólo la diseñaron y construyeron sino que también formularon un conjunto de normas y reglamentos destinados a regir el comportamiento de los viajeros. Entre estas reglas existe la siguiente: "En el arca estará terminantemente prohibido encender cualquier clase de fuego, excepto en las cocinas y otros lugares especialmente diseñados al efecto". Un buen día, un pasajero de la tercera o cuarta generación de viajeros, habitante de uno de los camarotes cercanos a la quilla del barco, considera atractiva la idea de cocinar en su propio alojamiento. Consigue leña y un pollo –quien sabe dónde o como– y ni corto ni perezoso enciende una hoguera en su camarote. Por suerte el arca tiene un sofisticado sistema de ductos que permite detectar emanaciones de humo y su procedencia. Este sistema está conectado con una sala atendida por guardianes especializados. Estos conocen las normas y reglamentos. Su misión es prevenir y reprimir las violaciones. Apenas les llega la señal se dirigen apresuradamente hacia el camarote de donde provienen las emanaciones de humo. Exigen que se les abra la puerta y encuentran a nuestro pasajero en plena faena de prepararse un suculento pollo asado. Sin otra explicación le dicen: "ciudadano pasajero XXX, Ud. está violando el párrafo YYY del reglamento ZZZ que prohíbe encender fuego en nuestra arca. Se le ordena apagar su fogata de inmediato". El pasajero pide explicaciones. Debido a su carácter autoritario, o como a menudo ocurre debido a que ignoran la razón de ser de las normas y reglamentos por cuyo cumplimiento velan, los guardianes no le proporcionan explicación alguna. El pasajero se irrita y comienza a polemizar. Arguye tales cosas como: "no estoy haciendo nada malo", "a nadie perjudico", "la norma no tiene sentido", etc. Debido a la intransigencia que percibe en los vigilantes, por último exclama: "¿Uds. saben cómo es la cosa? ¡Cocino aquí porque me viene en gana! ¡Ya estoy harto de la comida que sirven en el comedor general! Tengo interés en preparar mi propio alimento. De otro modo me voy a enfermar". En algún momento del incidente puede que suavice su tono e incluso trate de sobornar a los guardianes con parte del pollo a punto de estar listo. Por suerte estos conocen su deber y lo cumplen. Visto que "por las buenas" nuestro pasajero no quiere cumplir con la norma vigente, pasan a utilizar medios más drásticos. Apagan la hoguera ellos mismos o "a palo limpio" obligan al pasajero a hacerlo. Luego, por las buenas o por las malas, se lo llevan para presentarlo ante las autoridades superiores a cargo de impartir las sanciones del caso. Quizás allí le será explicado a nuestro pasajero las razones de ser de la norma que infringió.

He aquí una situación suficientemente clara como para poder deducir con facilidad el interés general de la sociedad que viaja en el arca: ante todo es importante que no naufrague. Todo lo que ocurre en ella depende de que siga a flote. Si se hunde todos se hunden con ella. Por lo tanto, cualquier acción que incremente la probabilidad de que se vaya a pique debe prevenirse antes de que la catástrofe ocurra.

Nos preguntamos: ¿Quién tiene este interés general? Responder apresuradamente y sin pensar que este interés lo tiene la sociedad como un todo deja el asunto en penumbras. No queda claro en qué sentido la sociedad como un todo puede tener algún interés, sobre todo si alguno(s) de sus miembro(s) no parece(n) compartirlo. La respuesta que debemos dar es la siguiente: el interés de que el arca no naufrague debieran tenerlo todos y cada uno de los pasajeros del arca. ¿Por qué? Porqué si se hunde, con ella se hunden todos. ¿Qué pasaría entonces con los intereses particulares de todos y cada uno de ellos? Para decirlo de alguna manera también se irían a pique. En otras palabras, ningún interés particular puede encontrar satisfacción si el piso mismo sobre el cual descansa y hace posible su realización se desmorona. **Vemos, pues, que el primer interés particular de todos y cada uno de los pasajeros, lo sepan o no, es que el arca que los cobija y nutre no se hunda.** Ninguno puede querer sus propios intereses particulares sin antes querer el interés general. Y sin embargo en la práctica bien lo sabemos: con frecuencia ocurre lo contrario.

6º Principio: Subordinación del interés particular al interés general

"Este principio nos recuerda que en una empresa, el interés de un agente o de un grupo de agentes, no debe prevalecer en contra del interés de la empresa; que el interés de la familia debe anteponerse al de cualquiera de sus miembros; que el interés del Estado debe predominar por encima del de un ciudadano o grupo de ciudadanos.

Pareciera que semejante prescripción no debería necesitar de un recordatorio. Pero, la ignorancia, la ambición, el egoísmo, la pereza, las flaquezas y todas las pasiones humanas tienden a hacer perder de vista el interés general en provecho del interés particular. La lucha a sostener es continua.

Dos intereses de orden diferente, pero igualmente respetables, están presentes; hay que buscar conciliarlos. Es una de las grandes dificultades del gobierno.

Los medios para su realización son:
    1º La firmeza y el buen ejemplo de los jefes.
    2º Convenciones tan equitativas como sea posible.
    3º Una atenta vigilancia."

Los hombres se han portado bien, pero los animales no. Así que merecen un castigo: se les exterminará con un diluvio que habrá de durar más de 500 años. Nosotros, los hombres, hemos sido preavisados a fin de que nos salvemos. Construyamos, pues, un arca para que nosotros y nuestros descendientes sobrevivamos hasta que las aguas por fin bajen. ¡Manos a la obra!

La situación descrita claramente nos indica la relación de subordinación existente entre el interés general y el particular. Pero nos falta explicar porque son igualmente respetables.

Pero... ¿que hemos también descubierto? El que evidentemente, en último análisis, todos los intereses son particulares. El interés general es aquél interés particular que todo miembro inteligente y suficientemente informado de la sociedad debería anteponer a todo otro interés que pudiera tener. ¿Podría no interesarle aquél interés que es condición de posibilidad para la realización de todos los demás intereses que tiene?

El corolario es fácil de deducir. Los intereses particulares ameritan el mismo respeto que el interés general. ¿Por qué? Porque son de la misma naturaleza. Los intereses particulares que se contraponen al general no son reales intereses. Quien los tenga no sabe realmente lo que quiere. Está en contradicción consigo mismo. Aspira a la realización de ciertos intereses particulares sin querer la previa y fundamental realización del interés general. En este sentido el "interés" particular que ignore al general es suicida. Su realización no es posible. La racionalidad de quien tenga semejante "interés" es cuestionable (veremos las diferentes causales cuando examinemos los impedimentos que Fayol enumera en el segundo párrafo).[447]

De lo que hemos explicado se deduce, pues, que toda persona que realmente subordine y sintonice sus intereses particulares con el general merece que dichos intereses por lo tanto legítimos, le sean respetados tanto como el interés general. La ley que en el sentido recién explicado no respete a esos intereses particulares legítimos se extralimita. En efecto, si su finalidad no es otra que velar por el interés general, no tiene porque normar comportamientos que en nada perjudican al bien de la totalidad.[448]

En adición a lo ya comentado el ejemplo del arca nos permite profundizar en la clásica pregunta acerca de cuándo la coerción puede ser ejercida con legitimidad por parte de las autoridades. Visto que el pasajero no quiso atender al mandato de apagar la hoguera por las buenas, los guardianes tuvieron que recurrir a la coerción. Preguntamos: ¿de dónde proviene la legitimidad de sus actos coercitivos? La respuesta no es difícil de encontrar. Sus acciones son legítimas porque en el fondo no contravienen a los intereses reales que el pasajero debiera tener. Éste, al igual que todos los demás pasajeros, no puede tener por interés que el arca

---

[447] Paréntesis: aclaremos de inmediato que el alienado que ha perdido definitivamente la razón no puede tener reales intereses. Está en el interés de la sociedad cuidarlo y evitar que se haga daño a sí mismo o a la colectividad a la cual pertenece. Si tuviese uso de razón reconocería que está en su propio interés el que la sociedad le preste este tratamiento especial. Todos y cada uno de los miembros cuerdos de la sociedad tienen por interés el que de llegar a perder la razón se les cuide de esta manera. Por lo tanto el tratamiento de los alienados es asunto de interés general. En fin de cuentas quienes legislan son los cuerdos e informados, ¿sí? Grave cuando éstos no son tan cuerdos y no están tan bien informados como lo creen, y que convencidos de conocer el verdadero interés general fácilmente caen en la tentación de imponerlo sobre cualquier otro, a veces como bien lo evidencia la historia sobre una gran parte o incluso mayoría de una sociedad considerada por ellos como alienada y en necesidad de ser obligada a abrir los ojos.

[448] Anticipándonos a la objeción siguiente: ¿qué hay del comportamiento particular de la clase X de un ciudadano Y que sólo perjudica a otro ciudadano Z y que aparentemente no perjudica a la sociedad como un todo? Debemos de inmediato preguntarnos: ¿existe tal comportamiento? Si con excepción del alienado, temporal o terminal, todos y cada uno de los miembros de la sociedad reconocen no querer ser perjudicados de la misma manera por conductas de la clase X, inmediatamente estamos en presencia de un interés general. De hecho muy posiblemente el primer interesado en no ser perjudicado por comportamientos de la clase X con los cuales ha perjudicado al ciudadano Z es precisamente Y. En la práctica toda legislación es susceptible de imperfecciones.

naufrague. Si desconoce su propio interés es legítimo protegerlo de sí mismo. Algo, algún impedimento –no explícitamente descrito en el ejemplo del arca– hace que no pueda ver al interés general como su primer interés particular.

El sexto principio que hemos estado comentando no es creación de Fayol. Al respecto ya existía una larga tradición que lo había formulado, defendido y convertido en parte del sentido común generalizado de todos los miembros de las sociedades que lo ponen en práctica con éxito. No debemos olvidar que Fayol seguramente fue beneficiario de una excelente educación y que pertenece a la rancia tradición franco parlante a la cual pertenecieron algunos de los más reputados pensadores de la política que, en su conjunto, se denominan "Contratistas Sociales", e.g.: Rousseau y Montesquieu. Tomemos al primero y veremos que en su clásica obra "Del Contrato Social" introduce la distinción entre voluntad general y voluntad particular. Si por voluntad se entiende aquello que nos moviliza a partir de nosotros mismos hacia el logro de alguna cosa propia o foránea –es decir, hacia nuestro interés– entonces éste, el interés, no puede existir sin la primera, la voluntad. El interés nos mueve siempre y cuando nuestra voluntad lo acompañe, de otro modo no es un real interés. Si queremos ser más precisos tendríamos que decir que el interés es sólo aquél aspecto de la voluntad que corresponde con el hacia donde ella encaminará sus energías. Rousseau utiliza ambos términos, "voluntad" e "interés", pero sin duda le da preeminencia al primero.

Regresemos ahora a los factores que, aparte de la alienación, conspiran en contra de la aplicación del principio. En la segunda oración del segundo párrafo Fayol enumera seis grandes clases de impedimentos que tienden a hacer perder de vista el interés general en provecho del interés particular. Hagamos un breve examen de cada uno:

(1°) La ignorancia se menciona en primer lugar porque en el fondo también está, directa o indirectamente, como pronto lo veremos, a la base de las restantes cinco grandes clases de impedimento. Ya tenemos un ejemplo de ella. En el caso del arca, nuestro pasajero ignoraba el interés general de la sociedad de la cual era miembro. Desconocía su primer gran interés. Vimos que también los guardianes podían desconocer el interés general. Conocían la regla a imponer, quizás ignorando su razón de ser.

Un paréntesis necesario. Visualice el lector una situación en la cual todos y cada uno de los miembros de un determinado cuerpo social, por ejemplo un arca, ignoren el interés general. ¿Tiene aún sentido hablar de la existencia de un interés general? Respuesta: en principio sí. La existencia de un interés general no depende de su ser conocido o reconocido por todos o parte de los miembros del cuerpo social ¿Conviene que exista una ignorancia muy generalizada de él? Ciertamente que no. ¿Qué nos dice lo que acabamos de apuntar? Nos dice que el interés general es materia resultante del conocimiento y no producto de la simple opinión que al respecto tengan los miembros del cuerpo social. Significa que el interés general debe ser el objeto de una consciente y activa búsqueda, de una permanente actualización y de un constante recordatorio.

Ignorar el interés general es fácil, sobre todo cuando la sociedad es compleja, con múltiples niveles de miembros entretejidos entre sí y con relaciones mutuas de inclusión parcial o total muy diversas: el miembro de una familia también perteneciente a cierta organización religiosa nacional, su familia y demás familiares circunscritos a un determinado municipio, su esposa trabajando dentro de una determinada empresa local, el municipio con cierta relación de subordinación con la contraloría del estado del cual forma parte, los gobernadores de estado miembros de una asociación que los agrupa, los diferentes estados como partes constitutivas del país y así sucesivamente hasta llegar a la nación soberana que engloba a todas las partes. Por otro lado, en el mundo contemporáneo la soberanía de las naciones es cada vez menos absoluta. Se han multiplicado las organizaciones supranacionales de todo tipo. Su envergadura, sus relaciones de inclusión total o parcial también es muy diversa.

En principio, cual arca, cada nivel considerado, cada unidad que engloba a otras, generaría para estas y para sus miembros, algún interés general. Pero toda la complejidad que acabamos de describir multiplica los posibles casos de ignorancia del interés general. ¿De qué maneras? Consideremos tres grandes categorías:

i) Cuando, cual muñecas rusas, las diversas entidades relativamente más pequeñas se subordinan a la respectiva entidad mayor subsiguiente que las engloba, entonces aparece una clara jerarquía, no sólo de dichas entidades sino de los intereses generales respectivos para cada nivel. Los intereses de la nación son generales relativo a los de la familia, cuyos intereses son, a su vez, generales relativo a los de cualquiera de sus miembros singulares. En este primer caso lo que da lugar a la ignorancia del interés general es principalmente la simple distancia. No cabe duda, por ejemplo, que el interés general de la nación debe prevalecer por sobre todos intereses de las partes que claramente engloba. Sin embargo, su lejanía de la gente, de la familia, y otras entidades relativamente más reducidas hace que estas pierdan con facilidad de vista, es decir ignoren, dicho interés general más englobante. Así le ocurrió al pasajero del arca. La inmensidad de esta le impedía dilucidar el interés general.

ii) Cuando no existe una clara jerarquía lineal, cuando las relaciones de inclusión parcial o total se vuelven complejas, puede que la misma entidad relativamente más pequeña se vea subordinada a entidades mayores de las cuales es miembro a tiempo completo o parcial. En este caso es la imposibilidad de establecer una clara jerarquía entre las diversas unidades la que puede generar situaciones conflictivas. Tal sería, por ejemplo, el caso del profesional que a tiempo completo es miembro de la nación y de una determinada organización religiosa internacional, a la par de ser miembro temporal del hospital en el cual trabaja, miembro permanente del gremio médico y miembro temporal de la organización gremial a la cual pertenece. En un momento determinado puede vivir el conflicto de tener que atender a intereses generales distintos o incluso contrapuestos: obedecer los mandatos de su nación puede, por ejemplo, significar infringir una importante norma de vida que le impone su iglesia, o sentir que su ética médica se contrapone con el mandato de huelga que su gremio ha declarado. La inexistencia de una clara jerarquía entre su nación y la iglesia, entre los valores del gremio médico y el sindicato, le hacen vivir el drama de tener que conscientemente ignorar alguno de los dos grandes intereses generales respectivos en juego.

iii) Los sistemas se han convertido en tan complejos que es frecuente observar como son los propios gobernantes y leyes los que violan al real interés general. En otras palabras, la ignorancia del interés general puede alcanzar a jefes y legisladores. El drama del ciudadano es entonces muy particular. Por un lado, debido a su sentido común, su estar mejor informado, su poseer una mejor visión de conjunto, etc., conoce o cree conocer el interés general mejor que los gobernantes o que alguna ley, pero por el otro también sabe que está en el interés general de la nación que los ciudadanos obedezcan a dichos gobernantes y leyes. Si son estos los que ignoran el interés general y como ciudadano creo conocerlo mejor que ellos, ¿a quién obedecer? La situación no es nada sencilla sobre todo cuando cambiar a los gobernantes o modificar las leyes es un proceso lento y difícil. Cabe recordar aquí las siguientes célebres palabras de Rousseau:

"Para descubrir las mejores reglas de sociedad que convienen a las naciones, haría falta una inteligencia superior que viese todas las pasiones de los hombres, y que no padeciese ninguna; que no tuviese relación alguna con nuestra naturaleza, y que la conociese a fondo; cuya felicidad fuese independiente de nosotros, y que sin embargo bien quisiese ocuparse de la nuestra; en fin, que, en el progreso de los tiempos administrando para sí una gloria lejana, pudiese trabajar en un siglo y disfrutar en algún otro. Haría falta dioses para darle leyes a los hombres."

Bien obvio es que quienes legislan, decretan mandatos o dan órdenes no son dioses. Si de ello se deduce que ignorarán el interés general, ¿cuál ha de ser la solución? Respuesta: el progresivo perfeccionamiento de las instituciones humanas por parte de cada nueva generación de gobernantes, legisladores y ciudadanos.

En el caso de la empresa las complejidades que acabamos de describir son quizás menores a las de una nación, pero no por ello estarán ausentes los diversos casos de ignorancia que hemos expuesto.

(2°) La ambición es el segundo impedimento mencionado por Fayol. Conocemos la expresión: "la ambición ciega". En efecto este es el caso. La ambición del ambicioso, su abrirse paso "a como dé lugar", puede con mucha facilidad cegarlo y hacerle perder de vista al interés general.

(3°) Como tercer impedimento Fayol menciona el egoísmo. Como bien sabemos, éste también tiene el efecto de limitar la visión de quien se deja dominar por él. Centrado en sí mismo desarrolla una miopía que le impide abarcar horizontes más amplios que incluyen a los intereses de los demás, así como los de las colectividades u organizaciones de las cuales es miembro.

(4°) En cuarto lugar Fayol menciona la pereza. No se debe subestimar su poder. Valga el siguiente ejemplo "ficticio". La persona que estaciona su vehículo a la ligera impidiendo que otros se estacionen o puedan salir, y que sin embargo tiene muy claro su propio interés cuando coloca y conecta todos los candados y sistemas de seguridad, puede tras bajarse del vehículo y dar unos cuantos pasos darse cuenta de lo mal que estacionó. Cual ráfaga fugaz pasará por su mente la idea siguiente: "¡hum! debiera volver y estacionar mejor, pero...", dejándose dominar por la flojera inmediatamente añadir para sus adentros: "¡Bah! ¡Es que ya yo vengo!". De allí a que, estando en el centro comercial, se encuentre con un amigo, se olvide del vehículo y pase varias horas en un bar hay un solo paso. El colmo es observar a esta misma persona montar en furia cuando comprueba que debido a una emergencia alguien se arrogó el derecho a mover su precioso vehículo con una grúa o por cualquier otro modo. ¡Cuán ausente está del momento en que la flojera lo dominó! ¡Ah! y en vez de aprender de la experiencia, en futuras ocasiones ¡seguir estacionando con la misma desidia de siempre!

(5°) El siguiente impedimento que Fayol menciona "las flaquezas" realmente abarca una gran familia de fenómenos muy humanos. Una manera de realzar el poder de las flaquezas sobre la naturaleza humana es destacar el hecho de que no es lo mismo saber de ética que tener ética, que conocer las reglas de la ética no garantiza su cumplimiento. Constantemente podemos descubrir nuestras flaquezas examinándonos en el momento mismo de incumplir con una norma que intelectualmente aceptábamos como regla para nuestra conducta y que, sin embargo, incumplimos al dejarnos vencer por alguna flaqueza.

Aquí cabe recomendar al lector leer la clásica obra de Kant concerniente a la ética denominada "Fundamentos Metafísicos de las Costumbres", así como el muy bien logrado capítulo XVII de "Las Funciones del Ejecutivo" de Chester Barnard referente a la responsabilidad ejecutiva. Es evidente que quien menos debe dejarse dominar por las flaquezas de todo tipo es quien gobierna, mientras más elevada su jerarquía menos así. Si en gran medida lo logra, lo cual ya es bastante difícil, tiene la tarea adicional de evitar que los miembros de la empresa que dirige sean dominados por la gran diversidad de flaquezas y pasiones humanas. Vemos que en el sentido expuesto la pereza es un caso particular de flaqueza. Sin embargo, la explicación que vía una situación ejemplo de ella dimos nos indica que no debe extrañarnos que Fayol la haya querido destacar por separado.

(6°) "Todas las pasiones humanas" es también una denominación que abarca un gran número de fenómenos. Aunque no siempre sean fáciles de distinguir, en general podemos decir que, a diferencia de las flaquezas que permiten que nos dejemos vencer por ciertas fuerzas, las pasiones nos impulsan en cierta dirección. Pueden hacerlo a tal punto de impulsivamente sobre reaccionar ciegamente, ignorando el interés general en juego. Los siete pecados capitales de la iglesia católica son buen ejemplo de las pasiones humanas. Incluyen: la soberbia, la avaricia, la lujuria, la ira, la gula, la envidia y la pereza. El lector notará que según como se las mire y en función de las circunstancias concretas particulares son flaquezas, pero también pasiones.

De todo lo expuesto se puede fácilmente deducir que en última instancia la solución a todos estos impedimentos es la educación: formación del carácter y conocimiento. Cabe destacar que la formación del carácter, la adquisición de virtudes depende de la formación de hábitos. Estos tienen la propiedad de convertir en segunda naturaleza ciertos patrones de conducta. Sin embargo, pueden adquirirse buenos y malos hábitos. Por ejemplo, la flojera reiterada va debilitando a la persona al punto de convertir en imperceptible y difícilmente superable su propia pereza. Adquirir buenos hábitos es entonces cuestión de erradicar malos hábitos y practicar los contrarios hasta convertirlos en dominantes. Es decir, por ejemplo, en lugar de ser dominado por la flojera, convertirse en industrioso para ser conducido y energizado por esta virtud contraria, adquirida vía su práctica persistente. La práctica convierte en fácil lo que al inicio era difícil. Al principio la práctica de las virtudes es difícil. El hábito las convierte en una suerte de segunda naturaleza que convierte su ejercicio en fluido y fácil. La marca de que un hábito ha sido bien adquirido lo comprueba el propio actor cuando nota que ya no se desdobla en un quien que se controla y un quien controlado por sí mismo. Con hábitos bien consolidados la persona se vuelve una consigo misma.

Observemos de inmediato que la institucionalización de cualquiera de los principios de administración, no sólo del sexto que estamos comentando aquí, pasa por lograr inculcar los hábitos correctos, si posible, en todos sino la mayor masa crítica de miembros del cuerpo social. Si las condiciones para la salud, fortaleza y buen funcionamiento del cuerpo social, si los principios de administración cambian, igualmente tendrán que cambiar los hábitos a inculcar en los miembros.

Aún siendo la solución más auténtica, hay que reconocer, sin embargo, que la educación es una solución de mediano o largo plazo (el tiempo requerido para educar). Para el corto plazo ya expusimos arriba la otra solución. La vimos en el caso del arca. Se trata de la coerción cuyo ejercicio, como ya vimos, plantea el problema de su legitimidad. Regresando a Rousseau hagamos notar que dos de sus obras más destacadas fueron escritas dentro de un lapso de tiempo no mayor de dos años. Ya mencionamos "Del Contrato Social", que se centra en resolver el problema político del uso legítimo de la coerción por parte de los gobernantes. Su gran obra educativa, el "Emilio", se centra en la formación del ciudadano que el Contrato social requiere. No es casual que estas dos grandes obras estén tan cercanas en el tiempo. Una trata de la solución de corto plazo mediante la aplicación de fuerzas externas al actor. La otra expone la solución de mediano y largo plazo; solución más genuina en la medida en que gobernar-**se** llega a ser la virtud fundamental del auténtico ciudadano. La imperfección humana hace que nunca podamos totalmente desprendernos de la primera solución.

Todo lo expuesto nos permite comprender porque en el segundo párrafo Fayol dice: "La lucha a sostener es continua" y que en el tercer párrafo añada: "Es una de las grandes dificultades del gobierno". En primer lugar el gobernante debe luchar consigo mismo, contra sus propios impedimentos, ignorancias, flaquezas, pasiones, etc., contra sus propios malos hábitos y practicar persistentemente la adquisición de los buenos. Pero luego –no menos difícil– convertirse en factor clave de reducción de los impedimentos que afectan a los demás miembros del cuerpo social a su cargo, erradicación de los malos hábitos y substitución por los buenos. La imperfección humana, los constantes cambios en las condiciones que la salud, fortaleza y buen funcionamiento del cuerpo social requieren, implican que la tarea es continua. La naturaleza de los impedimentos hace que sea harto difícil.

Ineludible profundización adicional. Del ser parte consustancial de la nave social de la cual cada uno es miembro se desprende el siguiente hecho: lo quiera o no, sepa hacerlo o no, lo haga bien o no, en alguna medida y de cierta manera cada quien influye en el rumbo, recorrido y destino de la nave. ¿De ello también se desprende que a cada uno corresponda algún derecho? Por sí sólo de este puro hecho, así descrito, no puede desprenderse derecho alguno. ¿Pero qué pasa si a ese mismo hecho se añade este otro: inevitable será que cada quien en lo personal se vea de cierta manera, para bien o para mal, afectado por lo que en cualquier momento, tanto a lo largo como al final del recorrido, le ocurra a la nave? Repetimos la pregunta: ¿podrá entonces -ahora sí- afirmarse que del par de hechos así descritos se desprende cierto derecho de cada quien a influir en el rumbo, recorrido, destino final y continua conducción de la nave social, visto que el porvenir de cada quien, favorable o no, inevitablemente habrá de estar sujeto a lo que a la nave le ocurra? [449]

A simple vista así pareciera, y sin embargo, apresurada apreciación hecha a la ligera... ¿no será más bien que, en lugar de un cierto derecho, del mismo par de hechos lo que se desprende es cierto deber u obligación a cumplir por parte de cada quien? ¿Cuál deber? El deber u obligación de influir de buena voluntad en el rumbo, recorrido, destino y continua conducción <u>acordados</u> para la nave social, producto estos <u>acuerdos</u> de algún método o procedimiento de antemano acordado <u>por consenso</u> para tomar decisiones de esta clase; e.g.: la regla de acatar la opinión de la mayoría, simple o calificada según el caso? Tal consenso previo acordado parece, so pena de ser ignorado, implicar el deber u obligación de someterse a sus procedimientos y acuerdos subsiguientes, independientemente de si las consecuencias esperadas en lo personal sean experimentadas como favorables o perjudiciales. El consenso original manda.

Pero, si tal deber u obligación existe, volvemos a preguntar: ¿no ha de existir igualmente y como contrapartida natural algún derecho a incidir sobre el rumbo, recorrido, destino y continua conducción de la nave social? Para encontrar la respuesta, favorable o no, debemos volver atrás. ¿Acaso el deber u obligación solo ha de limitarse a influir de buena voluntad en el rumbo, recorrido, destino y continua conducción de la nave social, toda vez que las decisiones al respecto <u>ya hayan sido</u> tomadas con base en el método o procedimiento acordado previamente por consenso? ¿No debería el deber u obligación de influir de buena voluntad iniciarse <u>antes</u>... esto es, en la etapa en que aún están siendo discutidas y colectivamente tomadas las decisiones acerca del rumbo, recorrido, destino y continua conducción de la nave

---

[449] ¿Suficiente justificación a que el régimen de gobierno de toda nave social, cualquiera sea ésta, sea democrático? La democracia: ¿el derecho de cada miembro a influir, cuando no a intervenir en el rumbo, recorrido, destino y continua conducción de la nave social de la cual es miembro? Persuasiva explicación psicológica de primera instancia, pero sobre todo tratándose de filosofía política ¿fundamento cierto de la democracia como régimen de gobierno de la sociedad? No nos apresuremos.

social, y tal influencia ocurrir con la mejor de las buenas voluntades por nuestra parte; significando esto que al participar nos quede bien claro que tal habrá de ser el interés general finalmente decidido, y que así nos guste o no habremos de asumir como nuestro primer interés particular?

Así será si al principio de "subordinación del interés particular al general", independientemente de las grandes dificultades que su puesta en práctica supone, concedemos supremo estatus como rector de nuestra actuación.

Más que un derecho comprobamos ahora que influir debidamente en el rumbo, recorrido, destino y continua conducción de la nave social resulta ser un deber, una obligación, tanto en pro de la nave como del bien propio. [450]

Olvidando asumirla como el deber u obligación que es, reclamamos como derecho nuestra consabida influencia sobre el rumbo, recorrido, destino y continua conducción de la nave social cuando de nuestra ignorancia del principio de subordinación del interés particular al general y concentrada atención en el primero, se desprende nuestro no ser capaces de identificar al interés general como nuestro primer y más fundamental interés particular.

EL 10º PRINCIPIO: EL ORDEN

"Se conoce la fórmula del orden material: *Un lugar para cada cosa y cada cosa en su lugar*. La fórmula del orden social es idéntica: *Un lugar para cada persona y cada persona en su lugar*.

Orden material.— Según la definición precedente, para que el orden material reine, es preciso que un lugar haya sido reservado para cada objeto y que todo objeto esté en el lugar que le ha sido asignado.

¿Basta con esto? ¿No hace falta además que el lugar haya sido bien escogido?

El orden debe tener por resultado evitar las pérdidas materiales y las pérdidas de tiempo. Para alcanzar por completo esta finalidad, no solo es preciso que las cosas estén en su lugar bien dispuestas, sino que además el lugar haya sido escogido de manera a facilitar tanto como sea posible todas las operaciones. Si esta última condición no se cumple, el orden tan solo es aparente.

El orden aparente puede encubrir un desorden real. He visto el patio de una fábrica usado como almacén de lingotes de acero donde los materiales bien dispuestos, bien alineados, limpios, daban una agradable impresión de orden. Mirando más de cerca se constataba que el mismo montón encerraba, confundidas, cuatro o cinco especies de aceros destinadas a fabricaciones diferentes. De donde maniobras inútiles, pérdidas de tiempo, posibilidades de error...; ninguna cosa estaba en su lugar.

Por el contrario ocurre que un desorden aparente corresponde a un orden real. Tal es el caso de los papeles esparcidos según la voluntad del amo y que un servidor bien intencionado, pero incompetente, dispone de otra manera y alza en pilas bien alineadas. El amo ya no se orienta.

El *orden perfecto* implica un lugar juiciosamente elegido; El *orden aparente* tan solo es una imagen falsa o imperfecta del orden real.

La limpieza es un corolario del orden. Ningún lugar le está reservado a la suciedad.

---

[450] Ausente la asunción generalizada de este deber por parte de los miembros de la sociedad, ¿puede ella realmente ser calificada de democrática?

Un cuadro gráfico que represente el conjunto de los inmuebles, dividido en tantos compartimientos como agentes responsables hay, facilita mucho el establecimiento y el control del orden.

Orden social.— Para que el orden social reine en una empresa, hace falta, según la definición, que un lugar le esté reservado a cada agente y que cada agente esté en el lugar que le ha sido asignado.

El orden perfecto exige además que el lugar convenga al agente y que el agente convenga a su lugar. *The right man in the right place.*

El orden social así entendido supone resueltas dos operaciones administrativas de las más difíciles: una buena organización y un buen reclutamiento. Establecidos los puestos necesarios para la marcha de la empresa, se han reclutado los titulares de estos puestos y cada agente ocupa el puesto donde puede rendir los mayores servicios. Tal es el orden social *perfecto*. 'Un lugar para cada persona y cada persona en su lugar.' Esto parece sencillo, y tenemos naturalmente tal deseo que así sea, que tan pronto oímos a un jefe de Gobierno afirmar por vigésima vez este principio, al punto nos llega la idea de una administración perfecta. Es un espejismo.

El orden social exige un conocimiento exacto de las necesidades y de los recursos sociales de la empresa y un equilibrio constante entre estas necesidades y estos recursos. Ahora bien, este equilibrio es muy difícil de establecer y de mantener, y tanto más difícil cuanto más grande es la empresa. Y cuando ha sido roto, que intereses particulares han hecho desatender o sacrificar el interés general, que la ambición, el nepotismo, el favoritismo, o simplemente la ignorancia han multiplicado inútilmente los puestos o colocado en los puestos necesarios a agentes incapaces, hace falta mucho talento, mucha voluntad y más perseverancia de la que implica la actual inestabilidad ministerial para hacer desaparecer los abusos y restablecer el orden.

Aplicada al Estado la fórmula del orden: "Un lugar para cada persona y cada persona en su lugar" adquiere una amplitud extraordinaria. Es la responsabilidad de la nación con respecto a todos y a cada uno, es la suerte de cada quien prevista, es la solidaridad, es la cuestión social toda. No me detengo por más tiempo ante esta inquietante extensión del principio del orden.

En las empresas privadas y sobre todo en las empresas de reducida envergadura, es más fácil proporcionar el reclutamiento a las necesidades.

Tal como para el orden *material*, un cuadro gráfico, un esquema, facilita mucho el establecimiento y el control del orden social. Representa al conjunto del personal y a todos los departamentos de la empresa con sus titulares. Será cuestión de este cuadro en el capítulo de la organización."

Vemos a Fayol tratar por separado al orden material y al orden social. Ciertamente el orden material tiene su propia importancia, el cual no debe descuidarse. Sin embargo, desde el punto de vista del administrar —reflexivamente orientado como vimos al funcionamiento del propio cuerpo social y de sus miembros— sin duda es el establecimiento del orden social el que supone la ejecución de las operaciones más delicadas y complejas.

Fayol introduce dos fórmulas, una para el orden material, la otra para el orden social. Lo que inmediatamente amerita destacarse es que todo el tema del orden descansa en lo que en cada caso "lugar" signifique. En lo material el lugar de una cosa no puede significar lo mismo que lugar en el caso de los miembros del cuerpo social de la empresa.

Veamos por qué.

En cuanto a lo que "lugar" significa para el establecimiento de un orden material, lo primero es poner a un lado la noción física de lugar. Para el físico, desprovistos de cualquier posible contenido, todos los lugares pasan a ser idénticamente indiferentes, simples combinaciones particulares definidas según valores sobre tres coordenadas.

Por el contrario, desde el punto de vista del jefe, su labor consiste en procurar que la gran diversidad de cosas materiales que requiere la empresa —materias primas, herramientas, maquinarias, instalaciones y sus equipos— estén situados en su debido lugar. Evidentemente no le puede ser indiferente adonde se coloquen. El concepto de lugar es aquí otro. Lo determinante son las operaciones a ser ejecutadas y por quien. De allí que el criterio fundamental para la selección del debido lugar sea su funcionalidad dentro del amplio y complejo conjunto de operaciones entretejidas a las cuales la empresa de lugar. La funcionalidad del lugar de cierta cosa material influye y es influida por la funcionalidad de todas las demás. El orden ideal supone armonización: "Un lugar para cada cosa y cada cosa en su lugar".

Otro es el tratamiento que el orden supone cuando del cuerpo social se trata.

Cierto es que los seres humanos tienen cuerpo y que adonde se encuentre físicamente el agente tiene, considerando la función a cumplir, cierta importancia; por ejemplo, el que físicamente el vigilante esté de hecho en el lugar que le corresponde. Sin embargo, bien sabemos que de poco valdrá su estar allí si incumple con su labor de vigilancia.

El hecho es que en la gran mayoría de los casos —visto el desplazamiento corporal que el desempeño de la función exige; las personas se mueven— en poco o nada se toma en cuenta la localización física del agente. En la mayoría de los casos es de innecesaria especificación, siendo que el debido lugar se da por descontado y no requiere de aclaratoria especial alguna.

Ocurre que tratándose de seres humanos el concepto de lugar es mucho más delicado.

Mal leído el texto de Fayol tocante al orden social podría sonar muy mecanicista; por ejemplo cuando se le oye decir: "Establecidos los puestos necesarios para la marcha de la empresa, se han reclutado los titulares de estos puestos y cada agente ocupa el puesto donde puede rendir los mayores servicios". Tal es con frecuencia la metodología recomendada. Supone dos etapas realizadas secuencialmente en el tiempo. A fin de evitar que la organización se adecúe a las personas, debe procurarse definir los puestos primero para luego buscar quienes mejor calcen con la descripción de cada cargo; esto es, las "cajas" de un organigrama impersonal diseñado de antemano a ser "rellenadas" luego con los mejores candidatos posibles. En lugar de un mutuo acomodo "lugar-agente" es el agente quien ha de acomodarse al diseño preestablecido.

Hemos dicho "mal leído" debido a que con tal lectura estaríamos omitiendo todo lo que adicionalmente Fayol ha expresado en estos párrafos, y que más bien evidencian su especial sensibilidad al tema de las particulares dificultades involucradas a la hora de instaurar un determinado orden social.

Repetimos: tratándose de seres humanos y no de cosas, el concepto de lugar amerita de una reflexión especial y profunda.

Comencemos describiendo una circunstancia extrema particular. Una familia acaba de perder a su figura central. Ha fallecido y sin embargo, cual si hubiese dejado en su lugar un vacío, bien se sabe que nadie puede realmente ocupar su lugar. Clásico ejemplo, el de un padrastro o una madrasta. Y es que no puede decirse que en vida el fallecido ocupara un lugar distinto de sí mismo. Su lugar era inseparable de él.

En la empresa ocurre otro tanto. Como ya apuntamos, la concepción del lugar de la agente definido en función de la descripción de su cargo es muy mecanicista. Aparte de que siempre habrá sobrantes y faltantes relativo a dicha descripción, día a día se puede observar –no solo en la empresa sino en cualquier parte– a los seres humanos ocupando o queriendo ocupar un lugar mayor o menor, semejante o diferente al de otros. Nótese que un simple estado de ánimo momentáneo, influirá en el lugar que ocupe y quiera ocupar: melancólico se recogerá, alegre se expandirá, irritable no querrá que alguien se le acerque o que lo niños hagan ruido, etc. De manera más permanente serán, sin pretender agotar la lista, sus preferencias, intereses, personalidad o carácter los que más influyan. Ocupen el cargo que ocupen, los agentes extrovertidos serán más notorios o influyentes en la empresa; los introvertidos quizás hasta pasen desapercibidos. Cada quien "hace su lugar", entendiendo siempre que lo hará hasta donde los demás, también "fabricantes" de su propio lugar, se lo permitan.

¿Existirá un manera más provechosa de pensar el lugar de los seres humanos en general y de los agentes de las empresas en particular?

Más que en una determinada descripción de cargos, de mayor provecho posiblemente sea definir lo que lugar significa cuando de mejor situar(se) el agente se trate; entendiéndose como mejor lugar aquél que posibilita su poder dar lo mejor de sí mismo; en el límite... que de hecho así lo haga cuando las circunstancias son favorables y los recursos requeridos disponibles.

Sin pretender agotar el tema y mucho menos creer que sea la única o mejor manera de hacerlo, podría caracterizarse a dicho lugar como un punto central de convergencia definido de la siguiente manera. El agente –el ser humano en general– dará lo mejor de sí mismo siempre y cuando por un lado coincida lo que **quiere hacer** con lo que es **capaz de hacer**, a la par de ocurrir también que lo que le **place hacer** coincida con lo que **debe hacer**.[451]

---

[451] "Lo que el agente es capaz de hacer" ¿por qué no "lo que puede hacer"? Porque el poder hacer no solo depende de lo que es capaz de hacer, sino también en alguna medida –poco o mucho– de cuan favorables sean las circunstancias y disponibilidad de los recursos requeridos. Al poner "capaz" en lugar de "poder" nos aseguramos de estar aislando la buena voluntad que solo procede del agente, entendida como resultante de la cuádruple convergencia de cosas que el propio agente experimenta acerca de sí mismo (lo que quiere hacer, lo que es capaz de hacer, lo que le place hacer y lo que debe hacer). Por otro lado, más allá de solo su simple buena voluntad, podrá hacer lo que debe hacer si la empresa pone a su alcance lo que no le es propio: las circunstancias y recursos que requiere; no significando esto que tan solo pasivamente espere a que se los faciliten. Puede que lograrlos suponga cierto esfuerzo por su parte.

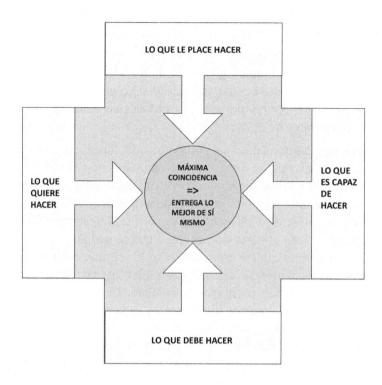

Se puede entender ahora mejor lo que Fayol expresa en los demás párrafos, particularmente aquél en el dice:

"Aplicada al Estado la fórmula del orden: `Un lugar para cada persona y cada persona en su lugar´ adquiere una amplitud extraordinaria. Es la responsabilidad de la nación con respecto a todos y a cada uno, es la suerte de cada quien prevista, es la solidaridad, es la cuestión social toda."

Poniendo en boca de Fayol la aplicación del modelo arriba introducido podemos ahora visualizar, para una sociedad, el orden social perfecto al cual se refiere: aquella en el cual todos y cada uno estarían continuamente dando lo mejor de sí mismos, vista la constante coincidencia que habría entre lo que quieren hacer y lo que son capaces de hacer, a la par de estar haciendo lo que les proporciona más placer, coincidiendo esto con el deber a ser cumplido. Orden social perfecto jamás alcanzable, pero orientador del camino a seguir.[452]

¿El papel del Estado? Sin necesariamente concebir el dar de cada quien solo en términos de un producir –un dar de cada quien en el sentido más amplio posible– asegurar el poder-hacer de cada quien, desarrollando su saber-hacer o capacidad a la par de procurar rodearle de las circunstancias y recursos más favorables a su actuación. En otras palabras, procurar que en

---

[452] El tema del orden y su importancia no es nuevo con Fayol. Léase "La república" de Platón. En modo alguno es pérdida de tiempo hacerlo: la ausencia del orden en una sociedad la califica de corrupta.

cada instante todos y cada uno de los miembros de la sociedad se hallen en aquél lugar que haga posible el que den lo mejor de sí.

Lo descrito parece ser aceptable, pero cabe preguntar: ¿el Estado también influir en lo que cada quien quiere, en lo que a cada quien proporcione placer y en el deber que corresponda a cada uno? ¡Grave pregunta! Aún más problemática si a ella se añaden interrogantes acerca del cómo habría de ocurrir tal influencia; el cómo habría de ocurrir la "orientación vocacional" de cada miembro de la sociedad.

A los efectos de la sociedad toda, Fayol, a sabiendas de que su formación y experiencia son insuficientes, responsablemente evita tratar el asunto diciendo: "No me detengo por más tiempo ante esta inquietante extensión del principio del orden."

Lo que sí concierne a Fayol, y esto lo veremos cuando examinemos su aporte con respecto al elemento mando, es el lograr que cada quien pueda dar lo mejor de sí mismo, capacitando y creando las condiciones favorables a su actuación –productiva y no productiva– dentro de la empresa.

En todo caso vemos que el papel de quienes gobiernan, incluso en el caso supuestamente menos complejo de las empresas, se torna bien delicado, amén de complicado. El orden social supone la necesidad de continuos ajustes, de un gobernar a tono con los delicados retos que supone.

14° LA UNIÓN DEL PERSONAL

"La unión hace la fuerza.[453]

Este proverbio se impone a la meditación de los jefes de empresa.

La armonía, la unión del personal de una empresa es una gran fuerza dentro de esta empresa. Por lo tanto es necesario esforzarse por establecerla.

Entre los numerosos medios a emplear señalaré particularmente un principio a ser observado y dos peligros a ser evitados. El principio a ser observado es la **unidad de mando**; los peligros a ser evitados son: ***a)*** una mala interpretación de la divisa "dividir para reinar"; ***b)*** el abuso de las comunicaciones escritas.

a) No hay que dividir al propio personal.— Dividir las fuerzas enemigas para debilitarlas es hábil; pero dividir las propias tropas es una grave falta en contra de la empresa.

Sea que esta falta resulte de una insuficiente capacidad administrativa, o de una comprensión imperfecta de las cosas, o de un egoísmo que sacrifica el interés general por un interés personal, siempre es condenable porque perjudica a la empresa.

No se requiere de mérito alguno para sembrar la división entre los propios subordinados; esto está al alcance de cualquiera. Por el contrario hace falta un real talento para coordinar los esfuerzos, estimular

---

[453] Otras expresiones usuales del proverbio en español: "En la unión está la fuerza", "La fuerza está en la unión" y otras cambiando "unión" por "unidad"; ningún problema inmediato de comprensión.

el celo, utilizar las facultades de todos y recompensar el mérito de cada quien sin despertar susceptibilidades envidiosas y sin enturbiar la armonía de las relaciones.

b) Abuso de las comunicaciones escritas.— Para tratar una cuestión de negocios o para dar una orden que debe ser complementada con explicaciones, es generalmente más simple y más rápido operar verbalmente que por escrito.

Sabido es, por lo demás, que conflictos y malentendidos que podrían resolverse en una conversación, a menudo se emponzoñan con la correspondencia.

Se sigue de esto que, siempre que sea posible, las relaciones deben ser verbales. Con ello se gana en rapidez, en claridad y en armonía.

Sin embargo ocurre que en ciertas empresas los agentes de departamentos vecinos que sostienen entre sí numerosas relaciones, o incluso los agentes de un mismo departamento que podrían fácilmente coincidir, no se comunican sino por escrito. De donde incremento de las tareas, complicaciones y demoras perjudiciales para la empresa. Se puede comprobar, al mismo tiempo, que una cierta animosidad reina entre los departamentos o entre los agentes de un mismo departamento. El régimen de las comunicaciones por escrito conduce habitualmente a este resultado.

Hay una manera de ponerle término a este régimen odioso, cual es el de prohibir todas las comunicaciones escritas que puedan fácil y ventajosamente ser reemplazadas por las comunicaciones verbales.

De nuevo nos encontramos aquí con una cuestión de justa medida."

Obsérvese la muy escueta introducción que Fayol hace, en apenas tres muy breves párrafos, de un tema evidentemente tan importante como lo es la unión del personal, condición clave para que tal cosa como un cuerpo social exista. Sin embargo, bien visto, lo esencial está dicho en esos párrafos. Ahora bien, cuando de un hombre orientado a la acción se trata, ¿qué más pudiera querer decir –y dicho– al respecto, amén de lo precisamente expresado en estos párrafos? A pesar de ello, tratemos en lo que sigue de agregar algunos comentarios.

"Este proverbio se impone a la meditación de los jefes de empresa."

¿Orientado a la acción y sin embargo Fayol exigiendo meditación por parte de los jefes de empresa? ¿Cómo interpretar esto? A lo largo de la historia importantes pensadores han meditado acerca de la unidad de lo múltiple. ¿Será esta la clase de meditación a la cual Fayol se refiere? Ciertamente que no. Para los hombres de acción, particularmente aquellos que asumen el oficio de gobernar, su finalidad es otra, no es teórica. Su verdadero interés –preocupación y ocupación– está en lograr que la unión de seres humanos concretos, diversos, incluso contrarios, ocurra. ¿Cuánto de todas las disquisiciones filosóficas acerca de este antiguo tema pudiera interesarles, si en la práctica no se les dijese cómo lograr la necesaria unión? De allí que el verdadero mensaje de Fayol se vea expresado en la última oración del tercer de esos brevísimos párrafos:

"Por lo tanto hace falta esforzarse por establecerla."   (subrayado nuestro)

Intelectualmente hablando pocos han de ser los seres humanos incapaces de entender el proverbio según el cual "en la unión está la fuerza". Intuitivamente se accede a esta convicción.

Sin embargo, el problema del jefe no es la simple comprensión intelectual del proverbio. Su real reto lo experimenta cuando sobre sus hombros recae la principal responsabilidad por lograr la unión de un determinado grupo de seres humanos, incluso cuando las circunstancias particulares en mucho dificultan la tarea; lo vive como drama cuando no encuentra manera de hacerlo.

Cómo lograr la unión, esto es lo que realmente podría serle útil a quienes procuran gobernar con éxito; y lo que por lo tanto quisieran saber. Pero como tienen que llevarlo a cabo con seres humanos muy particulares y concretos bajo circunstancias sumamente específicas, siempre será insuficiente proporcionarles recetas o fórmulas de carácter general realmente útiles. Cierto es que en alguna medida el conocimiento general provisto por los diferentes campos del conocimiento tocante a los seres humanos –psicología, psicología social, sociología, antropología, historia, economía, etc.– pudiera parcialmente serles de ayuda a la hora de lograr la unión. Sin embargo, mal puede lo general por sí solo ayudarles a dilucidar qué hacer cuando su tarea concreta inmediata es unir a seres humanos muy particulares en circunstancias muy únicas. Ocurre que a diferencia del ingeniero que a partir de leyes generales deduce que hacer para alcanzar el éxito en cada caso particular, quien asume la tarea de unir a seres humanos enfrenta en cada caso un reto muy singular.

Singular, no significa la ausencia total de parecidos con otras situaciones en que haya existido el imperativo de unir. Tales parecidos podrían estudiarse desde el punto de vista de los diversos campos del conocimiento arriba nombrados, resultando en generalizaciones razonablemente confiables para a partir de ellas deducir técnicas acerca de cómo alcanzar el éxito a la hora de unir a grupos humanos. Sin embargo, reiteramos, tan solo habrán de ser parcialmente útiles. La sola tecnología es insuficiente. No nos dice cómo exitosamente lidiar con lo que cada reto tiene de muy único y particular a la hora de alcanzar la unión.

Sin descartar la parcial aplicabilidad del conocimiento general, la real interrogante concierne al cómo exitosamente tomar en cuenta todo lo que el caso tiene de particular; aquello que realmente lo diferencia de cualquier otro. Veamos si existe alguna solución.

A falta de un mejor nombre, llamemos "novedad" a todo lo que de muy único, particular y concreto posee el caso enfrentado. Visualicemos a cada una de ellas como una de las piezas de un rompecabezas, sólo que no se trata de piezas físicas, sino de datos y hechos muy concretos. ¿Qué puede hacerse con piezas? Única respuesta posible: ver cuáles calzan y como.

¿La capacidad requerida? La capacidad de calzar piezas no físicas. En mayor o menor grado los seres humanos poseen esta capacidad, mucho antes, si se quiere, de haber descubierto la posibilidad y utilidad de un conocimiento general. De manera muy natural estamos hechos para, transitando de una a otra lidiar con situaciones muy únicas.[454]

---

[454] De allí que personas sin elevados niveles de estudios formales puedan ser exitosas en tales campos como los negocios y la política. Cierto es que con el tiempo y la experiencia personal vivida desarrollan, ausentes a la existencia de sofisticadas metodologías científicas, ciertas generalizaciones y las toman en cuenta a la hora de

A la hora de exitosamente enfrentar cualquier situación, particularmente una que implique el reto de unir a un determinado grupo humano, quien gobierna pone en juego dos capacidades. La primera consiste en armar con las piezas un "rompecabezas" interpretativo que le permita entender el reto particular que enfrenta: actitudes, actuación y resultados que espera de la unión, quien es quien en el grupo, historia previa, agendas abiertas y ocultas, etc. Pero comprender no basta. Ahora, antes de pasar a la acción debe poseer esta otra capacidad: con base en el "rompecabezas" interpretativo antes elaborado, articular alrededor de una bien escogida estrategia al conjunto de acciones constitutivas del plan de acción a poner en práctica con miras a alcanzar la unión buscada.[455]

A quien gobierna corresponde, pues, asumir el reto y poner todo su empeño, conocimiento, cualidades, experiencia, tacto, etc., al servicio de lograr la unión de su personal; entendiéndola no como la mera unión de otros sino como siendo él mismo a la vez artífice y miembro de la unión a alcanzar.

De lo descrito se desprende lo difícil que es el <u>arte</u> de unir a los seres humanos, como podrá haberlo comprobado quienquiera le haya "correspondido en suerte" enfrentar semejante reto, desde procurar la unión de los vecinos de un simple condominio hasta el de verse en la obligación de asumir el papel de mediador en situaciones de profunda crisis social, caracterizadas por los que pudieran parecer insuperables conflictos entre importantes grupos de seres humanos.

Por último, entre los numerosos medios a emplear en aras de la unión, Fayol señala y desarrolla dos peligros a ser evitados. Particularmente destaca la mala interpretación hecha de la divisa "dividir para reinar". Aunque breve, apenas son tres párrafos, dice todo lo que hay que decir al respecto; inútil tratar de mejorarlo.[456] Sin embargo, a sabiendas de que la perfecta unión posiblemente jamás exista en sociedad alguna, vista la total uniformidad que supondría del sinnúmero de las opiniones diversas que de otro modo diferenciarían a sus miembros, queda por examinar la existencia de posibles sectores cuya naturaleza implique por parte de quien gobierne **no** apuntar a su unión con el resto de la sociedad, procurando más bien separarles del cuerpo social. Surge entonces la necesidad de decidir cuándo legítimamente preservar la desunión entre tal sector y el resto de la sociedad. Para facilitar la comprensión de

---

actuar. Pero el hecho es que su fortaleza original nace de su capacidad para ensamblar piezas: datos y hechos muy concretos.

[455] En la 6ª profundización titulada "Gobernar, intrínsecamente un arte, aunque ciertamente lejos Fayol de rechazar la muy positiva contribución que la ciencia aplicada puede prestar a su mejor ejercicio" incluida en la sección "Profundizando en lo que significan administrar y gobernar" encontrará el lector (pág.: 221) la detallada explicación de lo aquí resumido acerca del cómo, en contraposición a exclusivamente vía leyes o regularidades confiables deducir el apropiado curso de acción a seguir, enfrentar con éxito las situaciones concretas de la vida cotidiana, inevitablemente siempre caracterizadas por ser muy únicas, vistas las particulares que las hacen distintas a cualquier otra por muchos parecidos que aún guarden.

[456] Lo mismo puede afirmarse del comentario algo más largo que Fayol hace del segundo peligro "El abuso de las comunicaciones escritas".

situaciones como ésta se nos ocurre la imagen extrema del cáncer surgido en el que por lo demás es un organismo sano. Se trata de una unión imposible, de un enemigo interno a ser extirpado, expulsado de la unión.[457] Caso menos extremo es el tratamiento que las sociedades hacen de la actividad criminal cuando aparta por cierto tiempo al reo del resto de la sociedad. Caso menos extremo y más común: el despido que una empresa hace de un trabajado que ha cometido una grave falta.

Unión social y unión jerárquica

Aunque, como tal, no existan recetas para activamente lograr unir a los grupos humanos, cabe destacar dos grandes categorías: las dos maneras fundamentales mediante los cuales ocurre la unión. Son los siguientes: 1º– la unión de pares; ocurrida la cual, la totalidad así conformada se constituye en la que propiamente hablando podríamos calificar de unión social, y 2º– la unión jerárquica fundamentada en el establecimiento de relaciones entre superiores y subordinados. Expliquémoslas.

La **unión social** supone cierta declarada igualdad entre los miembros constitutivos de la totalidad. En su versión acabada implicaría que dichos miembros tendrían en alto grado bien desarrollada la capacidad de autogobierno, es decir sabrían en cuanto miembro, en cada momento, sean cuales fuesen las circunstancias, determinar su propia actuación: [458] su contribución a que la totalidad social sea capaz de gobernar-**se** certeramente a lo largo del recorrido conducente en cada caso a un muy bien seleccionado éxito a alcanzar, el bien de la totalidad y por lo tanto de cada uno de los miembros. De existir algún miembro ocupando formal o informalmente algo así como un puesto jerárquico, la descripción más apropiada que de él cabría hacerse sería "primus inter pares", "superior entre pares".

La **unión jerárquica** supone, por el contrario, la existencia de desigualdades entre los miembros. Desigualdades que determinan la existencia de superiores y su relación con subordinados. Superiores según algún o algunos de los diversos criterios posibles determinantes de estas diferencias jerárquicas, e.g: poder relativo poseído, madurez y experiencia, autoridad informal alcanzada, legitimidad tradicional. Justificaría la necesidad de una jerarquía la existencia de cierta insuficiencia en los subordinados precisamente consistente en su **no** tener en alto grado desarrollada la capacidad de gobernar-**se** que hemos visto existir en los miembros de la unión social arriba descrita. Se legitimaría así la existencias de jefes en

---

[457] Evidentemente declarar como enemigo interno a determinado sector grande o pequeño de la sociedad no debería constituirse en una excusa para perseguir y reprimir; todo con tal de seguir "reinando". Lamentablemente, como bien sabemos, la realidad humana se presta a la existencia de conflictos cuya historia y rigideces crecientes así acumuladas y mientras persistan, convierten en irreconciliables las posiciones encontradas. El mayor poder relativo de una de las partes fácilmente conduce a apartar toda voluntad de unión.

[458] Actuación, significando, como ya lo hemos apuntado, ambos: tanto lo que se hará como una clara conciencia temática (versus la conciencia usualmente no temática y vaga) de todo aquello que no se hará.

puestos superiores a cargo de lograr la recta actuación de sus subordinados.[459] Esto es, su contribución a que la totalidad social sea capaz de gobernar-**se** certeramente a lo largo del recorrido conducente en cada caso a un muy bien seleccionado éxito a alcanzar, el bien de la totalidad y por lo tanto el bien de cada uno de los miembros.[460]

Diferenciadas la unión social de la jerárquica, cabe destacar cierta asimetría: el hecho que cualquier jefe experimentado ha sufrido en carne propia, cual es lo laborioso que es alcanzar a unir pares. La unión vía estructuras jerárquicas es por el contrario menos complicada y bien puede ser ésta la explicación de su generalizada aplicación a lo largo de la historia.

Diferentes clases de empresas se unen de maneras diferentes según su ramo de actividad y retos a enfrentar. En las universidades y centros de investigación, por ejemplo, tiende a prevalece la unión social, pero algo de jerarquía también allí encontraremos. En las prisiones, negocios fabriles, organizaciones militares, etc., tiende más bien a prevalecer la unión jerárquica, pero igualmente encontraremos instancias de unión social. Tratándose de la realidad humana ambas clases de unión según diferentes dosis siempre están en juego.

Observada la evolución general de las empresas puede comprobarse sin embargo la tendencia secular, lenta pero inexorable, hacia la unión social, reduciéndose así progresivamente las dosis de unión jerárquica requerida; e.g.: la corriente en pro del aplanamiento de las estructuras organizacionales. Bien vista, la revolución que ha estado ocurriendo en el campo de la gerencia en los últimos años, desde los años ochenta del siglo pasado, es precisamente esta: dada la creciente competencia inter-empresarial, sólo puede *ceteris paribu,* la empresa alcanzar a superar a sus rivales logrando que todos y cada uno de sus miembros se comporten cual si fuesen socios capaces de dar lo mejor de ellos mismos con la mejor de las buenas voluntades. Filosofía de conducción empresarial que en décadas recientes aceleradamente se ha estado transformándose en esta dirección.

---

[459] A los efectos de ver cómo lograr la recta actuación de los subordinados, examinar el tratamiento del mando (pág.: 361), tercer elemento constitutivo de la definición del administrar que vimos a Fayol proponer en el primer capítulo de AIG.

[460] Revisar nuestro tratamiento de la jerarquía en la 5ª Profundización: "En cuanto división vertical del trabajo, toda jerarquía se fundamenta en aquello que de hecho diferencia o ha de diferenciar al superior del subordinado" (pág.: 205); desarrollada en la sección "Profundizando en lo que significan administrar y gobernar".

ELEMENTOS DE ADMINISTRACIÓN

CAPÍTULO 2 de la 2ª parte de "Administración industrial y general"

Análisis del "administrar" en términos de sus cinco elementos, según la definición que Fayol expuso en el capítulo 1 de la 1ª parte de su obra.

En cuanto actitudes

De la diversidad de significados y connotaciones a las cuales se presta la palabra "actitud" nos interesa principalmente destacarla como la propensión de los seres humanos a comportarse de cierta manera –positiva o negativa– en relación a aquello de lo cual están conscientes en un determinado momento, trátese de circunstancias o situación, individuos o grupos, aspecto o característica de cualquier cosa experimentada o no a través de sus sentidos. Es así que puede entenderse a la actitud como el umbral relativamente estable que precede a determinada clase de actuación humana frente a determinada categoría de hecho. Umbral en el sentido de corresponder con lo que inmediatamente precede sin solución de continuidad a esa actuación, de presentarse el hecho o categoría de hecho que la induce.[461]

Actitudes insoslayables y posibles dramas experimentados

La definición del compuesto administrar que en términos de cinco verbos –elementos– Fayol propone en el capítulo 1 de la 1ª parte de AIG puede analíticamente y sin gran dificultad interpretarse como **las actitudes –propensiones a actuar– fundamentales que han de caracterizar a quien administra**, aunque también, vista la elevada importancia que tiene la función administrativa a la hora de gobernar: **las actitudes –propensiones a actuar– fundamentales que han de caracterizar a quien asume el oficio de gobernar**.

En las tres láminas que siguen se resume cada actitud, se las muestra como insoslayables, pero también como drama vivido en la justa medida en que ella, la actitud, no halla manera de traducirse en actuación.

---

[461] Claramente diferente entonces la actitud de lo que es más profundo y previo en el ser humano como lo son su carácter o personalidad, pero también más riguroso el término "actitud" que candidatos a sinónimos como lo son el temperamento, idiosincrasia, disposición, inclinación o talante. ("actitud": posible pero no asegurada etimología proveniente de "actum", supino del latín "agere")

ACTITUDES FUNDAMENTALES DE QUIEN TIENE POR VOCACIÓN EJERCER EL OFICIO DE GOBERNAR; i.e.: DE QUIEN EN EFECTO QUIERE GOBERNAR

Fayol inicia AIG afirmando el importante papel que la administración desempeña en el gobierno de las empresas de cualquier clase y magnitud. ¿Por qué destacar al administrar por sobre las otras cinco grandes clases de operaciones o funciones esenciales? Podremos comprenderlo si interpretamos a la definición del administrar que Fayol propone en términos de cinco elementos, como aquella que evidencia las cinco grandes actitudes fundamentales que han de caracterizar a quien tiene por vocación ejercer el oficio de gobernar.

PREVER
Materializar el porvenir que quiere realizar
→ QUE EL PORVENIR DE LA EMPRESA SEA MAYORMENTE EL QUE PARA ELLA QUIERE Y QUE TANTO COMO SEA POSIBLE RESULTE DE LA ACTUACIÓN QUE ÉL Y DEMÁS MIEMBROS DE SU EQUIPO LLEVEN A CABO A LO LARGO DEL RECORRIDO QUE ALLÍ CONDUZCA.

ORGANIZAR
Dotar, disponer de todo lo necesario
→ TENER A SU DISPOSICIÓN LO NECESARIO, PARTICULARMENTE AQUELLOS CON QUIENES EJECUTAR LO QUE SE PROPONE. (CONSTITUCIÓN DEL CUERPO SOCIAL DE LA EMPRESA)

MANDAR
Energizar. movilizar al cuerpo social
→ LOGRAR QUE EL CUERPO SOCIAL SE ACTIVE. (QUE FUNCIONE); i.e.: VENCER LA INERCIA HUMANA, LOGRANDO QUE DENTRO DE LO POSIBLE LOS AGENTES -INCLUYÉNDOSE- DEN LO MEJOR DE ELLOS MISMOS, VISTO QUE HACEN LO QUE LES CORRESPONDE CON LA MEJOR BUENA VOLUNTAD Y CAPACIDAD REQUERIDA.

COORDINAR
Armonizar; que todo esté y ocurra en su justa proporción
→ QUE DENTRO DEL TODO DE LA EMPRESA, TODO FUNCIONE COMO UN TODO ARMÓNICO;
i.e.: QUE TODOS LOS COMPONENTES EXISTAN Y ACTÚEN EN JUSTA PROPORCIÓN Y ARMONÍA, LOGRANDO ASÍ LA MOVILIZACIÓN ARMÓNICA DE LA EMPRESA COMO UN TODO.

CONTROLAR
Velar con miras a detectar y aprender de ello
→ DETECTAR LOS ERRORES PARA ASÍ PONERLES REMEDIO Y EVITAR SU RETORNO.
+ APRENDER DE LOS ÉXITOS ALCANZADOS "POR CASUALIDAD" PARA, TOMANDO CONCIENCIA DE CÓMO PUDO SER QUE OCURRIESEN, REPETIRLOS MÁS ADELANTE INTENCIONALMENTE.

AFIRMANDO LAS CINCO ACTITUDES INSOSLAYABLES QUE EN GRAN MEDIDAD HAN DE CARACTERIZAR A QUIEN QUIERE GOBERNAR

Para asegurarnos de que en efecto Fayol ha "dado en el clavo" en cuanto a las actitudes fundamentales que han de caracterizar a quien quiere Gobernar, preguntémonos lo siguiente:

¿Puede querer gobernar quien NO quiere poder prever, organizar, mandar, coordinar y controlar?

Desglosamos así:

¿PUEDE QUERER GOBERNAR QUIEN **NO** QUIERE...

QUE EL PORVENIR DE LA EMPRESA SEA MAYORMENTE EL QUE PARA ELLA QUIERE Y QUE TANTO COMO SEA POSIBLE RESULTE DE LA ACTUACIÓN QUE ÉL MISMO Y LOS DEMÁS MIEMBROS DE SU EQUIPO LLEVEN A CABO A LO LARGO DEL RECORRIDO QUE ALLÍ CONDUZCA.	**PREVER** Materializar el porvenir que quiere realizar

¿PUEDE QUERER GOBERNAR QUIEN **NO** QUIERE...

TENER A SU DISPOSICIÓN LO NECESARIO, PARTICULARMENTE AQUELLOS CON QUIENES EJECUTAR LO QUE SE PROPONE. (CONSTITUCIÓN DEL CUERPO SOCIAL DE LA EMPRESA)	**ORGANIZAR** Dotar, disponer de todo lo necesario

¿PUEDE QUERER GOBERNAR QUIEN **NO** QUIERE...

LOGRAR QUE EL CUERPO SOCIAL SE ACTIVE. (QUE FUNCIONE); i.e.: VENCER LA INERCIA HUMANA, LOGRANDO QUE DENTRO DE LO POSIBLE LOS AGENTES -INCLUYÉNDOSE- DEN LO MEJOR DE ELLOS MISMOS, VISTO QUE HACEN LO QUE LES CORRESPONDE CON LA MEJOR BUENA VOLUNTAD Y CAPACIDAD REQUERIDA.	**MANDAR** Energizar, movilizar al cuerpo social

¿PUEDE QUERER GOBERNAR QUIEN **NO** QUIERE...

QUE DENTRO DEL TODO DE LA EMPRESA, TODO FUNCIONE COMO UN TODO ARMÓNICO; i.e.: QUE TODOS LOS COMPONENTES EXISTAN Y ACTÚEN EN JUSTA PROPORCIÓN Y ARMONÍA, LOGRANDO ASÍ LA MOVILIZACIÓN ARMÓNICA DE LA EMPRESA COMO UN TODO.	**COORDINAR** Armonizar; que todo esté y ocurra en su justa proporción

¿PUEDE QUERER GOBERNAR QUIEN **NO** QUIERE...

DETECTAR LOS ERRORES PARA ASÍ PONERLES REMEDIO Y EVITAR SU RETORNO. + APRENDER DE LOS ÉXITOS ALCANZADOS "POR CASUALIDAD" PARA, TOMANDO CONCIENCIA DE CÓMO PUDO SER QUE OCURRIESEN, REPETIRLOS MÁS ADELANTE INTENCIONALMENTE.	**CONTROLAR** Velar con miras a detectar y aprender de ello

DRAMA(s) VIVIDO(s) POR QUIEN ESTÁ A CARGO DE GOBERNAR:

En el capítulo1 de la 1ª parte de "Administración industrial y general", Fayol propone definir al administrar en términos de cinco elementos. Estos pueden entenderse como las cinco actitudes fundamentales que han de caracterizar a quien se propone desempeñar el oficio de gobernar. Drama habrá cuando ciertas circunstancias o limitaciones le impidan parcial o totalmente que una o varias de estas actitudes suyas se manifieste.

NO PODER PREVER vs. (Materializar el porvenir que se quiere realizar) → EL PORVENIR DE LA EMPRESA MAYORMENTE NO SERÁ EL QUE PARA ELLA QUIERE ALCANZAR. LA ACTUACIÓN QUE ÉL Y LOS DEMÁS MIEMBROS DE SU EQUIPO LLEVEN A CABO A LO LARGO DEL RECORRIDO NO SERÁ EL INDICADO PARA MATERIALIZAR EL PORVENIR ORIGINALMENTE QUERIDO PARA LA EMPRESA.

NO PODER ORGANIZAR vs. (Dotar, disponer de todo lo necesario) → NO TENER A SU DISPOSICIÓN LO NECESARIO, PARTICULARMENTE NO TENER AQUELLOS CON QUIENES EJECUTAR LO QUE SE PROPONE. NO LOGRAR LA ADECUADA CONSTITUCIÓN DEL CUERPO SOCIAL.

NO PODER MANDAR vs. (Energizar. movilizar al cuerpo social) → NO LOGRAR QUE EL CUERPO SOCIAL SE ACTIVE (QUE FUNCIONE); i.e.: NO LOGRAR VENCER LA INERCIA HUMANA, NO LOGRANDO QUE DENTRO DE LO POSIBLE LOS AGENTES -INCLUYÉNDOSE- DEN LO MEJOR DE ELLOS MISMOS, AL NO HACER LO QUE LES CORRESPONDE CON LA MEJOR BUENA VOLUNTAD Y CAPACIDAD REQUERIDA.

NO PODER COORDINAR vs. (Armonizar; que todo esté y ocurra en su justa proporción) → QUE DENTRO DEL TODO DE LA EMPRESA, NO TODO FUNCIONE COMO UN TODO ARMÓNICO; i.e.: QUE NO TODOS LOS COMPONENTES EXISTAN Y ACTÚEN EN JUSTA PROPORCIÓN Y ARMONÍA, NO LOGRANDO ENTONCES LA MOVILIZACIÓN ARMÓNICA DE LA EMPRESA COMO UN TODO.

NO PODER CONTROLAR vs. (Velar con miras a detectar y aprender de ello) → NO DETECTAR LOS ERRORES PARA ASÍ PONERLES REMEDIO Y EVITAR SU RETORNO.
+ NO APRENDER DE LOS ÉXITOS ALCANZADOS "POR CASUALIDAD" PARA, TOMANDO CONCIENCIA DE CÓMO PUDO SER QUE OCURRIESEN, REPETIRLOS MÁS ADELANTE INTENCIONALMENTE.

1º PREVISIÓN – SU PROFUNDIZACIÓN EN CUANTO ACTITUD

Cada uno de los cinco elementos constitutivos de la definición del administrar que Fayol propone en el capítulo 1 de la 1ª parte de "Administración industrial y general" puede ser entendido como una de entre las cinco actitudes fundamentales que han de centralmente caracterizar a quien posee la voluntad de gobierno. Muy evidente se nos hará esto en los comentarios que siguen acerca de la previsión.

1º Previsión.[462] Así inicia Fayol, con este título, su disertación acerca del primer elemento constitutivo del administrar como parte de la definición que propuso en el capítulo 1 de la 1ª parte de "Administración industrial y general". Inmediatamente afirma:

"La máxima 'gobernar es prever' da una idea de la importancia que se atribuye a la **previsión** en el mundo de los negocios, y es verdad que si bien la previsión no es el todo del gobierno, es al menos una parte esencial de él."

Como se ve, a fin de destacar su importancia Fayol inicia su exposición acerca de este primer elemento relacionándolo directamente con el oficio de gobernar. Al hacerlo aparentemente pasa por alto al administrar, pero bien visto el asunto comprobamos que en verdad lo que de hecho sí hace es destacar un aspecto clave de la relación de inclusión del administrar en el gobernar, si recordamos que la previsión precisamente es uno de los cinco elementos del primero. En efecto, siendo el prever parte constitutiva del administrar, también ha de ser parte constitutiva del gobernar, visto que como tantas veces lo hemos reiterado éste último incluye al administrar. Por otro lado, si el prever es parte <u>esencial</u> del administrar, también ha de serlo del gobernar, precisamente debido a que el propio administrar es según Fayol parte esencial del gobernar.[463]

Por otro lado, la máxima "gobernar es prever" permite también a Fayol enfáticamente destacar que no se puede querer gobernar –ser quien gobierna– sin querer a la vez y con intensidad ser previsor. ¿Qué sentido podría tener querer gobernar si no se lo quisiese para lograr la realización de algún porvenir visualizado de antemano?

---

[462] Con respecto al título de la presente sección, el lector debe observar dos cosas. En primer lugar, como ya lo hemos apuntado múltiples veces, ciertamente Fayol utiliza el substantivo para referirse al tema cuyo desarrollo inicia, aquí previsión. Pero como el lector muy pronto podrá comprobar, apenas inicia su disertación, ipso facto pasa a utilizar verbos. De allí el énfasis que hemos puesto en el sentido fundamentalmente verbal de su obra. En segundo lugar debe el lector observar que Fayol no utiliza como título la palabra "planificación" como tantos libros de texto y autores lo han hecho posteriormente, posiblemente debido a que la autora de la primera traducción al inglés (General and Industrial Management, Constance Storrs translator, Pitman Pub. Corp., 1949) selecciona al gerundio "planning" como título de la sección, posiblemente para evitar la connotación esotérica de premonición que la palabra inglesa "previsión" transmite vía uno de sus significados. Pronto veremos que existe una importante diferencia entre prever y planificar.

[463] De nuevo vemos confirmada la necesidad de no olvidar al tema del gobierno como el gran trasfondo que permite comprender la trascendencia que Fayol asigna al administrar, siempre que adecuadamente se entienda la definición que de esta propone en el capítulo 1 de la 1ª parte de AIG.

Para iniciar nuestra comprensión de lo que prever significa veamos como prosigue. Nos dice:

"**Prever** significa aquí, a la vez calcular el porvenir y prepararlo; **prever** ya es actuar."

Muy particularmente nos interesará profundizar en la brevísima expresión "prever, ya es actuar" vía entender a la previsión como una cierta clase de <u>actitud</u> que ha de caracterizar a la actuación de quien asume el oficio de gobernar.[464]

Para ello iniciamos los comentarios que siguen distinguiendo dos <u>actitudes</u> de vida posibles en cuanto a la realización de un determinado porvenir visualizado de antemano. Anticipamos que no siendo mutuamente excluyentes, en la práctica todo ser humano asume cierta combinación de ambas —no necesariamente constante— a lo largo de su existencia. Aunque, a sabiendas o no normalmente coloca a una de las dos a la base de su patrón fundamental de vida. Veamos cuales son.

Describamos la primera actitud. Uno de los efectos más importantes del amplio dominio que en materia educativa ha adquirido la visión científico-técnico de las cosas es haber inculcado en un sin número de cohortes de estudiantes el muy particular hábito de colocarse contemplativa y por lo tanto transversalmente frente a procesos que ocurren en el tiempo. Ciertamente no olvidan por completo la temporalidad de su propia existencia, y sin embargo, debido a su acostumbrada posición transversal relativo al devenir de las cosas, conciben al actuar como el introducir, en el momento indicado, algún factor modificante del proceso que se desarrolla delante de sus ojos, para así afectar su rumbo en función de sus propias preferencias acerca del resultado final que esperan obtener de dicho proceso así intervenido. Concebido de esta manera, actuar significa ser capaz, en virtud del conocimiento teórico adquirido previamente, predecir los resultados del proceso que les concierne, para luego determinar si quieren o no tales resultados y por fin, de quererlos, dejar que el proceso siga su curso hasta el logro terminal, o de lo contrario intervenir introduciendo algún factor que lo modifique, pudiendo —de nuevo con base en el conocimiento teórico previo adquirido— predecir que los resultados serán aquellos a los cuales aspiran.

La actitud que acabamos de describir corresponde a la tecnología concebida como ciencia aplicada. La ciencia aporta la contemplación metodológicamente disciplinada de los procesos y la posibilidad de predecir su devenir. La tecnología deductivamente determina las

---

[464] Usualmente los psicólogos sociales distinguen tres componentes inseparables de toda actitud, cuales son: el conductual, el cognitivo y el emocional. Siendo que nuestros comentarios fundamentalmente tienen por objeto profundizar en las actitudes de vida asumidas por quienes principalmente se orientan a la acción, cual es el caso de quienes gobiernan, entenderemos por actitud la propensión a comportarse de cierta manera a la luz de cierta categoría de circunstancias vividas o por vivir. Además, en relación al comportarse será preciso distinguir al mero reaccionar del verdadero actuar; este último propio del auténtico actor. Así entendida, las actitudes puede ser vistas como estados latentes que a modo de antesala preceden al actuar; esto es, considerarlas como situadas entre lo profundo del ser humano —su personalidad— y sus comportamientos manifiestos. Esto es, a la hora de caracterizar a los seres humanos, menos profundas que su personalidad, pero no tan exteriormente manifiestas como lo serían sus patrones de comportamiento.

intervenciones viables que ponen en manos del ser humano la posibilidad de influir sobre los resultados finales del proceso que le conciernen.[465]

El gobernante no descarta la postura que acabamos de describir. El también puede colocarse frente a procesos cuyo fluir deja continuar o trata de modificar en función del porvenir de su preferencia. Sin embargo, lo malinterpretaríamos en su naturaleza más íntima si lo concibiésemos como un científico aplicado al estilo de un ingeniero.[466] Colocarse transversalmente no es su actitud fundamental de vida. Por el contrario, sí lo es su vivir inmerso y comprometido en el proceso temporal que le es propio… con su porvenir al frente y su pasado atrás, considerándose y procurando ser una parte influyente sino decisiva en el devenir mismo de dicho proceso temporal del cual forma parte. Quien gobierna se orienta a la acción en un sentido profundamente diferente al del ingeniero arriba descrito. Tratemos de explicitar esta segunda actitud fundamental de vida cual descrita en primera persona del plural.

El tiempo transcurre y, por así decirlo, cual fluir, el futuro constantemente se nos viene encima, convirtiéndose en nuestro nuevo presente. En este presente, pueden conservarse constantes, es decir incambiados, muchos aspectos del presente anterior ahora convertido en pasado, pero también muchos otros pueden ahora ser diferentes. Situados en el presente y, por así decirlo, "mirando" hacia adelante en el tiempo –esto es, mirando hacia el porvenir– pueden los seres humanos querer cualquiera de las dos cosas, o combinación de ellas, siguientes: que el futuro que habrá de convertirse en su presente mayormente se asemeje a su actual presente o querer que su presente actual en mayor o menor grado no se repita en el futuro por venir. Quien gobierna también, al igual que cualquier otro ser humano, puede querer cualquiera de las dos cosas o mezcla de ellas, con una importantísima diferencia. No le basta con simplemente esperar pasiva y contemplativamente que el futuro sobrevenga por obra y gracia de la fortuna o de alguna divinidad. En tanto hombre de acción quiere que sus sucesivas acciones, tanto las del ahora mismo como las que, cual fluir, realizará luego una tras otra, sean lo más influyentes posible sobre el porvenir que por fin habrá de actualizárseles en un nuevo presente. En otras palabras, quiere que un determinado futuro que visualiza hoy para dentro de un plazo determinado se convierta en una realidad presente; eso sí: mayormente sino totalmente en

---

[465] Interesante es observar que no alcanzan a interiorizar fuertemente la primera actitud científico-técnica recién descrita los actores caracterizados por un nivel educativo relativamente bajo. Frecuentemente los encontramos en el mundo de los negocios, de la política, de la dirigencia sindical, etc., y sin embargo se les ve desempeñar con éxito sus menesteres. Habrá que preguntarse: ¿cómo es posible tal cosa, visto que disponen de escasos conocimientos de ciencia aplicada? La segunda actitud a ser descrita a continuación nos permitirá mejorar nuestro entendimiento de esta categoría de actores.

[466] Recordemos a los dos padres fundamentales del campo: Frederick W. Taylor y Henri Fayol, ambos ingenieros si a su formación académica vamos, pero con carreras profesionales muy diferentes. Taylor calza muy bien con la primera actitud que acabamos de describir. De allí que no deba extrañarnos el que en gran medida se le reconozca como uno de los padres de la ingeniería industrial, pero extraño el que sea también considerado padre del campo que nos concierne. En Fayol veremos manifiesta la segunda actitud descrita seguidamente.

virtud de su propia actuación y no meramente producto de fuerzas diferentes a las que le son propias. Es la negación misma del gobernar el no querer desempeñar acertadamente y sin solución de continuidad la secuencia de acciones conducentes a lograr un determinado porvenir dentro de cierto lapso establecido, sea que mayormente preserve en mucho al actual presente o lo modifique substancialmente.

El siguiente gráfico ilustra la segunda actitud descrita siempre que quien lo examine, en lugar de colocarse transversalmente, se visualice como estando inmerso en el fluir temporal que la flecha "t" intenta representar.

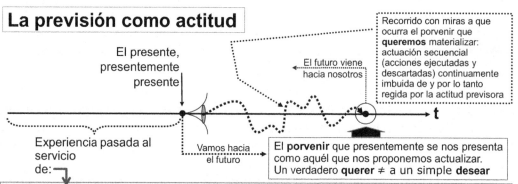

Prever, que no es simplemente predecir una situación futura; tampoco es el simple anticiparme a lo que podría sobrevenirme.
En cuanto **actitud** constitutiva de algún quehacer humano, **ser previsor** podría describirse así: actuar **cual si** de forma continua e insistente **a cada instante** de un determinado recorrido (fluir de actividad en curso por parte nuestra) respondiésemos a la pregunta siguiente: (*)
En este instante (con el cual se inicia el transcurrir del tiempo faltante que aún me separa de la realización final a la cual apunto), consciente de toda mi actuación previa instante a instante ya realizada y de la actuación instante a instante que luego me corresponderá realizar, en este preciso instante ¿cuál ha de ser mi actuación para que, tanto como sea posible, mi voluntad (logro futuro que **quiero** alcanzar) se actualice?
(*) Vía la descripción de instantes discretos, imperfectamente entender al fluir de la actitud previsora constantemente en acto.

Contrariamente a la **actitud previsora** que continuamente acompaña -caracteriza- a la actuación, **planificar** es aquello que se hace <u>antes</u> de lo que verdaderamente se quiere hacer. Planificar es una de las maneras en la que el ser previsor se manifiesta: aquella en que pensar, concebir, diseñar, decidir, etc. preceden al actuar.

A fin de profundizar en nuestra comprensión de la actitud previsora expliquémosla desde otro ángulo. Inicialmente observemos que en cuanto actitud no ha de entenderse como un fenómeno separado de la ejecución de las acciones, cualquiera sea su clase. Podemos nadar, manejar un vehículo, dirigir un equipo de trabajo, dictar una charla, observar una situación, escuchar a otra persona, realizar un experimento, caminar, pensar, emocionarnos, recordar, acostarnos, etc., todos ellos <u>con</u> previsión; esto es, acompañados de la actitud previsora. En el ideal, jamás plenamente alcanzable, ser previsor como actitud de vida significaría serlo continua e incansablemente en todo lo que sentimos, pensamos, recordamos, percibimos, expresamos y hacemos, ocurran estos por separado o conjuntamente.[467]

Deberíamos ahora comprender por qué Fayol en su primer muy importante párrafo dice: "prever significa a la vez calcular el porvenir y prepararlo" y porqué de inmediato añade que "prever, ya es actuar". Leída según lo que acabamos de presentar, la expresión "prever ya es actuar" ha adquirido una nueva y más profunda significación, independientemente de si Fayol hubiese estado plenamente consciente de ella. No debe entenderse al prever como una suerte de acto que precediese alguna otra acción posterior. Más bien debe entenderse al prever como el continuo acompañante de aquellas acciones que nos empeñamos en lograr que sean exitosas. Es más: entenderlo como la marca de fábrica de toda actuación realmente auténtica, ya que ¿puede realmente merecer el calificativo de acción un comportamiento del cual esté totalmente ausente la actitud previsora? En este sentido la previsión pasa a ser aquella actitud que consubstancialmente debería, en tanto condición necesaria, formar parte de toda real actuación.[468] Tanto así que el propio prever ha de ser previsor y que de no serlo no podría ser un auténtico prever. Dudaríamos, por ejemplo, en calificar de previsor a un "prever" que realizáramos en el momento menos oportuno o lugar menos indicado.

El genuino gobernante quiere ser constantemente previsor en todo lo que siente, piensa, imagina, recuerda, percibe, expresa y hace. Esto supone continua atención y persistente cuido por su parte. Sabe que de no lograrlos, un sentimiento podría dominarlo y hacerle cometer una imprudencia; a la hora de decidir un pensamiento o recuerdo podría no ser el más conveniente; lo que imagina o lo percibido desviarle de lo realmente importante; un palabra mal elegida podría distorsionar lo que quiere expresar a sus subordinados y que un hecho suyo apresurado podría llevarlo a cometer un grave error de estrategia.

Resumamos las dos actitudes fundamentales de vida expuestas.

La actitud científico-técnica nos coloca transversalmente frente a procesos que ocurren, por así decirlo, "de izquierda a derecha" delante de nosotros en el tiempo, dejando en un vago trasfondo nuestra conciencia de también estar situados en él. Actuar significa entones intervenir o no en dichos procesos para que su resultado corresponda con nuestras preferencias. Contemplar viene primero, el actuar viene después y su calidad depende de la calidad del conocimiento adquirido en la contemplación que le antecedió.

La segunda actitud es propia de quien gobierna. Lo que en él domina es el actuar. Comprometido y situado dentro del flujo de las realidades que transcurren en el tiempo, su

---

[467] "Por separado o conjuntamente": podemos, por ejemplo, estar a la vez haciendo algo con nuestras manos a la par de estar percibiendo al objeto que entre ellas sostenemos y expresándole a una persona presente nuestro sentir al respecto,... todo ello al mismo tiempo y con previsión.

[468] Nótese que refiriéndonos a la actitud previsora hemos dicho "condición necesaria". Como lo veremos en su momento la sola actitud previsora no basta. De allí que por sí sola no alcanza a ser condición suficiente.

continua y simultánea triple relación temporal es la siguiente: en 1° lugar, mantiene presente su pasado mediante el recuerdo de la experiencia previa que incorporó en sí mismo a lo largo de su propio desarrollo anterior (la noción de "experiencia" profundizada, pág.: 97); en 2° lugar, aprovecha al máximo dicha experiencia para persistentemente actuar dentro de un presente que fluye de forma continua y novedosa hacia él envolviéndolo; todo esto para, en 3° lugar, procurar influir lo más que pueda hacia la actualización del porvenir que prefiere y mantiene presente ante su consciencia, sólo a título de lo previsto hasta tanto no se realice. La actuación, acompañada por una vívida atención a todo lo que se siente, piensa, imagina, recuerda, percibe, expresa y hace, así como al posible impacto de todos estos sobre el porvenir, viene primero; la reflexión transformada en experiencia, y no meramente en conocimiento contemplativo, se pone al servicio de las actuaciones que vendrán después.

En síntesis, podemos distinguir dos clases de existencia humana "químicamente puras".

Por un lado están quienes sustentan sus vidas sobre la contemplación teórica para luego, casi por añadidura, actuar, siempre y cuando hacerlo pueda deducirse de las verdades resultantes de dicha contemplación.

Por el otro están aquellos para quienes actuar es lo fundamental aceptando —no siempre de buena gana— la reflexión sobre su propio actuar y circunstancias pasadas con tal de que hacerlo les sea de provecho para mejorar su actuación futura.

Fayol nos ha dicho que prever ya es actuar. Nuestras explicaciones han apuntado a alcanzar un entendimiento profundo de esta afirmación. Prever no es meramente visualizar un determinado futuro. Tampoco es simplemente predecirlo. Prever es "calcular el porvenir y prepararlo". Pero, como ya lo hemos visto, aunque Fayol no lo diga de modo explícito, esto implica continuamente —instante tras instante— y a la par de estar actuando, seguir calculando y preparando el porvenir, visto que el tiempo transcurre inexorablemente y que, querámoslo o no, por acción u omisión, lo que hacemos o dejamos de hacer continuamente —instante a instante— modifica al porvenir que "fluyendo" hacia nosotros constantemente se nos convierte en presente.

En otras palabras, para quien tenga voluntad de gobernar, el ideal de ser exitosamente previsor consiste en actuar y seguir actuando para que, dentro de un determinado plazo, también previsto, el porvenir querido se actualice en virtud de su propio esfuerzo y no debido al efecto de fuerzas extrañas que lo hayan producido independientemente de su voluntad. [469]

---

[469] El lector familiarizado con los análisis políticos de Maquiavelo habrá reconocido en lo que acabamos de decir la frecuente utilización que hizo de la dualidad virtud y fortuna. Resumimos. Siempre que a lo largo de nuestra existencia algo que nos atañe para bien o para mal llega a ocurrir (graduarnos, tener un negocio propio, imposibilidad de realizar un viaje, ruptura de una relación... en fin, cualquier cosa.) ambas habrán influido: **tanto** lo propio que acertadamente y en virtud nuestra hayamos hecho entrar en juego (conocimientos, pericias, experiencia, recursos disponibles, etc.) **como** lo que para bien o para mal no habrá provenido de nosotros mismos (factores, circunstancias fortuitas, fuerzas extrañas, el comportamiento de otros, etc.), genéricamente denominados "fortuna": intervenciones de la suerte, favorables las unas, perjudiciales las otras. "Virtud" es la denominación que

Sin embargo, expuesto todo lo anterior, no debemos pasar por alto el hecho de que sólo hemos descrito una actitud y que ella por sí sola, como ya apuntamos, no es suficiente. De hecho, no basta con querer ser previsor para poder serlo. Una cosa es la actitud y otra la capacidad. Ambas son condiciones necesarias para poder actuar con éxito. Se puede querer actuar previsoramente y, sin embargo, no lograrlo por falta de experiencia, de predicciones veraces, de conocimientos, de información y datos necesarios, etc. Por otro lado, se puede disponer de todo lo requerido para ser capaces de actuar previsoramente y sin embargo, por desidia, falta de voluntad y tantos otros factores o flaquezas humanas, no serlo.

La actuación colectiva

Las explicaciones anteriores han tenido por objeto profundizar en la previsión del ser humano singularmente considerado. Sin embargo, en cuanto dirigente de empresas a Fayol sobre todo le concierne lograr la previsión colectiva. Es por esto que de inmediato, tras el breve párrafo primero, prosigue su exposición presentando la que considera ser la manifestación más pertinente de la previsión para las empresas. Dice:

"La ***previsión*** tiene una infinidad de ocasiones y de maneras de manifestarse; su principal manifestación, su signo sensible, su instrumento más eficaz, es el ***programa de acción***."

El cuerpo social de la empresa está constituido por agentes. Ello exige la integración de las múltiples y diversas actuaciones que llevan a cabo en una sola actuación mancomunada. De allí la destacada importancia que Fayol le imprime al programa de acción. Su función es concertar las acciones que, en paralelo o secuencia, realizan los múltiples agentes de la empresa. Veremos, pues, a Fayol dedicar la mayor parte de la sección "Previsión" (capítulo 2 de la 2a parte de AIG) al tema del programa de acción. Sin embargo, no cometamos el error de pensar que el todo de la previsión radica en el programa de acción y su realización. El primer párrafo ya comentado sigue siendo el fundamental. Nótese que al inicio del segundo párrafo nos ha dicho que: "La previsión tiene una infinidad de ocasiones y de maneras de manifestarse;...". El programa de acción no es pues su única manifestación. Si el tema del programa adquiere tanta notoriedad es sólo debido a que en el caso de la empresa como un todo "su principal manifestación, su signo sensible, su instrumento más eficaz, es el programa de acción".

Maquiavelo le da a lo propio (curioso es comprobar que en sus análisis tiende a destacar sus contribuciones favorables a lo que nos proponemos alcanzar a la par de ignorar la posibilidad cierta de que en virtud de nosotros mismos entren en juego aunque sin intención errores, impericias, inexperiencia, temores, etc., que nos limiten o impidan alcanzar lo aspirado (posible explicación: la inclinación que hacia lo positivo tiende a expresar la palabra "virtud"). Ahora bien, virtud y fortuna no son solo son aplicables al estudio de los hechos ocurridos en la existencia particular de los seres humanos. Ambas son igualmente aplicables al estudio de los hechos que para bien o para mal atañen a los entes sociales de cualquier clase, particularmente a las empresas, a lo largo de su existencia. Lo que llega a ocurrirles también será la resultante de ambas: de las virtudes propias que sean capaces de poner práctica y de los avatares que la fortuna para bien o para mal ponga a su alcance. Ha de quedar claro lo siguiente: voluntad de gobierno la posee aquél –ser humano o ente social– que procura que su porvenir dependa más de su propia virtud que de los siempre caprichosos factores afortunados que pudieran beneficiarle.

Podríamos preguntar ¿Cuales son todas estas otras ocasiones y maneras en que se manifiesta la previsión? Nuestra respuesta debe ser: todas aquellas en las cuales los agentes del cuerpo social de la empresa nos dan claros indicios de estar siendo previsores en todo lo que sienten, piensan, imaginan, recuerdan, perciben, expresan y hacen. Como ya lo hemos destacado en las descripciones ya presentadas, la actitud previsora debería asumirse de continuo como acompañante consubstancial de toda auténtica actuación. No ocurre lo mismo con el programa. Elaborado por alguien o por un equipo de tarea, no es sino una acción posible entre muchas otras, pudiendo o no estar acompañado de la actitud previsora; esto es, elaborado sea en los momentos y lugares oportunos como también inoportunos.

Como ya hemos comprobado múltiples veces en el caso de Fayol, no siempre el texto más largo expresa lo más esencial. Insistimos: para realmente comprender lo que significa prever y ser previsor, la recta lectura y entendimiento del primer párrafo es fundamental. El programa de acción es sólo un modo particular en que se manifiesta la actitud previsora de quienes gobiernan, y ciertamente uno de sus papeles más difíciles es convertir a la empresa toda en previsora. En último análisis, no pueden lograrlo a menos que se las ingenien para inculcar en todos y cada uno de los agentes de la empresa la previsión como actitud.

El programa es considerado por Fayol como el instrumento más eficaz para concertar las acciones cuando son ejecutadas por múltiples agentes. Por sí sólo no los convierte en previsores, pero sin duda es un factor que instituido en la empresa los encamina en esa dirección.

¿En qué consiste el programa de acción: Veamos:

"El ***programa de acción*** es a la vez el resultado al que se apunta, línea de conducta a seguir, las etapas a ser salvadas, los medios a emplear; es una suerte de cuadro del porvenir en el que se hallan representados los acontecimientos cercanos con cierta claridad, según la idea que uno se ha hecho de ellos, y donde los acontecimientos lejanos aparecen de manera cada vez más vaga; es la marcha de la empresa prevista y preparada por cierto tiempo."

En este párrafo, de manera muy compacta, Fayol nos aclara en qué consiste el programa de acción. Es sobre todo la expresión: "...; es la marcha de la empresa prevista y preparada por un cierto tiempo" la que nos transmite lo esencial. La palabra "marcha" es la clave.[470] Nuestros primeros comentarios se centraron en la actitud previsora de un hombre de acción singularmente considerado. Ahora vemos que el programa de acción apunta a convertir a la empresa como un todo en previsora; en un ente que actúe, por así decirlo, "como un sólo hombre", como un organismo perfectamente integrado y armónico consigo mismo a la hora de proseguir su marcha hacia el porvenir al cual apunta.

---

[470] Recordemos que incluso tan temprano como desde el capítulo inicial de AIG, Fayol se refirió al gobernar como el aseguramiento de la marcha de las seis funciones u operaciones fundamentales que toda empresa lleva a cabo. Ahora vemos que el programa de acción, en cuanto principal manifestación de la previsión, desempeña un papel fundamental a la hora de asegurar la marcha de las seis funciones o grupos de operaciones. De allí la máxima "gobernar es prever" que expresó en el primer párrafo.

Concebido así el programa no es simplemente un futuro predicho. Más bien se trata de una suerte de cuadro o visualización del porvenir que incluye a la propia empresa en marcha, actuando inmersa en el transcurrir temporal de circunstancias circundantes siempre cambiantes, procurando su mejor aprovechamiento a la par de evitar ser negativamente influida por ellas. Obviamente la claridad de la visualización disminuye con la lejanía del porvenir que se intenta prever.

Previsión y planificación no son lo mismo

Ahora bien, si tal como nos lo indicó Fayol el programa de acción es con respecto a las empresas la principal manifestación e instrumento más eficaz de previsión, debe entonces existir una diferencia de fondo entre el programa de acción tal como nos propone entenderlo y la concepción usual que de la planificación y planes resultantes se tiene en el campo, del cual, recordemos, tanto Taylor como Fayol son considerados padres fundadores.

En efecto, la trilogía de términos, "planificación", "planificar" y "plan" proviene de la tradición muy anglosajona del "management" que con plena fuerza ingresa en el campo a partir de la obra de Taylor. Este autor concibe al "management" científico desde la óptica ingenieril. Tal es el caso del ingeniero que enfrenta el reto de dirigir la construcción de una obra compleja cuyos planos recibe, digamos, de manos de los arquitectos. Este mismo ingeniero –ahora "manager"– considera muy necesario planificar de antemano todas aquellas actividades que, sucesivamente o en paralelo, habrán de ser ejecutadas para realizar la obra hasta alcanzar su finalización; hecha esta planificación, le corresponderá dirigir la ejecución según dicho plan.

Obsérvese que han entrado en juego dos planes diferentes, los planos de la obra a concluir elaborados por los arquitectos y la planificación de la ejecución elaborada por el ingeniero en su calidad de "manager". Fundamentada en el conocimiento científico Taylor quiere ver aplicada esta segunda clase de planificación a la totalidad de las actividades humanas, particularmente a las que en las empresas se realizan.[471]

Cuando planifica el "manager" visualiza, para decirlo de alguna manera, transversalmente "de izquierda a la derecha" al proceso de ejecución que posteriormente habrá de llevarse a cabo en el tiempo. Puede que se considere a sí mismo entre los futuros ejecutantes del plan, pero debemos insistir en que su actitud a la hora de planificar es primariamente contemplativa. Estrictamente hablando, la concepción de Taylor se enmarca dentro de la actitud científico-técnica cuyo fundamento y punto de partida es precisamente la actitud contemplativa, la cual con mucho detenimiento hemos insistido en distinguir de quienes viven principalmente orientados a la acción. Las descripciones de entonces pueden perfectamente contrastarse con la visión de la planificación recién presentada. Sin duda que en Taylor se manifiesta la actitud previsiva, pero a los ojos de Fayol su recomendación de diseñar científicamente de antemano al trabajo tan solo sería una de entre las muchas manifestaciones

---

[471] Nada extraño, pues, que a Taylor también se le llegase a considerar como uno de los importantes padres de la ingeniería industrial.

posibles de la previsión. En particular se trataría de la actitud previsiva aplicada al caso muy concreto de algún trabajo a ser ejecutado posteriormente por los operarios.

En resumidas cuentas: a diferencia del ser previsor entendido como actitud inseparable de la actuación misma conformando así un todo actuante, **la planificación –el planificar– es un quehacer que precede al hacer que realmente se quiere llevar a cabo, siendo que la motivación es llevar a cabo este segundo hacer lo mejor posible**. Son dos "hacer" ejecutados secuencialmente en el tiempo, con la particularidad de que al primero corresponde un quehacer de una clase muy particular: planificar.

Taylor supone la dualidad y clara diferenciación entre planificar y ejecutar. Concebido de esta manera, planificar no es un ejecutar en cuanto tal. La ejecución y sus productos son más observables que el planificar y sus efectos. En el mejor de los casos planificar es un simple pre-actuar.

Para completar nuestro entendimiento de la propuesta de Taylor y poder así distinguirla aún mejor de la de Fayol, demos un ejemplo muy concreto y exitoso de aplicación de su enfoque. En los deportes se refleja muy bien la relación postulada y recomendada por Taylor. De hecho los grandes progresos de esta actividad humana a todo lo largo del siglo XX y más, se han debido a la aplicación de su enfoque. Tomemos el caso de un nadador y su "manager", su "coach" de natación. Supongamos que el primero ya sabe nadar aunque no lo haga aún con la excelencia requerida vistas las exigentes competencias deportivas que habrá de enfrentar. El "manager" es un experto en natación, sabe todo lo que hay que saber acerca de ella, aunque jamás haya sido un excelente nadador; quizás incluso, para visualizar su conocimiento como puramente contemplativo, podemos suponer que jamás ha sabido nadar. Este "manager", mediante la lectura de libros de física de los fluidos, de fisiología corporal, etc., la observación de grandes nadadores, personalmente o vía películas, y su capacidad para procesar todo lo que ha observado, alcanza a poseer una excelente teoría científica de la natación. Basándose en ésta y tomando muy en cuenta las particularidades de su nadador, diseña la forma óptima de nadar que a éste conviene, así como al entrenamiento requerido para alcanzarla. Luego inicia su instrucción y entrenamiento del nadador: le dirá que ejercicios hacer, que movimientos realizar, su régimen alimenticio, como mejorar su respiración, etc. Para mantener químicamente puro nuestro ejemplo, imaginemos que, a semejanza del "manager" que no sabe nadar, el nadador, a pesar de ser muy dócil para seguir instrucciones y aunque poseedor de una gran habilidad ejecutante, no tenga la formación o capacidad intelectual requerida para conscientemente procesar el cómo lo hace. ¿Qué obtenemos al final? Respuesta: al final obtenemos a un excelente nadador sin comprensión alguna de lo que hace y de las razones por las cuales lo hace tan bien. Descrita en su pureza química la división del trabajo propuesta por Taylor postula a un "manager" previsivo en relación a lo que al nadador corresponde ejecutar, a la par de no manifestarse en éste conciencia –actitud– previsiva alguna acompañando su ejecución. Ausente la actitud previsiva, por muy exitosa que luzca, es difícil si no imposible denominar "acción" lo realizado por quienquiera. Así descrito es tentador afirmar que nuestro nadador, aunque en efecto nada, ciertamente no actúa.

Descripción del prever como la actitud que acompaña a la actuación

Para Fayol, por el contrario, la conciencia es parte consubstancial del actuar. Sólo así puede estar acompañado de actitud previsiva. Nada nos impide, por ejemplo, nadar con plena conciencia de estar haciéndolo a la par de, con miras al éxito, procurar ser continuamente previsivos. Fayol rechazaría concebir como acción la ejecución de un sonámbulo. Actuar significa ser capaz de pensar la acción antes de realizarla y después de realizada, pero sobre todo ser capaz de mantener la plena conciencia y conocimiento de lo que se está haciendo, sin que dicha conciencia o conocimiento interfiera con el devenir fluido característico de una actuación magistral.[472]

Profundicemos en la previsión mediante la siguiente descripción. Tomemos como ejemplo a una gran bailarina que ya no requiere del maestro que en un tiempo tuvo. El coreógrafo podrá solicitarle interpretar cierto pasaje musical mediante una determinada secuencia de pasos y movimientos corporales muy difíciles. No siendo su fuerte el bailar, podrá incluso con cierta torpeza y lo mejor que pueda simular para ella el cómo quiere que lo baile. La bailarina memorizará –idealizará en su mente– los pasos y movimientos corporales que debe aprender a ejecutar. Comenzará a practicar. Al principio lo hará con cierta torpeza y a cada rato interrumpir su práctica tomando nota de sus aciertos y errores, y sobre todo tratando en cada caso de entender su porqué. Con la progresividad requerida procurará perfeccionar su interpretación del pasaje musical, según la secuencia de pasos y movimientos corporales ideales que mantiene presentes en su mente mientras practica. Tarde o temprano, supuesto el talento requerido, logrará interpretar el pasaje exactamente según lo instruido por el coreógrafo. El día de su debut la veremos bailar con maestría y fluidez, cual si no le costase esfuerzo alguno hacerlo. Sin embargo, lo que se nos pondrá de manifiesto será toda su maestría y gracia y no el baile de un autómata. Sabemos, como también lo sabe ella, la plenitud de conciencia y de auto-gobierno, por lo tanto de previsión, con la cual está logrando bailar. A diferencia de los operarios de Taylor, los agentes de Fayol son y deben ser en su actuación los mejores intérpretes posibles.

Vemos, pues, un múltiple entrecruce de diferencias y semejanzas entre la previsión, el programa de acción de Fayol y la planificación como natural heredera del enfoque de Taylor. La previsión es la actitud fundamental. El programa y el plan son dos de sus manifestaciones posibles que guardan, tras su aparente similitud, importantes diferencias. Son semejantes en cuanto que no es ser previsor programar o planificar cuando el momento y lugar son poco

---

[472] Intentemos profundizar aún más. Actuar significa intencionalmente –previsivamente– hacer que exista o llegue a ocurrir un algo que previamente no ha existido u ocurrido; un algo que puede guardar un cierto parecido con cosas ya existentes u ocurrentes, pasadas o presentes, pero que en el límite, de ser muy único, de no guardar parecido alguno, convierte al actuar en un crear.

oportunos. Su diferencia fundamental consiste en que se elaboran a partir de actitudes profundamente diferentes. La misión fundamental del programa de acción es contribuir a convertir a la empresa como un todo en previsora. Por su parte el plan según Taylor es la diagramación anticipada de las actividades de los ejecutores, cual proceso que se desarrolla en un flujo temporal transversalmente situado al frente del planificador que lo diseña.

Al cierre

Hemos destacado el carácter de actitud inherente a la previsión. Tanto así podríamos también destacar el carácter de necesaria actitud gubernamental de los otros cuatro componentes de la definición del administrar propuesta por Fayol. Creemos que no hace falta hacerlo. Además, cada uno de estos otros cuatro elementos amerita comentarios que de manera muy específica profundice en su naturaleza.

2º ORGANIZACIÓN.

Fayol inicia su tratamiento de este segundo elemento como sigue:

"*Organizar* una empresa es dotarla de todo lo que es útil para su funcionamiento: materiales, herramientas, capitales, personal." [473]

La palabra clave es "dotar".[474] Organizar en Fayol no es otra cosa que dotar. Sin embargo a esta clase de acción le debemos dar el sentido más amplio posible. Además del listado presentado por Fayol —materiales, herramientas, capitales y personal— la empresa puede dotarse de procedimientos, de estructura, de agentes capaces y motivados, de los dirigentes que le convienen para cada nivel o función, así como dotarse de tecnología, de planes y programas de acción, etc. Puede dotarse además de las capacidades requeridas para ejercer las seis funciones esenciales, así como para llevar a cabo los cinco elementos del administrar, asumidos según su sentido verbal de prever, organizar, mandar, coordinar y controlar. También puede constituirse a la empresa de tal modo que esté dotada con la apropiada división del trabajo, la debida estructura de autoridad, la unidad de mando y de dirección que le convienen, con la modalidad de disciplina requerida, y así sucesivamente con cada uno de los principios presentados en el capítulo 1 de la 2ª parte de AIG: aquellas condiciones instituidas en el cuerpo social de la empresa con miras a asegurar su salud, fortaleza y buen funcionamiento.

---

[473] La palabra "Organización", título de esta sección, es un substantivo. Recuérdese sin embargo la lectura primariamente verbal que ha de hacerse de la obra de Fayol. Obsérvese como, de inmediato, pasa a definir al verbo "organizar" y no al substantivo "organización".

[474] La sección del capítulo 2 de la 2ª parte de AIG en la cual Fayol desarrolla el elemento "Organización" es desproporcionadamente el más extenso del libro. Se presta a un sinnúmero de comentarios. Aquí solo habremos de centrarnos en la palabra clave "dotar", sin la cual muchas de las sub-secciones que siguen podrían desconcertar al no poder el lector entender la trama que las une.

Ahora bien, podríamos preguntar: ¿por qué centra Fayol el significado de organizar en dotar? Curioso será comprobar que responder a esta pregunta implica examinar la historia de la palabra "organización" apartando de ella esta otra significación muy usual pero no considerada por Fayol, según la cual se trata de un substantivo genérico que abarca bajo esta única denominación, cual paraguas, a todos los entes sociales, públicos o privados, con o sin fines de lucro, de cualquier clase o magnitud.[475]

Los orígenes de la palabra "organización" se remontan vía el latín "organum" a la palabra griega "organon" proveniente de la raíz "org–" relacionada a su vez con la raíz "erg–" de la palabra "ergon", que significaba trabajo. Podemos entonces comprender que la palabra "órgano" signifique "aquello que realiza un determinado trabajo".[476]

En el latín medieval la palabra "organizare" llega a significar: "proveer con órganos o partes". Y no deberá extrañarnos que la fisiología del siglo XVII y XVIII adoptara la palabra "órgano" para designar a cada una de las partes internas al cuerpo de cualquier ser viviente, las cuales tras ser investigadas evidenciaban existir para cumplir con un determinado trabajo o función dentro de la totalidad de dicho ser. Muy natural fue que muy pronto al gran conjunto de los seres vivos poseedores de tales órganos se les aplicara la denominación genérica de "organismos".

La temprana sociología surgida en el siglo XIX, reaccionando en contra de las concepciones mecanicistas de las sociedades y tomando como modelo a lo viviente, no tardó en asumir puntos de vistas orgánicos para el estudio de las colectividades humanas. En particular, por ejemplo, para contrastar sociedades en cuanto a su grado y modalidad de organización y transformación. Comparadas en cuanto a grado, existirán sociedades más organizadas y otras menos. De allí que en adición al substantivo genérico "organización", para los sociólogos hayan sido y sean pertinentes los adjetivos correspondientes: "organizado/a".[477]

Perteneciente lingüísticamente al siglo XIX más que al siglo XX, no debe extrañarnos entonces la utilización que Fayol hace de esta familia de palabras según el sentido etimológico recién aclarado, siempre que quede bien claro que a diferencia de los sociólogos lo natural para él –hombre orientado a la acción– será enfatizar al acto y su verbo correspondiente. De allí que el

---

[475] ¿Acaso no es esta la misma amplia cobertura que vimos a Fayol dar a la palabra "empresa"? En cuanto a cobertura sí, pero con una diferencia de significación muy importante que se observa en razón de cuan diferentes son sus etimologías. La empresa es un ente social emprendedor, significado que la palabra organización no contempla, por tan solo agrupar a los entes sociales en función de su carácter de estar organizados en mayor o menor grado, y nada más. Obsérvese, por ejemplo, el contrasentido que implica calificar de organizaciones a las burocracias, cuya constitución estrictamente entendida más se fundamenta en una concepción mecanicista que orgánica de los entes sociales. Tal como sin dificultad aceptaría Fayol entenderla, la constitución de la empresa puede fundamentarse sea en una concepción mayormente orgánica del ente social, como mayormente mecánica o combinación particular de ambas. La palabra "empresa" no se presta al referido contrasentido.

[476] "ORIGINS, a Short Etymological Dictionary of Modern English" by Eric Partridge, Macmillan Publishing Co., Inc. N.Y., 1966.

[477] En el darwinismo social de Herbert Spencer (1820–1903) encontramos un claro ejemplo de una sociología inspirada en el organismo viviente.

verbo "organizar" –dotar de órganos– adquiera preeminencia por sobre el substantivo "organización" y los adjetivos "organizado/a".[478]

Podemos ahora comprender porqué para Fayol organizar es dotar a la empresa de todo lo que requiere para su funcionamiento. Muy en lo particular, constituirla de órganos para que en ella puedan cumplirse las operaciones parciales que contribuyen a la realización del trabajo total del cuerpo.[479] La dotación debe convertir al cuerpo social de la empresa en capaz de ejecutar todas las operaciones correspondientes a los seis grandes grupos de operaciones o funciones esenciales presentadas en el capítulo inicial de AIG, entre las cuales están las administrativas, las cuales a su vez –no lo olvidemos– incluyen al propio organizar como segundo elemento del administrar.[480]

Para el momento en que la importante influencia de las dos publicaciones "Administrative Behavior", 1945, y "Organization", 1958, es generalmente sentida, precedidas ambas por la obra cardinal de Chester I. Barnard "The Functions of the Executive" en 1938, ya es común observar a nuestro campo asumir la palabra "organización" como el substantivo genérico para referirse a todo ente social caracterizado por algún grado de coordinación, según la definición de la organización formal como "sistema de actividades o fuerzas conscientemente coordinadas de dos o más personas" que el propio Barnard había elaborado y justificado en el capítulo seis de la misma ya referida obra "Las funciones del ejecutivo".[481]

No cabe aquí explicar detalladamente en qué sentido Herbert A. Simon –James G. March también– desde una perspectiva eminentemente académico/contemplativa de la "organización" como simple substantivo genérico, se alejan apreciablemente del concepto de organización formal introducido por Barnard. Valga sin embargo la breve síntesis que sigue.

Barnard, autor de "The Functions of the Executive", al igual que Fayol fue dirigente de empresa y por lo tanto hombre de acción. De allí que tras haber en general introducido a los sistemas cooperativos y hecho abstracción de cualquier particularidad que pudiera caracterizarles, haya definido a la organización formal como "sistema de actividades o fuerzas conscientemente coordinadas de dos o más personas", definición que visto el énfasis que pone en "conscientemente" convierte al substantivo en una palabra que se refiere a una tarea, una

---

[478] Como hombre familiarizado con algunos de los avances de la biología y sociología de su tiempo, Fayol utiliza la palabra "organizar" en su sentido etimológicamente más cercano al de su significado original. De allí que a "organizar" corresponda el verbo "dotar" y que en Fayol esté ausente concebir a la palabra "organización" como el substantivo genérico que habrá de popularizarse en nuestro campo años más tarde.

[479] A lo largo del extenso desarrollo que Fayol hace del elemento "organización", le veremos en la sección "B" esforzarse por desglosar al cuerpo social de la empresa en órganos y miembros, y en la sección "C" profundizar en los agentes o elementos constitutivos del mismo cuerpo social.

[480] También es un organizar el dotarse de lo requerido para poder seguir organizando.

[481] **"Administrative Behavior"**, Herbert A. Simon, The Free Press, N. Y., 1945; **"Organizations"**, James G. March & Herbert A. Simon, John Wiley & Sons, 1958; **"The Functions of the Executive"**, Chester I. Barnard, Harvard University Press, 1938 and 1968.

tarea formal a cargo del ejecutivo que dirige a la empresa; aquél a quien corresponde, así lo diría Fayol, gobernar y organizar la empresa.

Único "pequeño" problema: la introducción que en su definición Barnard hace de la coordinación la distancia totalmente del "organizar como dotar" que vimos en Fayol. ¿Evidencia de ello?: la desaparición del "coordinar" como elemento de la literatura del campo. Si de entrada organizar ya es coordinar en lugar de dotar, entonces sobra el elemento coordinar que Fayol creía necesario incluir en su definición del administrar. Se pierde al organizar como dotar, pero también al coordinar con el significado clave de armonizar que igualmente cree esencial incluir en su definición del administrar. Añada a esto concebir a los restantes cuatro elementos como las fases del así irreflexivamente admitido "proceso administrativo" y se completa la usual introducción del campo a la cual están sometidos los estudiantes.[482]

Los aportes académicos de Herbert A. Simon y James G. March no podrán sin embargo evitar el que la generalizada utilización de la palabra "organización" se deslice hacia devenir el simple substantivo genérico contemplativo bajo el cual vagamente habrán de cobijarse, visto su estar en alguna medida organizadas, toda suerte de entes sociales: empresas comerciales e industriales, entidades gubernamentales, militares, religiosas, filantrópicas, etc. Cobertura posiblemente idéntica a la palabra "empresa" que vemos utilizada a lo largo de AIG, pero cuyo significado hemos insistido es profundamente diferente. No es simple cuestión de semántica. La claridad conceptual de Fayol así como su orientación a la acción en gran medida quedan disminuidas.

3º MANDO.[483]

Fayol inicia su tratamiento del mando como sigue:

"Estando el cuerpo social constituido, se trata de hacerle funcionar: tal es la misión de **mando**."

En el capítulo inicial de "Administración industrial y general", cuando Fayol introdujo por primera vez el elemento mando, nos dijo que al "mandar" correspondía "hacer funcionar al personal". Ahora vemos que reitera el punto substituyendo la palabra "personal" por la expresión "cuerpo social", afirmando que la misión del mando es hacerlo funcionar.[484] La utilización de estas dos expresiones nos indica que al mando concierne ser exitoso tanto en relación al funcionamiento de todos y cada uno de los miembros individuales de la empresa,

---

[482] Desarrollo crítico del comúnmente denominado "Proceso administrativo" realizado en la 1ª profundización de la serie de ensayos constitutivos de la sección "Profundizando en lo que significan administrar y gobernar", pág.: 169.

[483] De nuevo observamos que, aunque todo el sentido de la exposición que sigue es verbal, el título de la sección es un substantivo. Verbal sobre todo a partir del cuarto párrafo cuando introduce la expresión "el arte de mandar".

[484] Recuérdese que Fayol, según el contexto, tiende a tratar al "personal" y al "cuerpo social" como expresiones emparentadas, sin que haya total identidad. De allí que la primera palabra ponga de relieve a la totalidad de los agentes de la empresa connotando individualidades, en tanto que la segunda los totaliza en la medida que puedan entenderse como conformando un todo orgánico.

como cuando operan en grupos formales o no, y finalmente en su calidad del todo orgánico del cuerpo social de la empresa. La expresión "hacer funcionar" es fuerte. Significa que tan solo un haber logrado que tal funcionamiento ocurra es indicativo de un haber ocurrido el mando. No basta con la simple intención de lograrlo. Prosigue Fayol.

"Esta misión se reparte entre los diversos jefes de la empresa, teniendo cada uno la carga y la responsabilidad de su unidad."

Como ya destacamos en nuestros comentarios a los dos primeros capítulos de la 1ª parte de AIG, todos los miembros del cuerpo social ameritan ser calificados como co-gobernantes en la justa medida en que cada uno asegure, en función de la parte que le corresponda, el ejercicio y cumplimiento de todas las operaciones correspondientes a cada una de las seis grandes funciones esenciales. En este sentido y en relación a la unidad a su cargo, cada jefe tiene su cuota parte de carga y responsabilidad en el cumplimiento de la misión del mando. Al jefe supremo corresponde asegurar el funcionamiento de la empresa toda; al gerente el de su departamento; al supervisor el de su unidad de trabajo, y finalmente a cada uno de los miembros del cuerpo social de la empresa su propio funcionamiento en cuanto agente poseedor de cierta voluntad propia.

Pero, he aquí la afirmación de Fayol que demanda una cuidadosa explicación.

"Para cada jefe, la meta del mando es extraer el mejor partido posible de los agentes que componen su unidad, en el interés de la empresa."

La expresión es dura. Suena a algo así como "exprimir naranjas". Pero para captar el real sentido del mando en Fayol es necesario comprender lo lejos que está de considerar a la gente como cosas o piezas de una máquina. De hecho para nuestro autor al mando sólo concierne la gente ya que estrictamente hablando no hay tal cosa como una relación de mando con respecto a las cosas y máquinas; éstas se manejan. Recuérdese que a lo largo de la obra es común ver a Fayol referirse a los miembros del cuerpo social como <u>agentes</u>, lo cual claramente supone su posesión de voluntad propia, la cual se traduce en ciertos grados libertad a la hora ejercer su labor, como lo indican muchos otros textos en la misma obra.[485]

Lo que el breve párrafo que estamos comentando exige es profundizar en la expresión "...la meta del mando es extraer el mejor partido posible de los agentes...".

De entrada obsérvese que Fayol nos está hablando de la meta del mando, la cual no necesariamente supone ser siempre alcanzada en toda su perfección. Tal como está expresada

---

[485] Para genéricamente referirse a los miembros del cuerpo social de la empresa Fayol con frecuencia utiliza la palabra "agente", precisamente para destacar su carácter de seres actuantes. Hay que recordar, por ejemplo, como muy al principio de la sección de "organización", cuando trata lo correspondiente a la constitución del cuerpo social, señala lo limitado que es concebir a la empresa a imagen y semejanza de una máquina, afirmando que a diferencia de los engranajes de una máquina que implican pérdida de fuerza con cada transmisión, en una empresa "todo jefe intermedio puede y debe ser productor de movimiento e ideas"; cada jefe un agente y no meramente pieza singular en una máquina.

existirán grados, posiblemente inferiores al óptimo, aunque ciertamente según lo afirmado por Fayol queda claro que la máxima expresión del mando ocurre cuando se ha extraído el "mejor partido posible de los agentes". Exploremos un poco más a fondo esta meta del mando.

Por tratarse de agentes, la pregunta que de inmediato solicita respuesta es: ¿Cuándo dan lo mejor de ellos mismos? Comencemos por observar que cuando un ser posee voluntad propia y ciertos grados de libertad, "extraer de él" no puede significar otra cosa que lograr "su real dar". Esto sólo ocurre cuando la mejor de sus buenas voluntades subyace a su dar. De allí que pueda entenderse que la máxima y más elevada manifestación del mando ocurra cuando logra "...extraer el mejor partido posible de los agentes...", cosa que sólo ocurre cuando dan lo que dan con la mejor de sus buenas voluntades.

Queda ahora claro el óptimo desempeño de su papel al cual debe apuntar el jefe: lograr la mejor de las buenas voluntades por parte de los agentes que componen su unidad; incluyéndose como agente de la unidad que dirige, en la justa medida en que mal podría querer con mala voluntad cumplir la labor que le corresponde. Alcanzada su óptima manifestación, es el propio mando el que deja de parecer mando; pasa a existir una perfecta sintonía entre la guía del jefe y la voluntad del subordinado.

Sin embargo, debe quedarnos claro que el jefe no siempre habrá de lograr el óptimo descrito. De allí que hemos de aceptar que para Fayol mandar también ha de incluir toda la gama de casos sub-óptimos; esto es, cuando lo que el jefe "extrae" de sus agentes no es lo que habría extraído de haber obtenido la mejor de sus buenas voluntades. La gama completa va desde la franca y abierta coerción hasta la perfecta buena voluntad, pasando por alguna combinación de manipulación y temor. Pero, muy posiblemente en relación a todos los casos distintos al extremo óptimo, al jefe corresponde reconocer la posibilidad de no haber logrado extraer de sus agentes el mejor partido posible, y que por lo tanto mejorar su mando en el futuro debe significar apuntar hacia lograr esta creciente buena voluntad por parte de todos y cada uno de los agentes de los cuales es jefe. Véase la representación siguiente:

Extrema mala voluntad Mínima entrega que pueda	RANGO QUE ABARCA EL MANDO DEL PERSONAL	Máxima buena voluntad Entrega lo mejor de sí mismo
MANDO COERCITIVO	⟶ MANDO MANIPULATIVO ⟶	IDEAL DEL MANDO

El ideal del mando es lograr que el subordinado entregue lo mejor de sí mismo en virtud de haber logrado que hiciese lo que le correspondía con su mejor buena voluntad *(supuesto, claro está, de haber estado en posesión de las capacidades y circunstancias favorables en cada caso requeridas para alcanzar el elevado nivel y calidad de desempeño exigido)*. Esto, sin embargo, no descarta el uso que al jefe corresponda hacer de medios impositivos, en la justa medida en que su utilización y dosis sean legítimas y no sea posible lograr la buena voluntad por otros medios. Resta, sin embargo, que el progreso del mando suponga asumir al ideal como norte orientador.

Conocer la meta del mando, extraer lo mejor de cada agente vía el estímulo de su buena voluntad, permite al jefe constantemente evaluar la calidad con la cual manda y apuntar al mejoramiento continuo de la capacidad poseída al respecto.

Si recurrimos, como ya lo hemos hecho (4ª profundización, pág.: 188), a la representación de una nave social en la cual distinguimos piloto y remeros, ha de quedar claro que cuando señalamos al jefe como aquél que a la hora de mandar dispone de toda la gama que va desde aplicar la coerción hasta la obtención de la mejor buena voluntad por parte de los remeros, nos hemos estado refiriendo al piloto, comúnmente entendido en las sociedades humanas como aquél que gobierna y es denominado gobernante bajo la estrecha concepción transitiva de gobierno que sólo contempla a dos partes como constitutivas de la sociedad (piloto/remeros, gobernante/gobernados, gobernante/ciudadanos), entendimiento estrecho en la justa medida en que ignora la concepción reflexiva de gobierno en la que hemos insistido (pág.: 193 y siguientes), según la cual no menos importante que el piloto/gobernante son los remeros/ciudadanos para que la finalidad última del gobierno se alcance, cual es que la nave social como un todo posea la capacidad de gobernar-se a todo lo largo del acertado recorrido que la conduzca a la meta última de esa empresa social. El olvido de esta concepción más integral del gobierno tiende a propiciar, como de hecho frecuentemente ocurre, confundir gobernar con manejar, posibilitándose así el olvido del ideal del mando, descrito como la realización de la más alta buena voluntad por parte de los remeros/ciudadanos, olvido que se agrava en la justa medida en que la voluntad del piloto/gobernante le lleva, independientemente si está o no en el error, a creer altamente justificada la coerción.

La incursión del concepto "motivación" proveniente de la psicología

Puede que el lector familiarizado con la literatura del campo se interrogue acerca de la omisión del concepto "motivación" en la disquisición recién presentada. El concepto de motivación proviene del contacto de nuestro campo con la psicología iniciado con el así denominado "Movimiento de relaciones humanas" de los años veinte y treinta del siglo veinte. Elton Mayo, miembro del equipo de los psicólogos investigadores de la Universidad de Harvard y principal divulgador de los resultados de los experimentos llevados a cabo en la planta de la "Western Electric Company" situada en "Hawthorne", población situada en el Estado New Jersey, no alcanza a utilizar el concepto de motivación. En el capítulo quinto de su libro "The Human Problems of an Industrial Civilization" lo que Mayo sí introduce es la "moral" como estado anímico de los trabajadores y su relación positiva con la producción.[486] Con el tiempo, posiblemente debido a que los investigadores la encontraron metodológicamente difícil de reducir a términos medibles, no es la variable moral la que habrá de perdurar. Será el concepto de motivación el que habrá de exitosamente estimular tanto la formulación de teorías como la plétora de investigaciones empíricas llevadas a cabo.

---

[486] "The Human Problems of an Industrial Civilization", Elton Mayo, Arno Press, reprint of the 1933 edition © The Macmillan Company.

En lugar de irreflexivamente admitirlos, obligado es sin embargo preguntarse si los conceptos, en lugar de acercarnos a los fenómenos, no nos distancian más bien de ellos, alejándonos de entender a los actores mismos en sus propios términos en cuanto a lo que viven y experimentan. En efecto así ocurre. Los conceptos son, por así decirlo, como lentes a través de los cuales el estudioso categoriza, investiga relaciones y transformaciones característicos de un determinado sector de la realidad; estudios resultantes en conocimientos calificados de teóricos acerca de ese sector, pudiendo, dada las circunstancias e intereses, ser de utilidad a la hora de alcanzar ciertos logros. En suma se trata de la actitud contemplativa que desemboca en teorías que preceden a las recomendaciones que de ellas pueden ser deducidas. Ciencia aplicada pues. La actitud asumida es primero contemplativa, para luego con base en el conocimiento adquirido deductivamente formular acciones con miras a alcanzar ciertos logros.

Tal es el caso de las diversas teorías concernientes a la motivación, concepto naturalmente asociado con otros, tales como productividad y liderazgo. No dejan de tener cierta utilidad. La pregunta es sin embargo si lo descrito –teoría primero, aplicación luego– realmente corresponde con lo cotidianamente vivido y experimentado, tanto por parte del jefe a la hora de mandar como del subordinado llamado a obedecer. De hecho muy posiblemente, aún hoy día, tras múltiples décadas en que son formuladas múltiples y diversas "teorías de la motivación", son escasos los jefes que las conocen y mal puede afirmarse que, más allá del diseño de sistemas de incentivos, su aplicación sea la guía fundamental de su actuación a la hora de procurar ser exitosos en cuanto a primero lograr y luego mejorar la buena voluntad de sus subordinados; mando exitoso, pues.

Por el lado del subordinado bien vale la pena que el lector recuerde el tratamiento que Chester Barnard hace de la paradoja de la obediencia a la hora de tratar el tema de la autoridad.[487] Paradoja según la cual a la final la obediencia, cuando ocurre, proviene del subordinado y no de quien le emite cierta orden a cumplir. Paradoja simplemente no tomada en cuenta por los teóricos de la motivación.

Aclarado el mando como la procura de la mejor buena voluntad posible por parte de los subordinados, veamos que añade Fayol:

"El **arte de mandar** se basa en ciertas cualidades personales y en el conocimiento de los principios generales de administración. Se manifiesta tanto en las pequeñas como en las grandes empresas. Tiene, como todas los demás artes, sus grados. La unidad muy grande que funciona bien y proporciona su máximo rendimiento suscita la admiración pública. En todos los dominios, en la industria, en el ejército, en la política u otros, el mando de una unidad muy grande exige raras cualidades."

Dejamos en manos del lector reflexionar acerca de las cualidades personales requeridas, así como con respecto al mando entendido como un arte que se manifiesta según grados, tanto en

---

[487] Resumidamente presentada por nosotros en ocasión a los comentarios que hicimos acerca del principio de la autoridad, el segundo de los catorce que Fayol afirma haber puesto en práctica más frecuentemente ("Autoridad- responsabilidad", pág.: 313).

función al tamaño de la unidad comandada, como lo ya hecho explícito por la representación gráfica antes presentada.[488] En particular nos interesa comentar la segunda parte de la primera oración.

Podría preguntarse: ¿qué relación puede existir entre el conocimiento de los principios de administración y el arte de mandar? Encontrar la respuesta es fácil si se recuerda que los principios son aquellas condiciones que debidamente instituidas tienen por objeto la salud, fortaleza y buen funcionamiento del cuerpo social; precisamente la parte humana de la empresa, aquella que habrá de estar sujeta al mando. Cuando hablamos de mando, pues, no se trata en Fayol únicamente del dictado de órdenes. Al mando concierne también la instauración de todas aquellas condiciones –principios– que en su óptima manifestación asegurarían la mejor de las buenas voluntades por parte de todos y cada uno de los agentes del cuerpo social.

Cierra Fayol sus comentarios acerca del mando diciendo:

"Me limitaré aquí a recordar algunos preceptos que tienen por objeto facilitar el ***mando***.

El jefe a cargo de un ***mando*** debe:

    1º Tener un profundo conocimiento de su personal;

    2º Eliminar los incapaces;

    3º Conocer bien los convenios que vincular a la empresa y sus agentes;

    4º Dar el buen ejemplo;

    5º Realizar inspecciones periódicas del cuerpo social; en estas inspecciones auxiliarse con cuadros sinópticos;

    6º Convocar reuniones con sus principales colaboradores, en las que se preparen la unidad de dirección y la convergencia de esfuerzos;

    7º No dejarse absorber por los detalles;

    8º Apuntar a que en el personal reine la actividad, la iniciativa y la dedicación.

"..."[489]

Obsérvese que nos ha dicho "facilitar" y no asegurar el mando. Lo confirma un claro entendimiento de la paradoja de la obediencia de Chester Barnard a la que ya nos hemos referido, según la cual a la final obedecer está en manos del subordinado y no del lado de quien emite cierta orden el lograr la obediencia. De allí que el mando exitoso suponga a ambos ("it takes two to tango", como dicen en inglés) y que se trate de un arte y no de una ciencia aplicada que determinativamente asegurara a quien manda unilateral éxito.

---

[488] En cuanto al mandar como arte recuerde el lector nuestra disquisición acerca del gobernar como arte desarrollada en la 6ª profundización "Gobernar, intrínsecamente un arte, aunque ciertamente lejos Fayol de rechazar la muy positiva contribución que la ciencia aplicada puede prestar a su mejor ejercicio", como parte de la serie de ensayos constitutivos de la sección "Profundizando en lo que significan administrar y gobernar", pág.: 219. (Mandar ∈ Administrar ∈ Gobernar)

[489] Línea punteada en la impresión original: ¿Fayol sugiriendo que la lista de ocho preceptos no agota todos los que podrían facilitar el mando? Muy posiblemente así es.

Sin desmerecer la importancia de los otros siete preceptos creemos importante profundizar en el primero, más allá de los propios comentarios de Fayol que siguen.

"1º Conocimiento profundo del personal.

Ante una gran unidad que cuente con cientos o miles de agentes, el problema en un principio parece insoluble. Pero la dificultad se encuentra singularmente reducida por el modo de constitución del cuerpo social; modo que ciertamente tiene por origen esta dificultad misma.

A un jefe, cualquiera sea su nivel jerárquico, jamás corresponde ***directamente*** mandar sino a un número muy pequeño de subordinados, usualmente menos de seis. Sólo el jefe C^1 (contramaestre o equivalente) a veces manda directamente a veinte o treinta hombres, cuando la operación es simple.

Por lo tanto no le es imposible al jefe, incluso en una empresa muy grande, estudiar a sus subordinados ***directos*** y llegar a saber lo que puede esperar de cada uno; que grado de confianza puede otorgarles.

Este estudio siempre exige cierto tiempo. Es tanto más difícil cuanto más elevado es el nivel de los subordinados, cuanto más sus funciones les alejan a los unos de los otros y más raros los contactos entre jefes y subordinados, como a veces ocurre en la cúspide de las grandes empresas. No se compagina con la ***inestabilidad*** del alto personal.

En cuanto a los subordinados ***indirectos***, es decir todos los que, de grado en grado, bajan hasta la base de la pirámide de la cual él es la cima y sobre los cuales su acción no se ejerce sino vía intermediarios, es evidente que no puede conocer a todos individualmente y que el conocimiento que de ellos tiene se debilita en la medida que su número aumenta. En modo alguno significa esto ver imposibilitada toda acción personal directa, la del ejemplo entre otras."

En el tercer párrafo Fayol plantea la necesidad de estudiar a los subordinados directos. No nos dice cómo. Tan solo enfatiza en el cuarto su dificultad y consumo de tiempo. Al respecto vale la pena entonces tratar de completar lo que Fayol omite: la solución concerniente a lo que en general significa alcanzar a conocer a quienquiera en profundidad.

Puede que un antiguo proverbio chino nos auxilie; dice: "si quieres conocer a alguien fíjate en lo que cuida". Quizás podríamos añadir lo que tácitamente también expresa: "si quieres conocer a alguien fíjate en lo que cuida, pero también en lo que **no** cuida". Comentaremos el proverbio con ayuda de la siguiente lámina: [490]

---

[490] Ningún apareo entre las dos listas que figuran en la representación gráfica. Tan solo son de ejemplos puntuales sueltos. Composición realizada con imágenes provenientes de PowerPoint.

"Tener un profundo conocimiento de su personal"

Antiguo proverbio chino:
"Si quieres conocer a alguien...
fíjate en lo que cuida"

CON BASE EN lo que **evidentemente** se nos presenta como lo que cuida aquél(la) a quien queremos conocer, INFERIR, siempre a título de hipótesis, LO QUE, para expresarlo de cierta manera, "TIENE Y ES POR DENTRO". Esto es, lo que con grados diversos de intensidad, regularmente u ocasionalmente, intencionalmente o no, tiende a permanecer oculto tras esas apariencias.

PREGUNTA: Y... ¿para qué inferir lo que tras esas apariencias tiene y es "por dentro"?
RESPUESTA: Para, como quien dice, con miras al éxito, "saber por donde entrarle y de que manera hacerlo".

En primer lugar debemos destacar que el singular reto al cual se enfrenta el jefe es el conocer a seres humanos concretos; es decir, singularmente considerados en cuanto a lo que de particular tienen y que les hace únicos.[491] Por lo tanto no se trata de conocerlos solamente en cuanto a lo que de parecido tienen con otros, sino también en lo que les hace diferentes a los demás. Ello implica que el simple estudio de la psicología que figura en libros y artículos, videos, etc., no bastará. Apartando el hecho de que siempre pueden existir excepciones, estos medios tan solo nos permiten conocer a la gente en general, pero en modo alguno a la gente en particular.

De allí que es fundamental entender que **saber de psicología no asegura tener psicología**. La primera gran evidencia de ello es la existencia de muchos que sin haber jamás formalmente estudiado psicología sin embargo evidencian poseerla en alto grado, cuando se observa la

---

[491] Conocer a sus subordinados directos está bien, pero conocerse el jefe a sí mismo, aunque nada fácil, ciertamente nunca estará de más.

maestría y soltura con la cual fluidamente se relacionan con los demás. Y no es que instante a instante estén deduciendo que hacer o dejar de hacer, que decir o evitar decir, a partir de los conceptos, teorías y modelos generales de la psicología que pudiesen alguna vez haber estudiado. Imposible sostener relaciones fluidas de esta manera. A la manifiesta fluidez con la cual se les ve relacionarse, lo que la hace posible es el conocimiento previo ya poseído acerca de aquellos con quienes van a interactuar. De allí la importancia de saber cómo es alcanzado este conocimiento previo acerca de los demás en cuanto a lo que tienen de particular y les hace únicos. El gráfico reproducido arriba resume ese cómo. Nada extraño en ello, así lo hace el común de la gente, solo que con muy variados niveles de desempeño.

Expresada la finalidad en términos ordinarios, lo que se quiere alcanzar en relación a quienes nos conciernen es "conocerles en cuanto a lo que tienen y cómo son por dentro, si posible a fondo". "Por dentro", aunque significa lo oculto en alguna medida, ciertamente no se refiere a vísceras.

Todo el quid del asunto radica en tener desarrollada la capacidad de inferir a partir de lo que puntualmente o regularmente, singularmente o como formando parte de un conjunto, se nos presenta en directa evidencia –las apariencias– aquello que acerca de alguien que nos concierne **no** se nos presenta directamente.

Esta capacidad involucra, primero, desarrollar la habilidad de observar y retener todo aquello que en el tiempo y diversos contextos se nos manifiesta acerca de alguien que nos concierne. En el gráfico, a mano izquierda, del lado del caballero, figuran a modo de simples ejemplos sueltos un listado de particularidades que en el tiempo pudiera haber observado acerca de la dama que le concierne, a mano derecha. Ahora bien, la perspicacia y retención de lo observado tan solo es el primer paso. Ahora hace falta la segunda gran clase de pericia: la de ser capaz de inferir a partir de lo observado las particularidades ocultas acerca de quién nos concierne y nos interesa conocer. En el gráfico, no directamente observables, un listado de ejemplos sueltos de lo que pudiera el caballero inferir: lo que a modo de hipótesis caracteriza a la dama "por dentro". En suma, se trata de un des-cubrir lo oculto a partir de lo que no nos está oculto.[492]

Vemos, pues, que para alcanzar a tener psicología no basta con simplemente saber de psicología y deducir a partir de sus generalizaciones cómo exitosamente relacionarnos con los demás. Sin necesariamente por ello dejar de apreciar los aportes de la psicología científica en sus diversas variantes, tener psicología no es reducible a una simple ingeniería o ciencia aplicada.[493]

---

[492] Pertinente a lo aquí descrito es el desarrollo que acerca del procesamiento de piezas de un rompecabezas fuera expuesto en la 6ª profundización "Gobernar, intrínsecamente un arte, aunque ciertamente lejos Fayol de rechazar la muy positiva contribución que la ciencia aplicada puede prestar a su mejor ejercicio", como parte de la serie de ensayos constitutivos de la sección "Profundizando en lo que significan administrar y gobernar", pág.: 221.

[493] Un ejemplo muy destacado de la estructura que hemos presentado acerca de practicar el des-cubrir lo oculto vía inferencia a partir de lo directamente observable lo representa el padre del psicoanálisis Sigmund Freud. A partir de los síntomas muy únicos manifiestos en cada uno de sus pacientes, su método, brevemente explicado, consistía en

Ahora bien ¿qué beneficio puede proporcionar al jefe el conocimiento profundo de su personal, cuando por profundo pudiera permanecer oculto? La respuesta radica en pasar a saber cómo tratarlos y en particular cuales órdenes dictarles, cuándo, dónde y cómo. En términos prácticos ello significa que des-cubrir lo que, por así expresarlo, el subordinado "tiene oculto por dentro" proporciona al jefe palancas de influencia; tan sencillo como, por ejemplo, apelar al orgullo del subordinado a fin de extraer de él una mejor contribución o un mejor rendimiento.

Pero hay un problema:

La utilización ética de este conocimiento pasa por la determinación de si alejándose del extremo coercitivo (aprovecharse, por ejemplo, de ciertos miedos ocultos del subordinado) y dejando atrás toda utilización manipulativa del conocimiento de tales palancas, su utilización por parte del jefe esté orientada a crecientemente lograr que se manifieste la mejor y más sincera de las buenas voluntades por parte del subordinado, extremo en el cual, supuesta la capacidad requerida, el subordinado verdaderamente podría dar lo mejor de sí. El jefe no debe perder este norte. Sin embargo, como ya apuntamos la cruda realidad del mando va desde la utilización extrema de la coerción, por ejemplo en una prisión, hasta la plena buena voluntad, pasando por toda la gama de manipulaciones posibles. No perder el norte –progresar en el mando– significa alejarse cada vez más de la coerción y manipulación en dirección a la realización generalizada de buenas voluntades en el cuerpo social de la empresa.

4º El buen ejemplo del jefe.

Para no pasarla por alto, una breve pero importante observación con respecto a este 4º precepto, cuyo objeto según Fayol igualmente es facilitar el mando.

Con respecto al buen ejemplo debe precisarse que no sólo proporciona al jefe autoridad moral, cual es el argumento que usualmente se esgrime. Disponer de esta autoridad ciertamente es positivo, pero es necesario destacar que tanto o más importante a la autoridad moral que proporciona, lo es que el ejemplo, bueno o malo, indica a los subordinados como son y se comportan quienes están situados más arriba en la jerarquía. ¿El efecto que entonces usualmente pasa desapercibido?: señalarle al subordinado en quien habrá de transformarse y como habrá de saber comportarse si aspira a ascender en la jerarquía. En este sentido el buen ejemplo de los jefes cumple una importante función en la saludable perpetuación de los criterios que sustentan a la jerarquía. El mal ejemplo de los altos jefes –no escasean los ejemplos históricos– tiene precisamente el efecto opuesto: corroer al punto de incluso alcanzar a destruir a una saludable aunque jamás perfecta jerarquía largamente existente, sin frecuentemente saber, estos altos jefes, perfeccionar o dar nacimiento y mucho menos

---

des-cubrir –inferir– la causa oculta de esos síntomas –enfermedad– a fin de que con la propia toma de conciencia por parte del enfermo mismo, éste pudiese liberarse de la carga pasada oculta –trauma–, causa de su sufrimiento.

consolidar una nueva jerarquía fundamentada en el mérito más saludable, más fuerte y funcional que la por ellos destruida.[494]

4º COORDINACIÓN [495]

En esta ocasión consideramos útil reproducir los primeros siete breves párrafos de la sección subrayando las palabras y expresiones que en su conjunto transmiten el espíritu de la coordinación según Fayol.

"***Coordinar*** es establecer la armonía entre todos los actos de una empresa de manera a facilitar su funcionamiento y ***éxito***;

Es dar al organismo material y social de cada función las proporciones que le convienen para que pueda cumplir su papel de modo seguro y económico;

Es tomar en cuenta para una operación cualquiera –técnica, comercial, financiera u otra– las obligaciones y consecuencias que esta operación acarrea para todas las funciones de la empresa;

Es proporcionar los gastos a los recursos financieros, la amplitud de los inmuebles y herramientas a las necesidades de fabricación, los suministros al consumo, las ventas a la producción;

Es construir la casa ni demasiado pequeña, ni demasiado grande, adecuar la herramienta a su empleo, la vía al vehículo, los procedimientos de seguridad a los peligros;

Es subordinar lo accesorio a lo principal;

Es, en suma, dar a las cosas y a los actos las proporciones que convienen, adecuar los medios a los fines."

Para captar lo que Fayol entiende por coordinación, conviene ante todo destacar lo que cada uno de estos siete párrafos expresa, antes de llevar a cabo un apropiado comentario general.

En el primer párrafo obsérvese que la palabra expresiva clave es "armonía". Coordinar significa armonizar.

En el segundo párrafo, el coordinar parece centralmente estar orientado a alcanzar la existencia de ciertas debidas proporciones en la empresa. Coordinar significa proporcionar.[496]

---

[494] El mal ejemplo de un líder altamente carismático que consista en manifestar comportamientos contrarios a los que hasta entonces habían sido calificados de civilizados y que se creían haber desaparecido, tiende a hacer aflorar en las masas admiradoras, sintiéndose ahora justificadas y posiblemente respaldadas, esa misma clase de comportamientos; comportamientos antes reprimidos en función a los avances civilizatorios realizados en pro de la vida en sociedad (Bien descrita por Sigmund Freud en "Das unbehagen in der kultur", 1930, la civilización como el proceso, no exento de malestar, mediante el cual ciertas categorías de instintos del ser humano son en aras de la vida en sociedad reprimidos y sus energías desplazadas –canalizadas– hacia fines superiores bien aceptados; Traducido al español como "El malestar en la cultura", Alianza Editorial, 1970).

[495] Con respecto a esta sección observamos lo mismo: substantivo para el título que denomina el tema a desarrollar, pero inmediato cambio al verbo apenas Fayol comienza su desarrollo.

[496] Evidentemente "proporcionar" en el sentido de lograr que cada cosa exista u ocurra en su debida proporción y no "proporcionar" en el sentido de "suministrar".

Según lo que expresa el tercer párrafo, coordinar significa lograr que en el cuerpo social de la empresa exista consciencia plena de la debida mutua influencia e interdependencia que ha de existir entre todas las operaciones.

En el cuarto párrafo, a la coordinación concierne el establecimiento de las debidas proporciones entre aspectos relacionados de la empresa. Coordinar de nuevo significa aquí proporcionar.

En el quinto párrafo, a la coordinación concierne evitar valores extremos así como la debida adaptación o adecuación entre aspectos relacionados de la empresa. Coordinar significa entonces justa medida y adecuación.

En el sexto párrafo, a la coordinación concierne la debida diferenciación entre lo accesorio y lo principal. Coordinar significa entonces jerarquizar debidamente a los factores así diferenciados.

En el séptimo párrafo de nuevo enfatiza la necesaria existencia de las proporciones debidas tanto entre las cosas como entre los actos. Y cual si sintiese la necesidad de precisar añade: "adecuar los medios a lo fines", clásica definición de la acción racional.

En resumidas cuentas comprobamos que tanto en este último párrafo como en los precedentes lo clave a la hora de coordinar es apuntar al justo medio aristotélico, aplicar las proporciones necesarias, armonizar todo con todo.

Puede que no exista una única palabra para expresar integralmente el espíritu de la coordinación. Podría intentarse expresar la acción de coordinar con la única palabra "armonizar", con tal de preservar las diversas connotaciones y énfasis que Fayol expresa en los referidos siete párrafos. Justa medida y proporción entre todas las cosas y actos puede entenderse como un caso particular del armonizar.

Y si Fayol hubiese recurrido al lenguaje del enfoque de sistemas bien podría haber aplicado la palabra "sinergia", en cuyo caso coordinar consistiría en asegurar la sinergia del sistema empresa. Igualmente en tiempos recientes mucho énfasis se ha puesto en la necesidad de la alineación empresarial. Coordinar significaría entonces asegurar la alineación integral de todos los factores, agentes, actos y cosas en la empresa; un apuntar en la misma dirección de todos y cada uno de ellos.

Todo lo anterior nos indica que los siete párrafos no agotan la variedad de significados, connotaciones y matices que el coordinar abarca.

Obsérvese que aunque en todos los párrafos Fayol postula mediante ejemplos, explícita o tácitamente, tan solo dos términos a coordinar, el real espíritu de lo que entiende por coordinar consiste en coordinar todo con todo: a todas las cosas entre sí, a todos los factores entre sí, a todos los actos entre sí, así como a todos los actos, factores y cosas entre sí, su mutua armonización, de tal modo que a la final todos resultan estar en armonía con todos los demás. Una falta de armonía local conduce a una falta de armonía del conjunto. De allí que podemos comprobar que en el fondo coordinar para Fayol significa lograr la máxima integración posible entre todos los factores y operaciones de la empresa. En el límite coordinar significaría integrar.

Por otro lado, cabe observar que la utilización corriente del términos "coordinación" y "coordinar" entendidos como la simple articulación de las actividades y operaciones que lleva a cabo el personal de la empresa, sea que se ejecuten en paralelo o en secuencia, se evidencia como muy estrecha, lo cual explicaría su omisión del comúnmente denominado "proceso administrativo" y consecuente incorporación al concepto "organización", ciertamente muy diferente al entendimiento del organizar como dotar que vimos en Fayol.

Cabe recalcar lo ya expresado con anterioridad: no puede considerarse lectura de Fayol la omisión de la coordinación por parte de quienes, en lugar de cinco elementos, postulan la existencia de un proceso administrativo conformado secuencialmente por cuatro fases o etapas que cíclicamente se repiten: planificar, organizar, dirigir y controlar. Un proceso administrativo en el cual una fase o etapa de coordinación pareciera estar de sobra cuando se la entiende como parte de organizar (tema desarrollado en la 1ª profundización de la sección "Profundizando en lo que significan administrar y gobernar", pág.: 171).

Para Fayol, por el contrario, inaceptable es omitir al coordinar del entendimiento que en términos de cinco elementos propuso para el administrar en el capítulo 1 de la 1ª parte de AIG. Coordinar es cualquier acto puntual o actuación que logre la existencia de una mayor armonía entre la gran variedad de cosas, agentes y hechos que la empresa implica. Tanto es así que, por ejemplo, no estaría reñido con Fayol el considera como un haber coordinado la actuación de un jefe que lograse poner de acuerdo a dos subordinados previamente en conflicto. Bajo el concepto usual y estrecho de coordinación las acciones de esta clase no se considerarían como un coordinar.

Coordinación y la racionalidad

Fayol concluye el séptimo párrafo con la cláusula: "Es, en suma,......., adecuar los medios a los fines".[497] Esta cláusula merece especial consideración ya que bajo la divisa de apuntar a "la mejor adecuación de los medios a los fines" se expresa en gran medida el espíritu en pro de la eficiencia y del comportamiento racional surgido en la Revolución Industrial, así como, libre de todo serio generalizado cuestionamiento, su impronta sobre gran parte del siglo XX.

Tratándose de la Revolución Industrial bien vale la pena destacar el entendimiento que precisamente de esta época aporta el gran sociólogo alemán Max Weber (1864–1920), particularmente en lo concerniente a la acción instrumentalmente racional; acción que corresponde a uno de los cuatro tipos puros de acción social que postula. Son: (1) La acción social tradicional: acciones controladas por lo acostumbrado, por lo habitual; (2) La acción social afectiva: acciones determinadas por el estado anímico o emocional del actor; (3) La

---

[497] La traducción literal del francés sería "adecuar los medios a la meta", expresión no corriente en español cuando en lugar de "meta" en singular, se utiliza "fines" en plural.

acción social fundamentada en la consciente creencia en el valor intrínseco de cierta clase de comportamiento (e.g.: ético, estético, religioso), "wertrational", independientemente de si conduce o no a cierto éxito; y por último la que considera estar en claro ascenso (4) La acción social instrumentalmente racional, "zweckrational": acciones que el actor lleva a cabo con la expectativa de que existen las condiciones y medios favorables a la consecución de cierto calculado logro. Ascenso que concuerda con la autoridad legal, uno de los tres tipos puros de autoridad según aquello en lo cual se fundamenta su legitimidad.[498] A la autoridad legal Weber muy en lo particular asocia y observa a la burocracia como estructura de dominación contemporánea, cuyo tipo ideal ha pasado a ser de obligada presentación a los alumnos del campo de la gestión de empresas, siempre que se recuerde que la formulación de tipos ideales es parte de la metodología de Weber para estudiar la realidad social. Una herramienta para conceptualizar facetas, aspectos o sectores de la vida social. No se trata de algún ideal en el sentido de algo máximamente deseable. En cada caso la realidad empírica estudiada estará cerca o lejos de la idealizada, pero en cuanto ideal jamás alcanzada. Clásica precisamente es su formulación del tipo ideal de la burocracia, no con miras a encomiarla. Más bien muy conocida es la preocupación de Weber por la creciente racionalización de la vida social y el consecuente desencanto experimentado por la humanidad moderna. De los cuatro tipos puros de acción social dos llevan el calificativo de racional. De allí que la racionalidad humana no puede reducirse a la instrumental. La racionalidad fundamentada en valores existe y no debe minimizarse su importancia.

Ahora bien, cierto es que desde sus inicios los conceptos de "eficiencia" y "racionalidad" han desempeñado un papel preponderante en el campo del cual tanto Taylor como Fayol son reputados padres. Con la palabra "eficiencia" y no utilizando la palabra "racionalidad", Taylor apunta a la mejor manera de realizar el trabajo, siendo que esta mejor manera implica la utilización de los mejores instrumentos y medios. Habremos de esperar a Herbert Simon para que de manera muy explícita en su obra "Comportamiento administrativo" quede establecida la racionalidad –mayormente instrumental, diría Weber– como el valor cardinal que ha de regir a todas las decisiones administrativas (valor cardinal de quienes en el lenguaje de Simon administran apegados a la concepción tradicional de la administración como el manejo de los recursos; ciertamente no en el sentido del administrar que hemos visto en Fayol).[499]

---

[498] Los otros dos tipos puros de autoridad son: la **tradicional** cuya legitimidad se fundamenta en la sacralidad de normas y poderes de larga data y la **carismática** cuya legitimidad se fundamenta en la posesión de cierta(s) cualidad(es) y/o poder(es) extraordinario(s) por parte de cierto individuo considerado excepcional.

[499] Acerca de la evolución histórica de cualquier campo arroja luces comprobar cómo lo pensado por ciertos autores ha encontrado seguimiento en el pensamiento de los que han venido después. En cuanto a la racionalidad y su decidido ingreso en el campo de la gestión, podemos sin pretender haber agotado todos los hechos iniciar con Wilfredo Pareto una significativa cadena de influencias. Importante pensador en la historia de la evolución del pensamiento económico, tras comprobar que el comportamiento económico no es el todo de la vida social, en una segunda gran etapa de su evolución intelectual pasa a centralmente ocuparse del estudio de los comportamientos no económicos de la gente. De allí que en contraposición al Pareto-economista surgiese el Pareto-sociólogo con la

Tras varios breves párrafos es precisamente con la expresión "adecuar los medios a los fines" que Fayol sumariamente cierra su explicación acerca de lo que significa coordinar. ¿Acaso vemos en Fayol expresada la racionalidad instrumental definida por Weber? Ciertamente, conoce y en gran medida comparte el espíritu de su época, la Revolución Industrial. Testimonio de ello es ver a esta racionalidad instrumental fuertemente sugerida en la primera definición del gobernar que introduce en el capítulo inicial de "Administración industrial y general":

"Gobernar es conducir a la empresa hacia su meta <u>buscando sacar el mejor partido posible de todos los recursos de los cuales dispone</u>; es… …"   (subrayado nuestro)

---

necesidad de claramente diferenciar a la sociología del campo de la economía, lo cual llevará a cabo fundamentando su contraste en dos grandes clases de comportamiento de los seres humanos: los lógicos y los no-lógicos. El comportamiento del científico es por naturaleza lógico. De allí que para Pareto la diferencia fundamental entre los dos campos está clara: la economía se encarga de lógicamente estudiar los comportamientos lógicos de los seres humanos, en tanto que la sociología habrá de estudiar, también lógicamente, a los comportamientos no-lógicos de los seres humanos. La obra sociológica de Pareto desemboca en su magna obra "Trattato di sociologia generale". Ahora bien, hay amplias evidencias del conocimiento que Chester Barnard tenía de las obras de ambos Pareto, el economista y el sociólogo (en su libro, "The Functions of the Executive", hace clara referencia a la distinción lógico/no-lógico en el relativamente largo apéndice denominado "Mind in everyday affairs", sin contar que en dos notas al pie de página del texto principal ya se había referido a la obra sociológica de Pareto). Aunque Barnard claramente destaca diferenciándolos a los conceptos de eficacia y eficiencia, no se observa en "The Functions of the Executive" utilización alguna de la palabra "racionalidad" (quizás debido a la posible insatisfacción que pudiera haber tenido con un término que difícilmente facilita cumplir con el estándar cartesiano de una idea clara y distinta). Lo que Barnard sí hace es definir a la acción <u>eficiente</u> como aquella cuyas consecuencias no buscadas son o triviales o de poca importancia relativo a lo que se apunta lograr, definición que debe sorprendernos visto lo distinta que es de la generalmente aceptada concepción –muy afín a la racionalidad instrumental de Weber– de la eficiencia entendida como el logro, aunque nunca óptimo, de la mejor adecuación de los medios a los fines. Sorprendernos ya que la eficiencia según Barnard es función de lo positivas o negativas que son las <u>consecuencias</u> de la acción, en tanto que desde la perspectiva instrumental de la eficiencia lo que inquieta es la adecuación de los <u>medios</u> para la acción. Hemos de esperar a Herbert Simon para observar a la racionalidad ingresar al campo de la gestión y volverse medular en el tratamiento que hace de la toma de decisiones. En efecto, Simon ha leído a Barnard quien entre otros temas y como parte de la funciones del ejecutivo introduce y destaca la importancia de la toma de decisiones, aclarando que involucra la presencia consciente de dos términos: la finalidad a ser cumplida y los medios a ser utilizados, ambos involucrando a la hora de seleccionarlos tanto procesos lógicos como no-lógicos, aunque –hecho curioso– sin asociar conceptualmente, lo que habría sido de esperar, a los lógicos con la racionalidad. Habría que preguntarle a Simon porque selecciona al calificativo "racional" en lugar de proseguir con el "lógico" original de Pareto y que Barnard no dudó en preservar (¿callada sinonimia que proviene del hecho de larga data, del cual comúnmente no se tiene plena conciencia, según el cual la palabra "ratio" de donde proviene "racionalidad", es en los escritos de los eruditos romanos la traducción latina del griego "logos" de donde evidentemente proviene "lógico"). Tras considerar que el comportamiento administrativo consiste principalmente en la toma de decisiones cuyo valor rector cardinal ha de ser la racionalidad y sin descartar del todo al ya generalmente admitido esquema medios-fines, Simon estima más apropiado apuntar a la racionalidad de las decisiones vía la selección, de entre comportamientos alternativos, aquél curso de acción cuyo conjunto de consecuencias sea estratégicamente preferible a la luz de ciertos predefinidos valores, siendo que el aporte central a la teoría de la toma de decisiones de "Administrative Behavior" (The Free Press, © 1945/47/57/76 Herbert A. Simon) es la existencia de tres grandes categorías de límites a la racionalidad humana a ser todo lo posible superados, aunque ciertamente jamás pueda ello significar igualar a la divina racionalidad ilimitada.

Gobernar bien supone actuar racionalmente en el sentido instrumental del término.

Solo que... ¿Exclusivamente instrumental la concepción que Fayol tiene de la racionalidad? Ciertamente que no, bien leída "Administración industrial y general" evidencia a un Fayol declaradamente a favor de ciertos valores clave. Clara evidencia de ello lo vemos por ejemplo en el muy revelador texto siguiente, en ocasión a la exposición que hace del principio "remuneración", particularmente en la sección "Subsidios en especie – Instituciones de bienestar – Satisfacciones honoríficas":

"Sea que el salario se componga solamente de numerario o que incluya diversos complementos en calefacción, electricidad, alojamiento, víveres, poco importa, con tal que el agente esté satisfecho.

Por otro lado, no hay duda que la empresa será tanto mejor servida cuanto más vigorosos, más instruidos, más concienzudos y más estables sean sus agentes. No fuese sino en el interés de la empresa, el patrono debe prestar sus cuidos, a la salud, a la fuerza, a la instrucción, a la moralidad y a la estabilidad de su personal.

Estos elementos de buena marcha para la empresa no se adquieren únicamente en el taller; se forman y se perfeccionan también, y sobre todo, afuera: en la familia, en la escuela, en la vida civil y religiosa. El patrono se ve pues movido a ocuparse también de sus agentes afuera de la fábrica y aquí de nuevo se plantea la cuestión de justa medida.

Las opiniones están muy divididas al respecto. Ciertas experiencias desafortunadas han resuelto a algunos patronos a limitar su intervención puertas adentro de la fábrica y al reglamento del salario.

La mayoría sin embargo estima que la acción patronal puede ejercerse útilmente hacia afuera con la condición de ser discreta y prudente, de hacerse desear más bien que imponerse, de estar conforme con la cultura, los gustos de los interesados y respetar absolutamente su libertad. Debe ser una colaboración que vela por su bien y no una tutela tiránica. Esta es una condición indispensable del éxito.

La obra de bienestar del patrono puede ser variada. En la fábrica se ejerce sobre las cuestiones de higiene y de confort: aire, luz, limpieza, comedor. Fuera de la fábrica, se aplica al alojamiento, a la alimentación, a la instrucción y a la educación." subrayados nuestros)

La racionalidad fundamentada en valores –la "wertrational" de Weber– también se encuentra en Fayol; presentes están valores fundamentales que el oficio de gobernar no puede ni debe ignorar.

Dejamos en manos del lector profundizar en los demás comentarios que Fayol hace con respecto a la coordinación, particularmente el contraste que luego hace entre una empresa bien coordinada y otra que no lo está.

Coordinación y totalización del ente social

En su obra "The Management of Innovation" (Tavistock Publications, 1961) Tom Burns y G. M. Stalker introducen y caracterizan vía una lista de once criterios a los que califican de "Mechanistic and Organic Systems of Management", presentados como los dos extremos idealizados de un continuo, siendo posible a la hora de integrar a la empresa, la puesta en práctica de cualquier combinación intermedia, según lo evidencian los estudios que realizaron en empresas escocesas e inglesas. Dualidad que ha adquirido gran importancia a la hora de estudiar y comprender la estructura y funcionamiento de las empresas, particularmente de su cuerpo social.

Si nos preguntamos: ¿De dónde pueden haber provenido estos dos términos? Respuesta: de la observación de entes calificables de totalidades, porque en efecto tales son las dos maneras en las cuales un conjunto de partes distintivas se convierten en un todo: sea que se ensamblen como piezas de una máquina o como constitutivas de un todo orgánico; trate Ud. de encontrar otra. A la hora de constituir –convertir en una totalidad– al cuerpo social de la empresa, realizarlo será posible sea a imagen y semejanza de una máquina o lo más posible emulando a un organismo en sus comportamientos y posibilidades.

Ni el prever, ni el organizar entendido como dotación, ni el mandar, ni el controlar con el aprendizaje que conlleva, pueden directamente tener algo que ver con la totalización del cuerpo social de la empresa. De los cinco elementos tan solo la coordinación lo puede. De allí la importancia de la polaridad presentada entre lo mecánico y lo orgánico.

Rigurosa terminología: Denominaremos **burocracia** aquella estructuración –coordinación– del cuerpo social de la empresa según criterios estrictamente mecanicistas, pero **organización** (en el sentido genérico usual de la palabra y no en el sentido del dotar de Fayol) aquella otra constituida –coordinada– sobre bases orgánicas.

De allí la interrogante clave: Poniendo a un lado el contraste propuesto por Burns y Stalker según once criterios *y yendo a lo esencial ¿en qué se diferencian máquina y organismo? Solución:* es cuestión de entender la relación existente entre las partes y el todo.

Máquina. Compuesta de partes que denominamos piezas, cada una con una determinada forma. De allí que a la hora de entrar en contacto haya de físicamente existir con-formidad entre ellas. *Y ahora lo clave:* en el todo de la máquina se hallan las piezas, pero en modo alguno concebible se halla el todo en las piezas, y mucho menos en todas y cada una de ellas.

Organismo. Compuesto de células posiblemente reunidas en órganos. Aunque yuxtapuestas, lo esencial no radica en que exista conformación superficial entre ellas. Más bien lo que ha de existir es una suerte de com-penetración (células de un mismo corazón separadas laten cada una por su lado, anexadas al muy poco rato laten al unísono). *Pero ahora lo clave:* en el todo del organismo se encuentran todas y cada una de las células, pero también el todo del organismo se encuentra, de alguna manera perfectamente entendible, en todas y cada una de las células. (e.g.: el ADN en el mundo de los organismos que la biología estudia)

Es así que Ud. podrá constituir al cuerpo social de una empresa con base a un complejo cuerpo de normas, jerarquías y cercana supervisión, en cuyo caso la resultante no será otra cosa que una burocracia. En el cuerpo social de otra empresa podrá lograr que evolucione una cultura de miembros compenetrados entre ellos mismos, pero igualmente compenetrados con la empresa. La tienen en mente y particularmente al cuerpo social del cual son miembros, hay un nosotros; *resultante:* cada uno **se**-gobierna en la justa medida en que a la hora de actuar toma en cuenta –tiene por dentro– a la empresa, siempre atento a coadyuvar a que ella **se**-gobierne.

Burocracia, referencia obligada: "Le phénomène bureaucratique", Editions du Seuil, 1962, del sociólogo francés Michel Crozier. Estudio muy minucioso de las burocracias.

5º CONTROL.

El tratamiento que Fayol hace de este elemento es sumamente breve. Así inicia sus observaciones acerca del control:

"En una empresa, el **control** consiste en verificar si todo ocurre conforme al programa adoptado, a las órdenes impartidas y a los principios admitidos." [500]

Prosigue:

"Tiene por finalidad señalar las faltas y los errores a fin de poder repararlos y evitar su retorno." [501]

Este párrafo es breve pero es el que evidencia la razón de ser del control y evita la asunción de cualquier actitud fetichista al respecto. Sin duda que el controlar tiene por finalidad señalar las faltas y errores, pero debe observarse, como de inmediato lo añade, que ésta no es su finalidad última. De no haberse podido prevenir que ocurriesen, la razón de ser del control es reparar las faltas y errores. Pero más fundamental aún, cónsono con la necesaria actitud previsiva que ha de caracterizar a quien gobierna, procurar evitar su recurrencia. "Más fundamental aún" debido a que significa apuntar a aprender de esos errores. En suma, controlar tiene por verdadera finalidad última aprender.

---

[500] De nuevo vemos a Fayol utilizar un substantivo para titular la sección aunque apenas entra en materia lo que expone son verbos; aquí, en lugar de "controlar", utiliza el verbo "verificar". Sin embargo, recordemos que en el capítulo 1 de la 1ª parte de AIG, apenas definido el "administrar" en términos de sus cinco elementos brevemente introdujo al quinto elemento –un verbo– en los siguientes términos: "Controlar, es decir velar que todo ocurra conforme a las reglas establecidas y a las órdenes dictadas". Ahora le vemos utilizar la palabra "verificar" en lugar de "velar". En todo caso, lo importante es el espíritu del control. Todas aquellas operaciones que tengan que ver con el estar atento, velar, vigilar, verificar, cotejar, comprobar, chequear, etc., antes, durante o después de los hechos, encuentran cabida dentro del controlar tal como lo entiende Fayol. Por otro lado, aclara que no solamente tales operaciones aplican a las reglas establecidas y órdenes dictadas como había dicho en el primer capítulo. Ahora añade que igualmente conciernen al "programa adoptado" y a los "principios admitidos". A la legislación más fundamental corresponde la denominación "principios". A la legislación menos fundamental corresponde la denominación "reglas". Estas al igual que los principios están sujetas al control. Cónsono con el espíritu del control es lo que también afirma más adelante: "Se aplica a todo, a las cosas, a las personas, a los actos. Desde el punto de vista administrativo, hay que asegurarse que el programa existe, que se aplica y mantiene al día, que el organismo social está completo, que los cuadros sinópticos del personal se emplean, que el mando se ejerce según los principios, que las reuniones de coordinación se llevan a cabo, etc., etc." Aplica a todo obviamente incluye su aplicación a todas las operaciones constitutivas de los seis grupos de funciones esenciales de la empresa, al cumplimiento de todos los principios y legislaciones instituidos en el cuerpo social, y necesariamente también al ejercicio de los cinco elementos del administrar (de allí que vista la reflexividad de la función administrativa también pueda, según el caso, ser necesaria tal cosa como un control de segunda instancia del propio control de primera instancia).

[501] "Finalidad" para traducir la palabra francesa "but", la cual supuesta la visualización de un recorrido significa "meta", lugar de llegada.

Aunque Fayol no lo exprese, podríamos añadir, sin temor a traicionar su pensamiento, que el control también ha de tener por finalidad aprender de los éxitos obtenidos. El ser humano tiende a reflexionar y despertar cuando experimenta el dolor o pena resultantes de sus errores y fracasos. Conviene que también lo haga cuando tiene éxito, ya que éste tiende a adormecerle y crear la ilusión óptica de que la fortuna o suerte nada tuvo que ver con el éxito obtenido y que el resultado placentero tan solo fue producto de su propia actuación. Esta creencia puede ser peligrosa ya que repetir acciones que supuestamente condujeron al éxito le puede hacer comprobar, demasiado tarde, que en gran medida el éxito anterior fue en realidad más el producto de la convergencia favorable de circunstancias varias que de su propia actuación (más producto de la fortuna que de la virtud, diría Maquiavelo).

En todo caso queda claro que el control nos exige aclarar con más detenimiento su para que, su razón de ser, cual es el aprender. Más precisamente: lo que significa haber aprendido cuando de nuestras futuras actuaciones se trata. [502]

A los efectos retomamos el estudio de las condiciones del HACER expuestas en el ensayo "Profundizando en la capacidad; fundamento del valor de cada agente del cuerpo social de la empresa" (pág.: 91), ahora gráficamente representadas con ciertas precisiones y añadidos como sigue:

---

[502] Interrogando de esta manera buscamos evitar el infructuoso intento de una definición conceptual abstracta del aprendizaje de las cuales muchas abundan, para más bien, ateniéndonos al fenómeno mismo, colocarnos en el lugar mismo de-un-a-quien le haya ocurrido, formular la pregunta desde el punto de vista de lo vivido por el propio actor: Aplicado a la propia actuación ¿qué significa haber aprendido algo? Nos alejamos así de cualquier definición conductista, cognitivista o de procesamiento del aprendizaje.

CUANDO DEL HACER SE TRATA ¿QUÉ SIGNIFICA HABER APRENDIDO?

Circunstancias circundantes cambiantes
Los otros, cosas o fuerzas; cercanas y más alejadas; pasadas, presentes y futuras.

3.a Cualidades físicas: salud, vigor, destreza/pericia

3.b Cualidades intelectuales: aptitudes para comprender y aprender, juicio, vigor y flexibilidad intelectuales
- **2.a** Cultura general
- **2.b** Conocimientos especiales/la función
- **2.c** Experiencia

ENTENDIMIENTO

3.c Cualidades morales: energía, firmeza, valentía ante las responsabilidades, iniciativa, devoción, tacto, dignidad

Practicar: reiteración del HACER

Ciencia: Conocimientos teóricos

Ciencia aplicada / Tecnología

2° **Sabe-Hacer**
(B) **Capaz de Hacer**

Saber qué y cómo hacer que las circunstancias y recursos sean favorables

(A) **Voluntad** =>
1° **Quiere-Hacer**

(C) **Puede-Hacer**

HACE que los 4° recursos y las 5° circunstancias sean favorables

HACE

Haber aprendido significa aquí: Ser capaz de llevar a cabo un **HACER** sustentado en un nuevo y mejor <u>entendimiento</u> de sí mismo y de las circunstancias.
La empresa que aprende: Concebida de tal modo que todos y cada uno de sus miembros y grupos -ella misma en cuanto totalidad- sean más capaces -cada vez más capaces- de una **ACTUACIÓN** continuamente sustentada en nuevos y mejores <u>entendimientos</u> de ellos mismos y de sus circunstancias.

Circunstancias circundantes cambiantes

Representación gráfica de las condiciones que fundamentan la realización de un HACER cualquiera por parte del agente:

(A)   POSEEDOR DE VOLUNTAD PROPIA...

1°– Que lo quiera-hacer.

(B)   Y que FUNDAMENTADO EN...

2°– su saber-hacerlo, sustentado según Fayol en las tres grandes categorías de conocimientos siguientes: **2.a** Cultura general, **2.b** Conocimientos especiales acerca de la función y **2.c** Experiencia, y

3°– Poseedor de las condiciones propias requeridas. Expresadas en el lenguaje de Fayol: las cualidades **3.a** Físicas, **3.b** Intelectuales y **3.c** morales.

... SEA CAPAZ DE HACERLO

No siendo las anteriores suficientes, **HACER** lo necesario para añadir las siguientes condiciones... [503]

4°– que disponga de los medios y recursos requeridos

y que...

5°– las circunstancias que le son externas le sean favorables a su hacer.

... para que lo

(C) PUEDA-HACER

Observaciones adicionales acerca de la representación gráfica:

1° Vista lo potenciada que ha sido y es la actuación humana por los grandes avances de las ciencias teóricas traducidas a sus respectivas ciencias aplicadas, hemos considerado, a modo de recordatorio, incorporarlas en la representación gráfica de las condiciones del hacer, para así destacar el papel preeminente que desempeñan en la **(B) capacidad de hacer**, fundamento clave del **(C) poder hacer**.

2° A modo de síntesis hemos considerado que el efecto neto <u>práctico</u> del conjunto **3.b**, **2.a**, **2.b** y **2.c** no es otro que el desarrollo de la facultad humana del **ENTENDIMIENTO** en cada caso requerido. "Práctico" para destacar que no han de reposar en una simple actitud contemplativa las **Cualidades intelectuales**, la **Cultura general**, los **Conocimientos especiales/función** y la **Experiencia**.

3° La práctica es la reiteración del hacer, de allí que potencie al **Saber-Hacer** (lo representa la flecha que partiendo del **HACER** retorna hacia el saber-hacer).

4° Sabemos que **3.a**, **3.b** y **3.c** están a su vez fundamentados en las profundidades mismas de la naturaleza humana. Aparte de esta naturaleza trascender lo que nos hemos propuesto desarrollar en el presente libro, ciertamente no consideramos que nos corresponda profundizar en ella.

La finalidad del control es aprender lo pertinente en cuanto a lo que habrá de ser nuestra futura actuación, pero ¿qué significa haber aprendido algo cuando de nuestra futura actuación se trata?

Trátese de control previo o posterior, la finalidad del control es, gracias a él, haber aprendido.

Del conjunto de condiciones aquí representadas gráficamente, se desprende lo que haber aprendido significa en relación a un determinado **HACER**. Alejándonos de la comúnmente

---

[503] **HACER** de segunda instancia al cual aplica el mismo conjunto de condiciones representadas en el gráfico, solo que aplicadas a ese hacer de 2ª instancia; de ser necesario, **HACER** de 3ª, 4ª, etc. instancias aplicándosele a cada una el mismo gran conjunto de condiciones del gráfico; ello hasta alcanzar que todos los recursos, medios y circunstancias sean favorables.

manera de formular definiciones para acercarnos a lo experimentado por el propio actor cabe afirmar que:

Haber aprendido significa ser capaz de llevar a cabo un HACER sustentado en un nuevo y mejor entendimiento tanto de sí mismo como de las circunstancias.

Y... si de la **empresa** que aprende se trata, diremos que es aquella concebida de tal modo que todos y cada uno de sus miembros y grupos –ella misma en cuanto totalidad social también– sean más capaces –cada vez más capaces– de una **actuación** continuamente sustentada en nuevos y mejores **entendimientos** de ellos mismos y de sus circunstancias.

Al cierre

No está de más que por cuenta propia el lector profundice en las demás observaciones que Fayol hace acerca del control, como cuando por ejemplo más adelante afirma:

"Otro peligro a evitar es que el control se inmiscuya en la dirección y la ejecución de los departamentos. Esta intrusión constituye la **dualidad de dirección** bajo su aspecto más temible: de un lado, el control irresponsable y sin embargo provisto del poder para perjudicar a veces dentro de holgados límites; del otro, el departamento ejecutor que no dispone sino de débiles medios de defensa contra un control malintencionado. La tendencia del control a la intrusión es bastante frecuente sobre todo en las grandes empresas, y puede tener consecuencias de las más graves. Para combatirla es necesario primero definir de una manera tan precisa como sea posible las atribuciones del control, indicando bien los límites que no debe traspasar; la autoridad superior tiene que después vigilar el uso que el control hace de sus poderes." [504]

Al control no le corresponde mandar; ese no es su papel.

PRESENTADO Y COMENTADO EL CONTROL, ASÍ CONCLUYE FAYOL "ADMINISTRACIÓN INDUSTRIAL Y GENERAL":

"En la primera parte de estos estudios procuré establecer la necesidad y la posibilidad de una enseñanza administrativa.

En la segunda parte he indicado cual podría ser esta enseñanza.

En la tercera parte expondré cómo he acumulado, en el transcurso de una larga carrera industrial, los materiales para esta obra.

En la cuarta parte, extraeré de los hechos recientes nuevas pruebas de la utilidad de una enseñanza administrativa." [505]

---

[504] "Unidad de dirección" es uno de los catorce principios que Fayol comenta; el listado en quinto lugar.

[505] Como señalamos muy al inicio, de la tercera parte existe un largo borrador en tanto que de la cuarta parte tan solo unas breves líneas.

EL APORTE DE FAYOL.

Reiteración: ni politólogo ni filósofo de la política. En cuanto al desarrollo del campo, predominio hasta los años 80 del siglo XX del enfoque iniciado por Frederick W. Taylor. Ampliación contextual necesaria.

A la luz de las múltiples profundizaciones presentadas a lo largo del presente libro, estamos ahora en condiciones de reiterar con mayor precisión el aporte de Fayol al tema del gobierno.

¿De simple interés académico?

Hemos afirmado que mediante un libro –"Administración industrial y general"– Fayol se propuso transmitir –tras una larga experiencia personal– sus ideas acerca del muy importante papel que el **administrar** ha de jugar en el desempeño del oficio de **gobernar**, el cual por más de cincuenta años ejerció ascendentemente en un importante grupo empresarial de su época, «La Société anonyme de Commentry-Fourchambault et Decazeville», hasta alcanzar estar a cargo de la conducción del complejo en su totalidad.

También se nos hizo evidente que su intención fue que sus ideas concernientes al oficio de gobernar, particularmente acerca del administrar, pudiesen hacerse extensivas al gobierno de las empresas de cualquier clase y magnitud, públicas o privadas, con o sin fines de lucro.[506] De allí que en el título de su obra figure la palabra "general".

Resumiendo…

A la luz de todo lo presentado a lo largo de las referidas profundizaciones, podría pensarse que al tratar de la administración en cuanto aspecto de particular interés práctico para las ciencias políticas, Fayol estaría añadiendo una obra más a la ya muy nutrida literatura de estas ciencias, a las cuales centralmente concierne el tema del gobierno. De no considerar aceptable esta inclusión en las ciencias políticas, quizás habría que pensar en añadir la obra de Fayol a la igualmente muy importante literatura de la filosofía política; a ésta también le concierne el tema del gobierno.

Sin embargo, –ya lo hemos afirmado (pág.: 25)– la obra de Fayol no se deja insertar cómodamente en ninguno de los dos campos. Aunque a ambos, la politología y la filosofía política, concierne el tema del gobierno, ninguno de estos dos campos, con todo y ser de gran interés y provecho, es propiamente apto para la enseñanza del gobernar mismo, en el sentido

---

[506] ¿Podemos entonces limitar la pertinencia de Fayol a solo el campo vagamente definido que procuran enseñar las escuelas de administración, gerencia, gestión, "management", "business" y afines? El papel a cumplir por parte del administrar es ciertamente muy importante (más así mientras más alto el cargo y más desarrollada la empresa), pero lo es relativo al ejercicio de un oficio. ¿Cuál oficio? **El oficio de gobernar ocurra donde haya de ocurrir**, cualquiera sea el nivel y magnitud del ente social del que se trate y que de alcanzar a estar bien gobernado, logra en cuanto totalidad animada gobernar-**se**. Quizás por demasiada mesura, cautela o timidez hemos visto a un Fayol disimular aunque sin dejar de fuertemente insinuar a lo largo de su obra cardinal "Administración industrial y general" la elevada ambición del verdadero tema que en ella trata.

verbal —ejercicio de verbos— que hemos destacado reiteradamente a lo largo de nuestras exposiciones.

La lectura de los tres capítulos constitutivos de la 1ª parte de AIG nos ha permitido hacer explícito un importante descubrimiento clave, vital para no malinterpretar a Fayol. La novedad que oculta su obra es el muy singular lugar del cual surge su mensaje; una obra a primera vista engañosamente sencilla, aparentemente ingenua o incluso torpe si se la evalúa a partir de estrictos cánones académicos y científicos. Una obra que surge directamente de su experiencia personal, siéndole entonces muy natural expresarse como le hemos visto hacerlo, dado su haber ejercido el gobierno de empresas a lo largo de más de cincuenta años de carrera ascendente. Su obra **no** puede insertarse en ningún campo del conocimiento científico o filosófico. La actitud que está a la base de estos es fundamentalmente contemplativa, lo cual implica separación y distanciamiento del tema objeto de estudio. El foco de atención de aquellos campos es el gobierno, no el gobernar en cuanto verbo a ejercer. Su literatura es vasta, rica, sofisticada e innegablemente de mucho provecho. Puede que el conocimiento que generen acerca del gobierno tenga implicaciones prácticas a la hora de gobernar, pero esto **no** significa enseñanza del verbo mismo a ejercer. Por muy útiles que sean, no son las ciencias o filosofías políticas las capaces de enseñar a gobernar. Tampoco son las llamadas a enseñar a administrar, parte esencial del llegar a saber gobernar. Sin embargo...

Imperfecto entendimiento del aporte de Fayol y predominio ulterior del enfoque científico-técnico iniciado por Frederick W. Taylor

Claro está que a pesar de no enseñar a ejercer verbos, la ciencia bien puede ayudar a ejercerlos mejor, como ya lo hemos apuntado más de una vez. De ella se pueden deducir implicaciones prácticas que ayuden a que la actuación se vuelva más eficaz, eficiente y productiva. De allí que visto el ejemplo referente a la natación que reiteradamente hemos utilizado, la investigación científica de la natación pueda ser muy útil para quien ya sepa nadar: podrá mejorar lo que ya sabe-hacer. Generalizando: la ciencia aplicada o ingeniería puede estar al servicio de cualquier saber-hacer ya manifiesto, pero no es la fuente originaria del saber-hacer mismo. No se aprende a nadar leyendo estudios científicos o viendo videos acerca de la natación.

El libro de Fayol —"Administración industrial y general"— no es una obra de ciencia aplicada. Al igual que Taylor —el otro reputado padre del campo— Fayol también es ingeniero de profesión. Sin embargo no desarrolló como aquél un aporte inspirado en el modelo de la ingeniería. Hemos visto que su intención fue enseñar a administrar como aspecto clave del gobernar. Su drama fue haber tratado de hacerlo mediante un escrito. ¿Por qué un drama? Porque la tendencia muy natural de todo lector es a asumir una actitud contemplativa ante lo que lee; actitud que distancia. De allí que fácilmente se haya subestimado el aporte de Fayol, a pesar del esfuerzo que en cuanto hombre de acción le debe haber significado ponerse a escribir para expresar lo que quería.⁵⁰⁷ En nuestra opinión su esfuerzo fue infructuoso. No se le entendió. El medio escrito, al igual que cualquier otro medio relativo al cual el receptor tiende a ponerse en actitud contemplativa, no podía ser el idóneo para enseñar a ejercer verbos.

El mundo académico no comprendió a Fayol. Sin embargo, con facilidad captó la propuesta de Taylor. El modelo de la ingeniería industrial, o de manera más general el "management" entendido como ciencia aplicada, comenzó a imperar en el campo. La formación de los nuevos profesionales en las universidades y postgrados siguió este curso y así fueron formándose múltiples generaciones de "managers" de empresas, consultores, y claro está nuevos académicos encargados de mejorar y perpetuar el enfoque. Este imperio comenzó a debilitarse ante las crecientemente exigentes nuevas realidades de principios de los años ochenta del siglo XX. Surgida la inquietud, se inicia un fuerte movimiento de reflexión, cuestionamiento y nuevas propuestas en el campo, inaugurados excelentemente con la publicación del libro pionero "In Search of Excellence" –"En busca de la Excelencia"– de Thomas J. Peters y Robert H. Waterman, en 1982 (muy recomendable leer el capítulo 2 altamente crítico del que denominan "modelo racional").

Ampliación contextual

"La mínima observación bien hecha tiene su valor, y como el número de observadores posibles es ilimitado, puede esperarse que una vez establecida la corriente ya no se detendrá más; se trata de provocar esta corriente, de abrir la discusión pública; es lo que intento hacer publicando estos estudios. Espero que de ella surja una doctrina." (subrayados nuestros)

Así expresa Fayol en el capítulo 3 de la 1ª parte la finalidad que le asigna a su obra. Lo que se propone es provocar el inicio de una corriente y discusión pública con respecto al tema de la administración y gobierno de las empresas, centrado en la formulación de una doctrina. Pero por otro lado como su aspiración es que esta corriente no se detenga, no hay error en afirmar que para Fayol la doctrina jamás habrá de concebirse como un producto final acabado, convertido en dogma absoluto y eterno. Su naturaleza concreta la obliga a variar con los tiempos y lugares, así como con las épocas y circunstancias por las cuales atraviesa cada clase de empresa. Debe evolucionar e incluso revolucionarse periódicamente de ser necesario. De hecho a partir de los años ochenta nuestro campo ha estado, con el surgimiento de múltiples y diversos aportes y enfoques (e.g.: Calidad total, Reingeniería, Estrategia de empresas, Cuadro de mando, Gerencia del conocimiento, Cadena de suministros, etc.) sufriendo una transformación importante, que aún no ha concluido; multiplicidad y diversidad que dificulta dilucidar lo que le está ocurriendo y hacia dónde se orienta. Creemos que bien leído puede comprobarse que es la recuperación y profundización en el real aporte de Fayol lo que en gran

---

⁵⁰⁷ Tardó alrededor de ocho años en escribir las dos primeras partes de su obra, unas ciento cuarenta páginas de letra impresa en tamaño bastante grande ¿Ocho años? ¿Será por ello que, consciente de poder ser malinterpretado a pesar de haberse afanado por explicarse lo mejor posible, por fin decide publicar las dos primeras partes de su escrito, por no encontrar manera de mejorarlo mucho más o incluso por haber renunciado a hacerlo?

medida permite comprender la transformación en curso, así como arrojar luces sobre su porvenir. Sus vivencias acerca de la jefatura están lejos de estar caducas.

En cierto modo la creciente y visible importancia que los temas de administración y "management" han adquirido desde principios del siglo XX, señalan que la discusión pública de facto se inició y que la corriente ha sido establecida. Lo que sin embargo es importante señalar y que debe ahora quedarnos claro, es que la corriente no ha seguido, propiamente hablando, los lineamientos indicados por Fayol. De haber vivido lo suficiente, sin duda alguna afirmaría que el campo ha sido dominado por una "doctrina"... de hecho muy en lo particular por una que ya conocemos: aquella que lo ha concebido como una suerte de ciencia aplicada, es decir como la aplicación de técnicas deducibles de teorías científicamente validadas. En efecto, hasta finales de los años setenta del siglo XX el entendimiento fundamental del campo habrá sido dominado por la corriente anglosajona iniciada por Taylor, contemporáneo de Fayol y reconocido como el otro gran padre del campo. Para solo mencionar a algunos de los desarrollos más importantes, se verá a esta corriente científico-técnica enriquecida con los aportes del Movimiento de Relaciones Humanas (Elton Mayo, 1933), consolidada mediante la incorporación del enfoque de la toma de decisiones iniciado por Herbert Simon (1945), para por fin desembocar en el predominio del Enfoque de Sistemas de los años setenta.

Solo a partir de los años ochenta, con la creciente visibilidad e impacto del caso japonés, la caída de la Unión Soviética y las profundas repercusiones económicas, sociales, políticas y culturales globales habidas de toda clase y magnitud, acarreadas en gran medida por el impresionante desarrollo de una diversidad de novedosas tecnologías, aunado todo esto al surgimiento de múltiples y diversos enfoques (e.g.: calidad total, reingeniería, gerencia del conocimiento, culturas organizacionales, estrategia empresarial, cuadro de mando, cadena de suministros, etc.), todos ellos parciales y por lo tanto incapaces de proporcionar un entendimiento integral de nuestro campo, se ha vuelto visiblemente necesario, creemos, regresar a sus inicios a fin de con renovados ímpetus proyectarlo de nuevo, como inicialmente lo hicieron Taylor y Fayol en su época (sin querer con ello, claro está, minusvalorar los aportes de sus precursores y seguidores).

Examínese la representación gráfica que sigue acerca desarrollo del campo recién resumida.

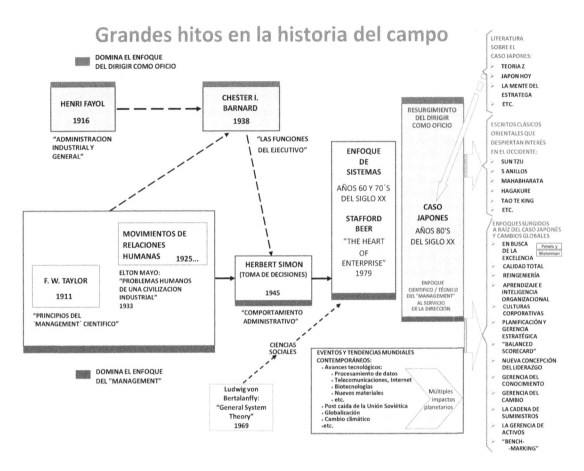

Ahora bien, así como lo iniciado por Taylor domina "doctrinariamente" al campo hasta finales de los años setenta del siglo XX, creemos que sin dejar de aprovechar al enfoque científico-técnico iniciado por Taylor, es precisamente un Fayol profundizado quien nos proporciona las bases firmes requeridas para reiniciar con lucidez y nuevo ímpetu nuestro campo. De allí que era esencial liberar a Fayol de la errónea cuando no despectiva interpretación que ha tendido a dársele cuando, bajo el dominio del enfoque dominante, se le leyó y evaluó como a un empírico pre-científico. Ahora sabemos que a pesar de también haberse formado como ingeniero, a Fayol, muy posiblemente vista la carrera de dirigente empresarial que asumió, y a pesar de opinar muy favorablemente acerca del aporte de Taylor, no se le ocurrió subsumir su enfoque gubernamental bajo el enfoque científico-técnico desarrollado por aquél y sus seguidores. A diferencia de Taylor que bien puede entenderse como el primer gran consultor de empresas, hemos visto que Fayol dicta conferencias y escribe a partir de sus vivencias como dirigente empresarial. Vidas diferentes necesariamente debían conducir a proyectos de campo distintos. ¿Por qué dominó la corriente iniciada por Taylor?

Respuesta: muy posiblemente debido a los asombrosos –de allí cautivantes– éxitos de la ciencia y sus aplicaciones a todo lo largo del siglo XX. Sin embargo, hemos de entender que tan solo un algo superior puede lograr poner al servicio de fines más elevados semejante tecnología todo-envolvente. Al respecto pertinente es recordar que la política, el saber-gobernar, era para los griegos –muy explícitamente expresado por Aristóteles– el arte supremo al cual debían someterse todas las demás artes particulares.

AL CIERRE; CONTINUA PERTINENCIA.
- **NECESIDAD DE QUE EXISTA QUIEN(ES) GOBIERNE(N).**
- **AUNQUE... GARANTÍAS DE ÉXITO NO LAS HAY (virtud-fortuna).**
- **Y... ¿GLOBALMENTE HABLANDO?**

NECESIDAD DE QUE EXISTA QUIEN(ES) GOBIERNE(N)

El que sigue no pretende ser el único y mucho menos el más poderoso argumento posible en pro de la existencia de quien(es) gobierne(n), pero su sencillez nos inclina a presentarlo. Veamos.

El punto de partida. Tan solo en un sentido figurado es que pueden los entes sociales –grupos humanos– de cualquier clase y magnitud ser concebidos como entes inteligentes. Intrínsecamente no lo son. De allí que no es una inteligencia que no poseen la que puede permitirnos entender cómo cambian, cómo se transforman o evolucionan; palabras éstas más apropiadas visto que también tan solo es en un sentido figurado que la palabra "comportamiento" les es aplicable. Estrictamente hablando no pueden atribuírsele a grupo humano alguno "comportamientos", tampoco aplicársele el calificativo de "inteligente".[508]

Quien sí lo puede. A diferencia de los entes sociales, el ser humano <u>singularmente</u> considerado puede, aunque no siempre fácilmente, poner de manifiesto comportamientos inteligentes, poniendo en práctica -a los efectos del argumento aquí desarrollado- la virtud del "**justo medio**" expuesta y profundizada por Aristóteles en su "Ética a Nicómaco" como el debido comportamiento a seguir. Gracias a la inteligencia que sí posee pronto puede en cada caso dilucidar el "justo medio" correspondiente y actuar conforme a él: una actuación que evita los extremos, sean estos por exceso o por defecto.[509]

Ineficiente manera en que el ente social alcanza a actuar según el justo medio. Ahora bien, si los entes sociales no son intrínsecamente inteligentes, cabe preguntar: ¿cómo logran, si acaso alguna vez lo logran, cambiar, transformarse, evolucionar conforme al "justo medio", pudiéndoseles entonces alegóricamente calificar de inteligentes? La historia nos lo valida:

---

[508] Igualmente, tan solo es en un sentido figurado que pueden los entes sociales –grupos humanos– de cualquier clase y magnitud ser concebidos como poseedores de un determinado carácter. Simplifica la redacción y la lectura de la argumentación que sigue el solo referirnos a la inteligencia en lugar de a ambos a la vez, inteligencia y carácter. A los fines de una comprensión integral, procure sin embargo el lector mantener en mente a ambos a lo largo de la argumentación presentada.

[509] Así lo expresa Aristóteles en su ética a Nicómaco: "El justo medio es hacer lo que debemos, cuando lo debemos, en las circunstancias en que así lo debemos relativo a quien debemos, con la finalidad que debemos, y de la manera cómo lo debemos".

visualizados como el peso al cabo de la vara de un péndulo, dejados a su libre oscilación, nada extraño es observar como los entes sociales alternan, particularmente en relación a los fenómenos políticos, económicos y sociales que les son característicos, entre estados extremos, pudiendo ocurrir que en el tiempo oscilen con una amplitud cada vez menor –nada extraño que hayan de transcurrir años, décadas sino siglos– hasta alcanzar a situarse en torno al "justo medio", desplazándose entre extremos cada vez menos alejados el uno del otro.[510] Es así que en lo político, económico y social ciertas sociedades han alcanzado con los siglos a estar mejor reguladas y sus oscilaciones ser de reducida amplitud, en tanto que otras, mucho menos maduras, aun se caracterizan por dar amplios bandazos entre extremos distantes.[511] Si en ciertas sociedades se ve a la tasa de cambio oscilar razonablemente en torno a un determinado valor pautado por el banco central, en otras la vemos pasar de un extremo al otro con una violencia que estremece toda la economía; si en ciertas sociedades políticamente más maduras se las ve, vía elecciones, pasar sin mayor trauma de un gobierno de centro-derecha a otro de centro-izquierda, a otras se las ve con violencia y costo pasar de una democracia muy imperfecta a una feroz dictadura para luego de unos cuantos años o décadas, regresar a una democracia ahora mejorada aunque aún imperfecta, con lo cual comienza a gestarse una nueva dictadura, aunque ahora muy posiblemente habrá de ser menos dura que la anterior; es así cómo en sociedades más evolucionadas la opinión pública gira en torno a posturas bastante razonables en tanto que en otras, más temperamentales, la opinión es capaz de dar súbitos giros de 180 grados.

Cabe entonces preguntar: A fin de que el ente social desprovisto de inteligencia propia sin embargo alcance a inteligentemente posicionarse lo más expeditamente, al menor costo y sufrimiento posibles en torno al "justo medio" ¿qué o quién puede proporcionarle la inteligencia que le hace falta?

Conocemos la respuesta:

Auténticos gobernantes con la inteligencia que el ente social intrínsecamente no tiene, pero que sin embargo **debido a su credibilidad y/o medios-coercitivos** <justos-los-necesarios>

---

[510] Decimos "en torno" ya que difícilmente los entes sociales permanecen exactamente por largo rato en el "justo medio". No está en su naturaleza quedarse quietos.

[511] Pero... ¿acaso no han existido y existen entes sociales posicionados en algún extremo político, económico y social, a veces por largo tiempo? En efecto así ocurre solo cuando se les aplica una fuerza contraria superior a su natural "empeño" de alejarse del extremo; e.g.: regímenes políticos que solo mediante medios represivos buscan mantenerse, en contra de la natural tendencia de regresar al "justo medio" de la sociedad que pretender dominar; esto es, manejar (acerca del "manejo" repasar pág.: 188, 4ª profundización de la serie de ensayos "Profundizando en lo que significan administrar y gobernar").

logran que las sociedades les hagan caso y con mayor rapidez y menor dolor alcancen a posicionarse en torno al "justo medio"; una nave social capaz de navegar "justo en medio de los peligrosos extremos de Escila y Caribdis".

Opción menos deseable: un "piloto" capaz de inteligentemente enrumbar la nave por el recorrido que habrá de conducirla al puerto solicitado, quien gracias a su poder persuasivo -o fuete- logra que los "remeros" se sintonicen con la actuación que paute.

Lo mejor: "pilotos" y "remeros" todos capaces de, más allá de simplemente influir en el rumbo, recorrido y destino del ente social, inteligentemente co-gobiernen coadyuvando así a que la nave social como un todo **se**-gobierne.

AUNQUE... GARANTÍAS DE ÉXITO NO LAS HAY

Por muy capaces y bien intencionados que sean los "pilotos" y "remeros" constitutivos del ente social jamás conviene creer que el éxito está asegurado.

Son muy numerosas las veces en que en sus estudios –e.g.: El Príncipe, Historias florentinas, etc.– Maquiavelo recurre a la distinción entre "virtud" y "fortuna".

¿Por qué tanto empeño en recurrir a ella? A diferencia de la <ya deberíamos saberlo: falsa> seguridad y posibilidad de control que hoy día en las regiones más desarrolladas y prósperas del planeta proporcionan las muchas comodidades y protecciones de toda clase, Maquiavelo reflexiona y escribe en una época en la cual con todo y que ya se trata del renacimiento, muchas de las cosas a las cuales estaban sometidos los seres humanos no encontraban las claras explicaciones y mucho menos posibilidad de control que las ciencias aportarían en los siglos subsiguientes.[512] Existía una conciencia muy viva de lo poco que dependía de ellos mismos lo que la vida les deparaba: salud, prosperidad, honores y poder alcanzados. Bien sabían de los avatares a los cuales podían estar sometidos, pudiendo en cualquier momento la suerte depararles fortuna, pero igualmente algún grave infortunio.[513]

De allí que les fuese muy evidente, a Maquiavelo incluido, que cualquier cosa que pudiese en vida ocurrirles en lo personal siempre habría de ser la resultante de ambos: de lo propio puesto en juego por ellos mismos –pericia, experiencia, astucia, amistades, etc., propias– en pro de lo que apuntaban a lograr, en su conjunto denominados "virtud" y del sinnúmero de factores

---

[512] A modo de ejemplo, recomendable leer la llegada de la peste a Florencia descrita en la 1ª jornada del "Decamerón" de Bocaccio.

[513] Frecuentes son las alusiones a esta condición humana. Otra notoria evidencia de esta clara conciencia de la fragilidad de la existencia humana se observa en las artes: la ópera de Monteverdi "L'incoronazione di Poppea", por ejemplo, precisamente se inicia con un altercado entre la virtud y la fortuna, para sólo pronto victorioso hacer su aparición el amor (entre Nerón y Popea Sabina, trama de la obra).

extraños con frecuencia no percibidos a tiempo, agrupados todos ellos bajo la etiqueta "fortuna" favorable o no, cualquiera fuese su fuente.

Pero... cual si ella hubiese dejado de existir, grandes sectores de la humanidad de hoy han perdido en gran medida de vista la "fortuna". Muchas de las cosas y fenómenos que en aquellos tiempos no hallaban explicación, no solo hoy día la tienen sino que el conocimiento así adquirido ha pasado ahora a posibilitar un anticiparse o hallar remedios a los avatares que la vida puede deparar.

Voluntad de gobierno la tiene quien procura que lo que la vida le haya de deparar sea más el producto de las propias "virtudes" (conocimientos, pericias, experiencia, aliados, recursos, etc.) que de la "fortuna", que de lo que no les es propio. Brevemente expresado: procura tener en sus propias manos su porvenir. Voluntad ahora acompañada por las ciencias: profusión de conocimientos aplicables.[514]

Varios siglos de voluntad de gobierno crecientemente atendida gracias al constante desarrollo de las ciencias aplicadas ha tenido por consecuencia la actual falsa sensación de seguridad y control característica de las referidas regiones más desarrolladas y prósperas del planeta, así como el olvido de la ineludible existencia de la "fortuna" o para expresarlo mejor: la creencia a la hora de actuar de poder mediante el ejercicio de las propias "virtudes" (conocimientos, pericias, experiencia, aliados, recursos, etc.) favorecer la existencias de unas óptimas circunstancias a la par de reducir, incluso evitar, posibles inesperados infortunios.

Pero... ¿pueden por completo nuestro porvenir y destino estar en nuestras propias manos? ¡Claro que no!

---

[514] A la voluntad de gobierno corresponde un querer, o para expresarlo coloquialmente: el querer que nuestro porvenir esté en nuestras propias manos. Voluntad de gobierne la tiene quien quiere que su porvenir mayormente dependa de sí mismo; o como hemos visto lo expresaría Maquiavelo: que dependa más de la propia virtud y capacidad que ésta tenga de minimizar las intervenciones adversas de la fortuna. En el otro extremo estarían quienes tan solo ocasionalmente o de manera más permanente mayormente dejan que sean los avatares de la fortuna los que determinen su porvenir. Ahora bien, siempre que algo que nos atañen ocurre, hay que reconocer que siempre se le debe a ambos: tanto a nuestra virtud como a la fortuna, tanto a lo que personalmente aportamos como a las circunstancias que independientemente de nosotros mismos ocurren, el factor suerte pues. Pero también hay que reconocer lo siguiente: ausente de cualquier intención o actuación nuestra, siempre puede ocurrir, con una magnitud más o menos grave o feliz, un hecho muy único concreto y particular resultante del encuentro/convergencia en su solo lugar y momento de ciertos hechos y tendencias. Inesperado, habrá fallado nuestra previsión. Preguntas clave entonces: ¿fútil entonces todo el empeño y esfuerzo humano en tener en sus propias manos su porvenir? ¿Existe alguna otra opción? ¿Abandonarse a la suerte, negación de toda voluntad de gobierno? ¿Engranada en nuestra naturaleza esta voluntad? Y solo para meditar: La fe en un ser supremo u entidad superior de alguna clase ¿otra opción muy bien fundamentada o simplemente otra modalidad más intensa de entregarse a la fortuna, a la suerte?

De allí que aunque sería insensato –iría en contra de nuestra natural voluntad de gobierno de nuestra propia existencia– abandonarnos a la suerte, no debemos perder de vista la inescapable existencia de la "fortuna" y comprender que es limitada nuestra posibilidad de tener en nuestras propias manos nuestro porvenir y destino.

Siempre puede producirse aquella singular convergencia de hechos y/o confluencia de tendencias que implique una novedad apenas perceptible y no suficientemente prevista.[515] Novedad –señal temprana– que puede implicar consecuencias de gran magnitud y trascendencia favorables o no en el corto, mediano y largo plazo, ignorada hasta tanto claramente se manifiesten éstas.

Entender que el éxito no está asegurado, que la "fortuna" no siempre habrá de ser favorable, llama a cultivar cierta humildad por parte de quien(es) desempeña(n) el oficio de gobernar.

Difícil sino imposible sin embargo que el ser humano pase a considerar fútil la voluntad de gobierno y opte por no permitirse tenerla.

Y... ¿GLOBALMENTE HABLANDO?

Con lo pequeño que desde el punto de vista de las comunicaciones se ha vuelto el planeta, menos pretensioso luce hoy día atreverse a tratar de entender, no sea sino a grandes pinceladas, lo que le ocurre, lo que en él ocurre, del hacia donde se dirige, todos asuntos que no pueden desligarse del desempeño habido y por haber en lo que al oficio de gobernar concierne. Como punto de partida la siguiente descripción.[516]

En primer lugar, la condensada pero imperfecta descripción siguiente a visualizar: la existencia de un sinnúmero de entes sociales de todas las clases y magnitudes.

La humanidad como un todo; las naciones; los países; las agrupaciones y asociaciones humanas de todo tipo y tamaño, públicas y privadas, con o sin fines de lucro, nacionales, internacionales, multinacionales y globales, lícitas e ilícitas; las de inspiración religiosa, las sectarias, las de carácter político –partidos políticos, grupos subversivos–; entes del Estado en cada país,

---

[515] Los hechos concretos conducentes a las dos guerras mundiales, la gran depresión de los años 30, la gran crisis financiera de los años 2008-09, los recientes desquicios globales de todo tipo causados por la llegada del COVID-19, deberían ser tantos otros recordatorios de que el factor "fortuna" no ha dejado de existir y que no todo puede depender de la "virtud" poseída.

[516] Hoy día menos pretensioso atreverse a elaborar las descripciones que siguen, pero igualmente presentadas aquí en contraposición a la tendencia muy humana y generalizada de solo atender a lo muy cercano e inmediato, a lo muy local y cuando más solo a lo nacional, con si acaso una muy vaga atención a lo que ocurre más allá; existir "missing the big picture" como se diría en inglés.

estructuras militares, gremios, sindicatos, cooperativas, grupos de presión; familias, tribus, clanes, etc.

Según un número mayor o menor de niveles de inserciones escalonadas, entes sociales englobando parcial o totalmente a otros a título de miembros o como vasallos. Descrito a la inversa: un sinnúmero de entes sociales de muy reducido tamaño cuyos miembros tan solo son seres humanos, insertos total o parcialmente en entes sociales de mayor tamaño, a su vez insertos parcial o totalmente cual miembros o vasallos en otros de una magnitud aun mayor, y así escalonadamente una cadena de inserciones totales o parciales hasta abarcar la totalidad de los entes sociales constitutivos de cada país; añádanse los organismos internacional y los entes sociales total o parcialmente abarcados por ellos y llegamos al ente social que los engloba a todos, la humanidad.[517]

Se pierde de vista el volumen de interrelaciones amigables o antagónicas de toda clase e intensidad existentes entre esta plétora de entes sociales.

---

[517] No tratándose de entes físicos los entes sociales no se desplazan por un recorrido ya establecido. "hacen camino al andar" como vimos bien lo expresan los clásicos versos del poeta Antonio Machado y Ruiz. Cierto es que las empresas disponen a los efectos de sus operaciones de componentes físicos tales como instalaciones, equipos, materiales, etc., y que por lo tanto no dejarán los factores externos de carácter físico de influir en su desempeño. Lo importante sin embargo del recorrido que la empresa en cuanto nave social habrá de navegar es su abrirse paso –su hacer camino– rodeada de múltiples y diversos entes sociales extraños en la medida en que procura avanzar, siendo que ella misma también pueda ser parcial o totalmente, cual miembro o vasalla, parte de uno o varios entes sociales de mayor envergadura, pero igualmente ella misma ser la que contiene dentro de sí, total o parcialmente, cual miembros o vasallos, a otros entes sociales, y a la final ella misma y todos estos entes estar constituidos por actores individuales –entes sociales singulares de propio derecho– de muy diversas clases y carácter. Tal es el medio en el cual en todo momento apunta insistentemente la empresa a abrirse paso, a tener en sus propias manos su propio porvenir. Más libre se considerará mientras más logre que el abrirse paso dependa de ella misma, más libre mientras más fácil encuentre hacerlo, mientras menos se vea obligada a sortear restricciones, obstáculos o amenazas; libertad siempre acotada, "campo abierto" pocas veces encontrará. Tomar en cuenta a los demás a la hora de decidir cómo exitosamente abrirse paso es buena estrategia. Significa ante todo procurar evitar ser reducido total o parcialmente a la pasividad relativo a la voluntad de algún(nos) de esos otro(s) entes sociales, actor(es) singulares incluidos. No ser manejado, pues. Voluntad de gobierno es aspiración a la libertad.

Cabe preguntar: para el gran conjunto de la totalidad de los entes sociales ¿cuál ha de ser la condición general existente? Pueden visualizarse los dos extremos siguientes: A la hora de interactuar o afectarse, un estado general de hacerse la vida difícil los unos a los otros o todo lo contrario, hacérselas todo lo fácil que se pueda (correlato de circunstancias difíciles es la tristeza; correlato de circunstancias que se presentan como fáciles es la alegría). La realidad social concreta siempre en algún punto entre estos dos extremos. Finalmente lo siguiente: mientras más el estado general de una sociedad se acerque a lo segundo, más ameritará calificarse de sociedad libre. Mientras más se dificulten en ella las cosas para todos, menos libre. Facilitar/dificultar las cosas siempre en función del poder y medios poseídos; distribución usualmente desigual.

Caracteriza a cada ente social una cierta cohesión muy particular y diversa en intensidad y manera de manifestarse: la palabra "nosotros" como auto-referencia.

Tal como también existen entre los miembros que los constituyen, frecuentes relaciones de manejo entre los diversos entes sociales: pasividad que unos buscan lograr en otros. Voluntad de unos de agrandarse vía absorber parcial o totalmente a otros entes sociales. Voluntad de otros de asociarse con miras a devenir un ente social de mayor envergadura; unión ésta que más allá de cada ente convertirse en un miembro co-influyente, procurar entre todos co-gobernar según acuerdos acerca del rumbo, recorrido y meta a alcanzar; un gobierno que apunte a que como un todo el nuevo ente social así constituido, cual ser animado, observado desde su exterior, parezca poseer la capacidad de tener en sus propias manos su porvenir y destino; esto es, **se**-gobierne.

En función de cómo se manifiestan y actúan, observable la existencia en pugna o amistosa coexistencia de una multitud de diversas "casuales" coincidencias de intereses por parte de grandes o reducidos números de entes sociales, más homogéneos los unos, más heterogéneos los otros.

Para no quedarse en una visión estática, visualícese todo lo descrito en continuo movimiento y cambio, más parciales y locales los unos, más globales y trascendentales los otros.

Sea como fuese, el oficio de gobernar desempeñado bien, mal o de calidad intermedia en todos y cada uno de los entes sociales a grandes rasgos así descritos.

Entes sociales que observados desde su exterior parecen poseer en grado apreciable la facultad de gobernar-**se**; otros, posiblemente los muchos más, desprovistos de un nivel significativo de capacidad para tener en sus propias manos su porvenir y destino.

En segundo lugar, segunda visualización: ¿Qué decir acerca de los miembros constitutivos de todos los entes sociales arriba descritos?

Descrita a grandes rasgos la situación en cuanto a los entes sociales que conforman el planeta, ¿quiénes y cómo son sus miembros, los seres humanos singularmente considerados constitutivos de esas "naves" sociales? ¿Qué hay de su desempeño en cuanto al ejercicio del oficio de gobernar?

Todos y cada uno de estos entes sociales conformados por miembros muy homogéneos en algunos casos, muy heterogéneos en otros. "pilotos" algunos, "remeros" la gran mayoría, aunque no necesariamente óptimos co-gobernantes, cada uno cuando menos co-influyente según diferentes niveles de intensidad (0%-100%) sobre la meta, rumbo y recorrido que para bien o para mal habrá de seguir el ente social del cual son miembros. Más allá de simples co-influyentes, co-gobernantes aquellos miembros cuya actuación transitiva y reflexiva contribuye significativamente a que el ente social sea percibido, desde el punto de vista de algún observador externo, como un ente capaz de gobernar-**se**, como un ente animado en procura de "tener en sus propias manos su porvenir y destino"; con éxito, cuando capaz de aprovechar las circunstancias que le son favorables, cuando capaz de atenuar si no eliminar las desfavorables.

Sin embargo, *a los fines de simplificar* apartaremos de las descripciones y visualizaciones que siguen toda la compleja diversidad de actuaciones posibles de "pilotos" y "remeros", para concentrar en un único "piloto" todo lo atinente al desempeño del oficio de gobernar correspondiente a cada uno de los múltiples y diversos entes sociales antes introducidos. Esto es, todo lo atinente a la capacidad (0-100%) de gobernar-**se** que cada uno de ellos alcance a poseer en virtud de la actuación de sus respectivos "pilotos".[518]

Necesariamente, en tercer lugar, tercera visualización…

Regresando a la imagen pendular ya utilizada: "Pilotos", los mejores, con la inteligencia que cada ente social no tiene, pero que sin embargo, debido a su credibilidad y/o medios coercitivos logran que esos entes sociales les hagan caso y con mayor rapidez y menor dolor lleguen a situarse cada uno en torno al "justo medio" que con toda naturalidad le corresponda; "Pilotos", la gran mayoría, muy imperfectos como a continuación se describen.[519]

Se nos ocurre procurar describir el verdadero punto de partida: lo que puede esperarse de los seres humanos –aquí pilotos– con todas sus virtudes e imperfecciones; cada uno a cargo de sí mismo en lo personal y muy posiblemente de uno o varios entes sociales de alguna clase (familia, asociación, empresa, país, etc.); cada uno con sus virtudes y prejuicios, pericias e ineptitudes, mezcla de intereses y buenas intenciones, acceso a cierta información pero no a otra, entendimiento pero también una buena dosis de incomprensión de las circunstancias por ellos vividas, conocimientos poseídos aunque muchos más los no poseídos, etc.

---

[518] Toda la escala posible concentrada en ese "piloto": **desde** la total ausencia de gobierno (aunque ciertamente todos, por el solo hecho de ser miembros, influyen en el porvenir de la "nave" social; la total ausencia de concierto entre ellos significa que en realidad todo –rumbo, recorrido y destino de ella– queda en manos de la suerte, de la "fortuna" diría Maquiavelo) **hasta** la posiblemente jamás plenamente alcanzable perfecta mancomunidad en la cual todos y cada uno de los miembros de la "nave" social co-gobierna; esto es, coadyuva a que la nave social **se**-gobierne.

[519] Autócratas, claro está, aquellos pilotos cuya única "credibilidad" descanse en los medios coercitivos a su alcance capaces de doblegar la voluntad de los "remeros".

En fin, "pilotos de carne y hueso": así quien está a cargo de la conducción de algún país; así quien está a cargo de dirigir asociaciones y empresas de ciertas clases y magnitud; así quien está a cargo del bienestar de su familia; así quien está a cargo de sí mismo en lo personal.

"Pilotos" así descritos a cargo de la gran diversidad de entes sociales interrelacionados de muchas y diversas maneras e intensidades. Entes sociales de gran magnitud en cuyo seno pueden hallarse en calidad de miembros subalternos entes sociales diversos de menor envergadura, y éstos a su vez albergar a otros de una envergadura aun menor...

Cada "piloto", según la estimación que en cada momento haga de cómo están siendo afectados y habrán de estarlo los asuntos que le conciernen en el corto, mediano y largo plazo, instante a instante tomará decisiones acerca de su propia actuación en cuanto gobernante del ente o entes sociales a su cargo. Los habrá de todas las clases: decididos, indecisos, flexibles los unos, rígidos los otros; algunos con un muy claro entendimiento de lo que ocurre y puede pasar, otros con uno muy pobre; algunos con una carga muy elevada de prejuicios o ideología, otros de actitud principalmente pragmática, también algún que otro libre pensador; algunos mayormente satisfechos de las circunstancias, otros más bien molestos; algunos con amplia experiencia, otros con poca; con disponibilidad de recursos los unos, con muy poca los otros, etc.

Cuarta descripción, cuarta visualización: evaluación gubernamental global a grandes rasgos del conjunto total de entes sociales, constitutivos de cuerpo social del planeta según la estructura desarrollada por Fayol en "Administración industrial y general", un ejercicio de visualización.

Con base en la estructura que Fayol expone en "Administración industrial y general", pasa a ser posible, visualizado cada ente social como una empresa, evaluar el desempeño gubernamental de cualquier ente social, cualquiera sea su magnitud.

De imposible realización, claro está, sería proponernos una evaluación gubernamental de todos y cada uno de los entes sociales constitutivos del cuerpo social del planeta, la humanidad toda.

Lo que supletoriamente llevaremos a cabo es una evaluación global agregada de ese sinnúmero de entes sociales, teniendo, claro está, que apartar de ella cualquier consideración a su orientación, razón de ser o ramo de actividad.

Lo que con ello nos proponemos es visualizar, no sea sino y a grande rasgos, lo que se desprendería de semejante estudio: una evaluación gubernamental no frontal del desempeño gubernamental de la humanidad en relación a sí misma en cuanto ente social supremamente englobante.

Atendiendo a la referida evaluación gubernamental global agregada de los entes sociales, ¿qué podemos suponer comprobaríamos?:

> Toda la gama, desde los mejores hasta los peores en cuanto a la **1ª definición de gobernar**. Recordémosla: "… es conducir la empresa hacia su meta buscando extraer el mejor partido posible de todos los recursos de los cuales dispone". Una muy evidente gran diversidad de desempeños. Conducciones excelentes hasta las muy torpes; Metas apropiadas y claramente definidas las unas, pero también muchas otras inciertas y no siempre las más idóneas; al lado de múltiples casos de excelente manejo de los recursos, una multitud de aprovechamientos sub-óptimos.

> Toda la gama, desde los mejores hasta los peores en cuanto a la **2ª definición de gobernar**: "… es asegurar la marcha <el ejercicio y el cumplimiento> de las seis funciones esenciales.": técnica, comercial, financiera, de seguridad, de contabilidad y administrativa." Siendo la actuación de los cinco primeros grupos de operaciones de carácter transitivo, en tanto que el sexto, el administrativo, claramente se diferencia de ellos en que sus operaciones son de carácter reflexivo, aquellas que precisamente le proporcionan en mayor o menor grado a cada ente social –ahora un ente animado– la capacidad de gobernar-**se**.

>> • Cinco grupos de operaciones transitivas que se prestan a mucha diversidad en cuanto al acierto y calidad de su ejecución.

>> • La particularidad reflexiva del sexto grupo es la que plenamente justifica la afirmación que desde la primerísima oración de AIG Fayol hace acerca del muy importante papel que el administrar cumple en el le gobernar de las empresas de cualquier clase y magnitud. Nada extraño entonces comprobar cuan diverso puede al respecto ser el desempeño de las empresas, estableciéndose así toda una gama que va desde aquellas con una elevada capacidad de gobernar-**se** hasta aquellas cuya frágil existencia precisamente se debe a su baja posibilidad de tener en sus propias manos su porvenir y destino.

> Con base en la **definición del administrar** de Fayol, toda la gama, desde los mejores hasta los peores en cuanto al: prever, organizar, mandar, coordinar y controlar. Según cada elemento:

>> • En cuanto al **Prever:** óptimo prever por parte de unos pocos, muy poco previsores muchos, la gran mayoría entre estos extremos.

- En cuanto al ***Organizar:*** Toda la gama, desde los mejor hasta los peor dotados de miembros individuales y grupales. Visto el sinnúmero de entes sociales evaluados, se trata de una dotación muy dispar en cuanto a formación y orientación.
- En cuanto al ***Mandar:*** Toda la gama, desde la extrema mala voluntad (=>coerción) hasta la máxima entrega de buena voluntad. Visto el sinnúmero de entes sociales, un sinnúmero de movilizaciones del personal, diversas en naturaleza e intensidad.
- En cuanto al ***Coordinar***: Toda la gama, desde los mejores hasta los peores en cuanto a lograr ser entes sociales que están intrínsecamente en armonía con ellos mismos.
- Y por fin, en cuanto al ***controlar:*** toda la gama, desde los mejores hasta los peores a la hora de llevarlo a cabo, con particular atención a la finalidad del control cual es el aprender tanto de los éxitos como de los fracasos.

➢ Toda la gama, desde los mejores hasta los peores en cuanto a los ***principios*** que tenga a bien tener instituido cada empresa con miras a la salud, fortaleza y buen funcionamiento de su propio cuerpo social. Frecuentes formulaciones convertidas, total o parcialmente, para todos los efectos en letra muerta. Tratándose de países, un largo historial de constituciones probadas para luego ser modificadas o substituidas, evidenciándose así lo difícil que en general ha sido lograr una durable salud, fortaleza y buen funcionamiento de esas sociedades.

En suma: Voluntad de gobierno muy atomizada que sin duda seguirán procurando ejercer la multitud de entes sociales contemplados en el estudio arriba simulado; una gran diversidad y gama de desempeños gubernamentales.[520]

La humanidad

Es así que llegamos al punto de la grave interrogante final siguiente concerniente al ente social de mayor envergadura, la humanidad, constituida por el sinnúmero de entes sociales así conducidos por los "pilotos" antes descritos desempeñando cada uno a su modo el oficio de gobernar.[521].

Formulada la interrogante como la expresaría el profesor de física en el bachillerato: "y ahora díganme, ¿cuál habrá de ser la <u>resultante</u> de tantas fuerzas dispares en intensidad y dirección proveniente de ese sinnúmero de entes sociales actuando de un sinnúmero de maneras?"

---

[520] A lo largo de muchos años el autor del presente libro ha cerrado la enseñanza de Fayol con la realización de un ejercicio de evaluación gubernamental. Ver explicación y ejemplos en el APÉNDICE I.

[521] En relación a la humanidad toda, cada ente social puede ahora a su vez también ser entendido como un "piloto", necesariamente co-influyente tan solo por el mero hecho de ser miembro, aunque no necesariamente el co-gobernante que relativo a la humanidad toda se quisiera que todos y cada uno de esos entes sociales fuesen.

¿Cual habrá de ser la gran resultante final para la humanidad, cuerpo social del planeta?

Versión "a nadie le concierne"

Ausente de toda intervención, la aspiración a largo plazo siguiente puede visualizarse: cual gigantesco peso al cabo de la vara de un enorme péndulo, ella la humanidad, oscilar presumiblemente por muchísimo tiempo hasta lograr vía oscilaciones de cada vez menor amplitud alcanzar a situarse en torno al "justo medio" Aristotélico en todo lo que le concierne: los principios rectores con miras a la salud, buen funcionamiento y fortaleza de la humanidad, el régimen político global, la economía mundial, la diversidad de religiones y culturas, la utilización de los recursos y cuido del planeta, la protección integral debida a cada ser humano en lo particular y a la humanidad como un todo, etc. "Justo medio" global que progresivamente habría de convertirse en el marco general de la actuación co-gubernamental de cada uno de los entes sociales miembros del cuerpo social del planeta, coadyuvando así a que la humanidad como un todo **se**-gobierne, al saber todo lo posible aprovechar las circunstancias externas favorables y neutralizar las que no lo son. [522]

Versión "de hecho han existido a quienes sí les concierne"

Acelerar la marcha hacia tal "justo medio" vía la conformación de una estructura gubernamental global, con la inteligencia y carácter que la humanidad como un todo no posee, capaz de lograr debido a su credibilidad y/o medios coercitivos lograr que la gran mayoría de los entes sociales del planeta así como de los miembros que los constituyen, les hagan caso y con mayor rapidez y menor dolor lleguen a situarse en torno al aspirado "justo medio." Evidencia de ello: la gradual, aunque comparada con siglos previos relativamente veloz conformación en curso a partir del siglo XX de organismos mundiales de todo tipo aportando con cierta credibilidad determinada inteligencia en su campo de especialidad respectivo, aunque, bien lo sabemos, normalmente con muy pocas opciones inmediatas de coerción

---

[522] Obsérvese que la "Mano invisible" de Adam Smith es un caso muy particular de la descripción aquí presentada. Caso particular en virtud de las cuatro caracterizaciones que siguen. En primer lugar, toda la compleja descripción de los múltiples y diversos factores hecha por nosotros para caracterizar a cada actor singular o grupal se condensa en uno solo, tiene como resultante: su interés. En segundo lugar, una sociedad constituida por actores moralmente irreprochables. En tercer lugar, conociendo cada uno su propio interés, actúa en consecuencia. En cuarto lugar, el beneficio que para la sociedad toda tal comportamiento atomizado acarrea, resultante que a su vez termina recayendo favorablemente sobre todos y cada uno de sus miembros.

¿Imperfecciones? La solución usualmente aplicada: asegurar el cumplimiento de ciertas normas y regulaciones que tengan por efecto alinear el comportamiento de los actores singulares, empresas, y demás entes sociales de cualquier clase o magnitud con o sin fin de lucro, con lo legal y éticamente correcto, todo ello bajo la hipótesis de que ajustados así los comportamientos, la resultante de la "mano invisible" será positivo.

determinante, aunque lentamente –sí– una creciente posibilidad de influir en el comportamiento de aquellos a quienes supone regular. Añádase a esta diversidad de organismos la gradual, aunque comparada con siglos previos, relativamente veloz incorporación de leyes de carácter internacional de fácil aplicación generalizada en la justa medida en que los Estados no sientan amenazada su soberanía, se barrunta entonces la gradual, aunque comparada con siglos previos, relativamente veloz conformación de una actuación gubernamental mundial distribuida entre una diversidad de entidades y organismos de diferente magnitud y poder.[523]

Pero… ¿y en el ínterin?

Dando por descontados los siempre posibles hechos provenientes de la madre naturaleza, dados los múltiples focos de poder descritos por el lado de los seres humanos singularmente considerados y entes sociales que conforman, no es de dudar la siempre posible singular convergencia de hechos y/o confluencia de tendencias que impliquen novedades –señales tempranas– apenas perceptibles y no suficientemente previstas. Novedades que pueden implicar graves hechos, de mayor o menor duración, así como consecuencias y transformaciones de gran trascendencia, ignoradas hasta tanto claramente -brutalmente a veces- no se hayan manifestado; en el corto, mediano y largo plazo negativas las unas, implicando grandes saltos de marcha hacia adelante las otras.[524]

Lícito es entonces preguntar:

¿Inequívoca la capacidad de los seres humanos –de la humanidad entera– de tener en sus propias manos su porvenir? La sola voluntad no basta. En tanto oficio, al igual que todos los demás, saber gobernar supone desarrollo y aprendizaje.

Entendido con el reconocimiento y profundidad que merece, he aquí el gran aporte de Fayol: la necesidad de que el oficio de gobernar se enseñe... la necesidad de que el oficio de gobernar

---

[523] A destacar: El gradual surgimiento de entidades, organismos y correspondiente derecho internacional centrados en la resolución de desacuerdos y conflictos. Un avance hacia lo civilizado: Instituciones concebidas y creadas por las partes con el acuerdo fundamental de someterse a sus dictámenes sean o no del agrado. Imperfecto cumplimiento de las partes, poca eficacia hasta ahora, pero en vías de existir y fortalecerse a la luz de lo destructivos y costosos que alcanzan a ser los enfrentamientos de posiciones irreconciliables.

[524] Evidencias históricas tanto de origen humano como atinentes a la naturaleza no faltan. Omitiendo un sinnúmero de otros hechos de magnitud diversa ocurridos, piénsese en las dos guerras mundiales, la gran depresión de los años 30, la crisis de los misiles en Cuba de los años sesenta, la revolución iraní, la crisis financiera de los años 2008-9, la primavera árabe, el recalentamiento mundial y sus consecuencias, la reciente pandemia del Coronavirus Covid19 y su incalculable repercusión transformacional de las economías... la llegada del mundo digital culminando en internet, la biotecnología con las quien sabe posibilidades de aplicación que traerá... Todos importantes puntos de inflexión en el porvenir de la humanidad.

sea aprendido. Pero... por mucha voluntad de gobierno que se tenga, como no hay garantías vistas las muy humanas limitaciones y hechos fortuitos, ejercerlo con la debida humildad.

FINALMENTE...

¿CUÁL CAMPO?

Muy al principio del libro, vistas las múltiples denominaciones y calificaciones acompañantes adelantamos la pregunta siguiente: ¿cuál campo? (pág.: 13). La respuesta ¡oh sorpresa! resulta ser de lo más evidente, aunque comúnmente sólo subliminalmente así.

Genéricamente hablando, el campo a cuya docencia, investigación y extensión se dedican nuestras escuelas, independientemente de la variedad de denominaciones y calificativos distintivos asumidos es: la conducción, se sobreentiende exitosa, de las empresas de todas las clases, ramo de actividad y magnitud.[525]

Conducción que involucra la feliz integración de dos oficios: **gobernar** y **asesorar**, "casualmente" la clásica distinción que reflejan los organigramas entre línea y "staff". De conveniencia en la misma escuela, dos oficios que llaman a docencias bien diferenciadas.

FAYOL... ¿PERTINENTE A LA LUZ DE UN MUNDO TECNOLÓGICO QUE HOY DÍA PARA BIEN O PARA MAL PARECE IMPREGNAR Y ARRASTRALO TODO?

Ciertamente en modo alguno porfiadamente "nadar" en contra de la corriente. Mucho menos dejarse arrastrar por ella hasta la singular pero no prevista convergencia de hechos y/o confluencia de tendencias conducente a nefastas consecuencias. Ambas actitudes equivalentes a que el ente social renuncie "a tener en sus propias mano su porvenir". Jamás entonces mayor la pertinencia del oficio de gobernar, relativo al cual el mundo tecnológico en todas sus manifestaciones micro y macro no debería hacer excepción, aunque, hay que reconocerlo, posiblemente el mayor reto hasta ahora enfrentado por los altos gobernantes actuales y por venir.

EN SUMA:

La tónica central del presente libro ha sido presentar múltiples ejemplos de lo que significa *profundizar*. Gobernar supone hacerlo. No alcanza a la raíz misma de los casos y situaciones que a su oficio corresponde prevenir o resolver quien no profundice todo lo necesario... todo lo necesario tanto *en* esos casos y situaciones como igualmente *en* el oficio mismo a desempeñar. Entendimiento profundo supone amplitud. Todo lo opuesto a solo gobernar con miras a éxitos egoístas, indiferentes a como a otros afectará.

---

[525] Genéricamente "empresas" en el lenguaje de Fayol; "organizaciones", la palabra genérica comúnmente utilizada.

APÉNDICE I – Evaluación del desempeño gubernamental de las empresas; ejemplos

A lo largo de muchos años, acerca de las realidades de nuestros países se han realizado múltiples diagnósticos de todo tipo: históricos, económicos, sociológicos, antropológicos, psicoanalíticos, etc. Todo ello en búsqueda de comprender el estado en que se encuentran y formular recomendaciones traducibles en políticas. Aparentemente jamás pensando en realizar una evaluación global de su desempeño gubernamental. Veamos que luces podría arrojar realizar una tal evaluación con todo rigor metodológico según la estructura que sigue.

A lo largo de muchos años el autor del presente libro rutinariamente concluyó la enseñanza de Fayol mediante la realización del ejercicio de evaluación gubernamental siguiente.

Desglosada la segunda definición del gobernar en términos de las seis grandes funciones, a las cinco primeras se le asignaba un peso de 10% a cada una y 50% a la función administrativa, desglosada a su vez en términos de los cinco elementos –prever, organizar, mandar, coordinar y controlar– cada uno también con un peso de 10%.

Así definidas 10 líneas, la distribución porcentual descrita procura atender a que la mitad de la capacidad gubernamental proviniese de los cinco grupos de operaciones transitivas en tanto que la otra mitad proviniese de la capacidad administrativa, considerada por Fayol como la que cumple un muy importante papel a la hora de gobernar las empresas de toda clase y magnitud, mayor su importancia mientras más alto el cargo y de mayor magnitud la empresa.

Abiertas dos columnas, la primera correspondería a la evaluación del desempeño gubernamental del país como un todo a lo largo de las décadas recientes de su historia, mayormente democrática a partir del año 1958. Dirigida la discusión quedaban registrados diez valores entre 0 y 9. Totalizados y divididos entre 10 resultaba la evaluación gubernamental del país como un todo.

Correspondía a la segunda columna la evaluación del gobierno de los propios partidos políticos dominantes en la vida del país a lo largo de esas mismas décadas (OJO: no su desempeño gubernamental del país sino el propio gobierno de ellos mismos en cuanto partidos que apuntan a llegar al poder y quedarse lo más posible allí). De nuevo totalizados y divididos entre 10, el promedio al final de la segunda columna indicaba la capacidad de gobernar-**se** que había caracterizado a esos partidos exitosos a lo largo de esos mismos años.

En la tabla que sigue un par de ejemplos de las evaluaciones gubernamentales hechas en épocas diferentes a lo largo de varias décadas:

	EJEMPLO 1	EJEMPLO 1	EJEMPLO 2	EJEMPLO 2
FUNCIONES Y ELEMENTOS	Evaluación gubernamental del país	Evaluación de los partidos políticos	Evaluación gubernamental del país	Evaluación de los partidos políticos
TÉCNICA	2	8,5	3	8
COMERCIAL	5	7,5	5	9
FINANCIERA	2	8,5	1,7	8,3
SEGURIDAD	4	6	1	7
CONTABILIDAD	7	8	1	8
PREVER	1	5,5	0	7
ORGANIZAR	3	9	3	9
MANDAR	3	8	6,5	8,4
COORDINAR	2	2,5	2	5,8
CONTROLAR	1	2,5	0,5	7
PROMEDIO	3,0	6,6	2,37	7,75
	6,6/3,0 =	2,2 veces	7,75/2,37 =	3,27 veces

Resultado a destacar: Realizado este ejercicio a lo largo de muchos años y cohortes de alumnos, ¡nunca el promedio de evaluación gubernamental de los partidos dejó de cuando menos duplicar el promedio de evaluación gubernamental del país! Un país poco capaz de gobernar-**se** caracterizado por partidos políticos muy capaces de tener en sus propias el porvenir y destino de ellos mismos.

Finalmente para ponerle la guinda a la evaluación gubernamental realizada, al ejercicio concluía con la pregunta de rigor siguiente: ¿Qué nos dice este resultado?

Respuesta: Ciertamente que en el país no han faltado la voluntad y talento gubernamentales, solo que el interés del partido –la identificación con él, tengámoslo claro– siempre ha prevalecido por sobre el interés nacional, clara alusión a la casi inexistencia bien instituido del sexto principio de Fayol, "La subordinación del interés particular al general".

Aunque usualmente sin tiempo para realizarlo, entiéndase que el ejercicio podría haber incluido un estudio acerca de los principios contribuyentes y no contribuyentes a la salud, fortaleza y buen funcionamiento del país, los incluidos en su constitución, otros producto de sus tradiciones, usos y costumbres, pero también algunos de los que Fayol desarrolló como lo son: la autoridad, la disciplina, el orden, etc.

APÉNDICE II – Ocasionales inconsistencias en la obra de Fayol.

Un ejemplo de cómo resolver aparentes inconsistencias en la exposición que Fayol hace de su pensamiento: transitividad de las operaciones de seguridad contra su aparente reflexividad.

Debemos completar nuestros comentarios al primer párrafo del capítulo 1 de la 2ª parte de AIG –el que nos permitió evidenciar el carácter reflexivo del administrar– contrastándolo con otro texto de la misma obra, el cual podría hacernos sospechar la existencia de una inconsistencia en el pensamiento de Fayol. Veamos.

Al inicio del capítulo 1 de la 1ª parte, Fayol nos presentó por primera vez la lista de los seis grupos de operaciones o funciones esenciales. Leído los comentarios que de cada uno hace, queda bastante claro el carácter transitivo de las operaciones correspondientes a las funciones técnica, comercial, financiera y de contabilidad. Sus actuaciones no recaen sobre el propio cuerpo social que las ejecuta.

Ahora bien, al momento de comentar las operaciones constitutivas de la función de seguridad vemos a Fayol afirmar que "tiene por misión proteger a los bienes y a las personas...". El añadido "...y a las personas" es problemático ya que, vistos los abundantes comentarios presentados a lo largo del presente libro, introduce una aparente inconsistencia en el pensamiento de Fayol. ¿Por qué? Porqué no puede disimularse el aparentemente claro carácter reflexivo de las operaciones de seguridad, según la trilogía que ya conocemos:

¿Quiénes las ejecutan? Respuesta: los miembros del cuerpo social de la empresa. ¿Mediante quienes las ejecutan? Respuesta: mediante ellos mismos. ¿Sobre quienes recae su actuación? Repuesta: precisamente sobre los propios miembros del cuerpo social de la empresa.

De ser así, no podría ser cierta la exclusividad afirmada en el primer párrafo del capítulo 1 de la 2ª parte de AIG, según la cual la función administrativa es la única entre las seis grandes funciones en poseer el carácter reflexivo, destacándose esto como su gran diferenciador relativo a las otras cinco grandes clases de operaciones o funciones. Al menos una de estas cinco, la función de seguridad, también tendría carácter reflexivo, cuando de la protección de los miembros del cuerpo social de la empresa se tratase.

Tratemos de resolver esta aparente inconsistencia.

Para el cuerpo social, lo amenazante puede provenir del exterior o de su propio interior. En el primer caso no existe ningún problema. El cuerpo social mediante sí mismo puede ejecutar operaciones de seguridad que recaen sobre actores foráneos o fenómenos extraños. En este caso la acción es ciertamente transitiva y por lo tanto no incluible dentro del administrar.

El real problema aparece cuando la reflexividad aparente de las operaciones de seguridad proviene de amenazas surgidas de algunos agentes del propio cuerpo social. Tal es el caso de los delincuentes, criminales, dictadores, etc. La solución –de existir– debe consistir en una sutil ruptura de la reflexividad provocada por estos agentes mismos, de tal manera que la operación de seguridad se nos presente con un real carácter transitivo a pesar de las apariencias. En efecto esto es posible si se comprende que la amenaza, provenga de donde provenga, siempre tiene carácter foráneo para el cuerpo afectado. Cierto es que bajo muchos ángulos el criminal se nos presenta como un miembro del cuerpo social. Sin embargo también es cierto que, por otro lado, hay aspectos suyos (actitudes y conductas) que lo convierten en un "cuerpo extraño" y por lo tanto en una amenaza –incluso enemigo– en la justa medida en que el cuerpo social se sienta amenazado por dichos aspectos. Cuando el cuerpo social ejerce, mediante sí mismo, operaciones de seguridad en relación a determinado criminal, no lo hace como acción reflexiva que recae sobre dicho criminal en cuanto miembro, sino transitivamente sobre él en cuanto ente extraño amenazante.[526]

En resumen, toda protección es protección contra algo o alguien amenazante. La operación de seguridad <u>directamente</u> recae sobre la amenaza. Esta, en cuanto que tal, siempre tiene algún carácter foráneo, esté donde esté y provenga de donde provenga. Solo <u>indirectamente</u> recae sobre el ser humano o cosa protegidos. La reflexividad auténtica es directa. Por lo tanto, toda operación de seguridad es transitiva porque siempre recae directamente sobre la amenaza, y solo indirectamente sobre el ser humano o cosa protegidos.

Con esta solución liberamos a Fayol de la aparente inconsistencia aquí presentada.

Ciertamente hay alguna que otra inconsistencia en la obra de Fayol. Hay otras y si hemos presentado la concerniente a la función de seguridad es, mediante este ejemplo, destacar la parte del esfuerzo que corresponde al lector realizar. Solo la debida sutileza de pensamiento y lenguaje permite evitar sobredimensionar la importancia de las ocasionales inconsistencias.[527]

---

[526] Queda claro que no estamos tratando aquí de la tendencia muy humana de, por ignorancia o cualquier otro factor interno al actor, perjudicarse o dañarse a sí mismo. Cabe entonces preguntar si la misión de la función de seguridad haya de incluir o no la de proteger a los miembros del cuerpo social de la empresa de ellos mismos y no solamente de amenazas que les sean externas. Obsérvese que otra vez la solución consiste en considerar que la amenaza es interna y que en este sentido también ha de considerarse como transitiva cualquier acción dirigirla a prevenirla o combatirla.

[527] No dejan, sin embargo, de existir alguna que otra inconsistencia real. En estos casos lo que ha de mandar es el espíritu total de la obra por sobre cualquier desliz que Fayol en cuanto autor pueda haber cometido. La captación de este espíritu se desprende de las múltiples lecturas y relecturas que hemos recomendado hacer (pág.: 47), las cuales implican reiteradamente ir de las partes al todo así como del todo a las partes, para así progresivamente alcanzar un "compacto" entendimiento del pensamiento del autor.

Made in the USA
Las Vegas, NV
19 June 2021